本书的研究、出版获得国家高端智库专项经费资助

国家高端智库
CHINA TOP THINK TANKS

CHINA INNOVATION STRATEGY AND POLICY RESEARCH 2019

中国创新战略与政策研究 2019

潘教峰◎主编

科学出版社
北京

图书在版编目（CIP）数据

中国创新战略与政策研究. 2019 / 潘教峰主编. —北京：科学出版社，2019.6

ISBN 978-7-03-061644-9

Ⅰ. ①中… Ⅱ. ①潘… Ⅲ. ①技术革新-科技政策-中国-文集 Ⅳ. ①G322.0-53

中国版本图书馆 CIP 数据核字（2019）第 116505 号

责任编辑：侯俊琳 牛 玲 / 责任校对：韩 杨

责任印制：张克忠 / 封面设计：有道文化

编辑部电话：010-64035853

E-mail：houjunlin@mail.sciencep.com

科学出版社 出版

北京东黄城根北街 16 号

邮政编码：100717

http://www.sciencep.com

中国科学院印刷厂 印刷

科学出版社发行 各地新华书店经销

*

2019 年 6 月第 一 版 开本：720×1000 1/16

2019 年 6 月第一次印刷 印张：40 3/4

字数：650 000

定价：198.00 元

（如有印装质量问题，我社负责调换）

编 委 会

牢记使命　服务决策

白春礼

中国特色新型智库是党和政府科学民主依法决策的重要支撑，也是推进国家治理体系和治理能力现代化的必然要求。中国科学院作为国家自然科学最高学术机构和科学技术最高咨询机构，党中央、国务院历来高度重视发挥这支战略力量在科技发展战略与政策研究方面的作用。2013 年 7 月，习近平总书记视察中国科学院时明确提出了“四个率先”的要求，其中之一就是“率先建成国家高水平科技智库”。2015 年 11 月，中国科学院被确定为首批国家高端智库建设试点单位之一，明确我是首席科学家，重点任务是建设科技战略咨询研究院。在 2016 年“科技三会”、2018 年两院院士大会上，习近平总书记对中国科学院发挥好国家高端科技智库功能提出新的更高要求，强调要围绕事关科技创新发展全局和长远问题，善于把握世界科技发展大势、研判世界科技革命新方向，为国家科技决策提供准确、前瞻、及时的建议。

中国科学院深入贯彻习近平总书记一系列重要讲话精神，认真落实中央关于高端智库的一系列文件要求，发挥中国科学院集科研院所、学部、教育机构于一体的综合优势，整合组建具有法人资格的“中国科学院科技战略咨询研究院”（以下简称战略咨询院），着力建设发挥中国科学院学部作为国家科学技术方面最高咨询机构作用的研究支撑平台，率先建成中国科学院发挥国家高水平科技智库作用的重要载体和综合集成平台，系统集成中国科学院院内外以及国内外优势力量建设高端智库专业化平台，持续提高系统分析能力、综合集成能力、前瞻预判能力和前沿交叉基础能力。

三年多来，中国科学院以高度的使命感和责任感开展高端智库建设试点工作，把握战略方向，突出问题导向，坚持改革取向，深入完善管理体制和运行机制，建设聚智、善谋、咨政、可信赖、可倚重的新型高端特色智库。服务国家需求，把握科学规律，积极承担各项战略咨询任务，以重大产出为导向，取得一大批高质量智库研究成果，形成高端科技智库系列品牌，持续提升智库国内外影响力。聚焦科技发展战略、科技和创新政策、生态文明与可持续发展战略、预测预见分析、战略情报等领域，汇聚国内外优秀人才，建设开发合作的科技战略与政策国际研究网络。

按照党中央关于决策和宏观管理部门与高端智库建立直接联系对接机制的要求，我们积极探索建立了多层次、体系化服务国家宏观决策的智库平台。2017 年 11 月，中国科学院与国务院研究室共建了中国创新战略和政策研究中心（以下简称政研中心），依托战略咨询院共建制度化、机制化的工作平台。政研中心发挥国务院研究室成果运用转化渠道和战略咨询院综合研究集成优势，围绕科技促进发展和促进科技发展的战略和政策问题，不断提出具有思想性、全局性、战略性、建设性、前瞻性的科学咨询建议，为国家创新战略和政策的宏观决策提供科学依据和智力支撑。

政研中心成立后，围绕党中央、国务院关注的重大科技问题，从全局和战略的高度把握世界科技发展态势，从科学技术影响和作用的视角研究国际国内经济社会发展中的问题，汇聚战略科学家、领域科学家、科技政策学者以及科技情报学者的力量，坚持科学导向、证据导向、决策导向，以开展重大战略科技咨询任务为核心，重点开展战略规划、科技创新、体制机制、高端人才、生态系统、区域发展、产业变革等方面研究，形成了一批科技前沿动态、科技决策参考和科技智库报告。本书结集选编的这些成果，既有科技创新战略与政策方面的研究与建议，也有对经济社会发展与变革的调研与思考，还有对全球科技创新进展、主要国家科技战略部署的扫描与分析。其中有些成果获得国家领导人重要批示，有些成果直接推动了相关政策制定。

牢记使命，服务决策，是我们在高端智库建设中始终坚持的宗旨和方向。党的十九大报告明确指出要推进科技强国建设，并把科技创新的重要性提到了新的高度。作为国家战略科技力量，中国科学院更要义不容辞地在建设世界科技强国中发挥更大作用。我们要将习近平总书记提出的“三个面向”“四个率先”要求作为新时代的办院方针，积极探索中国特色科技智库建设的新模式。我们要进一步坚持高端智库专业化发展方向，创新研究模式，源源不断产出更多更好的智库产品；进一步坚持智库与决策部门的有效对接，全面了解并有效服务党中央、国务院宏观决策的重大需求；进一步打牢智库研究的学术和理论功底，持续积累、厚积薄发，以扎实的学术研究支撑决策咨询研究；进一步创新发展智库理论研究方法和工具，建设一支高素质的智库人才队伍。

建设国家高端科技智库使命光荣、责任重大。中国科学院要不断创新思想，形成系列产出和学术品牌，对经济社会发展重大问题提出科学前瞻的建设性建议，在国家科技规划、科学政策、科技决策等方面发挥权威性战略支撑作用。我们要争取在服务宏观决策方面有更大作为，在引领创新方向方面有更广泛影响，在发展智库理论方法方面有更突出成果，率先建成国家高水平科技智库，成为全球科学技术和创新发展政策思想的引领者，努力推动我国科技实力和创新能力实现新的历史性飞跃，为建设创新型国家和世界科技强国、实现中华民族伟大复兴中国梦做出更大的贡献。

2019年5月

目录
contents

序　言　牢记使命　服务决策（白春礼）

绪　论

3　世界科技中心转移的钻石模型
——基于经济繁荣、思想解放、教育兴盛、政府支持、科技革命的历史分析与前瞻

19　科技战略咨询研究肩负国家使命

第一篇　科技创新战略与政策

41　新时代我国科技创新发展战略思考和建议

49　中国科技创新走过的道路

66　关于加快建设创新型国家的思考和建议

78　现代化强国建设的路径、模式及重点

83　我国临床医学学位制度亟待改革

87　不以"出身"论英雄　让本土科技人才在实践报国中砥砺成锋
——中国科学院神经科学研究所人才工作成效及启示案例

93 建立基础研究人才的分级同行评价机制

97 中国科学院上海有机化学研究所精准引才用才效果好

第二篇 经济社会发展与变革

105 战略竞争领域国有科研院所转型发展路径与建议

109 打造世界一流高端医疗设备民族品牌
——上海联影医疗科技有限公司创新发展调研报告

114 新松公司发展的经验与启示

119 有研科技集团有限公司改革创新发展经验与启示

124 培育新动能的主要努力方向

128 着力提升劳动生产率，培育实现经济高质量发展的新动能

138 关于树立新时期粮食安全观的认识与建议

143 关于促进小农户与规模户两类粮食种植主体健康发展的对策建议

149 国内外智能网联汽车产业发展动向分析

157 关于支持国产高端医疗设备创新发展的政策建议

161 关于我国医药制造业创新发展的思考和建议

165 发展秸秆产业 提高农民收益

169 中国生猪产业与饲料工业发展建议

173 关于“渤海粮仓”工程从示范到推广的建议

178 电商扶贫的有效模式

183 关于“一带一路”建设实践中的思考与建议

191 先进移动式核能供电装置“核电宝”研发及产业化建议
196 开展植被清查与重构 支撑“美丽中国”建设
200 关于我国低碳复合能源发展战略的建议
205 关于推动国家公园体制配套改革的建议

第三篇 科技研发布局与进展

213 世界科技前沿与中国科技突破
227 2017 年农业科技发展与启示
232 2017 年材料与制造科技发展与启示
237 2017 年环境科学发展与启示
242 2017 年地球科学发展与启示
247 2017 年能源科技发展与启示
253 2017 年海洋科技发展与启示
258 2017 年人口健康科技发展与启示
263 2017 年生物科技发展与启示
268 2017 年信息科技发展与启示
274 2017 年空间科学发展与启示
279 国内外芯片产业发展态势分析研判
288 智能机器人产业源头技术研究
292 智能机器人发展现状、趋势分析与建议
299 智能机器人产业源头技术分析与建议
307 全球智能传感器产业发展动向分析

313 "关口前移"：应对老龄健康问题新战略
——中国科学院启动"大健康背景下延缓阿尔茨海默病策略研究"
317 国内外阿尔茨海默病防控现状分析与建议
323 发达国家阿尔茨海默病防控策略及启示
——以美国为例
331 综合干预：早期防治研究为阿尔茨海默病延缓策略寻求突破口
338 重心下沉：我国阿尔茨海默病防控策略建议
344 抓住现代生命科学第三次革命机遇　建设国家生物医学大数据基础设施
348 关于建立国家级科技预印本平台的建议
352 关于建立国际数字科技文献在我国长期保存机制的建议
356 关于实现科研论文全面开放获取的建议

第四篇　前沿动态扫描与预测

363 WIPO 发布《2017 年全球创新指数报告》中国排名第 22 位　创新表现趋好
366 中国科学院在科研合作方面位列全球科研机构第四位
368 中国科学院再度入选"全球最具创新力政府研究机构 25 强"
371 美国陆军报告揭示未来 30 年可能改变世界的科学技术趋势
374 美国陆军报告揭示未来 30 年可能改变世界的科学技术趋势
——机器人与自主系统

376 美国陆军报告揭示未来 30 年可能改变世界的科学技术趋势
——人类增强技术

378 美国陆军报告揭示未来 30 年可能改变世界的科学技术趋势
——网络安全

381 美国陆军报告揭示未来 30 年可能改变世界的科学技术趋势
——混合现实

384 美国陆军报告揭示未来 30 年可能改变世界的科学技术趋势
——合成生物学

386 美国陆军报告揭示未来 30 年可能改变世界的科学技术趋势
——增材制造

388 麦肯锡报告分析中国人工智能的未来之路

391 英国 STFC 发布信息化基础设施新战略

395 英国医学研究理事会聚焦终身精神健康研究

397 欧盟针对未来新兴技术旗舰计划遴选三大主题领域

401 美国 NSF 公布科学与工程前沿十大发展设想

405 ARPA-E 支持变革性能源技术开发

408 英国学者筛选 2018 年全球 15 个环境挑战和趋势

412 “创新英国”支持企业技术创新及商业转化

第五篇 国际科技战略与态势

417 美国科技战略、政策与管理新举措

424 法国科技战略、政策与管理新举措
428 英国科技战略、政策与管理新举措
432 德国科技战略、政策与管理新举措
437 日本科技战略、政策与管理新举措
442 俄罗斯科技战略、政策与管理新举措
446 加拿大科技战略、政策与管理新举措
450 巴西科技战略、政策与管理新举措
453 《特朗普白宫的科学建议》一文的启示
455 OECD 提出国际科研基础设施面临的挑战和应对举措
459 国际能源署展望和深度分析世界能源发展趋势
463 国际能源署展望全球能源转型发展方向
465 欧盟智库提出应对产业转型挑战和创新政策要点
469 联合国环境规划署发布《迈向零污染地球》报告
473 法国支持中小企业发展创新技术与绿色技术
476 美智库发布《美国机器智能国家战略》报告
480 美国 2018 年科技政策的十大看点
485 美国发布《国家人工智能研发战略规划》
487 英国首相讲话承诺增加对研发和创业的支持
488 韩国发布科技应对雾霾战略
489 美国智库机构向特朗普政府提出能源创新政策及重点领域建议
493 日本智库专家评述对华直接投资新动向
495 英国发布未来 25 年环境计划

第六篇 全球基础研究重点领域动态

501 生命健康领域
512 信息科技领域
517 空间科技领域
524 农业科技领域
528 能源科技领域
534 地球科学领域
539 纳米科技领域
544 基础交叉前沿

第七篇 全球重点研发企业创新动态

557 能源领域
574 材料领域
587 装备制造领域
604 电子信息领域
621 生物医药领域

绪　论

世界科技中心转移的钻石模型*

——基于经济繁荣、思想解放、教育兴盛、政府支持、科技革命的历史分析与前瞻

一、世界科学中心转移过程及特征分析

科学的历史发展不是线性的，而是有起有伏，科学的地域分布也是不平衡的，有的国家先进，有的国家落后。关于世界科学中心，根据一些学者的统计分析，有世界科学单中心说、科学多中心说、科学主中心与副中心说（表1、表2）。技术发展也是有起有伏，地域分布也不平衡，也有世界技术中心转移说（表3）。实际上某一学科、某些学科群也有世界中心，以往对此缺乏统计分析。

表 1　世界科学单中心转移

世界科学中心	依据	
	汤浅光朝：《平凡社年表》	赵红州：《自然科学大事年表》
意大利	1540～1610 年	1540～1620 年
英国	1660～1730 年	1660～1750 年
法国	1770～1830 年	1760～1840 年
德国	1810～1920 年	1840～1910 年
美国	1920 年至今	1910 年至今

表 2　世界科学多中心转移

依据	类别	国家（时间）
梁立明	主中心	意大利（1521～1610 年） 英国（1641～1730 年） 法国（1731～1830 年） 德国（1831～1900 年） 美国（1911 年至今）

* 本文发表于《中国科学院院刊》，2019，34（1）：10-21.

续表

依据	类别	国家（时间）
梁立明	副中心	德国（1601～1610 年） 法国（1631～1650 年） 英国（1781～1870 年）
戴维斯	该国科学成果总数世界排名第一（主中心）	意大利（988～1660 年） 英国（1661～1800 年） 德国（1801～1900 年） 美国（1901～1945 年） 美国（1946～1988 年）
	该国科学成果总数世界排名第二（副中心）	德国（988～1660 年） 法国（1661～1800 年） 英国（1801～1900 年） 英国（1901～1945 年） 英国（1946～1988 年）

表 3　世界技术中心转移

世界技术中心	意大利	德国（Ⅰ）	法国	英国	德国（Ⅱ）	美国
时间跨度	1380～1520 年	1480～1570 年	1680～1760 年	1690～1870 年	1860～1930 年	1870 年至今

注：该国技术成果占世界 25%以上为世界技术中心，存在同时有 2 个技术中心的情况。

借鉴英国著名学者贝尔纳的研究发现，日本学者汤浅光朝用定量的方式描述了16～20世纪世界科学活动中心及其转移的情况。如果一个国家的科学成果超过全世界总数的25%，则这个国家就称为世界科学中心；该国成果超过25%所持续的时间，称之为科学兴隆期。

按照汤浅光朝关于科学活动中心的定义，根据不同的科学史年表可以得出世界科学中心转移的特征，尽管具体时间节点不完全相同，但表1中的5国成为世界科学中心的依次顺序及主要时期基本一致。近现代世界科学中心转移的顺序大致是意大利（1540～1610年）—英国（1660～1730年）—法国（1770～1830年）—德国（1810～1920年）—美国（1920年至今）。每个国家的科学兴隆期平均为 80 年左右。图1为这5个国家1540～1960年科学成果占世界科学成果的比例。

（一）意大利成为第一个世界科学中心的特征（1540～1610 年）

16世纪中期，资本主义萌芽产生并带动发达的商品贸易，为意大利科学革命和成为世界科学中心打下基础。政治运动与人文主义的产生促进了思想

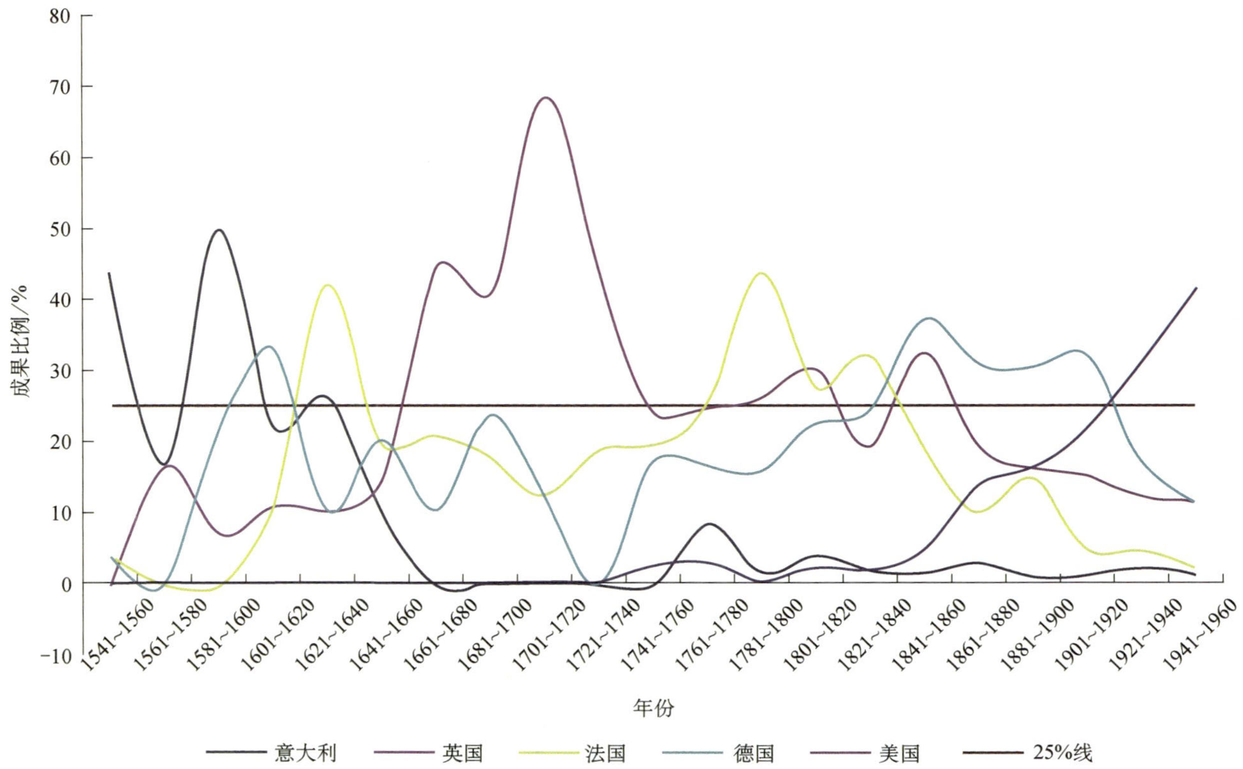

图1　1540～1960年5国科学成果比例图

注：图中25%线表示该国贡献世界科学成果25%的位置。

解放，激发了当时人们研究自然现象、探究自然界规律的兴趣，从而为科学革命的产生奠定了基础。人文主义思想的传播推动人们探索自然、研究上帝与自然关系的风潮。意大利的教育体系为其成为科学中心提供了支撑。技术的进步为意大利科学的进步提供了新事实及新技术，使得真正有系统的实验科学成为“可能”。意大利成为世界科学中心与科学知识自身增长规律相契合，引发了科学革命。意大利一些地区的城邦中出现了一批重要的自然哲学家，使意大利成为近代科学活动的第一个中心（1540～1610年）。意大利爆发的科学革命使得知识在天文学、解剖学、力学、数学、博物学领域产生了巨大的突破。

（二）英国成为第二个世界科学中心的特征（1660～1730年）

英国在16～17世纪涌现出吉尔伯特、波义耳、牛顿、胡克、哈雷、布拉德莱、阿代尔、哈维等各领域内的大师，开辟了力学、化学、生理学等多个现代学科，成为世界上第二个科学中心。英国经济的发展与资本主义生产方式的确立使得英国成为欧洲最富庶的国家之一。资产阶级革命的成功，为英国自然科学的发展提供了制度保障。清教主义运动塑造了英国研究自然，从而赞颂上帝的文化性格，对科学革命与英国的科学发展产生了巨大的作用。大学教育发展及教育理论的创新对科学中心向英国转移提供了巨大支撑。工业发展及技术进步为新知识的产生提供新需求及新工具。英国成为世界科学中心，与牛顿完成自然哲学的综合以及对其他学科产生影响有着密切联系。

（三）法国成为第三个世界科学中心的特征（1770～1830年）

18世纪中后期到19世纪中期，法国成为继英国之后的又一个世界科学中心，涌现出了达朗伯、萨迪·卡诺、拉普拉斯、布丰等一大批伟大科学家。法国积极推进本国的工业化进程，大力发展本国的独特工业体系，提升了法国的整体工业实力。国家支持自然科学，使科学研究建制化，极大地推动了当时科学研究事业的发展。启蒙运动形成了法国的自由理智主义传统，推动了怀疑主义、逻辑主义方法论的传播。18 世纪晚期，法国积极推进理工学院的建设。通过这个新系统，自然科学、数学和工程技术建立起了不同层面的稳固联系，新的体制极大地促进了科学技术的职业化。19 世纪中后期，法国逐渐确立了技术发明的个人财产权，极大提升了人们致力于技术发明的热情。法国科学家在热力学、化学、天体力学等学科领域做出了突出贡献，为后来的内燃机革命及化学革命提供了理论基础，引领了当时世界科学发展的潮流。

（四）德国成为第四个世界科学中心的特征（1810～1920年）

19世纪20年代至20世纪20年代，德国科学发展突飞猛进。尤斯图斯·冯·李比希创立了有机化学，维勒成功合成尿素，施莱登和施旺创立细胞学说，爱因斯坦提出相对论，普朗克提出量子概念，伦琴发现X射线，德国开始引领科学的发展。19世纪中期起，德国工业迅速崛起，为德国科学的崛起提供了物质基础。德国的开明君主专制制度为德国科学的复兴提供了政治保障，教育和科研体系具有稳定的自我增长空间而不受过多干预，使得先进的、有利于自然科学发展的制度得以存续并释放自己的潜力。

德国文化中含有尊重科学的内在因子，且实用主义文化逐渐占据主导地位，为科学的崛起及科研成果的转化提供了良好的文化氛围。现代大学制度（柏林大学模式）的建立，是推动德国成为世界科学中心的重要因素。德国创建了强大的工业实验室，把科学与企业结合起来，科学研究获得了资金，企业获得了基于科研的技术，有力地推动了物理、化学等学科的发展。源起于德国的有机化学、量子力学等学科，成为当时引领世界科学发展的带头学科。

（五）美国成为第五个世界科学中心的特征（1920年至今）

自19世纪末、20世纪初开始，美国在经济文化等各方面取得了举世瞩目的成绩，并于1920年取代德国，成为保持至今的世界科学中心。与法国和德国不同，美国的基本模式是外源性而非内生性的。20世纪初，美国拥有雄厚的经济及工业基础，经济的繁荣为美国科学研究提供了良好的经济条件。美国政府将基础研究视为国家崛起及强盛的根本性要素，为美国成为新的世界科学中心奠定了政治基础。通过学习欧洲先进教育制度，美国建立起完善的研究型大学体系，同时通过人才引进，美国在短时间内成为世界科学研究强国。第二次世界大战使美国成为最大赢家，强化了其超级大国的地位。实用主义文化造成了美国重视技术的传统，为科学的发展提供了必要的物质条件。美国工业界通过建立工业实验室、研发机构，以及建立各种支持自然科学研究的基金会，形成了良性的“工业支持科学、科学界反哺工业”传统。美国还抓住了量子力学革命及信息技术革命机遇，迅速站在世界科学领域前沿。

二、世界科学中心转移的历史启示

世界科学中心的形成需要具备许多条件，当多重有利条件都具备时，科技后进国家的脱颖而出或后来居上才可能发生。通过世界科学中心演进规律分析，得出世界科学中心转移的若干历史启示。

（一）经济高速发展的带动作用

无论是意大利、英国、法国，还是德国、美国，在科学中心兴起之前，往往有一个经济高速发展期。例如，意大利城市的产生和资本主义关系的萌芽都早于西欧其他国家。1588年，英国击败西班牙之后成为海上霸主，通过奴隶贩卖和海外贸易大发其财，16世纪的第一期圈地运动高潮，也为英国资本主义的发展准备了生产经营所必需的资本财富、自由劳动者和国内市场。美国在成为世界科学中心之前，便已经是世界工业中心。

经济较为发达的国家，往往能够凭借雄厚的经济基础，为从事自然哲学或科学研究的人提供更多的资助，并建立各种科研机构来推动自然科学研究的发展。同时，经济的发展往往会提出各种技术性需求，从而推动自然科学家去探索自然界、寻找新方法来解决这些现实问题，技术也相应得到快速发展。经济与技术越发达，为自然科学家所提供的技术工具、实验仪器就越先进，这有助于科学家发现新现象、新材料、新方法。此外，经济发展促进了教育繁荣、人才辈出，更多智力精英生活得到充分保障，从而心无旁骛地投身科学事业。

（二）科技、经济一体化协同发展

在科学发展的早期阶段至19世纪中期，科学中心的形成和演进与技术中心的关联性不大。然而自19世纪中期第二次工业革命以来，科学、技术、经济日益一体化。技术的发展越来越多地需要从科学研究中获得支持，经济增长也愈来愈多地依赖于科学与技术，科学、技术、经济逐渐形成一种正相关的良性循环系统。

例如，德国有机化学的发展及其所引发的化学革命，促使有机化学领域涌现出一系列原创性成果，开创了德国的化学染料工业，这成为德国称霸世界的关键。德国有机化学工业巨头纷纷建立工业实验室。例如，1865年德国的巴斯夫（BASF）公司建立了工业实验室，并大量雇佣来自大学的科学研究人员。20世纪50年代以来，以美国硅谷为代表的科技工业园区、科学城等，更是科技经济一体化的集中体现。

（三）思想解放与崇尚创新文化

科学研究是探索未知、解决难题的高度复杂的智力活动，是挑战权威、敢为人先、后来居上的智力竞赛，需要宽松自由的环境和宽容失败、鼓励尝试的创新文化。破除思想桎梏是大规模知识创新不可或缺的前提，文艺复兴、宗教改革与启蒙运动等欧洲近代三大思想解放运动，为科学发展与科学革命的出现奠定了至关重要的基础。统计表明，每一个国家的科学高潮出现之前都曾有过一个哲学高潮，这是思想解放的集中体现。美国硅谷崛起的根本原因之一在于其独特的宽容失败、崇尚个人创造力的创新文化。因此，发展高水平科研，实现高水平创新驱动发展，思想解放和崇尚创新文化是必不可少的前提。

（四）拔尖人才的自发集聚互动

科学发展是人才驱动的，尤其是杰出人才至关重要。无论是科学内部理论与实验的矛盾，还是科学外部经济的需求刺激，都只有落实到科学家身上才起作用。科技史表明，科技体制机制的演变是有规律的，会朝向越来越有效满足学者与社会需要的方向、方式演进，会让学者特别是优秀学者充分发挥作用，让知识创造越来越有效率。世界科学中心的形成、保持，往往需要一种开放的知识、人力、资源环境条件，封闭难以保持研究活力。成为世界科学中心的国家，往往是人才流动、知识流动与传播速率较高的区域。

在科研活动和创新活动中，拔尖人才的作用非常突出，正如哈佛大学前校长康南特（Conant J B）所说："在每一个科学领域里，决定性因素是人，科学事业进步的快慢取决于第一流人才的数目。据我的经验，十个二流人才抵不上一个一流人才。"这是由科学研究的"突破—跟进—再突破—再跟进"的基本方式所决定的，没有一流人才就难有前沿突破。由于网络化、平台化，使得个体更容易发挥作用，拔尖人才的重要性更加突出，甚至有人说在互联网时代，1 个杰出的程序员抵得上100个普通的程序员。当前，全球创新活动进入一个新的密集期，新科技革命将催生新一轮产业革命，引发社会重大变革，从而引领人类进入知识文明时代。未来人工智能（AI）将越来越多地替代普通人的工作，普通人才的稀缺程度降低，因此拔尖人才的作用变得更加凸显和重要，所谓"千军易得，一将难求"。而拔尖人才会自发集聚选择对自身更加有利的体制机制和文化环境，也正因为如此，若没有适合条件，拔尖人才要么聘不来，要么来了也留不住。

（五）教育兴盛繁荣的引领作用

从世界科技中心的整体演进、更替来看，一个国家先成为教育中心而后成为科技中心，先失去教育中心地位而后失去科技中心地位，教育兴隆期越长，科技兴隆期也越长，较短的教育兴隆期往往伴随一个较短的科技兴隆期。例如，从16世纪中叶到17世纪中叶，英国是世界高等教育的中心，其中1167年成立的牛津大学和1209年成立的剑桥大学起到了关键作用。18世纪上半叶，启蒙运动促进了法国新型高等学校"大学校"的建立，法国取代英国成为世界的科学中心。德国是第四个高等教育中心和科学中心，其中1810年成立的柏林大学成为新型大学的范本。20世纪初，美国的高等教育迅速超过了德国，推动美国成为世界科学中心。

教育兴盛也是历次科学中心形成的必要条件，为人才储备提供了至关重要的供给保障，而教育兴盛往往是通过教育变革实现的。例如，研究型大学的创建使德国教育勃兴，有力支撑了德国科学的快速发展。目前，世界顶尖大学大部分集中在美国。美国大学的崛起是一系列制度创新与组织创新的结果，其中美国的大学自治制度发挥了极为重要的作用。美国大学自治制度的核心是“法人—董事会制度结构”、联邦教育分权体制和多权力中心的政治结构，多元社会参与和市场机制为大学提供了运行的经济基础和动力，高等教育行业自律与行业自治可实现自我完善，内部分权与教师参与巩固了大学的内在根基。

（六）国家对科技事业的有力支持

当一国政府通过科技政策、教育政策、人才政策、资金政策等给予科学足够的支持，并且这种支持与科学自身的发展规律相符合时，便有可能为该国成为世界科学中心提供重要条件，反之，则很难成为世界科学中心。

17世纪，法国政府成立了巴黎科学院，这是世界上第一个职业科学家机构，为世界科学中心转移到法国起到了决定性作用。德国政府在大学创办（如柏林大学）、综合性研究机构建立（如威廉皇帝学会）、科研体制变革中都起着举足轻重的作用。美国虽然市场经济高度发达，但政府在推动科技发展方面也起到至关重要的作用，从第一部宪法规定教育和科学事业不受任何干预地独立发展，积极学习德国研究型大学模式，到第二次世界大战后建立国家科学基金会（NSF）、国防高级研究计划局（DARPA）等有利于科学发展的科研机构，再到建立白宫科技政策办公室、国家科学研究委员会和总统科技顾问委员会等，以及颁布《拜杜法案》，这些都强化了政府、科研机构、产业界的三方合作。美国政府通过采购支持企业研发新产品，并充分利用美元金融体系、国际关系和知识产权优势，推动美国科技快速发展。

（七）科学成果涌现时机的重点布局

世界科学中心的形成及转移，与科学体系自身的演化以及一国科学家对该时代当采学科的重视程度、在当采学科领域中所做出成就的质与量密切相关。世界科学中心形成的必要条件之一是恰逢科学成果涌现期，历次科学中心的形成均是如此。而科学成果涌现是科学发展的内部规律与社会诸多因素恰当结合的结果，只有大规模新成果出现，成果聚集地域才可能重新分布，新的科学中心才可能形成。

在科学自身的发展过程中，会在特定时期形成重大突破，并形成该时代的“带头学科”，即在特定时期，会有一门或几门学科成为最有活力、吸引最大注意力并产生最大量科学成果（即“科学涌现期”），从而对自然科学的整体发展起主要的推动作用。科学革命会引起科学成果涌现，而且涌现出的新成果往往代表未来发展方向。当特定当采学科出现时，如果一国的科研力量主要部署在这一领域，并做出重大科学成就，便极有可能成为当时的世界科学中心。

三、未来世界科技中心的若干特征

进入20世纪，科学与技术一体化程度越来越高，借鉴世界科学中心转移研究的成果及其揭示出来的规律，结合对当前科技前沿状况的把握，可以看出世界科技中心仍然主要集中在欧美发达国家，但呈现出加速向亚洲和太平洋地区转移的趋势。21世纪以来，日本科技实力依然突出，中国、巴西、印度、土耳其等新兴国家和经济体科技研发支出快速增长，在全球的研发份额占到较高的比例，技术创新能力明显增强，已经成为科技创新的高度活跃地区，并对世界科技创新做出越来越大的贡献。

鉴于上述分析，我们提出了世界科技中心转移主要影响因素的“五要素钻石模型”（图2），经济繁荣、思想解放、教育兴盛、政府有力支持等4个社会因素和1个科技革命（科学技术成果涌现期）因素对科学中心形成必不可少。据此可以对未来科技中心的特征与我国发展科技的条件进行分析。

随着创新资源的国际化配置，新一代信息技术的广泛渗透，以及全球化的进一步深入，从科技中心的数量规模来看，可能产生多个中心并存、综合中心与学科专业中心并举的格局。未来世界科技中心的形成和发展，将具备历史上科技中心的共同特征，同时又因适应新时代特点而有所变化。未来世界科技中心将具有以下若干特征。

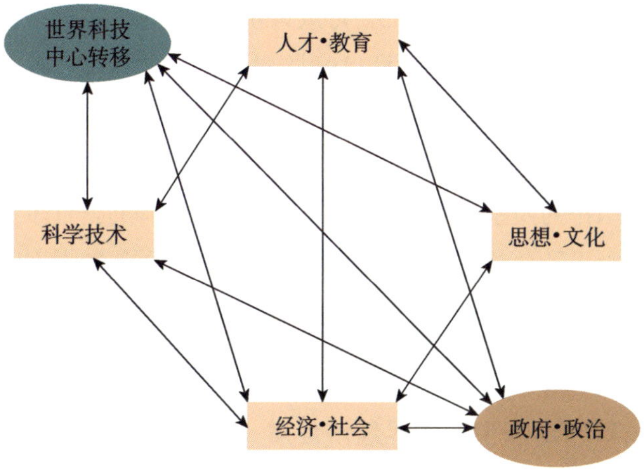

(a) 平面模型

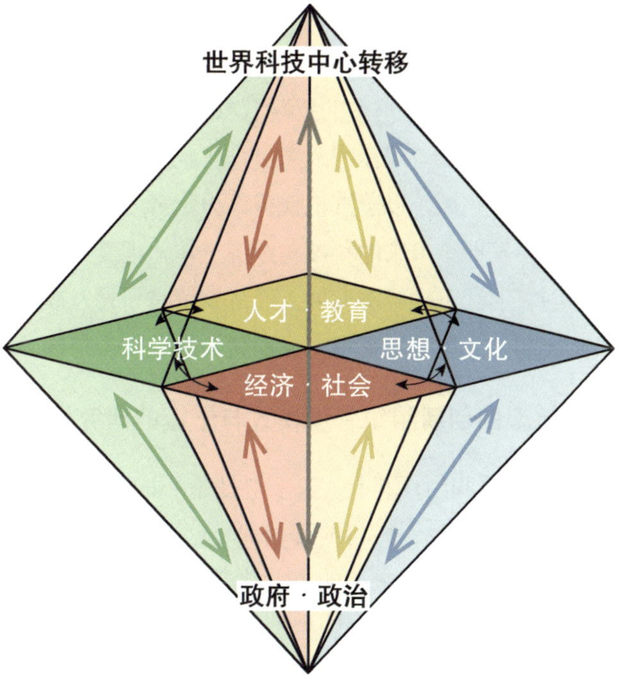

(b) 立体模型

图 2 五要素钻石模型

（一）培养、汇聚大批世界顶尖人才

世界科技中心首先是人才中心。形成人才中心有两种方式：①教育兴盛、培养人才；②环境优越、吸引人才。19世纪上半叶，德国涌现出大批世界顶级科学家，包括数学家高斯，物理学家欧姆、楞次，化学家维勒、李比希，生物学家施旺、柯立克等。二战期间，爱因斯坦、费米等德国科学家大批流向美国，极大强化了美国作为人才高地的优势。不仅如此，美国的教育体系与环境相得益彰，培养、吸引了众多拔尖人才，这也是美国科技领先的根本原因。今天，各国都在竞相出台政策，不遗余力吸引世界顶尖人才。据统计，美国硅谷中1/3 的人口为非美裔，20～45岁年龄段中的非美裔青年更是占到了一半。

（二）持续驱动和引领世界经济发展

世界科技中心不仅是“创造”科技成果的先行者，更是“应用”科技成果的引领者，是促进生产力解放、催生产业革命的弄潮儿。18世纪前后，英国科学家在热力学等物理学上的突破，为蒸汽动力的发展提供了知识源泉。同时，英国产生了大批既掌握基本的近现代技术手段，又与工业实践有紧密联系的工厂主、技师和熟练工人，从而推动英国工业革命从纺织业拓展到交通、造船、采煤等诸多领域，以蒸汽机代替人力、畜力，极大地推动了人类第一次工业革命的蓬勃发展。未来的科技与经济一体化程度更高，基于技术的创新与基于科学的创新继续引领经济发展，经济繁荣是科技发展的最重要基础，既为科技提供充沛的资金等物质支持，又对科技发展产生持续的巨大需求。

（三）具有新型的创新组织管理模式与一流的研究机构和企业

科技包括知识体系和组织机构，未来科技中心的创新组织模式具有创新参与主体的大众化、创新组织机构的开放化、创新行业领域的跨界化、创新链接机制的平台化、创新资金来源的多元化等特征。国家实验室、研究型大学、大型企业等战略科技力量在创新生态系统中仍然扮演重要核心角色，并不断突破组织边界的束缚向外部开放各类资源能力。大量的分布式、弥散式创新单元，例如新型研发机构、中小微企业，甚至创客、产消者等非企业主体成为创新活动的重要参与者。战略科技力量与大量分散创新单元相互之间

形成群体参与、扁平网状、跨界融通的创新生态系统，共同构成充满活力的创新发展新格局。

世界一流大学是创新成果和新思想的策源地；一流的国家实验室是国家综合科技实力的重要标志，是促进各类创新资源综合集成、开放共享的平台，是保持国家战略优势的领军者。例如：美国的哈佛大学、斯坦福大学、麻省理工学院、普林斯顿大学，英国的剑桥大学、牛津大学等世界顶尖大学都是国之重器，引领着全球的学术前沿和思想潮流；美国的劳伦斯伯克利国家实验室20世纪50年代在高速运算研究领域、20世纪60年代在生命科学领域、20世纪80年代在并行处理科学计算技术领域、20世纪90年代在国家安全领域、21世纪在反恐领域和能源安全领域一直保持优势。

一流的创新型企业是科技中心的基础支撑，它们不仅是新技术、新产品、新业态的发源地，更是国家科技整体水平提升、产业转型升级的风向标。如美国的亚马逊、苹果、谷歌、脸书等著名企业，可谓第四次工业革命的探路者。一流的创新中心是科技资源集聚和辐射中心，预示着一个国家在世界分工体系中所能达到的最大高度。如以美国硅谷为代表的创新中心，不断催生科技和产业变革。

（四）产生具有世界影响和开辟新领域的重大科技成果

世界科技中心能够引领世界科技发展方向。第一次科学革命，意大利和英国作为当时的世界科学中心发挥了核心引领作用。意大利科学家伽利略在力学和天文学研究中取得重大突破，英国科学家牛顿发现了物质世界运动与相互作用的基本规律，二者在近代科学体系的建立中居功至伟。

世界科技中心所产生的重大科技成果不仅在“量”上非常突出，更有“质”的飞跃和对未来发展的引领。例如，20世纪美国产出了世界重要科技成果的60%以上，以至于美国在基础科学和应用科学的大多数领域多年保持领先地位。

即将发生的新科技革命，将涌现出一批原创成果，促成新的科技中心的形成，甚至引发科技中心的转移。本文所说的未来科技成果也包括交叉科学与社会科学的成果。要使科技发展造福社会，规避科技风险，愈加需要社会科学、交叉科学发挥作用，从而加强科技的伦理、法律与社会问题的研究，以及加强科技史、科技哲学、科技与社会的研究，确保科技与社会协调、健康地可持续发展。

（五）具有开放包容、思想解放、政府支持、稳定可预期的制度环境

未来社会将发生急剧变化，进入发展迅速、全球化、网络化、个性化的时代，这些不确定性带来一系列挑战。未来科技中心，不仅要继续探究自然奥秘、解决技术与产业问题，更要发现和解决人类社会面临的各种问题。这就需要不断解放思想，保持勃勃生机的创新文化，超越不再适应新形势、新挑战的思维和传统，永葆思想活力。

建设世界科技中心不仅需要好的社会氛围，同时需要强有力的政府作为。所谓好的社会氛围，就是崇尚科学、尊重创新成为社会的主流价值观，宽容失败成为大众的常态认知；所谓强有力的政府作为，就是依靠国家意志和力量有利于建成科技中心，方向正确、目标清晰、政策稳定的科技创新战略和制度体系至关重要。“社会氛围”和“政府作为”相辅相成，缺一不可，共同构成有利于科技创新的制度环境。没有好的社会氛围，科学发现的种子就很难孕育；没有强有力的政府作为，科技创新的幼苗就很难成长为引领创新发展的参天大树。

四、我国建成世界科技中心的有关建议

全球科技创新进入前所未有的密集活跃期，为我国成为世界科技中心提供了难得的“机会窗口”。从第一次工业革命开始，每个世界强国的崛起，都会相应产生一个世界科学中心。改革开放以来，我国经济快速发展，已成为世界第二大经济体，具备了建设世界科技中心的经济条件和物质基础。在当前新一轮科技革命与产业变革的孕育期和经济增长复苏期的“双重叠加”背景下，世界科技创新版图的多极化，恰好为我国建设世界科技中心提供了难得的战略机遇。当前和未来一个时期，为抓住新一轮科技革命与科技中心东移的历史机遇，实现世界科技中心和科技强国的建设目标，结合世界科技中心转移的“五要素钻石模型”和当前形势，建议推进如下三项重点任务。

（一）解放思想，完善人才政策，营造创新友好的环境

人才是创新的第一资源。要倡导尊重人才、尊重创造，以包容的心态对待创新，以海纳百川的胸怀广聚天下英才而用之，成为世界各国有志创新人才向往的沃土。解放思想，下大力气拆除阻碍人才创新的体制机制藩篱，持续增加对人才的投入，建立健全创新导向的法律、政策和制度，让人才、信息、资金、项目、平台等创新元素充分结合、激活，产生聚变效应。要对各类人才计划进行系统梳理和优化整合，明确各自的定位。对国内外优秀科技人才在政策、待遇和发展机会上平等对待。完善人才有序流动机制，避免层层加码、恶性竞争。改革科研人员薪酬分配制度，增加稳定收入比重，使其能够体面地生活，安心致研。加快推进事业单位科研人员的社保体系建设，减少科研人员的后顾之忧。对从事不同性质科研工作的人员进行分类评价，摒弃以数量评价为主的评价方式，建立以代表性成果、应用转化效率和影响力为导向的人才评价体系。

（二）加快世界教育中心建设

教育是人才培养的基础，我国已有世界上最大规模的高等教育体系，教育普及程度大幅提高。中国要成为世界科技中心、建成科技强国，必须加快建成世界教育中心。要进一步发展高等教育，进一步提高高等教育入学率，建设一批世界一流大学，加强职业技术教育；深化基础教育系统改革，革除应试教育、灌输式教育的弊端，更新教育思想和方法，优化教育结构，加快基础公共教育均衡发展，促进教育适应社会需求；加强继续教育，建设全民学习、终身教育的社会。利用互联网和人工智能等新兴技术，改革传统教科书，探索新型高效的教育方式。加强创新生态建设，培养与造就世界上最宏大的创新创业队伍，让创新人才充分发挥作用。

（三）加大政府支持力度，破解挑战性难题，抢占前沿研究与颠覆性技术创新先机

全球新一轮科技革命和产业变革方兴未艾，颠覆性技术不断涌现，科技创新加速推进，并深度融合、广泛渗透到人类社会的各个方面，成为重塑世

界格局、创造人类未来的主导力量。世界科学中心转移的历史表明，在关键时期，政府的有力支持至关重要。今后一个时期，以新一代信息技术、人工智能、新能源技术、新材料技术、新生物技术为主要突破口的新技术革命，将从蓄势待发进入到群体迸发的关键时期，酝酿全球创新格局重大调整，并引发新一轮工业革命。科技与产业的快速发展和社会的急剧变化也产生了前所未有的巨大挑战，亟待我们研究、回应。作为科技创新的后发追赶型国家，必须要以全球视野，准确研判世界科技创新发展态势，持续开展科技前瞻、科技发展规划及科技与社会协调健康发展研究，及时调整国家科技布局，创新研发组织模式，破解发展面临的挑战性难题、抢占前沿研究与颠覆性技术创新的先机，才有可能实现科技创新能力质的跃升，建成世界科技中心。

中国科学院科技战略咨询研究院　潘教峰
中国科学院自然科学史研究所　　刘益东
中国科学院科技战略咨询研究院　陈光华　张秋菊

科技战略咨询研究肩负国家使命*

中国科学院科技战略咨询研究院成立具有里程碑的意义，肩负着直接为党中央、国务院、中央军委服务的光荣使命，必将发挥中国科学技术方面最高咨询研究支撑机构的作用，必将成为凝集整合中国科学院优势力量形成的综合集成平台，必将率先建成国家高水平、国际知名智库的重要核心载体。实现中华民族伟大复兴的中国梦，需要高端智库、需要科技外脑、需要战略科学家。中国科学院作为我国科学技术的最高殿堂，长期以来为我国经济社会发展、改革开放事业做出了卓越贡献。我在国务院研究室工作期间，每次陪同国务院领导同志到中国科学院调研，同中国科学院有关同志合作完成任务，都学到很多、收益很多、感悟很多。中国科学家和科技工作者的高尚精神和品格，深深地鼓舞着我、激励着我、鞭策着我。科技战略咨询研究是决策研究、应用研究，它具有不同于基础研究、学术研究的独特服务对象和思维方法。科技战略咨询研究就是要服务于国家民主政治建设，服务于国家治理能力建设，服务于国家软实力建设，让科技战略智力资源优势转换成为领导力、竞争力、影响力。中国科学院科技战略咨询研究院人才荟萃，一定能够围绕中心、服务大局出思想、出成果、出人才。做好这项神圣的工作，既要有责任感、使命感，也会有荣誉感、成就感，应围绕以下四个方面发挥作用。

一、科技战略咨询研究，应围绕推动产业技术革命发挥作用

世界经济发展的历史表明，经济危机往往孕育和催生新的科技革命和产

---

* 本文为作者于2016年4月22日在“国家高端科技智库大讲堂”上的讲座摘要。

业革命。2008 年世界金融危机后，一些重要科学问题和关键核心技术呈现革命性突破，科学发现、技术发明和产业发展一体化进入新的阶段，科学技术越来越成为推动经济社会发展的发动机，“第四次工业革命”已经到来。全球制造业向网络化、智能化、绿色化、柔性化、服务化加快转变，大规模定制、社会化生产、平台型经济、网络化组织、开放式创新纷纷涌现，世界经济格局、产业组织形态和生产生活方式发生了重大变化。科技战略咨询研究的一项重要任务，就是把握世界制造业新技术、新产业、新模式、新业态成长趋势，分析全球产业布局动向、重点领域发展动向、产业技术创新动向、领先企业战略动向，研究我国产业转型升级和技术创新变革面临的新形势、新任务、新要求、新举措，为推动产业技术革命、实践新型工业化道路提供决策支撑。这主要取决于我们对国内外技术革命和产业革命变化情况的把握程度。

（一）研判新一轮全球产业转移态势和对策

过去十几年，中国已成为全球制造业大国，但总体上大而不强；美欧日等发达经济体制造业规模缩减，但核心竞争力依存。2008 年世界金融危机后，欧美国家实施重振制造业的“再工业化”战略，着力发展全球领先的高端制造业以期占据新的产业制高点，创造与新兴工业化国家错位发展的新的经济增长极，形成研发设计、工艺技术、市场营销等全产业链上的新的竞争动力源。全球制造业产业格局正在发生新的“大陆架漂移”：欧美国家旨在执掌全球制造业的“话语权”，美国的制造业再工业化、服务业可贸易化，加之页岩气革命、互联网革命构成强劲的产业创新、技术引领趋势，制造业在美国经济中虽然只占 15%左右，但在全球所占份额高达 20%，先进高端产业、高效高质产品促进美国工业持续发展；而研发与创新不强的发展中国家仍将处于全球制造业价值链的低端，传统意义上的制造业成本优势日趋弱化，开始了基于成本、劳动力价格因素的产业转移。科技智库要研究我国产业面临的双向流动，即有些先进制造业向欧美回归，有些劳动密集型制造业向东南亚国家迁移。今后一个时期，新一轮全球产业转移带来的制造业竞争重心，将转向人才、资源、能源和研发、生产、市场准入，中国产业结构调整和经济社会转型必须积极应对这些挑战。

（二）研判科技创新引发产业变革态势和对策

以科技创新为核心的产业变革正在全球范围内兴起，新一代信息技术与制造业的深度融合诞生了新的生产方式、产业形态、商业模式和增长动力，产业发展将转向面向个性创意、个性生产到个性消费的创新驱动，创新载体将借助互联网技术打造由单个企业向跨领域多主体转变的新平台，资源配置将由大型节点化的单向连接变为多项的全球网络化连接，生产组织方式将实现大规模生产与分布式生产网络并存，交易方式更加趋向小批量、多批次、短期、快速交易，产业链构建呈现从消费者到生产者的逆向社群化特征。科技创新推动的这场产业变革正在重塑全球产业链价值体系，产业布局将由比较优势主导转向市场需求主导，产业集群将出现虚拟集聚、跨界融合的发展态势，产业竞争将构建“服务+产品+知识+支持”的综合系统，产业管理模式在资源整合、生产流程、创新方式和企业架构上都将发生重大转变。特别要看到，大数据作为一种资产、一种财富、一种可以被衡量和计算的价值，可以对未来大趋势、时代新特征进行量化描述。收集、分析和运用指数级的庞大数据流，将会产生网络众包和协同设计、智能制造和绿色产业、健康医学和精准医疗、量子计算和量子通信等新经济形态和高质量服务，人们对信息化社会、现代化建设、可持续发展的感知越来越深刻。科技智库要在产业变革中，研究科技创新全面融合、渗透到生产力诸要素之中的规律，研究新型生产工具、劳动资料、人力资本、能源动力、工作效率、经济效益，研究推动产业技术创新和变革的法律法规、政策体系和制度环境。

（三）研判制造业智能化发展态势和对策

制造业是决定一个国家经济命脉的主导产业，也是衡量一个国家综合国力的重要标志。近年来兴起的智能制造，被业界誉为“第四次工业革命”的核心动力，正在改变全球制造业固有的生态系统。德国最早提出“工业 4.0”项目，将机器、软件、传感器和通信系统深度集成于网络物理系统，通过建设“智能工厂”、实现“智能生产”和发展“智能物流”，提升制造效率、推动经济转型、改进就业结构。美国通用电气公司研发“工业互联网”，就是要将人、数据与机器连接，帮助客户提高效率并节约成本。目前，世界主要经济体都已制定智能制造发展战略并出台相应政策推动其发展。随着新一代大数据、云计算、物联网新技术发展，智能制造将进一步向系统化、集成化、智能化纵深推进，工业流水线将转变为定制化生产、个性化生产、分布式生产，生产性单位将转变为学习型工厂、数字化工厂、网络化工厂。这种精准制造方式可以实现对制造的全流程管控，客户和业务伙伴将广泛参与业务过程和价值创造过程，形成再使用、再制造、再循环、再回收的“绿色产业链”和“绿色供应链”，传统的“获取—制造—丢弃”的线性工业模式将逐步退出历史舞台。科技智库要研究我国制造业自动控制、人机交互、循环发展、价值创造的现状和改造方向，促进产品设计、制造、销售和使用方式的根本性改变，加快建设新型产业结构、技能培训制度和全球先进的技术创新体系；研究“制造强国战略”重大战略部署的落实中各领域需要突破的先进制造工艺、重大技术瓶颈和关键核心技术，早日形成具有核心竞争力的高端制造业产业集群。

（四）研判平台经济发展态势和对策

从谷歌、苹果、脸书到我国百度、腾讯、阿里巴巴等企业的成功实践，表明平台已成为新经济时代重要的产业经济模式。软件应用商店、物流信息平台、电子商务平台、金融服务平台、社交网络平台等，都是平台型企业构建的经济新生态和发展新动能，具有双边市场性、集聚辐射性、共赢增值性、快速成长性的特征，其核心竞争力和经济影响力的日益扩大正在重建现代经济的微观基础。平台经济主要有资源型平台、流程型平台、产品型平台三种类型，众包、众筹、众创等体现“众”时代的服务价值创造模式，许多都是通过平台实现的。我国平台型企业和互联网经济发展势头强劲，“互联网+”正在推动制造业从“以生产为中心”向“以服务为中心” 转型，这种互联服务技术具有高渗透性、带动性、倍增性、网络性和系统性，使服务变得有形化、可存储、可贸易，深深融入经济社会和生产生活的方方面面。科技智库要研究在制造业服务化进程中，“互联网+”怎样围绕产品研发、设计、生产到售后服务全流程提供增值的服务模式？怎样创新多元的金融服务、精准的供应链管理服务和便捷的电子商务服务模式？怎样创造为客户提供产品集成及全面解决方案的服务模式？怎样重构融合制造业和服务业增值环节价值链的服务模式？这些研究将促进打造差异化竞争新优势和提升综合竞争力，拓展更加广阔的就业领域、形成更加稳定的利润空间和挖掘更加持久的增长潜力。

（五）研判战略性新兴产业发展态势和对策

近些年来，世界各国都在大力发展战略性新兴产业，带动制造业技术创新、结构调整和转型升级，主要集中在新能源、新材料、生物医药、新一代信息网络、智能电网、绿色运载工具、生态环保、海洋空天、公共安全等领域，成为发展速度最快、带动系数最高、技术创新最为密集、增长潜力最为持续的产业群落。同时，新能源、智能电网的发展，将拉动清洁可再生能源、页岩气、核能等重大装备、先进储能等制造业发展；生物医药和生态环保产业的发展，将拉动医疗器械和节能环保装备制造业发展；绿色运载工具和海洋空天等产业发展，将拉动电动汽车、轨道交通、海洋工程装备、航空航天器等制造业发展；新一代信息网络和公共安全的发展，将拉动信息网络设备、智能终端设备、公共安全监测和处理装备的发展；等等。我国经济发展进入新常态后，要实现保持经济增长中高速、迈向中高端水平的目标，最重要的是产业结构调整和增长动力转换，战略性新兴产业必将成为新的经济增长集群。科技智库要研究战略性新兴产业怎样建立在重大前沿科技突破基础上？怎样代表国家未来科技和产业发展新方向？怎样体现当今世界知识经济、循环经济、低碳经济发展潮流？怎样推动形成对未来经济社会发展具有全局带动和重大引领作用的产业？

（六）研判颠覆性技术发展态势和对策

所谓颠覆性技术是指在未来具有巨大经济潜能的技术，并且将对产业变革、商业模式、经济社会以及国家治理产生重大影响。这是我国实施创新驱动战略面临的重大机遇和挑战。麦肯锡从上百项重要技术中筛选出 12 项颠覆性技术，并逐项量化了应用这些技术所能创造的价值。麦肯锡估算，这些技术到 2025 年对全球经济直接影响将达到 14 万亿～33 万亿美元。这 12 项颠覆性技术分别是：①移动互联网；②知识工作自动化；③物联网；④云计算；⑤先进机器人；⑥自动驾驶汽车；⑦下一代基因组学；⑧储能技术；⑨3D

打印；⑩先进材料；⑪先进油气勘探开采；⑫可再生能源。2015 年，世界经济论坛发布的“2015 年十大新兴技术榜单”，多数与这 12 项颠覆性技术是一致的。这些技术主要是由信息技术支撑的，高速的数据流转、多样的数据类型、海量的数据规模已成为重要的战略资源，制造业后大规模生产时代即将来临，机器人、3D 打印、人工智能、分布式制造和新型材料等技术创新将成为引发新工业革命的引擎。科技智库要研究这些技术所能实现的作用以及利用这些技术实现战略目标的方式，选择既能充分实现技术价值、又能防范风险的有效途径，及早谋划布局研发并努力将其成果转化成为现实生产力。

（七）研判现代服务业发展态势和对策

目前，世界经济增长动力依然不足，但服务业保持稳定增长趋势，在外国投资中的主导地位趋于稳固，高端服务业是新一轮国际大都市的规划重点。从世界服务业重点行业发展态势看，金融业总体向好发展，互联网金融快速增长；航运市场持续低迷，绿色航运和航运电商成为发展主旋律；信息服务业日趋多元化，移动互联网潜力巨大；创意产业呈现恢复性增长，发达经济体起行业主导作用；科技服务业深受各国重视，全球科技创新高速成长；会计、法律、管理咨询和广告服务稳步增长，跨国巨头并购浪潮高涨；健康服务市场规模日益扩大，重点提高服务可及性、能力建设和资源利用效率；节能环保服务业迈向综合化，各国纷纷抢占低碳经济制高点等。科技智库要研究服务业在全球产业链和价值链发展中的关键作用，国际大都市生产性服务形成产业集群的规律，新兴技术驱动服务业态和模式持续创新的经验，总部经济推动区域经济发展的特点。特别要研究全球科技创新中心作为创新要素的集散地和创新网络的枢纽性节点，是如何提高创新人才集聚度、跨国公司网络连接度、国际金融服务水平和生产性服务业发达程度的。

二、科技战略咨询研究，应围绕维护国家经济安全发挥作用

我国“十三五”期间仍处在重要的战略机遇期，中国在世界经济发展中的作用越来越突出，维护国家经济安全已经成为国家综合安全的核心。这种

核心地位，来源于和平与发展时代经济利益是国家的核心利益，来源于综合国力竞争中经济与科技的基础作用，来源于经济全球化、一体化所带来的经济安全问题不断增加。国家经济安全与科学技术发展密切关联、相互促进。国家安全需求是科学技术发展的直接动力，不断引领科学技术发展；科学技术发展是国家安全的重要保障，持续夯实国家安全的基础。科技战略咨询研究应致力于关注经济安全、维护经济安全、服务经济安全，跟踪研究一些重要领域国家经济安全的战略需求侧和科技创新源，延深科学技术突破拓展的保障国家安全和国家利益的内涵，为促进经济发展、社会进步和改革开放做出新的贡献。

（一）粮食安全问题

粮食是关系国计民生的重要战略物资，是维护国家经济安全的重要基础。我国人均耕地和水资源远低于世界平均水平，又是一个自然灾害频繁的国家。同时，面临加快工业化、城镇化和保障土地等资源的双重压力。作为一个拥有近 14 亿人口的发展中大国，必须基本立足国内保障粮食供给，确保粮食供求基本平衡、解决粮食安全问题关键在科技。《国家粮食安全科技支撑专项行动方案》中，提出抓好良种、良田、良法、良机、良储五大环节，系统部署了种业、地力提升、丰产栽培、粮机装备、减损增效及境外粮食拓展六大科技专项支撑行动。科技智库应结合国情借鉴先进国家在立体种养与高效利用、健康养殖与循环再生、节能降耗与防控污染、精准农业与清洁生产、保护耕作与生物能源、有机农业与综合开发等方面的有益经验，研究联合国粮食及农业组织倡导的“节约与增长”模式、美国的“高效率可持续”模式、日本的“环境保全型”模式、德国的“综合农业”模式，跟踪以生物技术和信息技术为主导的农业科技革命趋势，推进我国现代农业、低碳农业、智慧农业发展。

（二）能源安全问题

能源问题是人类发展的永恒主题，进入 21 世纪以来各国政府都更加重视能源安全问题。二战后几十年爆发了多次中东危机，国际能源市场的风云变幻成为国家利益冲突的主要根源，然而能源领域的技术革命始终没有中断过。当今世界能源新格局正在形成，新技术应用带来的“页岩气革命”、能源结构调整及全球地缘政治变化发挥着重要推动作用。促进能源转型是各国政府能源政策的重点，以化石燃料为代表的传统能源虽仍占主导地位，但清洁能源发展已成为不可阻挡的历史潮流。我国是全球能源消费大国，能源安全是实现经济社会可持续发展的重大问题。科技智库要研究世界石油市场格局变动中的能源安全问题、国际油价变动与能源安全问题、石油战略储备与能源安全问题、马六甲困局与能源安全问题、我国能源安全特别是石油安全的战略走向问题，统筹应对国际油价、石油来源、运输通道和能源外交四大风险。同时，研究互联网技术同可再生能源的技术融合问题，核能发展和煤层气、页岩气开发问题，煤炭清洁开发、综合利用问题，储能技术、节能减排和提高能源利用效率问题，加快建立以低碳排放为特征的工业、交通、建筑体系问题等，逐步实现由主要依赖化石能源向清洁、安全、高效能源体系转型。

（三）金融安全问题

金融是现代经济发展核心，是经济全球化最敏感、最脆弱的神经。2008 年爆发的世界金融危机告诉我们，金融一旦出现系统性风险，传导速度快、涉及面广、危害性大。在经济全球化、金融一体化的大背景下，金融作为“第二国防”日益受到政要与各界的关注，金融安全问题日益成为困扰各国政府的重大现实问题。目前，我国正处在发展的关键时期、改革的攻坚阶段，国内外各种不确定因素不断累积增加。没有金融安全就没有金融的稳健发展，也不能支撑与促进经济社会发展、国民福利提高。科技智库要研究科学把握金融开放度和国家控制力，全面深化金融体制改革，加快构建现代金融体系；研究银行危机、股市危机、货币危机、债务危机形成机理，运用大数据、云计算设计金融安全预警模型，建立系统防范和化解金融风险及金融危机体系；研究运用互联网技术增强金融信息的真实性、充分性、安全性，以及发现金融新型纰漏的广度、深度、速度，逐步解决金融市场的信息不对称问题；研究建立促进金融系统稳定的金融安全网，即金融监管作为防范金融风险的第一道防线作用、中央银行最后贷款的第二道防线作用、存款保险制度的最后一道防线作用，统筹构建和强化保障金融安全的三大支柱。

（四）生态安全问题

生态安全是促进我国经济社会可持续发展的重要保障，是事关中华民族生存繁衍的一项重大而紧迫的任务。改革开放近 40 年来，我国经济以年均 10%左右的速度高速增长，到 2010 年就已经成为世界第二大经济体。但在经济快速发展的同时，还存在增长方式粗放、资源环境代价过高的问题，我国生态安全形势不容乐观，尤为突出的是温室气体排放已成为世界“第一大户”。国家“十三五”规划首次提出“绿色”发展理念，首次把生态文明建设列入五年规划，为我国转变发展方式、调整经济结构、促进技术创新指明了方向。科技智库要研究资源节约型、环境友好型的生产方式、生活方式和消费模式，建设低投入、高产出，低能耗、少排放，能循环、可持续的国民经济体系；研究坚持人口、经济分布与气候、资源、环境相协调，坚持走出一条绿色发展、循环发展、低碳发展道路；研究重点放在国土资源，包括水资源、耕地资源、矿产资源、森林资源、海洋资源安全以及空气环境安全、生物安全和突发性环境污染事故安全等方面，提出有效解决存在问题的技术路线图；研究树立以能源资源节约、生态环境保护为主导的生态安全技术发展观，建立国家生态安全技术创新体系与宏观调控机制。

（五）经贸安全问题

经贸安全事关国民经济发展全局，对维护国家经济安全、国家核心利益至关重要。后世界金融危机时代，国际经济处在大变革大调整之中，全球先进产业转移为我国提供了多元发展机遇，技术资金转移为我国提供了国际投资机遇，服务外包转移为我国提供了市场拓展机遇，特别是新科技革命将为我国提供创新驱动、产业转型的永续动力。同时也要看到我国面临的挑战也是空前的，长期形成的体制性和结构性矛盾亟待有效解决，复杂多变的国际经贸环境亟待妥善应对。国家“十三五”规划已经做了深刻分析和全面部署。科技智库要研究科技进步、劳动技能、管理素质全面提升，第一产业、第二产业、第三产业统筹发展，消费需求、投资需求、出口需求协调拉动，制度创新、技术创新、商业模式创新系统推进，提高产业竞争力和可持续发展能力；研究国际法律法规、知识产权、贸易壁垒、经济波动、汇率变动、国际冲突、产业变革、劳工标准、技术转移、投资并购等对我国经贸安全的影响，在新一轮国际分工与合作中有效防范风险、赢得主动并妥善应对贸易摩擦；研究在落实国家"一带一路""装备制造业走出去""国际产能合作"等全球发展倡议中，健全维护产业安全预警机制，增加在国际经贸组织中的话语权。

（六）人口安全问题

人口安全是促进科学发展、构建和谐社会最基本、最重要的问题。今后很长时期，我国将面临人口数量、就业压力、老龄社会"三峰叠加"的局面，必须高度重视防范人口风险和维护人口安全。人口安全包括人口规模安全、人口素质安全和人口结构安全。人口规模安全是人口安全的基础，人口素质安全是人口安全的核心，人口结构安全是人口安全的关键。坚持以人为本、维护人口安全，是实现人与自然和谐发展的需要，是实现社会结构及系统之间和谐的需要，也是实现人与人之间和谐共处的需要。科技智库要研究人口发展过程的各个方面对综合国力、可持续发展和国家整体安全的影响，使得国家安全体系中的生存安全系统、发展安全系统的良性循环得到基础保障；研究统筹解决人口规模结构、出生人口性别比失衡、人口老龄化过快、人口素质偏低、健康安全防范缺失、人口流动过大、贫困人口过多等问题，以维护中国的人口安全来促进世界人口安全；研究制定应对人口老龄化措施，实行适合国情的家庭养老、社会养老、居家养老、自我养老、机构养老、设施养老、集中养老和分散养老等多种方式，培育发展满足老年需求的"银发产业"；研究发展终身教育、普及科学精神和公民道德养成，全面提高人口的思想素质、文化素质、科技素质和身体素质。

（七）公共安全问题

公共安全是国家经济安全和社会稳定的基石，是坚持以人为本和生命至上理念的具体体现，是政府加强社会管理和公共服务的重要内容。当前和今后一个时期，我国正处在经济结构调整和社会结构转型时期，需要努力为人民安居乐业、社会安定有序、国家长治久安编织全方位、立体化的公共安全网，不断满足人民群众越来越高的公共安全需求。科技智库要研究健全有利于公共安全的法律法规和政策研究体系，完善协调互动的公共安全管理体制和机制，实现公共安全从被动应付型向主动保障型转变、从传统经验型向现代高科技型转变；研究围绕健全公共安全体系，提供食品药品安全、安全生产、防灾减灾救灾、社会治安防控等方面的科技支撑措施；研究加强对重大事件、事故、灾害、有毒有害物质及外来生物入侵、恐怖事件等相关公共安全问题，运用信息通信技术建立检测、监测、预测、预防、预警、应急反应与决策支持体系；研究加大公共安全宣传教育力度，普及公共安全科学知识，推广实用公共安全技术，提高全民公共安全素养和全社会防御突发公共事件能力。

（八）信息安全问题

1946年，世界上第一台计算机在美国诞生。70年来，作为经济社会发展三要素的物质、能源和信息的关系发生了深刻变化。信息技术成为驱动全球经济社会发展的决定性力量之一，数据、分析工具和模型正在改变各行各业，信息网络安全日益攸关当今和未来的世界安全。如果没有网络信息安全保障，生产者和消费者就不会相信并有信心使用互联网和其他数字技术。特别是网络信息关键基础设施是复杂的、相互高度依存的社会技术系统，一旦被中断或破坏将会对国民健康、国土安全、经济稳定、政府正常运转等产生重大影响。虽然目前在网络威胁发现、补救和强化传统计算机环境方面已稳步取得进展，但由于包括智能手机、车载计算系统到更为广泛的智能传感器等新型设备向浪潮一样连接上网，网络威胁在复杂性和数量上达到空前水平并持续上升。科技智库要从长计议研究有效对抗网络威胁的技术研发体系，开发出具有动态、适时防御能力的信息安全架构，重点关注和发展大数据、网络物理系统、网络安全和信息保障、医疗信息技术、无线频谱等新兴的科技优先领域。

三、科技战略咨询研究，应围绕促进科技政策创新发挥作用

当今世界，各国都在加强对科技创新的整体规划和布局，推出了新一轮创新战略和制度安排，积极构建以大学、企业、研发机构为核心，以政府、金融机构、中介组织、创新平台为辅助的多元主体协同互动的新型创新体系。美国2012年发布《美国竞争与创新能力》报告，提出创新是提高竞争力、增加收入、促进就业、推动经济长远发展的关键因素。欧盟2013年出台“地

平线 2020”计划，从卓越科学、企业竞争力、更好的社会三大领域继续投资科研和创新以提升竞争力。此外，德国的《新的高科技战略：创新为德国》、英国的《我们的增长计划：科学与创新》、日本的《科学技术创新综合战略》等，都是为了在新科技革命和产业变革中创占先机。世界各国在科技战略实施中，一方面改革科技管理体制，加强对研发和创新的统筹，提高国家创新体系的运行效能；另一方面加大政策扶持和科技服务力度，推进科技资源在全球范围内加快流动。近年来，我国科技实力、创新能力和竞争力大幅跃升，但科技支撑经济社会发展的基础还不够雄厚。科技创新政策研究的重点，应放在如何更好地服务于国家战略需求和经济社会发展，如何促使创新驱动成为提高社会生产力和综合国力的战略支撑，如何通过科技服务提高原始创新、集成创新和引进消化吸收再创新能力。

（一）要对各国研发投入政策进行比较研究

产业研发支出水平综合反映一个国家的创新动力。随着世界经济格局的发展变化，欧美等发达国家和地区科技投入停滞不前，金砖国家尤其是中国的科技创新投入大幅增加，全球创新东移的速度日益加快。目前，研发支出最多的是美国、中国和日本，三个国家的研发支出占全球总研发支出的 55%左右。许多国家政府实行更加优惠的研发税收减免、竞争性赠款、债务融资和证券融资等政策，减缓了后金融危机时期对企业研发的冲击。企业的研发投资高度集中在美国、欧盟和日本，合计超过全球的 80%。近些年来，我国企业研发投入逐年大量增加，仅华为一家 2015 年研发投入就近 600 亿元人民币。尽管发展中国家研发经费增长很快，但研发经费占 GDP 的比重相比发达国家还有很大差距。全球科技产出数量格局虽然有所变化，但发达国家在产出质量上占明显优势。全球知识与技术密集型服务业主要集中在少数国家，美国占全球份额的 32%、欧盟占 23%、中国和日本并列各占 8%。发达国家的创新能力和竞争力仍位居世界前列，美国仍为全球排名第一的高技术制造强国，占全球份额的 27%。虽然我国的科研产出水平逐步提高，SCI 论文量稳居世界第二位，学术引领力和影响力不断提升，但与欧美科技强国相比差距仍然悬殊。经济合作与发展组织（OECD）发布的《科学技术和工业展望 2014》预测显示，按照目前的研发投入趋势，中国到 2019 年将成为世界最大的研发投资国，届时关键在于能否在一些关键领域真正抢占制高点和提升总体影响力，提高全要素生产率中科技创新的贡献份额。

（二）要对各国知识产权政策进行比较研究

知识产权保护已成为国际经济秩序的战略制高点和各国竞争的焦点，知识产权、货物贸易、服务贸易并列成为世界贸易组织的三大支柱。长期以来，知识产权制度对促进科技创新和成果转化发挥了重要作用。在当今高度网络化的社会中，知识流动促进了创新驱动。由于各国税收政策差异很大而无法准确评估知识产权市场，专利使用费和技术转让费则成为衡量知识产权交易的主要指标。过去 10 多年，OECD 国家间的知识产权授权、资金支付以及收入的年度增长率都远远超过 GDP 的增长速度。目前，美国、欧盟和日本占全球知识产权交易授权费和许可费出口额的 85%，其中美国占 50%以上。我国是发展中国家中最大的授权费和许可费出口国，但占全球份额很小。美国 2014 年以来又相继采取一系列重大措施，对创新创业者提供专利和知识产权指导，进一步提升专利体系的质量和作用。一些国家完善知识产权服务与政策，推进了产学研合作和科技成果商业化；简化专利申请程序和时间为企业减少成本支出，为中小企业专利申请提供资金补助、信息咨询服务；采取直接出资或通过国有银行设立专利基金，汇集来自大学和科研机构的专利成果，形成专利组合许可使企业获取利润；加快制订新兴领域的技术标准，推动知识和技术的转化；等等。今后一段时间，科技智库要研究落实将知识产权保护上升为国家战略，对知识产权成果在政策上倾斜、资金上扶持、机制上保障，激励科技人员在高科技领域抢占专利制高点，进一步加强对引进技术消化、吸收与创新成果的专利保护，逐步提高专利使用费和技术转让费的市场份额。

（三）要对各国科技金融政策进行比较研究

在世界金融危机修复周期，科技金融服务和政策创新为科技创新、技术开发、成果转化提供了巨大支持。世界各国的经验表明，科技金融服务和政策支持分为市场制度安排及非市场制度安排两方面。市场制度安排包括风险投资、税收优惠、信用担保、科技债券、创业板市场等项目，非市场安排包括政府提供补贴、减免税收、设立园区等相应政策和资金支持。由于许多国家的中小企业贷款利率高、期限短、更多要求联保，风险投资在科技金融服务与政策支持上的作用越来越突出，众筹和各种非银行融资也正在迅速扩大。美国 2012 年的风险投资总额达到 290 亿美元，占当年全球风险投资总额的 70%。欧洲和中国是第二大投资方，分别为 60 亿美元和 40 亿美元。近年来，风险投资在美国以外的地区出现了快速扩张。世界各国风险投资领域各有不同：美国的风险投资主要投向生物制药、商业支持服务、消费者信息服务、医疗器械和设备、软件这 5 个行业；我国重点支持节能环保、集成电路和软件、通信、数字音视频、新型元器件、汽车电子、信息增值服务和数字内容服务、新型药物、新材料这九大高技术领域的创业投资项目。美国、德国、日本、韩国和以色列等国创新科技金融结合模式，主要有资本主导模式、银行主导模式、政府主导模式，值得我们结合我国国情研究与借鉴。

（四）要对各国技术转移政策进行比较研究

创新要素在全球快速流动，推动世界科技创新格局深度调整。技术转移服务由零散、线下的交易向集成化、平台化、市场化、互联网化发展，主要包括技术评估、技术交易、技术转让、技术代理、技术拍卖和技术集成等方面，政府的政策支持与引导尤为紧要。国际上具有代表性的技术转移服务机构有 4 种类型。一是硅谷科技中介服务体系。这是由风险投资中介、技术转化中介、行业联系中介组成的，为世界最著名的大学科技园区众多高科技企业提供服务的成熟体系。硅谷的风险投资总额约占全美的 1/3，加利福尼亚州的 50%。近年来，纽约正在成为美国增长最快的科技枢纽，位于曼哈顿的“硅巷”被誉为“新科技之都”。二是欧盟创新驿站网络。这是欧盟委员会根据其“创新和中小企业计划”资助建立的，业务范围覆盖 54 个国家 600 多家机构站点，拥有 600 多个技术转让与商业合作组织，包括国家、地区、市级的经济发展机构、工商会、研发机构、高等院校、科研中心和创新中心等。这些成员单位共有 3000 多名经验丰富以及涵括 17 个领域的专业人才，已为全球超过 100 万家中小企业提供了专业化的定制服务。三是德国史太白技术转移中心。这是民间组织创建的技术转移机构，拥有 900 多家专业技术转移机构的网络，各类雇员超过 5200 名，市场化业务运营机制特色明显。各地机构提供的一般咨询 5 小时内免费，各中心专家也提供免费上门服务，工时费由史太白的分中心提供。四是英国国际技术转移集团。这是政府机构成功实现市场化转型的典型代表，成立之初具有对政府资助形成的科技成果的垄断经营权，逐步成为世界上最大的专门从事技术转移的中介服务机构。进入21世纪以来，英国国际技术转移集团不断扩展业务领域并实现向实体化经营公司的转型。我国目前已有国家技术转移示范机构370多家，年技术市场合同交易额近8000亿元。未来一个时期，中国需要大力培育和发展以上4种类型的技术转移服务机构以及研究型企业和创新型城市，这也是科技智库研究的重点。

（五）要对各国科技人才政策进行比较研究

科技竞争、经济竞争说到底是人才竞争、智力竞争，世界各国都将科技人力资源作为“第一资源”高度关注。许多国家都加强科技人才战略的顶层设计，统筹规划未来科技人才的培养和开发，以保障为国家创新驱动发展提供高质量和足够数量的科技人才。美国近30年来一直把STEM（科学、技术、工程和数学）集成教育，作为培养创新人才的重要途径，2014年为STEM教育项目投入31亿美元，比2012年增长6.7%。俄罗斯实施“2009—2013年创新俄罗斯科研和科教人才联邦专项计划”后，30～39周岁研究人员占全部研究人员比例达到20.5%，占高等教育部门研究人员比例达到22.5%。总的来看，经济强国的人才竞争实力仍居强势，每万名人口中的科学家与工程师数量，日本和韩国分别达到51.4%和58%，德国、美国、英国和法国分别达到41.8%、40.2%、39.7%和38.3%，我国达到10.8%（据OECD 2012年数据，我国科学家和工程师数量140万人，绝对数在世界各国排名第一位）。2014年，我国科技人力资源总量约为8114万人，仍然保持世界科技人力资源第一大国地位，29岁以下科技工作者是我国科技人力资源的主体。汤森路透公布2002～2012年21个学科的3215名高被引论文科学家和工程师作者名单中，美国1702名排第一，英国304名排第二，德国163名排第三，中国（包含港澳台地区）146名排第四。我国的突破性改观与近年来大量引进海外人才有关，此前公布的1978～2007年名单中中国仅7人①。此外，争

① 港澳台地区数据未统计入内。

夺全球优秀人才成为各国提升创新能力的重要手段，促进人才有序流动大大推进了全球知识网络中的智力循环。

（六）要对各国科技合作政策进行比较研究

经济全球化推进了科技全球化，许多国家都把国际科技合作作为政府服务和政策支持的重心。美国把应对气候变化作为重要的外交议题，与 50 多个合作伙伴国加强了在气候变化方面的双边合作，2014 年 11 月同我国联合发布了《中美气候变化联合声明》。同时，在应对海洋与环境、卫生与健康、粮食与安全等方面全球性挑战也是美国双边合作的重要内容，美国注重与发达国家强强联合，在网络安全、空间科学、生物技术、民用核能研发等方面加强合作。欧盟重视科技计划与非欧盟国家和地区的相互开放，鼓励世界各地优秀研发人员和发明家参与欧盟项目。日本提出国家、个人、企业、大学、地区等各层次不仅同国内也要同海外进行互动交流，通过提升科研机构中外籍研发人员的比例来提高科研学术水平。我国是近些年全球国际科技合作进展最为显著的国家，各级政府、科研机构和各类企业都高度重视，引进人才力度、科技服务广度和政策支持强度都是前所未有的，在学术交流和合作研发、技术引进和发表论文、在实验室之间建立长期合作关系、参与合作国的科技计划、资助外国科学技术研究、参与国际科学技术援助、国际技术转让、在海外建立研发机构等方面都取得长足进步，“十三五”期间将会取得更加显著成效，更深程度、更宽领域、更多层次融入全球研发体系。

四、科技战略咨询研究，应围绕服务科学民主决策发挥作用

多年来，中国科学院战略咨询研究工作成果丰硕，在科学前瞻、技术预见、科技发展态势方面的研究影响深刻，在资源环境、生态文明、可持续发展方面的研究独具优势，在科技体制、科技政策、科技史和科技伦理方面的研究基础雄厚。我印象最深刻的是“2050 年科技发展路线图”，在应对国际金融危机时为国务院制定战略性新兴产业发展规划发挥了重大作用。中国科学院科技战略咨询研究院成立，标志着中国科学院率先建设国家高端科技智库进入新阶段。中国科学院科技战略咨询研究院一定能够建立强大的研究系

统和管理平台来统筹相关研究队伍、项目和数据等资源，发挥科研院所、中国科学院学部、教育机构“三位一体”深度融合和学科交叉、专家云集的特色与优势，健全统分结合、规范有序、科学高效、富有活力的组织体系和运行机制，弘扬科学理念、践行科学精神、倡导科学文化，源源不断地产生创新思想、提出咨询建议、服务科学民主决策。

（一）做好科技战略咨询研究工作需要具备“五个要求”

一是反映中国和世界潮流。全球性结构调整和国际分工格局变化的新趋势，要求科技战略咨询研究从全局和战略的高度看中国、看世界，了解发展和变化，分析机遇和挑战，提出对策和建议，想国家之所想，急国家之所急，求国家之所求，做到居安思危、谋定后动、顺势而为。

二是体现理论和政策创新。科技理论和政策体系是一项复杂庞大的系统工程，必须适应时代发展改革潮流，与时俱进。科技战略咨询研究不仅要研究科技理论和政策创新，还要结合研究经济、社会、产业、财税和金融等方面的理论和政策创新，使理论和政策综合创新产生新的竞争力和创造力。

三是符合经济和社会发展实际。科技战略咨询研究工作，一定要有很强的现实针对性。既要对产业结构、消费结构、投资结构、外贸结构进行综合分析，又要对就业结构、人才结构、技术结构、教育结构进行深入分析，还要对当前政策和今后政策、中央与地方政策以及层次关系进行系统分析，始终坚持以经济建设和社会发展为出发点，以发现问题和解决问题为着力点，以推进咨询和服务决策为立足点。

四是经受实践和历史检验。科技战略咨询研究成果是载入史册的。一项好的决策咨询建议可以利国利民，一项错的决策咨询建议可能误国误民。科技智库研究人员提出的决策咨询建议，必须对国家负责、对人民负责、对历史负责，既要起决策参考作用、解决重大现实问题，又要有科学理论依据、符合客观发展规律，还要经得起实践的检验、历史的检验。

五是服务科学和民主决策。这是科技战略咨询研究工作重中之重的任务，在实践中要做到指导思想正确，立场观点方法正确，决策咨询建议正确。这需要全面、系统、准确地理解党中央的大政方针和国家发展规划、法律法规，学习现代科学技术、现代市场经济、现代政府管理、现代财税金融、现代产业结构、现代社会事业等方面知识，培育理论基础、世界眼光、战略思维、党性修养等方面的综合素质。

（二）做好科技战略咨询研究工作需要把握“六个视角”

一是战略需求。习近平总书记 2013 年视察中国科学院提出的四点要求，就是国家对科技战略咨询研究工作的战略需求。即：从科学技术影响和作用的角度研究事关全局的重大问题；从科技规律出发前瞻思考世界科技发展走势；提出咨询建议，开展科学评估，进行预测预见；在国家宏观决策中发挥建设性作用。

二是产业布局。所谓布局，就是社会生产力、科技生产力诸因素构成生产力系统时在地域空间上的分布和关联状态。科技智库研究产业布局和科技布局，就是要根据生产力组合方式发展变化规律的要求，科学地和自觉地选择和控制生产力因素的空间布局而取得最好的投入产出效果。

三是经济结构。推进经济结构战略性调整，需要按照客观性和递进性的原则排列生产力结构的类别清单，比较研究国内外产业结构、科研结构、企业结构、技术结构、人才结构、产品结构的成长阶段和动态变化，分门别类制定合理的赶超目标、发展路径、调整重点和具体措施。

四是发展规模。研究规模经济是为了寻求由于规模变化获得的发展利益。无论生产企业还是科研设施，都应按照可持续发展的路径坚持适度经济规模。例如，互联网技术创造的个性化生产平台，整个生产过程将有设计者、生产者和消费者共同参与，生产、制造、产品销售与研发、设计、售后服务的边界将逐步打破，新的服务业和制造业价值链将形成新的规模经济理念。

五是建设时序。时序经济理论把社会生产力的构成推向了质态、量态、空间、时间四维系统，把现实生产力系统工程置于静态与动态相统一、结局与过程相一致的科学基础上。正确安排建设时序的基本依据，一个是国情，包括国力基础、技术水平、现有结构、需求强度，以及历史传统和政治形势等；另一个是规律，包括经济周期规律、产业顺序规律、技术进步规律、优先发展规律、宏观调控规律等。掌握建设时序就是既要量力而行、精打细算，又要重点突破、跨越发展，始终坚持有所为有所不为。

六是商业模式。在全球化、信息化、市场化、服务化深入发展的今天，全新的商业模式使技术创新的威力和效益加倍释放，成为科研成果转化、企业创造价值、产业快速发展的“变压器”。科技智库要研究发展互联网、大数据、云计算为商业模式创新夯实技术基础，在培育战略性新兴产业的过程中重视商业模式创新，完善激励商业模式创新的知识产权保护制度。

（三）做好科技战略咨询研究工作需要坚持“五个要素”

一是“高”。做好科技战略咨询研究工作，无论是“命题作文”，还是“选题作文”，都要想大事、议大事、抓大事，做到站得高、看得远、想得深，突出全局性、战略性、前瞻性。坚持解放思想、开拓进取，敢于想别人之未想，善于谋别人之未谋。

二是“新”。创新是咨询研究工作的灵魂。要充分利用中国科学院的信息资源和系统网络优势，深入分析科技革命带动产业变革的新形势、新特征、新走向，大胆提出依靠技术进步和创新驱动促进经济社会转型的新观点、新见解、新对策。

三是“深”。科技战略咨询研究工作产出的成果，必须增强敏锐度、预见性和鉴别力，提高思想理论深度、逻辑判断深度、战略研究深度，就是要敏于跟踪观察、勤于分析思考、善于综合研判。具体选题视情况而定，可以“大题大做”，可以“大题小做”，也可以“小题大做”。

四是“实”。求真务实是做好科技战略咨询研究工作的基本原则。要捕捉领导难以听到、不易看到和意想不到的新情况、新苗头、新动向，研究提出创新发展和解决问题的新视角、新思路、新举措，做到查实情、说实话、办实事、求实策、出实招，不回避问题，不掩盖矛盾，不讲违心话。

五是“准”。准确性是做好科技战略咨询工作的生命。一份好的咨询研究报告，起码要做到概念准确，判断恰当，推理论证符合逻辑。此外，尽管每类报告的写作方法、表达技巧不尽相同，但都要做到主题鲜明、内容充实、观点清晰、论证有力，还要做到语言生动、自然流畅、简明扼要、深入浅出。

中国创新战略和政策研究中心　宋大伟（中心共同主任）

第一篇
科技创新战略与政策

新时代我国科技创新发展战略思考和建议

一、我国科技创新发展进入新的历史阶段

新形势下，我国科技创新发展面临问题倒逼改革、危机倒逼改革、时局倒逼改革的大背景。从国际环境看，中美贸易摩擦警示我们，国际战略环境发生了重大变化。美国将我国重新定位为战略竞争对手，必将牵动西方发达国家对我国的整体战略调整。西方大国对我国的打压和遏制不是偶然的，也绝不是短期的，必将伴随中国崛起的整个历史过程。对此，我们要有强烈的危机意识和充分的战略准备。从我国自身看，进入中国特色社会主义新时代后，正在经历从富起来到强起来这一人类历史上前所未有的历史性飞跃。中国坚持和平崛起的发展道路，必须坚定不移依靠改革开放和创新驱动解决发展中的问题。

科技是人类历史发展最具革命性的关键力量，深刻影响和改变着一个国家的兴衰和命运。近现代以来，那些抓住科技革命机遇的国家率先实现了现代化，中国曾多次与全球科技革命失之交臂。经过多年特别是改革开放以来的艰苦努力，我国科技事业成就突出，科技整体能力持续提升，在主要科技领域和方向上实现了邓小平同志提出的“占有一席之地”的目标，已成为世界上具有影响力的科技大国，进入从量的积累到质的跃升、点的突破到系统能力提升的历史阶段。在世界政治经济格局深度调整、科技创新成为大国战略博弈重要战场的新形势下，必须对我国科技创新发展面临的问题、风险和挑战有足够清醒的认识和判断。

一是在科技创新方针战略上，如何适应从跟踪模仿向创新引领的根本性转变。《国家中长期科学和技术发展规划纲要（2006—2020 年）》确立了提

高自主创新能力、建设创新型国家的发展战略。我国科技创新方针战略比较适应跟踪追赶，仍有较强的计划色彩，需要提升整体效能，以有效应对和参与国际创新的激烈竞争。科技人才队伍建设需要有效满足创新型国家和世界科技强国目标新要求，政策体系需要朝向于营造有利于激发原始创新的环境和氛围。

二是在科技创新水平上，如何在新的起点上发力，加速实现科技创新水平的更大跨越。我国科技创新水平在一些指标上已与创新型国家接近或相当，例如，发明专利申请量、科技企业商标申请量、科技论文产出、研发人员总量位居世界第一，研发投入、高技术制造增加值位居世界第二，创新指数和竞争力排名大幅跃升。但在相关指标方面存在明显差距，多项综合创新能力排名世界第 20 位左右。

三是在自主创新能力上，如何集中力量办大事，形成推动科技创新发展的强大合力。我国原始创新能力不强，自主提出科学问题和有效解决实际产业问题的能力较弱。研发课题、技术路线往往跟踪国际热点前沿，较少自主提出科学思想、研究方向和技术路线，在创新的源头上就失去了先机。中高端科技供给能力仍旧存在明显差距，关键核心技术“心脏病”问题突出，“缺芯少基”现象普遍。系统集成能力相对较强，但在立足国际市场，集聚整合全球科技创新资源方面还不够。在消化吸收基础上的再创新能力不足，被国外牵着鼻子走，形成产业发展和技术发展的路径依赖。

四是在科技创新体系上，如何打破壁垒，实现科技创新资源的有机集成和高度融通。知识创新体系、技术创新体系、区域创新体系、国防创新体系和科技中介服务体系共同构成中国特色国家创新体系。然而，我国各创新主体功能定位不清、相互之间条块分割、资源重复分散比较突出，科技创新资源整合乏力，军民融合也比较欠缺，跨部门、跨领域、跨单位的实质性强强联合较少。

五是在科技创新环境上，如何打造更加高效、更有活力的创新生态系统。近年来，我国出台了许多科技创新政策，但落实效果不理想。功利主义、部门利益的指挥棒，左右着资源配置、人才、项目、计划和评价。单纯以“论文挂帅”的错误导向，抑制了科研人员的创造力，不愿选择基础性强、周期长、风险大的研究方向。人才“帽子”满天飞，导致了科研人员的浮躁心态，人才恶性竞争加剧了区域人才分布严重失衡。国家重大科技计划“有举国之名，无举国之实”，经济对科技“需求”与科技对经济“供给”之间错配，需求动力不足与供给能力不强并存。

我们应当看到，当今世界科技创新处在重大转折期、深刻变革期和战略机遇期，我国科技创新发展战略方针要适新应变、与时俱进。新中国成立以来，经历了从“追赶”到“跟踪”再到“自主创新”的战略转变，从“以国防建设为中心”向“面向、依靠”再到“支撑、引领”的方向转变。从“向科学进军”到“科学技术是第一生产力”，从“科教兴国”到“建设创新型国家”，我国独立自主建立起现代科学技术体系，初步走出了一条中国特色的科技发展道路。我国科技创新战略调整，应面向世界科技前沿、面向国家重大需求、面向国民经济主战场，立足实现建设创新型国家“三步走”的战略目标、立足在一些重点领域抢占全球新一轮科技革命制高点、立足全面提升我国科技创新供给能力，及时调整确定科技创新的方向、路径、战略。

二、我国科技创新发展战略调整方向和路径

（一）科技创新发展战略调整的总体思路

我国经济发展已由高速度增长阶段转向高质量发展阶段，科学技术发展已经走过奠基时期和创业时期并开始进入创新时期，建设经济强国和科技强国是时代要求和历史使命。我们要认真借鉴主要国家建设科技强国的经验教训，重新审视和研究我国科技创新发展战略的总体思路。

新时代我国科技创新发展战略调整要着眼全局、面向世界、聚焦关键、带动整体，深刻认识当今世界正处于大发展、大变革、大调整时期的新特征，紧紧抓住新一轮科技革命和产业变革带来的新机遇，深入落实全面建成小康社会和全面建设社会主义现代化国家的新部署，认真把握经济社会发展和保障国家安全对科技创新发展的新要求，最重要的是把“科技创新立国”作为基本国策，始终坚持把发展作为第一要务，把科技作为第一动力，把人才作为第一资源，既要有充分的战略自信和赶超跨越的雄心，又要有足够的底线思维和奋发进取的恒心，打造一条从科技强到产业强、经济强、国家强的世

界科技强国建设与发展新路径。

（二）科技创新发展战略调整的基本原则

一要坚持双轮驱动，处理好政府和市场的关系。发挥市场在资源配置中的决定性作用，市场机制能解决的问题一定要由市场解决；政府引导作用集中体现在弥补市场失灵和构建普惠、公平的创新环境和制度上。

二要坚持远近兼顾，处理好短期和长期的关系。坚持问题导向，既要解决当前的突出问题，又要构建未来的竞争力。短期应聚焦目标、突出重点，攻克“卡脖子”的关键问题。长期应在事关国家安全和长远发展的重点领域，夯实基础、前瞻布局、系统谋划、久久为功，抢占未来的制高点。

三要坚持扬长补短，处理好优势和劣势的关系。要采取“非对称”战略，更好地发挥和巩固优势，形成战略反制，同时要在关键领域全力补齐短板和弱项，努力做到不被别人“卡脖子”或别人不敢“卡脖子”，保障经济社会发展和国家安全。

四要坚持内外结合，处理好自主和合作的关系。一方面要清醒地认识到核心技术是靠“化缘”要不来的，必须坚持走中国特色自主创新道路，掌握竞争和发展的主动权。另一方面要抓住全球创新资源加速流动历史机遇，面向全球布局创新网络，让优秀的资源、人才、技术为我所用。

五要坚持融合发展，处理好科技与其他领域的关系。科技创新是我国经济社会发展的首要推动力，既要强化科技创新的地位，又要推动与其他领域的融合发展。从各重点领域发展中凝练科学技术问题，科技创新应为重点领域的发展提供有力支撑。

（三）科技创新发展战略调整的基本方向

一是在战略方针上，要“破解瓶颈制约、攻克关键技术、提升原创能力、抢占科技前沿”，坚持把依靠自己的力量解决“卡脖子”技术作为基本立足点，坚持促进一批重点高技术产业进入全球产业链高端环节，坚持打造重大原始创新策源地和世界级的区域创新发展增长极，坚持为实现创新、协调、绿色、开放、共享五大发展理念提供战略支撑。

二是在能力水平上，重点围绕在科学重大基础前沿的问题上发力，在新科技革命可能产生重大突破的方向发力，在实现绿色增长和可持续发展能力建设上发力，在关系国家安全的战略必争领域发力，着力提升致命短板技术、关键共性技术、前沿引领技术、现代工程技术和颠覆性技术的突破能力。

三是在创新体系上，调整优化国家战略科技力量的布局，促进国家创新体系各单元在知识创新体系、技术创新体系、区域创新体系和国防创新体系中的有效互动，强化创新活动同经济对接、创新成果同产业对接、创新项目同现实生产力对接，提高科技进步对经济社会发展贡献率。

四是在制度环境上，进一步完善有利于科技创新的政策体系、生态系统和文化环境，统筹解决好激励创新与宽容失败的问题、知识共享与产权保护的问题，形成敢于创新、便于创新、乐于创新的氛围。

三、我国科技创新发展的若干重大举措

根据当前我国科技创新面临的新形势和科技发展战略的调整，必须对我国科技资源进行优化整合，切实解决资源配置重复、交叉、分散、低效等问题。我国科技资源的配置要体现集中力量办大事的制度优势，形成推进科技创新的强大合力，为科技创新发展提供有效的人力支撑、财力支撑、物力支撑。

（一）强化顶层设计发挥举国体制优势

（1）加强中央统一领导，设立中央科技创新委员会。审议国家科技创新发展战略、中长期规划以及重大政策和体制改革方案，强化国家科技创新重大决策的统筹协调与资源配置，提高科技创新相关部门和机构的综合化与专业化水平。

（2）制定新一轮中长期科技发展规划。确立我国至 2035 年科技创新战略方针、战略目标、战略重点、战略举措。修订我国至 2050 年重点领域科技发展路线图，制定关键产业、新兴产业技术发展路线图。

（3）加强科技资源统筹协调。正确处理好政府与市场、中央与地方的关系，大学、科研机构、企业等创新主体的关系，资金、人才、基地等人财物的关系。由中央部署，统一制定科技资源整合实施方案。

（4）发挥集中力量办大事的体制优势。遵循科技发展和市场经济的规律，国家组织力量集中解决牵一发而动全身、事关全局的重大基础性、战略性、关键性、颠覆性或开创性战略科技问题。对于国家战略目标清晰的重大科技攻关，要创新科技资源集中整合模式；对于受到创新资源条件约束的科技攻关，要提高科技资源利用效率；对于涉及重大突发事件的科技攻关，要形成快速高效的动员组织机制。

（二）建设国家实验室引领国家战略科技力量

（1）加快推进国家实验室建设。进一步研究论证国家实验室的领域布局，依托国家科研机构、研究型大学等最具核心优势的国家创新单元，采取“管办分离、稳定支持、使命评价”的管理模式，统筹协调与国家重点实验室的关系。

（2）加大对各类科技创新基地整合力度。现已建 40 多个国家重大科研基础设施和大型科学装置，504 个国家重点实验室，多个国家工程实验室和国家技术创新中心，132 个国家工程研究中心，32 个国家临床医学研究中心。要统筹分析论证，聚焦国家目标，优化布局结构，创新运行机制，强化绩效考评，实行动态调整。

（3）建设一批世界一流科研院所和大学。明确科研院所和大学科学研究的功能定位，在基础研究和应用研究方面各有侧重。建立健全适应世界一流科研院所建设的现代科研院所制度，重点和稳定支持其在基础前沿和行业共性关键技术研发中发挥骨干引领作用。对大学实行分类管理，如分为研究型大学和教学型大学。加快“双一流”大学建设，调整完善建设方案，强化研发与国家战略目标的对接。

（4）按照功能定位清晰、布局合理、精简高效的原则对全国县级以上 4000 多所国有独立科研机构（其中，中央级 300 多所）进行优化整合。

（三）调整财政投入结构创新管理模式

（1）财政科技投入要进一步聚焦国家战略目标。梳理和评估各类中央财政科技计划及项目，包括国家科技重大专项、国家重点研发计划、国家自然科学基金以及“科技创新 2030”重大项目和工程等，该加强的要加强，该立项的要立项，该调整的要调整，该下马的要下马。今后中央财政科技计划专项资金的使命和安排重点，要聚焦到必须自力更生、自主创新而不受制于人的基础研究和关键核心技术领域。

（2）建立既统筹协调又相对独立的行政决策与专家咨询工作机制。进一步完善由科技部牵头、相关部门参加的部际联席会议。建立独立于行政部门的专家咨询委员会，咨询委以中国科学院和中国工程院为依托，由两院院长担任双主任，委员由科技界和企业界著名人士组成，秘书处设在国家最高学术咨询机构。

（3）建立健全科技创新重大选题工作制度。制定规范的专家遴选制度和选题工作准则（包括选题标准、核心依据、选题方法、选题流程及选题排序原则等）。科技创新重大选题的确定由中央决定。

（4）创新研发组织模式。根据不同研发性质和特点来确定不同的组织模式，避免单一使用“课题制”方法，对于关键核心技术领域实施“创新联合体”研发模式，由政府策划组织，产学研有机联动，非法人机制运作，多元化筹资模式，市场牵引研发方向，侧重基础共性技术，兼顾各方实际利益。

（5）制定中央财政科技投入（民口）中长期规划。结合国家科技计划实施周期，为统筹合理配置财政科技资源，应当制定为期 10 年的中央财政科技投入中长期规划。结合未来国家经济及财政收支情况，对未来财政科技投入进行预计，初步确定未来 10 年财政科技投入的总盘子；按照尽力而为、量力而行、保障重点、兼顾一般的原则，对各类财政科技投入进行初步安排。

（四）整合政府人才计划

（1）精简整合国内人才计划。清理各级政府和各类机构层层设立的人才计划，取消“帽子式”的人才计划与工程，系统调整科技人才工作的供给政策，出台法规制度保障创新主体的用人自主权，引导用人单位根据自身发展和国家战略需要自主设定人才引进使用计划。

（2）完善海外人才计划。减少人才“标签”化，停止政府公示人才名单的做法，将配套资源从引入环节调整到使用评价环节，采取财政资源后补助模式，管控人才引进风险，切实提高用人单位海外人才引进和使用质量。

（3）改革人才评价导向。突出基础研究人才培养的中长期目标导向，推行代表作评议制，评价重点从研究成果数量转向研究质量、原创价值和实际贡献。引入国际同行评议，针对非共识性人才试点设立绿色通道。

（4）明确教育的功能定位，强化内涵式发展。基础教育要强化培养学生的创新思维与创新能力，彻底改变应试教育导向；高等教育要与国家经济社会发展需求紧密对接，调整优化学科（专业）设置、改革教育培养模式与方法、改革考试招生制度；切实深化职业教育改革，提升职业教育社会地位与吸引力，加快培养高质量的技能型人才。

（五）优化企业技术创新环境

（1）进一步清理仅限于特定所有制形式的相关规章和规范性文件，为各类创新主体创造公平开展科技创新活动的市场竞争环境。增强规则意识，认真研究和遵循国际规则。

（2）修订《中华人民共和国招标投标法》和《中华人民共和国政府采购法》。应对技术禁运，明确支持本国技术创新和国产化产品的法律规定，统筹协调两法关系。落实首台（套）政策，提高政府采购体系对自主创新产品的采购力度。

（3）发展科技金融服务业。充分发挥财政资金“四两拨千斤”的作用，运用国家科技成果转化引导基金、国家中小企业发展基金、国家新兴产业创业投资引导基金等方式，通过市场机制吸引社会资金和金融资本进入技术创新领域。

中国科学院科技战略咨询研究院
“新时代我国科技创新发展战略”课题组

组长： 潘教峰

成员： 宋大伟　赵　路　张　凤　陈光华　代　涛　钟　华　李颖明
张秋菊　肖尤丹　王建芳　沈　华

2018 年 7 月 5 日

中国科技创新走过的道路

科学技术是人类文明的重要组成部分，是人类历史发展最具革命性的关键力量。从大历史观看，人类现代化的历史本质上是科技创新和进步的历史，近现代社会的每一次重大变革都与科技的革命性突破密切相关。从 16 世纪近现代科技发生发展以来，已发生了两次重大科学革命和三次重大技术革命，其催生了浪潮迭起的产业革命，推动人类社会进入全球化、知识化、信息化、网络化新时代。历史经验证明，科技革命深刻改变世界格局、民族兴衰和国家命运。

在世界科技发展的历史长河中，中国是见长于技术发明与工程创造的文明古国。从青铜礼器和工具的铸造、生铁冶铸技术的发展，到都江堰、万里长城等大型工程的建设，古代中国创造了举世瞩目的科技成就；造纸术、印刷术、火药和指南针四大发明的创造与传播，大大促进了人类文明进步。近代以后，由于各种原因，中国屡次与科技革命和产业革命失之交臂。

新中国的成立标志着中国科技进入一个新的历史时期，逐步构建起现代科学技术体系与体制，形成由中国科学院、高等院校、产业科研院所、国防科研院所、地方科研机构组成的五路科技大军，推动中国科技事业迅速发展。“两弹一星”奠定了中国尖端科技基础和大国地位；陆相成油理论甩掉了中国“贫油国”的帽子；杂交水稻成为满足中国粮食需求和促进世界谷物生产的“金钥匙”；载人航天成功实现了中国人的“飞天”梦想；世界上首次人工合成牛胰岛素使人类在认识生命奥秘的道路上前进了一步。在工业领域，中国由引进技术转向自力更生，逐步建立起比较齐全的工业门类。

1978 年，中国实行改革开放，迎来了“科学的春天”，中国的科技创新事业发生了翻天覆地的变化。中国将科技创新上升为国家重要的方针战略，科技事业成就突出，科技整体能力持续提升，形成了全方位、系统化的科研布局。中国与世界科技前沿的差距在缩小，在主要科技领域和方向上实现了邓小平同志提出的“占有一席之地”的战略目标，已成为世界上具有重要影响力的科技大国。

站在新的历史起点，面向新时代的新形势新要求，必须系统总结中国科技创新走过的道路，为中国科技创新发展拨清迷雾、校准方位，更加坚定地朝着建设世界科技强国的目标前进。

一、把握世界科技创新大势，制定符合国情的科技发展方针战略

科技方针战略是一定历史时期内关于科技发展的总体性、全局性纲领，具有鲜明的时代性和目标性，为科技发展目标和方向提供最集中、最宏观的指引。每当全球形势的重大转折期和战略机遇期，党中央总是着眼国家全局和长远发展利益，顺应时代潮流和历史大势，与时俱进地提出新的科技发展方针战略。

第一个阶段是 1949～1978 年，中华人民共和国诞生之初，科技基础非常薄弱，科技人才极度匮乏，面临西方国家的全面封锁，整个国家百废待举、百业待兴。尽快建立强大的国防工业，摆脱贫困落后的局面，摆脱发达国家的控制与威胁成为当务之急。党中央发出了“向科学进军”的号召，实施了“两弹一星”研制、大庆油田勘探开发等科技工程。1956 年，紧密结合国家建设的需要，制定《1959—1967 年科学技术发展远景规划纲要》（简称“十二年科学远景规划”），确立了“重点发展，迎头赶上”的方针。这一方针战略指引和推动着中国科技事业奠定基础、打破封锁、建立体系。

第二个阶段是 1978～1998 年，党中央对时代大势进行判断，认为和平与发展是当今世界的两大主题，应把工作中心转到经济建设上来。邓小平同志做出了“科学技术是生产力”这一重要判断。1985 年，《中共中央关于科技体制改革的决定》发布，确立了“经济建设必须依靠科学技术，科学技术工作必须面向经济建设”的指导方针，强调科技与经济结合，利用科技提高

经济竞争力和高技术产品的市场占有率。这一方针战略指引和推动着中国科技事业改革开放、奋起直追、全面提升。

第三个阶段是 1998～2006 年，正值世纪之交，经济全球化不断加速，知识经济浪潮迭起，亚洲金融危机肆虐，要求加速科技发展，争取在国际政治经济格局中处于主动地位。贯彻落实科教兴国战略，制定《国民经济和社会发展第十个五年计划科技教育发展专项规划（科技发展规划）》，提出了“有所为、有所不为，总体跟进、重点突破，发展高科技、实现产业化，提高科技持续创新能力、实现技术跨越式发展”的指导方针，实现产业技术水平和国际竞争力大幅度提升。

第四个阶段是 2006 年以来，世界科技保持快速发展态势，创新要素和创新资源在全球范围内流动加速，中国长期以来粗放式的经济增长方式难以为继，发展不平衡、不协调、不可持续的问题突出。2006 年，国务院发布《国家中长期科学和技术发展规划纲要（2006—2020 年）》，确立了“自主创新，重点跨越，支撑发展，引领未来”的十六字方针，把创新摆在国家发展全局的核心位置。2008 年，由美国次贷危机引发的全球金融危机爆发，对我国经济发展造成了很大的冲击与影响，化危为机必须依靠科技创造新的经济增长点和新的发展模式。这一方针战略指引和推动着我国自主创新、重点跨越、塑造引领。

2016 年，中共中央、国务院印发了《国家创新驱动发展战略纲要》，确立了到 2020 年进入创新型国家行列，到 2030 年跻身创新型国家前列，到 2050 年建成世界科技创新强国的“三步走”战略目标，开启了未来 30 年科技发展的新征程。

二、尊重科技创新发展规律，确立不同发展阶段科技创新规划蓝图

科技规划是在科技发展方针战略的指引下，基于对科技创新规律的认识，分阶段对科技发展进行统筹安排。科技规划的制定实施服从于特定历史阶段的经济社会发展总体规划目标，是经济社会发展规划在科技领域的具体体现。

新中国成立之初，面对科技远远落后的大背景，为了突破西方国家的封锁，必须要集中全国的科技资源，在短时间内补足国家建设最急需的科技门类。“十二年科学远景规划”是我国最早的科技规划。围绕着国民经济和国防建设对科学技术所提出的基本任务，确定了 13 个主要方面的 57 项“国家的、重要的、综合的、长期的”任务。“十二年科学远景规划”对我国集中力量发展科学技术起到了重要作用，使我国科学技术事业有了很大发展，建立和发展了半导体、电子学、计算技术、核物理、火箭技术等新兴学科门类，填补了国内空白，大大缩小了同世界先进科学技术水平的差距，为持续的工业化建设奠定了科学技术基础。

面对世界高技术发展的态势，制定《1986—2000 年全国科学技术发展规划纲要》，强调科技与经济的结合，促进科技成果迅速广泛地应用于生产，并相继出台了国家高技术研究发展计划（863 计划）、推动高技术产业化的火炬计划、面向农村的星火计划、支持基础研究的国家自然科学基金等科技计划，保证了规划的实施，为国家管理科技活动、配置科技资源进行了有益的探索。

进入 21 世纪，加入世界贸易组织之后，经济全球化不断深入，中国的开放速度不断加快。以增强自主创新能力为主线，以建设创新型国家为奋斗目标，国务院发布了《国家中长期科学和技术发展规划纲要（2006—2020 年）》，规划了 11 个重点领域、62 个优先主题、16 个重大专项、8 个方面的前沿技术和 4 个方面的基础研究问题，明晰了事关经济社会发展全局、事关全面建成小康社会、事关现代化建设的重要领域。

2008 年，全球金融危机爆发，历史经验表明，全球性经济危机往往催生重大科技创新突破。为此，中国科学院启动并组织开展了中国至 2050 年重要领域科技发展路线图战略研究，分能源、信息、制造等 18 个领域，分近期（2020 年前后）、中期（2030 年前后或 2035 年前后）、长期（2050 年前后）三个阶段描绘，刻画了至 2050 年依靠科技支撑我国现代化进程的宏观图景。

为了有效应对国际竞争的大势，实现中华民族伟大复兴的中国梦，成功跨越“中等收入陷阱”，2016 年《国家创新驱动发展战略纲要》颁发实施，强调科技创新和体制机制创新双轮驱动，着眼于推动发展方式、发展要素、产业分工、创新能力、资源配置、创新群体转变，明确了 9 个重点领域技术发展方向、8 个方面的任务、6 个方面的保障措施。

我国在从计划经济到市场经济的不同发展阶段，针对不同历史时期的政治、经济、国家安全需求，制定和实施了国家中长期科技规划纲要。规划纲要对科技活动进行全局性、指导性、纲领性安排，根据规划纲要制定配套规划计划和实施细则，形成中长期-中期-短期科技规划、总体规划-专项规划相互衔接构成的规划体系。

三、培育科技创新关键力量，建立并不断完善国家科技创新体系

国家创新体系是由知识创新、知识传播和技术创新相关的机构和组织构成的网络系统。近现代以来，科学技术不断向专业化、建制化、规模化发展，国立科研机构、研究型大学、研发型企业等多样化的创新主体相继出现，在国家创新体系中发挥多样化的功能。

新中国成立时，仅有 30 多个专门研究机构。1949 年 11 月，中国科学院在北京成立。1955 年，中国研究机构增加到 840 个。1965 年，全国科学研究机构达到 1700 多个，初步形成了中国科学院、高等院校、产业科研院所、国防科研院所、地方科研机构五路科技大军。1998 年开始，中国科学院开始知识创新工程试点，带动我国进入建设国家创新体系的新阶段，并朝着定位准确、分工明晰、竞争合作、运行高效的国家创新体系方向提升。

技术创新体系初步形成。企业技术创新能力大幅提升，作为技术创新主体与研发投入主体的作用更加突出。企业主导技术创新的机制逐步建立，围绕产业链进行系统部署，集中力量突破一批关键共性技术，研发一批具有自主知识产权和市场竞争力的重大战略产品。企业研发人员大幅增加，2015 年底约有 425 万人，比 2012 年增长 26.2%。大中型企业建立研发机构的比例上升，2015 年底，我国累计认定的国家级企业（集团）技术中心为 1187 家，比 2012 年增加 300 家；企业建国家重点实验室和国家工程（技术）中心数量增长迅速，截至 2015 年年底，建在企业的国家重点实验室为 177 个，占总数的 36.8%；建在企业的国家工程（技术）研究中心为 144 个，占总数

的 41.6%。

知识创新体系效能明显提升。科研院所、研究型高校加大对科学前沿和战略高技术前沿的探索，是基础研究和原始创新的主力军。中国科学院等发布的《2017 研究前沿》报告指出，在国际 143 个热点前沿和新兴前沿中，中国表现卓越的研究前沿有 25 个，超过了英国、德国、日本、法国，仅次于美国，位列世界第二。以中国科学院为代表的国家战略科技力量和北京大学、清华大学等一批研究机构正向世界一流研究机构迈进。中国科学院在 2016 年汤森路透发布的“全球最具创新力政府研究机构 25 强”中排名第 11 位，比 2015 年上升 5 位；北京大学、清华大学在多项排名中进入世界大学百强。

国防科技创新体系更加完善。稳步推进军民融合，建立了有利于国防科技装备军民融合的体制机制。军民资源朝着充分共享、有机互动、有效转化的方向发展，充分激发军民供需对接的内在动力和活力。

区域创新体系特色突出。区域根据地方特色和资源禀赋大胆先行先试。创新要素在区域层面加速流动融合、优化配置，有力推动了科技与经济的紧密结合，形成了以北京、上海、合肥、深圳为代表的科技创新高地，带动京津冀、长三角与珠三角形成了各具特色、具有国际竞争力的高新产业集群。国家自主创新示范区、全面创新改革试验区、高新区成为区域创新发展和转型升级的重要引擎。

科技中介服务体系蓬勃发展。众创空间、孵化器、科技园等多样化的科技创新创业服务载体蓬勃涌现，向着专业化、细分化、链条化的方向发展，体系逐步健全。创业孵化方面，科技企业孵化器规模居世界前列，筹措足够资金和必要的资源建立庞大的孵化器网络，促进创新要素的有效流动与结合。技术转移机构探索跨领域、跨区域、全过程的技术转移服务，促进共性关键技术快速转移和扩散。

随着“大众创业、万众创新”的蓬勃兴起，创新主体的范畴在进一步扩大，多种不同类型的创新主体开始涌现，新型研发机构、众创空间、技术转移中心等都成为创新主体的重要成员，进一步充实了国家创新体系的关键力量。

四、坚持把创新作为第一动力，引导社会各方持续快速加大科技投入

科技投入是发展科技事业的重要前提，持续增加的研发资金投入，为中国科技实力和水平的快速提升奠定了资金基础和条件保障。

中国全社会研发投入总额快速增长，连续 20 多年保持年均 19%的增长速度，研发经费增速持续高于国内生产总值增速。2015 年，中国研发投入的总规模超过日本、德国、韩国、英国和法国等国家，仅次于美国，位居世界第二。中国研发投入高速增长已经成为保持全球研发投入增长的重要来源。2000～2015 年，全球研发投入增加了 11 960 亿美元。其中，中国贡献了 31%，美国贡献了 19%。快速增加的经费投入带动中国科学研究整体水平和国际影响力显著提升。

中央和地方政府已经形成了较为明确的研发投入分工。中央政府科技投入的重点在事关国家全局的战略科技领域、事关民生的公益性科技领域和基础前沿科技领域，致力于解决影响现代化进程的战略性科技问题，解决提高企业国际竞争力的关键核心技术，解决全民普惠的民生科技问题。地方政府科技投入的重点在培植核心产业竞争力和区域科技竞争力，富集各类创新要素，着力构建区域创新高地。

中国研发投入已经实现了由政府投入为主向企业投入为主的转变，形成稳定、多元的研发投入机制，企业已经成为研发投入的主体。2017 年中国企业研发经费投入 13 733 亿元，占全社会投入的 78.5%，十年来，企业研发投入提高 406.2%。欧盟委员会发布的《2017 全球企业研发投入排行榜》显示，华为公司全球研发投入 104 亿欧元，排名第六。中国研发投入前十五名企业研发投入共 2528.6 亿元，占所有企业投入的 18.4%。2016 年全国中小型工业企业研发投入 4640.5 亿元，较上年增长 12.92%。

基础研究是科技和产业发展的源泉，近十年来，我国基础研究投入总额以年均增幅近 15%的速度快速增长，从 2006 年的 155.8 亿元增长到 2016 年的 822.9 亿元，快速增加的经费投入使得中国基础科学研究整体水平和国际影响力显著提升。

对国家科技计划进行优化整合，提高资源配置效率，通过国家自然科学基金、国家科技重大专项、国家重点研发计划、技术创新引导专项（基金）和基地人才专项等计划开展竞争性科技研究。

五、释放人才资源创造智慧，建设庞大的高端科技人才队伍

人才是科技创新最关键的因素，只有把人才的积极性和创造性激发出来、调动起来，才能迸发出无穷的创新力量。哪个国家能培养和吸引更多优秀人才，就能在竞争中占据主动、获得优势，赢得未来发展的先机。

新中国成立时，全国科学技术人员不超过 5 万人，专门从事科学研究工作的人员不足 500 人。受到新中国的感召，以钱学森为代表的一批享誉国内外的科学家纷纷归国效力，“两弹一星”的 23 位功勋科学家中 19 位曾在国外留学。这批科学家带回了当时最新、最先进的科学知识和技术信息，并以高尚的理想信念、甘于寂寞的奉献精神和追求真理的勇气，把个人价值融入服务国家、人民之中，形成了“热爱祖国、无私奉献，自力更生、艰苦奋斗，大力协同、勇于登攀”的“两弹一星”精神。

庞大的教育基础是科技创新人才的雄厚后备力量。新中国成立以来，我国教育事业取得了巨大发展，建立起世界上规模最大的教育体系。2017 年，中国各类高等教育在学总规模达到 3779 万人，普通高校毕业生人数达 793.6 万人，其中博士毕业生 5.8 万人。2000～2014 年，中国获得科学与工程学士学位的人数由 35.9 万人增长到 165 万人，理工科本科毕业生人数大约是美国的 2 倍，理工科博士毕业生人数超过美国，工程师数量占全世界的 1/4，每年培养的工程师数量相当于美国、欧洲、日本和印度的总和，为建设人力资源强国奠定了基础。

中国具有无可比拟的科技人才资源优势，科技人力资源超过 8000 万人，其中研发人员数量达到 388 万人年，约占全球研发人员的 30%，连年位居世界首位。随着人才竞争力的提升，中国也涌现出一批具有国际影响力的高水平科学家。根据科睿唯安（Clarivate Analytics）发布的 2017 年全球高被引科学家名单，中国共有 249 位科研人员入选，总人数位居世界第三位，一批科技帅才和领军人物活跃在国际舞台。但总体来看，美国顶尖科学家数量是

我国的近 7 倍，中国顶尖科学家数量仍然比较少。

中国的快速发展为各类人才提供了广阔的创新创业舞台。改革开放以来，中国各类出国人数累计达到 519.49 万人，2017 年中国出国留学人数达 60.84 万人，外国来华留学生达 48.92 万人。据统计，2016 年我国参与国际合作项目人数总计 136 971 人次，其中开展合作研究的达到 24 376 人次，开展的国际科技合作研究项目 24 600 项。引才与引智相结合，注重柔性引才，在华工作的外国专家由 2011 年的 52.9 万人次增加到 2015 年的 62 万余人次，年均增长 5%以上。在信息技术、金融等领域工作的外国专家数量 2015 年达到 1.85 万人次，比 2013 年增加 52%，占经济技术专家总数的 5.58%。高层次人才的引进力度加大，集聚效应凸显，吸引了大量具有高技能的国际人才。

科技人才评价体系日益完善，人才积极性得到较为充分的调动。近年来，从科研人员最为关切的经费使用、成果评价、薪酬激励、项目管理等方面的难点和痼疾入手，改革不合理的体制机制和制度规定，大力减少各类评审评估，建立以影响力和应用效果为标准的成果评价方法，重点评价成果的科学价值、技术价值和社会价值，引导科研人员更加重视创新的质量、价值和实质贡献，让科研人员真正能安心致研，自由地创造，自主地探索。

六、完善科技创新基础设施，构筑开放共享的科技创新平台

科技创新平台是支持创新活动的重要载体，世界主要发达国家已将建设一流的科技创新平台作为支撑创新活动的优先选择和战略举措。中国从 20 世纪 80 年代初开始国家科技创新平台的建设工作，迄今形成以重大科技基础设施、重点实验室、各类工程技术中心、科技基础条件平台为主体的国家科技创新平台体系。

重大科技基础设施建设走过从无到有、从小到大，从学习跟踪到自主创新的发展历程。我国的重大科技基础设施建设最早发端于“两弹一星”，改革开放后，特别是“九五”时期以来，国家对大科学装置的投入持续增长，一批具有重大影响的大科学装置相继建成，并相继启动散裂中子源、强磁场装置、大型天文望远镜等 12 项重大科技基础设施。2013 年，《国家重大

科技基础设施中长期建设规划（2012—2030 年）》提出了“十二五”期间建设 16 项重大科技基础设施。截至 2017 年底，我国在建和投入运行的重大科技基础设施总量已接近 50 个，总体水平基本进入国际先进行列。依托重大科技基础设施，中微子物理研究、粲物理研究等多个方向处于国际领先地位，涌现了一批重大成果，并在带动和辐射区域创新发展方面发挥了积极作用。

支持前沿研究和需求导向战略性研究的国家重点实验室体系逐步形成。1984 年，针对我国科研基础设施缺乏、科研条件简陋、基础研究整体建设亟待加强等问题，国家开始组织实施国家重点实验室建设计划。从初期遴选高校和科研院所的优势团队及学科予以支持，到 2006 年后开始通过产研、军民、区域合作完善国家重点实验室体系，促进技术创新体系建设，并推动地区合作和军民融合。经过 30 多年的建设发展，国家重点实验室体系初步形成，共建设实验室 500 余个，覆盖基础学科 80%以上，取得了铁基超导、拓扑绝缘体与量子反常霍尔效应等一批标志性成果，带动了许多领域的重大原始创新，解决了载人航天、高性能计算、青藏铁路等重大科学技术问题，带动了大型超导、精密制造和测控、超高真空等一批高新技术发展。

支持技术攻关和转化应用的工程技术类科技创新基地得到长足发展，覆盖各行各业。1991 年国家启动国家工程技术研究中心建设，开展重大共性关键技术攻关，目前国家工程技术研究中心总数达到 346 个，涵盖农业、制造业、电子与信息通信、材料、能源与交通、建设与环境保护、资源开发、生物医药等主要行业，有力推动了我国相关产业的快速发展。2005 年为解决重点产业核心技术问题启动的国家工程实验室目前达到 150 多个，基本涵盖了我国主要行业的重点领域，并在相关工程领域发挥了重要的支撑作用。为推进工程化研究与示范转化，已建成和启动建设国家工程研究中心 132 个，主要涉及机械、生物医药、石油化工、信息和航空、冶金和材料、农林和资源环境等领域，提升了传统产业的技术水平和核心竞争力。

科技基础条件平台逐步形成并开放共享。从 1999 年起建设了生态系统、特殊环境与灾害、大气本底、材料腐蚀、地球物理等各类国家野外科学观测站 105 个，形成跨部门的国家野外科学观测研究网络体系。科研仪器设备、自然科技资源、科学数据与信息资源平台逐步形成，科技创新平台和基础条件平台的开放共享程度大大提升，形成跨部门、跨区域、多层次的资源整合与共享服务体系。

2017 年科技部、财政部、国家发展和改革委员会三部委印发《国家科技创新基地优化整合方案》，对现有国家级基地和平台进行优化整合，并以国家实验室为抓手，突出国家意志和目标导向，统筹全国优势科技资源整合构建国家战略科技力量，逐步推进科技创新平台体系完善。

七、打造区域创新高地，引领带动经济社会高质量发展

区域创新对于推动经济体的创新发展日益重要。新中国成立以来，区域发展战略和政策的实施，推动了各地区的创新发展，首先培育了东北工业区，“三线建设”促进西部地区科技能力的提高，长期的重工业战略使得山西、华东成为重要工业基地，一些大城市如北京、上海、西安成为科技中心。改革开放以来，沿海地区借助政策和资源优势，形成珠江三角洲、长江三角洲和京津地区三大创新极。“十二五”时期以来，通过实施区域协调发展战略、建设区域创新高地，科技创新成为区域加快转变发展方式、优化经济结构和转换增长动力的关键，成为我国经济社会发展和建设创新型国家的重要支撑力量。

逐步打造具有全球影响力的科技创新高地。1988 年以来，在国家高新技术产业化发展计划——“火炬计划”的推动下，各地创办高新技术产业开发区，成为地方高新技术产业发展的重要力量。目前，国家高新区达到 168 家，营业收入连续数年保持年均 17.4%的增速，在经济规模总量上持续支持区域和国家经济发展。2009 年，为推进地区自主创新，探索尝试高科技产业发展的新机制，北京中关村国家自主创新示范区设立。至 2018 年，共设立自主创新示范区 19 个，武汉东湖、湖南长株潭、四川成都等自创区年均增速达 30%左右，成为我国保持经济中高速增长的重要支撑力量。未来，结合长江经济带、京津冀协同发展、东北振兴等国家重大战略，以及“一带一路”国家重大倡议，将依托国家高新区积极建设国家自创区，创建体制机制改革和政策先行先试的创新特区。在此基础上，《“十三五”国家科技创新规

划》明确支持北京、上海建设具有全球影响力的科技创新中心，打造原始创新高地。

落实区域发展战略，加强跨区域整合创新资源，形成跨区域协同创新发展新格局。在“一带一路”建设、京津冀协同发展、长江经济带发展三大战略的指引下，依托科技伙伴计划和政府间科技创新合作机制，积极推进科技创新平台建设；发挥中关村自主创新示范区的示范带动作用和知识、技术、人才、政策等创新辐射溢出效应，推进京津冀科技创新协同发展；推动长江经济带创新驱动产业转型升级；并推动粤港澳大湾区打造国际科技创新中心。统筹推进西部大开发、东北振兴、中部崛起、东部率先发展的同时，在西部培育关中、成渝创新中心与增长极，东北地区打造装备制造、能源产业创新高地，中部建设产业创新高地与技术转移承接地，建立东部产业和创新先导区，促进重大区域协同创新。

创新改革试验区先行先试体制机制创新。2015 年，发布《关于在部分区域系统推进全面创新改革试验的总体方案》，京津冀、上海、广东、安徽、四川、武汉、西安、沈阳等 8 个区域被确定为全面创新改革试验区，以推动科技创新为核心，以破除体制机制障碍为主攻方向，开展系统性、整体性、协同性改革的先行先试。2017 年，全面创新改革试验第一批 13 项改革经验已经向全国复制推广。

八、破除束缚科技创新障碍，建立推进创新创业生态系统

完善的创新创业生态系统通过特定的政策支持把各种资源连接起来，把人才、技术、资金和市场汇聚在一起，形成良性互动的创新创业环境。新中国成立以来，从立法规范、政策制度、科技服务、文化建设等多方面逐步破除束缚科技创新的障碍，优化创新创业环境，开创“大众创业、万众创新”的新局面。

中国特色的科技法律体系逐步形成。新中国成立后，围绕发展科学事业、奖励科技成就、普及科学知识，在科技事业发展和科技体制不断形成过程中，逐步形成以 1954 年《中华人民共和国宪法》为统领，党的科技发展方针、政策文件为主体，政务院及有关部委颁布的若干科技奖励条例为基础的科技

法制框架。改革开放以来，科技立法进入了全新的阶段，包括以《中华人民共和国技术合同法》为统领的各专项知识产权法律法规，促进和保证了科技体系改革和科技进步；国务院等有关部门颁布的《关于科学技术拨款管理的暂行规定》等系列法律规范推动科研机构为经济建设服务；《关于实行专业技术职务聘任制度的规定》等文件对放活科技人员、促进人才合理流动发挥了重要作用。目前，我国以《中华人民共和国科学技术进步法》为法治体系基础，以大量的科技专门性法律和相关配套法律为主干，以国务院、各部委和地方科技法律法规和规章建设为运行保障，逐步形成中国特色的、完整的、系统性的科技法律体系。

创新创业支持政策力度和范围逐步加大。我国政府自 1998 年以来着力改善中小企业贷款制度，2000 年开始中小企业信用担保体系建设，之后出台《中华人民共和国中小企业促进法》为中小企业的融资提供法律保障。2010 年前后相关部门先后印发《关于促进自主创新成果产业化若干政策》《国务院关于进一步促进中小企业发展的若干意见》《国务院办公厅关于强化企业技术创新主体地位全面提升企业创新能力的意见》等政策，加快推动企业成为技术创新主体地位，并推动科技成果转化，打通政策落实“最后一公里”；近年来积极推动创业风险投资、多层次资本市场快速发展，完善科技金融扶持政策，推动众创空间发展，促进大中小企业融通发展。由此，我国支持创新创业的政策逐步与国际接轨，形成创新支持政策、行政支持政策和财税补贴政策构成的政策支持体系，创新支持政策通过金融支持、贷款贴息、无偿补助等对中小企业技术创新、科研成果产业化提供直接支持；行政支持政策通过支持中小企业参与政府采购、推动“放管服”改革、创造公平公正的市场经营环境等间接支持创新创业；财税补贴政策在各类税收优惠的基础上，给予创新创业企业更多优惠，加强落实对小微企业的税收优惠政策，对固定资产加速折旧的优惠深化至各科技园、孵化器等创新基地。

知识产权政策法规日趋成熟。中国的知识产权政策体系在改革开放后逐步建立起来，2001 年加入世界贸易组织后，知识产权制度得到调整和加强，在国际化大背景下日趋成熟。2008 年《国家知识产权战略纲要》的颁布标志着中国知识产权政策的正式形成。十八大以来，中国将知识产权制度作为激励创新的基本保障和重要措施，知识产权法律法规体系建设呈现新局面，《中华人民共和国专利法》修改和《专利代理条例》修订等工作加快推进，《关于进一步加强知识产权运用和保护助力创新创业的意见》为推动创新创业热潮奠定了政策基础。

科技服务发展推动科技创新和科技成果转化。20 世纪 90 年代左右，科技成果转化引起国家重视，科技创新中介服务政策起步。1992 年以来，作为科技体制改革的配套工程，中介服务得到发展，并出台相关的政策规范行业服务。2012 年，科技部制定并发布《现代服务业科技发展“十二五”专项规划》，提出科技服务业五大发展重点和六大支撑工程。2014 年 10 月，《国务院关于加快科技服务业发展的若干意见》发布，该意见提出使科技服务业成为促进科技经济结合的关键环节和经济提质增效升级的重要引擎，科技服务业成为科技创新和产业发展的支撑能力。

科普与创新创业文化建设逐步完善。1994 年《中共中央、国务院关于加强科学技术普及工作的若干意见》发布，2002 年制定《中华人民共和国科学技术普及法》，2006 年颁布《全民科学素质行动计划纲要（2006—2010—2020 年）》，政策法规体系不断完善，管理体制不断健全。在“大众创业、万众创新”的热潮下，“让人们在创造财富的过程中，更好地实现精神追求和自身价值”的理念深入人心。

九、加强产学研用深度结合，提升科技创新产出质量和效率

以产学研结合增强技术创新能力，是主要发达国家作为优化资源配置、提高创新要素效率的主要战略路径。改革开放以来，我国科学事业走上快车道，科学论文爆发式增长，专利数量突飞猛进，但总体科技创新产出质量和效率仍有待提升，加强产学研用深度结合成为科技高效服务经济社会发展的突破口。

多措并举发挥企业主体作用，促进产学研用结合。2005 年国家提出构建以企业为主体、产学研相结合的技术创新体系，引导创新资源要素向企业集聚，推动企业和科研院所、高校合作，重点突破重大关键共性技术研发。2012 年，政府提出要“大力推动协同创新”，促进高等教育与科技、经济、文化的有机结合。为此，教育部完善高校科技成果评价体系，为高校科技人员松绑；财政部、科技部等提出建立健全科技成果转移转化收入分配和激励

制度；《2011 协同创新中心建设发展规划》等系列文件加强协同创新中心运行机制建设；《财政部 国家税务总局 科技部关于完善研究开发费用税前加计扣除政策的通知》完善了企业合作研发项目税收政策等，以上政策确定了产学研用协同创新的体制。同时，国家通过战略层面的产学研合作，即重大科技计划和重大专项，推动重点领域、关键问题上的联合攻关。

协同创新推动科技创新水平迈上新台阶。近年来，中国主要创新指标进入世界前列，2017 年国际科技论文总量比 2012 年增加 70%，国际科技论文被引用量首次超过德国、英国，国家创新能力排名从 2012 年的第 20 位上升至 2017 年的第 17 位，近 200 位中国科学家担任重要国际科技组织领导职务。化学、材料、物理等学科居世界前列，铁基超导材料保持国际最高转变温度，量子反常霍尔效应、多光子纠缠世界领先，中微子振荡、干细胞研究、利用体细胞克隆猕猴等取得重要原创性突破，并首次荣获诺贝尔生理学或医学奖、国际量子通信奖等国际权威奖项，基础研究领域的国际影响大幅跃升。在面向国家重大需求的战略高技术领域，载人航天和探月工程、采用自主研发芯片的超算系统“神威·太湖之光”、国产首架大飞机 C919、“蛟龙号”载人深潜器、自主研发的核能技术、天然气水合物勘查开发和新一代高铁、云计算、人工智能等成就举世瞩目。

企业创新主体地位显著增强，科技创新效率大幅提升。目前，企业在全社会研发投入、研究人员和发明专利的占比均超过 70%。智能终端、无人机、电子商务、云计算、互联网金融、人工智能等领域，出现一批具有全球影响的创新型企业，2017 年我国独角兽企业数量仅次于美国，居全球第二位。科技创新为改善民生、引领支撑新旧动能转化提供有力保障。农业关键技术攻关取得重大突破，全球首个基因突变型埃博拉疫苗境外开展临床试验，超导磁共振等医疗器械实现国产化替代，重大传染病防控和疫苗研制、重大新药创制等有力改善民生福祉。移动通信、第四代核电高温气冷堆、第三代核电“华龙一号”、高铁、新能源汽车、特高压输变电技术、风能和光伏关键部件和设计制造技术、“数控一代”应用示范工程等，带动传统产业转型升级。人工智能、大数据、云计算等引领支撑数字经济、平台经济、共享经济快速发展。

十、加大引进来走出去力度，提高科技开放和国际合作水平

开放合作符合科学技术本身发展的内在要求，也是经济全球化的重要组成部分。我国国际科技合作事业随着国内外形势的变化及科技能力的提升，从封闭走向开放，从单向引进走向共同研发，从合作交流走向主动利用全球科技资源，科技开放和国际合作水平大幅提升。

新中国成立打开了科技开放合作的大门。中国先后与苏联、东欧建立起紧密的科技合作关系，与西欧、日本开展民间科技交流，引进西方技术和成套设备，创造了技贸结合的新形式，并通过开展技术座谈和科技考察活动，逐步开展与西方的全面合作。改革开放以来，加强国际科技合作成为国家科技事业发展的重要任务，提倡坚持独立自主、自力更生的同时，积极加强同世界各国的交流与合作。从强调加强交流、促进人才引进，到促进合作交流中的知识产权保护，加强技贸结合，推进中国科技产品和技术走出去，再到与西方主要国家陆续签订政府间科技合作协定，逐步在世界范围内形成多层次、多渠道、多形式的国际科技合作与交流局面。

21 世纪，经济全球化加速，科技合作国际化趋势加强，中国积极推进开放式自主创新。强调坚持自主创新的同时，充分利用国际科技资源，围绕国家中长期科技发展规划的重点，更主动地开展国际合作，在更大范围、更广领域和更高层次上参与国际经济技术合作和竞争。为此，制定“国际科技合作发展纲要”，从战略层面推动国际科技合作，设立国际科技合作专项经费，加大合作资金投入力度；参与并牵头发起国际大科学工程和大科研计划；创建高新区、企业孵化器、国际科技合作基地和联合研究中心等新的方式和机制；通过科技援助开展科技外交。截至 2016 年，中国已与 158 个国家、地区和国际组织建立了科技合作关系，与 24 个国家或地区签署 16 个自由贸易协定，推动新能源照明、荒漠地区治沙防沙等绿色技术输出，为应对全球性挑战提供中国方案；积极参与国际大科学、大工程计划，并发挥重要的作用，进而牵头创立“中医药国际科技合作计划”等重大国际科技合作计划；“一带一路”科技创新行动计划促进科技创新活动全球化和知识传播，打开开放合作的崭新局面。

通过多年艰苦奋斗，中国科技创新走过了一条极不平凡的道路，已成为

举足轻重的世界科技大国，大幅缩小了与世界先进水平的差距，科技成为支撑国家发展、保障国家安全的关键力量。回顾我国科技创新走过的道路，我们既不能妄自菲薄，更不能妄自尊大。当前，世界政治经济格局面临深度调整，贸易保护主义抬头，发展的不稳定、不确定因素增加，科技创新成为大国战略博弈重要战场。同时，世界和平与发展的主题没有变，经济全球化的浪潮没有变，经济和科技重心向亚太转移的趋势没有变。中国仍处于大有可为的战略机遇期。面对中华民族从富起来到强起来这一人类历史上前所未有的历史性飞跃，应找准科学和技术的“中国问题”，从国家全局和长远发展利益出发，更加坚定改革的勇气、智慧和定力，把握时代脉搏，应对问题挑战，走出一条符合规律和国情的科技创新康庄大道。

中国科学院科技战略咨询研究院
“中国科技创新道路”研究组

组长：潘教峰

成员：宋大伟 陈光华 王建芳

2018 年 9 月 25 日

关于加快建设创新型国家的思考和建议

建设创新型国家是党中央、国务院做出的事关改革开放和社会主义现代化建设全局的战略决策。2006 年 1 月，在全国科技大会上，我国首次提出建设创新型国家战略。之后，在党的十七大和十八大报告中都明确提出了建设创新型国家的目标和任务。党的十九大报告为加快建设创新型国家进一步指明了方向，提出到 2035 年基本实现社会主义现代化，我国经济实力、科技实力大幅跃升，跻身创新型国家前列。这一系列重大部署，不仅在理论上全面阐释了我们党和政府对建设创新型国家的深刻认识，探索了当代发展中国家走向创新型国家的可能道路，而且在实践上把建设创新型国家作为时代赋予我们党和政府的历史使命，全面展示了建设创新型国家的宏伟蓝图和行动纲领。现将本课题组对建设创新型国家若干问题的思考和建议报告如下。

一、加快建设创新型国家意义重大

创新型国家是指以技术创新为经济社会发展核心驱动力的国家。目前世界上公认的创新型国家有 20 个左右，包括美国、英国、日本、德国、法国、以色列、瑞士、芬兰、韩国等。它们在建设创新型国家进程中，都把大力发展科学技术作为国家战略，都把坚持提高自主创新能力作为核心目标，都把增强企业技术创新能力作为突出任务，都把加强创新人力资源建设作为关键因素，都把提升全民科学素质和创新文化作为社会基础。这些做法值得我们学习借鉴。

在中国特色社会主义进入新时代的大背景下，我们必须全面把握建设创新型国家的战略意义。一是建设创新型国家是全面建设社会主义现代化强国的内在要求。必须树立抓创新就是抓发展、谋创新就是谋未来的理念，抓住新一轮科技革命和产业变革机遇，加快实现由发展中大国向现代化强国的历史性跨越。二是建设创新型国家是突破发展瓶颈、解决深层次矛盾和问题的根本出路。必须依靠科技创新、转变发展方式、调整经济结构，坚持走出一条绿色发展、循环发展、低碳发展道路。三是建设创新型国家是在全球竞争格局中赢得主动的战略举措。中美贸易摩擦也是一场科技竞争，关键核心技术是要不来、买不来、讨不来的。必须把提高自主创新能力作为战略基点和指导方针，这是我国在日趋激烈的国际竞争合作发展中赢得主动的必然选择。同时也要看到，拥有近 14 亿人口的中国建设创新型国家，不仅具有中国意义，而且具有世界意义，必将推进人类文明进步事业。

我国建设创新型国家是涉及政治、经济、科技、文化等广泛领域的社会变革，我们具有社会主义制度集中力量办大事的政治优势，具有巨大的国内市场和发展中国家的后发优势，具有雄厚的科技人力资源基础和战略科技力量优势。尽管当今世界政治经济形势复杂多变，多种矛盾、风险、隐患、挑战交织叠加，但和平与发展的时代主题不会改变，世界经济和科技重心向亚太转移趋势不会改变，经济全球化的历史大方向不会改变，中国改革开放与和平崛起大势不会改变。尤为重要的是，全球新科技革命和产业变革引发的“第四次工业革命”已经到来，我国再也不能失之交臂！我们既要有充分的战略自信和赶超跨越的雄心，又要有足够的清醒认识和奋发进取的恒心，走出一条从科技强到产业强、经济强、国家强的新路。

二、深入实施创新驱动发展战略

党的十八大以来，我国实施创新驱动发展战略取得显著成效，科技创新能力从量的积累向质的飞跃、从点的突破向系统能力提升转变，科技创新与经济社会发展的关系从“面向、依靠”到“深度融合、支撑引领”转变，创新主体从科研人员的小众向大众创新创业转变，在全球科技创新格局中的位势从被动跟随向积极融入、主动布局转变。我国已成为全球多极化创新版图中日益重要的一极。

深入实施创新驱动战略是一项重大深远和持之以恒的任务，特别是在当前国际形势风云突变、国内经济下行压力加大的情况下，我们的决心和行动不能有丝毫动摇。要突出抓好决策、咨询、规划、实施四个重点环节：一是强化建设创新型国家的决策机制。依托国家科技领导小组，统筹推进科技、经济、教育、人才、行政管理等方面体制改革，统筹协调各部门科技投入和创新项目预算编制，统筹制定促进科技创新和成果转化的政策，形成多方参与、协同高效、科学决策的创新治理格局。二是完善国家科技创新咨询制度。加快建立具有统筹性、独立性、权威性并超越部门的国家科技决策咨询委员会，充分发挥中国科学院、中国工程院等国家高端智库功能，开展国家重大战略制定、重大规划编制、重大项目论证、重大政策研究。鼓励和引导国家相关部门建立科技顾问制度，发挥各类行业协会、基金会、科技社团等在推动创新驱动发展中的作用。三是建立健全国家科技管理基础制度。科学划分中央和地方科技管理事权，中央政府侧重全局性、基础性、长远性工作，地方政府侧重推动技术开发和转化应用。合理确定中央各部门职能分工，发挥行业主管部门在创新需求凝练、任务组织实施、成果推广应用方面的作用。准确定位政府和市场的功能，强化政府战略规划、政策制定、环境营造、公共服务、信息管理、监督评估等职能，由市场和企业自主决定竞争性的新技术、新产品、新业态开发。四是加强重大创新领域规划编制工作。围绕建设创新型国家和世界科技强国目标，组织制定国家中长期科技发展规划。在已有重大科技布局基础上，分析研判新技术革命和产业变革可能取得突破的重大方向，研究提出我国实现跨越发展的目标、布局和路线图。在关系国家安全和长远发展的战略优先领域，部署新一批重大科技项目和工程。

三、构建强大的国家创新体系

国家创新体系的综合能力和运行效能，是衡量一个国家创新能力和经济发展水平的重要标志。近年来，我国已经建设形成了较为完整的国家创新体系，在国家改革开放和现代化建设中做出了重要贡献。为了适应全球经济格局调整、科技前沿不断突破的新态势，满足国内经济转型升级、新旧动能接续转换的新要求，必须超前谋划和系统构建突破瓶颈制约、引领创新发展的国家创新体系，有效支撑科技强国和现代化强国建设。当前，要重点抓好以下几个方面。

第一，完善推动创新发展的国家战略科技力量布局。发展壮大以中国科学院等国立科研机构为骨干的国家战略科技力量，以重大科技任务攻关和国家重大科技基础设施为主线，建设突破型、引领型、平台型一体化的国家实验室。建立以企业为主体、以市场为导向、产学研深度融合的技术创新体系，培育一批核心技术能力突出、集成创新能力强、引领重要产业发展的世界一流创新型企业，推动一批高水平大学和学科进入世界一流行列或前列，增强行业和地方科研院所在行业共性关键技术研发与区域创新发展中的引领作用。

第二，围绕国家战略需求强化基础研究和应用基础研究。瞄准世界前沿加强基础研究，实现前瞻性基础研究、引领性原创成果的重大突破。强化基础研究对建设创新型国家的战略支撑，不断提升我国对人类科学探索的贡献。围绕国家重大战略需求加强应用基础研究，突出关键共性技术、前沿引领技术、现代工程技术、颠覆性技术四方面的技术创新，强化新思想、新发现、新知识、新原理、新方法的源头储备，提升我国科学发现、技术发明和产品产业创新的整体水平。

第三，集中力量在一些关键领域提升自主创新能力。紧紧围绕建设创新型国家的战略目标确定科技发展的战略重点。要把发展能源、水资源和环境保护技术放在优先位置，下决心解决制约经济社会发展的重大瓶颈问题。抓住信息科技更新换代和新材料科技迅猛发展的机遇，切实把掌握装备制造业和信息产业核心技术的自主知识产权作为提升我国产业竞争力的突破口。要把生物科技作为未来高科技产业迎头赶上的重点方向，加强生物科技在农业、工业、人口和健康等领域的应用。加快发展空天和海洋科技，和平利用太空和海洋资源等。

第四，打造重大原始创新策源地和区域创新发展增长极。聚焦国家区域发展战略，构建新的经济增长点、增长带、增长极，深入推进北京、上海、香港建设具有全球影响力的科技创新中心。推动北京怀柔、上海张江、安徽合肥等综合性国家科学中心建设、雄安新区创新驱动发展实验区建设、粤港澳大湾区国际科技创新中心建设等。加快推进京津冀、长江经济带、东西部协同创新，带动一大批各具特色、优势互补、充满活力的区域创新型城市。

推动国家高新区按照发展高科技、培育新产业的方向转型升级。

四、推进现代化经济体系建设

改革开放深刻改变了中国，也深刻影响了世界。今天的中国已成为世界第二大经济体、第一大制造业和货物出口及外汇储备国。但中国仍然是世界上最大的发展中国家，中国的发展仍然处在社会主义初级阶段，中国的现代化仍然有很长的路要走。加快建设现代化经济体系，必须适应经济发展进入高速增长阶段转向高质量发展阶段的新变化，依靠科技创新挖掘新需求、开辟新空间、扩大新就业、激发新活力、提供新引擎，在更大范围、更广空间、更深领域激发科技第一生产力的巨大潜能，推动当前和今后时期经济发展质量变革、效率变革、动力变革。

一是建设现代化经济体系要践行新发展理念。创新发展就是要把创新作为一切工作的基点，塑造更多依靠创新驱动的引领型发展；协调发展就是要解决发展中不平衡、不协调、不可持续的问题，在协调发展中拓宽发展空间，在加强薄弱领域中增强发展后劲；绿色发展就是要把生态文明建设贯穿于经济社会发展各方面和全过程，推动形成绿色发展方式、生产方式和生活方式；开放发展就是要统筹国际国内两个大局，深度融入全球产业链、价值链、物流链；共享发展就是要秉承发展为了人民，发展依靠人民，发展成果由人民共享。

二是着力发展高技术制造业和知识密集型服务业。要把建设现代化经济体系的着力点放在发展高技术制造业和知识密集型服务业上，形成实体经济、科技创新、现代金融、人力资源协同发展的产业新格局。加快发展大规模定制、社会化生产、平台型经济、网络化组织、开放式创新，突破重点领域先进制造工艺、机械电子技术、信息通信技术、先进材料技术等关键核心技术。推动经济体制、经营机制、产业组织、服务业态和商业模式持续创新，培育具有核心竞争力的高端制造业、现代服务业和战略性新兴产业集群。

三是切实把提高经济增长质量和效益放在首位。推进科技进步、劳动技能、管理素质全面提升，第一产业、第二产业、第三产业统筹发展，消费需求、投资需求、出口需求协调拉动，制度创新、技术创新、商业模式创新系

统推进，提高产业竞争力和抗风险能力。建立资源节约型、环境友好型的生产方式、生活方式和消费模式，建设低投入、高产出，低能耗、少排放，能循环、可持续的国民经济体系。

四是始终高度重视和维护国家经济安全。今后一个时期，维护国家经济安全已经成为国家综合安全的核心。要始终关注和保障粮食安全、能源安全、金融安全、生态安全、经贸安全、人口安全、公共安全、信息安全，跟踪研究一些重要领域国家经济安全的战略需求侧和科技创新源，发挥科学技术在保障国家安全和国家利益方面的重大作用，促进经济持续稳定健康地实现高质量发展。

五、形成军民融合发展格局

军民融合发展是当今世界主要国家提升综合国力的必然选择，是赢得国际科技和军事竞争新优势的关键之举。我们党和国家历来重视推进经济建设和国防建设协调发展。党的十八以来，军民融合发展上升为国家战略，战略指导和规划统筹显著加强，各项改革举措密集推出，国家军民融合创新示范区、军民结合产业基地发展迅速。党的十九大报告对“形成军民融合深度发展格局，构建一体化的国家战略体系和能力”做出新的重大部署，标志着我国军民融合发展进入新阶段。

围绕建设创新型国家，深入落实军民融合发展战略要抓好五件事。一是完善“统一领导、军地协调、需求对接、资源共享”的军民融合管理体制，深化军工企业、军工科研院所和军工院校改革，统筹协调军民科技战略规划、方针政策、资源条件、成果应用，全要素、多领域、高效益开展军民协同创新，推动军民科技协调发展、平衡发展、兼容发展。二是建立军民融合重大科研任务形成机制，实行从基础研究到关键技术研发、新技术集成应用等创新链一体化设计，构建军民共用技术项目联合论证和实施模式，建立产学研深度融合的军民科技创新体系，引导更多社会创新力量为国防科技创新服务。三是统筹军民共用重大科研基地、工业基础、人才基地和基础设施，构建一体化的国家科技创新战略体系和能力。加强军民融合公共服务平台建设，抓好军民融合重大示范项目、示范基地和示范区建设。建立军地人力资源、信息资源、物质资源需求与供给对接机制，推动双向开放、信息交互、资源共享。四是推进国防军工军民结合，推动军工行业与制造业深度融合，引导和鼓励优势民营企业参与军品研制生产。完善国防采购制度，按密级发布武器装备采购信息，建立装备采购仲裁制度，让更多的社会力量有机会参与国防预研和产品采购。完善国防知识产权制度，建立和完善国防科研成果与技术解密制度，积极采用先进适用的民用标准，促进军民技术双向转移转化，积极引导国防科技成果加速向民用领域转化应用。五是推进对外合作军民统筹互补，军政企协同、国内外互动，形成海外综合保障体系军民融合常态化工作机制，共同有效维护海外利益。

六、完善科技对外开放新体制

历史证明，世界科学中心首先是国际科技合作中心，对全球优质科技资源具有很强的虹吸能力。当前世界经济正处在大变革、大调整之中，全球先进产业转移为我国提供了多元发展机遇，技术资金转移为我国提供了国际投资机遇，服务外包转移为我国提供了市场拓展机遇，特别是新科技革命将为我国提供创新驱动、产业转型的永续动力。我们既要妥善应对复杂多变的国际经贸环境，更要紧紧抓住机遇乘势而上。

一是完善外交、科技与经贸等部门统筹协调机制。中央外事工作委员会负责顶层设计、总体布局、统筹协调、整体推进、督促落实。国家科技领导小组吸纳外交部、商务部参加，国家科技体制改革和创新体系建设领导小组吸纳外交部参加。相关部门在各自职责框架内实施增强国际合作能力的政策措施，加强部门、机构、区域之间的统筹协调。

二是深化全方位、多层次、立体化对外开放，营造更有利的外部环境。妥善处理好与美、日、德、英、法等主要大国的双边关系和多边关系。密切与新兴国家的双边关系和多边关系。与广大发展中国家一道，共同坚持多边主义和自由贸易，维护开放型世界经济。加强与联合国、世界贸易组织等国际组织的合作，大力推进国际组织任职高端化，加强科技外交人才培养和储备。支持更多国际组织机构落户中国或在中国设立办事机构。统筹引进来与走出去、长远战略布局与当前战术安排、顶层设计与部门协调、政府间外交与民间交流、发达国家开放与发展中国家开放、多边开放与区域开放、沿海开放与沿边开放、制造业开放与服务业开放，推进贸易和投资自由化与便利化。

三是建立完善与国际接轨的开放创新制度。加快落实扩大开放、大幅放宽市场准入等重大举措，打造对中外各类所有制企业一视同仁、公平竞争、稳定透明、法治化、可预期的投资环境和营商环境，充分吸引全球资金、技术和人才等资源。支持大学、科研院所和企业走国际化创新发展道路。统筹技术出口与产能合作，推动共建“一带一路”向纵深发展。积极主动扩大进口，精心办好首届中国国际进口博览会。

四是以科技对外开放促进质量强国和贸易强国建设。推进技术和装备走出去，加快培育以技术、品牌、质量、服务为核心的出口竞争新优势。强化技术标准、专利和商业秘密前瞻性综合布局，建立知识产权侵权国际调查和海外维权机制。鼓励外商投资战略性新兴产业、高新技术产业、现代服务业，支持跨国公司在中国设立研究与开发中心。实现引资、引智、引技相结合，促进形成统一、开放、竞争、有序的市场秩序。

七、深入推进科技体制改革

党的十八大以来，我国科技体制改革各项战略部署和重点任务快速推进，从宏观上有力地支撑和推动国家发展战略目标的实现，但仍然存在一些急需解决的不利于科技事业发展和创新活力释放的问题。深化科技体制改革、激发创新创造活力，应当面向抢占全球新技术革命和产业变革的制高点，面向我国经济建设和社会事业发展的主战场，面向推动现代制造业和服务业转型升级的第一线。

一是切实加强科技体制改革顶层设计及统筹部署。聚焦破解瓶颈制约、攻克关键技术、提升原创能力、抢占科技前沿，深入研究各个产业领域国际比较差距、高新技术源头、领先企业经验、发展技术路线，切实提高产学研用一体化程度、国际合作成功率、科研成果转化率和科研投入产出率，加快形成创新链、产业链、价值链融合发展的生态系统。

二是强化科技创新对建设现代化经济体系的战略支撑。围绕解决科技和经济两张皮的问题，构筑科技和产业深度融合的桥梁。清除各种有形或无形的栅栏和体制机制障碍，让机构、人才、资金、平台等都充分活跃起来。构建体系完整、运转高效的科技成果转化网络，充分发挥中介机构专业化职能。骨干企业、重点大学、科研机构都应对标与赶超世界一流水平，作为今后研发投入、科研攻关、国际合作、技术引进、重组并购的目标和方向。

三是优化科技创新资源配置管理方式。多渠道增加创新投入，妥善处理好政府和市场、稳定支持和适度竞争、任务带动与学科发展的关系。建立符合科学、技术和创新规律的资源配置方式，持续优化公共财政科技经费支持方式，逐步加大普惠性税收政策支持比例。集中资源解决牵一发而动全身的重大基础性、战略性、关键性、颠覆性和开创性的战略科技问题。对于国家战略目标清晰的重大科技攻关，要创新科技资源集中整合模式；对于受到创新资源条件约束的科技攻关，要提高科技资源利用效率；对于涉及重大突发事件的科技攻关，要形成快速高效的动员组织机制。

四是完善激发创新活力的科技创新治理体系。各级政府要积极营造有利于促进创新的良好氛围，充分调动创新主体积极性，释放创新要素活力，让一切创新源泉充分涌流。要进一步明确企业、科研院所、大学的创新定位，让企业真正成为技术创新决策、研发投入、科研组织、成果转化的主体。加快建立现代院所和现代大学治理结构，有效提高科技供给质量。

八、认真落实人才强国战略

当今世界综合国力的竞争归根到底是人才竞争。改革开放以来，我国社会生产力、科技实力、综合国力和国际竞争力都迈上了一个大台阶，科技人力资源和研究开发人员总量位居世界前列。但人才队伍系统性的设计、培养、引进、使用、管理机制缺失，人才“不够用、不适用、不能用”的现象还普遍存在。必须把推进创新人才队伍建设作为实施人才强国战略重中之重的任务抓紧抓好。

一要深化改革人才培养理念和模式。教育不仅要重视知识的传授，更要重视创新思维、创新素质、创新能力的培养，还要重视文化修养、职业操守、社会责任的教育，更多地注重培养学生的独立思考能力和理性质疑精神。要适应支撑创新驱动和服务经济社会的新导向，适应调整产业结构和就业结构的新变化，适应建设科技强国和经济强国的新需求，系统设计和完善教育结构、专业设置、教学内容、培养模式，源源不断地培养研究型、创新型、应用型、复合型、技能型人才。

*二要健全完善高层次人才引进体系。*围绕重大创新领域和方向，重点依托高水平研究机构、世界一流大学、国家重大科技设施和大科学计划等创新平台，面向全球招聘人才。吸引造就一批能够把握世界科技大势、研判科技发展方向的战略科技人才，培养一批善于凝聚力量、领兵打仗的科技领军人才，凝聚一批活跃于世界科技前沿的顶尖人才。注重培养一线创新人才和青年科技人才。加大外籍高层次人才引进力度。加强外籍人才永久居留、子女入学、社会保障等方面政策的有效保障。扩大中外合作办学自主权，推动中外优质创新人才资源交流合作。

*三要加强创新型人才的职业教育和培训。*建设一批产学研合作示范学院、人才培养基地、技能实验室、应用型大学，推行多元化开放式办学模式，增加教学实践课时，着力培养重点领域和关键生产环节的特、尖、精技能人才。建设高水平“双师型”师资队伍，加大对本土人才出国学习和开展高水平学术交流的支持力度，支持各类创新主体在国外布局建设分支机构和研究与开发中心等创新载体。构建先进的终生职业教育体系和职工继续教育体系，针对行业、工种特点推行师徒制，传授独门绝技，倡导崇尚技能、精益求精的职业精神，在各行各业大规模培养高级技师和技术工人等高技能人才。

*四要改革完善人才使用和评价机制。*改革完善人才计划，优化人才成长环境，实施更加积极的创新创业人才激励和吸引政策，赋予创新领军人才更大人财物支配权、技术路线决策权。建立健全科学分类的创新评价制度体系，完善人才选拔、评价制度和后评估机制。改革完善职称评审制度，实行中长期目标导向的考核评价机制，更加注重研究质量、原创价值和实际贡献。探索建立政府、社会组织、公众等多方参与的评价机制，拓展社会化、专业化、国际化评价渠道。

*五要实行以增加知识价值为导向的分配政策。*推行科技成果处置收益和股权期权激励制度，提高科研人员成果转化收益分享比例，充分激发科研人

员的积极性、主动性和创造性。加快高校和科研事业单位“去行政化”改革，完善科研人员流动时的社保关系转移接续政策。国家各类人才计划加大对企业倾斜力度，支持企业引进高端创新人才和高层次技能人才。

九、优化规范创新生态环境

创新要素自由流动是创新型国家的本质特征。从国际经验看，以公平竞争、思想解放、学术自由为主要内涵的创新生态环境，在保障创新要素自由流动中发挥着重要作用。近年来，我国关于科技成果转化、知识产权、创新创业、众创空间、知识价值分配等方面的法律与政策不断完善，较具发展活力和增长潜力的创新生态系统初步形成。但符合科技创新发展规律的创新治理体系仍需从法治环境、政策体系、科技服务、文化氛围等四方面优化完善。

*一要着力健全保护知识产权的法治环境。*进一步推进知识产权专门法院和专业法庭建设，探索跨地区知识产权案件异地审理机制，加大知识产权侵权行为惩治力度。培育壮大知识产权服务市场，促进创新成果知识产权化。发展知识投融资体系，提高企业知识产权管理和运营水平。强化基础通用标准研制，健全技术创新、专利保护与标准化互动支撑机制，支持我国企业、联盟和社团参与或主导国际标准研制。

*二要完善激励创新和保护创新的政策体系。*统筹协调战略规划、资源配置和创新政策，着力解决系列创新政策间不衔接、不匹配、不稳定、难落地的问题。全面实施市场准入负面清单制度和公平竞争审查制度，让不同所有制的经济主体得到公平对待。继续深化以商事制度为突破口的“放管服”改革，完善中小企业创新金融支持、税收减免、税前列支优惠、贴息补助等政策。完善对创业风险投资和天使投资及孵化器等创新创业平台的税收优惠政策。推进要素价格形成机制的市场化改革，强化能源资源、生态环境等方面的刚性约束。

*三要深入推进科技服务业发展。*推进科技服务业向专业化和集成化方向发展，提高科技成果转化率和科技进步贡献度。在移动互联、生物医药、节能环保和新材料领域，发展研发设计、技术转移、创业孵化、知识产权等专业的新型研发组织和机构。推进科技服务业向整个“创新链”集成化服务模

式拓展，从技术咨询、技术转移、信息服务等单一服务向技术熟化、创新创业等综合性服务发展。培育一批综合实力较强的科技服务机构，围绕产业集群开展研发外包、产品设计、技术交易、创业孵化、科技金融等方面服务，为区域经济和科技发展提供“一站式”服务。

四要构建有利于创新创业的文化环境。培育尊重知识、崇尚创造、宽容失败的创新文化，倡导百花齐放、百家争鸣的科学氛围，增强敢为人先、大胆质疑、勇攀高峰的创新自信，培育和践行创新科技、服务国家、造福人民的科技价值观。建立容错纠错机制，保障创新群体的学术自由。加强科研诚信建设，打造健康的科技创新生态。在基础教育和高等教育融入创新创业教育，激发青少年科学兴趣和创新热情。鼓励举办各类创新创业大赛，普及创新创业知识，培育创新精神和“创客”文化，推动创新创业成为民族精神的重要内涵。

中国科学院科技战略咨询研究院
“加快建设创新型国家”课题组

组长：宋大伟　赵兰香

成员：万劲波　周城雄　洪志生　李培楠　王　鑫

2018年11月11日

现代化强国建设的路径、模式及重点

党的十九大报告提出了我国现代化建设“两步走”战略安排，即在 2035 年基本实现现代化，到 2050 年全面建成社会主义现代化强国。基于世界现代化的客观规律和国际经验，结合中国现代化的基本国情，中国现代化强国建设可采用综合现代化的运河路径，通过两次现代化协调发展，避免发达国家现代化过程的失误，从而走一条低成本、高效益的现代化新路，迎头赶上未来世界先进水平，实现跨越式发展。未来 30 年的发展模式是以人民为中心，以生活质量为主题，全面落实新发展理念；工作重点是向生活质量进军，最大限度满足人民的美好生活需要；同时建议全国各地特别是较发达地区，要把向生活质量进军作为重中之重，全面提高人民的生活质量和生活满意度。

一、我国现代化建设的现状

中国现代化起步于 19 世纪中叶，比主要发达国家晚了约百年。新中国成立以来，实现现代化始终是我们的奋斗目标。20 世纪 50 年代毛泽东同志提出建设一个工业化的具有高度现代文化程度的伟大国家的奋斗目标。1964 年周恩来同志在政府工作报告中提出“实现四个现代化”，即农业现代化、工业现代化、国防现代化和科技现代化。1987 年邓小平同志提出的“三步走”发展战略，2012 年习近平总书记提出的中华民族伟大复兴的中国梦，皆为现代化理念的传承和深化。

我国现代化建设，特别是改革开放以来取得的成就举世瞩目，已经从 1950 年的欠发达国家升级为初级发达国家。2014 年在人口超过百万的 131 个国家中，我国现代化水平已经上升到世界第 60 位，大致处于发展中国家的中间位置。然而，我国现代化建设的理念和方式依然存在一些问题，包括：发展不平衡，行业和区域间差距比较明显；资源环境压力趋紧，人与自然和谐共生的生态文明建设任重道远；制度和精神层面现代化滞后于物质建设，全面发展理念需继续贯彻落实。

二、我国现代化强国建设路径分析

（一）现代化建设的发展路径

现代化是一个历史演进的过程。不同国家的现代化既有共性也有国别和时代差异。从现代化的阶段性和结构特征分析，国家现代化可归结为三种发展路径。从农业社会向工业社会的转变，是第一次现代化；从工业社会向知识社会的转变，是第二次现代化。两者在政治、经济、社会、文化、生态和人的现代化等方面既有所继承，又有本质区别。此外，还存在综合现代化的发展路径，即在半工业社会状态下就开始向知识社会转变，两次现代化协调发展。

第一次现代化路径的主要特点是：以工业经济和工业社会为导向，以经济增长为中心；经济工业化和市场化，在国民经济结构中工业比例上升，农业比例下降；社会城市化和福利化，城市人口比例上升，义务教育普及，社会保险覆盖率上升；政治民主化和职业化，文化理性化和世俗化；等等。

第二次现代化路径的主要特点是：以知识经济和知识社会为导向，以生活质量为中心；经济知识化和绿色化，在国民经济结构中知识产业比例上升，工业比例下降；社会郊区化和智能化，郊区人口比例上升，高等教育普及；政治民主化和网络化，文化信息化和产业化；环境质量改善；等等。

综合现代化路径的主要特点，大致可以分为三个发展阶段。第一阶段，第一次现代化和工业化为主，以经济增长为中心；第二阶段，工业化和知识化并重，两次现代化协调发展；第三阶段，第二次现代化和知识化为主，以生活质量为中心。这条路径适合于尚未完成第一次现代化的国家。

（二）我国现代化路径选择

纵观历史，发达国家的现代化皆为两步走，即先完成第一次现代化，再开始第二次现代化。目前，我国第一次现代化尚未完成，但已经包含第二次现代化的要素，部分地区已经进入第二次现代化进程。如果中国也采取类似发达国家的发展路径，在 21 世纪很难赶上美国等发达国家。考虑到现代化具有非线性特征，我国可以采用综合现代化路径，即“两步并作一步走”，以全面实现现代化为目标，开辟一条“现代化运河”：通过两次现代化协调发展，避免发达国家现代化过程的失误，从而走一条低成本、高效益的现代化新路，迎头赶上，跨越式发展。

三、我国现代化强国建设的模式与重点

（一）模式选择：以人民为中心，全面落实新发展理念

不同国家围绕上述三种现代化路径，创造了 50 多种现代化发展模式。各国实践表明，模式本身没有高低之分，不存在最佳模式，只有合适模式。从国情和现代化规律出发，我国综合现代化路径可采用三阶段模式，即把邓小平同志提出的“三步走”发展战略（1980～2050 年）的时间划分做适度调整。

“三步走”发展战略前 20 年（1980～2000 年）。属于综合现代化的第一阶段，以工业化和第一次现代化为主，以经济建设为中心，并加强信息化和环境保护，目前已顺利完成。

“三步走”发展战略中 20 年（2000～2020 年）。属于综合现代化的第二阶段，工业化和知识化并重，同步推进新型工业化、信息化、城镇化和农业现代化，大力发展高等教育和职业教育。到 2020 年，我国将全面建成小康社会，基本完成工业化。

“三步走”发展战略后 30 年（2020～2050 年）。全国整体进入综合现代化的第三阶段，将以知识化和第二次现代化为主，以生活质量为发展主题，最大限度满足人民日益增长的美好生活需要。不同地区要因地制宜，选择适合自身的发展模式。

伴随综合现代化建设进程，我国将完成发展模式的三个转变和一个升级。一是目标转变。从全面建成小康社会到基本实现现代化和建设现代化强国。二是模式转变。从第一次现代化为主到第二次现代化为主，从工业化为

主到以知识化为主。三是工作重心转变。从以经济建设为中心到以生活质量为发展主题，即从以满足人民物质文化需要为中心到以满足人民美好生活需要为发展主题。一个升级是战略升级。战略目标从基本实现现代化升级为全面建成现代化强国，国家水平从世界中等发达国家水平升级为世界先进水平，实现伟大复兴。

（二）重点选择：向生活质量进军，满足美好生活需要

十九大报告强调“永远把人民对美好生活的向往作为奋斗目标”。为满足人民日益增长的美好生活需要，建议在未来 30 年里，全国各地特别是比较发达的地区，要把“向生活质量进军”作为重中之重，全面提高人民的生活质量和生活满意度。

1. 以生活质量为发展主题，实现战略转型

向生活质量进军，实现从以经济建设为中心向以生活质量为主题的战略转型，全面提升国民生活质量，全面满足美好生活需要。建议适时编制和启动“中国质量十年议程”，以生活质量为中心，以经济质量和环境质量为支点，三个质量齐抓共管。

2. 以创新和改革为动力，实现双轮驱动

坚持创新驱动，大力支持“创新创业”和“互联网+”行动计划。建议启动国家知识创新工程，建设“国家科技创新特区”，抢占第六次科技革命的制高点，全面建设创新型国家和世界科技强国。全面深化改革，加大系统性改革力度，提升社会治理质量，促进国家治理能力现代化。扩大开放力度，促进自由贸易区和“一带一路”建设，营造良好国际环境。

3. 六化协同，共建共享，绿色发展

协同推进经济现代化、社会现代化、政治现代化、文化现代化、生态现代化和人的现代化。营造现代化建设人人参与、人人享有的社会氛围。在政策制定和落实过程中始终贯彻绿色发展理念，实现人与社会、人与自然的协调发展。

4. 做好四个选择

一是价值选择，提高人均创新价值和劳动价值，提高创新价值比例。二是劳动选择，提高人均有效劳动和高效劳动，减少无效劳动和低效劳动。三是资本选择，提高人均有效投资和高效投资，减少无效投资和低效投资。四是技术选择，增加先进技术比例，降低落后技术比例。

5. 把握三个关键

一是发展先进生产力，提高人均资本、人均技能、人均技术和管理水平。二是促进社会公平和进步，建议实行按贡献分配和按需要调节，社会分配可采取 80%竞争和 20%调节的方式；建议实施“家庭小康工程”，向人均收入低于小康标准的家庭提供爱心帮扶。三是促进人的全面发展，鼓励各尽所能、平等互利、公平竞争。同时，普及高等教育，加快教育现代化和信息化，尊重个性和民意选择。

6. 因地制宜，梯度推进

根据测算，我国地级行政区中，169 个为较不发达地区，125 个为初等发达地区，42 个为中等发达地区①。建议中等发达地区以提高生活质量为发展主题；初等发达地区采用生活质量和经济建设两者并重；较不发达地区仍以经济建设为中心，同时加强生态文明建设。

中国科学院中国现代化研究中心　何传启

2018 年 8 月 19 日

① 此处使用的为 2013 年我国地级行政区数据。

我国临床医学学位制度亟待改革

2017 年 4 月 20 日，国际学术期刊《肿瘤生物学》（*Tumor Biology*）一次性撤回 2012～2016 年中国学者发表在该刊上的 107 篇论文，医学界成为论文造假的重灾区，涉及单位不乏全国知名的三甲医院。这一史无前例的事件，引起我国科技界和医学界不小的震动。反思其背后的原因，我国临床医学学位制度产生的弊端是引发这一现象的主要根源。

一、学位与职称挂钩：严重制约医学人才发展

我国高等医学教育自 20 世纪 50 年代起一直沿用苏联的培养模式。1986 年，医学学位制度实施重大改革，1998 年国务院学位委员会正式下发了《关于调整医学学位类型和设置医学专业学位的几点意见》和《临床医学专业学位试行办法》，将临床医学学位分别设置为医学科学学位和医学专业学位。随着我国对研究生教育的过热追求以及以“科研至上”为导向的人才评价体系盛行，医学界产生了一系列乱象：学位与职称晋升挂钩，没有硕士学位不能晋升主治医师，没有博士学位不能晋升副主任医师及以上职称，有博士学位的高级临床医生的诊疗水平明显不如不做研究生跟随有经验的医生参与临床工作的普通医生，这是众所周知的事实。年轻医生面临论文、学位、晋升等压力，上班时忙于看病、安抚患者、警惕医闹、疲于检查、应付评比、积极完成创收指标。个别人急不择路、写论文拼凑数据、剽窃抄袭、捉刀代笔、弄虚作假，以图侥幸。回家后杂务成堆、辅导孩子、亲人埋怨，忙得焦头烂额、心力交瘁。这种生态环境对未来我国医学人才的发展将产生不利影响。据媒体报道，2017 年香港 6 名新科状元全部报考了医学专业，而内地

九成高考状元更倾向于选择经济管理专业，医学却无人问津。不解决评价导向等社会深层问题，现状难以改变。

二、临床医学学位制度改革势在必行

从历史上看，1949 年以后，我国医药界曾产生过多项具有国际影响的科研成果，如烧伤治疗、断肢再植、器官移植、地方病防治、二巯丁二钠、青蒿素等。这些获得国际同行认可的科研成果没有一项是学位论文做出来的，而且基本上都不是具有学位的专家做出来的。说“基本上”，是因为有几位老专家是 1949 年以前在国外获得了学位，回国后参加了上述项目的学术指导，如开展烧伤研究的第三军医大学黎鳌教授和 304 医院的盛志勇教授，开展地方病防治的协和医院钟惠澜教授和上海医学院的苏德隆教授、张昌绍教授。主要课题负责人也都是三四十岁没有任何学位的年轻人，如轰动世界的断肢再植，就是陈中伟和钱允庆两位 30 多岁的年轻外科医生完成的。即使近几年令人瞩目的青蒿素，也是在 20 世纪 70 年代初完成，40 年后才获得诺贝尔奖的。我国在 1978 年恢复学位制度，招收了第一批医学研究生。40 余年过去了，现在医院的医疗硬件设备今非昔比，医生发表的论文不计其数，设立的各种奖项多如牛毛，但我国临床医学界却再也没有产生过一项可与上述成果相媲美的具有国际影响的科研成果。其原因值得反思。

长期以来，我国学位制度一直是以培养科研人员及高校教师为主要目标的一种高层次专门人才培养模式。医学研究生往往针对生物医学某一专业领域的特定科学问题开展研究，并不直接解决临床医师的职业技能问题。但医院就是医院，是临床医疗单位，任务主要是治病，人民对医院的要求是解除病痛，恢复健康。医学生毕业后的十几年是他们医疗实践水平迅速提高的关键时期，应立即进入临床实践，迅速学会对病人接诊、观察、诊断、治疗的各种能力，在这个阶段安排医学生去做并非出于自己思路的科研工作实不相宜，这是与医学人才医疗业务能力成长规律反其道而行的安排。如此下去，产生的恶果将给我国医学事业、医务人员以及患者带来巨大的损失。弊政不去，恶果难除；旧制不改，新政难立。

三、现行医学学位制度存在的主要问题

1. 学位评价标准偏离了临床医学人才的培养目标

我国无论科学学位还是专业学位人才的培养质量都以学术标准来衡量，人才培养同质化倾向严重，偏离了临床医学人才的培养目标。顾名思义，临床医学就是亲临病房才能掌握的学科，目标是培养能解决临床实际问题能力的医生，是一种职业性培训。美国医学生经过四年预科，四五年本科，毕业后被授予医学博士学位（MD）。作为执业医生，MD 够用终身，可以做到最高级别的临床主任医生。医生在从业生涯中如对某个临床问题感兴趣，有思路，可以再申请研究基金，安排研究课题。做出成果后，就写论文，申请答辩，如获通过，再授予哲学博士称号（PHD），获双学位。就看病而言，双学位的医生并不一定比有单学位的医学博士强，但他对医学有创新贡献。这是一种实事求是的制度，因此在美国没有中国这类纠结。即使在美国纽约，所有医生都有医学博士学位，但有双学位的仅有 20%，下面各级基层医院里双学位的就更少，甚至没有。

2. 学制过长忽视了临床实践

世界各国的学制虽然不同，但相对固定。德国的医学博士主要是在临床工作，通过几门课程考试，跟着上级医生学习做些研究实验，时间可以是两年到四年不等。我国本硕博士连读最短 8 年，近年来“长学制风”在不少医学院校盛行。真正的创造发明并不一定与学位相关。爱迪生、富兰克林、诺贝尔等人没有获得任何学位。如果仅仅拘泥于几篇论文的发表或学位的追求，则难成大器。

产生以上问题的主要根源在于：①长期以来，对医学院校研究生教育水平的评估一直强调成果、论文等学术性指标，使医学院校长期承受评估结果排名的压力，导致在研究生培养上持续显现出重视学术性学位的倾向；②研究生导师不论是在职称晋升、申请科研资金，还是导师资格评聘等方面都有论文数量、质量和承担课题等级的要求，而导师科研工作的完成主要通过研究生实现，致使学生重要的临床培训不能得到很好落实。

四、临床医学学位制度改革迫在眉睫

现有培养模式已不利于我国培养高水平的临床医生，因此改革迫在眉睫，凡是违背治病救人这一根本宗旨的制度设计和行政措施都应在改革之列，为此提出以下建议：

1. 组建调查小组

针对当前临床医学学位制度出现的问题，广泛听取医学界各个部门专家、学者及基层医院临床医生，尤其是年轻医生的意见，对医学学位制度的改革方案提出建议。

2. 开展国外案例研究

充分借鉴美国、欧洲等发达国家临床医学学位制度改革的成功经验，结合我国实际情况，为学位制度改革提供参考依据。

3. 建立双轨制人才培养与评价体系

为了培养多元化的医学高级人才，建议实施医学临床博士和医学研究博士双轨制。针对临床专业人才和医学研究人才的特点及培养目标建立人才分类评价体系，并根据其职业发展制定相应的职称晋升标准，做到人尽其才，才尽其用。

军事医学科学院　秦伯益（中国工程院院士）
中国科学院科技战略咨询研究院　肖　利　黄小茹

2017 年 9 月 25 日

不以“出身”论英雄
让本土科技人才在实践报国中砥砺成锋

——中国科学院神经科学研究所人才工作成效及启示案例

2018年1月25日凌晨，中国科学院神经科学研究所（以下简称神经所）“灵长类体细胞克隆猴科研团队”成功培育出世界首例体细胞克隆猴的成果，被国际顶级期刊《细胞》以封面文章发布。这是国际上首次实现非人灵长类动物的体细胞克隆。2012年诺贝尔奖得主约翰·格登（John B. Gurdon）同期发表评论：“这是一项里程碑式的工作，通过克隆技术的精准优化，结合表观遗传修饰的运用，攻克了体细胞核移植技术原有的技术瓶颈。一个定制化卵母细胞克隆非人灵长类的时代由此开启。”

体细胞克隆猴是中国科学院以习近平新时代中国特色社会主义思想和党的十九大精神为指引，贯彻落实习近平总书记对中国科学院“三个面向”“四个率先”重要指示，深入推进“率先行动”计划取得的重大原创成果，由中国科学院团队独立完成。这一成果的诞生，标志着我国率先开启以体细胞克隆猴作为实验动物模型的新时代，在国际上抢占了脑科学科技创新的制高点，引领了国际脑科学研究的新方向，将有力推进以我国为主的“全脑介观神经联接图谱”国际大科学计划，推动脑高级认知功能研究和脑疾病研究迈上更高台阶。

创新是第一动力，人才是第一资源。党的十九大指出，实行更加积极、更加开放、更加有效的人才政策，聚天下英才而用之，加快建设人才强国，努力形成人人渴望成才、人人努力成才、人人皆可成才、人人尽展其才的良好局面。

神经所团队取得科研工作重大原创成果，与长期重视人才队伍建设，致力打造人才发展体制机制“软、硬”实力，为科研工作者创造潜心致研制度环境密切相关。

一、积极打造人才发展体制机制的“硬实力”

（一）激发人人渴望成才、努力成才：以大科学问题为牵引、大项目平台作依托，建立现代化科研管理运行机制

1. 树立人才创新自信，瞄准科技前沿，聚焦重大科学问题

神经所积极发挥科学院人攻坚克难、勇攀科学高峰的优良传统，引导鼓励科研人员攻克人类急需解决，国家有战略需求，其他创新单元不好做、做不了的重大科学问题。强调科学家应将精力集中在“大问题”，不盲目申请项目经费，不简单以“尽快出文章”作为产出目标。严格把关每一个要申请项目的课题，不符合“大问题”的标准，科研人员便不能以此申请项目。正是由于工作目标的高定位，才确保非人灵长类研究平台在不断完善中出好成果，出大成果。

2. 以重大科技项目任务为载体，让人才在大任务中锻炼真本领

为理顺体制机制，优化学科布局，促进重大科研成果产出，中国科学院在面向 2050 年科技发展路线图战略研究的基础上，瞄准事关我国全局和长远发展的重大科技问题，启动集科技攻关、人才队伍和平台建设于一体，旨在实现重大创新突破和发挥集群优势的战略科研计划——“中国科学院战略性先导科技专项”。2012 年，瞄准生命科学最前沿，中国科学院战略性先导科技专项（B 类）“脑功能联结图谱计划”正式立项，力求推动对特定脑功能的神经联结通路和网络结构的解析及模拟。非人灵长类研究平台正是得益于中国科学院先导专项的稳定支持，为人才提供了以任务牵引突破性发展的重要舞台。

3. 从机制上建立了协同攻关、务实高效的现代化科研组织体系

2014 年，作为首批启动的中国科学院卓越创新中心之一，由神经所牵头、多家中国科学院相关科研院所参与组建的“中国科学院脑科学卓越创新

中心”正式成立。2015 年，为促进脑科学与类脑人工智能技术的交叉融合，中心扩容为“中国科学院脑科学与智能技术卓越创新中心”（简称“脑智卓越中心”）。非人灵长类研究平台是脑智卓越中心“十三五”期间的重点培育方向之一。2016 年 1 月，神经所所长蒲慕明花了一周时间深度“蹲点”中国科学院自动化研究所，与该所不同实验室进行实质性深入交流，拉开脑智卓越中心跨所学科交流工作序幕。在他的带领下，参与脑智卓越中心建设的不同研究所科研人员陆续开展“跨界”交流工作，脑智卓越中心也明确将科研骨干“每年开展不少于 2 周跨所蹲点交流”作为一项重要制度，从根本上突破了研究团队间的体制壁障，促进了脑科学与智能技术的跨学科交叉融合发展。

4. 稳定经费支持和提升管理服务效能，建立以“不打扰科学家”为前提的科研保障和服务支撑体制，鼓励探索，宽容失败

神经所根据各研究组的科研产出情况，划分不同的经费等级，把创新经费“最佳化、最有效”地用于科研工作，专门拿出一定比例的经费稳定资助独特、新颖、有望实现重大突破的研究课题。行政管理方面实行学术秘书制，减少行政事务人员，为科研人员提供人性化管理服务，避免推诿，提高效率。2009 年以来，非人灵长类研究平台建设获得研究所近 3000 万元的稳定经费支持。

科学研究失败的概率总是远远高于成功的概率。美国俄勒冈国家灵长类动物研究中心的著名科学家米塔利波夫曾被认为最有可能率先做出体细胞克隆猴，可他尝试了 15 000 颗猴卵，最终还是未能成功。“克隆猴”科研团队在负责人孙强的带领下，另辟蹊径，创新性地提出了“蚕食”的方法鼓励团队成员不断试错，每一次失败意味着错误的次数少了一点，距离成功又近了一些。体细胞克隆猴实验前后尝试了五年，团队成员在这个过程中经历了数不清的失败。正是基于神经所建立的鼓励创新、宽容失败的经费保障和管理服务体制，才能让科技人才真正沉下身，潜下心，锲而不舍地向科学目标发起一次次冲锋。

（二）激发人人皆可成才、尽展其才：实施以科研实绩和创新成果为导向的人才评价激励机制

1.“英雄不问出处”，不拘一格集聚人才

世界前沿难题的重大突破需要一流、实干、高效的攻关团队。神经所

坚持树立正确的人才激励评价导向，不唯“出身”、不唯“帽子”、不唯“学历”，注重激发各类人才的潜力，强调以实绩贡献论英雄，充分激活人才的创新活力。

由 18 人组成的“克隆猴”科研团队中，本科、专科学历人员 13 人（占比 72%），团队成员平均年龄 29 岁，他们并没有耀目的人才“帽子”，但个个“身怀绝技”，都是各项技术环节的顶尖人才。团队负责人孙强，44 岁，无海归背景，无光鲜“帽子”，未师从名门，当所长蒲慕明向他抛出“橄榄枝”时，他还是一位名不见经传的大学讲师，正在向原单位申请副高级职称。当时，他在试管猴研究方面已经实现了技术突破。鉴于其多年的实践经验和技术水平，神经所破格将其作为正高级工程师引进，并委以领导非人灵长类研究平台建设的重任。2018 年，基于孙强的学术水平，为便于他培养博士研究生，所务委员会破格决定将其职称系列由正高级工程师转为正研究员。团队核心成员博士后刘真也是一位中国科学院“土生土长”的青年科学家，他经过多年的勤学苦练，攻克了非人灵长类动物体细胞克隆的技术难关。他在细胞“去核”“注核”方面的技术已经炉火纯青，成为业内公认的当之无愧的“世界冠军”，成为引发国际学术界轰动的本次体细胞克隆猴论文的第一作者，有望在 2018 年 6 月提前出站，神经所计划破格晋升他为研究员。首席兽医王燕是一位技术员，只有高中学历，但她在训练猴子、孕产监测、剖腹产技术等方面都积累了丰富的经验，被神经所破格聘任为副高级专业技术岗位。王燕的技术和努力确保了两只克隆猴顺利出生、健康存活，根据其实际贡献，她也成为体细胞克隆猴论文的第三作者。

2. 严格跟踪评估和淘汰机制，建立健全国际化评估制度

神经所各研究组都必须定期接受严格的国际权威学术同行实地评估。针对研究员，每四年一次，高级研究员每六年一次。实地评估工作小组由神经所国际顾问委员和其他国际著名神经生物学家组成，在实地评估前半年还要进行国际同行的通讯评审，每位被评者都有六份国际同行匿名评审意见。这是一项被认为是“严苛到近乎残酷”的评估制度。有的研究组长因不愿接受评估结果或没有通过评估而离开神经所。此外，神经所也高度重视对研究生培养质量的控制评估，致力建成神经科学领域的“黄埔军校”。为充分调动

学生的科研兴趣和潜力，神经所成为国内首个引进“轮转”制度的科研单位，实现了学生与导师间的双向选择。实施“论文指导小组”制度，定期严格评估学生的学习科研状态质量，确保学生学业进度；同时，严格实施硕升博考试制度和博士研究生年度工作进展报告制度。正是神经所针对科研人员和研究生实行一系列严格规范的评估评审制度体系，才营造出积极向上、充满活力、比学赶超的科研环境，确保了人才队伍的整体水平，促进科研成果的不断产出，推动研究所不断健康发展。

二、注重打造人才发展体制机制的“软实力”：营造人才发展的良好创新文化氛围

1. 重视政治引领和情怀教育，弘扬科学精神，引导人才当好人民科学家

习近平总书记 2013 年视察中国科学院时强调，具有强烈的爱国情怀，是对我国科技人员第一位的要求。神经所所长蒲慕明 1948 年出生于中国南京，大学毕业于台湾“清华”大学，博士毕业于美国约翰·霍普金斯大学，在回到中国科学院工作前曾是美国哥伦比亚大学终身教授，2009 年当选美国国家科学院院士，2011 年当选中国科学院外籍院士，2017 年放弃美国国籍，恢复中国国籍。他对中西方科学家的培养方式有着深刻理解，他希望在神经所推动建立新的科学文化，培养传承中国传统价值观的知识分子。他认为，我国科研工作者应该有忘我精神，更要有中国知识分子“先天下之忧而忧，后天下之乐而乐”的传统情怀，要培养有强烈社会责任感和使命感的科学家，努力解决科学发展和国家发展面临的紧要问题，以科技成果报效国家。没有爱国情怀作引领，没有科学精神作支柱，没有浓厚的原始兴趣作导向，难以让科研人员衣带渐宽终不悔，板凳甘坐十年冷，历经无数次失败，仍然在求索科学真理的道路上砥砺前行。

2. 加强科研诚信建设，突出对人才学术道德的培育

神经所坚持科学监督与诚信教育相结合，教育引导科研人员坚守学术诚信、恪守学术道德、完善学术人格、维护学术尊严。通过建立完善学术管理

制度，对科研人员学术成长轨迹和学术水平进行跟踪评价，对重要学术成果的发表加强审核和学术把关。对科研不端行为“零容忍”，加大对科研造假行为的打击力度，夯实科研诚信基础。

2009 年，神经所一名科研人员发表的多篇论文存在图片展示重复、标记错误和原始实验资料不全的问题，引起了神经科学领域内的关注和议论。蒲慕明顶住压力，坚持彻底调查，神经所最终根据核实结果与该科研人员解除了聘用合同。这种对学术不端行为“动真格，零容忍”的行为在当时的中国学术圈引起了不小轰动。2012 年 2 月，蒲慕明联合美国艾奥瓦大学吴春放教授开设“科学研究的交流、规范与诚信”课程，成为神经所所有研究生的必修课。

综上，当前部分科技工作者追名逐利，过分争夺头顶光环，工作追求“短平快”效益的浮躁现象广受热议，神经所坚持战略眼光和前瞻布局，以解决科学大问题为使命，在科学大任务中历练人才的真本领，树立“以实绩论英雄”的合理人才价值评价导向，努力锻造自身人才发展制度的硬、软实力，最终实现具有国际影响力的重大原创成果产出，为提升我国科技综合实力做出积极贡献，其人才工作理念、经验和做法无疑具有借鉴思考价值。

中国科学院人事局　盛　夏
中国科学院信息工程研究所　于凤娇

2018 年 3 月 19 日

建立基础研究人才的分级同行评价机制

2018 年 2 月，中共中央办公厅和国务院办公厅联合下发了《关于分类推进人才评价机制改革的指导意见》（以下简称《意见》）。《意见》针对我国近年来在人才评价中存在的弊端，提出了改进意见，其核心是针对不同类型的人才，采用不同的评价标准和办法。真正落实好《意见》，实行人才分类评价，关键在于解决好两个问题：一是如何对一个人的科研成果做出客观而准确的评价？二是什么样的人有评价的能力？只有在解决好这两个问题基础上的评价机制改革才能真正起到作用。本文主要针对基础研究人才，提出建立分级同行评审机制的建议。

一、现行评价方法严重偏离了基础研究创新人才培养的方向

对基础研究人才的评价方法，目前学术界最流行的就是看论文的期刊影响因子、论文数量及引用率的量化标准。但是在基础研究中，不同学科对应的刊物影响因子不同，而且每个人能发表的论文数差别也很大。这种评价方法是非常不合理的，会对培养创新人才起到误导的作用。

论文量化标准不合理的原因在于：一是一些高影响因子期刊只注重形式上漂亮严密的理论研究，并不注重是否能解决实际问题。二是期刊影响因子的高低有人为因素，不同学科对应的刊物影响因子不同，每个人能发表的论文数量差别也很大，文章的被引用数并不一定能反映文章的实际价值。三是期刊影响因子不能准确反映研究成果的科学内涵。比如很多人特别推崇刊登在《自然》（*Nature*）和《科学》（*Science*）上的文章，但这两种刊物重视的是新颖，并非是否说明或解决了重要的实际问题。因此，不能仅凭期刊影响

因子的高低，就得出文章的成果是否一流的结论。无论刊登在什么刊物上，都要根据文章的内容去做出恰当的评价。

二、对基础研究成果的评价应注重其潜在价值

对基础研究成果的评价应当注重其研究的潜在价值，包括用于解决实际问题的价值。流行的论文量化评价方法一般不能反映这类价值，而只能由对真正了解该成果的学术同行来评议。那么，怎样通过同行评议合理评价一个人才的实质性贡献呢？

我们以发生在 20 世纪初的大数学家克莱因如何正确评价现代流体力学奠基人普朗特的成果为例来说明。普朗特是钱学森先生的老师冯・卡门的老师。20 世纪初，航空技术正处在从萌芽到蓄势待发的阶段，亟须科学（流体力学）提供能预测升力和阻力的方法。而当时虽然已经有了流体力学基本方程，但大多数情况下都不能得到解析解，而在没有计算机的当时，也无法求得数值解，因此仍然无法解决航空技术面临的问题。1904 年，29 岁的曾任工程师、当时在汉诺威技术学校任教的普朗特在国际数学大会上发表了一篇简短的论文，提出了边界层的新概念及相应的简化流体力学基本方程的方法，使得求解方程有了可能。哥廷根大学的数学家克莱因一眼就看出了其潜在的价值，认为是大会上最有价值的文章。他随后向哥廷根大学推荐普朗特，为其成立了流体力学研究所。该研究所很快就成为国际上引领流体力学发展的中心，为德国航空技术的发展起到了十分重要的作用。克莱因之所以能一眼就看出普朗特成果的价值，是因为：①他虽然是数学家，但很关心如何用科学成果促进技术的发展。②知道当时的流体力学不能用于计算机翼的升力和阻力的原因。③他看出了普朗特简化流体力学基本方程的合理性和潜在的可应用性。

随着现代科学技术广度和深度的发展，学科数量不断增加，每个学科的内容也越来越庞大，像克莱因那种能同时通晓几个领域的科学大师已很难再有。因此，对基础研究的成果进行同行评议就要分层次、分角度，以保证其科学、合理、公证。

三、建立以领域价值和贡献为对象的分级同行评价机制

（一）评什么——多角度判断成果的领域价值和贡献

在一些基础学科中，基础研究与应用基础研究实际并没有清晰的分界线，往往在开始时针对某一具体问题开展的应用基础研究，积累到一定程度时会转化为适用于一类问题的基础研究成果。但在这种积累过程中，每一个具体问题的解决，看起来似乎并没有什么大的理论贡献，其价值常常会被低估。从上述克莱因对普朗特成果的评价看，对基础研究成果的评价首先要看其选题是否针对某个领域的重要问题；其次要看研究结果是否能够解决提出的问题；最后要看其解决问题的难度和深度。

（二）谁来评——评审专家的遴选要求和标准

不同层次的评价，对评审专家的要求也不同。因此，所谓同行专家要分好几个层次。以力学学科为例，同属力学学科的专家可称为大同行；其下有流体力学等多个二级学科，同在一个二级学科可称为同行；每一个二级学科又分为若干个三级学科，同在一个三级学科的可称为小同行；而同在一个三级学科下的同一个方向的，则是真正的同行，可称为小小同行。能对研究成果的难度和解决程度做出独立判断的至少要是小同行。

但有些三级学科包含的范围也很广，即使是同一个三级学科的专家，也未必能对学科内的所有方向的研究成果，做出准确的判断。这时，要准确判断成果是否正确及解决到什么程度，就要是小小同行。但对所研究的问题是否重要则要由更高一级或两级的同行做判断。

因此，作为保障措施，建议科技部根据学科领域分级细化专家数据库，有助于在评审时准确找到恰当的同行。

（三）怎么评——建立分级同行评审机制

建议在专项人才计划、高校和科研机构的人才评价中建立分级同行评审机制，可建立两级或三级评审机制，每一项成果可用一两百字说明其选题的意义及问题解决的程度，再附上一至两篇代表文章。

第一级的通讯评审专家应是小小同行专家，他们的任务是判断选题解决程度是否如材料所述。第二级和第三级则是小同行或同行评审。他们的任务是判断论文涉及的研究方向和具体课题在本学科或更广泛领域内的重要程度。

有了这两级评审结果，上级领导就可以直接决定如何对待被评审人，而无须校评审委员会等看起来很民主，但实质上并不能在学术上起把关作用的组织。

天津大学　周　恒（中国科学院院士）
中国科学院科技战略咨询研究院　肖　利　黄小茹　李真真

2018 年 11 月 1 日

中国科学院上海有机化学研究所
精准引才用才效果好

中国科学院上海有机化学研究所（简称上海有机所）是以“合成科学”为特色的有机化学研究中心，曾经在“人工合成牛胰岛素”“两弹一星”伟大工程中做出过卓越贡献，获得“国家科技三大奖”二等奖以上 44 项，包括 3 项国家自然科学奖一等奖、3 项国家科学技术进步奖特等奖，在《自然》期刊发布的全球自然指数中，连续 6 年位列中国科学院研究所第二名和上海市第二名。

上海有机所把人才作为立所之本，以精准的引才用才政策，打造了顶尖人才引领、优秀骨干集聚的具有国际竞争力的人才队伍。全所 650 余名科研人员中，有 7 名中国科学院院士、1 名“顶尖千人计划”入选者、28 名“千人计划”入选者、32 名中国科学院“百人计划”入选者、27 名“国家杰出青年科学基金”获得者。人才的积聚为推动学科原始创新、解决国家关键问题提供了强有力的支撑。

一、打造一流团队，引领重大突破

结构合理、素质优良的创新团队是学科建设与攻坚克难的基础。上海有机所在优势学科坚持“强中选强”的理念，借助国家和中国科学院已有的人才引进计划，不断充实青年拔尖人才，打造一流团队，实现重大突破。金属有机化学团队共有 19 名学术带头人，其中 16 名是通过中国科学院“百人计划”或国家“青年千人计划”引进的杰出科学家。该团队一方面实现前沿科技突破，取得多个国际领先成果，碳氢键活化的相关研究成果发表在《自然》《科学》期刊上，实现了国内有机化学研究领域的突破，发展的手性技术的概念、方法与催化剂被国内外同行应用于研究工作 50 多次，为新型催化剂的设计提供了新方法与新思路；另一方面紧密结合国家需求，高性能聚烯烃催化剂研究获得几十项发明专利，并将在万吨级生产装置上投产。

生命有机化学团队由跨学科人员构成，生命科学领域与原有的有机化学人才强强联合，不仅保持了在天然产物有机合成化学方面的国际领先优势，还在与生命科学的交叉领域屡创佳绩。《自然》系列期刊《自然 • 化学》（*Nature Chemistry*）专文报道具有抗肿瘤活性萜类天然产物 Englerin A 的合成工作，《细胞》期刊发表的有关细胞自吞噬激活剂的研究成果受到国内外同行的高度重视，《自然》期刊发表的林可霉素生物合成机制的研究成果，对于林可霉素在内的相关医药化学品“生物制造”技术的变革具有重要指导作用。有机化学人才与生命科学人才在交叉团队的强强合作、优势互补，实现了 1+1＞2 的突出效果。

二、引进顶级人才，开拓前沿方向

顶级科技人才对于开拓前沿方向、解决重大问题、促进科技进步起着引领性的作用。氟化学研究是上海有机所的看家本领，高性能有机氟材料的研究为“两弹一星”工程做出过重大贡献。氟化学团队在“神州”“天宫”“嫦娥”等国家战略性工程中发挥了不可替代的作用。美国《化学与化工新闻》周刊 5 年中有 3 次以封面文章形式介绍该团队的研究成果。上海有机所作为国际上有机氟化学的重要研究基地，被国外同行誉为“上海氟”。为延续这一传统优势，上海有机所大力引进具有战略眼光与凝聚力的领军人才。

上海有机所的氟化学研究水平与人尽其才的创新环境，吸引了 2001 年诺贝尔化学奖得主夏普莱斯主动加盟。上海有机所为这位顶级人才量身定制了引进方案，聘请他每年在研究所工作一个月以上，以实际工作时间按天计酬提供薪水。夏普莱斯关于“点击化学”的两篇关键论文被同行引用 2 万余次，他最近发现的一个点击化学反应，需要以氟元素为基础。夏普莱斯将与“上海氟”共同探索“点击化学”的未来，这可能革命式地改进人类合成药物分子、材料分子的基本思路，开创一个化学新纪元。

三、建立科研特区，促进交叉创新

灵活、宽松的制度环境，尤其是科研管理上的自主，能极大地激发科技创新的活力。有机化学与生命科学、材料科学的交叉与融合是未来发展趋势，上海有机所与中国科学院上海药物研究所（简称上海药物所）共建非法人单元——中国科学院生物与化学交叉研究中心，并以国家“顶尖千人计划”为契机，引进一位美国两院院士、哈佛大学医学院终身教授来引领交叉中心的建设。交叉中心具有“科研特区”地位，自主度高，配套政策完善。例如，保障研究生名额，可自主设置副高级以上职称岗位，可根据自身特点制定经费管理规则、考核评价体系、研究生招生与课程设置、成果转移转化管理规则等。交叉中心为所有核心工作人员办理户口及上海市居住证，为紧缺人才提供过渡性人才公寓等，千方百计地解决其后顾之忧。优越的创新环境吸引了一批生物学家与化学家，其中 80%为海外引进人才。

“科研特区”打造的交叉融合平台，促进了科研人员之间的跨领域合作，在重大疾病机理研究上做出了突出成绩。创新药物研究成绩斐然，RIPK1 抑制剂成功用于开发治疗神经退行性疾病的一类新药，顺利进入 I 期临床试验阶段；2017 年再创佳绩，与国内生物制药公司就肿瘤免疫靶向小分子药物的授权开发达成了合作协议。合作公司以首付款、研发里程碑和销售里程碑付款共计 4.57 亿美元另加销售提成的合作方式，获得交叉中心开发的 IDO 小分子抑制剂的全球独家开发许可权。

四、“所聘百人计划”，汇聚青年帅才

青年科学家是最具创新活力的群体，许多重大科技突破都是在科学家的青年时期完成的。青年科学家在职业生涯初期，因为年纪轻、资历浅，在职称评审与申请项目时面临多种制约，科研起步之路困难重重。上海有机所在与一些海外优秀青年人才接触过程中，发现很多潜力不错，但由于不符合现有人才计划在年龄、年限上的硬性规定，难以通过相应项目引进。为不错失

研究所创新发展急需的人才，上海有机所决定设立“所聘百人计划”，为那些不能申报现有人才项目的优秀青年人才提供与中国科学院“百人计划”同等力度的启动经费与待遇。

通过“所聘百人计划”，上海有机所引进了一批“潜力股”，并快速成长为学术骨干。有一名青年人才没达到中国科学院“百人计划”4 年海外博士后经历的硬指标，上海有机所利用“所聘百人计划”将其引进，并配备相应的实验室和团队，让其能够第一时间投入工作。这位青年人才先后完成了 70 多个生物活性复杂天然产物分子的全合成，成果多次登上《自然》系列期刊，受全球科学家瞩目，2017 年又荣获全球顶尖青年有机化学家奖——四面体青年科学家奖。

“所聘百人计划”遵循人才发展规律，建立科学合理的考核评价体系。在选才方面，邀请高水平的领域专家进行同行评议，基于被评价人的工作基础、研究计划和价值理念等，对人才的能力与潜力做出综合评价，从而引进真正优秀的人才。在考核方面，打破常规的每年考核的方式，在人才计划执行期内（前五年）只做交流，免考核，为青年人才留出充足的成长空间和原始创新时间。在这样的环境下，上海有机所的青年人才得到快速成长，在 2012 年至 2018 年 5 月引进的 34 名青年才俊中，有 26 名入选国家“青年千人计划”。

五、公派留学深造，培育未来英才

除了“引进来”的举措，上海有机所还通过“走出去”的方式来培育未来人才。2009 年，上海有机所自筹经费设立了优秀博士生发展基金，公派博士毕业生赴海外继续深造，每年两次由学位评定委员会根据候选人的科研水平和发展潜力严格选拔培养人选。目前已用 1000 多万元经费派出 50 余名优秀博士生前往普林斯顿大学、麻省理工学院、哈佛大学、加州大学伯克利分校等世界著名研究机构，在世界顶尖科学家领导的小组开展科研工作。

与一般的公派留学计划不同，上海有机所对这批优秀人才的未来去向不做任何限制，不要求留学生回国。然而，这批人才中的大部分已经自主选择回到祖国，作为“百人计划”“千人计划”入选者加入国内知名高校和研究所。在近两年国家“青年千人计划”有机化学学科入选者中，三分之一是上海有机所毕业的。

六、科教资源融合，创新育才模式

为了避免高校与科研机构互相“挖人”、恶性竞争的不良现象，上海有机所创造人才合理流动的智力循环模式。2017 年 9 月上海有机所和华东师范大学共建联合研究机构，以上海有机所首任所长、我国著名化学家庄长恭先生命名，创造性探索科教融合、人才共享、优势互补、合作共赢的新模式。庄长恭研究所设在华东师范大学化学与分子工程学院，以有机化学为主要研究方向培养研究生，由上海有机所所长担任所长，由华东师范大学提供场地、主要经费和研究生资源，来自上海有机所的研究人员与华东师范大学的教授担任导师，导师仍各自隶属于原单位。这种联合研究机构形式，以人才共享为最大特点，既满足了高校对高水平科技人才的需求，又避免了科研机构优秀人才的流失，从而有效地解决了高校与科研机构哄抢高水平人才的问题。双方探索通过资源优化配置，促进科学家在育人上发挥更大作用，培育更有科研潜力的学生，建设更稳定的区域创新生态环境。

上海有机所在引才上精准定位、大力投入，以“不拘一格”为特点，引进研究所发展急需的卓越人才；在用才上提供优越的科研条件与完备的配套措施，以“人尽其才”为目标，充分激发人才的创新活力。上海有机所所长、中国科学院院士丁奎岭说，只有让一流人才引得来、用得上、留得住、发展得好、脱颖而出，才能打造一流的人才高地，创造一流的科研成果。

中国科学院科技战略咨询研究院　陈晓怡　陈光华
中国科学院上海有机化学研究所　丁奎岭（中国科学院院士）

2018 年 5 月 10 日

第二篇

经济社会发展与变革

战略竞争领域国有科研院所转型发展路径与建议

信息通信产业是关系到国家安全和长远竞争力的重要战略领域，也是市场高度竞争的领域。在这类战略竞争性领域如何用好政府和市场两个机制，发挥国有科研院所的系统引导能力，破解关键领域的核心技术受制于人的格局是国有企业发展的重要问题。烽火科技集团有限公司（简称烽火科技集团）创始之初就处于激烈竞争的国际信息通信市场，在改革开放的背景和历程中，通过自主创新和体制机制改革逐步缩小与国际前沿技术的差距。烽火科技集团的发展代表了在国际高度竞争的战略性领域，我国科技型国有企业发展路径和治理方式的探索。

一、烽火科技集团转型取得的主要经验

烽火科技集团前身为武汉邮电科学研究院，成立于1974年，2000年转制为中央企业，直属于国务院国有资产监督管理委员会管理。中国第一根实用化光纤、第一条实用化光纤通信系统工程、第一套密集波分复用系统等都诞生于此。经历改革开放四十年的发展历程，烽火科技集团以面向世界光通信发展前沿、面向宽带中国主战场、面向国家网络信息安全重大需求为战略定位，形成了覆盖光纤通信技术、数据通信技术与无线通信技术三大产业的发展格局，是全球唯一集光电器件、光纤光缆、光通信系统和网络于一体的通信高技术企业，也是我国主要的通信领域产品和综合解决方案提供商，承载着我国光通信领域“大国重器”的使命。烽火科技集团从相对封闭的通信类研究所成长为国内外通信设备市场的知名企业，是我国信息通信产业持续快速发展的一个缩影。烽火科技集团秉承“边改革、边探索、边创新”的思

路，始终坚持改革发展的主旋律，企业管理、科技创新、市场开拓等综合能力显著提高。集团转型的主要经验如下。

一是集团领导层坚定改革决心，积极推进企业市场化转制。历任集团领导先进的理念、坚定的意志和奉献精神起到了至关重要的作用，在发展理念和路径选择上有清晰的战略思考和定位，在改革进程中率先垂范转变身份。

二是把握光纤通信产业发展脉搏，以清晰的战略目标引领企业发展。秉承“高”“精”“尖”“特”“齐”的底蕴，牢牢把握技术、人才、资本三大关键要素，坚持技术创新和产业化双轮驱动，形成引领企业发展的创新、人才、资本、国际化四大战略。

三是推进全产业链技术创新，打造企业核心技术能力。作为集光通信系统、光纤光缆、光电子器件三大战略技术于一体的科研与产业实体，着力提升引进消化吸收、系统集成和原始创新能力，超高速率、超长距离、超大容量光通信传输等核心技术领域的竞争力不断增强。

四是精准对接客户市场需求，巩固扩大市场竞争优势。市场发展坚持以客户需求、能力建设、专业应用及客户满意度为四大牵引，着力加强营销协同和服务保障，充分挖掘国内需求潜力；建立覆盖各大洲和重点区域的国际市场营销网络，实现全球重要目标市场的战略性布点；面对新技术推动下的新兴市场，实现传统行业转型升级与多元化发展。

五是推进管理和制度创新，提升企业治理能力和运行效率。通过将研究院主业公司股权无偿划转至集团公司以及股权置换，深化产权制度变革，实现股权多元化。完善公司法人治理结构，设立董事会、经理层和监事会，实现决策、执行和监督相分离。深化企业管理制度改革，改革用工制度、人事制度、分配制度，形成市场化的运行机制。

六是深化人才发展体制机制改革，为企业创新提供智力支撑。始终将人才作为第一资源，确立了人才在集团发展中的优先战略地位，转变人事管理制度，建立市场化的用人制度；创新人才激励机制，激发员工动力和创造力；建立开放的人才体系，实行柔性引才模式，网罗国内外优秀人才。

七是布局全球研发资源，稳步推进“走出去”进程。坚持国际化发展战略，注重国际标准的话语权和国外研发力量的布局，整合全球技术研发资源；推进海外市场“本地化”，以本地合作促全球发展；采用稳健的市场投资策略，稳步开拓国际通信产品市场。

八是强调组织感召力和影响力，形成凝心聚力的文化氛围。充分发挥党的政治核心作用，加强党建工作顶层设计；以“光棒精神”为主线，构筑多元融合的企业文化，凝心聚力促发展。

二、战略竞争领域科技型国有企业发展面临的挑战

在国际国内激烈竞争背景下，转型后烽火科技集团面临的挑战反映了我国战略竞争领域科技型国有企业发展的共性问题。

一是技术变革与国际形势带来严峻挑战。我国相关领域的基础研究以及综合科技水平与国际先进水平相比尚处于紧跟水平，难以支撑信息产业的快速崛起和在关键核心技术上的迅速赶超。国际上技术领先国家对中国技术崛起的防范意识开始提高，单个企业对现阶段如何破解通信行业部分高端产品和关键领域核心技术受制于人的格局缺乏对策。

二是前瞻技术方向需强化系统性战略布局。光通信技术的突破不仅需要作为产业上游的光器件技术的突破，还需要光器件配套生产设施等产业的协同发展，形成系统布局，这关系着我国电信基础设施的前途，需要政府发挥扶持和引导作用，运用“看得见的手”的力量，在前瞻技术方向上系统布局和设计技术路线图，探索关键路径，引导企业在“看不见的手”的力量下形成具有国际竞争力的产业。

三是国有资产管理需加强规范性、灵活性。要全面理解国有资产保值增值的目标，需要做到既能调动管理者积极性，又能保证科技型国有企业的竞争活力；要制定适用于战略科技型企业负责人的考核方式，综合考虑短期激励与中长期激励；还要合理界定国有资本管理权限。

四是产业发展需要良好的生态环境。通信领域的技术复杂性与快速的更新换代率决定了该产业在专业化分工上更加细化。企业只有在产业链的特定环节实现技术与成本优势，才能立足于激烈的市场竞争。面临国外政治和市场不确定性风险，企业只有在合作中竞争，在竞争中合作才能实现多赢。要调整企业竞争合作的理念，避免在上下游企业双重挤压以及同业激烈竞争的产业环境下，产业创新能力减弱。

三、战略竞争性领域科技型国有企业发展的对策建议

一是加强战略性竞争领域的国家统筹考虑。将关键核心技术领域的市场竞争提升到国家战略竞争的高度，从国家层面系统布局核心技术突破路线图，重视颠覆性技术和跨界技术融合，构建有效的技术成果转移转化机制，提高我国在关键核心技术上的研发能力和产业化水平。

二是提高我国在关键核心技术上的自主研发能力。在关键核心技术的突破上，组织以企业为主体、科研院所参与的科研团队，以科技专项形式提供相应资助，对面向行业的共性关键核心技术进行联合攻克。构建有效的技术成果转移转化机制，提高我国在关键核心技术上的产业化应用水平，降低我国应对国外技术垄断的政治风险和企业经营风险。

三是实行国有资产的分级分类监管。进一步改革国有资本授权经营体制，科学界定国有资本所有权和经营权的边界，调整国资监管机构的权责事项，变全面监管为资本监管为主，真正落实企业的法人财产权和经营自主权。探索试行分类分级的国有资产监管，落实科研转制企业领导人的监管考核模式，实行与市场接轨的员工激励机制。

四是培育企业良性竞争生态。在社会融资、税收优惠和培育市场等方面对企业的研发活动提供支持，利用市场机制实现差异化发展和有序充分竞争，改善企业整体竞合关系，提高企业核心技术研发能力和产业链国产化水平，降低进口依赖度。同时发挥国有企业在提高国家自主创新能力中的重要作用，推动国企提高科技创新力度，为建设世界科技强国做出更大贡献。

中国科学院科技战略咨询研究院
调研烽火科技集团有限公司课题组

组　长： 潘教峰
副组长： 刘　清　李颖明
成　员： 钟　华　韩　淋　代　涛　沈　华　田　园　王光辉　王晓莞　朱永彬　王　雅　林　慧　薛俊波　陈　捷　王瑞涵　蔡圣华

2018 年 8 月 22 日

打造世界一流高端医疗设备民族品牌

——上海联影医疗科技有限公司创新发展调研报告

上海联影医疗科技有限公司（以下简称联影公司）是 2011 年从中国科学院深圳先进技术研究院孵化出来的，在上海成立并发展成为国内高端医疗设备行业集研发、设计、制造、服务于一体的领军企业。7 年来，联影公司先后设立了磁共振（MR）、计算机断层扫描（CT）、分子影像（MI）、放疗（RT）、X 射线（XR）、公共部件、医疗软件等七大事业部，在美国和国内武汉、深圳、常州、贵州等地设立了子公司及研发中心。已形成 MR、CT、MI、RT、XR 等具有完全自主知识产权的产品系列，覆盖全国 31 个省（自治区、直辖市）的 2200 家医院，部分产品已进入国际市场。联影公司研发投入年均增长近 50%，已提交国内发明专利申请 1502 项，国际发明专利申请及专利合作条约（PCT）专利 315 项，推出 49 款完全自主知识产权产品。荣获中国专利金奖、中国商标金奖，多款产品获工业设计领域的红点奖和 iF 设计奖。联影公司走出了高端医疗设备制造业创新发展的新路，打造出世界一流的高端医疗设备民族品牌。2014 年，习近平总书记视察联影公司时指出："中国高端医疗产业需要联影这样的排头兵、弄潮儿，你们的事业大有可为！""加快现代医疗设备国产化步伐，使我们自己的先进产品能推得开、用得上、有效益，让我们的民族品牌大放光彩。"

一、创新高端医疗设备自主研发模式，铸就民族品牌核心竞争力

高端医疗设备行业是关乎国家安全和生命健康的战略性新兴行业，国内

市场长期被少数国际巨头垄断。联影公司适应我国高端医疗设备的市场需求与国家战略需求，从诞生之日起就立足通过自主创新抢占行业科技制高点，产品关键部件和核心技术自主研发比例位居行业第一。一是围绕 MR、CT、PET-CT 等产品，成立七大事业部，主攻一系列关键部件与核心技术，分别采取独立研发、合作研发，以及原理探索后再研发的策略，已获得完全自主知识产权。二是抓技术跟随的同时，成立研究院主攻前瞻技术、下一代产品与核心部件，未来 5～8 年的技术储备。在 CT 时空探测器、112 环光导探测器、直线加速器多叶光栅、MR 超导磁体等技术方面，取得国际领先水平；积极承担国家重大研究计划，正在开发全身 5.0T MR、一体化全数字 PET-MR 等系统将达到国际领先水平；3.0T 儿科 MR、高清低剂量血管造影（DSA）系统等将成为世界首台。三是建立完善的知识产权管理组织架构，围绕核心技术，完成国内外市场知识产权布局，建立完善的知识产权风险管控机制。

二、创新产学研医协同模式，构建跨界融合发展生态系统

搭建产学研医协同创新平台，与知名科研机构和高等学府、大型三甲医院、高新技术企业建立全方位战略合作，力求产学研医无缝对接。通过平台，促进科研、产业、临床相辅相成，打通以核心技术为中心，贯穿临床测试与评估、产品认证、产业化等环节的创新链，填补高端医疗设备空白。一是与中国科学院合作，以前瞻研究先导自主创新。与中国科学院深圳先进技术研究院长期密切合作，已有 28 项发明专利转让给联影公司。与中国科学院武汉物理与数学研究所开展肺部磁共振技术前瞻研究。二是与国内外大学合作，以产品开发促进成果转化。联影公司是美国顶级分子影像团队全球唯一的研发和产业化合作伙伴。与上海交通大学共建医学影像先进技术院，打造国际一流创新研究基地和技术转化基地。三是与大型三甲医院合作，以临床需求推动技术创新。加快医疗设备临床验证和应用示范；快速响应临床需求，开发新型影像技术和解决方案；研发新设备助力医院科研发展。四是与高新技术企业合作，以技术合作拓展应用空间。行业内联合，实现优势互补；跨界联合，实现技术前沿应用。

三、创新智慧医疗服务模式，抢抓“互联网+”的时代机遇

推动传统设备制造向智慧医疗服务方向转型升级，构造“U+互联网医疗”战略布局和服务模式，搭建互联、协同、智能、精准的智慧医疗生态系统。一是应用远程影像诊疗技术，建设分级诊疗服务体系，助力优质医疗影像资源辐射基层，已覆盖 1 亿多人。上海联影-嘉定区域影像中心是最早落地、运营最成熟的分级诊疗项目；在安徽落地“县级影像中心试点”项目，对区域分级诊疗服务体系的建设具有示范推广意义。二是构建 uCloud 智慧医疗云与智能化设备强强联合，提供空中课堂、知识库、诊断专家实时在线支持系统、病例图像共享、云胶片等增值服务；联影-西藏日喀则影像中心让上海优质医疗资源抵达西藏偏远县乡。三是推进 AI+医疗创新，建设智慧医疗服务新平台。成立智能子公司，吸纳海内外医疗 AI 领域顶级人才构成核心团队；以 AI 为影像与放疗设备、联影云和精准医学诊断服务赋能；布局多维度预判发病趋势、辅助远程精准放疗和医疗卫生决策等 AI+医疗创新方向。

四、创新全生命周期质量管理模式，建设追求极致品牌文化

质量就是生命，这在高端医疗设备制造行业尤为突出。联影公司创业之初组建了质量管理部，形成覆盖产品全生命周期的质量管理组织。形成“我的交付质量我负责”的质量文化，倡行“第一次就把事情做对”的质量理念。一是加强研发质量管理信息化建设，持续提升产品可靠性。联影公司引入产品生命周期管理系统，助推研发质量和效率的提升。采用经典 V 模型，将风险管理活动贯穿始终，并进行可靠性活动专项策划。二是打造现代化精益生产系统，将“工匠精神”贯穿生产管理。通过全面的供应商管理夯实物料质量管控，确保无一次重大生产质量事故；形成了独特且行之有效的“751”飞行检查方法，以检查促学习、促提高、促持续改善。三是严守售后服务质量关，提高品牌商誉。坚持“以客户为中心”原则，对设备进行全生命周期监控，对设备故障状态进行预警并第一时间做出响应。

五、创新人力资源管理模式，充分发挥精英人才创造力

坚持以精英人才为核心的发展模式，建立结构优化、布局合理、配合有力的人才梯队。一是坚持以高远的价值理念吸引精英人才，通过打造世界一流高端医疗设备民族品牌的决心，吸引一大批身怀绝技、满怀报效祖国之心的优秀中华儿女。二是充分认识到人才是企业创新发展的第一资源，在股权激励、业绩薪酬激励、研发成果激励、荣誉激励等方面，探索出一套能够充分发挥人才积极性和创造力的激励机制。三是探索建立一整套多元化创新人才培养机制，为企业可持续发展培养凝聚大批青年精英人才、专业技术人才和管理人才。此外，联影公司得到了上海市及嘉定区政府在住房、子女上学、医疗等方面的大力支持。目前，核心管理团队由十几位国际医学影像领域顶尖科学家和具备知名跨国公司丰富管理、产业化经验人士组成；研发人员占全体员工比例约 50%，硕博占 50%，国家“千人计划”入选者 5 位，“上海千人计划”入选者 8 位，海归 110 多位，500 多位医疗器械行业经验丰富人才，已成为我国高端医疗设备企业人才高地。

通过对联影公司调研有以下五点启示。一是战略目标是联影公司创新发展的旗帜。联影公司志存高远，以改善社会民生福祉、助力健康中国建设为使命，矢志不渝地把成为国际医疗创新引领者作为战略目标。二是自主研发是联影公司创新发展的动力。联影公司深知关键核心技术是要不来、买不来、讨不来的，始终坚持核心技术创新与前瞻技术创新“两条腿走路”，在高端医疗设备的一些前沿领域占有一席之地。三是精英人才是联影公司创新发展的核心。联影公司引进精英人才谋划发展方向的做法值得肯定，他们在高端医疗设备领域建立起国内领先的人才和产业高地，充分体现了精英人才是企业创新发展的第一资源和强大生命力。四是文化品牌是联影公司创新发展的灵魂。联影公司坚信只要用心就能改变，他们用心感知、用心创造，以优异的产品质量、卓越的技术体系和高效的服务模式，创立了追求极致的文化品牌形象。五是国家政策是联影公司创新发展的保障。联影公司进入了国家创新驱动发展的快车道，高端医疗设备已纳入“制造强国战略”和“健康

中国 2030”的重点发展和政策支持领域。政府的支持是支撑联影公司创新发展的重要因素。

中国科学院调研上海联影医疗科技有限公司课题组

组　长： 相里斌

副组长： 张　凤　郑海荣

成　员： 宋大伟　吕建成　池　宏　朱　涛　祁明亮　曲　婉　洪志生　邵雪焱　刘　新　李振国　刘　栋　葛春雷　李　超

2018 年 8 月 20 日

新松公司发展的经验与启示

改革开放以来，中国企业的创新活力不断得到释放，涌现出一批创新型企业。作为国内机器人行业的先驱和龙头企业，沈阳新松机器人自动化股份有限公司（以下简称新松公司）聚焦机器人研发与生产，在改革开放和科技体制改革的大潮中发展壮大，成为与国外巨头竞争的民族企业。通过调研新松公司成长经历、与中国科学院沈阳自动化研究所（简称沈阳自动化所）的关系，分析总结其发展经验及机遇挑战，对中国产业创新发展具有重要的启示意义。

一、新松公司发展历程

沈阳自动化所是中国机器人技术的摇篮。1993 年国家计划委员会批准依托沈阳自动化所“机器人示范工程”建立“机器人技术国家工程研究中心”，主要从事工业机器人和水下机器人的研究和技术转化。1997 年沈阳自动化所开始实行“一所两制”，机器人事业部在所里自主经营，单独核算，按照公司模式运作，并于 2000 年发起成立了新松公司。

新松公司成立后，以自主产权、自主研发为导向，形成特色鲜明的机器人与自动化产品，同时建立现代企业管理制度，牢牢抓住技术研发和市场营销，致力于成为真正意义上的高技术企业。2007 年新松公司与美国通用汽车公司签订自动导引车（AGV）供货合同，打破了中国机器人无出口的历史。2009 年 10 月 30 日，新松公司在深圳证券交易所创业板正式挂牌交易，成为国内机器人上市第一股。之后，公司以资本为杠杆，向海外拓展市场，通过产品渗透、境外合作等手段，发展成为一个国际化、集团化的大型产业集团。2016 年 12 月，新松公司实现国产工业机器人批量出口海外市场，在中国机器人产业发展道路上具有里程碑意义。2017 年以来新松公司步入新的发展阶段，坚持平台化发展战略，打造具有国际竞争力的产业生态圈。

新松公司是国内机器人行业的先驱和龙头企业，是目前国内最大的机器人产业化基地。目前公司的工业机器人产品填补多项国内空白，创造了中国机器人产业发展史上多项第一。新松公司连续多年荣获各种殊荣，起草并制定了多项国家与行业标准，凭借技术创新和软硬件结合引领中国机器人行业的发展。特别是在 2018 年 2 月 25 日韩国平昌冬奥会闭幕式上，24 台新松移动机器人以前所未有的阵容完美亮相，"北京八分钟"的成功进一步扩大了新松公司的品牌影响力。

当前，新松公司面临着重要的发展机遇。以智能制造为核心的新一轮产业革命兴起，将机器人推向科技革命和产业革命的前沿阵地；当前中国制造业转型升级和社会对服务机器人的需求持续增长，给新松公司和我国机器人产业发展提供了市场条件；国外在新一代机器人技术特别是服务机器人技术研发方面刚刚起步，我国机器人技术有可能同发达国家站在同一起跑线上；中国政府高度重视机器人产业的发展，"制造强国战略"、《机器人产业发展规划（2016—2020 年）》、《新一代人工智能发展规划》等政策为我国机器人产业的发展提供了有力支持。同时，新松公司也面临多方面的挑战。机器人领域的龙头企业聚焦市场增长迅速的中国，全方位抢占中国市场；发达国家纷纷加快布局新一代智能机器人，抢占市场和技术制高点，特别是全球科技巨头加速进入智能服务机器人领域；发达国家针对机器人产品进出口设置了严格的技术性贸易壁垒，同时对中国机器人企业在海外的研发、并购等也采取遏制措施，给我国成长中的机器人产业，特别是对于刚开始实行国际化战略的新松公司带来挑战。

二、新松公司发展经验

（一）把握科技体制改革机遇

在国家大力鼓励科技与经济相结合的背景下，沈阳自动化所于 1994 年依托机器人示范工程建立"机器人技术国家工程研究中心"，利用机器人及其相关技术为国民经济建设服务。1998 年，沈阳自动化所成为首批进入"知识创新工程”试点的 12 个研究所之一，并建立了中国科学院“先进制造技术研究发展基地”。1999 年《中共中央、国务院关于加强技术创新，发展高科技，实现产业化的决定》进一步加大对成果转化的支持力度。沈阳自动化所抓住这一机遇，开始对其下属的机器人技术国家工程研究中心进行改制，将工业机器人事业部进行企业化运营，并于 2000 年成立新松公司，向产业化迈出实质性步伐。

（二）战略科学家的眼光和爱国情怀

中国工程院院士蒋新松以其战略性、前瞻性的眼光，最早敏锐捕捉到国外机器人研究动向，预见机器人的应用将是一个国家实力和科技水平的象征。于是他不断呼吁我国开展机器人研究，促成机器人项目被列入中国科学院 1978 年至 1985 年自动化科学发展规划，为我国机器人学科发展奠定了坚实的发展基础。蒋新松还促成将“计算机集成制造”和机器人两个主题纳入“863 计划”自动化领域，并成为三任首席科学家。20 世纪 90 年代，蒋新松又带领沈阳自动化所在机器人市场化方面做了一些探索和尝试。蒋新松的科研工作始终充满强烈的爱国情怀，强烈的责任感和使命感促使他把自己毕生精力和全部才华都无私奉献于我国机器人研究和产业化事业，直至生命的最后一刻。

（三）创业者的坚守和创新创业精神

新松公司从成立、发展到不断壮大的成长历程，体现了创业者曲道奎从具有企业家精神的科学家向具有科学家精神的企业家的成功转变。大胆创新、敢于冒险的企业家精神，是激发科学家曲道奎走出一条新型创新创业之路的强大动力。技术为王、永不言弃的科学家精神，是造就曲道奎得以成功转型成为企业家的重要因素。曲道奎团队坚守对机器人事业的热爱，不为其他行业的高额利润所诱惑。对企业家精神和科学家精神的兼顾和融合，是推动新松公司发展壮大的持续动力。

（四）建立健全现代企业制度

新松公司发起时，就明确了沈阳自动化所作为公司的控股法人股东，对新松公司负有限责任。公司上市之后，在独立财产权的前提下，公司重大决策由管理层做出，沈阳自动化所不干预公司的决策，依法开展的生产经营活动，给企业较大的自主权和决策空间。这使得新松公司能快速适应灵活多变的市场环境。新松公司不断规范运行机制，完善公司内部治理机制，建立现代企业管理制度，大大提升了运营效率和规范性。新松公司重视金融资本的重要作用，综合运用多种金融手段，为持续创新、扩大产业规模提供强力的资本支持。

（五）坚持技术创新引领发展

新松公司是技术驱动创新创业的典型，始终坚持技术创新，注重自主创新能力积累。公司拥有自主知识产权和品牌的机器人控制系统、自动化成套技术及装备和物流系统；积累了大型机器人工程的设计、开发和实施能力，打破了国外垄断，填补了多项国家空白，整体技术水平在国内处于领先地位，并达到世界先进水平。依托强大的创新基因，新松公司走上了一条从研究、开发、成果转化到工程应用和产业化的创新发展道路。

（六）政府政策的支持作用

新松公司的发展历程表明，机器人作为中国的新兴产业，正是在政府政策的大力支持下才逐步成长起来的。20 世纪 80 年代中期国家投资建设“国家机器人示范工程”，国家科技攻关计划和“863 计划”的支持使沈阳自动化所的机器人事业得到长足发展，并促成了新松公司的成立。2006 年《国家中长期科学和技术发展规划纲要（2006—2020 年）》和一系列配套政策的出台，使新松公司在研发费用加计扣除等政策优惠影响下不断加大自主创新力度，并在创业板成功上市，使公司进入新的发展阶段。近年来，国家通过多个科研项目资助新松公司开展相关研究，为提升企业创新能力提供了资金支持。“制造强国战略”和《机器人产业发展规划（2016—2020 年）》也为新松公司的进一步发展指明了方向。

三、新松公司发展启示

（一）营造良好的创新创业环境

依法保护企业财产权以及创新收益，同等对待不同所有制类型的企业，进一步加大简政放权力度，大力营造宽容失败的社会氛围，建立容错纠错机制。

（二）加大收入分配制度改革

使企业家的收入与其在经营管理中做出的贡献和承担的责任风险相对称；进一步深化收入分配制度配套改革，实行以增加知识价值为导向的分配政策；落实国有企业董事会职权试点等政策，赋予企业更充分的工资分配自主权；鼓励企业探索建立知识、技术、管理等要素参与分配的制度和措施。

（三）加强企业创新能力建设

构建普惠性创新支持政策体系，鼓励企业通过多种途径增加研发投入，建立研发机构，增强创新能力；鼓励多种形式的产学研合作；支持有条件的企业开展基础研究和前沿技术攻关，突破产业技术瓶颈。

（四）构建完整的现代产业体系

加大对高技术产业的支持和引导，培育一批具有世界影响力的创新型领军企业，带动中小企业向“专、精、特、新”方向发展，形成结构合理、梯次分明的完整产业链；大力发展生产性服务业来推动制造业转型升级，提高制造业的附加值，向产业价值链的中高端不断迈进。

（五）发挥资本市场支持作用

深化金融改革，大力发展科技金融，鼓励金融机构开发符合新产业、新业态发展的信贷产品，拓宽创新企业融资渠道，引导更多金融资源配置到战略性新兴产业和高技术产业，满足创新型企业的融资需求，促进科技与金融协同发展。

中国科学院调研沈阳新松机器人自动化股份有限公司课题组

组长：穆荣平

顾问：王越超

成员：苏　娜　眭纪刚　陈凯华　李慧敏　王　婷　周城雄　李培楠　惠仲阳　陈晓怡

2018 年 8 月 20 日

有研科技集团有限公司改革创新发展经验与启示

有研科技集团有限公司（以下简称有研集团）是我国有色金属行业规模最大的综合性研究开发和高新技术产业培育机构。其前身是成立于 1952 年的中央人民政府重工业部有色局有色金属工业试验所，曾先后更名为冶金工业部有色金属研究院、北京有色金属研究总院，2017 年更名为有研科技集团有限公司。2000 年 1 月 26 日，有研集团取得企业法人营业执照，转制为中央大型科技型企业，隶属于国务院国有资产监督管理委员会管理。改制后，有研集团坚持以“为国民经济、国防军工、有色金属行业、区域经济发展四个层次服务”为宗旨，通过科技成果外向服务和自主转化相结合的方式，在市场中找出路、求发展，逐步形成了集科学研究、技术开发、高新技术产业、内贸外贸于一体的国际化高科技企业集团的发展格局。有研集团先后支援建设了十多个稀有金属、半导体材料等领域的大中型企业和科研院所，为包括“两弹一星”“神舟飞船”在内的国防高科技领域和有色金属行业提供了一大批新材料、新工艺、新技术和新设备，为建立我国有色/稀有金属科研和工业体系、国民经济、国防军工的发展做出了突出贡献。

一、有研集团改革创新发展的做法和经验

有研集团紧跟时代步伐，始终自觉走在有色金属世界科技发展的前沿和我国科技体制改革前列，以改革创新促发展，用科技支撑产业。主要发展经验如下。

（一）树立“站在未来看现在”的战略思维

充分认识新材料产业在国家发展中的战略地位，从数字化时代和材料高质量发展的战略高度，分析有色金属产业战略逻辑的演变；根据未来行业发展瓶颈及趋势预测未来走向，转变创新发展模式；兼顾企业内循环和行业外循环，强化科技创新向以市场需求和客户体验为引领的新型创新模式转变；坚持“价值型高科技企业”的战略定位，促进产业与资本更有效结合，做强做优核心业务，实现产业总体规模的迅速扩张与经济效益的快速增长。

（二）以技术创新支撑行业发展

始终把技术创新作为发展原动力，持续开展行业共性关键技术研究，着力建设有色金属行业共性关键技术研发与服务平台和高新技术孵化与产业化平台。自主创新，解决“卡脖子”、关键技术难题，突破国际上在某些战略性材料与零件领域对我国的封锁和畸高价销售。另一方面通过牵头制定国家/行业标准、创建或参与产业技术联盟等形式，引领行业技术发展。建立从研发、中试到产业化服务的全产业创新链条的服务体系，服务自身科技成果转移转化，支撑行业共性技术研发与科技服务。

（三）探索多元化成果转化路径

提高研发质量和效率，使科研成果转移转化常态化。一方面，把研究成果转移到行业内企业，促进企业产品结构调整、升级换代，履行行业共性技术研发机构的社会责任、产业责任；另一方面，利用自身条件成立公司，建线生产，把研发成果及时转化为有市场竞争力的产品，用产品带来的收益反哺有色金属行业发展所需的应用基础研究。

（四）坚持军品第一，服务国防建设

把服务国防事业视为天职，依靠自身研发优势和长期承担国家军工配套任务积累的经验，密切跟进，精准对接需求，促进新技术在新装备中快速应用。主动请缨国家重大战略任务，多次解决国防、军工科技难题，为我国重大国防军工项目、国家重点工程提供了强有力的战略性新材料保障，为我国

国防科技现代化建设做出了重要贡献。

（五）促进技术、资本、人才深度融合

公开发行我国转制科研院所的第一支股票——有研硅股，为成果转化提供融资渠道。建立产学研合作运行的技术创新基地，组建科技风险投资基金，推进以资本和股权为纽带的创新发展新模式，以市场化机制筛选科技含量高、市场前景好、附加值高的项目，实现技术集成创新和商业模式创新的有效融合。建设创新培育培训中心，为项目研发团队提供全方位的服务与培训。

（六）注重培育创新创业人才

始终把人才工作放在重要位置，聚集了一大批高精尖人才，以多种形式引进海外高层次人才，并在符合条件的公司开展股权激励措施。具有学位教育资质，人才培养体系颇具规模，雄踞我国有色金属产业科研人才培养重镇。设立创新创业基地，培育技术创新领军人才，培育技术转移、企业孵化人才，鼓励内部员工创业，吸引外部“创客”落户基地。

二、对我国行业科研体制改革的启示与建议

行业性国有科研机构承担着行业共性关键技术研发的重要任务，是我国科技创新体系的重要组成部分。1999 年行业科研机构转制改革以来，由于改革配套措施不到位等原因，我国一些行业共性关键技术创新主体缺失，行业共性关键技术的供给能力受到影响，产学研结合体制机制亟待完善。在新的历史条件下，实现关键技术、关键材料、关键工艺、关键设备的自主可控，提升国家自主创新能力，行业共性关键技术研发组织方式至关重要。

有研集团改制之前是国家科研机构，承担着我国有色金属行业发展的共性科学技术研发任务，它的改革发展是我国行业科技体制改革的一个缩影。当前形势下，有研集团面临着一系列挑战，主要是关键核心技术研发投入与企业利润考核难以协调、行业技术转移体系运行不畅、产业可持续发展的技术支撑明显不足、投融资模式与市场对高科技企业发展要求不相适应、人才

队伍有待加强等。这些挑战也是转制的行业科研机构的共性问题，不是凭企业一己之力就能解决的。基于对有研集团的调研，提出以下政策建议。

（一）强化行业共性关键技术研发机构的战略地位

通过立法确立行业共性关键技术研发机构的责任、地位、治理方式、投入模式，加大合理布局与支持力度，推动研发投入规范化、系统化，坚持共性技术研发与产业发展紧密结合，逐步将其建设成为具有市场竞争力、体量较大、体力较强的行业领军型高科技企业。

（二）设立重点行业共性关键技术研发专项资金，解决行业共性关键技术研发经费来源问题

建议设立国家重点行业共性关键技术研发专项资金，成立资金管理理事会，根据申报单位的基础条件，评选、认定单位资质。对于符合条件的单位，每年拨付相对稳定的经费，要求使用这些经费解决理事会成员单位提出的行业共性关键技术难题。同时，探索建立多元化投入机制，鼓励社会组织、企业和金融机构加入。

（三）鼓励行业共性关键技术研发机构在行业技术转化及创业孵化中发挥枢纽作用

综合利用现有的各类优惠政策，包括技术市场优惠政策、成果转化优惠政策等，鼓励行业共性关键技术研发机构在行业技术转化和创业孵化中发挥枢纽作用，促进或主动将基础研究成果向产业技术、设备转化，提高我国技术转化效率，促进产业技术升级和产业化。推动这些机构成为行业技术研发机构（包括高校），同掌握垄断产品技术的企业衔接、与投资创业方衔接，成为不可或缺的产业高端技术供给和创业服务商。

（四）改进和完善转制科研机构考核方式

充分考虑不同类型转制科研机构的差异性，实施分类管理考核。对于承担行业共性关键技术研发机构，改变以国有资产保值增值和经营利润的考核制度，增加有关其行业发展贡献、科技创新的指标并加大相关权重。如承担

国家共性关键核心技术研究任务情况、推动和制定行业标准规则、研发投入情况和科技成果转化情况。

（五）倡导工程师精神

快速、有效、精准解决行业生产、经营中的实际问题，是行业共性关键技术研发机构的根本所在。这需要不断学习积累工作经验和技术知识，以及精益求精、专注执着的工程师精神。可在重点行业设立"工程师奖"，鼓励共性关键技术研发机构研发人员以解决生产经营中的实际问题为荣，切实推动行业技术进步。

中国科学院调研有研科技集团有限公司课题组

组　长： 詹文龙

副组长： 刘春杰

成　员： 刘海波　冷伏海　吕秋培　王永杰　袁志彬　郭　雯　王　芳
郑海军　贺宁馨　何丽敏　肖　冰　许　可

2018 年 9 月 5 日

培育新动能的主要努力方向

近几年来，以移动互联网为代表的新经济蓬勃发展给人们带来新希望，但另一方面，新经济的增量还不能抵消传统经济向下调整的减量。面对喜忧交加的形势，不少人对新技术能否形成新动能、新动能能否带动新经济还心存疑虑。我们认为，信息技术与其他技术的融合发展将是加速形成发展新动能、壮大新经济的第一强大动力。

一、信息技术是未来 15～20 年形成新动能、发展新经济的主要动力

21 世纪初许多学者预计信息技术已基本完成驱动经济发展的历史使命，21 世纪上半叶将是生物科技的世纪。但近十来年云计算、物联网、大数据、人工智能技术浪潮迭起，信息技术不断展现出旺盛的活力，继续引领世界经济的发展。

根据麦肯锡公司 2013 年发布的技术预测，到 2025 年可能形成 5 万亿～10 万亿美元经济规模的还是移动互联网、智能软件系统、云计算和物联网等信息产业，生物领域只有下一代基因组产业可能做到 1 万亿美元规模，先进材料不到 0.5 万亿美元，可再生能源不到 0.3 万亿美元。我们和许多科技人员、经济学家都有同样的看法：信息技术的潜力尚未充分发挥，而基因生物和纳米等技术还在孕育之中，未来 15 年甚至更长的时间内仍然是信息技术唱主角。

判断信息技术的发展态势至少需要考虑两个维度：技术的深度和广度。从深度上看，二战以后，支撑世界经济发展长波的基础性技术发明是电子数

字计算机、集成电路、光纤和无线通信、互联网和万维网（WWW）。自万维网以后，信息领域虽然不断出现新名词，如云计算、物联网、大数据等，但没有出现与上述技术可比拟的基础发明。类脑计算、量子计算等新技术短期内还不能形成支撑经济的新动能。从基础发明到产生重大经济影响一般需要20～30年，下一轮更高涨的经济长波也许要到20年以后，今后20年很可能是经济长波的周期性衰退期，按照历史的规律，也应该是基础性发明的密集出现期。由于历史上只有4～5个经济长波的样本数据，经济学中的长波理论未必能作为预测经济发展趋势的依据，但世界经济周期性发展的判断应该是靠谱的。

从广度上看，历史上蒸汽机、内燃机、交流电等重大基础发明都是经过较长时间的技术改进和扩散之后才开始产生巨大经济效益，信息技术也不应例外。万维网等信息技术已经有20多年的技术扩散和储备，21世纪上半叶应该是信息技术提高生产率的黄金时期。今后10～20年，对经济贡献最大的可能不是新发明的重大技术，而是信息技术融入各个产业的新产品、按需提供个性化产品和服务的新业态、产业链跨界融合的新模式。对信息时代而言，信息技术普及渗透还有很远的路要走，现在的信息技术应用只相当于工业革命的蒸汽机时代。

不少人将新经济等同于战略性新兴产业，认为只有纳入国家划定的战略性新兴产业范围的产业才算新经济，这是一种误解，新经济有更广泛的内涵，包括用信息技术提升、改造传统产业。美国"国家新经济指数"将农场主应用互联网开展农业经营的比重，作为衡量新经济发展状况的25个指标之一。2016年世界经济论坛的数字化转型倡议指出：从2016年到2025年的10年内，各行业的数字化转型有望带来100万亿美元的社会与企业价值（主要是社会价值），其中汽车、一般消费品、电力、物流四大行业的数字化转型的潜在累积价值将超过20万亿美元。数字技术提升传统产业的前景十分光明。

新经济本质上是工业经济向信息经济（数字经济）过渡，目前采用的GDP 统计不能正确反映数字经济的发展。数字经济倡导的共享、用户体验带来的消费者盈余、免费的开源软件、用户到用户的交易等都不统计在GDP中。国外不少机构与学者已在探讨更适合数字经济的统计方法。国内流行的说法是中国经济发展的新常态是L形，未来十几年将保持6%左右的平稳增长。这是沿用工业经济的思维，因为即使是保持 6%甚至更低的 GDP 增长速度，数字经济的实际内涵已经发生很大的变化，不能局限于用 GDP 的眼光看待新经济的发展。

二、重点发展人机物融合的智能技术

推动新经济的新技术很多，我们认为最有引领性的新技术是人机物融合的智能技术，简称人机物智能，也称为人机物三元计算。它始于 2010 年左右，其主要特征是智能万物互联，即物与物之间、物与人之间实现互联，将智能融入万物，实现信息化与工业化无缝对接。人机物三元计算是中国科学院 2009 年总结出的信息技术大趋势。相关概念包括万物互联网（Internet of Everything，IoE）、无缝智能（Seamless Intelligence）、信息物理系统（Cyber-Physical Systems）、“互联网+”等。

发展人机物智能需要解决一系列科技挑战问题，包括人机物智能的计算机科学、物端计算生态系统（不同于 Wintel 和 ARM-Android 的新产业生态）、节能高效的智能计算平台（能效提高 1000 倍以上）、信任互联网（区块链技术是构建信任互联网的基础技术之一）、身份联邦（单一国民信息账户）等。

发展以人机物智能技术为标志的新经济，不但要继续发挥我国的“网民红利”，在产品和服务上延续和增强互联网发展新动能，而且要攻克新的核心技术，弥补我国的产业短板，培育新的产业生态系统。2016 年中国信息产业已有 16 家公司进入全球上市公司 2000 强，加上华为公司（华为不是上市公司），这 17 家公司实现了 4317 亿美元的销售额和 506 亿美元的利润。这些公司产生的利润总和只有美国进入全球上市公司 2000 强的 74 家信息产业上市公司利润总和的 24%，远小于中美 GDP 之比（61%）。在全球上市公司 2000 强名单中，美国有 14 家芯片公司与 14 家软件公司，中国尚没有 1 家。设想 15 年以后，中美信息产业的利润比例能与中美 GDP 比例同步，我们还有 3～4 倍的成长空间。

三、培育新动能必须坚持自主创新和技术积累

创新驱动已上升为国家发展战略，我们在贯彻这一战略时往往不提要重

视技术积累，其实技术积累与技术创新同等重要。人们常说核心技术是买不来的，其实真正买不到的是自主创新能力。支撑新动能新经济的核心技术只有通过提高自主创新能力才能获得。经济增长的重要因素之一是知识存量的增长，不论是对一个企业还是个人，知识的增长要靠创新实践不断沉淀的技术积累。中国高铁的成功被誉为“引进消化吸收再创新”的榜样，但我们不应忘记，从 20 世纪 50 年代开始中国一直在从事铁路机车研制，通过“中华之星”等科研项目的锤炼，南车、北车集团已有坚实的技术储备。

我国的战略性新兴产业有些发展快，有些发展慢，其中一个原因是不同行业的技术积累有差别。我国工业控制领域的技术积累十分薄弱。据工业和信息化部 2014 年统计，我国 22 个行业 900 套大型工业控制系统大部分由国外厂商提供产品，特别是可编程逻辑控制器（PLC），外商占据了 94%以上的份额。由于工控领域国内企业仿制国外产品都难以做到，国外企业不需要在中国申请专利保护其产品销售，国外企业在华申请专利数长期维持在此领域中国专利总量的 10%左右（通信和计算机领域国外企业的专利占到 43%）。在国家大力支持智能制造、“互联网+”的形势下，在实现智能万物互联网的进程中，加大工控领域的研发投入，夯实工控领域的技术积累显得尤为重要。

中国科学院计算技术研究所　李国杰（中国工程院院士）
徐志伟

2017 年 2 月 28 日

着力提升劳动生产率，培育实现经济高质量发展的新动能

党的十九大指出，我国从高速增长阶段转向高质量发展阶段。破解高质量发展的内涵和目标，对于准确把握培育经济发展新动能的途径和方向至关重要。一方面，推动经济发展阶段的顺利过渡，实现“两个一百年”目标，需要寻找新的增长动能，保持经济的中高速增长。另一方面，经济结构优化调整是一项长期的战略任务，其关键是推动新旧动能接续转换。为此，要着力提升劳动生产率，培育实现经济高质量发展的新动能。

一、将提升劳动生产率作为培育发展新动能的首要目标

应对国内外挑战，推动经济高质量发展，着力提升劳动生产率，是培育实现经济高质量发展新动能的有效举措，应将其作为培育发展新动能的首要目标，主要理由是：

（一）提高劳动生产率是高质量发展的重要衡量标准

理论上，经济增长一直都不是经济社会发展的唯一目标和标准。工业革命以来，经济增长提高了人们的生活水平，促进了就业、收入分配、预期寿命等发展目标的实现，逐渐成为最主要的目标和标准。然而，这种通过资源要素投入的增加扩大经济产出规模的扩张型增长方式造成了资源、生态、环境、健康等方面的诸多问题，引发了全球发展理念的转变，各国开始转向追求高质量发展。高质量发展的衡量标准一般包括经济增长、就业和环境等综

合指标体系，其中劳动生产率、资本生产率和全要素生产率（TFP）均是衡量高质量发展的核心指标，能够反映一国生产效率和技术水平，也是高质量发展的动力源泉。在当前阶段，劳动生产率与全要素生产率对经济增长的贡献具有高度一致性。本课题组基于世界投入产出数据库（WIOD）测算了中国2001～2014年47个行业的全要素生产率、劳动生产率和资本生产率，发现劳动生产率和全要素生产率在对经济增长的贡献上、在反映产业间差异和效率水平方面具有高度一致性（图1）。

（二）提高劳动生产率是跨越"中等收入陷阱"国家的成功经验

20世纪60年代以来，赶超经济体中只有少数经济体成功跨越"中等收入陷阱"。这些经济体普遍抓住了60年代以来信息技术变革的机遇期，成功融入了全球价值链分工体系，通过提高人力资本质量，推动了劳动生产率的再次提升。20世纪70～80年代，日本借助信息技术变革的浪潮，劳动生产率增长快速提高，年均增速达3.38%，这也成为日本人均GDP增长最快的时期，随后在整个90年代，日本劳动生产率增速降到1%以下，GDP增长同时也陷入停滞。

（三）提高劳动生产率是中国保持经济高速增长的重要特征

我国经济高速发展的30年正是通过"工业优先、出口导向和投资驱动"的发展模式，充分利用国外资金、技术、管理方法和资源，快速融入国际市场才得以实现的。1996～2015年，我国劳动生产率平均增速为8.6%，比世界平均水平高7.3个百分点，明显高于美国1.6%的水平，比增速较快的印度也高3.3个百分点。这表现在第二产业的劳动生产率提高了11倍，远高于农业和服务业（图2）。根据课题组测算，2014年计算机、电子通信设备制造业和交通设备制造业这两个部门的劳动生产率分别较2001年提高了22倍和12倍；第三产业中人类健康与社会活动、公共管理、教育、信息服务和电子通信等行业的劳动生产率持续稳定增长，表现在对经济增长的贡献上始终为正。

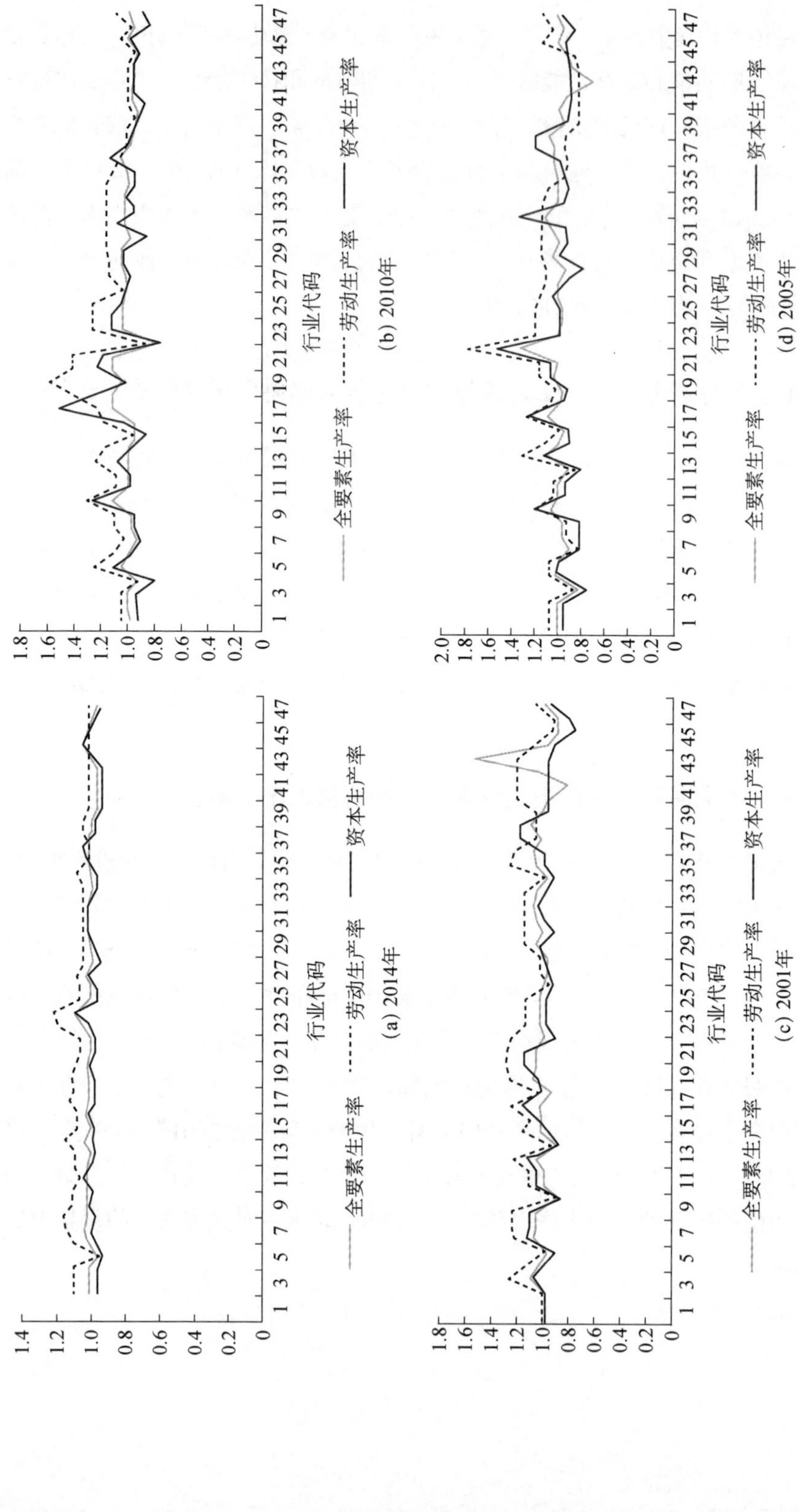

图1　2001～2014年分行业生产率趋势对比

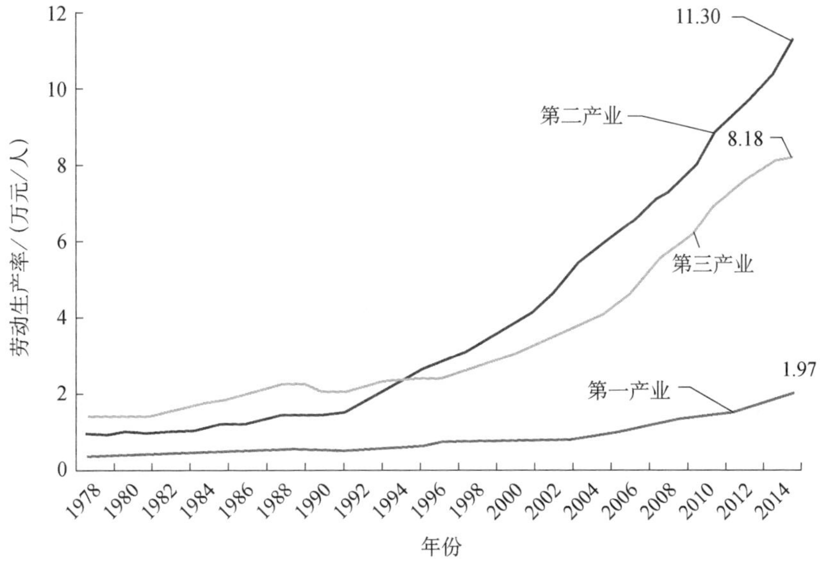

图 2　1978～2014 年我国三次产业劳动生产率对比

（四）劳动生产率是可统计、可测算、可比较和可考核的指标

科学合理的经济发展质量评价指标是客观反映经济发展质量优劣，推动经济结构调整的重要依据。《国家中长期科学和技术发展规划纲要（2006—2020 年）》明确提出，我国到 2020 年科技进步贡献率（即全要素生产率）要达到 60%的目标。各地方、各部门高度重视科技进步贡献率的测度。然而，测算科技进步贡献率所采用的估计方法（如索洛余值法等）都难以解决其结果稳健性差和与现实情况差异较大的缺陷（表 1），因此该指标很难用作国际比较。同样，资本生产率也需要单独估算中间投入，且缺乏行业数据统计，因此统计测算难度较大。长期以来，我们一直把提高人均 GDP 作为衡量经济发展质量和人民生活幸福水平的重要指标，然而随着信息化技术的不断深入和劳动参与率的不断下降，人均 GDP 指标越来越低估了真实效率水平，而劳动生产率指标不仅具有高度综合性，更能科学反映一国生产效率水平和经济发展质量，具有很好的可统计、可测算、可监测和可比较，可以作为区域经济发展质量的有效考核指标。

表 1　2001～2014 年中国的全要素生产率指数

年份	固定效应模型-规模报酬可变 TFPI	固定效应模型-规模报酬不变 TFPI	随机前沿分析-TFPI	数据包络分析-TFPI
2001～2005	1.018	1.028	1.052	1.021
2006～2010	1.008	1.025	1.065	1.019
2011～2014	1.006	1.025	1.038	1.021

资料来源：WIOD 及课题组测算，全要素生产率指数（TFPI）由四种方法测算得到

因此，作为培育经济高质量发展新动能的重要衡量标准，建议将劳动生产率列入国家和地区发展规划纲要，作为引导发展的可考核的重要指标之一。充分发挥政府培育和市场调节的双重作用，通过一系列有效举措和政策保障促进这一关键指标的提升，进而达到培育高质量经济发展新动能的目的。

二、促进劳动生产率提升的有效举措

全球发展理念下，借鉴跨越“中等收入陷阱”国家的成功经验，以及我国保持经济高速增长的已有经验，可以通过科技创新、新旧动能转换、贸易开放扩大和人力资本质量提升等获得新动能，促进劳动生产率提升。

（一）依靠科技创新获得新动能，促进劳动生产率提升

从国际经验看，提升劳动生产率必须依靠科技创新。作为世界上劳动生产率最高的国家，美国劳动生产率不断提高主要得益于以信息和通信技术为核心的技术革命及其引发的信息产业兴起和蓬勃发展。成功跨越“中等收入陷阱”的“亚洲四小龙”则是通过发展先进的基础设施网络建设和多媒体产业，成功实现了信息领域的技术领跑，从模仿创新和引进技术转变为自主创新。与发达国家相比，中国的劳动生产率虽然很低，但是增速很快，这主要依靠中国经济增长由技术密集型和资本密集型向知识密集型转变，大量工人从农业等低效行业转移到制造业，从而带动劳动生产率的提高。显然，依靠科技创新获得新动能，有利于促进劳动生产率的提升，对实现高质量发展潜力巨大。

（二）保持新旧动能有序衔接，促进制造业劳动生产率提升

国际经验表明，传统制造业以及为之配套的服务业是解决就业、培育

发展新动能的重要抓手。新旧能动有序衔接是发展新动能的重要举措。新加坡在跨越“中等收入陷阱”之后，仍然将发展传统电子工业，提高劳动生产率作为经济持续增长的重要动能。1990～1999 年新加坡电子工业增加值的年增长率高达 11.2%，劳动生产率年均增长 13.1%，显著高于其他制造业部门。新产业、新业态和新模式在发展初期很难替代制造业等传统动能产业在提供满足人类衣食住行等消费中的地位。据课题组测算，2014～2017 年我国新动能拉动制造业增加值占工业增加值比重从 20.1%增长到 24.2%。一方面说明新动能正在经济增长中发挥着越来越重要的作用，潜力巨大；另一方面说明传统制造业仍然是经济增长的重要动力来源，通过对传统制造业的改造升级，仍然能够使其继续成为发展新动能的重要组成部分。因此，最好的发展方式是新旧动能并进，用现代信息技术改造提升传统产业，引导新旧产业、新旧业态和新旧模式的有序衔接和共同繁荣。

（三）扩大贸易开放程度培育发展新动能，促进生产性服务业劳动生产率的提升

国际经验表明，灵活的劳动力市场和开放的经济政策使得中等收入向高等收入跨越经济体的劳动力得以在全球范围内重新配置，促进新的劳动力转型，提高了本国的劳动生产率。1970 年，日本和新加坡技术密集型产品的出口比重就已经达到 46.12%和 20.79%，而当时的东盟四国几乎没有技术密集型产品出口，这严重阻碍了人均收入水平向更高层次跃升。此外，生产性服务业与制造业之间存在紧密联系，生产性服务业的开放可以有效推动制造业部门的技术转移和扩散，提升制造业企业生产效率，最终提升劳动生产率。课题组研究表明，随着一国人均 GDP 的增加，制造业增加值率（对 GDP 增长的贡献率）达到峰值后将呈现长期下降趋势，尤其是资本密集型和劳动密集型制造业（图 3）。与制造业相比，服务业部门增加值率一般晚于制造业达到峰值，因此提升生产性服务业的劳动生产率，有利于大幅提升资源配置效率。

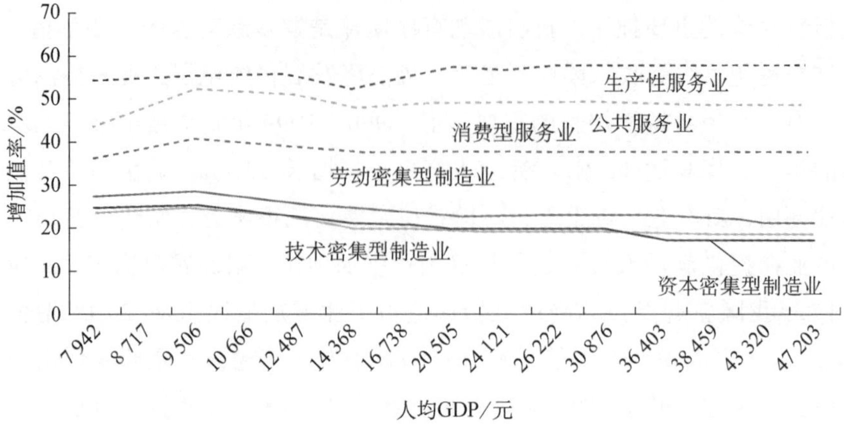

图 3　人均 GDP 与增加值率的关系

资料来源：WIND 经济数据库及课题组测算

（四）加速人力资本质量提升释放新动能，促进新兴产业劳动生产率提升

破解刘易斯拐点出现的途径，就是释放劳动力供给和提高劳动者素质，关键是要解决人力资本技能与技术进步不匹配的问题，实现劳动生产率的提高，再造人力资本红利。国际经验表明，以自主创新驱动产业结构升级是跨越“中等收入陷阱”的重要途径，而人力资本质量的提升是其产业转型和升级的基础。人力资本的存量和质量决定一国研发实力和科技成果推广运用水平。从模仿创新向自主创新转变的基础是研发产业劳动生产率的提高，而长期陷入“中等收入陷阱”的国家在研发产业的生产率和工资率相对较低，从而降低了对高等教育投资的激励。国际经验还表明，在经济增长的早期阶段高生育率提供了人口红利，抚养负担比较轻，但进入中等收入阶段后，随着抚养负担加重，劳动力的下降会影响工资的增长，进而阻碍经济增长。此外，日韩两国经验表明，同高等教育相比，初中等教育更能有效提高国民的整体素质，回报率更高，应优先发展初中等教育，再逐步增加对高等教育的投入。马来西亚、阿根廷和墨西哥等国的高等教育支出过多，导致高等教育人才的大量失业和人才流失等问题突出。根据课题组测算，现阶段我国新动能拉动的就业主体仍是初中和高中就业群体，2017 年分别占拉动非农就业总数的

40.7%和 23.4%，大学本科及以上群体占比仅为 12.6%。

三、提升劳动生产率的政策建议

一是建议政府有关部门完善精准统计劳动生产率指标的措施，并将其纳入国家和地区发展规划纲要，作为衡量地区经济发展水平的重要考核指标之一。党的十九大报告强调我国进入高质量发展阶段，核心是要提高全要素生产率、科技进步贡献率，全面提升科技创新能力，实现发展方式的根本转变。首先，现阶段应将劳动生产率作为全要素生产率的替代指标，将其列为衡量地区发展水平的监测和考核指标，并进一步健全和完善劳动生产率在地区和行业维度上、劳动年龄人口结构等方面的精准统计；其次，相关部门应尽早部署全要素生产率指标的核算方法研究，进一步推动和建立统一的全要素生产率的统计体系；最后，国家和地区的发展规划纲要中也应增加人均和劳均指标，扩展结构和效率型指标。

二是发挥消费对供给侧改革的引领作用，加快新动能的形成。从我国改革开放以来的经验看，消费升级引导产业升级，产业升级带动经济高质量发展，是一条更具内生性、更加持续健康的发展道路。消费已成为我国经济增长的主要拉动力，而高品质、个性化、多样性是未来消费需求的特点和趋势。要发挥消费特别是居民消费对释放内需潜力、推动经济转型升级、保障和改善民生的重要作用。让消费成为推动未来经济增长的新动能需要在以下几个方面发力：①加大供给侧结构性改革的力度，进一步完善、提升供给质量标准体系，提升中国制造品质，补上优质产品和服务的供给短板，提供更高质量的产品和服务，让群众有意愿消费；②要增强供给体系的适应性与灵活性，不断创新供给体系，加快培育消费新模式，聚集提升消费人气；③完善消费能力体系，努力提升城乡居民可支配收入，做好个人所得税专项附加扣除操作性方案，完善养老、教育、医疗等社会保障托底制度，让群众“有钱消费”，同时还要注重完善收入分配制度，增加低收入群体收入，扩大中等收入群体，从而在既定的总收入水平上提高居民整体消费能力；④进一步营造安全放心的消费环境，进一步放宽服务消费领域市场准入，规范跨境电商，增强消费者的信心，让群众“放心消费”。

三是把握新技术革命和产业变革带来的机遇和挑战，加快培育发展新动能。在新的经济形势下，在努力稳定好经济基本面的基础上，努力做好新动能这篇文章，重点是三个方面：①补上关键核心技术短板，加快 CPU 芯片、操作系统、工控软件、高端数控机床、海洋工程装备等核心基础零部件、先进基础工艺、关键基础材料和产业技术基础的研发攻关。②扩大新技术示范应用，特别是信息方面的 5G、物联网、大数据、人工智能、量子计算机、新能源和智能网联汽车；生物方面的精准医学、干细胞与再生医学、分子靶向治疗、移动健康监测等；能源方面的太阳能、风能、生物质能、地热能、水能、海洋能等可再生能源开发、存贮和传输；材料方面的石墨烯、稀土、自修复材料、智能仿真与超材料等。③加大新型基础设施的规划建设投资力度，包括智能电网、微电网、分布式能源利用、新型储能等新型能源基础设施，智慧高速公路、感知信息控制一体化交通信息系统、智慧交通综合管理平台等新型交通基础设施，5G、量子计算平台、窄带物联网、传感网等新型电信基础设施，综合管廊、智能社区、智能水电气服务等新型城市基础设施。运用新动能激活存量，扩大增量。

四是推动关键核心技术研发转化模式创新，更有效地促进依靠科技创新获得新动能。在培育阶段要发挥好政府的引导作用，依靠政府力量搭建产学研技术转化平台，多渠道筹措资金，提高经费使用效率，建立科研成果激励机制，营造更加宽松的人才政策环境和学术氛围，促进研究开发与市场需求紧密结合，通过多种形式的中介服务机构平台，如评估咨询中心、科技信息中心、知识产权法律服务中心等，解决产学研结合中信息不对称问题，加速科技成果转化，集中力量突破“卡脖子”核心关键技术，发展自主可控技术和引领未来方向的前沿技术。尽快明确新型研发机构法律地位以及政策支持措施，立足科技前沿探索与形成产业创新源头有机结合，发展不同于传统科研机构的新型研发机构，促进科技和产业融合，推动创新活动要素的密切持续联系。

五是形成全面对外开放新格局，扩大服务贸易开放程度增强新动能。未来中国经济培育发展新动能、实现高质量发展必须在更加开放的条件下进行，尤其是在当前贸易保护主义和单边主义抬头的大背景下，推动建设开放型世界经济、维护自由贸易和多边贸易体制，是对冲我国外部风险保持经济动能平稳的战略选择。未来应把扩大服务贸易开放程度作为推动对外开放的重点，包括医疗健康、教育、文化、数字经济、金融保险、电信、运输等现代服务业领域。一方面，要推动我国有竞争力的服务业不断走出去，以利用国际市场为我国经济发展新动能的培育提供更广阔的空间；另一方面，要将国外高品质的服务引进来，以弥补我国部分领域高质量服务供给不足的短板。最后，为推动国际服务贸易的发展，应紧紧抓住当今信息技术革命的机遇，加强信息数字技术与服务业深度融合，努力打破传统服务业贸易的空间和地域限制，推动服务业贸易便利化程度的提升。

课题指导专家： 刘伟平
课题负责人： 潘教峰
课题组成员： 郭剑锋　夏　炎　姬　强　许金华　莫建雷　刘寅鹏

2018 年 12 月 26 日

关于树立新时期粮食安全观的认识与建议

党的十八大以来，以习近平同志为核心的党中央始终把粮食安全作为治国理政的头等大事。习近平总书记多次指出："保障粮食安全对中国来说是永恒的课题，任何时候都不能放松。"中国科学院瞄准国家粮食安全战略需求，自 2016 年 4 月，组织十余个相关研究院所、近百位科技专家，开展了"新时期国民营养与粮食安全战略"研究。基于长期的研究积累，在系统分析我国粮食供需结构的重大变化、存在问题和健康饮食需求的基础上，提出了树立新时期粮食安全观的认识与建议。

一、粮食供需形势已发生重大变化

21 世纪以来，我国粮食（主要指口粮和饲料用粮）供需形势已经发生了重大变化，突出表现在以下三个方面。

*一是在粮食消费端，我国城乡居民膳食结构发生显著改变。*主要表现为膳食结构从以植物性食物为主向植物性与动物性食物并重演变，口粮消费量明显减少，肉、禽、蛋、水产品类消费持续增加。根据国家统计局住户调查数据，1981 年我国居民肉、蛋、禽、水产品的人均消费量仅为 16 千克，2015 年增加至 52 千克；同期，人均口粮年消费量从 241 千克下降到 134 千克，降幅达到 44%。联合国粮食及农业组织（FAO）数据显示，美欧、日韩等国家和地区均呈现人均口粮消费下降的趋势。1961～2013 年，日本人均口粮年消费量从 168 千克下降到 113 千克，欧盟从 142 千克下降到 127 千克。美国的口粮消费水平一直较低，2013 年人均口粮年消费量仅为 106 千克。与国际卫生组织健康膳食建议、我国居民膳食指南等相比，当前我国膳食实际

消费与摄入结构存在不尽合理之处，带来营养及健康隐患。

二是口粮供大于求，处于安全水平。据项目组测算，未来15年我国口粮需求总量呈明显下降趋势。2015年我国城乡居民人均口粮消费（包括在外消费）约为150千克，2020年将下降至135千克左右，2030年降至120千克左右。结合我国人口预测数据，推算出2015年、2020年与2030年我国口粮的需求总量分别为2.1亿吨、1.9亿吨与1.7亿吨，2015年我国仅小麦与水稻的实际产量就达3.4亿吨，远高于口粮需求。若维持现有的口粮生产能力，甚至下降30%，我国口粮供给依然处于安全水平。

三是饲料用粮重要性更加突出，供给缺口持续增大。饲料用粮量决定了动物性食物的供给水平。据项目组测算，2015年我国饲料用粮需求量为2.9亿～3.1亿吨，其中，以玉米为主的能量饲料用粮需求量约为2.3亿吨，豆粕等蛋白饲料用粮需求量约为0.7亿吨。实际上，2015年我国饲料用粮产量仅为2.7亿吨，保障程度为90%，尚有10%的缺口。项目组对未来饲料用粮需求量进行情景分析，预测2020年达到《中国食物与营养发展纲要（2014—2020年）》规划水平，我国饲料用粮需求量为3.3亿～3.5亿吨；以我国台湾地区目前人均肉类消费量（80千克）作为参考值，2030年我国饲料用粮需求量为3.8亿～4.0亿吨。

与此同时，我国粮食供需结构脱节加剧，导致产量多、进口多、库存多、浪费多和财政负担重“四多一重”的现象。2015年，我国粮食总产量达到6.2亿吨的历史最高水平，玉米、稻谷和小麦的产量也均创历史新高，但当年我国粮食（包括大豆）进口量达1.25亿吨，同比增加25%。据项目组估算，2016～2017年我国粮食期末结转库存约为5.7亿吨，与近期粮食年产量相当。同时，项目组测算2015年我国仅城市餐饮业浪费的食物就高达1700万～1800万吨，相当于3000万～5000万人口一年的食物消费量。我国现行的涉农补贴政策名目偏多，2016年仅用于小麦和水稻保护价收购的中央财政支出就在5000亿元以上。

总体上看，我国粮食供需关系已经发生重大变化，亟须转变对粮食安全的观念，树立新的粮食安全观。

二、树立新时期国家粮食安全观

以饥饿思维和战时思维为主导的传统粮食安全观认为粮食生产越多越

安全、库存越多越安全、自给率越高越安全、价格越稳越安全。随着我国粮食发展的国内外环境变化，特别是膳食营养的刚性需求及粮食供需结构性矛盾等问题，应树立“营养、绿色、多元、开放”的新时期粮食安全观。“营养”强调保障营养供给、摄入均衡和合理消费；“绿色”强调降低资源消耗，改善生态环境，并突出科技在粮食供给侧结构性改革中的引领作用；“多元”强调膳食结构、生产结构、供给结构和经营主体结构的多元化；“开放”则强调政策和市场适度、有序开放。

新时期粮食安全观应以营养健康和合理消费为目标，充分发挥市场作用，实施“保障口粮，合理消费；藏粮于地，绿色生产；适度进口，适量储备”的国家粮食安全战略，构建国家粮食安全监测评估体系，系统分析和准确把控国家粮食安全状况。

保障口粮，合理消费。通过基本农田建设和永久基本农田划定，保障并稳定我国小麦、水稻核心产区的生产能力；根据市场需求态势，适度减少水稻与小麦播种面积和产量，调增优质品种规模；提倡健康合理的食物消费，保证营养元素的充足供应和均衡摄入，减少、遏制食物浪费，推动全社会形成营养健康、绿色文明的生活方式，提高全体国民的营养健康水平。可将口粮自给率和人均食物浪费率作为评价监测指标，纳入粮食安全监测评估体系。

藏粮于地，绿色生产。通过科学的区域布局、种植结构调整和高效的田间管理，优化水土资源配置，全面提高农产品质量和粮食安全水平；合理施用化肥、农药，推进集约化养殖、畜禽粪便的科学管理和有机肥研发，并切实加强产地环境保护和源头治理。可将全国测土配方施肥技术推广覆盖率、化肥利用率、主要粮食作物优质品种推广率和农业科技贡献率等作为评价监测指标。

适度进口，适量储备。适度放开粮食储备限制，合理降低粮食储备率，构建公平竞争的市场机制，促进资源的合理流通和有效配置；适度放开进口管控，统筹国际农业资源开发和利用，实现国内和国际市场有效对接。同时，特别要保障我国种业安全，提高农产品的国际定价权。可将口粮进口率、饲料粮进口率和粮食储备率等作为评价监测指标。

三、关于我国主动进入粮食减产期的认识

当前粮食安全保障存在深层次、结构性矛盾，需要通过调结构、减库存、去杠杆、补短板等措施进行系统调节。综合分析我国农业资源环境现状、国际地缘形势、农产品生产比较优势等因素，我国可主动进入为期6年左右的粮食减产阶段。

一是减库存将带来调整性减产。按照联合国粮食及农业组织提出的粮食安全警戒标准（粮食库存消费比 17%～18%），我国粮食库存需求约为 1.25 亿吨。但实际库存是其 4 倍以上，导致粮食营养损失，加剧财政负担、滋生腐败和套取国家补贴等不法行为。把粮食结转库存从当前的 5.7 亿吨左右稳健地降到 3.5 亿吨左右（粮食库存消费比 50%），大概需要 6 年的时间。

二是国际粮食市场潜力增加将带来替代性减产。国际粮食贸易蓬勃发展，交易量逐年增加，我国粮食融入国际市场已是大势所趋。当前，国内粮食生产成本偏高，在国外廉价粮食竞争下，中国粮食价格将低位运行，进一步降低种粮收益和农民种粮意愿，粮食产量随之呈下降趋势。与此同时，随着“一带一路”倡议、“金砖五国”等合作机制的稳步推进，我国地缘影响力不断增强，地缘格局不断拓展，粮食和肉类等进口来源空间进一步加大。适当增加粮食和肉类等农产品进口，替代国内部分粮食生产需求，带来粮食少量减产也属必然。

三是生态环境改善需要策略性减产。人增地减、水资源短缺、化肥过度投入、耕地质量退化的现实情势会严重制约我国粮食的继续增产。随着我国生态文明建设的深入开展，政府可主动在种植条件较差的地区实行退耕、休耕等保护性耕种措施，降低对资源环境的压力和损害，逐步恢复和改善我国退化严重的农田生态环境，实现粮食生产的可持续发展。这种策略性调整，在短期内不可避免地降低粮食总产量。

总之，多种客观条件允许我国主动进入一个为期 6 年左右的粮食减产期。减产期是客观需要、主观适应的改革过程，是粮食系统自调节过程，不会影响我国粮食的供给格局和供给能力，大可不必“谈减色变”。“主动减产期”对我国粮食战略转型、结构调整和优化至关重要；我们必须有足够

的战略自信和战略定力，使我国顺利实现从传统粮食安全观向新时期粮食安全观及其战略的调整，助推我国由传统农业大国向现代农业强国的历史性转型。

中国科学院“新时期国民营养与粮食安全战略”项目组

项目领导小组组长：刘伟平

项目首席专家：成升魁　汪寿阳

项目主要参加单位：地理科学与资源研究所、数学与系统科学研究院、科技战略咨询研究院、上海生命科学研究院、遥感与数字地球研究所、青岛生物能源与过程研究所、遗传与发育生物学研究所、东北地理与农业生态研究所、南京土壤研究所、海洋研究所、水生生物研究所、文献情报中心、上海高等研究院

2017 年 10 月 9 日

关于促进小农户与规模户两类粮食种植主体健康发展的对策建议

2013 年中央农村工作会议上，习近平总书记指出“谁来种地”的核心在于解决好人的问题，要把加快培育新型农业经营主体作为一项重大战略。同时，十九大报告“乡村振兴战略”强调，要继续重视小农户的生产发展，“实现小农户和现代农业发展有机衔接”。

在我国，小农经济存在了几千年，历史久远，根深蒂固。它不仅是一种生产方式，也是一种生活方式。目前，我国共有 2.3 亿农户，户均耕地 7.8 亩，每年生产约 6.1 亿吨粮食。小规模、细碎化、分散化是我国粮食生产经营的基本特征，也是我国农业发展的基本现状和国情。近年来，种植面积超过 50 亩的规模户发展迅速，正在成为新型种植主体，在粮食安全中将扮演越来越重要的角色。

小农户与规模户两类粮食种植主体能否健康发展，关乎我国粮食安全保障和乡村振兴战略的成败。

中国科学院“新时期国民营养与粮食安全战略”项目组在 2017 年先后开展了东北、华北、长江中下游三大粮食主产区的调研，并在种粮大省山东省的济南、潍坊、德州等地，对种粮主体的发展现状与问题进行了广泛的深入调研。在此基础上，就促进小农户与规模户两类粮食种植主体健康发展的问题进行了具体分析，并提出相关对策建议。

一、谁在种粮：小农户依然为主力军，规模户经营刚刚起步

虽然近年来中国土地流转面积快速增加，从 2007 年的 0.64 亿亩增加至

2015 年的 4.47 亿亩[①]，约 1/3 的承包耕地参与了流转。但是，中国耕地规模经营比例偏低，区域发展不均衡现象突出。据统计，我国小农户占比高达 98.7%，而规模户仅占 1.3%；规模户比例高于全国平均水平的仅有黑龙江（18.9%）、内蒙古（10.6%）、新疆（8.6%）、吉林（6.4%）、宁夏（2.6%）和安徽（1.8%）6 个省（自治区）。

从山东省调研的一手数据来看，当前，山东省粮食种植也是以小农种植为主。通过对济南、德州、潍坊三个市 21 个村随机抽取 446 个农户的调研发现，其中小农户的数量为 421 户，占总农户数的比例为 94.4%，户均种植面积约为 9 亩；种粮规模户只有 25 户，占总农户的比例为 5.6%，户均耕地面积为 128.5 亩。

由此可见，目前我国农业生产仍以小农户分散经营为主，规模化经营才刚刚起步。从日本、韩国和我国台湾地区的发展经验看，我国农业规模化经营将是一个社会历史过程，还有较长的路要走。

二、两类种粮主体健康发展面临问题突出

随着社会的变迁，小农户与规模户的结构组成、功能作用发生了较大变化，也遇到前所未有的发展问题。

（一）小农户：种粮收益低，种粮主体老龄化、女性化等问题突出，“谁来种粮”须引起高度关注

据调研显示，山东地区小农户种植的作物比较单一，主要是小麦、玉米复种轮作。化肥年均施用 2 次、农药年均 3 次、灌溉年均 2 次，相应成本为 705 元/亩，不计自身劳动成本的净收益为 1065 元。按照山东省小农户户均耕地 9 亩计算，种粮小农户年均纯收入为 9585 元，为单个外出务工人员年均收入（26 084 元）的 36.7%，仅占农户可支配收入的 22%。

由于耕地面积小、收益低，小农户仅靠自身耕地的种粮收益难以满足家庭的正常消费开支。90%的农户家中青壮年劳力常年在外打工，种粮已经由

① 1 亩≈667 平方米。

“主业”变成了“副业”。而留守在农村从事农业生产的人员老龄化、女性化等问题突出。调研数据显示，山东省小农户中从事农业生产人员的平均年龄为62岁，女性比例达到了62%，多为固守在土地或早年打工返乡的第一代农民工。其子女从事农业生产的意愿很低，大多不愿返乡务农，个别地方甚至出现了弃耕撂荒的现象或苗头。未来谁来延续农作的传统，谁来推进农业现代化，“谁来种粮”并非危言耸听，必须引起深刻反思和高度重视。

（二）规模户：土地流转交易成本高，风险较大，难以达到适度经营规模

当前规模户发展面临的最大问题是土地流转交易成本高，难以形成合适的经营规模，主要体现在以下两个方面。

*一是规模户需要支付给小农户的土地租金偏高。*在山东省的调研数据显示，2016年山东省耕地的年平均租金为750元/亩，约占到净收益的70%，成为规模户农业生产经营中最大的成本支出项。根据项目组对已成交的3.7万成片土地的流转租金数据分析，2016年我国年均地租水田为833元/亩，水浇地为711元/亩，旱地为605元/亩，都占据了种粮收益的大头。可见，租金成本高是土地流转中普遍性的问题。一些地方一旦遭遇经营风险，弃租现象就会时有发生。

*二是交易难度大。*由于地块破碎，土地流转牵扯的农户过多，交易过程错综复杂，沟通时间长，加大了规模经营的难度和不稳定性风险。项目组的调查数据显示，山东省每个规模户平均需要与59户小农户进行谈判交易，完成与这些农户的租地交易平均需要半年以上的时间。并且农户间的租地合同通常一年一签，租金每年都需沟通，耗费双方大量精力。

鉴于交易过程中存在的障碍，虽然小农户有参与土地流转的意愿，规模户有扩大经营的想法，但规模户的经营面积（平均128.5亩）远没有达到规模户平均的种植预期（370亩），在扩大经营上力不从心。

（三）政策问题：粮食种植补贴目标不清，激励作用有限

在促进农户种粮的诸多政策中，粮食直接补贴是一项很重要的调节手段。但在实际中，无论是小农户还是规模户，粮食补贴对其增加粮食种植的

激励作用总体有限。山东调研发现，尽管农民特别是广大小农户对这项惠民政策点赞甚多，但一旦取消粮食种植补贴，83.2%的小农户和 65.5%的规模户仍然会选择继续种粮。

而且，粮食补贴政策也是农户反映最突出的问题。据调研数据显示，55%的小农户的诉求与粮食补贴相关；25%的小农户认为当前粮食补贴过低，扣除投入成本后，所剩无几；超过 22%的小农户指出种粮补贴宣传力度不够，管理混乱，补贴制定标准不公开、不透明、发放不统一、不规范；超过 8%的农户提出种粮补贴应更有针对性。

每年中央和地方财政拨出巨资用于粮食补贴，但在执行过程中，因种种复杂原因，很大一部分资金耗散在仓储、加工、流通环节，小农户拿到手的补贴和种地成本相比，难有获得感。规模户普遍认为，由于粮食补贴与土地面积挂钩，加重了小农户的“惜地”情结，反而增加了交易成本。现有补贴的内容没有切中经营痛点，老百姓关心的土地流转、烘干、晾晒、电子商务、运输、基础设施建设等方面没有相关补贴。有些针对规模经营的补贴，是以项目的形式发放的，缺乏稳定性和保障性，操作过程也有一定的寻租空间存在。

另外，对各类新型粮食经营主体的认证标准缺失或者相当模糊，造成了伪“新型粮食经营主体”滥竽充数、冒领补贴等现象时有发生，影响恶劣，扰乱正常秩序，也使得现有补贴政策扶持效果大打折扣。

三、促进两类粮食种植主体健康发展的对策建议

考虑到在较长时期内，我国农村人口还将维持相当大的规模，在新时代粮食安全体系中，小农户和规模户将会长期并存，相互转化，共同构成我国未来一定时期粮食生产的主体。为了促进两类粮食主体的健康发展，从土地政策、补贴政策、保障政策三个方面提出如下建议。

（一）继续推动土地体制改革，加快完善土地流转机制

针对土地流转交易成本高、土地细碎难以集中的问题，建议试点土地承包权可在一定范围内流转，放活土地流转市场。选择具备推进城乡基本公共服务均等化的地区试点，推动农地承包权在行政村范围内流转。通过逐步扩大流转

范围，用市场规范土地流转交易，促进细碎地块的集中，降低流转的交易成本。

成立土地流转中介与土地专业服务机构，完善土地流转供需市场。实践证明，土地流转中介与土地服务机构可以较好地辅助土地交易过程。截至2015年，中国县乡土地流转服务中心数量已有19 057个，但存在经营规模小、区域差异大、管理权责不清等问题，尚无法适应土地流转需求。建议逐步形成在行政村、乡镇、县市、省（自治区、直辖市）进行垂直管理的土地资源交易平台，组建专业化的管理队伍。对土地出租诉求强烈但土地流转不畅的地区，可以尝试建立行政村土地服务机构的方式，促进规模经营的发展。

（二）制定差异化种粮补贴政策，小农户着力托底，规模户侧重帮扶，提高两类主体的种粮积极性

针对小农户和规模户，制定更具针对性的粮食补贴制度。针对小农户，种粮补贴应立足于“托底”，保障其基本福利。而针对规模户，种粮补贴的重心应立足于如何“帮扶”，扫除其发展中的障碍要素，促进其快速成长。

完善土地流转补贴。目前在山东等地实施的土地流转财政支持试点工作，虽取得一定成效，但由于补贴金额有限，对土地规模形成的作用不明显。建议逐步将现有规模农户补贴转化为土地规模户专项资金，采取加大贷款金额与低息补贴的方式，解决种粮规模户土地流转与土地经营中贷不到款或者资金不足的问题。同时增加政策性保险的补贴力度，降低规模户农业生产中的经营风险。

从普惠制补贴向多元化补贴过渡。由于我国粮食种植成本高，农村人口众多，普惠制补贴的刺激作用有限，需要更精准地利用政策工具，切实发挥补贴作用。建议根据种植任务和方式，在空间上实行差异化补贴。加大对粮食主产区、优势种植区的补贴力度，逐步减少或取消非主产区、非优势区的补贴。在补贴发放方式上解除与土地面积的捆绑，重点补贴农田基础设施建设、农业科技与良种推广等惠民事业，推动粮食生产向绿色、优质转变。

（三）进一步完善农村社会保障体系，尤其是加强对小农户生计的保障和支持，建立小农户应对风险的“安全网”

考虑到小农户应对市场化、城镇化、全球化以及自然灾害能力弱，需要

国家通过多种政策措施和途径，提高种粮小农户的抗风险能力。首先，建立和完善针对种粮小农户中的贫困户，或者因故致贫小农户的社会保障体系，帮助种粮小农户承担转型风险、就业风险和收入波动风险等。其次，以信息化推进种粮小农户现代化进程，加强对种粮小农户的市场信息服务，构建和完善保障体系，提升种粮小农户的风险防范能力，减弱风险冲击。最后，加强和完善对种粮小农户老人和儿童的社会化保障措施。

中国科学院“新时期国民营养与粮食安全战略”项目组

项目领导小组组长：刘伟平

项目首席专家：成升魁　汪寿阳

项目主要参加单位：地理科学资源研究所、数学与系统科学研究院、科技战略咨询研究院、前沿科学与教育局

2018 年 1 月 8 日

国内外智能网联汽车产业发展动向分析

智能网联汽车是汽车产业变革的重要方向之一。国内外企业和研究机构已从不同角度提出了智能汽车、无人驾驶汽车、车联网、智能交通系统等与智能网联汽车相关的范畴。中国汽车工程学会 2016 年发布的《节能与新能源汽车技术路线图》首次给出智能网联汽车的标准定义：指搭载先进的车载传感器、控制器、执行器等装置，并融合现代通信与网络技术，实现车与 X（人、车、路、云等）智能信息交换、共享，具备复杂环境感知、智能决策、协同控制等功能，可实现“安全、高效、舒适、节能”行驶，并最终可实现替代人来操作的新一代汽车。按照智能网联汽车技术应用的手段不同，智能网联汽车技术路线可划分为自主式和网联式两种。自主式主要依靠摄像头、雷达等车载传感器感知车辆周边环境；网联式则主要依靠通信与网络技术协同获得周边车辆与环境信息。当前，自主式与网联式技术融合推动智能网联汽车技术发展已成为业界共识。本文在附录中给出了智能网联汽车的智能化和网联化分级定义。

一、国外智能网联汽车产业发展现状

作为新一代信息技术与车辆技术深度融合的重要载体，美国、日本、欧洲等国家和地区高度重视智能网联汽车发展，并从国家法律法规、测试示范、技术研发、产业布局等多方面发力。例如，美国有的州政府早在 2016 年开始就出台相关法规，允许自动驾驶汽车上路测试；2017 年 7 月，美国众议院通过《自动驾驶法案》，旨在对美国自动驾驶车辆的生产、测试进行方向性立法。同时，美国交通部发布《自动驾驶系统 2.0：安全愿景》，虽然不具有强制性，但它代表了美国联邦政府对自动驾驶的方向引导，并被行业广泛视为自动驾驶汽车研发的规则手册。在法律法规的推动下，智能网联汽车技术进展迅速。

跨国车企与科技公司率先发力，在整车产品上进行研发布局。通用、戴姆勒、大众等传统跨国车企利用自身在车辆技术上的优势，引领全球自动驾驶技术发展。奥迪公司已率先推出全球首款具备 CA 级智能化水平的量产车型——奥迪 A8；通用公司也推出了搭载 Super Cruise 系统的凯迪拉克 CT6 车型（智能化等级介于 PA 级和 CA 级之间）；谷歌、Uber 等科技公司正积极开展公共道路的 HA 级智能网联汽车的大规模运营测试，其中谷歌的 Waymo 公司已累计拥有 800 万千米里程测试数据。

一级零部件供应商和汽车电子科技公司深耕车辆关键技术，目前已经处于产品化阶段。英飞凌、ST 等芯片巨头在车载毫米波雷达关键技术上深耕多年，产品具有领先的技术和成本优势；国外 Velodyne、Ibeo 等在机械旋转式激光雷达方面的产品比较成熟，在下一代固态激光雷达产品方面正处于技术研发阶段；英伟达和英特尔分别凭 GPU 和 FPGA/ASIC 的优势深度布局智能网联汽车计算平台，并与传统车企、传统零部件供应商之间深度合作（如，采埃孚和英伟达合作打造了 ProAI 自动驾驶系统）；在集成控制器方面，国外具备 CA 级智能化水平的汽车中央决策控制器已实现产品化，比较典型的是奥迪整合了 NVIDIA 的 SoC 芯片 Xavier 以及 Mobileye 的 EyeQ 芯片，推出了自动驾驶系统中央控制器（zFAS）；同时具备 HA 级智能化水平的汽车中央决策控制器正处于技术验证阶段。

通信设备和芯片企业积极布局 LTE-V2X 和 5G 等信息交互关键技术。例如，高通已推出了全新 C-V2X 芯片组和参考设计，芯片组基于第三代合作伙伴计划（3GPP）的 C-V2X 标准，高通与汽车制造商和汽车产业链成员在德国、法国、韩国、中国、日本和美国合作开展 C-V2X 的外场验证，测试频段为 5.9GHz。

高精度地图和信息安全标准稳步推进，为智能网联汽车提供基础支撑。在高精度地图研发领域，HERE、TomTom 处于世界领先地位。例如，HERE 正构建主要面向自动驾驶及网联 ADAS 用途的云地图数据库（HD Live Map），已实现德国全地区高速公路覆盖，计划到 2019 年实现西欧和美国高速公路

100%全覆盖。在标准方面，国际标准化组织（ISO）下属的 TC 22 与 TC 204 之间针对智能网联汽车相关技术标准的研究和制定加强协调，明确各方责任范围，联合国正式成立汽车信息安全等工作组，统筹推进车辆信息安全。

二、我国智能网联汽车产业发展现状

智能网联汽车是我国汽车产业转型升级的重要战略发展方向。2017 年以来，在相关部委的推动下，智能网联汽车在标准法规能力建设、车辆/信息等关键技术以及产业链布局等方面取得了积极进展，部分领域关键技术已和国际水平保持同步。

汽车龙头企业积极布局整车产品，智能网联化水平进一步提升。长安、吉利、上汽自主品牌具备全自动泊车、车道内自动驾驶功能的 PA 级整车产品已实现规模化量产。自动紧急制动（AEB）、自适应巡航（ACC）等 DA 级智能化系统的应用进一步普及。在网联化方面，手机互联/车载嵌入式网联等汽车网联化功能应用快速，汽车和信息与通信技术（ICT）融合打造网联化产品趋势进一步增强。

部分零部件企业在传感器、芯片和中央决策控制器研发上取得技术突破。禾赛科技、速腾聚创等企业已基本掌握 24GHz 和 77GHz 毫米波雷达芯片和整机技术，产品即将进入量产阶段，激光雷达产品基本与国际水平保持一致，并开展下一代固态激光雷达的技术储备；以地平线为代表的初创企业在面向智能网联汽车的人工智能芯片领域取得技术突破，已先后发布了面向智能网联汽车的征程处理器 1.0 和 2.0 产品。同时，以上汽为代表的自主整车企业加快推进 CA 级智能化水平的汽车中央决策控制器集成开发。

车联网 LTE-V2X 设备产品已实现商业化，同时启动了基于 5G 的技术开发。国内的商用芯片以及通信设备已实现商用，并进一步加强技术攻关。频谱需求研究取得积极进展，工业与信息化部已发布《车联网（智能网联汽车）直连通信使用 5905-5925MHz 频段的管理规定（征求意见稿）》，即分配了 20MHz 频谱专用于 LTE-V2X PC5 直连通信；同时着手启动 5G 无线电研究计划。汽车/通信等相关行业组织进一步加强合作，无锡已着手开展全国首个 LTE-V2X 车联网城市级示范项目，助力车联网技术和应用不断成熟。

卫星导航、高精地图已形成了产品和服务能力，相关标准体系建设稳步推进。基于北斗的高精度定位已实现厘米级高精度定位服务，基于国家统一调配掌控资源优势，北斗产业规模快速扩大，目前北斗系统已形成包括基础产品、应用终端、运行服务等较为完整的北斗产业体系；以高德、四维图新为代表的图商稳步推进面向 PA 级/CA 级智能化水平的高精度地图采集，并形成了产品和服务能力；同时，全国汽车标准化技术委员会针对已发布的标准体系建设指南稳步推进各项标准的预研、立项、制定及发布全周期规划研究，并加大与国际标准组织的协同，在 ISO 近期成立的自动驾驶测试场景标准工作组中，已确定由我国中汽中心作为标准负责方，这是我国在智能网联汽车国际标准化方面迈出的重要一步。

三、国内外智能网联汽车产业发展比较

整车产品方面，国外智能网联整车产品处于技术引领地位，国内处于技术跟随状态。国外已具备 CA 级智能化水平，且 HA 级智能化水平的整车产品已处于大规模测试阶段。国内具备全自动泊车、车道内自动驾驶功能的 PA 级整车产品已实现规模化量产，具备自动紧急制动（AEB）、自适应巡航（ACC）等 DA 级智能化系统的整车产品处于普及阶段。

车辆关键技术方面，国内在毫米波雷达/激光雷达等传感器、车载计算平台、车辆集成控制器产品上仍然有差距。国内在毫米波雷达/激光雷达、车载计算平台、车辆集成控制技术上已全面发力，其中下一代固体激光雷达技术研发已与国外企业保持同步，车载计算平台实现零的突破，上汽集团与比利时的 TTTech 公司合作，加快推进智能驾驶中央决策控制器集成研发进程，全面提升自主企业在智能驾驶领域的核心技术能力。与国外相比，我国相关产品在性能和价格上仍然有较大差距。

信息交互方面，我国依靠强大的信息产业优势已处于世界前列。基于第三代合作伙伴计划（3GPP）的 C-V2X 标准，已初步形成以华为、高通等通信产业链企业、电信运营商和汽车企业为主的产业阵营。我国依靠强大的信息产业优势，已成为 V2X 全球领域开拓者与牵引者，在政策、产业、标准、部署多个方面均保持在全球前沿。

基础支撑方面，我国在高精度定位和地图上具有制度优势，在技术标准制定上处于跟随状态。国外在高精度定位和地图技术方面保持领先，鉴于高精度地图资源属于国家管控领域，因此国内地图供应商和互联网企业具有极大的优势加快高精度定位和地图技术开发，支撑智能网联汽车发展。在技术标准方面，国外企业在技术标准制定上一直处于行业引领的优势地位，由于我国在车辆核心技术上的劣势地位，标准一直处于跟随状态。

尽管我国智能网联汽车技术总体发展态势良好，但从整体看我国智能网联汽车技术仍然处于起步和追赶阶段，已有产品和技术层次偏低，感知、决策、控制等系统中高价值元器件与国外尚有一定差距。此外，国内虽然已有众多智能网联汽车、智慧交通应用等各类封闭测试示范区，同时一些地方如北京、上海、重庆也相继开放了一些公共道路，但尚缺乏大型的城市级智能网联汽车大规模测试和示范应用支撑。

四、推进我国智能网联汽车产业发展的政策建议

根据智能网联汽车技术发展现状，结合我国智能网联汽车发展战略和《汽车产业中长期发展规划》，建议如下。

第一，提前布局“人-车-路-网”协同发展。在交通智能化（智能交通联网联控、道路基础设施数字化等）和车路协同智能化（混合智能、群体智能化等）等方面协同推进，充分发挥我国在5G通信、高精度地图、智慧公路等数字基础设施上的技术优势，结合我国“集中力量办大事”的制度优势，推动跨部门顶层协同设计，加强“人-车-路-网”数字资源的协同供给，形成中国特色的车路协同式智能网联汽车技术发展模式。

第二，聚焦智能网联汽车核心技术的开发。智能网联汽车的核心技术是卡住整个产业发展的关键节点，必须在计算平台、传感器、车辆集成控制器、导航定位、信息安全等方面进行重点技术攻关，打通关键共性技术，创造符合产业发展的集成和配套条件，实现技术上自主可控。建议成立国家级智能网联汽车创新中心和产业技术投资基金，推动行业协同创新，突破智能网联汽车的技术瓶颈。

第三，推动以应用场景为驱动的技术/产品/服务开发。无人驾驶、车联

网等目前发展的最大瓶颈在于应用场景的客户黏性薄弱，必须重视智能网联汽车落地场景和商业模式的培育与发展，以汽车共享出行/智能货运物流为代表，推出结合各地区实际的新客运/货运共享模式，以应用场景和商业模式带动新技术的快速落地。

第四，加强智能网联汽车示范应用和基础设施建设。以相关部委批准“5+2+1”车联网/智能网联示范区为依托，结合 V2X 网络和智能公路建设，加速推动示范区域的扩展和开放，带动产业布局协同发展。在国家雄安新区、无锡、浙江等地率先推进智能网联汽车示范应用和基础设施建设，助力智能网联汽车产业化应用。

中国科学院科技战略咨询研究院　王晓明

2018 年 10 月 8 日

附录：智能化与网联化分级

从国际上看，美国国家高速公路安全管理局（NHTSA）与美国汽车工程师协会（SAE）已提出了对智能网联汽车等级划分，如附表 1 所示。

附表 1　汽车智能化等级的划分

智能化等级		名称	定义
NHTSA	SAE		
0	0	无自动化	完全由人操作汽车，行驶过程中可以得到系统的预警辅助
1	1	驾驶支援	对方向和加减速中的某一项操作提供控制辅助，其他驾驶操作都由人进行
2	2	部分自动化	对方向和加减速中的多项操作提供控制辅助，其他驾驶操作由人进行
3	3	有条件自动化	由无人驾驶系统完成所有驾驶操作，但在特定环境下根据系统请求，驾驶员需进行适当操作辅助
4	4	高度自动化	由无人驾驶系统完成所有驾驶操作。在特定环境下，由驾驶员决定是否接管车辆控制
	5	完全自动化	在所有的道路、环境条件下，由无人驾驶系统全时完成所有驾驶操作

资料来源：NHTSA、SAE

在由中国汽车工程学会组织撰写的《节能与新能源汽车技术路线图》中，以较权威的美国 SAE 分级定义为基础，并综合考虑中国道路交通情况的复杂性，加入了对应级别下智能系统能够适应的典型工况特征，具体如附表 2 所示。

附表 2 智能化等级

分类	智能化等级	等级名称	等级定义	控制	监视	失效应对	典型工况
人监控驾驶环境	1（DA）	驾驶辅助	系统根据环境信息执行转向和加减速中的一项操作，其他驾驶操作都由人完成	人与系统	人	人	车道内正常行驶，高速公路无车道干涉路段，泊车工况
	2（PA）	部分自动驾驶	系统根据环境信息执行转向和加减速操作，其他驾驶操作都由人完成	人与系统	人	人	高速公路及市区无车道干涉路段，换道、环岛绕行、拥堵跟车等工况
自动驾驶系统（“系统”）监控驾驶环境	3（CA）	有条件自动驾驶	系统完成所有驾驶操作，根据系统请求，驾驶员需要提供适当的干预	系统	系统	人	高速公路正常行驶工况，市区无车道干涉路段
	4（HA）	高度自动驾驶	系统完成所有驾驶操作，特定环境下系统会向驾驶员提出响应请求，驾驶员可以对系统请求不进行响应	系统	系统	系统	高速公路全部工况及市区有车道干涉路段
	5（FA）	完全自动驾驶	系统可以完成驾驶员能够完成的所有道路环境下的操作，不需要驾驶员介入	系统	系统	系统	所有行驶工况

与此同时，《节能与新能源汽车技术路线图》在网联化层面，按照网联通信内容的不同划分了网联辅助信息交互、网联协同感知、网联协同决策与控制三个等级。如附表 3 所示。

附表 3 网联化等级

网联化等级	等级名称	等级定义	控制	典型信息	传输需求
1	网联辅助信息交互	基于车-路、车-后台通信，实现导航等辅助信息的获取以及车辆行驶与驾驶员操作等数据的上传	人	地图、交通流量、交通标志、油耗、里程等信息	传输实时性、可靠性要求较低

续表

网联化等级	等级名称	等级定义	控制	典型信息	传输需求
2	网联协同感知	基于车-车、车-路、车-人、车-后台通信，实时获取车辆周边交通环境信息，与车载传感器的感知信息融合，作为自车决策与控制系统的输入	人与系统	周边车辆/行人/非机动车位置、信号灯相位、道路预警等信息	传输实时性、可靠性要求较高
3	网联协同决策与控制	基于车-车、车-路、车-人、车-后台通信，实时并可靠获取车辆周边交通环境信息及车辆决策信息，车-车、车-路等各交通参与者之间信息进行交互融合，形成车-车、车-路等各交通参与者之间的协同决策与控制	人与系统	车-车、车-路间的协同控制信息	传输实时性、可靠性要求最高

关于支持国产高端医疗设备创新发展的政策建议

上海联影医疗科技有限公司（以下简称联影公司）是国内高端医疗设备集研发、设计、制造、服务于一体的领军企业。联影公司在国家相关部门的大力推动和支持下，实现全部关键技术、核心部件的自主研发。然而，与跨国企业相比仍有很大差距，在产品的临床应用、市场拓展、走向海外等方面依旧困难重重，需要资金和政策的支持。

一、国产创新的高端医疗设备在临床应用和市场推广中面临阻碍，需要政策支持

产品自主研发只是企业创新的第一步，要想培育国际一流企业，在产品研发之外，有利于产品临床应用和市场推广的政策、监管、示范措施也必不可少。

*一是解决配置许可证不足问题，为国产重大创新产品进入市场创造有利政策条件。*PET-CT、PET-MR是医疗设备领域最高端的重大创新产品。在政策推动下，联影公司已成功研制这两大产品，性能在全球范围实现引领，极大增强了我国生物医药领域科研实力，降低了国家采购经费。然而，近年来在国家对大型医疗设备配置的政策调整中，PET-CT和PET-MR仅能获得屈指可数的配置许可证，导致新起步的国产产品无法进入市场，无法进行广泛临床应用。

联影公司自主研发的国产第一台一体化超清TOF PET-MR在复旦大学附属中山医院完成临床试验，受到院方良好反馈，即将获得国家食品药品监

督管理总局认证。但由于缺乏配置证，产品无法进入市场。过去一年，联影公司数十台 PET-CT 在全国一批医院进行大规模临床试用，设备在广泛临床验证中得到持续优化和改进，性能赶超同类型进口设备。但由于缺乏配置许可证，医院迟迟无法将设备投入市场运营。长此以往，企业的创新积极性严重受挫，长期研发投入成本难以收回；同时，医院旺盛的临床和科研需求也无法得到满足，挫伤医院支持国产创新设备的热情和积极性。

二是在重大科学设施和重大科学研究专项中，优先使用高水平的国产设备。科技创新是政产学研用的紧密结合，不仅是使用创新的设备，更是与设备背后的科研人员和工程技术人员协同创新。以往国家和地方政府重大专项的经费常常被用于采购进口设备，相关的技术人才无法配套，产品无法及时更新迭代，不仅限制了科学研究，也不利于产学研医创新体系的建立和完善。建议在专项实施过程中，引导专项承担单位使用国内自主研发的高水平科学研究仪器设备，如联影公司的高端磁共振和 PET-CT。

三是为优秀国产高端医疗设备出海提供更多配套政策与措施。我国高端医疗设备行业最高的发展目标是走向国际、引领国际。当前，“一带一路”倡议为国产设备参与国际竞争、加快全球合作步伐提供了重大机遇。但同时，也为企业带来巨大的资金和人才压力。通过设立国际合作专项、编制政府推荐产品目录、支持中国企业牵头或参与国际标准的制定等措施，可为企业“走出去”创造更多机会和便利条件。

二、在资金支持上聚焦龙头企业，为领头创新企业实现技术突破以及参与海外竞争提供支持

持续大量的创新及研发投入是高端医疗设备企业引领未来的关键。打造国产重大创新产品、建设产学研医平台、参与国际竞争都需要长期持续的巨额资金投入。与已有几十年甚至上百年历史的外资巨头动辄上百亿元投入相比，仍存在很大差距。目前国家和地方政府虽然有不少专项，但资金规模和聚焦力度不集中，导致每个项目金额有限。对真正有研发实力的民族企业进行重点支持，可避免“广撒胡椒面”，分散和浪费国家资源。

一是国产重大创新产品前期高昂成本让国内科研机构及医院难以承担，

产品无法应用推广导致成本难以下降。联影公司成功研制世界首台2米PET-CT“探索者”，将传统需5～6个床位、30分钟起步的全身PET扫描缩短到最快15秒，辐射剂量缩小到原来的1/40。它的实时全身动态成像能力还能为脑科学研究、新药开发、靶向治疗与免疫治疗等个性化精准医疗开启全新应用空间，对前沿医学领域的重大技术突破具有重要意义。

这款产品由美国分子影像团队“探索者联盟”承接，委托联影公司进行研发及产业化的前瞻科研项目，前期经费主要来自美国国立卫生研究院（NIH），高昂的成本为联影公司继续研发生产带来巨大资金压力。由于缺乏足够的政策引导，国内科研机构及医院难以承担产品初期高昂成本带来的售价，企业研发投入无法收回，成本难以进一步下降，造成恶性循环。中国制造的尖端设备却无法在中国使用，由它产生的后续科研成果与知识产权也都无法掌握在中国企业手中，为他人作嫁衣，中国与美国的科技水平进一步拉大。

二是产学研医平台建设需大量资金投入，企业难以独立承担。通过产学研医协同，不仅能够加速前瞻技术创新与全方位人才培养，还能加速创新商业价值和社会价值的转化。联影公司始终重视产学研医合作创新平台的建设，与上海交通大学共同建立了上海交通大学-联影医学影像先进技术研究院，并投入大量资金和人力。基于“中山-联影临床应用示范基地”和“中山-联影精准医学影像研究中心”，联影公司正在与复旦大学附属中山医院建立更广泛的深度合作，拟共同搭建“中山-联影医学创新研究院”。但人才培养和前瞻技术研发需要较长的周期，在人才引进、设备配置、平台建设方面，都需要大量且持续的资金投入，企业难以独立承担，迫切需要政府的支持和推动。

三是中国智造走向海外，在临床合作及产品、品牌推广上，需要政府大力支持。开拓欧美高端市场，在跨国巨头已有几十年市场和品牌累积沉淀的大本营与其正面较量，是一场严峻挑战。以前期产品进入市场为例，在与顶尖医院、科研院校合作时，跨国企业往往会免费或者半卖半送为其安装产品，为开拓市场、产品进一步优化迭代、品牌推广等打下坚实基础，形成良好合作模式。但对于成立仅7年的联影公司而言，承担如此庞大的设备免费安装，意味着巨大的成本压力，单靠企业自身难以承担。此外，海外团队组建、品牌推广都意味着高昂成本。

知识产权（IP）也成为目前国际市场竞争的惯用武器，联影公司作为有竞争力的新兴挑战者，势必会引发跨国企业故意挑起 IP 争端，目的是借助诉讼迫使企业花费大量的财力、人力应对，令新兴企业承受漫长、巨大的消耗与风险。

中国科学院调研上海联影医疗科技有限公司课题组

组 长： 相里斌

副组长： 张 凤 郑海荣

成 员： 宋大伟 吕建成 池 宏 朱 涛 祁明亮 曲 婉 洪志生 邵雪焱 刘 新 李振国 刘 栋 葛春雷 李 超

2018 年 7 月 5 日

关于我国医药制造业创新发展的思考和建议

党的十九大报告指出“人民健康是民族昌盛和国家富强的重要标志”，并就实施健康中国战略做出一系列部署。高质量医药是新时代落实健康中国战略的核心资源，是医药制造业创新发展的必然结果，进一步提升中国医药制造业创新能力刻不容缓。

一、我国医药制造业发展现状分析

“十二五”时期以来，医药制造业研发投入快速增长，截至2016年底全行业研发经费投入约359.86亿元，比“十二五”初增长约1.3倍。全行业涌现出一批创新成果，埃克替尼、阿帕替尼、西达本胺、康柏西普等15个一类创新药获批生产，210个创新药获批开展临床研究，110多个新化学仿制药上市，中药质量控制与安全性技术水平不断提升。

一是化学药品成为医药制造业创新的主引擎。2016年化学药品的研发人员、研发经费分别占医药制造业的56.9%和57.8%，有效发明专利和新产品销售收入分别占全行业的52.1%和56.9%。由于规模较大，化学药品的研发人员、研发经费、研发机构数等创新投入指标增速略低于全行业平均水平，但部分创新产出指标的增速呈现出引领发展的态势。2011～2016年化学药品有效发明专利数量增速高于中成药7.3个百分点，新产品销售收入增速高于同期生物药品4.4个百分点。

二是中成药创新呈现出“专利增长慢、新产品销售多”的倒挂局面。中成药产值规模位居医药制造业第二，研发人员、研发经费、研发机构数等创新投入指标均位于行业第二。但中成药专利水平远落后于行业平均水平，2011～2016 年中成药的有效发明专利增速位于全行业末位，2016 年专利申请数仅与 2011 年持平。虽然 2011～2016 年中成药新产品销售增速以 25.2%高居全行业之首，但是知识产权保护不到位，新产品销售能否保持高速增长令人担忧。

三是生物药品创新呈现爆炸式增长态势。2011～2016 年生物药品研发人员增速达 12.6%，高于行业平均增速 6.5 个百分点，研发经费增速达 24%，高于行业平均增速 5.8 个百分点。部分创新产出指标增速远高于行业平均水平，2011～2016 年生物药品有效发明专利数增速和专利申请数增速达 43.7%和 20.8%，分别高于同期行业平均增速 13.3 个和 12.3 个百分点。但是，生物药品创新也存在成果转化慢、创新药品较少的问题，2011～2016 年生物药品新产品销售收入增速仅为 14%，低于行业平均增速 5.4 个百分点。

二、我国医药制造业面临的机遇和挑战

一是国际新药研发进入快速变革、深度演化的新时代。转化医学提出将基础医学研究和临床治疗连接起来，为基于临床需求的新药研发开辟出一条具有革命性意义的新途径，大大加快基础研究向新药研发的转变过程。2015 年，美国总统奥巴马在国情咨文演讲中提出启动精准医疗计划，提出根据个体携带的遗传信息个性化定制药物，提高药物有效性，引发新药研发方式和速度发生革命性变化。当前，生命科学、信息科学、材料科学、化学等多个学科与新药研发深度融合，新技术、新方法、新品种不断涌现。大数据技术使得“生物过程和药物的预测模型更加专业”，3D 打印技术有望开发出用于药物测试的生物组织，肿瘤免疫治疗、干细胞治疗等新技术转化步伐加快，基于新靶点、新机制和突破性技术的创新药不断出现，多学科交叉正为新药研发带来各种划时代的解决方案。

二是旺盛的中国需求刺激医药制造业持续创新发展。中国居民消费处于由商品消费向服务消费转变的上升期，医药消费表现尤为抢眼。2016 年全国中西药品消费达 8460 亿元，是 2011 年的 2.3 倍。相关医疗保健消费成为居民消费的重要组成部分，2016 年全国居民人均医疗保健消费占消费支出的 7.6%，超过衣着和生活用品消费。消费升级的持续深化不仅为医药制造业的规模扩大带

来了持续动力，也对医药品种和制造工艺提出更高要求。人口老龄化对医药制造业发展提出新需求。《2015 年全国 1%人口抽样调查主要数据公报》显示，60 岁及以上人口为 22 182 万人，占 16.15%；65 岁及以上人口为 14 374 万人，占 10.47%；与 2010 年相比，60 岁及以上人口比重上升 2.89%，65 岁及以上人口比重上升 1.60%。由于老龄人口患病概率较高，中国老龄化将驱动全社会医药需求量的增加。此外，除常见疾病外，老龄化还带来对老年病药物、复杂慢性病药物等新型药品的需求持续扩大，为医药制造业创新发展带来新的市场机遇。

三是中国医药制造业创新面临引领全球产业发展的历史机遇。当前，全球新药研发的重心正逐步从小分子化学药转向生物药，世界生物药品制造业尚处于成长期，尚未形成少数跨国企业垄断的产业格局。因此，无论是转化医学、精准医学等最新的研发理念，还是肿瘤免疫治疗、干细胞治疗等突破性技术，都为中国生物药在局部实现“并跑”提供历史机遇。此外，中成药研发具有中医药理论方法的原创优势和丰富的民间药物基础，伴随生产工艺、流程的标准化和现代化，中成药创新正在成为提升中国医药制造业创新能力的重要力量。化学药方面，由于中国消费升级和人口老龄化的影响，高质量的仿制药仍将是中国化学药制造业发展的重要方向，治疗恶性肿瘤、心脑血管疾病、糖尿病等疾病的新药需求也为化学药创新提供了重要动力。

四是中国医药制造业创新仍然面临诸多挑战。中国医药制造业取得长足进步的同时也面临着巨大挑战，主要表现为：印度等新兴市场国家已在仿制药的国际竞争中赢得先机，中国仿制药的质量和工艺已经落后；欧美发达国家依靠技术变革正在生物医药领域形成新的竞争优势，中国生物医药亟待追赶；中美贸易摩擦背景下，美国医药专利和制造工艺的获取将更加困难；中国医药监管标准较低、知识产权保护机制不健全，医药制造业整体创新动力不足；中国医药制造业整体研发投入较低，2016 年全行业研发投入不及美国辉瑞公司的研发投入，新药研发能力依然薄弱；新药审批难、进入医保目录时间长等制约医药创新的政策障碍仍然存在。

三、我国医药制造业创新发展的政策建议

一是强化财政资金对医药制造产业重点领域的支持。建议紧跟国际医药

创新形势，立足我国当前社会发展需要，集中财政资金，采用财政补贴、政府采购等多种方式，在若干重点基础领域支持医药创新和转型升级。在化学药领域，重点支持治疗恶性肿瘤、心脑血管疾病、糖尿病、精神性疾病、神经退行性疾病、自身免疫性疾病、耐药菌感染、病毒感染等疾病的创新药物；在中成药领域，重点支持治疗心脑血管疾病、自身免疫性疾病、妇儿科疾病、消化科疾病的中药新药；在生物药领域，重点开发针对肿瘤、免疫系统疾病、心血管疾病和感染性疾病的抗体药物，以及针对糖尿病、病毒感染、肿瘤等疾病的重组蛋白质药物。

二是调整市场监管思路促进医药创新。对于原创性新药，特别是拥有核心和原始知识产权的药品，建议建立医药知识产权的快速维权中心，加大侵犯知识产权、制假售假、虚假宣传等违法违规行为的打击力度。同时提高原创性新药的审批效率，为新产品加快进入市场提供便利。对于仿制药，要提高行业准入标准，严格实施仿制药质量和疗效一致性评价，从源头上抑制仿制药的低水平重复建设，鼓励高质量的仿制药研发和上市。

三是充分利用市场机制创新融资方式。建议加大间接融资对医药制造业创新的支持力度，鼓励银行发展科技支行，采用投贷联动等方式，扩大创新型医药企业的信贷规模；大力发展直接融资工具，鼓励发展医药类风险投资基金和产业投资基金，支持医药制造企业组建专利池，探索采用专利证券化等新型金融工具融资。

四是针对不同行业的短板强化政策支持。针对化学药品创新，积极鼓励企业增加消化吸收经费支出，通过政府贴息、风险补偿等方式，为企业消化吸收再创新提供必要的资金支持。针对中成药创新，加强对企业专利申请的引导和培训，强化中成药知识产权保护环境，提高中成药企业专利申请的积极性。针对生物药品创新，建议强化对生物医药产业共性技术平台的财政支持力度，开辟生物新药申请进入医保目录的绿色通道，提高生物制药企业将专利转化为新产品的效率。

中国科学院科技战略咨询研究院　王孝炯

2018 年 7 月 7 日

发展秸秆产业 提高农民收益

秸秆产业是以秸秆为纽带，将秸秆收集与生态种养（秸秆肥料化、饲料化、基料化）、秸秆能源化（沼气、直燃发电）和秸秆材料化（作为工业原料）有机衔接，加固农业循环经济的链条，拓展农业产业的发展空间，增加农民收入和农业发展的可持续性。鼓励和引导秸秆产业的发展，对于提高我国农业资源综合利用水平，保护生态环境，加快农业循环经济和低碳农业发展具有重要意义。如果将我国目前每年尚未得到利用的 3 亿吨秸秆加以充分循环利用，则相当于增加 21%～27%的农业资源。建议因地制宜构建多样化的产业模式，重视技术集成创新，建立有效的收储运体系，将秸秆利用纳入乡村振兴中环境评估奖励体系，完善秸秆综合利用扶持措施，注重政策法规的落实。

一、我国秸秆利用现状与问题

我国是农业大国，所伴生的秸秆问题呈现面大量广的特点。据估算，我国每年产生 8 亿吨的秸秆，其中有 3 亿多吨秸秆没有得到有效利用，任其白白腐烂或人为焚烧。目前大面积露天焚烧秸秆的区域主要集中在粮食主产区、经济发达地区和大中城市郊区，造成极大的危害。一是排放大量颗粒物，加剧大气环境污染。二是烟雾弥漫导致航空通道受阻、交通事故增多、火灾频繁发生等诸多社会问题。三是破坏农田微生物群落，导致土壤养分循环不畅、理化性能变差。

二、国外秸秆利用的主要做法

长期以来，世界上许多国家都十分重视秸秆资源化利用，它们会根据本国的气候、土壤和农业生产状况选择合适的路径和政策支持体系。

秸秆是草食性家畜重要的粗饲料来源，早在 20 世纪 80 年代，美国西部已大规模推广将稻草、麦秸、高粱秆等农作物秸秆进行氨化处理，制出营养价值很高的氨化秸秆饲料。

澳大利亚农业生产大多采用免耕、少耕等秸秆覆盖保护性耕作技术，秸秆还田覆盖已成为可持续农业生产的重要措施之一。加拿大 85%的耕地位于西部大草原地区，为了减少风蚀、水蚀，采取少耕耕作体系和免耕耕作体系，促进秸秆还田。

秸秆是一种很好的清洁可再生能源，目前许多国家都制订了相应的计划，如日本的“阳光计划”、美国的“能源农场”、印度的“绿色能源工厂”等，它们都将生物质秸秆发电技术作为 21 世纪发展可再生能源的重点工程。

三、我国秸秆产业的总体效益分析

秸秆还田、秸秆饲料、秸秆发电等方式在我国已有应用，但单项应用收益低，难以调动农民和企业的积极性。例如，1 吨秸秆全量还田模式下成本费用反比增产收益高 10 元。可以看出，仅从经济效益上看农户是不愿意实施秸秆还田的。1 吨秸秆通过氨化饲料、制备沼气、发电所带来的效益大约分别为 717 元、125 元和 173 元。通过比较可以看出，秸秆通过饲料过腹还田的效益最高，因此，秸秆饲料化应该是秸秆资源化一个较为高效的模式。

如果提高秸秆中物质单元的循环利用可以带来价值增值，即产生循环增值效应，那么物质单元的循环利用率越高，其循环增值就越明显。而且，不单是价值得以循环增加，由于秸秆资源化利用产生的替代效应，减少了化肥农药等农业生产资料的施用，进而降低相关的资源开采与加工生产压力。同时，伴随着废弃物的资源化利用，农业系统内部资源的永续利用性增强，对环境干扰减弱，有力推动农业可持续发展。

经过数理模型推算，如果我国目前尚未得到利用的3亿吨秸秆能被多级充分循环利用，在生产结构保持不变的情况下，可以增加21%～27%的产出效益。这类典型案例已经出现在浙江、福建和江苏一带，这些地方的秸秆价格也因此被提到了每吨几百元，明显增加了农民的收益。

四、秸秆产业发展对策建议

一是重视技术集成创新，积极开展示范工程建设。优先安排资金，建立秸秆综合利用科技示范基地，通过技术培训、宣传咨询，有组织、有计划地加大示范应用力度，提高技术设备的劳动生产率以减少秸秆处理的人工费用，从而提高农户和企业的积极性。

二是建立有效的秸秆收储运体系，消除秸秆产业化瓶颈。秸秆资源相对比较分散，体积质量小且容易腐烂，加上从事秸秆收集与储运的个人和组织行为不够规范，从而导致收集、运输和储存环节成为制约秸秆资源化利用的瓶颈。基层政府应尽快引导农民以专业合作组织的形式，建立秸秆的收储运规范体系，为实现农民和企业的利益双赢创造条件。

三是完善秸秆综合利用扶持措施，建立激励补偿机制。加大秸秆饲料化补贴、秸秆离田补贴、秸秆生物反应堆补贴等方面的实施力度；对秸秆资源综合利用企业按照秸秆利用量进行补贴，以增加秸秆收购价的提升空间。实施秸秆加工用电价格补贴优惠政策，用电按照农业用电标准收费。

四是注重政策法规的落实，加大宣传教育力度。通过各种途径提高全民，尤其是省（自治区、直辖市）级政府官员和企业家的环境意识，把秸秆真正作为资源来看待，增强其参与秸秆产业的热情。秸秆综合利用应列入地方政府促进生态文明建设的工作内容，落实目标管理责任制，制定和落实政策。

五是对接垃圾处理政策，将秸秆资源化利用纳入乡村振兴中环境评估奖励体系。秸秆资源化利用将有效促进农田和农村环境的改善，建议参照城市垃圾处理的补贴方式对秸秆资源化利用进行额外补贴。在乡村振兴中建立环境评估奖励制度，并依此对秸秆资源化利用村落进行奖励。

六是各地要选择适合当地的秸秆利用模式，即使是同一地方也要多样化。各地要根据当地气候、土壤和农业生产状况选择合适的路径和措施体系，不能千篇一律。在同一地方，秸秆利用模式也不能单一，要提高秸秆利用率必须多种模式同时上。例如，既要有利用空间大的秸秆材料化模式，也要有促进农业可持续发展的秸秆饲料化过腹还田模式。

中国农业科学院农业经济与发展研究所　朱立志

2018 年 7 月 16 日

中国生猪产业与饲料工业发展建议

我国是世界第一生猪大国和消费大国，生猪产业的良性发展是粮食安全和健康中国建设的重要组成部分。目前生猪产业面临品种资源安全、环境安全、动物产品安全三大问题，迫切需要深化供给侧结构性改革。建议利用国内优质的地方种猪资源，开发具有自主知识产权的重大战略新品种种猪，提高我国优良种猪自我供种能力。发展“环境友好和资源节约”两型饲料工业，大力推广种养结合模式，逐步实现养殖过程绿色化。发展饲用抗生素替代技术和产业，提高生猪产品的安全性。

一、我国生猪产业现状

生猪产业是我国农业的支柱产业，在国民经济中占有重要地位。我国生猪产业年产值约为1.7万亿元，占农业总产值的11.6%，与汽车工业产值相当。我国是世界第一养猪大国和猪肉消费国，猪肉消费占肉类总消费的65%。生猪产业总产值占畜牧业总产值的51%。由此可见，猪肉是国人饮食中不可或缺的一部分，生猪产业的健康发展对于农业安全和食品安全具有重要作用。

二、生猪产业发展面临的问题

近年来，随着规模化养殖程度的提高，我国生猪产业保持着较快的增长势头，但也面临品种资源安全、环境安全、动物产品安全三大问题。

1. 品种资源安全问题

与养猪发达国家相比，我国头均产肉量偏低，高繁殖率、高瘦肉率、高屠宰率、低料肉比的种猪严重依赖进口。大规模从国外直接引种带来三方面问题：一是国外优质种猪价格高，增加养猪成本；二是容易陷入“引种—退化—再引种—再退化”的怪圈，长期受制于人；三是难以引到曾祖代的种猪，发挥的培育效果欠佳。

我国是全世界生猪品种资源最为丰富的国家之一，超过一半生猪种质资源源自中国，特别是太湖猪，以其产仔率高而著称，被誉为“世界猪王”。但目前各地忽视优良猪种的保护和开发利用，导致一些宝贵的地方猪种资源濒临灭绝，我国养猪业将面临猪种资源优势丧失的被动局面。

2. 环境安全问题

随着生猪产业的迅猛发展，养猪带来的环境污染问题日益突出，由养殖污染引发的矛盾有所显现。养猪场的高浓度有机污水直接排入江河湖泊水库，会造成水质不断恶化。进入农田、灌溉渠道，会毒害作物，造成严重减产。猪场生产过程中产生的恶臭气味，给周边环境带来空气污染，影响人畜健康。如何有效控制和减少环境污染是养猪业亟须解决的一大难题。

3. 动物产品安全问题

饲料添加剂、兽药、激素等的使用，对畜牧业的发展发挥着不可替代的作用，但在一定程度上也给动物性食品的安全带来隐患。不规范地使用或滥用抗生素，导致生猪产品的药物残留，降低动物性食品的安全性。此外，抗生素大量使用所带来的抗生素、抗性基因环境污染问题也不容忽视。

三、发展建议

针对上述问题，生猪产业迫切需要深化供给侧结构性改革，降低生产成本，提高猪肉品质，改善养殖环境，促进农民养殖增收，实现产业转型升级发展。

1. 利用国内优质的地方种猪资源，开发具有自主产权的重大战略新品种种猪，提高我国优良种猪自我供种能力

通过基因编辑技术体系改良我国地方猪品种，提高地方猪种瘦肉率，降低料肉比。同时，探索猪在器官移植领域的研究和应用。美国农业部已经将养猪分为两个产业，一是传统的畜牧养殖提供高营养价值的猪肉，二是利用猪器官提供人类器官移植。现在器官移植技术已有很大的突破，建议加强相关的研究布局。

2. 发展“环境友好和资源节约”两型饲料工业

从养殖源头着手减少畜禽养殖废弃物排放，将有效地减少氮、磷、铜、锌等元素排放对环境造成的污染。国内两型饲料的开发和应用已经取得了初步成果，通过配置低蛋白日粮和减少微量元素的添加量，可以节省 25%～30%的蛋白质资源，减少 30%～50%以上的主要微量元素排放。

3. 大力推广种养结合模式

种养结合是一种生态循环农业经营方式。通过将种植养殖有机结合构成产业链，不仅能实现禽畜粪便净化、作物秸秆减量，还能提高种养殖经济效益。猪肉是头号动物蛋白来源，水稻是头号主粮作物，早稻在我国基本上是用作饲料粮，由此可以探索一条种养结合的新途径，减少生猪养殖过程中的废弃物排放，降低生猪养殖对环境的不利影响。

4. 改善生猪养殖环境

建议猪场建设采用改造的保温隔热板，可以保持猪舍稳定在 24℃左右，热天不超过 28℃。猪生活在舒适的环境条件下，就不易生病；通过污水减排和粪尿分离（含雨污分流），实现污染减量化甚至零排放；采用半漏缝地板结合地面喷洒有益菌的方式替代传统的水冲刷猪栏。采取以上措施，一个万头猪场每天的污水排放量将由 150 立方米减少到 15 立方米，降低 90%。

5. 发展饲用抗生素替代技术和产业

通过改善养殖环境和创新膨化、发酵等饲料加工工艺，减少猪腹泻发生，降低抗菌药物的使用。大力研发用酶制剂、酸化剂、中草药提取物、益生菌

替代抗生素的替代方案，供猪场、饲料厂、药厂根据自身条件进行选择。此外，在畜禽养殖中，牛磺酸具有改善生长、繁殖性能，改善免疫力等作用。随着合成技术的进步，每一吨饲料里面，添加 300 克牛磺酸的成本只需 20 元，在饲用替代抗生素方面具有较好的应用前景。

中国科学院亚热带农业生态研究所　印遇龙（中国工程院院士）

2018 年 12 月 15 日

关于“渤海粮仓”工程从示范到推广的建议

党的十九大报告指出，农业、农村、农民问题是关系国计民生的根本性问题，必须始终把解决好“三农”问题作为全党工作重中之重。“渤海粮仓科技示范工程”成功将环渤海4000万亩中低产区和1000万亩盐碱荒地变成我国重要的“粮仓”，取得了一定的示范成绩。推广其成果和经验，有助于解决我国当前生态保护与粮食安全的突出矛盾。

一、“渤海粮仓科技示范工程”的主要经验

（一）凝聚多主体，央地协同推进，从研究、种植到推广有效衔接

“渤海粮仓”建设构想的提出，源于两代科研人员30多年对环渤海地区盐碱地的积累研究，新品种选育和节水技术从实验室走向田间地头，依靠的是科研单位、农业技术推广站、涉农企业、行业服务组织、农民专业合作社以及农民等多主体的齐心协力。“渤海粮仓”工程实施过程中，科技部、中国科学院及河北省各级政府合力推进，从资助研发、落实补贴到提供服务，为项目成功提供了有力保障。2013年科技部立项支持“渤海粮仓科技示范工程”。2017年中国科学院设立“渤海粮仓现代农业区域科技示范”专项，进一步推进重点区域的示范应用。河北、山东两省各级政府连续多年投入配套资金上千万元，支持“渤海粮仓”配套技术的研发、转化和示范推广。

（二）集成技术创新，实现农业增效、农民增收、农村增绿

“渤海粮仓”工程基于盐碱地水盐调控、适水灌溉、耐盐育种等理论研究的突破，将改良土壤、水源利用、良种覆盖等技术集成创新，提高粮食产能，显著改善生态环境。同时，将互联网技术与农业科技相结合，集成农田物联网、遥感监测、专家系统等，构建渤海粮仓农情监测与服务平台，实时监测土壤、水盐、气候、苗情、虫害等情况，为粮田精准化管理、灾害预警和生产决策提供服务。位于南皮县的河北沧州国家农业科技园区是渤海粮仓的核心示范区，据统计，2017 年该园区年产值达 38.9 亿元，农民人均纯收入达 10 728 元，辐射带动农民就业 12 万人。从最初的多打粮，到让农民多增收，再到服务乡村振兴战略，渤海粮仓的意义不断拓展。

（三）延长产业链条，探索现代农业发展转型增效之路

在“渤海粮仓”实施过程中，成立种养联盟，实现农畜对接，开展养殖业废弃物无害化处理，探索建立了集生物育种、良种繁育、盐碱地绿色种植、生态养殖、废弃物循环利用等于一体的绿色循环可持续发展新模式，推动区域农业产业转型升级，推进生态循环，助力农业绿色增产和增效。在河北南皮、山东禹城等地，以环渤海低平原区粮食生产能力提升和农民增收为主题，形成了良种种业-高效种养业-农产品加工业-农业服务业协调发展的四大产业形态，摸索出“生产、生态、生活”三位一体的现代农村农业发展的转型增效之路。

二、实施乡村振兴战略，“渤海粮仓”面临新挑战

（一）粮食需求结构变化，农业生产结构需要调整

一方面，我国粮食需求结构正从以口粮为主向以饲料粮为主转变。随着城乡居民膳食结构的转型升级，人们对肉、蛋、奶等动物产品消费需求的快速增长，带动了我国饲料粮需求的快速提升，并对口粮消费形成能量替代，使之持续下降。另一方面，随着新生代人口的增长，我国高端、安全、特色的农产品出现供不应求的局面。调整主粮种植结构，增加优质动物产品的供

给，是“渤海粮仓”下一步合理调整生产布局、统筹“粮经饲”种植结构所面临的挑战。

（二）生态环境压力大，增产增效面临诸多制约因素

强化资源保护与节约利用是我国农业发展的生态制约。目前，河北低平原农业用水占总用水的72%，在“推行农业灌溉用水总量控制和定额管理”的目标下，减少农业用水已经迫在眉睫。加快优选种植抗旱耐盐并能发挥涵养水源、地力培肥作用的作物，结合植物修复和盐碱地耕层水盐调控改土技术，开展区域生态的修复和重建，将是“渤海粮仓”下一步发展所面临的艰巨任务。

（三）配套体系不完整，农村一二三产融合发展障碍多

“渤海粮仓”工程覆盖区域主要以粮食种植为主，农业组织化程度不高，产业链短链、断链现象突出。当前，大部分增产示范区以种植玉米、小麦、棉花为主，农民卖的多是“原字号”“初字号”，尚未形成从农产品生产、经营、存储、加工、运输到销售等环节高效且信息通畅的完整产业链。2016年7月，“渤海粮仓南皮种业有限公司”正式注册，迈出了“种养加”结合的农村一二三产融合发展的第一步。围绕农业废弃物资源化利用、农产品和畜牧产品深加工、循环农业与生态旅游等产业配套发展，在资金、技术、标准化管理、市场营销等方面面临着一系列挑战。

（四）土地碎片化严重，新技术改造提升农业生产困难

长期以来，我国农村土地实行家庭联产承包责任制，广大农村大都以家庭为单位进行土地承包，并没有真正做到联产。这种单打独斗的生产模式，不仅导致了我国耕地资源浪费、农业劳动力和机械生产效率低，还阻碍了适度规模经营和现代农业发展。由于土地流转价格高、部分农民流转意愿不强以及地块分散化等制约，尤其是跨村域边界土地调整难度极大，难以为新技术推广创造集中连片经营的条件。在调研过程中发现，参与“渤海粮仓”工程的农民专业合作社数量相对少、规模较小、覆盖面窄，在与其他市场主体竞争中处于弱势地位，无法发挥应有的辐射带动作用。

三、进一步建设“渤海粮仓”的政策建议

（一）保生态、蓄产能，设立“渤海粮仓推广升级工程”

为适应国家粮食战略从“保产量”向“保产能”的转变，下一阶段渤海粮仓项目应重点着力于“保生态、蓄产能”，支持实现“藏粮于地、藏粮于技”的国家战略。以修复生态环境为重要任务，开展更大范围的节水、土壤改良和“粮经饲”作物生产结构调整等研发，实施农业物联网实验工程，推进土地集中连片改革，综合改善农业生产条件。

（二）集成农业技术创新，建立现代农业循环经济模式

重点探索土地资源、水资源、农业投入品（化肥、农药）等的高效利用技术，探索畜禽养殖废弃物资源、农作物秸秆、农产品加工副产物的再利用技术。探索建立农业投入品科学施用、减量高效的生态农业技术体系。建议相关科研院所、高校以及粮食加工龙头企业和生物技术企业合作，共同探索有效的技术路径，建立现代农业循环经济模式。

（三）打造渤海粮仓品牌，建设农村产业融合发展示范园

鼓励和支持渤海粮仓的品牌化建设。通过品牌建设，整合种植、收储、加工、销售等环节的资源，引导原粮标准化生产，建立一批规模化优质专用特色原粮生产基地。推进“互联网+粮食”行动，积极发展粮食电子商务。推广“网上粮店”等新型粮食零售业态，促进线上线下融合。支持河北南皮建设国家农村产业融合发展示范园，实施农村一二三产业融合发展试点示范工程。在空间上梯度形成示范园、创业园、产业园、科普园、休闲观光园的合理布局，培育或引导各类创新要素向园区聚集。

（四）建立利益联结机制，培育新型农业经营主体

建议中国科学院与地方政府、龙头企业加强合作，采取政府推动、市场拉动、部门联动的做法，探索各方利益联结机制，鼓励龙头企业通过股份合作、信贷担保、技术支持等方式带动农户融入市场化体系，提供营销、管理

等各项服务，支持农户采取土地入股、合作社参与经营等形式获取产业链增值收益部分。鼓励农民合伙创业和专业化合作社的发展，推动小农户与现代农业生产进行有机衔接。

中国科学院科技战略咨询研究院　温　珂
中国科学院遗传与发育生物学研究所　刘小京
中国科学院科技战略咨询研究院　吕佳龄
国务院发展研究中心　程　郁
中国科学院科技战略咨询研究院　李振国　郭　雯　于贵芳

2018年8月1日

电商扶贫的有效模式

党的十九大报告指出，要坚决打赢脱贫攻坚战，确保到 2020 年我国现行标准下农村贫困人口实现脱贫。习近平总书记在全国网络安全和信息化工作会议上提出“发挥互联网在助推脱贫攻坚中的作用，推进精准扶贫、精准脱贫”。电商扶贫是互联网创新成果与扶贫工作的深度融合，为贫困地区的发展提供动力，成为乡村振兴战略的重要手段。2017 年以来，国务院扶贫开发领导小组办公室在 428 个贫困县开展了电商扶贫试点，电子商务进农村综合示范县覆盖 499 个国家级贫困县。各地基层组织开展电子商务进农村示范县、农村电商服务平台、农村信息化示范基地等电商扶贫的实践。调研发现，对标当前扶贫攻坚战的主要矛盾和乡村振兴战略新要求，电商扶贫亟须提高对贫困地区产业转型、能力建设的精准度和实效性。

一、地方电商扶贫实践的有效模式

近年，贫困地区在创建电商服务平台、构建现代农业产业体系、配置贫困地区资源等方面积极实践，探索形成了电商扶贫的有效模式。

（一）政府作为发起主体，引导和示范贫困地区的电商平台建设

政府作为平台建设初期的引领者，有利于整合资源、开启贫困地区电商平台发展。主要有两种方式：一是政府作为主要投资主体，由供销社或国有控股公司负责平台建设和运营。新疆察布查尔县利用电子商务进农村专项资金和地方配套资金，由供销社负责建设察布查尔县公共服务中心、15 个乡级电子商务服务站以及 42 个村级电子商务服务站点，平台运行实行自负盈

亏。在新疆阿勒泰市，则是由政府投资，国有控股有限公司负责开展阿勒泰区域电子商务公共服务项目。二是政府通过制定互联网平台建设的倾斜政策，引导企业搭建互联网平台。陕西省武功县为促进电商平台建设，自2015年制定了享受人社局10万元贴息创业贷款、免费入驻电子商务创业孵化基地等优惠政策，吸引电商企业到武功搭建运营互联网平台，创造了“武功模式”。

（二）以当地合作社组织为载体，加速贫困地区产业发展规模化与标准化

贫困地区的生产合作社或供销社在农产品与商品之间的转化中发挥重要作用，既是电商平台与农业生产有效结合的重要载体，也是精准扶贫任务的重要实施主体。合作社将贫困户纳入电商销售平台，通过提供质量监督、产品包装、品牌标识等服务，提高市场议价能力。新疆察布查尔县供销社作为该县电子商务服务平台的运行主体，建立起乡级和村级网点的物流配送体系。地处秦巴山区连片扶贫区的陕西周至县将扶贫款用于支持贫困户种植猕猴桃，当地合作社提供免费技术指导、物联网监测，统一管理、统一质量标准，采取线上订单式种植，并以统一的品牌通过电商平台将产品卖出，带动贫困户增收。2017年周至县网销额超过750万元，居全国100个贫困县第14位。

（三）电商平台与现代农业生产要素融合，助力贫困地区的发展

销售、生产和融资是现代农业发展的关键要素，电商平台与现代农业发展的生产和融资平台衔接将为贫困地区的产业升级输入强劲动力。第一，电商销售平台与物联网生产平台的衔接能够实现农产品的全程监控，建立消费者对贫困地区特色产品的认知。西北第一电商大县陕西省武功县搭建了“县域互联网+品控溯源”物联网监管平台，物联网技术与电商平台的衔接实现了猕猴桃全产业链的信息化、智慧化，提高了县域特色农产品原产地品牌形象。第二，融资平台与现代生产和销售平台的融合，不仅能提高资金使用的有效性和安全性，也为解决农村的融资困境提供了思路。依托互联网生猪管理平台的生产和销售信息，大北农集团上线的猪联网2.0版，打破传统养猪

模式，将资金直接拨付给猪仔或设施等生产资料的卖出方，同时实时监测生猪生产状况，通过技术干预减少生产过程的风险。这一模式打通了猪场、金融机构、屠宰场、中间商和厂商五个部分，既保障了贫困户的真正参与，也提高了资金使用的有效性。

（四）电商资源与特色农产品异地对接，克服贫困地区的区域劣势

在交通便利和经济发达地区建立电商销售平台和物流集散中心，偏远贫困地区的特色产品批量运往该集散中心，在集散中心进行二次配置，邮寄给单个消费者。批量运输能节约运输成本，克服偏远贫困地区物流成本高的劣势，扩展了消费市场。陕西美农网络科技有限公司（简称美农公司）以销售新疆特产为主，该公司利用陕西武功县物流成本低廉、拥有完整冷链物流配套体系的优势，在陕西武功县设置配送中心，将新疆的特色农产品批量运输到武功县，之后分发给单个消费者。调研发现，新疆青河县小包装农产品出疆快递成本大概 10 元/斤，而陕西省只有 4.5 元/斤。2017 年，美农公司全年销售干果约 25 万吨，帮助数十万户西部家庭售出产品，被陕西省认定为省级就业扶贫基地。

二、电商扶贫存在的问题

（一）电商平台“最后一公里”的适用性有待提高

“最后一公里”具有地域特殊性，是决定电商平台能否发挥作用和作用效果的关键环节。“最后一公里”的关键不是基础设施的投资问题，而是电商平台的适用性问题，如地方语言的版本开发、网络末端的界面设计、贫困地区网络费用的支付意愿等问题。新疆伊犁哈萨克自治州的互联网平台至少需要翻译成哈萨克语、维语和汉语三种语言，增加了平台建设和运行的难度和成本，如果解决不好，网络平台的作用会打折扣。此外，网络终端设备配置也要不断更新，在移动互联网时代已经不同于个人计算机（PC）互联网时代，对于偏远贫困地区，兼具方便性和低成本特征的手机作用更大，因此要细化“最后一公里”的工作，探索创新终端设施的配置及费用补贴方式。

（二）电商运营的高成本不利于精准扶贫的推进

平台型电子商务构建了一个全国性的虚拟大市场，拓宽了农民的增收渠道，但是电商平台的店铺运营成本是贫困地区农民难以负担的。淘宝网等实施“平台”+“收费站”的商业模式，除了产品生产成本、包装成本、物流成本等，对于店主来说，必须付出大量的广告成本来保持产品搜索通道的畅通。新疆特克斯县丝路易都电子商务有限责任公司在淘宝网开店一年的运行费用要达 100 万元。对于没有付费的个体商户来说，淘宝网的销售量微乎其微。为此，销售者在发展初期更多采用更便利和低成本的微信平台。

（三）项目实施的碎片化减弱了精准扶贫效果

国家相关部门都通过政策倾斜和项目支持推进电商扶贫，国家发展和改革委员会启动“互联网+”重大工程和宽带乡村工程，加强农村网络基础设施建设；农业部推进信息进村入户，推动农业生产环节物联网和大数据的应用；商务部支持建设农村电子商务运营网络，促进农村流通渠道的转型升级。但是这些项目落地时呈现地域、产业、对象的碎片化，难以形成合力。在新疆阿勒泰地区调研时发现，清河县的农业局完全不知道工商局开展的“电商服务进农村综合示范县”建设方案，产业链上生产和流通环节的割裂减弱了精准扶贫的力度和效果。

三、推进电商扶贫的政策建议

要总结推广电商扶贫的成功经验，创新电商发展模式，促进农民能力提高和产业可持续发展，加速我国精准扶贫进程。具体建议如下。

1. 鼓励国有企业发挥互联网平台建设和电商扶贫的引领作用

相比城市，互联网基础设施建设是农村的短板。发挥国有企业在贫困地区的率先作用，加大投入力度，推动建立物联网管理平台、电商销售平台、互联网金融平台。加快农村互联网建设步伐，积极探索现代农业平台的有机融合，构建现代化的农产品田间管理、冷链物流、市场消费、资本投入的产业链体系，建立农村产业互联网智慧系统。

2. 加强对适应贫困地区的网络终端设备和使用费用的支持

习近平总书记在网络安全和信息化工作座谈会上指出，要适应人民期待和需求，加快信息化服务普及，降低应用成本，为老百姓提供用得上、用得起、用得好的信息服务。研发和推广适合农民特征的低成本智能终端，围绕贫困地区的产业发展，选择有效互联网终端资源，规范微信平台等移动终端的应用。对贫困户的网络终端配备给予补贴，在使用初期，对贫困户的网络使用费给予必要的补助。

3. 提高当地农民组织和农村劳动力参与现代农业生产的能力

引导贫困地区农民合作社的规范化管理，发挥合作社整合农村土地和劳动力资源、有效对接电商平台的作用，推动贫困地区电商的上行发展。将贫困农户参与方案纳入电商扶贫项目，构建现代农业的生产、销售和融资网络，提高农民参与现代产业体系的能力。

4. 建立基层电商扶贫的资源整合和机构协同机制

根据县级总体发展规划，确定精准扶贫的重点区域和扶贫对象，统一布局和实施电商扶贫相关项目，提高精准扶贫的力度和效果。建立电商扶贫相关部门的协同机制，集成产地气候环境监测、田间测土配方管理、电商销售平台运行、基层金融服务等任务，整合机构职责和人员配置，提高组织运行效率。

中国科学院科技战略咨询研究院　李颖明　田　园

2018 年 8 月 28 日

关于“一带一路”建设实践中的思考与建议

推进“一带一路”建设是以习近平同志为核心的党中央做出的重大决策，是推动构建人类命运共同体的重要实践平台。中国葛洲坝集团国际工程有限公司紧跟国家“走出去”倡议，积极投身“一带一路”建设，用 12 年时间成长为中国“走出去”企业的主力军。公司目前在全球设有 99 个分支机构，业务范围覆盖全球 142 个国家和地区，累计实施国际项目 280 多个，合同总额 4000 多亿元，在美国《工程新闻记录》（ENR）“全球最大 250 家国际承包商”中位列第 31 位。我作为中国葛洲坝集团国际工程有限公司党委书记、董事长，亲历了中国企业“走出去”开疆拓土、建功立业这段波澜壮阔的历史进程，深切感受到“一带一路”建设全面增强了我国国际影响力并显著提升了中国企业国际竞争力。本文是着眼全球形势，基于国家情怀，立足企业实践，对更好地推动“一带一路”建设的思考和建议，旨在为国家政策制定、企业实践探索以及科研院校研究提供有益参考。

一、关于“一带一路”顶层设计

自 2013 年“一带一路”倡议提出以来，国家层面高度重视顶层设计工作，已有 80 多个国家和国际组织与我国签署了各类合作协议、备忘录和联合声明，一系列多双边合作机制快速推进，一大批重点项目落地实施。为更好地推进倡议对接，我认为有三个方面还需进一步加强。**一是倡议对接和政策协调要有极强的前瞻性和系统性。**“一带一路”沿线国家大多存在社会体系“零散化”和产业链条“断裂化”问题，这些问题如果被忽视，从长远看会加重经济社会发展的不平衡。因此，在对接过程中，双方应遵循经济社会发展的规律，科学合理、渐次有序地进行对接和政策协调，避免出现国内以前常见的热点产业趋同、企业蜂拥而上、重复建设浪费等问题，“前瞻性”和“系统性”研究对促进沿线国家经济社会可持续发展意义重大。二是倡议对接和政策协调应坚持多主体参与，构建科学、高效的工作推进机制。国家层面虽然签署了一系列多双边合作文件，但对接成果落地普遍存在后续责任主体缺失、多双边沟通协调不畅以及落地周期过长等问题。我认为，在政府主导的倡议对接和政策协调工作中，应充分发挥企业、金融机构、科研院所、行业协会等各自优势，构建科学、高效的工作推进机制，形成推动倡议对接成果落地的合力。三是倡议对接应充分发挥舆论引导作用。要利用中方、倡议对接国以及国际主流媒体，广泛深入宣传倡议对接对当地经济发展和民生改善的重大意义，为“一带一路”建设推进营造良好的舆论环境。

二、关于中国企业境外恶性竞争

据商务部统计，目前中国“走出去”的企业已有 4300 多家，其中基础设施和能源电力领域的企业超过 1000 家。部分企业业务高度同质化，境外市场准入门槛较低，市场诚信体系不健全，部分国家项目发包机制不透明，导致部分缺乏政治站位和大局意识的中国企业以商业贿赂、低价竞标、恶意诋毁、虚假宣传等手段展开恶性竞争，严重破坏了中国企业形象，损害了国家整体利益。解决中国企业境外恶性竞争问题已迫在眉睫，事关“一带一路”建设健康发展。针对恶性竞争问题，有三点建议：一是以市场化机制推动成立行业“走出去”平台公司或联盟。在恶性竞争问题较为突出的行业领域，可参照中国铁塔公司的“中国铁塔”模式，由行业企业联合成立平台公司，作为市场法人主体对外统一承接境外业务。行业平台公司获得境外项目后，再通过市场化机制，在内部开展分工协作，形成行业健康发展的新机制。在产业链条较长的行业，如新能源，可探索从投资、融资、设备制造、工程建设和运营等环节选取代表企业组建行业联盟，制定规则、研究政策、统筹资源、协同对外，提高中国企业的国际竞争力。二是强化问责追责。主管国家部委要针对中国企业境外恶性竞争行为尽快制定问责追责机制；行业商会要加快建设“走出去”企业诚信体系，建立失信惩戒机制；国务院国有资产监督管理委员会要对国有企业参与恶性竞争获得的项目进行全过程跟踪评价，对造成国有资产流失的，要对参与恶性竞争的时任主要领导、分管领导和当事人严肃问责，绝不让制造恶果的人逃脱惩罚；对于“走出去”企业内外勾结、倒逼政府、参与当地政治等不合规行为，还应采取市场禁入等措施加大惩戒。三是引导企业树立合规经营和高质量发展意识。中国企业境外恶性竞争是一个系统性问题，与目前境外流行的“代理人”模式也有一定关系。有关部门应加强对企业海外合规经营的监管，引导企业牢固树立合规经营意识，规范企业境外经营行为，鼓励企业以高质量产品和服务拓展市场，提升企业品牌影响力，逐步摆脱境外“代理人”模式。

三、关于境外国有资产安全与管理

截至 2017 年底，中央企业境外资产规模超过 6 万亿元，分布在全球 185 个国家和地区，有 50 多家中央企业在“一带一路”沿线国家合作建设 1700 多个项目，对国家主管部门及中央企业总部的管理水平提出了新的更高要求。长期以来，企业境外机构法人治理结构不健全、企业境外分支机构设立过多导致管理链条过长、企业境外国有资产管理制度、监管机制、风险防范、内控体系缺失等问题普遍存在，境外国有资产的透明化、公正化问题凸显，给境外国有资产的安全带来隐患。针对以上问题，有三点建议。一是建议从国家和企业两个层面推动建立境外国有资产监管长效机制，增强监管的有效性和系统性。特别要加大对境外国有资产的监察和审计力度，上级主管部门应组建专门机构或委托专业第三方咨询机构，对境外国有企业分支机构的治理体系、制度建设、资产运营、风险防范、合同执行等情况进行“全面体检”，摸清家底、查找风险、督促整改、规范管理，确保境外国有资产安全。二是建议全面提升国有企业总部的国际化管理水平，特别是提升国有企业总部境外投资决策水平。培育具有全球竞争力的世界一流企业，首先要培养具有“国际眼光、世界胸怀、精通管理、勇于担当”的国际化经营领导人才队伍。随着国有企业国际化步伐的加快，组织部门在国有企业总部决策层领导干部的选拔任用上，应加大对具有国际化经营管理经验干部的培养和使用，增强企业国际化经营的决策能力。三是建议推动构建中国企业境外安全保障及国家应急救援联合机制。加强对中国企业境外资产和海外侨胞的安全保障是当前“一带一路”建设的迫切需要。应推动构建一套由政府指导、企业参与、市场化运作的境外安全保障机制，建立完善国家应急救援机制。利比亚撤侨事件证明，有效的安全保障和高效的应急救援，既能保障侨民安全，又能彰显国威。

四、关于企业“走出去”的风险管理

当前，中国企业“走出去”热情高涨，国别越来越多，规模越来越大，模式越来越新，竞争越来越激烈，风险也随之越来越大。面对境外政治、经济、技术、商务、法律、舆论等风险，中国企业风险防范能力还显不足，尚处在初级阶段，突出表现在：对国际规则的掌握和应用不足、中国工程标准在国际上的话语权不够、国际化人才匮乏、企业总部管控能力偏弱、风险防范体制不健全、防范化解重大风险的应急处置能力不够、法律、税务等第三方服务机构不能满足要求等。鉴于上述原因，中国企业“走出去”依然面临较大风险。

针对以上问题，有四点建议。一是完善企业法人治理结构，加强决策的科学性、民主性和依法合规性。企业境外经营应着力打造强总部管控模式，确保境外每个经营单位的风险均在总部掌控之中。二是企业开展境外投资合作必须奏好“三部曲”。第一步，对国别风险进行分析和识别；第二步，对行业发展状况进行研究和分析；第三步，对项目投资可行性进行评估和论证。三是构建“横向到边，纵向到底”的风险控制体系。建立强总部管控的组织体系、“分兵把关、分段决策、相互制衡、各负其责”的决策体系、“业务、风控和保障”三条线业务体系、覆盖所有业务和各个环节的制度体系以及高效便捷的项目管理和应急管理信息化体系。四是将风险管理和内控监督相结合，构建“大监督”格局。“大监督”应包括党内监督、纪律监督、审计监督、内控监督和民主监督。

五、关于金融机构服务企业“走出去”

过去十多年，中国金融机构在服务中国企业“走出去”过程中，不断创新业务模式，持续加大支持力度，为企业境外发展做出巨大贡献。但随着全球基建行业形势变化，金融机构的产品和服务已不能满足企业最新需求，产品和服务的全球竞争力还有待进一步提高，具体表现在：第一，对融资项目的论证时间过长，审批效率低下；第二，提供的资金成本过高，与国外同行相比，竞争力不强；第三，对风险控制担保要求过高，导致部分国家向中国贷款意愿不强，有的甚至望而却步；第四，保险机构产品单一，不能满足企业境外投资业务需求。

针对以上问题，有四点建议。**一是加强金融机构服务“走出去”企业政策的顶层设计。**应计算“政府税收、金融机构利息和企业利润”的综合账，推动构建“财政、金融、企业”一盘棋发展机制。金融机构通过降低利率，提升中国资金的国际竞争力和话语权，帮助中国企业获得境外项目参与权，企业通过上缴“特别税”向国家财政缴纳超预期利润，弥补金融机构出让的利差。这种“政府+金融机构+企业”三位一体的竞争方式，被日本和德国企业广泛应用，不仅能提升本国企业的国际竞争力，且能最大限度地维护国家利益。**二是加大金融开放力度，创新金融产品服务。**中国金融机构应加强与国际金融机构交流合作，针对不同类型的海外企业设计金融产品，提供差异化的、更具竞争力的金融产品和服务。**三是各类银行机构应加快“走出去”。**国有银行、地方所有银行、民营银行等应加快“走出去”步伐，拓宽境外分支机构的业务，为中国企业提供完善的金融服务。**四是进一步完善境外保险支撑体系。**探索建立中长期出口买方信贷险项下的再保险机制；降低中长期出口买方信贷险的费率；扩大中国出口信用保险公司境外投资险的承保范围和承保比例；加快推动中国商业保险公司“走出去”。

六、关于中国标准“走出去”

中国产业向外发展面临双重任务，既要升级在全球价值链中的地位，又要构建属于自己的跨境产业链。“一带一路”建设加快了中国企业和中国资本“走出去”的步伐，但中国标准、中国技术和中国服务“走出去”还面临一些困难，主要体现在：第一，西方标准长期占据主导地位，中国标准国际化程度不高，话语权不多；第二，中国标准“走出去”面临语言障碍，翻译、推广及应用滞后；第三，推动中国标准“走出去”多头发力，导致推进力量分散、不够集中；第四，中国标准的推广和应用缺乏有效载体。

针对以上问题，有五点建议。一是加快推进中国标准“走出去”顶层设计。应明确牵头单位，统筹协调政府、行业组织、企业、金融机构、高校和研究机构的力量，推动构建“一盘棋”工作机制，形成推进工作的合力。二是金融机构应采取措施，支持中国标准“走出去”。金融机构可明确要求，凡是使用中国资金的项目，必须绑定中国标准。三是成立标准“走出去”推广及应用专设机构。可探索分行业、分领域成立专设机构，加强对中国标准翻译、国际对接、推广宣传等工作，全面提升推进工作质量和效率。四是加快培育一批具有全球影响力的国际高端管理咨询公司。对标美国 AECOM、德国拉美尔、澳大利亚雪山等世界一流公司，打造中国的国际化高端管理咨询公司，弥补产业链短板，为中国标准“走出去”提供载体。五是加快研究制定基础设施领域的中国版菲迪克（FIDIC）合同版本。由行业龙头企业联合国内高校及金融机构，研究制定中国版 FIDIC 合同版本，在“一带一路”建设中大力推广及应用，向世界提供中国基础设施先进的管理经验和智慧，维护中国企业利益。

七、关于“一带一路”人才培养

人才问题已成为制约“一带一路”建设健康发展的瓶颈问题。从内部看，“走出去”企业的数量越来越多，国际化人才不仅数量不足，能力素质亦不能满足要求。从外部看，“一带一路”沿线大部分国家教育相对落后，本土化、专业化的高级管理和技术人才极度缺乏。随着“一带一路”建设快速推进，大量能源电力、交通、工业等项目相继落地，专业人才紧缺已成为影响项目正常推进的主要原因之一。

针对上述问题，有两点建议。一是建议制定“一带一路”参与者能力素质提升计划，对不同层级、不同部门、不同行业的主要负责人分类分批进行轮训。首先，对国家部委有关人员进行轮训，确保方向的正确性；其次，对我国驻外大使、商务参赞等外交官员进行轮训，重点增强一线外交官员的责任和担当意识，可尝试探索从省市级领导干部或国有企业领导干部中选拔政治忠诚、懂经营善管理的优秀人才充实到外交队伍中；最后，对“走出去”企业的主要负责人进行轮训，就国家有关政策法规、“一带一路”内涵要义、风险防控、企业如何服务国家经济外交大局等进行宣贯和讲解，提升企业家干事创业的站位和格局。二是利用市场化机制，动员社会力量参与，探索成立“一带一路”大学联盟，为沿线国家规模化培养高级管理和技术人才。可探索由中国知名大学和“走出去”知名企业共同牵头，在丝路沿线国家联合30～50 所当地知名高校，发起设立“一带一路”大学联盟，每所大学设立“丝路国际学院”，联盟内大学统一设置课程、实行学历互认、学生毕业后全部由中国企业招聘使用。每所学院每年按 300 人招生，一年即可培养 1 万多名人才，对缓解“一带一路”建设人才紧缺，提升中国企业属地化水平，助力东道国可持续发展意义重大。

八、关于“一带一路”民心相通

国之交在于民相亲，民相亲在于心相通。在“一带一路”“五通”之中，前“四通”主要涉及器物层面，是“一带一路”建设的“躯体”，而民心相通则涉及人际交流、理念碰撞和文化融合，是“一带一路”建设的核心根本所在，是“灵魂”。民心相通不仅关乎“一带一路”建设的推进落实，更关乎“一带一路”倡议及“构建人类命运共同体”伟大梦想的历史评价和历史地位。民心相通面临的问题主要表现在：第一，沿线国家民族多样，宗教复杂，在文化理念上与中国不容易找到共鸣点；第二，西方发达国家长期主导全球化进程，“一带一路”是新兴市场主导的全球治理体系和话语体系，容易招致攻击；第三，“一带一路”提出时间不长，一些国家政府和民众对其内涵和实质还不了解，给“一带一路”倡议动员带来影响。

为更好地促进民心相通，有五点建议。一是加快培育具有国际影响力的高端智库。通过智库间学术性的国际交流，宣誓我们的主张，诠释“一带一路”核心要义。二是加强舆论宣传与引导。提高中国主流媒体的全球覆盖率，通过媒体、网络、报纸、杂志等对“一带一路”和“构建人类命运共同体”进行广泛深入的宣传；同时，充分发挥当地华人华侨等社会力量，加强与当地媒体合作，积极引导当地舆论导向。三是企业开展境外投资合作应注重项目的民生性。企业投资开发的项目应注重是否有利于促进当地经济社会的发展，是否有利于促进就业，是否有利于改善民生等，以负责任大国企业的实际行动回应外界一切质疑。四是要敢于亮剑，敢于发声。探索组建“一带一路”宣讲团，向世界理直气壮地宣讲“一带一路”和“构建人类命运共同体”的重要内涵和重大意义。五是“一带一路”参与主体应具备系统思维。要妥善处理好“规模与质量、长期与短期、整体与局部、安全与发展、实干与宣传、效益与责任”六大关系，推动“一带一路”健康可持续发展。

中国葛洲坝集团国际工程有限公司 陈晓华

2018 年 6 月 29 日

先进移动式核能供电装置“核电宝”研发及产业化建议

随着“后福岛时代”对核能安全要求的提高，铅基反应堆（简称铅基堆，是指以铅或铅合金材料作为冷却剂的反应堆）因具有安全性好、易小型化、可行性好等优点获得国际广泛青睐，被评为有望首个实现工业示范和商业应用的第四代反应堆。俄罗斯、欧洲、美国等世界核电大国（地区）纷纷推动铅基堆商业化应用，韩国、日本等国也先后开展铅基堆的技术研发。中国科学院近年来实现了新型核能系统中子物理及相关反应堆技术重大突破，在此基础上提出并创新设计的小型模块化铅基反应堆核电源（俗称“核电宝”）是一种以铅基堆为核心的先进移动式核能供电装置，在安全性、续航能力和小型化方面具有显著优势，不仅可满足多种国家重大需求，在民用领域也有广阔的应用前景。

一、“核电宝”在安全性和实用性方面优势显著

“核电宝”是一种以铅基堆为核心的先进移动式小型高功率核能供电装置，以特种液态金属（铅/铋/锂等）作为冷却剂，由集装箱装载运输，可灵活组合，适配各类需求。“核电宝”具有以下特点和优势：

（1）具有固有安全性。金属铅低温下凝固，事故后形成“铅锭”，包裹放射性物质，使其密封不易泄露；铅化学性质稳定，不会发生燃烧及爆炸；高沸点，主系统可常压运行；可避免类切尔诺贝利和类福岛事故。

（2）可小型化，隐蔽性好。液态金属传热性能好、防辐射能力强，系统

简单紧凑，可整体集装箱装运，体积小巧不易被发现；系统无可见尾气排放，可躲避卫星遥感监测。

（3）续航能力强，适用性广。核电源核燃料利用率高，核废料少，可长时间连续运行，10～30 年内不用燃料补给；冷却剂出口温度高（500～1000℃），能量利用率高；系统模块化生产，维护快速，整体换料，能保证稳定可靠的长期能源供给。

二、我国“核电宝”研发已取得重大突破

“核电宝”的核心是铅基堆。铅基堆具有优良的中子物理特性和热工水力特性，因此在安全性、续航能力和小型化方面具有显著优势，被第四代核能系统国际论坛（Generation Ⅳ International Forum，GIF）评为有望首个实现工业示范和商业应用的第四代反应堆。

目前，俄罗斯正在开展铅铋冷却反应堆 SVBR 和铅冷快堆 BREST 项目，计划 2020 年后建成并商用发电。2013 年起，欧洲的铅冷示范反应堆 ALFRED 和铅铋冷却的加速器驱动次临界反应堆 MYRRHA 也开始向工程化迈进。瑞典的 LeadCold 公司将在加拿大建设小型模块反应堆 SEALER，服务于极地开发需求，计划于 2021 年开始建设。美国西屋公司将铅基堆作为重点发展的下一代先进核能技术，韩国、日本等国也都先后开展了铅基堆的技术研发。

中国科学院在“863 计划”、“973 计划”、国家磁约束聚变能发展研究专项等重大项目的支持下，持续开展铅基堆基础技术研究，特别是自 2011 年起，设立了中国科学院战略性先导科技专项“未来先进核裂变能——ADS 嬗变系统”，专项支持铅基堆研发，实现了核心技术重大突破，整体研发工作跻身国际一流水平。

（1）突破了铅基堆设计核心基础理论，解决了铅基堆小型化设计问题。以“从源头确保核安全”的理念，紧密围绕革新型核能中子物理问题，创建了复杂系统多过程直接耦合的中子输运精准建模理论与计算方法，使得复杂核系统的三维精准高效核设计与安全评价成为现实。相关工作成果获 2016 年度国家自然科学奖二等奖。

（2）建成了在运流强第一的氘氚中子源实验装置、国际规模最大的铅基

堆技术综合试验平台和三座工程实验反应堆样机。“核电宝”中子物理实验装置、地面工程实验装置、数字虚拟反应堆三座综合“实验反应堆”，装置功能和参数总体处于国际领先水平，可验证“核电宝”工程技术，为工程建造奠定了坚实基础。正在开展“核电宝”千瓦级和兆瓦级工程验证装置研制，以进行技术集成试验演示。

（3）研发的先进反应堆设计软件系统获得国际规模化应用，具备完全自主化设计能力。中国科学院核能安全研究所项目团队研发的国际首套中子输运设计与安全评价软件系统“超级蒙卡”（Super MC），打破近 60 年的国际垄断，实现了我国核能软件首次走出国门并在美国、欧盟、日本、俄罗斯等 60 多个国家和地区获得规模化应用，解决了核设计与安全分析软件自主化问题。

针对上述铅基堆相关研发进展，由 16 位核能工程与相关研究领域院士领衔的专家组评价认为：“整体达到国际领先水平。”由 GIF 铅冷快堆系统指导委员会主席 A. Alemberti 和 OECD 核能署（OECD-NEA）专家组成员 Alekseev 等组成的铅基堆权威国际专家组评价认为：“建成了世界领先的研究装置，成为铅基堆领域国际引领性团队之一。”经科技部批准，研发团队代表中国，加入第四代核能系统国际论坛组织（GIF）铅基堆工作组，牵头国内铅基堆相关活动。目前，“核电宝”研发工作已步入工程实施阶段，1000 余亩产业化基地全面建设中，研发团队牵头国内外百余家行业领先单位，筹备“中国铅基堆核能产业创新战略联盟”和“国际小型铅基堆联盟”，全面打造“核电宝”产业链。

三、“核电宝”的应用前景广阔

世界核能大国都在积极研发模块式小型反应堆，以“核电宝”为代表的铅基堆研发正形成国际核能应用开发的一个新趋势，成为谋求核能应用市场多元化的一条重要途径。铅基堆功率范围宽、用途广，随着国际形势变化对革新型能源的需求日益增长，可在兆瓦级功率小型铅基堆“核电宝”的基础上，进一步扩展功率范围，适应从 1 千瓦级到 100 兆瓦级供电的不同需求。

（1）千瓦级功率的“核电宝”可应用于深空探测任务、载人月球/火星探测等各类空间科学活动，推动空间前沿科学的快速发展，提高人民生活质量。

（2）兆瓦级功率的“核电宝”可应用于各类应急或救灾电源、空间推进及空间站的能源。应急救灾电源功率需求一般在百千瓦至兆瓦级，且须具有一定的机动性，普通电网铺设或柴油机供电都无法满足。而移动式小型铅基堆核电源可以提供稳定、可靠的移动式伴随保障，机动灵活，运输便捷。

（3）10 兆瓦级功率的“核电宝”可应用于基地/小区供电，如岛礁、内陆偏远地区等。我国有近 7000 个面积超过 500 平方米的海岛，以及地处偏远的沙漠戈壁基地/小区，小型铅基堆可为其提供独立、稳定、灵活的能源保障，而且能减少在铺设海缆、电网等远距离供电方面的巨大代价。

（4）100 兆瓦级功率的“核电宝”可应用于船用动力，如核动力破冰船、海洋浮动核电站、深海空间站。铅基堆因功率密度高、系统简单，可以解决柴油机供电不足、普通压水型反应堆功率密度低等问题，用于各类海洋平台，可充分节省空间，发挥紧凑性、机动性的优势。

此外，依托“核电宝”发展的铅基堆技术还可以直接应用于第四代核电、同位素生产、核废料“焚烧”、聚变电站、制氢、海水淡化等领域。

四、“核电宝”产业规划发展建议

“核电宝”项目初步计划用 5 年左右时间建成示范装置，项目将带动我国相关研究院所、前沿企业形成包括设备研发生产、关键部件加工检测、总装集成调试等相互衔接的产业链。长期来看，装置在满足国家重大需求和国民经济方面前景广阔，“核电宝”产业化后，需求量预计达到上万台，产业规模预期能达到万亿元。鉴于“核电宝”关键技术的重要性、产业化需求的急迫性，提出如下建议：

（1）推动“核电宝”的研发和产业化工作。从政策上给予支持，尽快建成示范装置，建立并完善上下游产业链布局，在 5 年左右建成国家级铅基堆能源创新研发平台，建立起稳定高效的产业化渠道。

（2）促进革新型反应堆的许可证技术发展。快速推动“核电宝”项目的安全评审和许可证获取工作，迅速突破项目示范装置建造和运行的管理关口。

我国铅基堆的研究已经走上了一条发展的快车道，通过小型铅基堆“核电宝”的工程化实施，有望实现小型高功率、长寿命能源的革命，同时可以形成一整套在时间上覆盖近、中、远期革新型核能发展需求的可持续发展技术路线，培养出一支在先进核能研究领域具有国际竞争力的研究团队，通过推动核能科学与技术事业的进步来为我国重大需求、国家能源安全与可持续发展做出重大贡献。

中国科学院核能安全技术研究所　吴宜灿研究团队
中国科学院科技战略咨询研究院　朱　涛　钟　华

2017年9月6日

开展植被清查与重构
支撑“美丽中国”建设

党的十九大报告把“坚持人与自然和谐共生”列为新时代中国特色社会主义建设的基本方略之一。报告指出，“建设生态文明是中华民族永续发展的千年大计”，要实行最严格的生态环境保护制度，建设美丽中国，为人民创造良好生产生活环境，为全球生态安全做出贡献。近几十年来，我国经济高速发展取得举世瞩目成就的同时，我国植被发生了巨大变化，严重制约着生态文明建设的进程。植被清查与重构是实现生态文明和“美丽中国”建设的根基，其重要性不容忽视。为加快“美丽中国”建设，建立更加自然和安全的植被体系，建议对我国植被进行再次清查和系统重构，对国家重大生态工程的环境效应进行全面评估，提出具有中国特色的适应不同区域的植被建设新思路。

一、植被清查与重构是实现生态文明和“美丽中国”的根基

植被（包括天然和人工植被）是人类赖以生存的重要资源，是陆地生态系统的主体。植被作为绿水青山和绿色化发展的根基与支撑保障体系，已经渗透到国家实施可持续发展战略的方方面面，既是“山水林田湖草”治理的核心，也是“国土绿化行动”实施的关键。

我国植被覆盖着国土面积的 73.7%，其中森林占 20%，草地占 41.2%，农田占 12.5%。我国丰富多样的天然植被为各族人民的繁衍生息提供了美丽的家园，在生物多样性保育、水源涵养、水土保持、气候调节、景观营造和

文化传承等方面具有不可替代的作用，并为人工植被提供极其重要的生态屏障和基因资源。同时，种类繁多的人工植被不仅是悠久中华文明的象征，更为各族人民提供了衣食之源和物质保障。

天然植被和人工植被的合理布局是生态文明建设和植被资源可持续利用的根本保障。"美丽中国"、新城镇化等国家战略和"一带一路"倡议都迫切需要对我国的植被情况进行清查并建构起空间布局合理、结构良好、"适地适物"的植被系统，为国家的生态文明建设和发展提供重要基础和支撑。

二、我国植被清查现状与亟待解决的问题

改革开放以来，我国进入了一个快速发展的阶段，自然资源的过度利用、快速的环境变化和国家重大生态工程等对植被的组成和分布产生了重大影响，目前我国植被现状不明、生态效益不清，亟须植被建设新思路。

植被本底已发生巨大变化，亟待重新清查。我国已有的植被图和植被志，如《中国植被图》（2007 年出版）和《中国植被》（1980 年出版）等基础资料，主要是依据 20 世纪 80 年代的植被调查数据编写的。此外，还存在调查方法不统一、覆盖范围不全面、部分调查数据不精确等问题。30 多年来，植被的组成和分布已经发生了巨大变化，早期的植被信息资料已经远远不能满足国家制定相关战略规划的需要。因此，开展植被资源的再次清查并实时更新《中国植被志》和《中国植被图》，十分必要和紧迫，可为实现"美丽中国"提供有力支撑。

重大生态工程的环境效应亟待科学评估。20 世纪 80 年代以来，国家投入巨额资金实施了一系列重大生态工程以改善生态环境，如天然林资源保护工程、长江及"三北"防护林工程、退耕还林还草工程、京津风沙源治理工程、沙化草原治理工程等。但到目前为止，仅对"三北"防护林工程、退耕还林工程和天然林资源保护工程进行了生态效应评估，对其他工程的评估尚未进行。在已经进行的评估中，还存在以下问题：未考虑区域差异，影响区域政策的制定与调整；评估指标不全，缺少长期监测数据的支持；未区分其他工程的叠加效应，导致单个生态工程的环境效应被高估。因此，开展一次科学的、全面的重大生态工程评估势在必行。

植被建设亟须新思路。我国幅员辽阔，拥有全球最丰富的植被类型，其保护和利用需要科学规划和顶层设计。例如，为从根本上破解草原牧区的“三生”问题（生态环境差、生产力低、生活水平低），实现草原生产和生态功能“双提升”，探索新时期中国特色的草原牧区发展新模式，中国科学院植物研究所创造性地提出了“草牧业”理念，得到了学术界和政府的高度认可，并已上升为国家战略，为草原牧区的转型发展提供了理论和技术支撑。在其他生态区域，如青藏高原和甘南等高寒生态系统，研发高新实用技术和新型的植被重建模式，丰富植被生态建设的理念和思路，是我国在精准扶贫、粮食和国土生态安全、生态文明建设等领域亟须解决的重要问题。

三、植被清查与重构的对策与建议

1. 启动植被现状清查，为建设“美丽中国”提供实时更新的植被资源国情报告

基于中国科学院在宏观生物学研究领域的深厚积淀，尤其是植物所在植物学、生态学、生物多样性监测等方面的突出优势，制定系统的植被调查技术规范和方法体系；采用系统布点、全面调查和重点精查相结合的方法对我国植被资源再次开展系统清查与监测；结合长时间序列的遥感影像和激光雷达数据，建立我国植被资源大数据，编制网络在线、实时更新的新一代《中国植被志》和《中国植被图》，准确掌握我国植被的动态变化，为“美丽中国”建设提供实时的植被资源国情报告。

2. 系统评估重大生态工程的环境效应，为国家生态决策提供科学支撑

依托中国科学院生态系统监测网络和生物多样性监测网络，以典型生态系统为参照，系统评估不同地区重大生态工程的生态服务功能；依托上述网络监测长时序的生物多样性变化动态，评估工程对生物多样性和濒危动植物的效应；对同一区域实施的各项重大生态工程进行综合评估，评价其资金投入量、实施面积和类型增加量的效应，为国家生态决策提供科学支撑。

3. 研发植被重构的核心技术，打造适应不同区域的植被建设新模式

发挥新时期国家公园战略的辐射带动作用，针对植被严重退化区域和贫困山区，实时探索森林植被保护和绿色发展的新模式；利用植物所在内蒙古呼伦贝尔生态草牧业试验区的建设成果，研发适合我国北方各类草地生态系统可持续发展的技术体系，打造并示范推广适应不同区域的草地植被建设新模式；结合国家精准扶贫战略，发掘新型、绿色、高附加值的资源植物（如油用牡丹、杂交构树等）并示范推广，探索生态—生产—生活良性循环的可持续发展模式，扭转贫困山区“靠山吃山”的传统模式，使“绿水青山”真正变成“金山银山”。

中国科学院植物研究所

“开展植被清查与重构，支撑‘美丽中国’建设”项目建议编写组

组　长：汪小全

成　员：韩兴国　马克平　张文浩　冯晓娟　谢宗强　潘庆民　黄建辉

中国科学院科技战略咨询研究院　钟　华

2017 年 11 月 21 日

关于我国低碳复合能源发展战略的建议

当前，能源已经成为世界经济发展的重要驱动力。各主要国家围绕着能源安全和能源科技展开了一系列战略规划和竞争。这些竞争态势表明，低碳技术、可再生能源和核能技术等将是未来能源技术发展的重要方向。对于未来能源结构，各国的基本共识也是要走“从高碳到低碳，最终趋向碳循环乃至无碳排放”的道路。因此，能源低碳转化技术的关键是实现对目前大规模使用的化石能源的高效利用，开发具有市场竞争力的核能技术或其他可再生能源利用技术，最终形成高效的低碳能源技术体系。面对应对气候变化以及能源需求增加等约束条件，迫切需要能源技术的发展。

一、化石能源增效减排的科学基础

资源和环境是经济增长可持续与否的决定性因素，基于我国“多煤、少油、缺气、贫铀”的国情，同时考虑气候变化和能源需求增加的双重约束，我国能源技术发展必将经历化石能源低碳化—核能零碳化—可再生能源去碳化的发展过程。近期而言，在经济增长、资源和环境三者的关系中，着力推进以煤炭为主体的高碳密度化石能源的低碳化利用具有关键性影响。

中国科学院研究发现，在化石能源利用过程中二氧化碳的产生是必然的，二氧化碳在自然界的存在也是合理的。二氧化碳一直是部分生物赖以生存的资源，也是人类必须善加利用的资源。应从碳资源加工、碳能源利用、使用后碳固定，直到碳循环的全过程来考虑化石能源的增效和减排。一方面，设法使二氧化碳最终产生于能源使用过程而非能源加工等其他过程，提高化石资源利用过程中的能效和碳效；另一方面，二氧化碳作为碳资源，通过二氧化碳的化学利用和人工生物利用，降低二氧化碳的排放，以二氧化碳的化学循环和人工生物利用循环补充碳自然界循环。

二、低碳复合能源系统的解决方案

低碳复合能源系统包含核能及可再生能源等低碳能源系统，还包括以煤为主的高碳资源低碳转化系统，以及二氧化碳的转化与利用系统。

从碳资源利用看，二氧化碳是重要的含碳资源，如果将核能、风能、太阳能、生物质等多种低碳能源与煤等高含碳资源有机耦合起来，既可实现低碳情况下二氧化碳的直接减排，也可实现规模化的二氧化碳资源化和碳循环，提高能源转化过程的碳效率。

从广义能源系统看，通过多种能源的集成利用，实现多维度的能量流和物质流等的梯级利用，可以提高系统的能效。由此可以构建一套低碳复合能源系统，在保障能源战略供给的同时实现二氧化碳减排，为中国能源的发展提供低碳解决方案。

低碳复合能源系统的显著特征在于低碳能源与传统含碳能源的有效耦合，通过新技术和新工艺减少二氧化碳的排放，提高系统能效和碳效。首先，含碳能源的转化是关键，将含碳资源（如天然气、生物质或煤）通过重整、气化等途径转化为合成气，再进一步转化成燃料、化学品和动力。一方面通过将高碳资源的碳资源与低碳资源的氢资源进行耦合，减少传统高碳资源利用过程中的碳排放。另一方面高碳资源利用中的二氧化碳成为影响过程环境性和经济性的关键因素，需要研究发展新的化学转化过程，以二氧化碳为输入原料制备油品和其他相关化学品，提高碳资源的循环利用效率。通过二氧化碳的化学与生物转化利用的绿色循环，实现二氧化碳作为碳资源的有效利用。

三、我国低碳复合能源发展战略的可行性

1. 各种能源在利用时都存在局限，低碳能源与高含碳资源的耦合集成，可应对中国未来能源安全和减排

目前，核能和可再生能源等低碳能源的开发利用几乎全部是以输出电力

为途径。可再生能源集中的地方往往远离能源消费中心，很难为可再生能源建设独立的输配电体系。而化石能源除了能输出电力和作为燃料外，还是工业品的基本原材料，提供支撑人们生活的物质基础。因此，从碳资源的利用角度出发，将煤等高含碳资源与核能和可再生能源等低碳能源进行耦合集成，构建低碳复合能源系统，是应对中国未来能源安全和减排的可行之路。

2. 采用低碳能源与高含碳能源耦合技术，可提高碳效率

传统化石资源转化利用制成化学品的过程中，其碳效率直接与“氢”来源有关，采用低碳能源与高含碳能源耦合的技术，由低碳能源提供大部分的“氢”，将直接降低制氢所需碳消耗量，从而提高过程的碳效率，复合能源的经济性也将优于传统化石能源系统。

3. 从我国能源资源的地区分布看，复合能源系统的实施已具备足够的资源条件

中国能源资源分布广泛，在西北及黄河流域有着丰富的煤炭资源、天然气资源、太阳能和风能；在东北及华中地区，有着丰富的生物质资源和煤炭资源；在缺乏化石资源的东部沿海地区，除了丰富的风能外，我国规划建设的绝大多数核能也在这一地区。化石能源、核能及可再生能源在地区分布上呈现互补态势，为复合能源系统的实施提供了足够的资源条件。

4. 复合能源系统所涉及的关键技术已取得突破，为复合能源系统的实施提供有力的技术支撑

目前，在我国各级政府的支持下，复合能源系统所涉及的关键技术已取得突破，已经或正在进入产业化示范阶段。在传统煤化工技术方面处于世界领先水平，我国已成为世界上最大的煤制化学品生产国；核能与可再生能源等新能源技术也已实现了大规模的商业化，一部分核心技术已达到国际先进水平。

5. 低碳复合能源系统解决方案在未来颇具经济竞争力

考虑到未来低碳能源的成本不断降低、碳税的征收以及化石能源价格的上涨等因素，我国面临的二氧化碳减排压力和能源短缺的局面将使得低碳复

合能源系统解决方案在未来颇具竞争力。

四、实施低碳复合能源发展战略的政策建议

1. 在国家战略层面统筹部署

低碳复合能源系统中所涉及的化石能源、核能和可再生能源，其研发主体和产业主体各异，一般来说，传统化石能源以大型央企为主体，先进核能由国家相关部门主管的研发机构为主体，而可再生能源的研发与利用往往由社会资本发挥关键作用。实施低碳复合能源发展战略需要在国家层面统筹部署，组建国家主导的重大工程项目公司，实施低碳复合能源系统的示范。

2. 在西部选择试点开展示范

在我国西部，尤其是甘肃西部和云贵交界两个区域开展复合能源系统集成示范。在此基础上，立足于中国能源资源分布和高碳排放格局，构建四类大规模低碳复合能源体系。即在西北地区（如甘肃西部）建立核能、太阳能/风能、天然气和煤炭的复合能源系统，在西南地区（如云贵交界）建立水电、生物质和煤炭的复合能源系统，在华北和东北地区建立核能、风能、生物质和煤炭的复合能源系统，以及在沿海地区建立核能、风能和煤炭的复合能源系统，实现我国能源供给以及相应环境的低碳绿色化。

3. 实现低碳绿色的技术路径

在技术路径上，将开展第四代核能发电、新一代太阳能/风能与储能、高温和中低温电解制氢相结合，形成低碳电力和绿色氢能供给体系，然后将该体系与煤气化热解制油品化学品和二氧化碳加氢利用耦合，由此实现低碳绿色的复合能源系统，并提供低碳电力、绿色氢能、清洁油品和高附加值化学品与材料。实现我国煤炭主导的能源结构的低碳化，并拓展至“一带一路”沿线煤炭等化石资源丰富的国家。

4. 支撑低碳技术的持续研发

复合能源系统涉及大跨度的科学技术领域，需要从系统角度构建更适于新一代能源研发的国家体系。鉴于中国科学院已有较好的基础并在技术上走

在前列，可以依托正在启动筹建的国家实验室，集成中国科学院和其他部门相关的研发力量，支撑复合能源系统集成示范所涉及的技术及其持续研发，推动中国能源技术由跟随者到引领者的转变。在我国不同的资源地区实施复合能源系统，保障中国能源战略供给的同时，实现二氧化碳的减排，为中国发展提供低碳解决方案，实现低碳发展之路，满足国家 2030 低碳承诺的重大需求。

中国科学院上海高等研究院　孙予罕　唐志永
中国科学院科技战略咨询研究院　朱　涛

2017 年 6 月 5 日

关于推动国家公园体制配套改革的建议

一、国家公园体制试点的总体进展

建立国家公园体制是党的十八届三中全会提出的重点改革任务，是我国生态文明制度建设的重要内容。2015 年 1 月，国家发展和改革委员会等 13 个部门印发《建立国家公园体制试点方案》，并陆续在 10 个试点区启动试点工作。

总体而言，自 2015 年 1 月该方案启动以来，我国国家公园体制试点工作取得积极进展。一方面在中国特色国家公园功能定位、建设原则、体制改革总体方向等方面凝聚了共识；另一方面在保护地整合、机构设立、国家公园立法、日常管理制度、集体土地的用途管制和社区发展等体制机制方面进行积极探索，积累了一批可复制、可推广的经验。

2017 年 9 月，在总结试点经验的基础上，中共中央办公厅、国务院办公厅印发《建立国家公园体制总体方案》（以下简称《总体方案》），初步完成国家公园体制的顶层设计。党的十九大报告提出“建立以国家公园为主体的自然保护地体系”，进一步明确了国家公园体制的重要地位。2018 年 4 月，新组建的国家林业和草原局、国家公园管理局正式挂牌成立，开启了新时代以国家公园为主体的自然保护地体系改革的征程。

然而，课题组开展的国家公园体制试点第三方评估发现，当前体制建设并非一帆风顺，一些试点区的体制试点进展滞后，一些改革任务落实困难。10 个试点中，除三江源和神农架试点区进展较大、大部分改革任务按照实施方案有序推进外，其他各试点区体制改革均滞后于原定计划；自然资源确权登记、自然资源产权管理、跨行政区管理机制、多元化资金保障机制、特许经营、协议保护等方面体制建设进展有限。国家公园体制建设仍受多方面因素制约，面临一些障碍和困难。

一是一些试点区推动改革的主动性和创新性不足。一些试点区对于体制改革，或多或少存有“观望”心态，“等靠要”思想普遍，改革的主动性不足；一些试点区存在对政策把握不准及畏难情绪，不敢放开手脚大胆探索，改革的创新精神不足；一些试点区存在“以文件落实文件”和“以文件应对督察”等问题，一些改革仅停留在纸面上，没有落实为具体行动，改革的责任感、使命感不足。体制改革缺少激励与监督机制，是造成试点区主动性和创新性不足的重要原因之一。

二是现行法律法规对国家公园体制建设形成制约。我国自然保护的立法滞后，使国家公园建设的法律保障不足，一些体制改革面临不少法律障碍。例如，《自然保护区条例》中的一些规定对在试点区系统整合各类保护地形成一定限制；自然资源确权登记由于得不到《物权法》《不动产登记暂行条例》等法律法规的明确支持，难以推动，并对以确权登记为基础的自然资源产权、用途管制和负债表等制度建设形成制约。

三是缺乏多方参与机制，存在引发社会矛盾隐患。《总体方案》指出国家公园建设遵循政府主导、共同参与的原则。但当前体制建设和试点中还缺乏多方参与机制，容易引发社会矛盾。一些试点区在划定国家公园边界时，没有征求当地社区甚至当地政府的意见，将一些人口密集的乡镇划入国家公园范围内，在没有建立相应社区发展机制下对社会经济活动进行严格限制，引发了一些社会矛盾。法国国家公园建立之初由于仅强调了中央集权和严格保护，缺乏多方参与，“先画圈，后保护”，从而引发了长达几十年的国家公园与地方政府、周边社区的尖锐矛盾，应为前车之鉴。

四是尚未形成多元化资金投入机制，普遍面临资金短缺问题。《总体方案》提出要建立财政投入为主的多元化资金保障机制。但目前中央财政对各试点区的投入还十分有限，没有形成持续稳定的财政投入机制。尽管民间资本和社会公益资金有较强的介入意愿，但由于尚未建立相应的机制，也缺乏相关的法律保障，地方政府、企业和公益组织均不敢贸然探索。各试点区开展集体土地赎买和租赁、矿业权退出、企业退出、生态移民等需要大量资金，远超地方财政承受能力，资金短缺问题严重。

五是普遍面临人才、能力和科技支撑不足的制约。国家公园体制建设在我国是一项全新的事业，缺乏前期的研究积累和理论知识储备，使体制试点面临着严重的人才、能力、科技支撑不足的制约。一些试点区由于专业性人才缺乏，对各项改革任务存在理解不透、执行上有偏差等问题，让其主动开展体制机制方面的创新面临众多困难，影响体制改革进程。

二、推动国家公园体制配套改革的政策建议

为确保国家公园体制建设的顺利推进，建议国家林业和草原局（国家公园管理局）牵头、国家发展和改革委员会等部门配合，启动相关配套改革，解决体制建设中面临的障碍和困难，为建立符合我国国情的国家公园现代化治理体系奠定基础。

一是推动《自然保护地法》和《国家公园法》等相关法律法规的制修订，为国家公园设立和相关制度建设提供法律支撑。推动《自然保护地法》和《国家公园法》的立法工作，依法设立国家公园，并为国家公园保护地整合、自然资源产权、跨行政区管理、社会参与、特许经营、协议保护等相关制度的制定提供法律支撑。推动《中华人民共和国物权法》《不动产登记暂行条例》《中华人民共和国土地管理法》等相关法律制修订工作，如在《中华人民共和国土地管理法》修订中增加生态用地或保护用地类型，为国家公园自然资源产权等相关制度改革提供法律依据。

二是推动构建统筹协调机制、管理执行机制和科学评估机制"三位一体"的国家公园治理体系，实现国家公园的良治善治。实现国家公园的更好治理和相关决策的有效执行，需要充分考虑各相关方的利益和兴趣。可参考国际经验，对于区域性、流域性公共物品的善治，应构建统筹协调机制、管理执行机制、科学评估机制"三位一体"的治理体系。在生态文明建设总体框架下，管理执行机制应由各级国家公园管理局来承担，形成统一高效的管理主体；统筹协调机制可以采用中央政府、地方政府、社区、行业协会、公益组织等各利益相关方参与的董事会或理事会制度，保障其决策权和监督权；科学咨询和评估机制应由独立的科学委员会来执行，为规划、保护和开发策略、绩效评估等提供科技支撑。治理体系的建设可以分步实施。

三是建立体制试点的激励和监督机制，激发试点区的体制改革和创新活力。建议在中央财政预算类别中设置单独的国家公园科目。委托第三方动态跟踪各试点区体制改革进展，每年公开发布《国家公园体制建设动态报告》，评估各试点体制改革进展和成效。对试点成效显著的地区，加强宣传，在人事安排和中央财政经费上予以更多支持；对消极应对的地区，进行通报批评并追究相关负责人责任。

四是建立鼓励公益组织参与国家公园建设与管理的体制机制，作为政府治理的重要补充，拓展资金来源、提升治理能力。在国家公园制度中，明确可以允许和鼓励公益组织参与国家公园建设与管理：①在国家公园立法中，明确公益组织参与建设和管理的法律地位及可参与的工作范围；②建立公益组织捐赠机制，如针对国家公园设立面临的大量集体土地问题，建立国家公园公益捐赠机制，鼓励公益组织出资赎买土地所有权划归国有，纳入国家公园统一管理；③在国家公园传统利用区，可探索建立由集体所有、使用和管理权流转给公益组织、政府监管的“三权”分置的协议保护机制；④发挥公益组织在推动社区发展、科普和自然教育方面的作用。

五是建立国家公园的科学支撑和决策咨询机制，破解国家公园建设面临的人才、能力和科技支撑不足的制约。推动国家公园与国内外知名研究机构、高等院校共同建立国家公园重点实验室、研究院、大数据中心等科研合作平台，在科学监测、生态保护、社区发展、人才培养等方面开展合作，为国家公园建设提供科学和人才支持。在国家和具体公园层面成立国家公园科学委员会，为国家公园体制改革、建设、管理、巡护提供决策咨询。一些重大项目的实施需要通过科学委员会的审议并提出建议，报备国家公园管理机构作为决策依据，确保项目符合国家公园功能定位。

六是建立国家公园生态产品价值实现和品牌增值体系，确保国家公园守住绿水青山的同时，收获金山银山。国家公园良好的生态环境和品牌效应，可以作为发展高附加值、生态友好型产业，并缓解公园建设面临的社区贫困、资金短缺等问题的重要机遇。建立国家公园生态产品价值实现和品牌增值体系，是实现公园保护第一、绿色发展的必要举措。可从三个方面推动价值实现和品牌增值体系建设：一是建立严格的产业准入和产品认证制度，确保产业和产品符合保护第一的功能定位，包括产业发展严格限制在不破坏国家公园生态系统完整性和原真性范围以内，产品达到严格的质量和绿色环保标准；二是制定税收、补贴、技术、人才等方面扶持政策，促进达到标准的产业健康发展；三是加强产品品牌塑造和商业模式创新，各级国家公园管理局有义务加强产品宣传并推动商业模式的创新，使符合标准的产品能获得明显的增值和更好的市场销售前景。

中国科学院科技战略咨询研究院　黄宝荣　王　毅　樊　杰
苏利阳　张丛林　程多威
2018 年 11 月 15 日

第三篇

科技研发布局与进展

世界科技前沿与中国科技突破

一、物　理　学

1. 世界物理学总体发展趋势

物理学研究向宇观拓展、微观深入和极端条件方向交叉融合发展。希格斯玻色子、中微子的发现使人类对物质结构的认识进入新境界。引力波的发现开启引力波天文学时代。暗物质和暗能量的突破将极大提升人类对宇宙的新认知。量子科技从应用量子力学原理走向操纵量子特性的新阶段。

2. 2017 年世界物理学前沿方向与中国表现卓越的前沿方向

2017 年世界物理学热点前沿 10 个、新兴前沿 5 个。美国保持霸主地位，中德角逐次席。热点前沿和新兴前沿主要集中于凝聚态物理、高能物理和光学。黑磷的特性、钇钡铜氧化物、铁基超导体、暗物质间接探测持续受关注，基于希格斯玻色子轻子味破缺衰变和 B 介子半轻衰变搜寻新物理、四夸克和五夸克态奇特强子研究、对称保护拓扑序、锁模光纤激光器成为新热点，基于 750GeV 双光子信号的标准模型研究、二硫化钼和二硒化铌的超导性、纳米受限二维冰成为新兴前沿。

中国物理学表现卓越的前沿方向有 3 个，分别是：①单层/多层黑磷的特性及其应用。中国科学技术大学和复旦大学、美国普渡大学先后制备出二维黑磷场效应晶体管，中美竞争激烈。②四夸克态和五夸克态的实验和理论研究。中日几乎同时发现四夸克粒子 Zc（3900），引发相关研究热潮。③基于二维材料可饱和吸收体的锁模光纤激光器。深圳大学、中国科学院上海光学精密机械研究所、湖南大学表现活跃。

3. 2017 年世界和中国物理学科技突破

2017 年世界物理学科技突破有 5 项，分别是：①人类首次直接探测到双中子星并合产生的引力波及其伴随的电磁信号。②首次制造出时间晶体。③首次在二维空间发现马约拉纳费米子存在的证据。④首次发现含两个重夸克的双粲重子。⑤首次研发出拓扑激光器。

中国物理学科技突破有 5 项，分别是：①中国科学院紫金山天文台与国外机构合作首次观测到双中子星并合产生的引力波及其伴随的电磁信号。②中国科学技术大学潘建伟团队在国际上首次通过实验实现没有实物粒子交换的反事实量子通信。③中国科学院物理研究所发现三重简并费米子。④“东方超环”刷新稳态长脉冲高约束等离子体运行世界纪录。⑤“中国天眼”500 米口径球面射电望远镜（FAST）首次发现新的脉冲星。

4. 中国物理学发展建议

（1）优化科研组织模式，建设重大原始创新基地。物理学发展越来越依赖理论、计算、材料、实验、工程技术团队长期深度合作。建设跨实验室的重大科研基地和协同攻关团队对加快原始创新至关重要。

（2）统筹建设大科学装置，快速提高科技发展水平。近年来引力波、中微子等物理学重大突破都与大科学装置密不可分。统筹建设大科学装置将汇集顶尖人才，显著提高基础研究、应用研究、技术开发水平。

（3）稳定支持特色鲜明、长期发展目标明确的研究团队，培育优势方向，促进高水平研究成果持续产出。

二、化　　学

1. 世界化学总体发展趋势

合成和调控物质的能力不断提高，对化学反应过程的观察和理解不断深入。化学与信息、能源、生物、材料等学科的交叉产生越来越多的前沿技术。大数据、自动化与化学相结合的趋势初步显现。

2. 2017 年世界化学前沿方向与中国表现卓越的前沿方向

2017 年世界化学热点前沿 10 个，新兴前沿 16 个。中美竞争激烈，中国略胜一筹。热点前沿和新兴前沿主要分布在光电材料、有机合成、纳米技术等领域。热点前沿方向包括太阳能电池、超级电容器、上转换发光、碳氢键活化、自由基聚合、纳米组装等。新兴前沿方向包括新型有机合成、超分子组装、蛋白质化学、钙钛矿光电材料、纳米功能材料等。

中国化学表现卓越的前沿方向有 8 个，分布在 6 个领域，分别是：①聚合物太阳能电池。中国科学院化学研究所侯剑辉团队制造的非富勒烯受体聚合物太阳能电池的能量转换效率达到富勒烯受体电池水平。②高性能超级电容器。华中科技大学江建军团队率先将 $NiCo_2S_4$ 用作超级电容器电极活性材料。③三重态-三重态湮灭上转换。大连理工大学赵建章团队表现突出。④共价有机框架化合物。兰州大学王为团队实现共价有机框架化合物在多相催化领域的应用。⑤镝单离子磁体。中山大学童明亮团队合成能垒值高达 1000K 的五角形双锥体镝单离子磁体。⑥电解水催化剂。中国科学院化学研究所胡劲松团队获得性能优异的新型硼酸镍催化剂。

3. 2017 年世界和中国化学科技突破

2017 年世界化学科技突破有 5 项，分别是：①世界首座直接从大气中捕集二氧化碳的工业装置投入运行。②利用金属有机框架化合物开发出一种从空气中制取饮用水的新型技术。③可在纳米尺度上执行分子搬运任务的分子机器人和具有合成分子能力的分子机器人问世。④设计出一种用磁场远程开启化学反应的方法。⑤观测到聚合物链实时增长过程。

中国化学科技突破有 5 项，分别是：①中国科学院大连化学物理研究所首次发现单原子催化剂的活性与均相催化剂相当。②南京理工大学合成世界首个全氮阴离子盐，占领新一代超高能含能材料研究国际制高点。③中国科学院宁波材料技术与工程研究所开发新型石墨烯改性重防腐涂料并成功应用于国家电网、石油化工、海洋工程与装备领域。④南开大学实现某抗癌天然产物的高效化学全合成。⑤北京大学设计的铂/碳化钼甲醇液相重整催化剂制取氢燃料的速率将世界纪录提高 3 倍。

4. 中国化学发展建议

（1）鼓励科学家提出更多原创理论，做出更多原创成果，积极扩大对我国原创理论和成果的宣传与推广。

（2）加快推动基础研究成果转移转化，加大产业创新发展源头技术供给。有效对接科技成果与市场创新需求，建立基础研究与应用开发协同创新机制，落实和完善科技成果转化奖励政策和机制。

三、数学、计算机与工程科学

1. 世界数学、计算机与工程科学总体发展趋势

人工智能和数字技术影响深刻广泛。量子科技前沿不断涌现重大突破，将极大推进数学、计算机与工程科学等领域变革和发展。基于信息物理系统的智能装备、智能工厂等智能制造引领制造方式变革。信息技术、纳米科技、生物技术与新材料和器件交叉融合汇聚，将为人类生活与生产开拓新的发展空间。

2. 2017 年世界数学、计算机与工程科学前沿方向与中国表现卓越的前沿方向

2017 年世界数学领域热点前沿主要集中于应变梯度理论及其应用，偏微分方程（组）求解及其应用热点延续。工程领域继续关注构形设计和传热分析，出现水合物法气体分离技术、选择性激光熔融金属加工技术、基于先进混合型超级电容器的储能器件等新热点。基于生物特征的远程认证成为计算机科学领域热点前沿。

中国数学、计算机与工程科学表现卓越的前沿方向有 6 个，分别是：①Keller-Segel 趋化方程研究。东华大学陶有山团队在趋向性数学模型研究、肿瘤生长及其干预治疗数学模型研究方面较受关注。②基于生物特征识别的远程用户认证方案。香港理工大学提出的特征相似性算法是图像质量评价方法领域的奠基性成果之一。③非线性发展方程的孤子解及其应用。浙江农林大学戴朝卿团队对孤子在光学、生物蛋白质传输动力学操控和生物效应研究

深入。④水合物法气体分离技术和水合物分解特性研究。中国科学院广州能源研究所首次提出基于溶液内不同水合物相变过程“热-质耦合”原理分离 CO_2。⑤基于超级电容器的储能器件。南开大学陈永胜团队基于石墨烯增强型电极材料的超级电容器-电池混合储能器件研究国际领先。⑥构形理论和（火积）理论等传热优化理论研究与应用。清华大学过增元提出（火积）理论，梁新刚等发展提出不透明表面外壳的热辐射（火积）耗散概念。

3. 2017 年世界和中国数学、计算机与工程科技突破

2017 年世界数学、计算机与工程科技突破有 4 项，分别是：①人工智能连续战胜人类顶级选手，“寒武纪”新一代人工智能芯片问世，皮肤癌图像识别算法准确率媲美人类医生。②实现纳米级片上光量子存储器、单原子磁存储介质、5 纳米工艺芯片。③“墨子号”空间量子通信试验的成功意味着量子通信应用发展进入新阶段。④成功开发出超越早期经典计算机的光量子计算原型机和 50 个量子比特量子计算原型机。

中国数学、计算机与工程科技突破有 5 项，分别是：①“墨子号”空间量子通信试验成功和“京沪干线”正式开通使我国“领跑”远距离量子通信。潘建伟团队研制出超越早期经典计算机的光量子计算原型机，实现最大数目超导量子比特的多体纯纠缠。②我国新一代喷气式大型客机 C919 成功试飞。③我国第一艘国产航母 001A 型正式下水。④“海翼号”水下滑翔机创造最大下潜深度 6329 米世界纪录。⑤中国标准动车组“复兴号”在京沪高铁正式双向首发。

4. 中国数学、计算机与工程科技发展建议

（1）加快科技融资方式改革，构建政策性金融服务体系。对于量子科技等有潜在重大应用价值的领域，应基于市场机制，大力发展集科技投资、补贴、贷款、奖励、知识产权评估保护等为一体的政策性金融服务体系，同步建立防止国有投资平台垄断创业项目和金融资源的制约机制。

（2）鼓励和引导龙头骨干企业牵头组建领域产学研协同创新技术联盟，形成“企业出题、政府立题、协同解题”的政产学研用协同创新机制，促进科技大系统资源共享、协同配合。

四、生物科技

1. 世界生物科技总体发展趋势

冷冻电镜技术和细胞重编程等新技术不断进步，推动结构生物学和合成生物学快速发展。基因组编辑技术连续取得突破并广泛应用，生命科学研究从“基因组时代”向“基因组编辑时代”迈进。二氧化碳的生物转化和生物催化不断取得突破。被视为生命遗传“暗物质”的非编码 RNA 研究有望开启揭示人类生命原理的新篇章。

2. 2017 年世界生物科技前沿方向与中国表现卓越的前沿方向

2017 年世界生物科技热点前沿有 10 个，新兴前沿有 9 个。美国全面领先，德国、英国和中国三国角逐、中国稍逊一筹。研究前沿主要分布在 RNA 组学研究、结构生物学、技术方法的突破与应用三方面。包括 mRNA 甲基化修饰的调控机制与功能研究，活细胞中单个 mRNA 翻译动力学及其转录翻译实时成像，环状 RNA 的起源、鉴定与功能研究，长链非编码 RNA 的表达及其生物学功能，寨卡病毒和剪接体等生物分子结构解析，冷冻电镜技术、3D 生物打印和组织透明光学成像技术。

中国表现卓越的前沿方向有 2 个，分别是：①冷冻电镜技术在生物大分子三维结构解析中的应用。清华大学施一公团队首次揭示人体 γ-分泌酶和人源剪接体高分辨率结构。②寨卡病毒结构及其致病机理。中国科学院微生物研究所高福团队解析首个寨卡病毒关键蛋白 NS1 分子结构。

3. 2017 年世界和中国生物科技突破

2017 年世界生物科技突破有 7 项，分别是：①利用 Hi-C 技术高精度揭示 DNA 的真实三维结构。②获得 tau 蛋白高清结构。③培育出对器官移植无“毒”的活猪。④建立具有全能性特征的多潜能干细胞系。⑤人造子宫维持早产羔羊正常发育。⑥新型测序仪开启百美元基因组测序时代。⑦“人工合成酵母基因组计划”获得与普通酵母菌高度一致的人工合成酵母菌。

中国生物科技突破有 7 项，分别是：①清华大学杨茂君团队解析人源呼吸链蛋白质超级复合物高分辨率三维结构。②中国科学院生物化学与细胞生物学研究所陈玲玲团队在人类细胞中发现可调控 RNA 聚合酶转录的长非编码 RNA。③清华大学施一公团队捕获酵母剪接体在不同催化激活状态下的高分辨率冷冻电镜结构。④北京大学邓宏魁团队建立同时具有胚内和胚外组织发育潜能的新型多功能干细胞。⑤中国科学院广州生物医药与健康研究院裴端卿团队揭示体细胞重编程过程中染色质结构的动态变化规律。⑥清华大学颜宁团队解析真核生物电压门控钠离子通道的近原子分辨率结构。⑦清华大学和北京大学揭示哺乳动物受精前后染色体三维结构的亲本特异重编程过程。

4. 中国生物科技发展建议

加强生物科技研究团队与物理学、化学、信息、材料工程领域的交叉融合，推动生物技术自主创新，实现生物科技重大原始创新突破。

五、生命健康科技

1. 世界生命健康科技总体发展趋势

大数据驱动的新药创制正在颠覆传统医药研发模式。免疫疗法开启抗癌治疗的“第三次革命”。生物 3D 打印将促进再生医学领域人造活体组织与器官研究。非编码 RNA 开拓精准医学新方向。

2. 2017 年世界生命健康科技前沿方向与中国表现卓越的前沿方向

2017 年世界生命健康科技热点前沿有 10 个，新兴前沿有 9 个。美国遥遥领先，英国与德国实力相当，中国挺进前十。研究前沿主要集中在肿瘤诊疗、心血管疾病治疗、传染病防控等方面。热点前沿中冠状动脉病变等心血管疾病诊疗占一半。新兴前沿以肿瘤诊疗为主。传染病防控研究前沿包括疟疾对青蒿素的抗药机制、戊肝流行与防治、寨卡病毒感染与防控。抗溃疡病药 PPTs 多种不良反应研究、颈动脉狭窄支架与内膜切除疗法长期有效性比较、BRDs 抑制剂药物设计跻身新兴前沿。

中国表现卓越的前沿方向有 1 个：*MET14* 外显子跳跃突变成为非小细胞肺癌治疗新靶点。中山大学刘学文合作发现 *MET14* 外显子跳跃突变多发生于非小细胞肺癌，有望成为肺癌靶向治疗潜在靶点。

3. 2017 年世界和中国生命健康科技突破

2017 年世界生命健康科技突破有 6 项，分别是：①首次实现干细胞体外生成成熟卵细胞，利用成人干细胞修复新生儿心脏，实现体外制造造血干细胞。②首次证明肺部具有一定造血功能。③基于巨噬细胞的细胞免疫疗法攻克实体瘤，CAR-T 免疫疗法两款新药上市。④首次利用基因疗法治愈常见遗传病，开展人体内基因编辑临床试验，成功编辑人类胚胎。⑤开发出可有效对抗 99%艾滋病病毒的“三重特异性”抗体。⑥开发出非侵入性大脑深部电刺激疗法。

中国生命健康科技突破有 4 项，分别是：①中国医学科学院曹雪涛团队发现一种病毒感染诱导产生的长非编码 RNA 能够通过调控宿主细胞代谢状态促进病毒免疫逃逸和病毒复制。②北京大学李程团队与哈佛大学医学院合作筛选出可抑制三阴乳腺癌等癌症靶向细胞周期的 miRNA。③北京大学汤富酬团队与北京大学第三医院乔杰团队绘就人类早期胚胎 DNA 去甲基化图谱。④广州医科大学附属第三医院刘见桥团队证实 CRISPR 技术可修复活胚胎。

4. 中国生命健康科技发展建议

引导卓越临床实践团队与前沿研究团队加强合作，突出前沿研究的临床问题导向，推动前沿研究成果尽快向临床应用转化。

六、农业科技

1. 世界农业科技总体发展趋势

基因组编辑技术、转基因技术、分子模块设计等生物新技术、在农业领域的创新应用，将对动植物品种培育和生物产品创制产生变革性影响。农业防灾、减灾、重大疫病防治、养分高效利用、抗逆和低碳化发展等高产稳产生态环保的应对研究持续受关注。农业数字技术和智能农机装备发展将推动农业进入精准化和智能化时代。

2. 2017 年世界农业科技前沿方向与中国表现卓越的前沿方向

2017 年世界农业科技热点前沿前有 10 个，新兴前沿有 1 个。美国居第一位，中国、澳大利亚分列第二和第三位。热点前沿聚焦植物的基因组编辑技术、基因组测序、表观遗传学抗逆与养分利用和细胞壁纤维素合成机理，以及动物入侵生物学、致病菌系统生物学、渔业资源管理等方向。新兴前沿涉及树木年轮分析及其应用。

中国表现卓越的前沿方向有 2 个，分别是：①植物基因组编辑技术及其在农作物中的应用研究。中国科学院遗传与发育生物学研究所高彩霞团队率先利用 CRISPR-Cas 技术在水稻、小麦等植物上实现基因组编辑，获得世界上第一株 CRISPR 编辑植物。②棉花基因组序列与重要性状数量性状位点（QTL）分析。中国农业科学院、北京大学、华大基因研究院合作绘制雷蒙德氏棉、亚洲棉、陆地棉全基因组图谱，进行皮棉产量、棉纤维品质及幼苗根系等重要农艺性状的 QTL 定位研究，引领世界。

3. 2017 年世界和中国农业科技突破

2017 年世界农业科技突破有 5 项，分别是：①利用 CRISPR 基因编辑技术在水稻、小麦、大豆等主要农作物中成功实现多种基因功能和农艺性状定向改良。②利用基因组编辑技术培育出抗繁殖与呼吸综合征病毒的猪。③培育出首个可以同时表达多种微量营养元素的转基因水稻品系。④开创可以对作物生长全程进行监测的 4D 作物监测技术。⑤完成野生二粒小麦基因组测序。

中国农业科技突破有 5 项，分别是：①中国科学院遗传与发育生物学研究所高彩霞团队建立避免外源 DNA 片段整合到基因组中的基因组编辑技术和单碱基定点突变新方法。②南京农业大学发现疫霉菌攻击宿主作物的全新致病机制——“诱饵模式”。③华南农业大学开发出可高效快速组装和转化的多基因载体系统，培育出首例胚乳富含花青素的新型功能营养型水稻种质。④袁隆平院士团队选育出平均亩产达 1100 多千克的超级杂交稻，创世界水稻单产最高纪录。⑤中国科学院亚热带农业生态研究所培育出株高可达 2.2 米的超高产优质“巨型稻”。

4. 中国农业科技发展建议

稳定支持中国表现卓越的研究前沿，建立新的科研组织模式（如 PI 联合舰队），促进系统性原始创新。对于发展势头迅猛且监管挑战突出的新兴技术，如基因组编辑育种技术，在加快发展相关技术和应用试验的同时，积极开展监管制度和体系研究，保障相关技术可持续健康发展。

七、生态与环境科技

1. 世界生态与环境科技总体发展趋势

生态与环境科技将向多圈层作用过程中的物理-生物-化学循环机理深化，向大范围多尺度系统监测与模拟、社会经济和自然综合评价与管理等多维方向发展。全球性或区域性重大环境问题的分析监测与调控，气候变化、生态系统、环境多种要素的大尺度、长周期、多层面、非线性交互作用，以及环境治理的绿色化、资源化和系统化等，是未来前沿研究方向。

2. 2017 年世界生态与环境科技前沿方向和中国表现卓越的前沿方向

2017 年世界生态与环境科技热点前沿有 10 个。美国和中国优势突出，中国远超英国。热点前沿涉及环境污染、全球变暖和土壤侵蚀三大世界性环境问题。海洋微塑料、有机磷阻燃剂、全球性汞污染、污染物处理及重度雾霾成因等持续受关注。北极海冰减少的气候效应、土壤抗侵蚀性及其影响因素成为研究热点。环境 DNA 宏条形码技术检测生物多样性、适应性进化的基因组学研究赋予生态学新活力。

中国生态与环境科技表现卓越的前沿方向有 2 个，分别是：①重度雾霾形成机制。中国科学院地球环境研究所与瑞士保罗·谢尔研究所首次揭示北京、上海、广州、西安雾霾污染主要由二次气溶胶比例过多导致。②过硫酸盐活化降解有机污染物。哈尔滨工业大学马军团队关于 pH 对紫外/过氧化单硫酸盐体系的作用研究较受关注。

3. 2017 年世界和中国生态与环境科技突破

2017 年世界生态与环境科技突破有 4 项，分别是：①科学家从不同角度提出霾的形成机理，包括大气成分、季风模式等。②一种海洋滤食动物可能对微塑料转移到深海起到关键作用。③北极冻原汞主要来源于气态元素汞，青藏高原山地森林土壤汞来源于植被叶片吸收大气汞后进入土壤。④研究发现全球海洋溶解氧含量持续下降。

中国生态与环境科技突破有 2 项，分别是：①清华大学和德国马普学会发现大气中高浓度二氧化氮可使二氧化硫迅速转化为硫酸盐，导致严重霾污染；中国科学院地质与地球物理研究所发现大气中的水汽分子对中国东部严重霾污染起到放大器作用，造成霾污染爆发性增长。②中国科学院地质与地球物理研究所提出植被叶片吸收大气汞后随凋落物进入土壤，揭示青藏高原山地森林土壤汞累积机制。

4. 中国生态与环境科技发展建议

（1）重点围绕社会经济发展、生态文明建设、资源环境保护等国家重大需求遴选研究项目，鼓励研究人员基于前沿研究成果提出政策建议，支撑国家重大战略决策。

（2）发起和组织由我国主导的国际合作研究，集成国际创新资源，共同应对全球性和区域性重大科学问题。

八、地球科学

1. 世界地球科学总体发展趋势

未来地球科学研究突破将主要体现在气候变化研究、三极地区环境变化综合研究、地球系统研究等方向上。灾害监测与风险评估技术、非常规油气资源勘探和开采技术继续受到重视。远洋深海的资源能源、环境效应和生命过程问题成为焦点。地球关键带科学更具量化性。

2. 2017 年世界地球科学前沿方向与中国表现卓越的前沿方向

2017 年世界地球科学热点前沿有 10 个，新兴前沿有 1 个。美国占绝对领先优势，英国、中国、德国积极跟进，三强争胜。热点前沿仍集中在气候变化、地球化学、固体地球物理学和地质学。末次间冰期气候变化和大气中的碳黑在气候系统中的作用连续多年上榜，大气气溶胶成核机理跻身热点前沿。热带森林碳储量和碳排放评估、陆地碳循环研究受关注。中国华北克拉通研究热度不减，火星岩石矿物学研究、页岩气储层孔隙系统类型及表征、流体注入诱发地震成为热点。强亲铁和亲铜元素在高温条件下的地球化学行为入选新兴前沿。

中国地球科学表现卓越的前沿方向有 1 个：中国华北克拉通前寒武纪地质演化研究。中国科学院地质与地球物理研究所翟明国院士的研究最受关注，中国地质大学（北京）成果突出。

3. 2017 年世界和中国地球科学科技突破

2017 年世界地球科学科技突破有 5 项，分别是：①科学家在南极冰盖边缘地带钻探出 270 万年前冰芯。②“水”卫星发现美国、欧洲、印度、中国四个主要农产区氨浓度均呈逐年上升趋势。③美国海底监测网为地球火山研究提供新手段。④研究表明水力压裂有利于社会和地方经济。⑤在大西洋深海海底发现储量丰富的碲矿。

中国地球科学科技突破有 4 项，分别是：①南海海域天然气水合物试采工程取得持续产气时间最长、产气总量最大、气流稳定、环境安全等多项重大突破。②我国正式启动第二次青藏高原综合科学考察活动，重点考察“地球第三极”数十年的生态变化及其成因。③我国南方老地层页岩气勘查在湖北宜昌距今 6 亿年前的震旦系发现页岩气藏，鄂宜页 1 井获得页岩气工业气流。④中国南极航空遥感迈进世界先进行列，“雪龙号”创造全球科考船向南航行纬度最高纪录，罗斯海新建南极考察站选址完成，深冰芯钻总进度突破 800 米。

4. 中国地球科学发展建议

（1）长期稳定支持华北克拉通等中国特色地球科学关键问题研究，促进我国原创性成果和理论的诞生。

（2）加强地球系统科学研究。

九、空间科技

1. 世界空间科技总体发展趋势

宇宙暗物质、暗能量本质和引力波源，天体/太阳系/行星和地球的形成演化规律以及地外生命存在等重大前沿问题可望取得革命性突破。空间量子通信、全球碳观测等成为各国竞逐热点。空间引力波探测是未来战略重点。

2. 2017 年世界空间科技前沿方向

2017 年世界空间科技热点前沿有 10 个，新兴前沿有 2 个。美国一家独大，英国、德国分列第二、第三位，中国排名第 11 位。热点前沿体现出长期保持相对稳定，并与科学任务平台高度相关的特点，重子声学振荡、高红移星系、太阳物理、系外行星、超新星、暗物质等研究主题连年上榜，备受关注。与首次直接探测到引力波密切相关的“双黑洞等双致密天体的形成及并合”以及磁重联脱颖而出，成为 2017 年新兴前沿。

中国在世界研究前沿中有贡献，但表现并不突出。

3. 2017 年世界和中国空间科技突破

2017 年世界空间科技突破有 8 项，分别是：①“卡西尼”土星探测任务完美谢幕。②“墨子号”在国际上率先实现千公里级量子纠缠分发、从卫星到地面的量子密钥分发、从地面到卫星的量子隐形传态。③“悟空号”卫星获得世界上迄今最精确的高能电子宇宙线能谱。④分别采用两种经典方法计算的哈勃常数最新结果差距较大，对现有宇宙学定律提出重大挑战。⑤“朱诺号”对木星的观测结果刷新人类认识。⑥美国碳卫星发布阶段性成果。⑦拥有多个行星的系外行星系统陆续浮出水面。⑧可重复使用火箭、空间微生物鉴定、充气式太空舱等多项先进空间技术获得成功验证。

中国空间科技突破有 4 项，分别是：①世界首颗量子科学实验卫星、中国科学院空间科学战略性先导科技专项卫星“墨子号”实现全部三大科学目标，我国有望继续引领世界量子通信技术发展和空间尺度量子物理基本问题检验前沿研究。②中国科学院常进研究员领衔的暗物质粒子探测卫星“悟空号”获得世界上迄今最精确的高能电子宇宙线能谱，并在约 1.4 TeV 处发现能谱精细结构，有望取得粒子物理或天体物理领域的开创性发现。③中国首颗硬 X 射线调制望远镜卫星“慧眼”成功发射。④中国成为继美国、日本之后第三个可以提供碳卫星数据的国家。

4. 中国空间科技发展建议

空间科学平台的酝酿、建设和运行周期漫长。建议国家长期系统稳定支持空间科学战略前瞻研究，大力培养、大胆任用青年领军人才，充分发挥中国集中力量办大事的机制和效率优势，积极把握发展先机，推动中国空间科学快速走向国际舞台的中央。

中国科学院科技战略咨询研究院
“可能影响世界未来格局的中国重大科技突破研判”
国家高端智库重点课题研究组

课题负责人：白春礼
执行负责人：张　凤
报告起草组：潘教峰　张　凤　冷伏海　杨　帆　王海名　黄龙光
边文越　张超星　袁建霞　邢　颖　周秋菊　范唯唯
韩　淋　王海霞

2018 年 2 月 28 日

2017年农业科技发展与启示

2017年，全球农业科技研究在作物育种、基因组测序及分子机理研究方面取得重要进展，主要发达国家和地区积极投资和支持农业科技发展。我国农业科技发展进入新的历史阶段，科技创新对农业供给侧结构性改革的驱动引领作用进一步加强。了解国际农业科技进展对我国在农业领域实施创新驱动发展战略具有重要启示意义。

一、重要研究进展

1. 基因组编辑技术及其在农业育种中的应用取得重大进展

美国加州大学伯克利分校发现了两个能终止基因组编辑过程的蛋白质，可有效解决编辑的脱靶效应问题，提高基因组编辑技术的安全性。在育种应用方面，中国科学院遗传与发育生物学研究所在小麦、水稻和玉米三种作物上建立了避免外源DNA片段整合到基因组中的编辑方法和单碱基定点突变新方法。湖南杂交水稻研究中心将基因组编辑技术与杂交技术相结合，培育出了不含外源基因、平均含镉量下降可达90%的低镉水稻。中国科学院上海生命科学研究院将基因组编辑系统和双生病毒载体系统整合，在水稻上实现了外源基因的高效定向插入。此外，利用该技术，韩国基础科学研究所实现了对大豆油脂含量的调节，英国罗斯林研究所培育出抗繁殖与呼吸综合征猪，西北农林科技大学培育出抗结核病奶牛，中国科学院动物研究所培育出比正常猪脂肪少24%的瘦肉猪。

2. 多基因转化育种技术的突破为合成生物学等提供了高效技术平台

瑞士苏黎世联邦理工学院培育出首个可同时表达多种微量营养元素铁、

锌和β-胡萝卜素的转基因水稻品系，突破了在单一基因位点同时转多种基因的技术局限。华南农业大学开发出可高效快速组装和转化的多基因载体系统，并培育出首例胚乳富含花青素的新型功能营养型水稻种质——“紫晶米”，为合成生物学、复杂代谢途径的基因工程和复杂农艺性状的遗传改良等提供了高效的技术平台。

3. 水稻杂交和“分子模块设计”育种获得系列重要成果

我国袁隆平院士团队选育的超级杂交稻经测产验收，平均亩产 1149.02 千克，创世界水稻单产最新、最高纪录。同时，该团队试种的首茬耐盐碱杂交水稻亩产突破 600 千克。中国科学院亚热带农业生态研究所利用杂交和分子标记技术培育出超高产优质“巨型稻”，株高可达 2.2 米，亩产可达 800 千克以上，具有高产、抗倒伏、抗病虫害、耐淹涝等特点。中国科学院遗传与发育生物学研究所与浙江省嘉兴市农业科学研究院利用“分子模块设计”技术培育的具有超高产、早熟和抗稻瘟病的系列水稻新品种在田间成功试种，并获丰收，标志着该育种技术体系即将迈向产业化。

4. 农业基因组测序工作持续推进并取得新进展

以色列特拉维夫大学和德国环境健康研究中心等机构合作对野生二粒小麦基因组进行测序，并发现了两个麦穗抗碎裂基因。中国农业科学院等机构合作绘制出小麦 D 基因组精细图谱，并揭示了转座子在小麦基因组中的重要功能。北京农林科学院联合美国康奈尔大学对印度和中国南瓜进行了全基因组测序，并揭示了南瓜的进化史。国际半干旱地区热带作物研究所与我国华大基因等机构合作构建了珍珠粟全基因组序列。新加坡国家癌症研究中心等机构合作破译了榴梿完整的遗传图谱。中国科学院遗传与发育生物学研究所等机构合作获得了苦荞高质量参考基因组序列。

5. 植物致病和发育等分子机理研究取得多项重要成果

南京农业大学发现了疫霉菌攻击作物的全新致病机制，即通过分泌致病酶的突变体来竞争性干扰宿主的抑制因子与致病酶结合，致使致病酶可以躲过抑制子去攻击宿主，该成果为农药开发和作物抗病性改良提供了重要理论基础和新的研究方向。中国科学院上海生命科学研究院发现 DNA 甲基化在调节番茄果实成熟过程中具有重要作用，首次揭示了除转录因子和植物激素外第三个最重要的果实成熟调节因子。此外，该机构还发现水稻 miRNA 具有参与调控株高、分蘖数、穗粒数等重要农艺性状的新功能。

二、重大战略行动

1. 英国制定未来五年农业与粮食安全研究战略框架

2017 年 7 月，英国生物技术与生物科学研究理事会发布《农业与粮食安全研究战略框架》，拟定了未来 5 年农业与粮食安全研发创新的 6 个优先领域，包括可持续农业系统、作物与农场动物健康、食品安全和营养、减少粮食浪费、基因组学研究与利用、精准农业与智能技术。

2. 澳大利亚科学院发布未来十年农业科学规划

2017 年 6 月，澳大利亚科学院发布《澳大利亚农业科学十年规划（2017—2026）》，提出了未来 10 年最有可能大幅提高农业生产力、收益率和可持续性的 6 个农业科学研究领域，包括基因组学的发展与利用、农业智能技术、大数据分析、绿色可持续农用化学品、应对气候变率和变化、代谢工程/合成生物学。

3. 加拿大发布《国家小麦研究报告 2017—2022 展望》

2017 年 8 月，加拿大农业及农业食品部发布《国家小麦研究报告 2017—2022 展望》，确定了小麦的五大战略研究主题，包括提高单产、提高单产的可靠性、提高耕作系统的可持续性、改善食品安全、满足客户对品质的需求。

4. 欧盟发布未来三年粮食安全等领域研究及生物经济工作计划

2017 年 10 月，欧盟委员会发布《“地平线 2020 计划”粮食安全、可持续农业和林业、海洋、海事与内陆水域研究及生物经济 2018—2020 年工作计划》，提出支持可持续粮食安全、蓝色增长和乡村改革。其中可持续粮食安全将支持“从功能生态系统到健康食品”“环境与气候智能型粮食生产和消费”两个研究方向。

5. 国际农业研究磋商小组发布 2017～2022 年研究计划

2017 年 5 月，国际农业研究磋商小组发布 2017～2022 年研究计划。计划包括农业-粮食系统创新和前沿交叉研究两个部分。前者包括渔业研究计划，农林业计划及玉米、水稻、小麦等作物计划；后者包括营养与健康，气候变化、农业与粮食安全，政策、机制与市场研究，水资源、土地资源和生态系统等 4 个计划。

6. 美国和英国重要资助计划投资农业和粮食安全研究

2017 年 1 月，美国创新基因组学计划宣布未来 5 年将拓展基因组编辑技术的应用领域，新增对农业领域的资助。2 月，英国全球粮食安全计划提出未来粮食安全研究的一系列跨学科、系统性的重点研究主题。7 月，英国宣布全球挑战研究基金将投资开展全球农业和粮食系统研究，以解决可持续生产面临的各种挑战。

三、启　　示

1. 关注粮食安全和可持续发展，加强采用农业系统方法应对各种挑战

粮食安全和可持续发展持续受到关注，在解决方案上更强调粮食生产的系统性和整体性。应加强利用农业生态系统的多尺度、系统性方法解决农业面临的各种复杂挑战，包括建立可持续的农业系统，提高耕作系统和畜牧系统的可持续性，加强粮食生产自然资源的可持续管理，改进自然资源和生态系统服务等。

2. 推动农业向精准化、数字化和智能化方向发展，抢占现代农业科技制高点

各主要国家在精准农业、智能技术、大数据分析等方向上积极布局，相关研究进展正在驱动农业进入精准化、数字化和智能化时代。在这一战略机遇期，应大力支持互联网、大数据、信息技术、光电控制技术等在农业领域的创新应用，着力发展精准农业技术、智能农机装备等，促进农业生产方式转型升级。

3. 在前沿技术和方向上积极布局并持续支持，争取原始创新突破

基因组编辑和合成生物学被多国确定为新兴前沿方向，将可能催生下一次生物技术革命，其在农业领域具有广阔的应用前景。建议通过建立新型科研组织模式，如学术带头人（PI）联合舰队，整合国内各方研究力量，长期持续支持，促进系统性原始创新，以实现从点到面的突破。

4. 重视监管制度研究，为新兴技术提供健康发展环境

对于发展势头迅猛、具有广阔应用前景的革命性新兴前沿方向，如基因组编辑技术和合成生物学，应紧跟技术发展和应用步伐，积极开展相关安全性、监管制度和伦理研究，制定政策、法规和条例等来规范和引导，以推动基因组编辑技术和合成生物学在我国的可持续健康发展。

中国科学院科技战略咨询研究院　袁建霞　邢　颖

2018 年 5 月 7 日

2017 年材料与制造科技发展与启示

材料与制造的创新发展很大程度上推动了各领域的重大科技突破，成为现代科技发展之本。从设计、制备、表征、应用的链条看，2017 年二维材料热点不减，上游原材料资源受到重视，并涌现出诸多新型材料，材料性质与结构研究获得新的突破，应用成果丰硕。人工智能技术的发展也渗入材料制造领域，成为新的热点。

一、重要研究进展

1. 新型材料层出不穷

美国莱斯大学和奥地利维也纳技术大学创造出名为“外尔-近藤半金属”的量子材料，具有拓扑绝缘体、重费米子金属和高温超导体等各种不同材料的特性。美国哈佛大学开发出超高含能材料——金属氢，这是地球上有史以来的第一个金属氢样本，首次证实了物理学家 1935 年提出的气体氢在极大压力下可能变成金属形态的理论。然而，一个月后却因实验操作不当而消失了。香港城市大学制备出一种双相纳米晶结构的镁合金材料。该材料比现有超强镁合金晶体材料高 10 倍，变形能力较镁基金属玻璃高两倍，有望发展成为生物降解植入材料。二维石墨烯是当前最强的材料之一，但是科学家一直被如何做成三维而使其性能不受损的问题所困扰。美国麻省理工学院找到办法解决这个问题，得到超强超轻的三维石墨烯：强度比钢强 10 倍，但密度只有后者的 5%。

2. 材料性质与结构研究取得新进展

金属材料的强度与延展性类似“鱼和熊掌”，尤其是屈服强度超过 2×10^9

帕的超高范围时。北京、香港和台湾学者通过业界广泛采用的热轧、冷轧等常规工艺，前瞻性地提出提高位错密度同时提升强度与延展性的新机理，实现了屈服强度高于 2×10^9 帕的钢铁材料延展性的显著提升，均匀延伸率达到 16%。美国劳伦斯伯克利国家实验室探究了二维硫属化合物——铬锗碲化物（$Cr_2Ge_2Te_6$）的铁磁特性。与先前二维材料中发现的磁性不同，该材料呈现的是本征长程铁磁有序状态，而且还可对铁磁性进行调控。美国华盛顿大学与麻省理工学院首次在二维单层材料——三碘化铬中发现磁性，填补了二维磁体这一空白材料类别。

3. 应用成果推陈出新

奥地利维也纳技术大学用二硫化钼造出微处理器，是二维半导体器件领域的重大突破，证实了基于二维材料的复杂半导体电路结构是可实现的，有望突破硅基半导体技术面临的物理瓶颈。英国曼彻斯特大学通过在特定溶液中进行化学反应，研制出纳米级“分子机器人”，基本功能包括构建其他分子等。其尺寸只有百万分之一毫米，仅由 150 个碳、氢、氧和氮原子组成，数百亿个这种机器人堆叠在一起，也只有一粒盐大小。爱尔兰利默里克大学研究发现，生物分子甘氨酸受到挤压时，可产生足够的电力，以经济上可行、环境上可持续的方式为电力设备供电。甘氨酸是最简单的氨基酸，几乎存在于所有的农业和林业残余物中，其生产成本不及目前使用的压电材料成本的 1%。

4. 新的材料制造技术推动器件升级

美国康奈尔大学采用氮化镓取代传统铝镓氮，研发出一种体积小且更环保的深紫外 LED 光源，并创下目前业界深紫外 LED 最低波长的纪录。2017 年 6 月，由 IBM、三星、格罗方德等公司组成的联盟宣布开发出业界第一种硅纳米片晶体管制造工艺，可制造出 5 纳米节点的芯片。该工艺的出现距离上次 IBM 公司研发团队开发出 7 纳米节点测试芯片不过两年时间，相比市面最先进的 10 纳米技术，5 纳米技术可在固定功率下提升 40%的性能，或在固定性能下节省 75%的功耗。目前主流的 14 纳米节点硅基晶体管的尺寸为 90～100 纳米，IBM 公司研发团队利用碳纳米管替代硅材料，并借助钴钼合金，在保持电流传输性能的同时减小了碳纳米管的触点面积，将晶体管的总尺寸缩小到 40 纳米。美国加州理工学院首次实现了纳米级稀土离子掺杂的量子存储器，这比宏观尺度下的同类波导量子存储器更适合于片上集成，保真效率大于 95%，同时实现了快速的存储初始化和对存储时间的动态控制。

5. 人工智能融合材料与制造

在材料领域，奥地利维也纳大学和德国哥廷根大学联合开发出一种基于人工智能来预测分子红外光谱的方法，可快速用于实验红外光谱分析中。美国麻省理工学院等正在研发一种新的人工智能系统，构建了一个包含从数百万份论文中提取的材料配方的数据库，希望能够通过研究论文来挖掘生产特定材料的“配方”。在制造领域，人工智能技术的融入成为新热点。日本日立制作所为机器人开发了一套能自行成长的语音对话人工智能技术。美国斯坦福大学设计的全新智能抓手装置，可在太空微重力下对不同形状物体抓放自如。

二、重大战略行动

1. 美国、欧盟、中国评估和规划关键材料的矿物质原料

2017 年，美国地质调查局、欧盟委员会（简称欧委会）分别发布了《美国关键矿产资源——经济和环境地质学及未来供应前景》和《关键原材料清单 2017》。我国国土资源部等也颁布了《全国矿产资源规划（2016—2020 年）》。

2. 美英等重视跨界联合，加速技术转移

2017 年初，美国制造业创新网络“制造业美国”新布局了材料循环与再利用、机器人等方向，研究所数量达到 14 家，接近实现奥巴马提出的任期内建设 15 家研究所的目标。2017 年 11 月“创新网络”发布的 2016 年报显示，该网络在提高美国制造业竞争力方面取得了积极的进展及建设成效。类似地，英国高价值制造创新中心现已建成 7 个中心，该中心 2016～2017 年报显示，该中心有机嵌入了英国价值创造过程；积极应对制造业挑战，如电池创新与电气化、低成本复合材料、建筑及数字制造等。同时提出

了未来五年战略：推进工业 4.0，以确保英国有最好的机会利用其强大的数字化基础，获得生产力和效率优势。

3. 欧盟“石墨烯旗舰计划”第一阶段收官，“地平线 2020”发布未来三年工作计划

继 2016 年 10 月欧委会发布“石墨烯旗舰计划”和“人脑计划”第一阶段 30 个月的经验总结报告后，欧委会组织的高层专家内部评估委员会对“石墨烯旗舰计划”进行评估，并于 2017 年 2 月发布了中期评估报告。报告指出，“石墨烯旗舰计划”是欧洲研究与创新战略的有机组成部分，并且有潜力产生巨大影响。

2017 年 10 月，欧盟发布了 2018～2020 年“地平线 2020”“纳米技术、先进材料、生物技术及先进制造和加工”领域的工作计划，经费总预算为 16.5 亿欧元，主要用于未来产业基础、欧盟产业转型、产业可持续发展等领域的研发。

4. 日本意欲重振制造业

2017 年 6 月，经济产业省等发布的《日本制造业白皮书 2017》提出维持并提升日本制造业“强大的现场”，并指出，从日本企业在日本、中国和东盟之间的生产基地转移趋势来看，从中国转移回日本，即“回归”的企业有所增加。

5. 英国发布工业战略以提振经济

2017 年 11 月，英国政府发布工业战略。战略提出的目标是，到 2030 年成为全球最为创新的经济体，为国民创造高技术含量、高收入的就业机会。其中的“工业战略挑战基金”重点关注医疗保健与医药、机器人与人工智能、清洁柔性的储能电池、自驾车、制造业与未来材料、卫星与空间技术等。

三、启　　示

1. 资助新材料基础性研究工作，并注重与应用相结合

以二维材料为例，美欧等资助了多项二维材料的计划和项目，研究了多

个类别的二维材料，特别是近年来的资助力度逐渐加强。我国相关部门需探讨二维材料的发展规划，部署相关的研究计划和项目，促进我国二维材料的快速研究和发展。高校和科研院所在发展二维材料方面发挥着巨大的作用。美英等的高校和研究所建立了专门的研究中心，我国也需要投入人力、物力和财力加强二维材料研究中心的建设，中国科学院相关研究所可起到带头示范作用。虽然二维材料研究仍处于实验室研究阶段，但在光电、自旋电子学、催化、化学、生物传感、超级电容器、太阳电池等的应用要早部署，更要向产业化方向发展，打通从实验室基础研究到市场应用的全价值链。

2. 重视关键矿物原材料安全，提升关键矿物原材料的识别与评估能力

对于我国在新材料领域的战略发展规划，建议重视上游关键矿物原材料的供给与建设。资源安全不仅是经济问题，更是政治问题，需要上升为国家战略。虽然我国也有矿产资源规划，但这还不够，还需学习欧美，组织相关部门研究我国的关键矿物原材料评估方法，建立能够反映资源稀缺程度、市场供求关系和环境成本等要素的评估方法机制，助力我国相关政策和规划的进一步制定。

3. 推动与先进制造技术相关的材料技术发展

如增材制造发展的关键技术在于其所采用的原料、装备的研制、制造的成本与效率、制造精度和制造零件的性能等。集中力量开展包括增材制造技术、生物制造技术、智能制造技术等在内的先进制造技术所需的新材料，并重视制造过程的材料工艺技术，还要关注制造产品的性能评价。

中国科学院武汉文献情报中心　万　勇　冯瑞华　姜　山　黄　健

2018 年 5 月 7 日

2017 年环境科学发展与启示

2017 年，环境科学领域在生态学理论、碳观测、气候历史重建、空气污染成因等研究中获得了突破性进展。重要国际组织和主要国家颁布了多项重要战略与规划，着力加强污染防治、生态系统保护、气候变化应对和水资源管理。总体而言，更加重视从全球视角以及政治、科技和经济等多方面解决环境问题，助推绿色可持续发展。

一、重要研究进展

1. 美国生态学会提出转化生态学并推动其发展

为促进生态学为环境政策的制定和管理提供信息，生态学家和生态研究使用者之间必须建立新的伙伴关系，一些科研人员呼吁发展“转化生态学”来解决该问题。2017 年 12 月，美国生态学会主办的《生态学与环境科学前沿》期刊出版专刊，介绍了转化生态学的发展背景、概念、原则、机遇与挑战以及应用案例，旨在加快转化生态学的发展和应用。

2. NASA 轨道碳观测卫星 OCO-2 获得首批重要发现

轨道碳观测卫星 OCO-2 是美国国家航空航天局（NASA）于 2014 年 7 月发射的首颗用于观测大气中 CO_2 的卫星，能够以前所未有的精度、分辨率和覆盖范围准确地表征全球 CO_2 源和汇的季节性周期变化。2017 年 10 月，《科学》期刊发布特刊，介绍了 OCO-2 卫星获得的首批重要发现，OCO-2 卫星数据已被成功用于空间观测 CO_2、植物光合作用、碳循环、厄尔尼诺对碳循环的影响等方面的研究。

3. 南极冰芯将气候历史向前推进 170 万年

美国普林斯顿大学等机构在南极艾伦山（Allan Hills）钻取得到距今 270 万年的冰芯，比先前的冰芯记录向前推进了 170 万年。对冰芯的分析表明，更新世早期大气中的 CO_2 浓度在 300 ppm[①]以下，远低于目前的 400 ppm，或推翻此前一些间接测量的结果。该发现还开启了找到更古老冰层的方法，冰芯取样来自一个以往被忽略的“蓝冰”地区，该地区具有独特的动力条件可以保存旧的冰层。此项研究入选《科学》期刊评选的 2017 年全球十大科学突破。

4. 交通氮氧化物（NO_x）排放近年逐渐受到关注

美国环境健康分析有限责任公司联合英国约克大学等机构的研究指出，在全球主要的 11 个柴油车市场中，有将近 1/3 的重型柴油车和 1/2 以上的轻型柴油车尾气排放超过 NO_x 的认证限制。奥地利因斯布鲁克大学联合德国拜罗伊特大学等机构的研究指出，交通对欧洲 NO_x 排放的贡献被严重低估。芬兰坦佩雷理工大学等机构的研究发现，汽车交通是大气纳米簇气溶胶的主要来源。挪威气象局联合奥地利国际应用系统分析研究所等机构的研究发现，2013 年欧洲轻型柴油车 NO_x 排放造成的空气污染导致欧盟约 1 万人过早死亡，其中约一半由过量的 NO_x 排放引起。

5. 中国空气污染发生发展的因素研究获得新认识

美国佐治亚理工学院研究指出，全球气候变化导致的北极海冰减少与欧亚降雪增加改变了区域大气环流结构，进而可能加剧中国近年来的冬季严重空气污染问题。中国海洋大学青岛海洋科学与技术试点国家实验室等机构的研究发现，全球变暖会增加有利于类似北京严重霾事件发生的天气条件，并增加未来冬季严重霾事件的发生频率和持续时间。美国加州大学联合中国南京信息工程大学等机构的研究指出，近年来中国东部地区的气溶胶污染问题，除人为排放量的增加之外，很大程度上源自西部戈壁的天然沙尘数量下降。

二、重大战略行动

1. 全球汞污染防治公约正式生效

2017 年 8 月，全球第一个汞污染防治公约《水俣公约》正式生效，目前

① ppm 为 10^{-6}，即百万分之一。

已有 128 个国家和地区签署了该公约。公约旨在通过全球共同努力，防治全球汞污染，逐步降低汞对人类健康的威胁。公约重申了“共同但有区别的责任”原则，就汞的生产、流通、使用及污染控制做出具体安排。

2. 联合国重视荒漠化防治

2017 年 9 月，《联合国防治荒漠化公约》第十三次缔约方大会通过公约 2018～2030 年战略框架，明确了 2030 年前实现全球土地退化零增长目标的战略途径、步骤和监测指标。其战略目标为：改善受影响生态系统的状况；改善受影响人口的生活条件；减轻、适应和管理干旱的影响，提高脆弱人口和生态系统的抵御能力；通过有效执行公约带来全球环境效益；通过在全球和国家层面建立有效的伙伴关系，动员大量的额外财政和非财政资源来支持公约的执行。

3. 欧盟和英国强调低碳经济发展

面向“建立低碳、具有气候恢复力的未来”和“绿色循环经济”两大需求，欧盟和英国纷纷推出相应的战略与规划，描绘低碳发展的前景。2017 年 10 月，欧盟发布《“地平线 2020”工作计划（2018—2020）》，在应对“气候行动、环境、资源效率和原材料”的社会挑战方面，提出开展相关方向的研究和创新行动。同月，英国发布《清洁增长战略》，确定了在技术突破和大规模部署方面需要实现最大进展的关键政策行动，为 2030 年前英国低碳经济发展描绘了雄伟蓝图。

4. 英国着力解决环境问题

2017 年 7 月，英国发布《英国二氧化氮（NO_2）空气质量计划》，重点减少道路周围的 NO_2 浓度，以在最短的时间内达到排放限制目标。2018 年 1 月，英国发布《绿色未来：改善环境的 25 年计划》，其目标是实现清洁空气、清洁和充足的水资源、减少环境灾害造成的损害风险、更加可持续和高效地利用大自然资源、减缓和适应气候变化、减少废弃物、管理化学品暴露和加强生物安全等，并确定了未来 25 年需要实施的关键政策行动。

5. 美国强化水资源管理

2016 年 12 月，美国国家海洋与大气管理局发布《水计划愿景及未来五年计划》，旨在通过提供与水资源相关的科学信息和服务来改善国家水资源安全，解决水风险的脆弱性，实现高效的水资源管理。2017 年 11 月，美国政府发布首份《全球水战略》，其战略目标是获得安全饮用水和卫生服务，鼓励淡水资源的健全管理和保护，促进共享水的合作以及加强水资源管理部门的治理和融资。

三、启　示

结合国际年度重要研究进展、战略行动和我国的研究现状，建议我国加强以下方面的研究部署。

1. 加强生态环境中长期战略规划制定

国际组织和主要发达国家在整体环境保护及生物多样性、水资源、气候变化、空气质量、土地荒漠化、清洁能源、可持续发展等方面已制定了不少战略和规划。我国应积极关注国际环境领域的重要发展方向，并围绕我国未来社会发展的需求，加强环境领域研究的战略规划制定工作，促进生态文明建设。

2. 加强我国空气污染归因研究及控制

尽管我国实施了严格的大气污染物排放控制措施，但近年来，持续性霾污染事件仍呈频发趋势，其中冬季发生的频率最大。我国应加强工业、交通等人为污染物排放和气候变化相对贡献的量化研究，气候变化和大气化学过程的相互作用研究，以及空气污染的季节性预测，并在重点领域实施更加严格的空气污染预防和控制政策。

3. 加强气候观测系统的设计和建设

未来几十年，需要利用气候观测来解决一系列重大社会问题。目前的气候观测系统并不是以全面和综合的方式进行规划，无法充分满足各种气候需求。美国众多气候专家围绕世界气候研究计划确定的重大挑战，提出未来气候观测系统重点资助的七大优先需求。我国应紧跟国际步伐，加强良好气候观测系统的设计和建设，以支持气候变化的影响研究。

4. 加强先进低碳技术的研发

我国清洁能源投资、可再生能源装机容量、电动车市场等虽然居于世界首位，但是在大型风力发电设备、氢能技术、光伏电池技术及碳捕集与封存等先进低碳技术方面缺乏核心技术，难以形成核心竞争力。我国应加快这些先进低碳技术的研发和部署，推动清洁能源和可再生能源的发展。

5. 加强水资源管理

我国面临的水资源压力正在急剧上升。我国虽然已经通过一些政策措施降低了由农业引起的水压力，但工业和生活水压力仍有所上升。我国亟须监测评估水资源的可持续性，并利用水资源管理工具、水供给的高效技术、使用替代水源等措施，提高水资源的利用效率，加强水资源的管理和保护，以解决水资源总量与用水量冲突带来的严峻水压力问题。

中国科学院兰州文献情报中心　曲建升　廖　琴　曾静静
裴惠娟　刘燕飞　董利苹等
2018年5月7日

2017 年地球科学发展与启示

地球科学是与自然环境演化和社会经济发展密切相关的一门历史悠久的自然学科。2017 年地球科学领域在地球深部物质组成、地幔对流、板块构造、海洋天然气水合物试采、矿产资源综合利用、天气预报系统模型、全球卫星监测体系等方面取得新的重要进展，一些国家和国际组织亦围绕上述领域部署了相关行动。

一、重要研究进展

1. 地球深部物质组成研究取得突破

地表以下特别是地幔中的碳含量问题是近年来研究界争论的主题之一。美国马里兰大学等机构合作基于对大西洋洋脊玄武岩包裹体样品的分析，发现地幔深部碳含量具有明显不均性，且与地幔深度关系密切。在 2017 年哥德施密特国际地球化学大会上，法国巴黎地球物理研究所宣布，新的地球化学证据表明，地球深处的地核中存在大量锌（Zn）元素，它对地球形成理论的传统解释形成了巨大挑战。

2. 地幔对流研究打破传统认识

英国莱斯特大学与中国地质大学（北京）等机构合作研究发现地幔内部存在两个相互独立的循环区（一个位于太平洋之下，另一个与之完全没有联系），地幔物质只在循环区内部对流，不会发生混合。这一结论推翻有关地球内部地幔对流、搅动及其划分的传统认识。美国亚利桑那州立大学与中国地质大学（武汉）等机构合作基于代表地幔成分的布氏岩（Bridgegmanite）

实验研究提出造成地幔中部（地下 1000～1500 千米区间）对流减缓的机制在于该层段温压下地幔物质中铁元素减少所导致的黏度增大。

3. 地球板块构造研究获得重要发现

数十年来，大多科学家认为地球板块构造运动主要受地球内部冷却所产生的负浮力驱动，但由美国芝加哥大学与加拿大蒙特利尔大学等机构合作基于对东太平洋隆起的观测和模拟分析发现，地核内部热量带来的额外作用力可能是板块运动的主要驱动力。美国伍兹霍尔海洋研究所与德国法兰克福大学联合研究发现，在与地幔物质发生混合之前，板片的顶部就已经存在杂岩，而不是学界一直认为的熔岩形成始于来自俯冲板块或板片的流体熔合，并指出杂岩熔化是板片与地幔相互作用的主要驱动力。

4. 海洋天然气水合物试采实现突破

继页岩油气开发技术突破和在北美实现商业开发后，海域天然气水合物（可燃冰）试采得到多国重视。2017 年 5 月，美国在墨西哥湾深水区开展可燃冰开采研究。2017 年上半年，中国和日本分别在中国南海北部神狐海域和日本南海海槽进行了海域可燃冰试采试验，其中中国在南海的可燃冰试采成功标志着中国成为全球首个实现在海域可燃冰试采中获得连续稳定产气的国家。

5. 矿产资源综合利用取得新进展

2017 年 2 月，美国斯坦福大学等机构合作开发出一种基于半波整流交流电从海水中高效提取铀的电化学方法。较之传统的物理化学吸附法，该方法提取能力提高了 8 倍，速度提高了 3 倍。2017 年 9 月，美国能源部公布了 9 个新的稀土元素技术研发项目，旨在改善从煤炭及煤炭副产品中提取、分离和回收稀土元素，以改善美国的技术、环境和经济绩效、国家安全现状。

6. 天气预报系统模型得到改善

2017 年 1 月，欧洲中期天气预报中心（ECMWF）哥白尼大气监测服务（CAMS）项目升级了全球预报系统，增加了气溶胶和臭氧观测等新的卫星数据集，升级的系统有助于更好地预测大气中灰尘、硫酸盐和生物质燃烧颗粒的量。11 月，ECMWF 提出开发新的四维变分同化（4D-Var）框架，通过考虑观测数据的质量与结构、预报模式的动力学与物理学，在空间和时间上调整背景场获得与气象观测更接近的初始场，以此来提升其综合预报系统的天气预测水平。加拿大模块化天线雷达设计公司等机构合作开发出新的龙卷风预测方法，利用风廓线雷达探测特定的龙卷风特征，使雷达探测龙卷风的成功率达到 90%，预警时间提前 20 分钟。

7. 全球卫星大气监测体系进一步完善

欧洲航天局（ESA）成功发射哥白尼计划首颗全球大气质量监测卫星“哨兵-5 先导”（Sentinel-5P）卫星，用于填补欧洲环境卫星（Envisat）的监测空白，并作为极地轨道气象卫星 MetOp 监测任务的重要补充。美国发射联合极轨卫星系统-1（JPSS-1），提升对包括飓风在内的极端天气事件的预测与预报能力。

二、重大战略行动

1. 加强地震监测与机理研究

2017 年 5 月，美国地质调查局（USGS）发布报告《ANSS：现状、发展机遇与优先方向 2017—2027》，总结了美国国家地震监测台网系统（ANSS）的现状、近 16 年取得的进展，并展望未来 10 年（2017～2027 年）的研究机遇。6 月，USGS 发布《减少构造板块碰撞处的风险——一项推进俯冲带科学的计划》报告，提出从俯冲带过程观测和模拟、自然灾害和风险的量化分析、预报和态势感知三方面来认识俯冲带灾害的现有差距，并通过行动和产品来建设更具弹性的未来。

2. 推进矿产资源勘探开发

2017 年 7 月，澳大利亚地球科学局发布《2017—2022 年国家矿产资源勘查战略》，提出通过挖掘澳大利亚隐藏的矿产资源打造可持续的经济未来并制订了相应的行动计划。加拿大勘探开发者协会（PDAC）发布报告建议该国 2017 年财政预算对矿产行业维持流通融资、续签一年税收抵免、支持在偏远地区和北部地区矿产勘查。

3. 重视极地气候预测研究

2017年5月，世界气象组织（WMO）启动为期2年的极地预测年（YOPP）计划的主体工作，各国科学家和业务预测中心将共同观测、模拟并改进北极与南极的天气和气候系统预报，通过协调密集观测、模拟、检验、用户参与和教育活动，显著提升极地地区的环境预测能力。此前欧盟已正式启动“极地地区先进预测：模拟、观测系统设计和北极气候变化联系”（APPLICATE）项目，以便提升天气和气候预测水平来应对快速变化的北极气候。

4. 多国布局地球科学基础设施建设

2017年1月，澳大利亚政府宣布启动国家定位系统研发计划，旨在升级国家定位基础设施，建设最新的星基增强系统（SBAS）测试平台，推动先进定位技术应用。9月，WMO宣布启动世界首个全球水文状态监测与预测系统建设计划，以弥补全球性的水文监测、模拟及报告系统的空缺，为全球有效应对洪水与干旱灾害提供支持。

三、启　示

1. 围绕关键领域持续推进地球科学的基础研究

地球科学在人类认识、利用和管理我们赖以生存的地球方面发挥了不可替代的作用。近年来，美国、欧盟、澳大利亚等围绕地球关键带、人类世、地下-地表耦合过程、地质灾害、能源与矿产资源勘探和综合利用、地球起源与演化、地球动力学等地球科学关键领域提出重点科学问题或制订国际性研究计划，引领国际地球科学的创新性研究。

2. 出台相关法律或政策拓展矿产资源勘探空间

矿产资源勘探已走出传统地球陆域和地壳浅层，呈现向海域深水区和外太空扩展的趋势。2017年7月，卢森堡国会通过《太空资源勘探与利用法（草案）》，明确太空资源可以被占有，并规定了空间勘探任务的授权和监督程序。8月，新西兰环境保护局正式批准了跨塔斯曼资源公司在南塔拉纳基海湾海底开采铁矿砂的申请。

3. 加强能源矿产生产过程的环境影响研究

随着全球非常规油气勘探开发的不断发展，围绕能源和矿产生产过程中环境风险及处理问题的研究已得到多国和众多研究机构重视，开展过多项相关研究，如地下水污染、诱发地震、噪声、油气泄露等。美国未来资源研究所（RFF）更是从公众对页岩气开发风险感知角度开展研究，通过对我国四川省威远县、珙县页岩气产区的 730 位受访人员进行调查，了解我国居民对页岩气开发的风险认知。

4. 持续加强地球科学基础设施建设

现代地球科学研究对大型基础设施、全球/区域观测网络以及大数据平台等的倚重更为明显。美国、欧盟、俄罗斯、澳大利亚等国家和国际组织纷纷制订大型系统研发和建设计划，推动陆基、海基、空基对地观测，大气监测，深海探测，模拟与实验等科学基础设施平台和系统的建设与升级。

中国科学院兰州文献情报中心　郑军卫　赵纪东

2018 年 5 月 7 日

2017 年能源科技发展与启示

当前，全球能源格局正在经历深刻调整，云计算、大数据、物联网等新兴技术的发展和应用，为能源生产、运输、存储、消费等环节带来全面变革。从传统集中式到分布式能源，从智能电网到能源互联网，从石化智能工厂到煤炭大数据平台，从用户侧智慧用能到汽车充电设施互联互通，一些重大或颠覆性技术创新在不断创造新产业、新业态，改变着传统能源格局。

一、重要研究进展

1. 能源转型迈向数字化时代

随着新能源技术和数字技术的发展和深度融合，人工智能、大数据、物联网等为能源行业重大挑战提供全新的数字化解决方案。国际能源署预计到 2025 年，全球能源领域数字化市场规模将增长到 640 亿美元，新的能源创新将集中在数字技术和数据的战略使用上。大数据和机器学习算法的普及推动科研工作开始采用以人工智能和数据挖掘为基础的新兴研究手段，来提升研究效率。随着以智慧优化和调控为特征的能源生产消费新模式的涌现，智能电网、分布式智慧供能系统等发展迅速，交通运输向智能化、电气化方向转变，建筑向洁净化、绿色化、智能化方向发展，能源互联网发展应用正在引发用能模式和业态变革，未来智慧能源新业态将蓬勃发展。

2. 3D 打印技术助力燃气轮机系统研发

欧美巨头积极布局 3D 打印技术，促进燃气轮机设计创新，增效降耗减排，缩减生产周期和成本。德国西门子公司利用 3D 打印技术生产的燃气轮机叶片首次在满负荷条件下完成性能测试，获得突破性成果，其燃气轮机转速高达 13 000 转/分，工作温度超过 1250℃。美国通用电气公司将 3D 打印技术应用于多个燃气轮机关键部件的制造，其 H 级重型燃气轮机联合循环发电效率突破 64%，且输出功率高达 826 兆瓦，刷新世界纪录。

3. 核聚变研究取得重大突破

美国、欧盟、中国核聚变实验装置持续创造纪录，稳步推进受控核聚变的实现。中国科学院等离子体物理研究所全超导托卡马克（EAST）实现了稳定的 101.2 秒稳态长脉冲高约束等离子体运行，创造了新的世界纪录。美国普林斯顿等离子体物理实验室在国家球形托卡马克实验装置（NSTX-U）上发现了一种简单快捷的方式，能够抑制可能停止聚变反应并损坏反应堆壁的不稳定性问题，为避免核聚变反应的骤停提供了科学理论。德国马普学会等离子体物理研究所成功升级了世界上最大的仿星器聚变装置 W7-X，能够让等离子体放电持续 10 秒以上，并能够首次观测等离子体湍流现象，开展第二轮科学实验。

4. 规模储能加快实用化步伐

储能技术在反应机理探索、电化学体系设计、新材料开发方面成果斐然。瑞士保罗谢尔研究所利用 X 射线技术首次实现对锂硫电池放电中间产物直接观测，深化对锂硫电池反应机理的认识。美国斯坦福大学研发了新型的三氯化铝/尿素类离子液体电解质，与石墨正极和铝金属负极组装成铝离子电池，实验展现出优秀的循环稳定性和倍率性能。俄勒冈州立大学联合加州大学河滨分校开发出全球首个水合氢离子电池，有望为电网规模储能带来新的解决方案。

5. 钙钛矿太阳电池研究取得全面进展

钙钛矿电池技术在机理研究、材料研发、制备工艺等方面取得全面进展，解决器件大面积制备、长期稳定性等技术瓶颈。日本冲绳科学技术大学院大学系统揭示了碘基钙钛矿薄膜降解作用机理，为改善钙钛矿电池稳定性提供了重要的理论参考。韩国化学技术研究所制备了新型钙钛矿材料，显著减少了钙钛矿薄膜缺陷态浓度，光电转换效率 22.7%刷新世界纪录。上海交通大学与瑞士洛桑联邦理工学院联合采用新工艺制备出 36.1 平方厘米超大面积钙钛矿电池，突破大面积工艺瓶颈，为钙钛矿电池的大规模生产奠定了技术基础。

二、重大战略行动

全球新一轮能源技术革命呈现出“低碳能源规模化，传统能源清洁化，能源供应多元化，终端用能高效化，能源系统智慧化”的整体趋势。世界主要国家均把能源技术视为新一轮科技革命和产业变革的突破口，积极将实施中长期能源科技战略作为顶层指导，出台重大科技计划牵引调动社会资源持续投入，并不断优化改革能源科技创新体系以增强国家竞争力和保持领先地位。

特朗普政府推出“美国优先能源计划”，将“美国利益优先”作为核心原则，强调发展国内传统能源产业，振兴核电，并将能源作为一种重要战略资源，扩大能源出口，在实现能源独立的过程中谋求世界能源霸主的发展之路。欧盟组建能源联盟，升级战略能源技术规划，将研究与创新置于低碳能源系统转型的中心地位。德国政府提出“哥白尼计划”支持能源转型战略，在未来 10 年投资约 4 亿欧元，聚焦四大重点研究领域。日本政府大幅调整了能源科技发展重点，压缩核电加快发展可再生能源，相继公布《能源革新战略 2030》和《能源环境技术创新战略 2050》划定中长期发展路线。

1. 电力行业是数字化转型的核心

美国能源部资助 2.2 亿美元实施电网现代化研究，成立国家实验室联盟，协调整合全部门的电网现代化研究工作，重点关注六大核心主题：设备集成与系统测试、安全性和灵活性、电网设计与规划工具、系统运行以及电力流动和控制、改善传感与量测能力、为州和地方政府提供技术援助。

2. 新能源汽车推动绿色交通发展

欧盟实施低碳交通战略框架和一揽子计划，规划欧盟未来交通运输部门发展方向，推进交通绿色低碳转型。日本发布《氢能基本战略》和新版《电动汽车发展路线图》，规划新能源汽车和氢能发展目标，推进交通电气化。美国和日本积极布局新型锂电池技术研发项目，提出未来高能动力电池技术性能和成本目标。

3. 航空用能清洁化和电气化转型渐受重视

美国公布低碳推进动力和替代喷气燃料研发战略，以助力航空业走向低碳化、用能多元化，采用跨学科、多因素方法，开发和验证综合系统模型，支持替代喷气燃料部署。欧洲强化航空动力技术研发，开发数百千瓦级到数十兆瓦级的多种推进系统原型，加速推进航空领域电气化进程。

4. 下一代先进核能强调安全高效

美国能源部发布《先进反应堆开发部署战略愿景》，提出中长期发展目标，制定了加强核基础设施建设、开发先进燃料循环路径、强化公私合作等六项战略行动计划。同时通过“核能大学计划”“核能使能技术计划”等推进先进核技术研发。日本原子能委员会首次制定《核能利用基本原则》，将在反省福岛核事故的基础上为核能政策指明长期方向。

5. 可再生能源加速替代步伐

欧盟《海洋能源战略路线图》聚焦波浪能、潮汐能、海洋温差能、海流能和盐差能五大技术领域，指明未来发展方向，促进海洋能源产业发展。美国能源部启动“太阳能攻关 2030 计划”，聚焦未来十年太阳能发电成本在 2020 年水平上再降 50%。国际能源署《可持续生物能源技术路线图》提出生物交通燃料、生物质电力、生物质建筑供暖等六大主题领域至 2060 年的愿景目标和行动建议。

三、启　示

1. 推进能源绿色发展建设美丽中国

十九大报告中将推进能源生产与消费革命列入“加快生态文明体制改革，建设美丽中国”章节，对能源发展改革工作提出了新的使命要求，即推进能源发展向更高水平、更加绿色的方向迈进。一方面，要坚定不移推进能源供给侧结构性改革，把提高供给质量作为主攻方向，大力推进化石能源清洁高效利用、非化石能源规模化发展；另一方面，要坚持节约集约循环利用的资源观，深入推进能源技术革命，大幅减少终端用能部门能耗和污染排放，加强废弃物能源化、资源化综合利用，构建多种能源协调发展的清洁、高效、智能、多元的能源技术体系，为我国能源生产、消费和系统集成转型提供全面支撑。

2. 开发关键耦合技术促进多能互补现代能源体系构建

多能互补成为能源可持续发展的新潮流，引领能源行业迈向多种能源深度融合、集成互补的全新能源体系，是能源变革的发展趋势。因此需要发展多能互补的关键耦合技术，如加大风光水火储多能互补关键技术、大容量低成本储能技术、智慧能源系统调控技术和关键设备研发力度，破除化石能源、可再生能源、核能等各能源体系之间技术上的相对割裂态势，提高能源系统的互补性、安全性、经济性和柔韧性，促进不同能源体系相互联系和相互支持，推进关联产业融合发展，构建多能互补、协调发展的能源体系。

3. 加快技术创新提升能源装备水平和利用效率

我国能源装备和利用效率总体尚没有达到世界领先水平，因而必须通过能源技术创新，提高用能设备设施的效率，增强储能调峰的灵活性和经济性，推进能源技术与信息技术的深度融合，加强整个能源系统的优化集成，实现各种能源资源的最优配置，构建一体化、智能化的能源技术体系。绿色低碳能源技术创新及能源系统集成创新是引领新一代科技革命和产业变革的关键因素，也是我国有望走在世界前列的潜在领域，培养能源技术自主创新生态环境，集中攻关一批核心技术、关键材料及关键装备。

4. 积极拥抱数字技术推进能源数字化转型

在大数据时代，能源行业的数字化转型已然成为大势所趋。未来的几十年内，数字技术将使全球能源系统变得更加紧密互联、智能、高效、可靠和可持续。因此需要坚定不移地推进能源和数字技术深度融合，以引导能量有序流动，构筑更高效、更清洁、更经济、更安全的现代能源体系。需要制定灵活政策以适应新技术发展需求，探讨跨部门广泛应用，并对从业人员进行数字技术专业技能培训。此外，需要从系统观出发来考量能源数字化转型的成本和收益，密切追踪数字化转型对全球能源消费需求变化的影响，充分考虑和评估能源数字化转型过程中面临的潜在风险，提供公平的竞争环境，以更好地服务各利益相关方，并加强国际合作分享能源数字化转型的成功案例和经验。

中国科学院武汉文献情报中心　陈　伟　郭楷模　吴　勘　赵晏强

2018 年 5 月 7 日

2017 年海洋科技发展与启示

2017 年海洋科技领域在物理海洋、海洋生物、海洋地质、海洋环境以及海洋技术等方面取得了重要进展，在海洋变暖、海洋塑料污染、海洋灾害研究、海洋探测技术等方面取得了一些突破，有关国际组织和主要海洋国家也围绕这些领域进行了科学布局。

一、重要研究进展

1. 物理海洋学研究取得新突破

2017 年是迄今海洋温度最高的一年。据英国《独立报》报道，全球海洋升到迄今最热温度；中国科学院大气物理研究所的研究表明，海洋 2017 年相比 2015 年升温的热量是中国年均发电量的 699 倍。

最大的海洋环流系统呈现不稳定性。美国耶鲁大学研究认为大西洋径向翻转环流的变化可能会和电影《后天》一样突然发生。

发现突破厄尔尼诺春季预报障碍的新因子。中国科学院海洋研究所研究发现了突破厄尔尼诺春季预报障碍的新因子——热点区域的表层流场，新因子可有效克服厄尔尼诺和南方涛动预报的春季障碍，比传统预报因子的预报相关系数平均提高了 20%。

长期海洋数据揭示了令人担忧的氧气减少。美国佐治亚理工学院发现从 20 世纪 80 年代以来，随着海洋温度上升，含氧量开始下降。

2. 海洋生物学研究的重大发现

首次绘制了鞭毛藻类的遗传进化图谱。由十几所大学组成的研究团队利用新的基因测序数据，首次发现了被称为海洋浮游生物的微小而复杂的有机体——鞭毛藻的生物学及其进化，揭开了这种与恐龙生活同时代的古老生物数百万年是如何进化的奥秘。

全球海洋中含量最丰富的病毒被确定。由西班牙阿利坎特大学领导的研究团队综合应用流式细胞术、基因组学和分子生物技术等尖端技术，发现了全球海洋最丰富的 44 种病毒。

最新研究揭示，海绵是动物最古老的祖先。英国布里斯托尔大学的研究解释了进化生物学最激烈的争端，揭示了现存最古老的动物谱系是海绵，而不是栉水母。

海底热液研究取得新成果。日本海洋科学技术中心通过对热液口硫化物矿床的分析发现，深海热液喷口区是一个巨大的“天然燃料电池”，可以不断地产生电流。美国蒙特利湾海洋研究所在加利福尼亚南部港湾发现的两个截然不同的热液喷口，尽管相对靠近，但却生长着不同的动物群落，与传统理论相悖，从而使临近热液生物克隆理论被打破。

3. 海洋地质学研究取得重大进展

毛里求斯岛屿下方存在着一块“遗失的大陆”。研究证实，这块遗失的大陆是大约 2 亿年前冈瓦纳古陆解体后的一小部分，由于火山喷发这块陆地被年轻的火山岩所覆盖，在非洲、印度、大洋洲和南极洲裂开形成印度洋时，这块大陆从马达加斯加岛上分离出来。

海床下 10 千米处发现可能的生命迹象。国际研究团队发现马里亚纳海沟地区海底 10 千米处可能存在生命迹象的证据。

在搜索马来西亚航空公司（MH）370 飞机时发现了隐蔽的海底地质情况。根据澳大利亚发布的地图显示，在搜索失联的 MH370 过程中，发现了之前未知的海底火山、峡谷以及洋脊。

南极马利伯德地下可能存在地幔柱热源。美国国家航空航天局的一项研究增加了南极马利伯德地下存在地幔柱热源的证据，也解释了南极冰盖下发生融化形成湖泊和河流的原因。

4. 海洋环境领域研究取得重要进展

在海洋灾害研究方面，美国国家海洋与大气管理局的研究表明，在大西洋飓风活跃时期，美国东海岸存在风暴缓冲区，使风暴在登陆过程中减弱，并进行了高质量的预报；美国得克萨斯大学的一项研究发现，太平洋西北部海岸致密沉积物的固结可能引发毁灭性海啸。

美国加利福尼亚州蒙特利湾水族研究所的研究人员发现塑料垃圾向深海转移的机制，深海动物吞噬塑料碎片，并将无法消化的微塑料排出体外沉积在海底。

5. 海洋观测新技术研发与应用

英国国家海洋学中心主导研发出一种新型的 CO_2 探测装置，可在极端环境下工作，为研究碳和海洋环境提供帮助；英国南安普顿大学首次采用潜水器捕捉到了南极地层水中的数据。

美国弗吉尼亚海洋科学研究所在南极洲附近季节性冰封水下部署了高科技锚泊潜标，携带测量溶解 CO_2 浓度、pH、温度、盐度和溶解氧的传感器。美国伍斯特理工学院开发了一种被称为“火焰回流冷凝液”的新技术，在燃烧溢油的同时产生相对较低水平的空气污染。

二、重大战略行动

1. 国际组织

2017 年 1 月，亚洲开发银行发布《海平面上升对亚洲发展中国家经济增长的影响》报告，评估了海平面上升对亚洲发展中国家经济增长的影响及其适应成本，并提出了相关适应策略和政策建议。3 月，国际海洋能源系统组织发布《国际海洋能源愿景》；联合国教科文组织与欧洲委员会共同发布《加快国际海洋空间规划进程的联合路线图》。4 月，世界自然保护联盟等发布《北冰洋海洋世界自然遗产：专家研讨会和审查过程报告》，北极监测与评估计划组织发布《北极地区雪、水、冰及多年冻土》。5 月，深海观测系统最新版本正式发布，作为全球海洋观测系统的一部分，聚焦于深海关键要素的观测。6 月 8 日“世界海洋日”之际，联合国教科文组织在联合国海洋大会发布了《全球海洋科学报告：全球海洋科学现状》报告，呈交《2021—2030 海洋可持续发展十年提案》。9 月，20 国集团发布《G20 海洋垃圾行动计划》，研究制定减少海洋垃圾行动的优先领域和潜在的政策措施。

2. 美国战略行动

为了确保美国在北极地区的经济和战略利益，美国有关部门和机构发布了一系列报告。2017 年 1 月，美国战略与国际问题研究中心发布《中美在北极的关系：未来合作路线图》，并与欧盟联合发布《南极海洋保护区建设计划》；3 月，美国外交关系委员会发布《北极规则：加强美国第四海岸战略》；7 月，美国国家研究理事会发布《满足国家需求的极地破冰船的获取和运行》；10 月，美国战略与预算评估中心发布《保卫前线：美国极地海洋行动的挑战与解决方案》。

在海洋能源方面，2017 年 4 月，美国总统执行办公室发布《扩大海上石油钻探活动的行政令》和《美国优先海上能源战略》；9 月，美国海洋能源局、地质调查局、国家海洋和大气管理局（NOAA）联合发布《深海研究计划》。

3. 欧洲国家

2017 年 4 月，欧洲议会发布《保护北极生态环境的决议》；6 月，爱尔兰海洋研究所发布《国家海洋研究和创新战略（2017—2021）》；9 月，欧洲海洋局发布《海洋生物技术：推动欧洲生物经济创新发展》，为欧洲海洋生物技术的未来发展指明方向；11 月，英国政府发布《“蓝带”计划》，为海外领土（主要是岛屿）的海洋环境提供长期保护；瑞典斯德哥尔摩环境研究所等发布《北极适应力报告 2016》。

4. 其他国家

2017 年 1 月，澳大利亚环境和能源部发布《减少海洋垃圾对海洋脊椎动物的威胁计划》，日本文部科学省发布《海洋科技研发计划》；2 月，印度研究机构和 NOAA 联合启动《印度尼西亚海洋观测和分析计划》。

三、启　示

1. 海洋可持续发展引起新一轮关注

2017 年 6 月联合国海洋大会召开，大会不仅发布了《海洋科学发展报告》，还提议将2021～2030年确定为海洋可持续发展的十年。澳大利亚环境和能源部发布的《大堡礁2050年长期可持续性计划》报告，将采取基于生态学观点的可持续开发与利用策略。

2. 全球性海洋环境问题的导向作用越来越明显

全球性海洋环境问题对促进海洋可持续发展具有长远战略意义。海洋暖化、海洋酸化、海洋塑料污染三大问题不仅继续成为年度海洋科学领域关注的焦点，也必将成为未来若干年的关键问题。

3. 北极持续成为竞争焦点

2017年各国在北极海洋研究进行了密集部署，使北极继续成为海洋研究的焦点。

4. 海洋资源能源勘探开发技术将迎来发展机遇

海底资源和海洋可再生能源研究持续投入，一旦有突破性进展，将改变全球格局。特朗普执政以来，美国对海洋能源资源开发呈现出进取态势，新西兰批准了全球首家商业化海底开采铁矿砂项目，具有标志意义。

5. 我国海洋科学研究呈现良好发展势头

从前面的研究进展看，我国2017年海洋研究取得了多项突破。同时，我国在可燃冰的开采方面也取得规模试采成功。这表明我国近年来在海洋研究领域，特别是在深海研究方面进行了密集部署，取得了积极成效。

中国科学院兰州文献情报中心　高　峰　王金平
中国科学院海洋研究所　冯志纲　王　凡

2018年5月23日

2017 年人口健康科技发展与启示

人口健康是重要的社会民生问题，科技是健康管理的有力保障。颠覆性技术、跨学科技术正在改变生命科学与医学研究范式、疾病诊疗模式、健康产业业态。人口健康科技发展趋势体现在人类系统认识和解析生命的能力逐渐提高，疾病发生机制进一步清晰，仿生与创制科技快速发展，人体机能增进水平不断提高，疾病防治手段更加多样化。

一、重要研究进展

1. 大数据、人工智能深刻影响生命科学研究，全面赋能健康与医疗

随着大数据技术的快速发展，生命科学研究正向基于数据的科学发现范式转变。人工智能已快速渗透医疗健康领域，美国 IBM Watson、中国香港中文大学、美国谷歌公司等机构分别开发的人工智能系统在脑癌、皮肤癌、肺癌、乳腺癌、胃癌等癌症的分析诊断与辅助治疗中表现出应用潜力。

2. 生物技术的突破提高人类系统认识和解析生命的能力

物理学、材料学、计算科学等多学科与生命科学交叉融合的发展，推动了生物成像、基因编辑技术、单细胞技术、生命组学等技术不断革新，大大提高了人类认识和解析生命的能力。生命科学正逐渐走向成熟，其标志为逐渐向数字化、平台化、工程化发展。

基因编辑技术大大提高了操控和改造生命的效率和准确性，正应用于生命科学全领域。该技术更加精准，已经实现点对点的编辑，美国哈佛大学等机构先后实现了精准靶向编辑 DNA 和 RNA 中的单个突变，这一突破入选

《科学》期刊评选的2017年年度十大突破。基于基因编辑技术的临床试验也持续开展，并有望在2018年取得突破。

单细胞测序通量、保真性、基因覆盖率等技术性能不断提高，多重组学单细胞测序技术也是开发重点，北京大学建立的single-cell COOL-seq技术实现了单细胞三种组学，以及基因组和表观基因组的同时高通量测序。

新一代生命组学技术水平进一步提高。基因组测序技术和设备向高精度、长读长、低成本、便携式方向发展。美国加州大学联合英国伯明翰大学等机构合作利用纳米孔测序仪MinION首次对人类基因组进行了组装；表观转录组、空间转录组等转录组分析技术的进步，为绘制更为精确的转录组图谱奠定基础；蛋白质组学向更加真实地描述生物体本质的定量研究和空间分布研究发展，瑞典皇家理工学院联合英国剑桥大学等机构合作基于免疫荧光（IF）显微镜技术绘制人类蛋白质组亚细胞图谱，描述了蛋白质在多个细胞器和亚细胞结构中的空间分布；代谢组分析技术向超灵敏、高覆盖、原位化方向发展。同时，多组学交叉、多维度分析正在推动系统生物学的深入发展，以更好地理解人类疾病的致病机理。

生命图谱绘制为解析生命、认识生命提供基础，正逐渐从分子图谱扩展到细胞图谱。瑞典皇家理工学院等机构合作绘制了癌症病例图谱“Atlas”，为疾病发生机制研究提供重要启示。华中科技大学等机构合作首次绘制出乙酰胆碱能神经元全脑分布图谱。

3. 仿生与创制能力的发展提高人体机能增进和疾病防诊治的水平

基因编辑、再生医学、3D打印、合成生物学、脑机接口等技术的快速发展，进一步增强了仿生与生命创制的能力，提高人体机能增进和疾病防诊治水平。

合成生物学在非天然碱基的合成与应用、生物大分子设计乃至全基因组的创制等领域取得了重大进展。美国斯克里普斯研究所等机构展开合作，在大肠杆菌细菌细胞DNA中，加入两种外源化学碱基，并完成活细胞DNA转录与蛋白翻译；继2014年第1条酵母染色体被合成后，2017年又有5条染色体被法国国家科学研究中心联合天津大学等机构合作构建完成。

脑机接口技术是下一个科学前沿，美国凯斯西储大学利用BrainGate2

系统实现了脊髓受损患者对自身肢体的意念控制，美国斯坦福大学通过脑机接口完成了脑电波控制的电脑字符快速精准输入。

组织工程、3D 打印、类器官构建、器官芯片等一系列技术为药物研发和疾病研究提供了更加优化的模型，未来有可能实现有完整功能的器官再造，为器官移植提供更多供体。目前，已实现了体外构建的组织对脊髓、软骨、视网膜损伤的替代修复治疗，而美国哥伦比亚大学等机构在体外构建了肺、肠、胃等类器官；美国劳伦斯利弗莫尔国家实验室利用芯片大脑模拟研究药物对大脑的影响。

4. 精准医学成为临床实践新方向，疾病防治手段更加多样化

精准医学正在成为医学研究的主要模式。2017 年，美国癌症联合委员会首次将分子标记纳入乳腺癌的分期标准中；美国癌症基因组图谱研究计划综合分析发现，食管癌可划分为两种不同类型的癌症。基因检测、液体活检等为早诊提供了重要技术手段，美国约翰·霍普金斯大学医学院联合应用液体活检和蛋白肿瘤标志物检测，实现一次检测 8 种不同的早期肿瘤。美国默沙东公司研发的药物 Keytruda 用于治疗所有“MSI-H/dMMR 亚型”实体肿瘤，成为美国 FDA 首次按照分子特征而不是根据组织来源区分肿瘤类型而批准的药物。

免疫疗法为癌症治疗提供新手段，免疫检查点抑制剂和细胞免疫疗法是当前免疫疗法研究热点。多项临床试验揭示免疫检查点抑制剂联合化疗疗效显著，PD-1 单抗 Pembrolizumab 联合培美曲塞和卡铂一线治疗非鳞非小细胞肺癌已经获批。美国 FDA 批准首个基因治疗药物——瑞士诺华公司的 Kymriah 上市，开启了 CAR-T 和基因疗法产业元年。基因疗法也入选了《科学》期刊评选的 2017 年年度十大突破，“矫正型”基因疗法 Luxturna 已用于治疗遗传性视网膜病变。

干细胞的应用前景日趋明朗，在多种疾病中显示出治愈潜力。美国波士顿儿童医院及威尔康奈尔医学院分别实现了体外构建出造血干细胞，有望突破白血病治疗的细胞来源瓶颈；美国华盛顿大学首次在成年小鼠眼中再生出功能正常的视网膜细胞。

人体微生物组的研究进入机制研究阶段，揭示了微生物组调控多种疾病

进程的因果机制，证实其影响癌症免疫疗法和化疗药物的疗效。美国芝加哥大学、法国古斯塔夫·鲁西癌症研究所等机构相继证实肠道微生物组成影响黑色素瘤和上皮性肿瘤 PD-1 免疫疗法的治疗效果。微生物组药物研发正处于药物发现/临床试验阶段并持续推进。

二、重大战略行动

2017 年，多个热点领域的专项计划相继实施，并在酝酿国际大科学计划。

英国出台生命科学产业战略，旨在提振经济和应对“退欧”所带来的挑战。继英国政府于 2017 年初发布了《工业发展战略绿皮书》后，2017 年 8 月，英国生命科学办公室正式发布《生命科学产业战略》，针对加强科学研究与成果转化、强化企业发展与基础设施建设、推进英国国家医疗服务体系（NHS）与行业的互动和创新、支持数据的共享与合作，以及吸引生命科学人才与提升相关人员技能等主题提出发展建议。同时，该战略还建议设立医疗保健高级研究计划（HARP），制定了在未来 10 年发展 2～3 个全新行业的战略目标，确定了重点发展领域，包括：加强基因组学技术在医药领域的应用；针对早期、无症状慢性疾病的有效诊断建立相关平台；通过数字化与人工智能变革病理学与影像医学；健康老龄化。

脑科学研究的规划和布局仍在升温，美国、欧洲、日本、韩国等国家/地区的大型脑科学计划多次增资以保障计划的实施。与此同时，国际脑科学计划正在酝酿，欧洲、日本、韩国、美国和澳大利亚 5 个国家/地区脑研究计划的代表于 2017 年底签署了《发起国际大脑计划（IBI）的意向声明》，旨在加快“破译大脑密码”的进程。根据声明，各国将成立国际大脑联盟，在数据共享、数据标准化，以及伦理和隐私保护等领域共同合作，并进一步联合其他国家和地区的相关脑计划进行合作。

精准医学是计划中的重点方向。美国 2017 财年投入 1.6 亿美元继续支持“精准医学计划”（PMI），推进 PMI 核心任务百万人队列项目的实施，根据美国 2016 年底通过《21 世纪治愈法案》，PMI 将在 10 年获得 14 亿美元的持续支持；中国精准医学研究重点专项计划有序推进，2016～2017 年国拨经费投入超过 12 亿元，围绕五大任务开展研究，为我国精准医学的长期发展搭建框架，夯实发展基础；2017 年 12 月，英国创新署发布年度实施规划（Innovate UK：Delivery Plan 2017—2018），将精准医学列为健康与生命科学方向的 6 个优先资助领域，主要目标是发展个性化诊断为患者量身定制治疗和健康管理方案。

三、启　示

颠覆性技术的渗透加速了健康科技的发展。需要高度关注大数据、人工智能、可穿戴设备、脑机接口，以及这些技术交叉形成的新方向；大力发展再生医学、合成生物学、生物 3D 打印、器官芯片、基因编辑等再生与创制技术；在疾病防诊治方面，持续开展精准医学研究，开发分子影像、基因诊断、液体活检等早诊技术，研发干细胞、细胞疗法、免疫疗法等新兴治疗手段。

学科会聚、大数据驱动、新技术和新疗法的出现，给科技管理和监管带来了挑战。因此，应采取相应的举措以应对挑战，包括进一步营造有利于学科会聚的创新氛围，培养交叉型人才；加强大数据的规范标准制定，充分实现共享，开发分析技术和加大设施建设等；加强安全监管和伦理规范制定，以应对新技术可能带来的风险和伦理问题；进行监管和审批制度的改革，以推进新技术、新疗法的应用。

中国科学院上海生命科学信息中心　徐　萍　王　玥　许　丽
李祯祺　苏　燕　施慧琳
于建荣

2018 年 5 月 23 日

2017 年生物科技发展与启示

现代生物科技贯穿生物资源、生物技术到生物产业全链条的创新。2017 年，生物资源开发与生物多样性保护受到高度关注，前沿引领技术与关键共性技术开发不断取得突破，生物科技工程化、商业化应用蓬勃发展，生物与其他多学科技术的交叉融合孕育颠覆性创新，正在引领新一代科技革命，为未来生物经济发展注入新动能。

一、重要研究进展

1. 生物资源开发与生物多样性保护同受关注，生物质资源挖掘利用更加智能高效

生物资源与生物多样性保护相关研究受到高度关注。评估显示过去一段时间内各国在生物多样性保护方面的投入回报显著，生物多样性减少率下降 29%。英国皇家植物园发布《全球植物现状评估报告》，全面分析了地球生物多样性、植物面临的全球威胁以及现有政策的效果。地球微生物组计划公布首个合作研究成果，生成地球上微生物群落信息的第一个参考数据库。

生物质资源的功能基因挖掘与高值化利用更加智能、高效、多样化和规模化。天然光合作用分子机理研究和人工光合作用装置开发接连取得突破。中国科学院生物物理研究所研究人员解析了高等植物（菠菜）光系统Ⅱ蛋白复合体的三维结构，美国、捷克合作研究进一步揭示了光系统Ⅱ作用机理。利用光-电元件、有机-无机体系的各类人工光合系统研发取得进展。美国印第安纳大学研究人员开发的分子“叶片”可利用太阳光和电将 CO_2 转化为

CO；印度浦那科学与工业研究委员会国家化学实验室开发的人造叶片能够吸收阳光从水中产生氢燃料；韩国蔚山国家科学与技术研究所研究团队与德国科学家合作设计的人工叶片可以将阳光转化为氢和氧，且光收集效率增长显著。非天然生物固碳与循环利用过程效率显著提升。美国哈佛大学研究者利用附着有硫化镉的热莫尔氏菌色生产乙酸，能以 6 倍以上的效率把 CO_2 和水转化成乙酸，太阳能转化效率达到 80%，是商业太阳能电池板的 4 倍。

2. 基因组技术与合成生物技术不断突破，创新型研发工具与技术平台快速发展

基因组学技术不断突破，引领基因组研究从“读取”进入“编辑”和“编写”时代。基因组测序成本不断降低，第二代测序技术趋于成熟，单细胞基因组学发展迅速，单分子测序技术走向实时、微型、高通量、低成本、长读取长度方向，更经济适用且自主可控的小型化测序平台走近应用。DNA 合成成本快速下降，DNA 数字存储密度开发取得突破。美国哥伦比亚大学研究人员利用流式视频算法实现每克 DNA 存储 215 拍字节数据，构建了迄今为止最高密度的数据存储设备。基因组编辑工具 CRISPR 技术进入更加精准的“点对点时代”，美国博德研究所人员开发了能够进行 DNA 和 RNA 中单碱基编辑的系统，有望在基因治疗和功能性生物体改造方面发挥重要作用。同时，基因组规模工程的技术及伦理框架发展引起高度重视。

合成生物技术研究推进认识、利用和改造自然的进程，人工合成生物体、人工设计操纵生物功能不断取得突破。“人工合成酵母基因组计划”取得里程碑式阶段性成果，新的五条酵母人工染色体被成功合成，其中四条由来自中国的三个研究团队合成；美国斯克里普斯研究所小组制造出“稳定”的半合成有机体，普林斯顿大学成功合成了能在细胞内发挥催化作用的人工蛋白酶，英国国家物理实验室设计了能够有效杀灭细菌的人工合成病毒，不断将合成生物学推向崭新时代；美国波士顿大学将合成“生物电路”添加到哺乳动物细胞 DNA 中，使细胞完成 100 组不同的逻辑操作，为复杂生物计算铺平道路。

创新型研发工具与技术平台技术快速发展，精度与效率不断提升，功能不断增强，技术通路进一步拓宽。超分辨成像技术、蛋白质编辑、多重基因

组工程、DNA 分子机器等取得关键性突破。美国加州大学和科罗拉多大学研究人员利用低温电镜解析出酵母 P 状态剪接体的分辨率为 3.3 埃的高分辨率结构，填补了 RNA 剪接过程解析的最后一个重大缺口。美国能源部劳伦斯伯克利国家实验室和密歇根州立大学等研究机构的研究人员提供了完整的细菌微区室的史上最清晰图片，揭示了细胞器的蛋白外壳在原子水平分辨率下的结构和组装过程。英国剑桥大学和德国马普学会生物物理化学研究所的研究者开发出被称作 Trim-Away 的蛋白质编辑新方法，为未来利用抗体治疗疾病开辟了新途径。耶鲁大学的研究人员描述了真核生物细胞的多重自动化基因组工程，能在不导致 DNA 双链断裂的情况下对酿酒酵母的多个位点实现精确修饰。加州理工学院研究人员开发出由单链 DNA 做成的全自动分子机器人，可在纳米尺度上执行任务，有望用于组装分子化学药物、将药物分子运输到细胞指定位置、将垃圾的分子成分分类回收等。

3. 生物科技工程化、商业化应用蓬勃发展，多学科技术交叉引领新一代科技革命

微生物、酶等卓越生物催化剂的功能开发与改进更加智能高效，有望带来化学品和材料绿色制造的新变革。众多科技创新企业致力于疫苗、抗体、药物、营养品、材料和食品等的生物路线研发，获得投资关注。美国生物药物公司 Synlogic 对益生菌微生物进行基因工程改造，开发的新药被美国 FDA 认定为治疗苯丙酮尿症的孤儿药；美国 Bolt Threads 公司利用蜘蛛的 DNA 信息在酵母中完成基因组设计和合成，通过发酵生产生物纺织材料；美国 Modern Meadow 公司使用合成生物学工具来扩增胶原蛋白，在实验室中生产食用蛋白以及人造皮革等。

生物工程与互联网、高性能计算、人工智能和自动化技术交叉融合，大大提升生物设计和筛选的效率以及工业过程定制管理的科学性和安全性，有效驱动相关产业技术革新。美国初创企业 Gingko Bioworks、Zymergen 等公司通过整合机器人自动化、机器学习、新颖软件和高通量筛选等相关技术，实现对菌株的快速开发和优化，用于生产工业化学品和其他生物基产品。丹麦诺和诺德公司使用高度专业的“自适应实验室进化”机器人，成功构建可大量生产丝氨酸的大肠杆菌工程菌细胞系；英国诺丁汉大学开发价值超百万

英镑的高技术机器人套件，利用细菌菌株和涡轮增压装置将废料转化成高价值的新型化学品及燃料；美国帕尔马斯酒庄开发人工智能逻辑控制发酵系统 Filcs 对酿酒发酵罐进行分析和微管理，维持系统的智能平衡运作能力。英国牛津纳米孔生物技术公司推出的 MinION 测序仪实现了 1Mb 超长 DNA 片段测序，并首次完成人类基因组组装。合成基因组学公司开发的数字生物转换器，能够发送生物数字化信息，远程打印成原始生物材料的合成版本。

二、重大战略行动

1. 强化生物科技战略布局，加速生物基产品产业发展

美国能源部、农业部在综合生物炼制、创新生物能源开发、二氧化碳生物转化利用、大型藻类生物燃料技术创新方面分批次投入逾亿美元研究资金。英国生物技术和生物科学研究理事会宣布未来五年内投入 3.19 亿英镑发展生物科技，以应对人口增长、化石能源替代和老龄化等全球挑战。欧盟生物基产业联盟宣布新一轮《战略创新和研究议程》，启动预算 8100 万欧元的生物基产业公私合作伙伴计划项目征集，加强欧盟利用工业、研究和可再生资源的能力；同时部署“地平线 2020”计划生物技术和产品主题研究项目，将低碳转化微生物平台、高附加值平台化学品开发等作为优先研究方向；我国科技部印发《“十三五”生物技术创新专项规划》，加快推进生物技术与生物产业发展。

2. 聚焦使能技术研究应用，培育生物经济发展新动能

生物科技的重要进展与突破已经在解决有关健康、医药、材料、能源、环境、气候变化和人口增长等全球问题方面展现巨大前景，关键性、前沿性、交叉性、颠覆性技术发展引起各国高度关注，积极布局新一代基因组技术、合成生物技术、微生物组技术、生物成像技术研发。美国国家科学基金会资助半导体合成生物学研究，探索利用合成生物学原理增强信息处理和存储能力。加拿大政府大力支持基因组技术开发，以及将其他领域的现有技术转化为用于基因组研究。新加坡国立研究基金会投入 2500 万美元启动合成生物学研发计划，以提升本国生物基经济科研水平。英国建立工程生物学计量与

标准中心，以推动合成生物学产业，提升新产品的制造与应用。世界微生物数据中心和中国科学院微生物研究所联合全球 12 个国家的微生物资源保藏中心发起全球微生物模式菌株基因组和微生物组测序合作计划，预期 5 年内完成超过 10 000 种的微生物模式菌株基因组测序。美国国家科学技术委员会发布《医学成像研究和开发路线图》，发展高价值、低成本的医学成像技术。

三、启　示

生物科技在引领未来经济社会发展中的战略地位日益凸显，生物产业正加速成为继信息产业之后新的主导产业，有望加快解决人类在资源、能源、环境和健康方面面临的重大挑战。

当前，我国创新型国家建设体系正在加快成型，创新型企业加快发展，研究型大学建设如火如荼，国家科技创新中心、国家实验室、国家技术创新中心建设发展有序推进，产学研深度融合体系进一步成熟。随着国家创新驱动发展战略的深入实施、世界科技强国建设进程的加速和绿色发展理念的实践，我国生物科技发展正在面临新的发展机遇。

未来，关注前沿研究的交叉与融合，重视新技术应用的规划与监管，发展创新研究单元与基础设施，构建全链条互动的产业技术创新体系，深化产业集群建设和新业态的培育，将有力提升我国生物科技领域研发与应用的核心竞争力，进一步完善绿色低碳循环经济体系及增强经济质量优势，促进我国生物产业迈向全球价值链的中高端，为全球生物经济繁荣发挥更加积极的作用。

中国科学院成都文献情报中心　陈　方　丁陈君　吴晓燕　陈云伟　郑　颖

2018 年 5 月 23 日

2017 年信息科技发展与启示

全球新旧经济模式变革加速进行，传统经济持续低迷，数字经济异军突起。信息科技领域不断克服自身发展瓶颈，同时又受到外部需求的强烈牵引：一方面在软件算法、新型器件、计算机架构、移动网络等领域面临颠覆性变革的挑战；另一方面在社会、经济中的应用开始进入全面渗透、跨界融合、加速创新、引领发展的新阶段。

一、重要研究进展

1. 人工智能前沿研究多点开花

人工智能产品连续在智力竞赛中战胜人类顶级选手，引发了人们对人工智能超越人类智慧的关注与热议。人工智能在越来越多的前沿专业方向已接近甚至超越人类水平，表现在以下三方面：①自然语言理解，从文档中找到既定问题答案的准确率从 2015 年的 60%提升至 2017 年的近 80%，已经越来越接近人类。②语音识别，准确率在 2017 年已经提升至 95%，达到人类水平。③物体识别，识别物体图像标签的错误率从 2010 年的 28.5%下降到 2017 年的 2.5%，已超越人类水平。

2. 量子信息技术竞争渐露峥嵘

量子信息领域出现两个显著发展态势：一是量子保密通信走向大规模应用，二是美国量子计算机研发接近实现“量子霸权”目标。我国量子保密通信已经从实验室演示走向小范围专用，正在向高速率、远距离、网络化的应用方向发展。中国科学院在 2016 年发射量子科学实验卫星“墨子号”，

2017 年正式开通量子保密通信“京沪干线”，标志着量子保密通信开始进入规模化实用阶段。在量子计算方面，谷歌公司 2017 年 10 月宣布首次成功证明实现“量子霸权”的机器原型；次月，IBM 公司宣布成功研制出 50 个量子比特量子计算机原型机；英特尔公司于 2017 年 10 月宣布生产出 17 个超导量子位的全新芯片，2018 年 1 月又发布一款具有 49 个量子比特的超导量子测试芯片。

3. 高性能计算继续向绿色高效协同方向发展

高性能计算领域取得若干进展。一是新型体系结构不断突破。日本理化学研究所为升级高性能计算机“京”而开发出基于 ARM 处理器架构的新型操作系统 McKernel；美国橡树岭国家实验室面向百亿亿次计算，正在探索深度内存层次结构、非易失性存储器和近内存处理等新兴前沿内存技术。二是能效显著提升。高性能计算机 Shoubu system B 系统在 2017 年 11 月全球“Green 500”排行榜中排名第一，其能效比高达 17.009 GF/W，较半年前有显著提升。三是与大数据、人工智能协同发展。亚马逊、谷歌以及微软等企业都开始重视高性能计算，重要原因是高性能计算的现有体系架构特别适合人工智能核心算法的加速，两者可完美结合。

4. 集成电路技术在继承与开拓中前进

集成电路领域呈现三大发展趋势。一是不断研发新材料、新结构和新工艺，继续缩小集成电路的尺寸，以持续提高集成电路性能；二是通过在电路中集成多种功能来满足各种实际需求；三是探索后摩尔时代的发展路径，包括研发碳纳米管、分子电子等可大规模集成的新型基础器件。近期取得的重大突破，例如：2017 年 6 月，IBM 公司宣布取得 5 纳米制造工艺的突破；同月，IBM 公司使用碳纳米管打造出世界上最小的晶体管；7 月，美国麻省理工学院与斯坦福大学研究人员联合打造出集成处理器和内存，并采用碳纳米管线来连接的三维计算芯片。

5. 区块链、边缘计算等热点不断

区块链技术日益获得金融、税收和政府管理事务部门的重视。Gartner 公司在《2018 年十大战略科技发展趋势》中认为区块链前景可观会带来颠覆性影响。《自然》期刊发文认为区块链有助于对数据共享、同行评议等科学研究的关键要素进行改革。边缘计算受到业界关注，它将通信、计算、控制和存储资源放在互联网的边缘端，并使之密切靠近移动设备、传感器、制动器、连接的物体和终端用户。Gartner 公司认为由于物联网和新人机界面的出现，计算和存储的重心将从中央数据中心转移到边缘；到 2021 年将有 40%的大型企业将把边缘计算原理纳入其项目，而 2017 年，该比例尚不到 1%。

二、重大战略行动

1. 人工智能研发备受各国重视

美、日、法、英等国政府近年均发布了人工智能相关研发战略或计划，彰显了各国政府部门对人工智能研发的重视。2016 年，美国联邦政府和国家科学基金会先后发布《国家人工智能研发战略规划》《国家机器人计划 2.0》。日本政府在《第五期科学技术基本计划（2016—2020 年）》中提出要实现“超智能社会”。法国政府 2017 年 3 月发布《法国人工智能战略》。英国政府 2017 年 10 月发布《发展英国人工智能产业》报告。我国工业和信息化部、国家发展和改革委员会、财政部 2016 年共同发布《机器人产业发展规划（2016—2020 年）》，国务院 2017 年 7 月又发布《新一代人工智能发展规划》。

2. 美国、欧盟、日本、中国紧锣密鼓布局量子信息技术研发

各国在量子信息技术领域的重点布局各有不同。美国国家科学技术委员会 2016 年在《推进量子信息科学：国家挑战与机遇》中提出全面推进量子传感与计量、量子通信、量子模拟和量子计算等领域的研发建议。欧盟委员会 2016 年在《量子宣言》中计划投资 10 亿欧元开展量子技术旗舰计划，着重发展量子通信、计算、模拟、传感技术。日本文部科学省 2017 年在《关于量子科学技术的最新推动方向》中提出重点发展超导量子比特、自旋量子比特的集成，与量子芯片设计相关的半导体技术和光技术等。我国在“973”计划、《“十三五”国家基础研究专项规划》中的相关资助方向包括量子保密通信、星地量子通信系统、量子芯片、量子计算机整体构架以及操作和应用

系统、量子精密测量、量子探测等。

3. 高性能计算领域仍然是科技大国必争之地

美国国家战略计算计划执行委员会 2016 年在《国家战略计算计划战略规划》中指出要加快交付可实际使用的百亿亿次计算系统，15 年内为高性能计算系统甚至后摩尔时代的计算系统研发开辟一条可行的途径，提升国家高性能计算生态系统的可持续发展能力。2017 年，欧盟公布高性能计算机开发计划“EuroHPC”，到 2020 年开发出至少两台近百亿亿次的高性能计算机，在 2023 年之前实现百亿亿次速度的稳定运行。我国科技部在国家“十三五”高性能计算专项中，同时资助中国人民解放军国防科技大学、中科曙光公司和江南计算技术研究所开展百亿亿次超级计算原型系统的研制，预计新一代百亿亿次超算系统将在 2020 年研制成功，实现芯片、操作系统、运行计算环境等技术自主可控。

4. 5G 正从无线技术演进趋势发展成为产业布局热点

5G 技术正在从实验室走向产业化。美国联邦政府“先进无线研究计划”总投资额度超过 4 亿美元，其中美国国家科学基金会和 20 多家科技企业与产业协会将共同投资建设先进无线测试平台。欧盟电信设备厂商和运营商发布“5G 宣言”，阐述欧洲开发和部署 5G 网络的技术路线图，相关机构将于 2018 年开展大规模试验，并于 2020 年前分别在欧盟 28 个成员国开始部署 5G 网络。英国政府在 2017 年在《下一代移动技术：英国 5G 战略》中提出英国的 5G 产业发展路径。2017 年 11 月，我国国家发展和改革委员会发布《关于组织实施 2018 年新一代信息基础设施建设工程的通知》，指出 2018 年“5G 规模组网建设及应用示范工程”要在不少于 5 个城市开展 5G 网络建设，至少开展 4K 高清、增强现实、虚拟现实、无人机等 2 类典型 5G 业务及应用。

5. 大数据技术助推新兴数字经济浪潮

大数据技术助推各国数字经济产业。美国联邦政府“联邦大数据研发战略计划”拟创建并改善科研网络基础设施，实现大数据创新。2017 年 3 月，20 国集团（G20）数字化部长级会议发布《G20 数字经济部长宣言》主报告以及《数字化路线图》《职业教育和培训中的数字技能》《G20 数字贸易优先事项》

三个分报告，认可并重视数字化在创造经济繁荣、推进包容性经济增长和全球化发展方面的潜力；2017 年 7 月，20 国集团汉堡峰会发布公报，认为数字化转型是实现全球化、创新、包容和可持续增长的驱动力。我国国务院 2016 年 3 月在《国民经济和社会发展第十三个五年规划纲要》中提出实施国家大数据战略，工业和信息化部在《大数据产业发展规划（2016—2020 年）》中提出要“强化大数据产业创新发展能力”一个核心、“推动数据开放与共享、加强技术产品研发、深化应用创新”三大重点。

三、启　示

1. 争取突破若干关键变革性技术

后摩尔时代在新型器件、新计算机架构、新的计算理论、新的网络体系等方面面临关键突破，在解决计算能耗、硅基器件等关键技术瓶颈后，信息产业将产生颠覆性变革，万物互联和无处不在的计算需求将把信息产业的地位提升到空前高度。为此，应集中力量争取若干关键变革性技术取得突破，以取得下一轮信息产业及其相关产业的发展优势。

2. 紧抓数字经济发展浪潮

以硅基半导体器件为基础构建的全球信息产业链布局已经基本完成，我国在制造端失去了先发机会。但我国近年在数字经济方面充分发挥出创新能力，应继续抓住机会进一步扩大我国在数字经济方面的渗透性和边际效益，提升我国信息技术对发展软件、教育、商业贸易、工业制造等相关的数字经济的使能作用。

3. 尽早捕捉未来发展机会

近年，多家机构对信息科技未来发展趋势做出阶段性预测，提出若干值得关注的方向，如物联网、机器人与自动化系统、智能手机与云端计算、量子计算、混合现实、大数据分析、人类增强、网络安全等；此外区块链、认知计算、深度学习、数字孪生、增强现实、物联家庭、神经形态硬件、人工智能、脑机接口也将是研究热点。软件领域，有关软件定义一切、云计算和通用内存计算、多核架构的编程、量子计算对软件产生的变革、机器学习等的研究工作将十分关键。在硬件领域，计算机架构的变化值得关注，硬件设计的大众化、芯片的垂直化设计、摩尔定律终结对计算架构及器件和电路设计技术产生的变革、机器学习对硬件的需求等都是研究的重点。由于信息科技发展迅速，并会极大变革人类生产生活方式和重塑传统产业，因此需要密切跟踪其技术成熟度与价值释放时机，尽早捕捉发展机会。

中国科学院成都文献情报中心　房俊民　唐　川　张　娟　王立娜　田倩飞　徐　婧

2018 年 5 月 23 日

2017 年空间科学发展与启示

2017 年空间科学热点前沿备受瞩目。空间平台助力发现双中子星并合产生的引力波，“悟空号”获得迄今最精确的高能电子宇宙线能谱，“卡西尼”土星探测任务完美收官，中国“领跑”空间量子通信。美国重启国家空间委员会并决定重返月球，欧洲确定引力波探测任务，俄罗斯公布 2025 年前发展战略。建议国家继续加强空间科学战略研究，加紧空间科学平台建设，重视领军人才，推动重大原创成果产出。

一、重要研究进展

1. 空间平台助力人类首次探测到双中子星并合事件产生的引力波

2017 年人类第一次直接探测到来自双中子星并合产生的引力波以及伴随的电磁信号，正式开启多信使天文学时代。在此次重大科技突破中，“费米伽马射线空间望远镜”“钱德拉 X 射线天文台”“哈勃空间望远镜”等空间平台贡献卓越。中国南极 50 厘米南极光学巡天望远镜和“硬 X 射线调制望远镜”参与观测并做出贡献。

2. “悟空号”获得迄今最精确的高能电子宇宙线能谱

2017 年中国科学院空间科学先导专项的首发星——暗物质粒子探测卫星“悟空号”获得世界上迄今最精确的高能电子宇宙线能谱，并在约 1.4TeV 处发现能谱精细结构。一旦该精细结构得以确证，将是粒子物理或天体物理领域的开创性发现。几乎同时，日本宣布利用搭载在国际空间站舱外的“量热仪型电子望远镜”实现 3TeV 宇宙线粒子电子能谱的高精度直接测量。

3. 哈勃常数之争或改写宇宙学定律

2015 年以来分别采用标准烛光和宇宙微波背景推算方法得出的哈勃常数最新结果差距较大。《科学》期刊认为，如果这种不一致的情况持续下去，将是“现代宇宙学的天空中出现的一个裂缝”，相关争论可能会导致新物理学的诞生。

4. 拥有多个行星的系外行星系统陆续浮出水面

科学家先后发现在距离地球 40 光年的一颗拥有 7 颗地球大小的行星围绕单颗恒星运转的恒星系统——TRAPPIST-1，确认 Kepler-90 系统拥有 8 颗行星。随着越来越多位于宜居带、与地球大小类似的类地行星进入人们的视野，人类对于宇宙和自身的了解无疑将踏上一个新台阶。

5. “卡西尼”土星探测任务圆满谢幕

2017 年 9 月，规模宏大、时间长达 20 年的“卡西尼”土星探测任务终结，任务对土星、土星环和土星卫星的观测发现颠覆人类认识。

6. “朱诺号”首批科学成果揭示全新木星

美国发布“朱诺号”任务的初步科学成果，描绘了一个复杂、庞大、动荡的世界，颠覆了人们此前对木星的认识。

7. 国际空间站研究成果备受瞩目

2017 年国际空间站最受瞩目的研究成果包括从国际空间站返回时的心脑血管疾病防治、“阿尔法磁谱仪-02”、激光通信科学光学有效载荷、学生空间飞行实验计划、收获蔬菜、冷焰燃烧、在空间控制地面机器人等。

8. “重力勘测和气候试验”卫星助力理解地球变化

“重力勘测和气候试验”任务超期服役十余年，精确测绘地球不断变化的重力场，为理解地球变化提供新见解。

9. “在轨碳观测台-2”任务发布阶段性成果

《科学》期刊公布美国国家航空航天局首颗用于研究大气 CO_2 的卫星——“在轨碳观测台-2”任务首批重要科学成果。从 2017 年 10 月 24 日开始，中国首颗“全球二氧化碳监测科学实验卫星”数据通过国家卫星气象中心网站面向社会公众开放共享，中国成为继美国和日本之后、第 3 个可以提供碳卫星数据的国家。

10. 中国“领跑”远距离量子通信

“墨子号”量子科学实验卫星在国际上率先实现千公里级量子纠缠分发，从卫星到地面的量子密钥分发和从地面到卫星的量子隐形传态，取得空间量子物理研究重大突破，抢占国际量子科技创新制高点，实现从“跟跑”到“领跑”的转变。“墨子号”首席科学家潘建伟入选《自然》期刊评选的 2017 年度十大科学人物。日本也宣称实现了世界首次基于微卫星的空间量子通信实验。

11. 空间科学前沿战略研究不断取得新进展

下一代大型空间望远镜、冰巨星未来任务概念研究、空间生命和物理科学优先研究主题、空间地球空间关键科学问题、空间科学旗舰任务规划与管理等重要问题研究战略研究成果不断涌现，旨在有力支撑科学决策和战略投资。

二、重大战略行动

1. 美国重启国家空间委员会，确定载人航天下一阶段目标

美国总统特朗普重启国家空间委员会，并签署空间政策一号令，要求美国重返月球，重振美国的载人空间探索计划，系列举措被视为美国加强空间领导力的风向标。受其影响，全球空间探索和科学发现的实施路线可能随之发生重大调整。白宫发布《国家安全战略》，“保持美国在空间领域的领导地位和行动自由”是“美国优先”国家安全战略在空间领域的集中体现。

2. 空间引力波探测正式成为欧洲大型空间科学任务

受“激光干涉引力波天文台”（LIGO）多次成功探测到引力波，以及技术验证任务大获成功的激励，加之美国同意承担 20%的任务经费，欧洲空间局科学计划委员会正式确认空间引力波探测任务“激光干涉仪空间天线”（LISA）为《宇宙憧憬 2015—2025》大型任务，预计于 2034 年发射，总预

算高达 10 亿欧元。目前《宇宙憧憬 2015—2025》规划已正式选出三项大型任务（木星及其卫星探索、高能天体物理、引力波）、三项中型任务（太阳、暗能量、系外行星）和两项小型任务（系外行星、地球磁层）。

3. 俄罗斯公布 2025 年前发展战略，明确月球计划实施规划

俄罗斯国家航天集团公司发布 2025 年前发展战略，明确空间基础研究、载人航天技术、应用卫星在轨集群发展、先进技术、火箭航天工业质量及可靠性保障、国际空间站发展等 6 个领域的未来任务和阶段性目标。俄计划在 2050 年后将月球基地作为开展深空探索任务的中转站，月球计划各阶段的具体实施规划已基本明确。

4. 日本修订《宇宙基本计划》实施进度表

日本政府出台未来 10 年《宇宙基本计划》实施进度表修订版，补充并细化了空间项目内容和工程进度。在空间科学、探索和载人空间活动方面，日将参与美国提出的近月空间站计划并通过国际合作开展月面着落、探索活动，2020 年发射 X 射线天文卫星“瞳”的替代卫星，推进新型空间站货运飞船 HTV-X 的设计和研发工作。

5. 卢森堡正式通过《空间资源探索和利用法草案》

卢森堡通过《空间资源探索和利用法草案》，成为全球第 2 个、欧洲第 1 个以法律形式保障私营企业对其开采的空间资源拥有所有权的国家。此举再次掀起相关科学技术研发热潮，并引发各国对美、卢利用国内法护航小行星采矿的合法性及其未来实质性举措的极大关注和争议。

三、启　　示

基于 2017 年空间科学领域发展观察分析，未来一段时间空间引力波探测是空间科学领域战略重点，月球确立为载人航天下一阶段目标，空间量子通信、全球碳观测等成为各国竞逐热点。空间科学领域国际竞争激烈。“中国空间故事”世界瞩目，“悟空号”暗物质卫星和“墨子号”量子通信卫星取得突破性进展，使得中国空间科学家开始走向国际舞台的中央。

空间科学大平台需要长期酝酿、建设和运行，建议国家继续长期稳定支持空间科学战略前瞻研究。

空间科学领域国际竞争激烈，应发挥中国集中力量办大事的机制和效率优势，积极把握发展先机，加紧空间科学平台建设，推动重大原创成果产出，在世界格局中占据有利地位。

空间科学任务的长周期性决定了它将伴随空间科技人才的整个科研生涯，应尽早发现、引进、培养和任用具有战略眼光和前瞻思维的青年领军科学家。

中国科学院科技战略咨询研究院　杨　帆　韩　淋　王海名
范唯唯

2018 年 5 月 23 日

国内外芯片产业发展态势分析研判

芯片是指内含集成电路的硅片，是采用半导体工艺把多种元件以及元件之间的连线制作在半导体晶圆上的具有特定功能的电路，是电子产品的基础构件。芯片广泛应用于从手机到超级计算机，从普通家用电器到大型工程机械和设备上，几乎无处不在。因此芯片扮演着现代工业基石的角色，成为信息科技迈上新台阶的关键命门。芯片制造技术是当今世界最高水平微细加工技术，是全球高科技国力竞争的战略必争制高点。

一、全球芯片产业技术发展态势

（一）产业链及主要环节

芯片产业链包括设计、制造、封装测试等主要环节，也涉及上游的半导体设备和材料产业，以及下游的应用行业（图 1）。

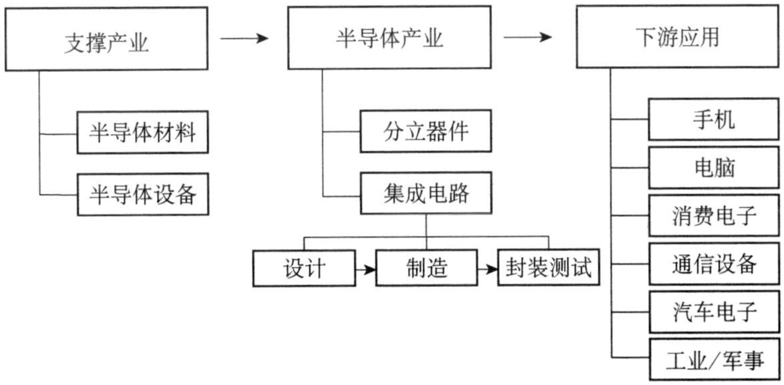

图 1　半导体产业及其上下游

（1）芯片设计是芯片的研发过程，包括规格制定、逻辑设计、电路布局、布局后模拟、光罩制作等步骤。芯片设计已由早期工程师手工设计，进化至如今引入了电子设计自动化（EDA）技术以及在芯片设计中直接使用模块（IP核）。利用 EDA 工具，工程师将芯片的电路设计、性能分析、设计 IC 版图的整个过程交由计算机自动处理完成。

（2）芯片制造过程是通过多次重复运用掺杂、沉积、光刻等工艺，最终将设计的电路“印制”到晶圆上。芯片制造的发展方向主要是晶圆尺寸的增加和集成度的提高。随着摩尔定律的发展，芯片制程已经缩减到 10 纳米及以下，28 纳米是当前传统制程和先进制程的分界点。集成器件制造（IDM）厂商英特尔和三星、制造厂商台积电和格罗方德等正在针对 10 纳米及以下芯片制程开展激烈竞争。在硅晶圆尺寸方面，高端市场 12 英寸为主流，中低端市场一般采用 8 英寸。

（3）封装测试是将生产出来的合格晶圆进行切割、焊线、塑封，使芯片电路与外部器件实现电气连接，并为芯片提供机械物理保护，之后对封装完毕的芯片进行功能和性能测试。芯片封测当前已由芯片层级拓展至系统层级，发展方向是在保证性能的前提下，实现“多引脚、小体量”封装。

（4）半导体设备与半导体材料是集成电路的支撑产业。半导体设备主要包括硅片制造设备、晶圆制造设备（如光刻机、刻蚀机等）、封装设备和辅助设备等，半导体材料主要包括晶圆制造材料（如硅片、光刻胶、靶材等）和封装材料等。

（二）产业生态及业务模式

经过多年发展，芯片产业成为高度国际化、高度研发导向的产业。由于其技术极其复杂，产业链上下游各个环节紧密相连，一个核心设备的原材料和零部件来自全球几十个国家，数百个供应商，形成快速变化的复杂创新生态。对于微处理器芯片而言，其产业生态则更为复杂，微处理器芯片有软件操作系统在其上运行，其市场竞争能力还很大程度上依赖于产业下游的应用规模，微处理器芯片及其产业联盟基本决定市场的方向，比如 PC 时代有 Wintel（微软加英特尔），手机时代有联发科、高通等加上安卓系统（Android）等。

集成电路产业的业务模式主要分为两种：一家企业覆盖集成电路全产业链的 IDM 模式，以及一家企业仅负责芯片设计、制造和封测其中一环的垂直分工模式。这两种业务模式是在几次产业空间转移过程中逐步形成的：①集成电路产业起源于20世纪50年代的美国，企业内设半导体制造部门，仅用于满足企业自身需求。②20世纪70年代，美国将装配产业逐步转移到日本，形成IDM模式，即企业负责从设计、制造到封装测试所有流程，产品满足其他厂商需求。③20世纪90年代，存储产业向韩国转移，中国台湾开启晶圆代工模式，垂直分工渐成主流，形成设计、制造、封装测试三大环节。总体来看，人力成本是芯片产业链变迁和转移的重要动力，劳动力密集型的封测业最先转移；技术和资金密集型的制造业次之，转移后会相差1～2代技术；知识密集型的设计业一般很难转移。

（三）全球重点企业

过去20年间，美国半导体企业的销售额约占全球的一半，韩国、日本、中国台湾和欧洲也有表现优异的企业。基于营收情况，全球排名第一的IDM、前三名集成电路设计、前三名电子设计自动化以及前三名设备制造商中的两家企业总部都位于美国。

集成电路产业链各环节主要厂商见图2和表1。全球EDA工具软件最主要的厂商是Cadence、Synopsys和明导。芯片设计仍是美国企业的天下，2017年高通稳居全球首位，英伟达和AMD发展势头强劲。台积电是芯片制

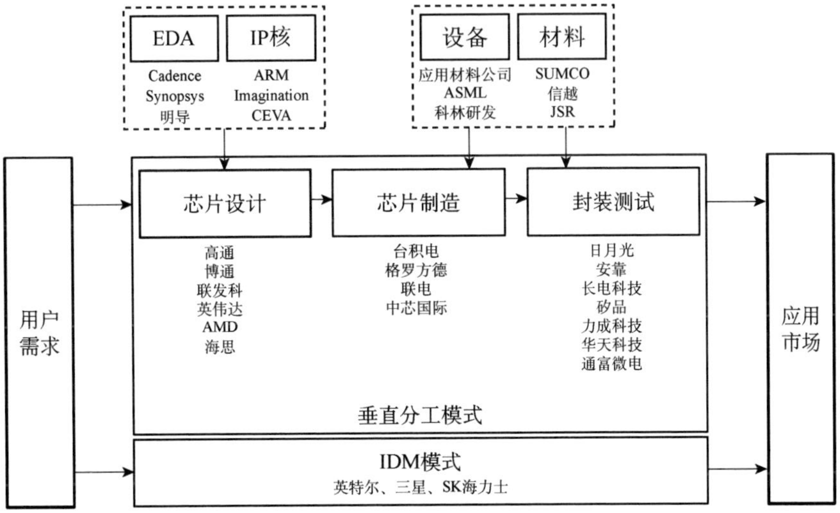

图2　集成电路产业链及相关主要厂商

造行业的领袖，其他主要制造企业包括格罗方德（Global Foundries，美国）、联电（UMC，中国台湾）、三星（韩国）。芯片制造设备最主要的企业是荷兰 ASML 公司，该公司掌握光刻机最顶尖的制造技术。封装测试企业有日月光（中国台湾）、安靠、长电科技（中国大陆）等。中国大陆厂商主要分布在封测、制造、设计领域，缺少 IDM、设备和材料领域主要厂商。

表 1 集成电路产业链各环节主要厂商

分类	厂商
IDM 厂商	英特尔、三星、SK 海力士、美光、德州仪器、恩智浦&飞思卡尔、东芝、英飞凌、意法半导体、索尼
软件厂商	Cadence、Synopsys、明导
设计厂商	高通、博通、联发科、英伟达、AMD、华为海思、苹果、迈威、赛灵思、紫光展锐
制造厂商	台积电、格罗方德、联电、中芯国际、力晶、Tower Jazz、先进、华虹
封测厂商	日月光、安靠、长电科技、矽品、力成科技、华天科技、通富微电、京元电子、南茂科技
设备厂商	应用材料公司、ASML、科林研发、东京电子、科磊半导体
材料厂商	SUMCO、信越、JSR、陶氏

（四）技术和产业发展趋势

芯片产业发展面临着来自技术和产业的双重挑战。从技术角度而言，缩小晶体管尺寸越来越难并将最终达到极限，先进制程工艺的推进越来越慢。摩尔定律长期被认为是半导体行业的发展蓝图，而近年来摩尔定律被认为或已趋于发展极限，业界提出了“摩尔定律牵引”（More Moore）、“超越摩尔定律”（More than Moore）、“超越互补金属氧化物半导体（CMOS）”（Beyond CMOS）三大发展方向。《国际元件及系统技术路线图》提出不再以继续提升运算速度与效能为重点，而是关注如何让芯片发展更能符合应用需要。路线图预测非硅 CMOS 尺寸微细化将止于 2024 年的 3 纳米工艺节点，提出通过管芯三维堆叠、层间致密互联、异质异构集成、器件低功率化等方案，变相实现微细化，借以延续芯片性能增长。IC Insights 提出集成电路设计和制造将向以下方向发展：缩小特征尺寸、引入新的材料和晶体管结构、采用更大直径硅晶圆、提高制造设备的生产能力、提高工厂自动化程度、电路和芯片的三维集成，先进的集成电路封装和整体系统驱动的设计方法等。

从产业角度而言，芯片产业创新的重心正在转移和扩张，产业高度集中导致竞争减少、市场垄断等风险不断加大。当前，芯片产业应用从传统的计算扩展到移动设备、汽车、云数据中心等领域，企业涉及的技术领域和目标进一步拓展。领先一步，“赢者通吃”，落后一招，“全盘皆输”，是芯片产业生态的“丛林法则”，因此预先布局、掌握领先的核心技术是芯片企业市场制胜的关键砝码。此外，通过并购来扩展市场规模、占有先进技术、布局未来关键领域是芯片企业强化市场竞争力的重要途径。近年来，国内外集成电路企业兼并重组风起云涌，产业并购呈现聚焦战略整合和布局新兴领域的趋势。一方面，龙头企业为实现规模经济和降低成本，持续开展出于战略整合目的的国际并购，呈现出规模大、交易金额高、强强联合的特征。另一方面，随着产业技术进入后摩尔时代，企业加快布局新兴市场，围绕物联网、汽车电子、数据中心、人工智能等领域的并购日趋活跃。上游企业让下游客户入股，以提升研发能力、分担研发风险也是巩固市场竞争力的一种手段。ASML 公司即采用这一模式。英特尔、三星、台积电是 ASML 公司的股东，以购买股票以及投资 ASML 公司科研的方式，成为 ASML 公司高端设备的优先供货对象。

全球芯片技术创新步伐加快。QUESTEL 公司发布的《芯片行业专利分析及专利组合质量评估》报告显示（2016 年检索数据），全球芯片专利申请数量在 1995～2013 年实现了 6 倍的惊人增长，特别是 2010 年以来专利申请节奏显著加速。

二、我国芯片产业和技术发展分析

从产业链视角分析，我国集成电路封测业与国际先进水平技术差距最小，接近“并跑”。集成电路设计企业已经涌现若干在细分领域具有相当国际竞争力的企业，但是无论从基础技术平台、市场体量还是到战略产品领域等方面与国际领先企业仍然有不小的差距。集成电路制造业在技术研发上取得系列重大进步的同时，在核心量产工艺上与国际领先制造企业有 1.5 代以上的差距。国内芯片制造设备和关键材料，除了已经取得的若干装备和产品研发及生产线应用的突破以外，与国际先进水平的整体差距是最大的。

（一）我国半导体芯片市场需求和供给能力总体评价

我国是世界第一大信息电子生产大国和消费大国，我国的家电、手机、台式机、笔记本电脑、信息通信设备、服务器乃至各类交通工具和医疗设备等产业需要大量芯片产品。根据中国海关统计数据，2017 年中国进口集成电路金额 2601.4 亿美元，同比增长 14.6%。

我国进口最大宗的是“处理器及控制器”类（占全部芯片进口总值接近一半），其次是存储器，再次是逻辑芯片。随着中国产业的升级转型，在工业应用、汽车应用、移动互联网、数字电视、数字娱乐、人工智能和医疗应用等新兴行业，形成集成电路产品多元化的增长态势。

Gartner 公司数据显示，近年来全球接近 80%的手机是中国生产的，95%的电脑在中国组装生产（近两年部分开始向越南等国转移），但是需要注意中国的芯片进口额其中大部分是以苹果、三星和惠普等为代表的跨国 IT 公司在华装配企业的进口额。可以说中国对芯片的巨额消费很大部分是由跨国公司在中国组装电子设备和产品造成的。

2017 年中国出口集成电路 2043.5 亿块，同比增长 13.1%，出口金额 668.8 亿美元，同比增长 9.8%。这里面也有大量跨国公司在华企业的贡献。

我国国内芯片供给能力较强的为移动处理和基带芯片、逻辑芯片和分立器件等，在移动智能终端和网络通信领域应用较广，已经形成有效供应。但在国内市场和全球市场需求量很大的存储器、中央处理器（CPU）、图形处理器（GPU）、微处理器单元（MPU）、传感器、模拟射频芯片和现场可编程逻辑门阵列（FPGA）等芯片产品方面，尚处于攻关、试产、小批量开发阶段，基本没有形成规模供应能力，整体上看所需的关键集成电路产品大量依赖美国等进口，难以对经济发展和信息安全等形成全面有力支撑。

（二）我国芯片产业技术现状分析

2008 年以来，在重大科技专项（01）——核心电子器件、高端通用芯片及基础软件产品（核高基）和重大科技专项（02）——极大规模集成电路制造装备与成套工艺的支持下，在芯片、软件和电子器件领域，以及集成电路制程和成套工艺上取得了较大突破。2014 年 6 月，国务院印发《国家集成电路产业发展推进纲要》，设立集成电路产业基金，以大力度部署带动产业链协同持续发展，加快追赶和超越的步伐，努力实现集成电路产业跨越式发展。

1. 集成电路设计业

中国集成电路设计业增速为26.1%，销售额为2073.5亿元。根据工业和信息化部的数据，境内设计业规模从2014年的1047亿元增长到2017年的1980亿元，位居全球第二。代表性企业为进入全球前10名的华为海思和紫光展锐。例如华为海思半导体、紫光展锐等开发的移动处理芯片全球市场占有率超过20%。而兆芯和龙芯等公司在CPU、GPU、芯片组（Chipset）等核心技术方面取得了突破。同时国内在金融集成电路卡芯片、北斗导航芯片上取得了突破。但是国内芯片设计企业对第三方IP核的依赖程度非常高；对设计方法学的重视程度不够，需要设计企业提供更完善的方案方可完成制造流程。我国在需求量很大的数字信号处理（DSP）芯片、FPGA、模拟芯片等方面尚未形成强有力的设计能力。

2. 集成电路制造业

根据中国半导体行业协会提供的数据，我国集成电路制造业2017年同比增长28.5%，销售额达到1448.1亿元，领军企业为中芯国际、华力、华虹等，整体上12英寸生产线的产能只有15万片左右（2016年），亟待加强；国内代工制造企业完整的设计服务和支持体系仍然有待加强，大多数企业尚未建成有竞争力的设计服务和支持体系，独立工艺研发能力有待加强。

中国芯片制造业现有先进工艺产能与市场需求方面存在的差距仍然较大。例如，中芯国际2016年的营收为29.21亿美元，位列全球代工企业第4名，并宣布实现28纳米成套工艺量产，在02专项的支持下，22纳米和14纳米先导技术研发取得突破，当前在国家集成电路大基金的全力支持下，正在推进14纳米工艺研究和量产开发。国际上领先的代工制造企业为中国台湾的台积电、美国的格罗方德、韩国的三星和中国台湾的台联电。全球领先的台积电目前的主流工艺正在试图从10纳米向7纳米转换，采用极紫外光刻（EUV）前沿技术，同时在南京部署16纳米生产线。

3. 集成电路封测业

根据中国半导体行业协会数据，集成电路封测业继续保持快速增长，增速为 20.8%，2017 年达到 1889.7 亿元。目前国内集成电路封装已经形成了四大领军企业，即长电科技、通富微电、华天科技和晶方科技；其中长电科技名列全球第三，位列全球第一是中国台湾的日月光。在 02 专项支持下，中国大陆封装企业围绕三维高密度集成技术研发，接近国际先进水平。中国大陆和中国台湾企业在技术上已经不存在代差。

4. 芯片制造设备和关键材料

在国家 02 专项的支持下，研制成功靶材、抛光液等多种关键材料产品，性能达到国际先进水平。国产刻蚀机、离子注入机等多种关键设备研制成功并通过了大生产线考核，实现了海内外批量销售，总体技术水平达到 28 纳米，部分 14 纳米设备开始进入客户生产线验证。

国内代表性企业为中微（刻蚀机）和北方华创（等离子刻蚀、气相沉积设备和清洗设备）等。值得注意的是，我国优势企业主要集中在后道工艺设备部分。在前端工艺方面，如核心光刻工艺方面，国内目前推出了 90 纳米光刻机装备，这与国际顶尖装备企业[如得到国际集成电路制造巨头全力支持的荷兰 ASML 公司（正在研发推出 10 纳米及以下节点工艺装备）]的差距较大，而国内企业在提供尖端生产工艺、高效服务和先进软件产品方面的差距较大。

光刻胶是半导体工艺中最核心的材料，直接决定芯片制程。现阶段，日、美企业垄断国内半导体光刻胶市场，我国光刻胶产业和国外先进产品相差三四代，极易被国外企业“卡脖子”。但国内企业在资金和技术上奋起直追，如苏州瑞红、北京科华等，它们有望持续引领半导体光刻胶国产化进程，逐渐降低我国对半导体光刻胶的进口依赖程度。

（三）我国芯片产业和技术发展趋势

我国集成电路领域近几年取得了长足发展。国产手机芯片大量进入市场，芯片制造和封装技术快速进步，芯片制造装备和材料实现了从无到有的突破。紫光展锐、华为等企业研发的芯片的设计能力快速提升。“龙芯”CPU 已形成 3 个产品系列，部分国产芯片开始大力推广。

2017 年，美国总统科技顾问委员会发布的报告评估了中国半导体产业的发展优势和短板，包括：中国在先进逻辑芯片制造技术方面明显落后于世界先进水平，虽然制造企业数量很多，但比当前先进的量产工艺至少落后 1.5 代，缺少可商业量产的本土存储器企业，缺少半导体设备厂商等。中国半导体产业中表现最突出的是设计企业，并且发展势头良好，但与国外先进企业之间还存在技术差距，而且大部分设计企业主要瞄准低端和中端市场。此外，中国企业在国际上的收并购活动日益活跃。

我国未来集成电路发展趋势应按照“摩尔定律牵引”和“超越摩尔定律”抓住技术变革的有利时机，以“摩尔定律牵引”战略，持续推动国际先进 12 寸前沿工艺研发，下决心突破处理器、存储器等全球产业技术制高点，迅速形成国际前沿水平的规模生产能力，争夺全球主流应用市场。同时要按照“超越摩尔定律”战略，基于我国巨大的市场潜力和战略需求，大力发展模拟及数模混合电路、微机电系统（MEMS）、高压电路、射频电路等特色 8 寸专用工艺生产线。以制造工艺能力的提升带动国内芯片设计水平提升，以国际高水平生产线建设战略性带动我国关键装备和材料配套突破发展。

中国科学院科技战略咨询研究院芯片专题课题组

组　长： 潘教峰

成　员： 刘　清　宋大伟　赵　路　余　江　刘海波　韩　淋　莫建雷　李倩倩　张　越　李晓轩　冷伏海　刘怡君　姬　强　代　涛

咨询专家：

中国科学院计算技术研究所　李国杰（中国工程院院士）

中国科学院微电子研究所　吴德馨（中国科学院院士）

中国科学院半导体研究所　陈良惠（中国工程院院士）

中国科学院自动化研究所　王东琳

中国科学院计算技术研究所　胡伟武　陈云霁

中国电子科技集团公司第五十八研究所　于宗光

2018 年 8 月 1 日

智能机器人产业源头技术研究

党中央、国务院高度重视智能机器人技术创新和产业发展。《“十三五”国家科技创新规划》把智能机器人列为“引领产业变革的颠覆性技术”之一，要在新一轮产业变革中赢得竞争优势。智能机器人不仅是高端智能装备的标志，它还将带动整个装备产业的巨大发展。精准辨识智能机器人技术和产业变革的突破口，就极有可能形成跨越式的发展路线图，为我国在未来 10～20 年实现“并跑”乃至“领跑”提供有力支撑。如果抓得不准，也有可能形成战略性失误，造成国家资产与人力资源的极大浪费。

为此，我们把智能机器人产业源头技术研究作为中国科学院高端智库重大战略咨询项目“面向全球竞争的高新产业源头技术研究”的首个专题，整合中国科学院全院力量进行研究。我们将系统考察智能机器人产业的发展现状和需求，前瞻分析世界科技和产业发展的走向，建立智能机器人技术认知框架，识别提出该方向可能产生颠覆性或开创性突破的潜在源头技术清单，形成该方向产业技术图谱研究报告。分析源头技术的世界发展现状，预测其潜在市场规模，比较分析中国在相关技术方向上的国际地位与水平，找准竞争优劣势，形成中国与世界智能机器人技术发展比较分析研究报告。进行系统的产业化前景评估、路径和政策分析，制定智能机器人产业化路线图，同时推进中国科学院优势方向源头技术产业化。综合分析形成智能机器人产业源头技术战略布局和政策建议。

经过一段时期的研究，我们对智能机器人发展的趋势、特点和战略有了一些认识。

一是建立二维认知框架来识别智能机器人产业源头技术。智能机器人是指对周围环境变化能产生智能化反应的自主式机器人，是多学科先进技术交叉融合、综合集成的产物，主要包括系统设计技术、机械电子技术、人机交互技术及智能技术四大技术群。在系统设计技术群中，包括系统设计、系统工程、系统架构、系统整合、制模和知识工程及技术体系；在机械电子技术群中，包括机械系统、传感器、传动装置、电力供应与管理、通信、材料及控制技术；在人机交互技术群中，包括人机界面、人机合作及安全技术；在智能技术群中，包括感知、解读、绘图、定位、移动计划、认知架构、习得与适应、知识再现与推理、行动计划、自然交流。“机器人+互联网”技术被认为是引领第四次工业革命的重要引擎，是引领全球经济变革的重大颠覆性技术。

我们综合分析世界主要发达国家智能机器人发展的战略规划和发展趋势预测报告，结合对智能机器人关键技术内在逻辑的研判，提出了识别智能机器人源头技术的二维认知框架。按面向应用角度，参考欧洲民用机器人研发计划 SPARC（2014 年）的分类方式，分为制造机器人、医疗机器人、农用机器人、商业机器人、运输机器人、消费机器人的一维；按功能行为角度，从感知、认知、人机交互、决策、行动等形成另一维度（图 1）。

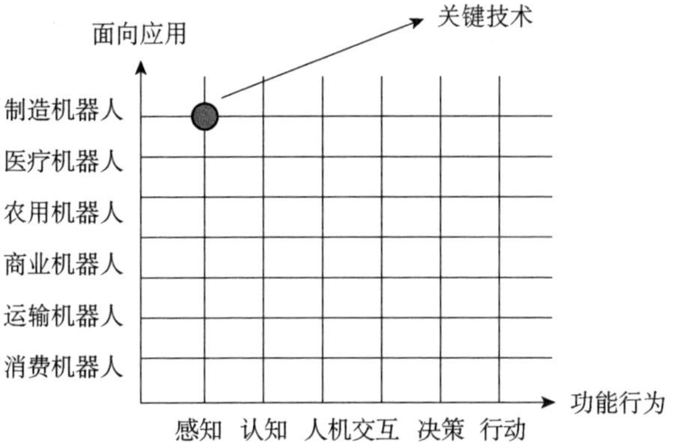

图 1　SPARC 的分类方式

基于二维认知框架，我们将通过专家研判，辅以文献、专利分析等工具，识别提出智能机器人方向可能产生颠覆性或开创性突破的潜在源头技术清单，以及系列后续产出。

二是智能机器人产业发展有集成创新和集群创新的明显特点。发达国家智能机器人产业已形成由基础研究与前沿技术研究机构、核心零部件制造商、整机制造商、集成应用商和用户共同构成的产业生态系统，政产学研用良性互动、产业链上中下游一体化、样机研制与量产应用有机衔接，推动智能机器人技术集成创新和产业持续发展。例如，精密制造机器人可以突破人手、人眼、人脑的反应极限，融入智能功能后，显著提升了制造能力；承担危险、繁重、脏差、重复等工作的工业机器人也有广泛需求。制造业强国不惜代价研制智能机器人样机，再逐渐扩散技术、降低成本，力图形成高端制造业应对全球竞争的核心能力。集成创新特点促成了智能机器人产业的集群发展。美国有三个著名的机器人产业集群，分别是以波士顿为核心、麻省理工学院为技术支撑的马萨诸塞州，以匹兹堡为核心、卡内基·梅隆大学为技术支撑的宾夕法尼亚州，以硅谷为核心、斯坦福大学为技术支撑的加利福尼亚州。此外，日本有筑波国际战略综合特区机器人项目，法国有巴黎大区机器人产业集群，韩国有仁川机器人主题公园。这些机器人产业和研究园区汇聚了一大批智能技术研发力量，是智能机器人集群发展重镇。

*三是全球智能机器人产业处于分散且快速发展的早期阶段，尚未形成主要的发展路径。*世界各国智能机器人产业尚没有形成垄断性企业，技术差距较小，虽然日本处于领先地位，但欧洲、美国、韩国、中国、韩国紧随其后，各国（地区）各有优势和专长。例如，工业机器人领域中的瑞士 ABB、日本发那科、德国库卡、日本安川电机等，服务机器人领域中的美国直觉外科公司、美国的 iRobot 等，系统集成领域中的德国徕斯、德国杜尔、意大利柯马等，关键零部件领域中的日本纳博特斯克、日本哈默纳科等，都各具优势，但并未形成从基础技术、零部件、整机到全系列产品的少数几家国际企业一统天下的格局。此外，越来越多的新创企业凭借局部技术的颠覆性创新或应用牵引商业模式创新，得以超常规发展，为智能机器人产业发展和大企业成长提供了源源不断的创新动力。在分散且快速发展的早期阶段，做好战略研判，事关发展全局。

*四是我国智能机器人产业应走高端突破和市场牵引相结合的发展路径。*我国是世界制造业大国，也是机器人使用量最多的国家，要充分发挥市场优势，牵引和带动技术发展，主导未来智能机器人发展的行业标准的制定。目前来看，我国机器人产业总体上处于低端化发展状态，许多技术瓶颈有待突破，附加值高的高端产品主要依靠进口。如可通过精确控制六个关节来实现

各类复杂操作的六轴机器人仍需进口，自主生产的三轴、四轴机器人在减速机、控制器、伺服电机等核心部件方面还要大量依靠国外产品，一定程度上制约了我国制造业升级和过剩产能改造的进程。超前发展智能机器人技术，有望为发展新经济、创造新动能储备战略资源。要集成我国智能机器人产业发展的重点区域、重点科研机构、重点企业，积极组织跨学科、跨领域的共性技术攻关，发挥我国作为未来机器人应用最大市场的优势，引领和推动我国制造业和服务业转型升级。国家科技部门要以更大魄力、更强自信，支持高风险的智能机器人产业源头技术和前沿技术研发，探索智能机器人技术跨越的中国模式。

*五是应研究把发展智能机器人产业上升为国家战略的可行性。*世界主要发达国家纷纷制定相关的机器人国家战略，如美国的“国家机器人计划”、日本的“机器人新战略”等。智能机器人及其四大技术群的突破，将会带动整个国家的智能装备制造、基础机械制造产业的巨大发展，对于引领经济变革和提升综合国力也将有广阔空间和巨大潜力。因此，我国应研判我国智能机器人产业发展的规律和世界产业发展竞争格局，形成智能机器人技术创新和新兴产业发展路线图，提出智能机器人产业的振兴路径，探讨把发展智能机器人作为国家战略的可能性。

中国科学院“面向全球竞争的高新产业源头技术研究”研究组

项目负责人： 刘伟平

项目总体组： 潘教峰 宋大伟 王天然 于海斌 谭 民 张 凤 冷 民 郭剑锋 段异兵 李 园 钟 华 杨 帆

2016 年 11 月 17 日

智能机器人发展现状、趋势分析与建议

智能机器人产业是衡量一个国家科技创新和高端制造业水平的重要标志，受到各国高度关注，也是当前全球科技创新和高新技术产业竞争焦点之一。习近平总书记近年来多次强调高度关注“机器人革命”。中国科学院在“面向全球竞争的高新产业源头技术研究”中，按照习近平总书记“审时度势、全盘考虑、抓紧谋划、扎实推进”的要求，率先启动了智能机器人领域的源头技术研究。

一、智能机器人发展现状

（一）机器人发展强国高度关注下一代机器人智能、自主、协作发展方向

美国智能机器人技术先进、适应性强、可靠性高、功能全面、精确度高，总体水平处于国际领先地位。2011 年以来，美国由国家科学基金会牵头，联合国立卫生研究院、国家航空航天局和农业部共同组织实施“国家机器人计划”（NRI），连续多年资助开发新一代机器人。拟通过不断提升机器人系统性、智能性和普适性等性能，力求机器人性能达到与现有的汽车、计算机和手机一样普及、好用。

欧盟智能机器人产业技术水平处于世界前列，特别注重在制造业、农业、医疗、交通运输、安全和家庭等领域应用。欧盟除了在“数字议程”、第七框架计划、“地平线 2020”等重点计划中予以资助，还设立了全球最大的民用机器人创新计划，分系统开发、人机交互、机电一体化、知觉、导航、认知等 6 个技术集群规划技术路线图。英国技术战略委员会 2014 年发布《英

国机器人战略 2020》，拟将英国打造为全球顶尖的机器人和自主系统产品及服务供应商，并重点发展用于航空、海上能源、核领域的机器人，智能移动机器人和未来农场机器人等。法国政府 2013 年发布《法国机器人发展计划》，争取在 2020 年成为服务机器人领域全球前五名国家，在协作机器人和智能机器人领域输出法国制造并增加市场份额。

日本是世界上机器人技术水平最强的国家之一，在工业机器人和仿生机器人等领域独具优势。机器人产业作为日本七大重点扶持产业之一，日本力求成为全球机器人创新基地，制定了新机器人时代的全球领先战略，以推动“日本机器人革命”的实施，并特别注重智能机器人在医疗、救灾、清扫、物体搬运和家庭服务等领域的应用，以应对日趋严峻的老龄化社会需求。

韩国政府将机器人产业列为国家级战略性产业，重点发展救灾机器人、医疗机器人、智能工业机器人和家庭机器人。韩国政府对发展机器人产业寄予厚望，2012 年发布《机器人未来战略 2022)》，主推机器人与各个领域的融合应用，力求成为全球机器人主导国家；2013 年制定《第二次智能机器人行动计划（2014—2018 年)》，谋求到 2018 年占据全球 20%的市场份额，进入“世界机器人三大强国行列”。

（二）需求牵引和技术驱动相结合，推动智能机器人产业技术发展

根据主要应用领域，智能机器人可分为专注于制造业的工业机器人，专注于个人、家庭和公共服务的服务机器人，以及专注于救灾、农业、核工业、空间、国防等特种机器人三个大类。在技术维度上，又可具体分为感知、认知、交互、决策、动作等五个方面的技术。

各国在工业机器人、服务机器人、特种机器人产品形态上的研发，各有侧重。在手术机器人、仿人机器人、核工业机器人、制造业机器人、空间机器人、医疗保健机器人、危险作业机器人等类别中，手术机器人的研究和产业化前景得到各国普遍关注。有望实现产业化应用的，包括数据驱动型人工智能、机器人深度学习等领域。

美国在“国家机器人计划”“美国机器人路线图”中，重点支持机器人传感、运动、计算机视觉、机器学习、人机交互、感知、机器人数据共享与分析等方向；面向重点应用领域开发协作型机器人、柔性机器人、巡检机器人，强

调机器人技术在制造、医药健康、服务、国防、空间等五个领域的重要作用，以及机器人技术在创造新市场、新就业岗位和改善人们生活方面的潜力。

欧盟第七框架计划重点支持智能机器人所涉及的安全技术、柔顺机电设计、实时认知、交互控制、人机任务规划、反应式行为产生、人类行为的学习与理解等方面的研究；其民用机器人创新计划强调机器人在制造业、农业、医疗、交通运输、安全和家庭等领域的应用。法国重点发展个人和专业级的服务型机器人。

我们认为，认知技术突破是当前各国发展的重中之重。类脑型人工智能、数据驱动型人工智能、机器认知与认知发展、机器人深度学习、自主性、自主学习、人机共融协作、人机系统混合智能、认知弥补等领域已受到广泛关注。特别是以脑科学、认知模型为基础的认知相关技术，将极大提高机器人的自主学习能力和自主性，被视为促进智能机器人发展的重要基础性技术。人机系统混合智能、人机共融协作等技术将改进、完善人机协作关系和方式，促进机器人应用领域拓展。

（三）中国机器人产业发展空间巨大，智能机器人领域仅有局部优势

中国在工业机器人领域成为全球最大市场。2014 年，全国工业机器人销量同比增长 54%，占全球年销量的近 1/4。但核心零部件制造以进口为主，外资企业占据较大价值份额。2015 年，国产机器人企业仅占全国工业机器人市场份额的 8%，其余均由外资品牌占据。原因之一是国产工业机器人的三大零部件（精密减速机、伺服电机、控制器）和其他部分的成本分别比国外机器人高出 340.6%、68.1%、47.7%和 20.8%，市场竞争能力受到明显制约。原因之二是我国工业机器人产品总体处于中低端水平。2015 年，我国自主品牌销量占市场总份额虽然快速上升，但主要集中在搬运、码垛、上下料方面，而在技术含量高的多关节机器人领域、要求高精度和重复度的高端焊接领域，比例都不够高。

中国在服务机器人的局部领域存在竞争优势。我国在服务机器人领域与国外差距不大，在消费、娱乐、教育领域处于国内市场领先地位。个别企业如科大讯飞股份有限公司甚至已进入世界领先行列，不仅在国际语音合成大赛和国际语音识别大赛中荣获第一名，还在教育、医疗、智慧城市等诸多领

域实现深入应用。

中国在特种机器人领域与国外仍存在较大技术差距。近年来，我国在空间机器人、地外探测机器人、水下机器人等领域有了较大进步，在重点战略高技术领域也得到了批量运用。但在军用机器人、医疗机器人等领域，我国与国外（尤其是美国）差距较大，其技术含量高、单价高，是当前行业发展的热点。

二、智能机器人发展趋势分析

（一）智能机器人将引领全球经济变革

智能化是机器人发展核心方向。机器人技术正在从自动化的范畴演进到人机在同一空间的紧密协调合作，即人机伙伴关系的建构阶段。其中，为实现安全、自主的“人-机-物交互”目标提供支撑的安全技术、柔顺机电设计、实时认知、交互控制、人机任务规划、反应式行为产生、人类行为的学习与理解等关键共性技术是其核心，对未来智能机器人的发展尤为重要。

对全球制造业格局具有重要影响。智能机器人不仅自身是重要的新兴产业，同时也将给制造业、医疗、交通、安保、商业服务、个人及家庭生活带来深刻而长远的改变，甚至引发制造业革命。对制造业的影响而言，一是智能机器人本身产业发展前景广阔。智能机器人在制造精度、可靠性、适应性、生产效率方面拥有远超工人制造技能的能力和潜质，无人化工厂也将更加普及。麦肯锡在《12 项颠覆性技术引领全球经济变革》的报告中，预计 2025 年先进机器人（不含无人驾驶车）将影响 3.2 亿名制造工人，涉及全球 12% 的劳动力，在人力增强机器人、工业机器人、医疗手术机器人、个人及家庭机器人、商业服务机器人等五个领域中的市场规模达到 1.7 万亿～4.5 万亿美元。二是推动制造业向智能化转型，甚至引发工业革命。智能工厂、智能生产、智能物流等新型产业组织方式的出现，将极大提升制造业的智能化运营水平，改变企业间组织关系，引发以智能制造为主导的制造业革命。三是引导制造业向发达国家回流，改变中国在制造业成本上占据的竞争优势。美国寄希望于从信息技术一侧发力，以智能制造为抓手，让“制造业回归美国”，使其在 2020 年取代中国全球制造业领导地位。中国劳动力成本快速上升，原有的人力资源和土地资源优势受到两面夹击。

（二）人机融合技术是当前竞争焦点

人机融合是下一代机器人的本质特征。机器人智能化可分为非自主运动、弱自主运动、部分自主运动、半自主运动、完全自主运动 5 个等级。目前，机器人智能化正处于第 4 级半自主运动阶段，示教时间减少，未能实现完全环境认知。机器人实现安全、自主的“人-机-物交互”，需要克服安全、行为、交互三方面挑战。安全挑战是要确保机器人在行为过程中的人-机-物安全，人机频繁接触、物理界限消失；行为挑战是指机器人在非结构、不可预知动态环境中完成使命，任务目标及指标更多样、操作灵活性及柔性更高、人机合作程度加深、任务过程复杂多变；交互挑战是指具有多信息源综合的交互手段，具有人类意图理解能力，人机之间状态信息实时双向传递。与这些人机融合相应的技术瓶颈问题，列入欧盟机器人技术路线图等规划中，成为各国研发的重点领域。

（三）交叉融合是颠覆性技术的重要来源

新时期智能机器人技术的研发，更加强调与仿生学、神经科学、脑科学、互联网技术、物联网技术、人工智能技术等多个技术领域的结合。欧盟在旗舰项目中投入 10 亿欧元支持人脑研究计划，以期将脑科学研究成果用于提升机器人智能。美国国防高级研究计划局支持开展四足机器人（如大狗、猎豹）、蜂鸟飞行器、机器金枪鱼等大量仿生机器人的研究。可以判断，机器人与其他多个学科技术领域的深度结合将成为智能机器人颠覆性技术的重要源头。其中，与仿生学的结合，可促进高适应性的机器人结构、材料、力学分析与设计的研究，也将有力支持对机器人感知、控制与决策方法的研究；与神经科学、脑科学结合，可使人机间通过神经信号控制智能假肢、外骨骼机器人或远程遥控机器人系统，促进人机融合；与互联网、物联网技术结合，可使机器人借助互联网获取海量知识、辅助机器人感知和决策，或直接与不同设备实现互通、互联、互操作，极大提升机器人系统性能；与人工智能技术结合，可改进机器人信息处理方法和智能决策技术，在人机交互过程中更好理解和推测工作目的、学习工作程序、建立规划模型，极大提升复杂任务处理能力。

（四）对智能机器人源头性技术的预判

（1）感知方面，重点关注智能假肢装置的神经系统的交流、信号传输和控制方法，可穿戴机器人和拥有生命监测和急救功能的智能服装。

（2）认知方面，重点关注类脑人工智能、人与动物认知模型、人机系统混合智能。

（3）人机交互方面，重点关注人机自然交互、协作共融，多模态交互。

（4）决策方面，重点关注数据驱动型人工智能、知识表示和推理型人工智能。

（5）动作方面，重点关注机器人和自主系统协作操控性、仿生和柔软机器人等。

三、政 策 建 议

（一）智能机器人是战略性新兴产业发展必争之地，必须放到国家战略层面统筹部署

21 世纪的智能机器人就像 20 世纪的互联网一样重要。当前，全球机器人产业正面临着爆发式增长，外资品牌占据中国高端市场。智能机器人是新产业革命的发动机，要牢牢把握源头技术创新的先机，绝不能再走“引进—落后—再引进”的老路。应立即成立国家层面的领导协调机构——国家智能机器人产业发展领导小组，组建国家智能机器人实验室，集中科技和产业优势资源开展源头技术攻关和产业化示范，力争 2025 年进入国际机器人产业强国行列。

（二）围绕智能和操作、感知与认知、新材料、新技术应用等领域，组织实施科技攻关和产业化示范工程

核心技术是买不来的。以人机融合为重点，按照应用维度和技术维度相结合、人工设计和数字训练相结合的开发技术路线，明确智能机器人产业源头技术的重点领域和突破方向。

在智能技术方面，重点关注视觉处理技术、多传感融合、环境理解、语音识别与理解、学习、人机交互、复杂决策规划、人机协作。

在操作技术方面，重点关注新型机构、灵巧手、触觉和力觉感知技术、人机安全、柔性体动力学、高精度操作控制、协调操作。

在感知与认知技术方面，重点关注从单一要素的感知向多要素感知的结合，以及通过采用智能的多要素传感器实现“感知”和“认知”的结合。

在新材料方面，重点关注新型轻量化结构材料、功能材料在机器人领域的应用。

在新技术应用方面，重点关注驱动技术、变刚度柔顺执行机构、人工智能技术、多通道感知认知技术、高精度室内自主定位导航技术、人机自然交互技术、开放式机器人操作系统及模块化应用软件开发。

（三）加强产学研合作，构建智能机器人产业源头技术创新体系

智能机器人发展必须走集成创新、协同发展之路。针对当前机器人产业发展集学科交叉、领域融合、产业协同于一体的突出特点，依托中国市场优势和产业布局能力，发展“产学研用金”产业创新联盟。分类制订面向不同应用领域的推进计划，探索中国特色产业跨越发展和弯道超车的路径。重点发展能够提升中国制造能力的精密“制造机器人”、能够提升民众医疗保障水平的“医疗机器人”，放手发展更多取决于应用模式创新的“商用机器人”“服务机器人”。

中国科学院“面向全球竞争的高新产业源头技术研究”研究组

项目负责人： 刘伟平

项目总体组： 潘教峰　宋大伟　张　凤　冷　民　王　硕　郭剑锋　李　园

“智能机器人专题”专家组： 王天然　于海斌　谭　民　王　宇　梁华为　陈小平　樊建平

2017 年 3 月 28 日

智能机器人产业源头技术分析与建议

智能机器人产业源头技术研究是中国科学院高端智库重大战略咨询项目“面向全球竞争的高新产业源头技术研究”的一个专题。项目组在本报告中系统分析智能机器人产业的发展现状和需求，前瞻分析世界科技和产业发展的走向，建立了智能机器人技术认知框架，识别出了该方向可能产生颠覆性或开创性突破的潜在源头技术清单，并提出了产业发展的政策建议。

一、智能机器人产业源头技术分析的意义与方法

我们认为，辨识源头技术是从根本上改变关键核心技术受制于人局面的首要环节，是抢占竞争制高点、培育发展战略性新兴产业需要解决的首要问题。智能机器人是具备感知、认知、交互、决策、行动能力的智能平台系统，可以与各行各业实现无缝对接，形成工业机器人、服务机器人和特种机器人等三大类产品，其源头技术将对现有支柱产业竞争产生重大影响，并形成战略性新兴产业。因此，我国必须准确识别智能机器人产业的源头技术，根据其发展阶段和走向，提前做好布局，避免在非源头技术上投入过多的人力和物力；重点支持发展已处在产业风口的源头技术，前瞻布局仍处于研究阶段的源头技术。

智能机器人产业源头技术研究分为三个阶段。第一阶段为技术搜集与框架确立阶段。从由美国、日本、英国、俄罗斯、法国、中国、欧盟等 7 个代表性国家或地区发布的 22 项智能机器人领域规划中抽取了 470 项技术条目作为候选技术，由来自科研、产业和政策领域的专家经过多轮分析确定“应用—技术”二维认知框架并进行稳健性检验，并利用谷歌距离测度技术条目

与二维认知框架的关联度，建立智能机器人产业源头技术的候选列表。第二阶段为识别研判阶段。将源头性指标分解为关键度、颠覆度和产业化成熟度等三个指标，通过大数据分析与专家研判相融合，计算各项技术的基础特征值，按源头性三个指标进行排序得到产业源头技术列表，选出排序前 36 项的源头技术。第三阶段为分析建议阶段。融合产业估算模型与专家校正，进一步得出排序前 15 项的源头技术，提出智能机器人产业发展的政策建议。

二、智能机器人产业源头技术识别结果分析

将排序前 15 项的源头技术纳入二维认知框架中进行分析，具体分布情况如图 1 所示，得到一些结论。

	感知	认知	交互	决策	行动
工业机器人	0	• 1 机器人深度学习 1	0	0	0
服务机器人	• 8 机器人核心部件关键技术 1	• 2 类脑智能 • 3 数据驱动型人工智能 • 4 非结构化环境感知与理解 • 7 机器学习 • 10 服务机器人自主学习 • 11 人机混合智能 6	• 6 人机交互 1	• 3 数据驱动型人工智能 • 15 类脑控制 2	• 5 仿生柔软机器人 1
特种机器人	• 9 自主性 • 12 危险作业机器人 • 13 事件识别 • 14 危险评估 4	• 9 自主性 • 12 危险作业机器人 • 13 事件识别 • 14 危险评估 4	0	• 13 事件识别 1	0

图 1　经专家校正的排序前 15 项源头技术分布

（一）从应用维度看智能机器人产业竞争重点

一是服务机器人成为智能机器人源头技术国际竞争的焦点。首先，前 15 项技术有超 2/3 分布在服务机器人领域，特别是前 10 项技术有 8 项处于服务机器人领域，体现了服务机器人作为智能机器人技术风口的重要地位。其次，服务机器人和认知技术交汇的子领域的重要源头技术十分集中，说明

服务机器人产业的发展对认知类源头技术有很强的依赖性，需要认知类源头技术的创新和广泛应用以支撑服务机器人产业的高端化发展。

二是特种机器人的源头技术国际竞争集中在自主性和危险评估。首先，特种机器人的感知和认知两个子领域，是源头技术的集中分布区，说明感知和认知两个子领域的技术进步对于特种机器人发展至关重要。其次，特种机器人的源头技术点主要包括“自主性”“危险作业机器人”“事件识别”“危险评估”等，表明特种机器人的发展重心在于代替人类执行危险作业。

三是机器人强国在工业机器人领域的竞争已进入高级阶段。首先，工业机器人源头技术分布只有 1 项，说明机器人强国在工业机器人领域的基础技术积累已比较充分。其次，工业机器人的源头技术是排序第一的“机器人深度学习”技术，说明工业机器人的竞争进入高端化阶段，其突破对机器人产业可能产生深远影响。

（二）从技术维度看智能机器人源头技术支撑

一是认知领域的源头技术对机器人产业发展具有关键核心地位。认知能力是让机器人智能化的关键，是在感知的基础上进行信息的有效分析，形成机器人能理解的有用信息，如理解语言、图像等信息背后的含义。首先，认知领域集中了排序前 5 的源头技术中的 4 项，同时集中了排序前 15 的源头技术中的 11 项。其次，“机器人深度学习”技术是源头技术排序第 1 的技术。“机器人深度学习”技术依赖人类脑科学的发展成就，试图模仿大脑的神经元传递、处理信息的模式，利用类脑的多层神经元构成的神经网络，进行信息收集，并基于收集到的信息产生相应的决策和行为。从经专家校正的源头性综合指标来看，其他排序靠前的认知类源头技术有“类脑智能”“数据驱动型人工智能”“非结构化环境感知与理解”等，应当加强这 4 项源头技术的研发力度和产业化引导。

二是感知领域的源头技术是特种机器人产业发展的重要支撑。感知是机器人最基本的能力，感知系统相当于机器人的眼、耳、鼻、舌、皮肤，是各种传感器的集成，甚至包括人类不具备的感知能力，如地磁感应、无线电接收等。特种机器人代替人类在特殊环境下执行任务，对感知类技术要求较高，包括“自主性”“危险作业机器人”“事件识别”“危险评估”等。因此发展特种机器人产业需重点关注以上 4 项源头技术。

三是行动领域的源头技术可能对智能机器人产业带来颠覆性影响。材料科学是机器人的基础，仿生柔体材料的发展对服务机器人的行动能力拓展非常关键。因此，以材料科学等为代表的跨界技术整合将赋予智能机器人更突出的行动能力。

（三）从细分指标看源头技术分布

源头技术的细分指标包括技术关键度、技术颠覆度和技术产业化成熟度。

从关键度视角看，“模块化互换性功能部件”技术是关联度最广的源头技术。该技术是一种具有确定功能、可组成系统的标准独立单元，在 9 个特定的二维认知子框架中均有分布。该技术在智能机器人的各技术环节和重点产业都有很强的通用性，应当予以高度重视并做好研发、转化布局。其他关联度较广的关键源头技术包括“事件识别”“数据驱动型人工智能”“自主性”“危险评估”等（图 2）。

	感知	认知	交互	决策	行动
工业机器人	• 9 模块化互换性功能部件 1	• 10 机器人深度学习 1	0	• 9 模块化互换性功能部件 1	• 9 模块化互换性功能部件 1
服务机器人	• 14 手机机器人 • 9 模块化互换性功能部件 • 13 机器人核心部件关键技术 3	• 2 类脑智能 • 4 数据驱动型人工智能 • 6 非结构化环境感知与理解 • 10 服务机器人自主学习 • 5 机器学习 5	• 6 人及自然交互 • 12 人机交互 2	• 4 数据驱动型人工智能 • 9 模块化互换性功能部件 2	• 9 模块化互换性功能部件 • 15 仿人形机器人 2
特种机器人	• 3 危险评估 • 7 自主性 • 8 事件识别 • 9 模块化互换性功能部件 4	• 3 危险评估 • 7 自主性 • 8 事件识别 3	0	• 8 事件识别 • 9 模块化互换性功能部件 2	• 9 模块化互换性功能部件 1

图 2　技术关键度指标排序前 15 项技术分布

从颠覆度视角看，“类脑智能”技术是颠覆度最高的技术。“类脑智能”技术是以计算建模为手段，受脑神经机制和认知行为机制启发，并通过软硬件协同实现的机器智能。其他排序靠前的高颠覆度技术包括“人机交互”“机器人深度学习”“仿生柔软机器人”“数据驱动型人工智能”等（图 3）。

	感知	认知	交互	决策	行动
工业机器人	0	• 3 机器人深度学习 1	0	0	0
服务机器人	0	• 1 类脑智能 • 5 数据驱动型人工智能 • 6 非结构化环境感知与理解 • 8 人机混合智能 • 11 服务机器人自主学习 • 14 意图识别与预测 • 15 认知模型 8	• 6 人机交互 • 10 多模态交互 2	• 5 数据驱动型人工智能 1	• 4 仿生柔软机器人 1
特种机器人	• 7 自主性 • 9 攀爬机器人 2	• 7 自主性 1	• 9 攀爬机器人 1	0	• 9 攀爬机器人 • 12 人工肌肉 2

图 3　技术颠覆度指标排序前 15 项技术分布

从技术产业化成熟度视角看，“危险评估”技术是产业化成熟度最高的技术。“危险评估”技术是依据传感器获取的数据信息，经决策系统综合判断后对当前所处状态的一种判断。其他排序靠前的技术有“人机共融协作”“人工肌肉”“手术机器人”以及“类脑智能”等（图 4）。

	感知	认知	交互	决策	行动
工业机器人	• 12 模块化互换性功能部件 1	• 1 机器人深度学习 1	0	• 12 模块化互换性功能部件 1	• 7 工业机器人自主编程技术 • 12 模块化互换性功能部件 2
服务机器人	• 2 机器人核心部件关键技术 • 12 模块化互换性功能部件 2	• 9 符号主义人工智能 • 14 交通场景理解 2	0	• 9 符号主义人工智能 • 12 模块化互换性功能部件 2	• 5 仿生柔软机器人 • 12 模块化互换性功能部件 2
特种机器人	• 3 危险作业机器人 • 8 攀爬机器人 • 10 机器外骨骼 • 11 事件识别 • 12 模块化互换性功能部件 • 13 行星搜索机器人 6	• 3 危险作业机器人 • 4 机器人意图识别和反应 • 11 事件识别 • 13 行星搜索机器人 4	• 8 攀爬机器人 • 13 行星搜索机器人 2	• 3 自主决策 • 11 事件识别 • 12 模块化互换性功能部件 3	• 8 攀爬机器人 • 12 模块化互换性功能部件 • 15 自主核工业机器人技术 3

图 4　技术产业化成熟度指标排序前 15 项技术分布

三、政 策 建 议

源头性是技术关键度、技术颠覆度以及技术产业化成熟度的集成。源头性高的技术虽然在关键度、颠覆度和成熟度上存在差异化表现，但都是未来高端产业竞争中的技术制高点。对排序前 36 位的源头技术，可分成前 15 项和后 21 项两类予以支持。

（一）加强前 15 项源头技术的研发攻关

（1）加强“机器学习”“机器人深度学习”“机器人核心部件关键技术”“类脑智能”“人机混合智能”技术的产业化引导。根据产业化成熟度指标对 15 项源头技术的未来发展走向进行预估，如图 5 所示。“机器学习”“机器人深度学习”“机器人核心部件关键技术”“类脑智能”“人机混合智能”等 5 项技术的排序最高，表明这些技术的产业化应用速度最快，这些技术向产业化方向发展的时机较为成熟，应大力加强相关产业规划布局，加快实现产业化。当前尤其要重视“机器人深度学习”和“机器人核心部件关键技术”技术的产业化扶持。这两项技术不仅具有较高的源头性综合指标值，而且在技术产业化成熟度指标排序中位列第一和第二位。

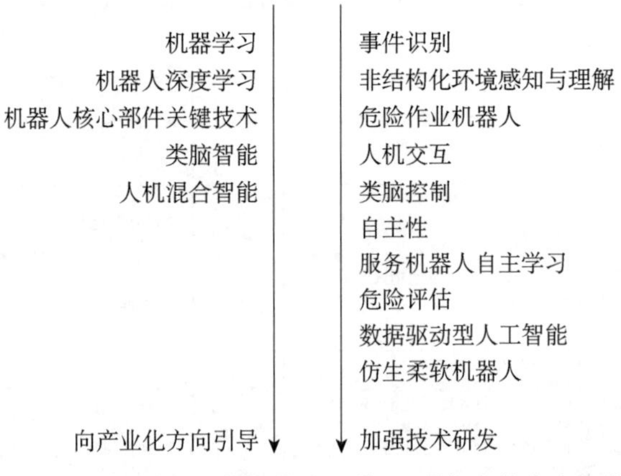

图 5　经校正的源头性综合指标排序下前 15 项代表技术未来发展方向

（2）加强“事件识别”“非结构化环境感知与理解”等技术的研发和孵化。“事件识别”“非结构化环境感知与理解”“危险作业机器人”“人机交互”“类脑控制”“自主性”“服务机器人自主学习”“危险评估”“数据驱动型人工智能”“仿生柔软机器人”等 10 项源头技术，产业化成熟度相对较低，表明当前还不具备产业化的条件，需要进一步科研攻关，实现技术突破。

（二）要重视后 21 项源头技术的前瞻布局

（1）尽快推进“人机自然交互”“手术机器人”“仿人形机器人”“自主决策”的相关标准和共性基础设施建设。这 4 项技术的技术关键度均高于后 21 项源头技术的均值，也是未来高端产业竞争的关键技术，我国必须在加速其突破方面占领先机，当前要积极推进相关产业标准制定或共性技术设施建设。

（2）重视“攀爬机器人”“多模态交互”“人机共融协作”“人工肌肉”“意图识别与预测”“认知模型”等技术的攻关及其相关产业风险控制。这 6 项技术的技术颠覆度指标值均高于后 21 项源头技术的均值，在各自领域均可能产生颠覆性的影响。要重视其攻关和产业化推进，并在颠覆性技术突破前做好不同技术路线的投资风险控制。

（3）布局“自主决策”“工业机器人自主编程技术”“行星搜索机器人”“攀爬机器人”“符号主义人工智能”“机器外骨骼”“交通场景理解”“自主核工业机器人技术”等 8 项技术的专项研发和产业扶持。这 8 项技术的产业化成熟度指标值均高于后 21 项源头技术的均值，说明向产业化方向转化的风口已经接近，需要通过设立研究专项和中试规模的产业扶持项目予以推动。在这 8 项技术中，“自主决策”的技术关键度指标值又高于均值，表明该项技术对智能机器人很多产业都较为关键，应加快建立该技术的重大公共服务平台。“攀爬机器人”的技术颠覆度指标值也高于均值，需要制定该技术的产业引导规划和被替代岗位的安置规划。

（三）要警惕智能机器人领域的创新泡沫

每一次改变人们生活的革命性科技突破在其研发应用过程中均伴随泡沫，智能机器人产业技术的发展也应警惕创新泡沫的影响。例如，当前“类人化技术”虽然十分热门，但实际上并不属于对整个智能机器人领域影响较大的源头技术。与“类人化技术”类似，“虚拟现实（VR）/增强现实（AR）”“可穿戴设备”“超限机器人”等技术也面临着同样的不确定性，这些技术当前虽受到各行各业的广泛关注，但实际上并不是对整个智能机器人领域产生重大影响的源头技术。因此，在发展智能机器人产业技术时，不应仅仅关注当下某些看似十分热门或具有代表性的智能机器人技术，而是应在深入分析、广泛调研的基础上，辨别并切实推进源头技术的发展，避免在非源头技术上投入过多的人力和物力，少走弯路，提高研发效率。

中国科学院“智能机器人产业源头技术研究”项目组

项目负责人： 潘教峰

综 合 组： 张 凤 郭剑锋 宋大伟 马文浩 许金华 夏 炎 冷 民

咨询专家： 王天然 于海斌 谭 民 王 硕

2018 年 12 月 3 日

全球智能传感器产业发展动向分析

传感器是能够把外界信息或能量转换为便于处理和传输的信号的器件或装置，是人体五官的工程模拟物，又称之为“电五官”。传感器大致经历了结构型、物性型和智能型三个发展阶段。当前蓬勃兴起的智能传感器是指具有信息检测、信息处理、信息记忆、逻辑思维和判断功能的传感器，是新一代信息技术、高端装备制造、新能源汽车等战略性新兴产业的先导和基础，也是智能交通、智慧医疗、智慧基础设施等智慧城市应用的关键设备，已成为发达国家和跨国企业布局的战略高地。

一、智能传感器产业市场发展动向

智能传感器市场按产品主要分为温度和湿度、压力、运动、位置、流量、图像、触摸等传感器；按技术主要分为微机电系统（MEMS）和互补金属氧化物半导体（CMOS）两类；按是否联网可分为无线和有线两类；按应用场景主要分为商业/工业（零售、教育、医疗、制造、酒店业）、家庭住宅/智能家居（居家安全、能源管理和气候控制、照明、窗户和家电控制、视听娱乐、生活辅助）、消费电子、汽车、石油和天然气、航空航天和国防等领域类型。

目前智能传感器已取代传统传感器成为市场主流，全球市场呈现快速上升态势。据中国信息通信研究院 2017 年发布的数据，2016 年全球智能传感器市场规模为 258 亿美元，预计 2019 年将达到 379 亿美元，年复合增长率超过 10%。从应用场景来看，消费电子是智能传感器最大的应用领域，2016 年全球市场占比接近 70%；其后依次是汽车电子（15%）、工业电子（6%）和医疗电子（2%）。从产品类型来看，CMOS 图像传感器全球市场占比最高

（45%），其次是指纹传感器（9%）、压力传感器（9%）、射频识别传感器（9%）、加速度计（6%）、MEMS 麦克风（4%）、陀螺仪（4%）、组合式运动传感器（4%）、喷墨打印头（3%）、光学 MEMS（3%）等。从市场区域来看，据 Global Market Insights 数据统计，2015 年智能传感器全球市场中，美洲地区市场占比最大（45%），并预计在 2022 年前将一直占据主导地位；亚太地区（中国、日本、韩国、印度、澳大利亚）位列第二（23%），由于汽车和消费电子等下游产业的带动，亚太地区成为市场规模增长最快的地区；欧洲地区占比约 17%。

二、智能传感器产业技术发展动向

智能传感器产业呈现产业链长、各环节技术壁垒高的特点。研究与开发：是整条产业链中技术要求难度最大的一个环节，因此无论是国内还是国外，都是由高校和大型研究机构给予技术支持。设计环节：技术壁垒极高，国内具有自主芯片设计能力的企业不多，国外像意法半导体这样的老牌厂商在芯片设计环节游刃有余。制造环节：由于晶圆制造对工艺及设备要求非常高，投入资金巨大，国内绝大部分厂商都选择知名晶圆代工厂为其制造。封装环节：国内企业渗透率较高，国内越来越多的厂商进军封装行业。测试环节：国内 MEMS 测试技术不断发展，已有达到国际标准的测试工厂。软件与芯片及解决方案环节：软件环节本土企业渗透率较低，被国外自带软件算法的企业垄断；在芯片及解决方案环节，国内企业有向物联网等新兴应用场景加速渗透的趋势。应用环节：消费电子等领域国内下游应用广泛，市场需求拉动作用大。

智能传感器技术正在向集成化、微型化、智能化、多样化的方向发展。智能传感器的实现方式分为三类，非集成化实现、混合实现和集成化实现，技术难度依次增加。集成化的程度越高，传感器智能化的程度就越高。智能化体现在两个方面：一是多种传感功能与数据处理、存储、双向通信等的集成；二是传感器与人工智能技术结合，出现基于模糊推理、人工神经网络等人工智能技术的高度智能传感器。微型化体现在将半导体加工工艺引入传感器生产制造，如 MEMS 传感器在取得微型化的同时，降低功耗、提高精度。

多样化得益于材料技术的进步，促使生物传感器、光纤传感器、气敏传感器、数字传感器等新型传感器不断成熟。

MEMS 传感器和 CMOS 图像传感器是当前两大类主流智能传感器。MEMS 传感器按工作原理可分为物理型、化学型和生物型三类。作为获取信息的关键器件，MEMS 传感器对各种传感装备的微型化发展起着巨大的推动作用。从升级替代过程看，MEMS 传感器正逐步取代传统机械传感器的主导地位，在消费电子、智能驾驶、智能工厂、智慧物流、智能家居、环境监测、智慧医疗等领域取得广泛应用，如消费电子领域的加速度计、陀螺仪、硅麦克风、惯性测量组合、磁力计，汽车电子领域的压力传感器、流量传感器、陀螺仪、加速度传感器，医疗领域的压力、流量、微流体、加速度传感器，智能制造领域的压力、流量监测仪等。基于锆钛酸铅（PZT）和氮化铝（AlN）薄膜的 MEMS 压电器件产业蓄势待发，包括喷墨头、超声波传感器、微型扬声器等。硅基微流控芯片市场将迎来强势增长，特别是硅基 DNA 测序芯片在医疗领域的应用。随着空气质量日益受到全球关注，以及未来可穿戴设备和物联网设备与气体传感器的集成，环境监测 MEMS 传感器（包括气体传感器和化学传感器）市场将迎来光明的未来。

CMOS 图像传感器将图像采集单元和信号处理单元集成到同一块芯片上，体积小、功耗低，适合大规模批量生产。目前，CMOS 图像传感器已广泛应用于智能移动终端、高端工业、医疗和科研领域，成为主流的成像器件。手机市场是 CMOS 图像传感器产业的关键，在双摄像头和 3D 摄像头的驱动下，CMOS 图像传感器市场未来仍有望取得高速增长。CMOS 图像传感器正在向汽车、安防和医疗等更高附加值的市场渗透，此外无人机拍摄、生物特征识别、增强现实等新型应用也依赖于 CMOS 图像传感器的创新。

三、智能传感器产业重点企业发展动向

智能传感器全球重点企业主要集中于欧美日发达国家和地区。根据 Yole Développement 公司 2017 年发布的市场报告，全球 MEMS 主要厂商包括博世、意法半导体、德州仪器、博通、惠普、Qorvo、楼氏电子、电装等。大部分 MEMS 厂商以只设计、不生产的 Fabless 模式为主，同时也有垂直参与

到整条产业链各个环节的厂商，如德国博世、意法半导体等都建有自己的晶圆代工生产线。博世因其在汽车电子和消费电子的双重布局，牢牢占据着行业领先位置。2017 年 6 月，在中德两国总理的见证下，百度和博世签署战略合作框架协议，双方将在自动驾驶、智能交通、智能车联网领域展开深入合作。博世将参与百度阿波罗自动驾驶技术开放计划，提供传感器、相关硬件和车辆定位服务。

在 CMOS 图像传感器方面，全球主要厂商包括索尼、三星、豪威科技、安森美、松下、佳能、SK 海力士、意法半导体等。索尼公司是技术和市场双重领先者，2016 年占据全球市场 42%的份额。索尼近年来还通过收购东芝图像传感器业务、传感器技术公司 Softkinetic Systems SA 等进一步强化相关布局，未来将着力开发用于机器人、自动驾驶汽车等领域的新型传感器技术。此外，三星、豪威科技和松下也发展强势，彰显出亚洲厂商在全球的重要地位。

智能传感器产业格局正在走向聚集、整合、并购，企业重组并购日趋活跃。大公司通过兼并重组，掌控技术标准和专利，在“高、精、尖”传感器和新型传感器市场上逐步形成垄断地位。近年典型案例包括：①日本电子零件制造商 TDK 通过多次收购强势拓展传感器业务。TDK 近年先后收购车载霍尔传感器元件厂商 Micronas 公司、MEMS 传感器制造商 Tronics 公司以及重要的智能手机元器件供应商 InvenSense，在惯性传感器、加速度计、陀螺仪、电子罗盘、麦克风等 MEMS 传感器市场领域的实力得到极大增强。②安森美半导体利用多次并购奠定其在 CMOS 图像传感器领域的实力。安森美先后收购 Cypress 公司 CMOS 图像传感器业务部、图像传感器设备制造商 Truesense Imaging 以及汽车及工业应用高性能 CMOS 图像传感器供应商 Aptina Imaging，大幅提升了安森美的实力。2016 年，安森美排名全球 CMOS 图像传感器厂商第 4 名，占据全球市场 6%的份额。

四、主要国家智能传感器产业发展政策措施

2005 年，美国国家科学基金会发布《传感器革命》报告，提出继 20 世纪 80 年代的计算机革命、90 年代的互联网革命后，传感器正在引发新一轮

革命，它将互联网与物质世界关联起来，形成一套电子神经系统。

当前，世界各国都在积极通过政策引导布局智能传感器技术、应用及产业发展。2014 年，美国正式启动“国家制造业创新网络”计划，目前已经成立的 14 家研究所中涉及传感器技术的共有 5 家。其中，成立于 2016 年的清洁能源智能制造创新研究所合作成员近 200 家，投资 1.4 亿美元开发服务于先进制造业的智能传感器。2016 年，日本内阁府公布《第五期科学技术基本计划（2016—2020 年）》，提出“社会 5.0”超智能社会理念，并将传感器技术作为实现超智能社会的核心技术之一，强调日本在该技术领域具备优势。为此，日本内阁府在 2018 年宣布要研发在网络空间和现实空间广泛应用的新型传感器技术。2012 年，德国政府在“工业 4.0”计划的技术目标中提出，要通过对生产设备、工业产品和日用产品进行数字加工，集成存储和通信功能、无线传感器、嵌入式驱动器和智能软件系统，从而搭起连接现实和虚拟世界的桥梁。2016 年，韩国政府将“虚拟现实与增强现实”确定为九大国家战略项目之一，将在 2016～2020 年投资 4050 亿韩元（约合 25 亿元人民币）大力发展虚拟现实产业，并投资开发三维深度传感器等虚拟现实核心原创技术。

五、建　议

近年来，中国智能传感器产业正在快速崛起，已经成为贯彻“制造强国战略”的重要举措。从产业现状来看，中国传感器产业已经形成从技术研发、设计、生产到应用的完整产业体系，部分细分领域已跻身世界领先水平。但就总体水平而言，国产的传感器产品仍以中低端为主，技术水平相对落后。中国市场上的中高端传感器进口占比达 80%，数字化、智能化、微型化产品严重欠缺。专家指出，当前我国智能传感器领域发展存在的主要问题包括：产业集中度低，中低档产能过剩，没有形成产业集群；研发和自主创新能力比较薄弱，核心技术受制于人；行业共性技术研究缺位，国家支持不足，企业缺乏研发动力；相关政策存在缺位，建设重点集中在整机上，忽略对元器件的研发支持等。2017 年，工业和信息化部发布《智能传感器产业三年行动指南（2017—2019 年）》，进一步推动了我国智能传感器产业竞争力的提升。为落实该行动指南，对我国智能传感器产业提出以下发展建议。

（1）智能传感器发展上升到国家战略。智能传感器行业特点决定不能仅依靠市场规律来发展，需要政府引导和市场竞争的紧密结合，以物联网、云计算、大数据、人工智能等战略性产业发展为牵引，以智慧工厂、智慧环保、智能交通等为重点应用领域，加强产学研协同合作及国际深度合作，自上而下布局智能传感器发展。

（2）突破关键技术瓶颈。重点发展集成化、智能化微纳传感器设计技术、仿真建模技术及设计工具，先进制造工艺、低成本/规模化制造技术，低成本封装与异质集成化技术，可靠性技术、可靠性评价技术、失效评估及批量测试技术，以及低功耗无线传感器技术，研制一批量大面广的微纳传感器应用产品及应用系统，实现验证及示范应用，建设一批支撑传感器技术发展的公共技术平台及中试基地，发展多传感器集成与数据融合技术，实现传感器信息融合/软件技术的芯片化。

（3）构建智能传感器产业大生态圈，建立和完善智能传感器设计、制造、封装和测试产业链。把重点突破和行业整体水平提升相结合，既需要世界知名的百年老店，同时为提高我国整体传感器的水平，也需要有若干专精特小企业共同支撑。支持新兴企业发展，重点关注压电、磁性和光学传感器方向。推动半导体设备和材料国产化，加强相关研发及规模化应用，鼓励和支持积极使用国产半导体设备和材料的智能传感器生产企业。

上海市科学技术情报研究所　上海市图书馆　王德生
中国科学院科技战略咨询研究院　韩　淋　冷伏海

2018 年 5 月 9 日

“关口前移”：应对老龄健康问题新战略

——中国科学院启动“大健康背景下延缓阿尔茨海默病策略研究”

习近平总书记在2016年全国卫生与健康大会上指出“没有全民健康，就没有全面小康”，在全国科技创新大会上还指出“要想人民之所想、急人民之所急，聚焦重大疾病防控、食品药品安全、人口老龄化等重大民生问题”。同年，中共中央、国务院印发了《“健康中国2030”规划纲要》，将提升中华民族健康素质、实现人民健康和经济社会协调发展作为国家战略。

中国已迈入老龄化社会，随之带来的健康问题将会成为推进“健康中国”战略所必须面对的重大挑战之一。其中，阿尔茨海默病（Alzheimer's Disease，AD，俗称老年痴呆症）已经成为影响老龄健康的突出问题。

为此，中国科学院在“面向全球竞争的高新产业源头技术研究”中，按照习近平总书记“科技创新的战略导向十分紧要，必须抓准，以此带动科技难题的突破”的要求，在启动智能机器人领域的源头技术专题研究之后，启动了第二个专题“大健康背景下延缓阿尔茨海默病策略研究”。

一、阿尔茨海默病是老龄化社会的巨大挑战

据联合国预测，世界老龄人口占总人口的比重将从1995年的6.6%上升至2020年的9.3%，同期中国将由6.1%上升至11.5%，进程要远远快于很多中低收入和高收入国家。到2020年，我国65岁以上老龄人口将达1.67亿人，约占全世界老龄人口6.98亿人的24%。中国老龄化社会还有一个特征就是相当一部分人“未富先老”。随着老龄化程度提高，慢性非传染性疾病大幅增加，“未富先老”却又常常会伴随着“因病致贫”。因此，随老龄化而

来的慢性病成为当今中国面临的巨大挑战。

AD 已成为继心血管病、脑血管病和肿瘤之后，威胁老年人健康的第四大杀手。据国际阿尔茨海默病协会统计，2015 年中国 AD 患者约为 950 万人，占全球患病人数的 20%，预计 2030 年，AD 患者人数将增至 1600 万人；而 1990～2013 年，中国 AD 致死率增加了 119.8%。

AD 对社会和经济造成了巨大的影响。据世界银行统计，2016 年全球 AD 患者的疾病花费总额约 8180 亿美元，预计 2018 年将超过 1 万亿美元，2030 年将超过 2 万亿美元。国际阿尔茨海默病协会研究预测：2050 年，中国 AD 的疾病总负担（包括直接医疗费用和看护者劳动损失费用）将超过 1 万亿美元，其中 62%源于家庭照顾人员的劳动损失。

二、阿尔茨海默病治疗之路仍较漫长

面对全球 AD 带来的健康损伤以及沉重社会、经济和家庭负担，至今尚未研发成功能够治疗该病的有效药物。仅 2010 年以来，就有礼来、辉瑞、强生、罗氏、默沙东等 5 家跨国药企研发的、用于治疗该病的药物在Ⅲ期临床研究中失败，并造成了数十亿美元的损失，这也给制药行业带来了沉重的打击。

在未来较长的一段时期内，通过攻克药物来治疗 AD 仍然会遇到技术问题与产业问题，这也提示我们：简单地采用药物治疗这一种方法是否还行得通？

三、抗击阿尔茨海默病新策略——“关口前移”

“上医治未病”，以美国为例，美国国立卫生研究院（NIH）2015 年 5 月提出了 AD 研究的新框架，强调了从治疗转向预防的新策略。“关口前移”已越来越被全球公认为 AD 的防治策略。

慢性病通常都是缓慢发生发展的，由“健康期”缓慢进入“疾病前期”，再快速进入“患病期”。传统的医疗观念关注的是“患病期”的治疗，往往忽视了在“疾病前期”这一重要窗口进行早期监测和干预。而“关口前移”

将有效地利用“疾病前期”的特点来延缓疾病发生的时间。此外，“关口前移”遵循了效益优先原则，预防慢性病远比治疗疾病更为经济。这一点对中国这样一个人口大国和“未富先老”的老龄化社会而言尤为重要。

四、启动“延缓阿尔茨海默病策略研究”刻不容缓

从全球视野看，以AD为代表的相关疾病成为各国战略规划和项目部署关注的重点之一，美国、英国、法国、澳大利亚、加拿大等主要发达国家在国家层面都制定了AD的战略、法案或计划。以美国为例，它具有完备的AD防控体系，1974年即成立了“国家老龄化研究所”（NIA），1984年建立了29个阿尔茨海默病中心，2010年众议院通过《国家阿尔茨海默病项目法案》（NAPA），2011年由卫生与公共服务部（HHS）发布了“阿尔茨海默病国家预防战略”（National Plan for Addressing Alzheimer’s Disease），2012年HHS又发布了第一个“阿尔茨海默病国家计划”等。这些国家战略、法案或计划的普遍特点是：①注重AD防控的顶层设计，引领AD的科学研究方向；②提出预防、诊断、治疗和研究的综合规划决议；③注重从基础研究到产业化的创新全价值链支持；④强调聚集全球科技资源突破研究难题。

我国在脑科学研究方面投入也十分巨大，但与发达国家相比，目前设立的重大计划主要针对脑科学基本认知以及脑科学与信息结合的人工智能领域的较多，而针对痴呆症，尤其是AD的研究投入较少。并且，我国对AD的认识教育还不足，尚没有形成国家层面的防控战略和相应计划。我国应加大这方面的战略研究与研发投入。

中国科学院作为国家战略科技力量和国家高端智库，启动“大健康背景下延缓阿尔茨海默病策略研究”。首先，延缓AD策略研究拟以中老年人群全过程管理（参与、监测、干预、诊断、药物）为主线，从基础研究、应用研究、试验开发、心理研究的角度，以及政府和社会在战略布局、法律政策、计划资助、监管标准、教育培训和伦理研究等角度，进行全方位、多层次的国际对比分析，提出中国延缓AD的防控策略，如在国家层面制定基于“关口前移”与“重心下沉”的抗击AD的中国方案；针对中老年人群开展预防AD的健康素质教育等，通过一系列政策措施，尽可能减轻政府与家庭的医

疗负担、降低社会成本、提升资源效率，解决我国老龄健康的实际问题。

该战略研究还将在药物开发以及针对该病症的监测、诊断以及辅助护理相关技术研究和开发方面研判具有开创性、颠覆性高新产业知识基础与源头技术，提出突破方向，如建立认知健康国家研究队列与大数据库，加强抗击AD的基础与应用研究，产出适宜国人认知健康的技术与产品，加快转化应用，谋划产业化发展路径，促进我国提升相关产业国际竞争的优势地位。

中国科学院“面向全球竞争的高新产业源头技术研究”研究组

项目负责人：刘伟平

项目总体组：潘教峰　张　凤　吴家睿　裴瑞敏　于建荣　熊　燕　李　园

“大健康背景下延缓阿尔茨海默病策略研究”专题组专家：

林其谁　郭爱克　赵国屏　张　旭　陈凯先　申　勇

2017 年 5 月 5 日

国内外阿尔茨海默病防控现状分析与建议

老龄化是导致神经退行性疾病的主要因素之一，痴呆症发病率每年随年龄增长 1%。我国目前已经进入老龄化社会，阿尔茨海默病（Alzheimer's Disease，AD，俗称老年痴呆症）等慢性疾病患者明显增多，且发病率呈逐年上升趋势，严重威胁人民的身体健康，给经济社会和医疗护理带来巨大压力和负担，严重影响我国人口与健康的发展，也是“健康中国 2030”提出的全民健康目标的挑战之一。联合国在 2011 年 9 月召开的由各成员国政府首脑参加的慢病防治峰会上，要求各成员国采取积极措施，将慢病防治工作上升到国家战略的高度。应对 AD 等慢病而生的“健康医学”，其目标就是保护和维持人的健康状态，降低慢病的发病率，将抗击疾病的重心前移，包括观念、投入、研究对象及研究领域的前移，促进保健和疾病防治相结合，推动医学模式由疾病治疗为主向预测和干预为主转变。

一、阿尔茨海默病是老龄化世界面临的长期挑战

（1）AD 是一类神经退行性疾病，以进行性记忆力减退和获得性知识丧失，直至日常生活活动能力完全丧失为特征，严重威胁老年人健康。随着人口老龄化日益加速，AD 患病人数快速增加。《2016 年全球阿尔茨海默病报告》显示：2016 年，全球 AD 患者约 4700 万人，平均每 7 秒增加 1 名患者，预计 2030 年全球将有超过 7400 万名 AD 患者。其中，2015 年，我国 AD 患者约 950 万人，预计到 2030 年患者人数将超过 1600 多万。

（2）AD 的疾病负担日益加重。AD 将引发一系列社会负担。据世界卫生组织（WHO）预测，2018 年全球由 AD 引发的疾病花费将超 1 万亿美元，

2030 年将达到 2 万亿美元。据国际阿尔茨海默病协会统计，2015 年，我国用于 AD 的费用约 447 亿美元，其中医疗成本 91 亿美元，非正式医疗成本约 45 亿美元，非正规护理成本约 311 亿美元。

（3）大部分 AD 患者难以得到有效治疗。2010 年以来，礼来、辉瑞、强生、罗氏、默沙东等跨国药企投入数十亿美元研发治疗 AD 的药物，均以失败告终。当前市场上缺乏治疗 AD 的有效药物和治疗方法，多数患者难以获得有效治疗和系统护理。

（4）延缓 AD 将带动老年健康管理产业的发展。AD 也蕴含巨大市场机遇。2014 年，全球 AD 药物市场达 65 亿美元，占神经系统疾病的 5%，据 IMS Health 统计，2023 年这一市场规模将增长至 150 亿美元。重要的是 AD 防控策略已从“治疗”向“预防”转变，预防医学成为医学及健康管理的重要方向，延缓疾病发生将大大减少家庭负担、降低社会成本，促进老年健康管理等新兴产业的发展。

二、欧美国家阿尔茨海默病应对与防控策略

近年来，以 AD 为代表的痴呆症及其他神经退行性疾病成为美国、英国、法国、澳大利亚等国家战略规划和项目部署的关注重点，主要有四个特点。

1. 重视 AD 防控战略顶层设计，从政策规划层面引导 AD 的重点方向

围绕 AD 的政府规划主要面向社会保障层面，为提高 AD 的疾病监测和防控水平，多个发达国家先后制定了相关法律、战略和计划。2010 年，美国众议院通过“国家阿尔茨海默病计划法案”（NAPA）；次年美国卫生与公共服务部发布“阿尔茨海默病国家预防战略”，提出健康和安全的社区环境、临床和社区的预防服务、信息获取、消除健康差距等四个战略方向。英国 2009 年发布“国家阿尔茨海默病战略（2009—2014）”，旨在改善公众及研究人员的意识，资助早期诊断，提高痴呆症患者的生活质量。法国和澳大利亚也先后发布 AD 或神经退行性疾病国家计划（行动框架）。这些计划涉及国家战略布局、资助领域和标准指南的确定，为国家 AD 防治指明了重点方向。

2. 注重从基础研究到产业转化的全创新价值链的支持和资助

各国在部署AD研究计划时不仅关注临床研究与患者诊疗，也注重对从基础研究到产业化的全创新价值链的支持。美国国立卫生研究院（NIH）通过实施“阿尔茨海默病国家计划”，加强基础研究和转化研究，支持全基因组测序、鼻内胰岛素治疗、抗体药物、AD细胞过程、动脉粥样硬化风险认知研究等项目，对AD的遗传变异、认知障碍预测等进行研究，目前NIH已资助了35个临床试验，有40多种化合物被用于治疗和干预AD及认知水平下降的研究。2016年，英国发布“挑战阿尔茨海默病2020：实施计划”，重点关注AD早期预警和干预措施。法国实施“神经退行性疾病国家计划（2014—2019）”，以深入了解神经退行性疾病的成因，开发早期诊断工具和新型靶向治疗方法，改善神经退行性疾病的防治和护理方案等。“研究—技术—临床—产业”各环节的完善和互补将促进AD的良好治疗效果和预后反应。

3. 提出“预防、诊断、治疗、护理、研究”于一体的综合策略

从各国的战略规划、行动框架和计划部署来看，AD的防控策略涵盖预防、诊断、治疗、护理、研究等多个方面。美国组建研究小组和顾问委员会，对跨部门的研究、资助、治疗、社区服务等进行评估和协调，制定全民防控战略。法国的“阿尔茨海默病及相关疾病计划（2008—2012）”向医学社会学、卫生和研究三方面投入16亿欧元，以提高AD及相关疾病的诊断水平，调动相关专业人员和资源服务于社会，构建AD领域的全国合作研究架构、发展AD临床研究和改进非药物疗法的评估等。澳大利亚的“国家阿尔茨海默病行动框架（2015—2019）”在增强意识、及时诊断、持续护理、医疗护理、缓解护理以及促进相关研究方面制订了相应的行动计划。整体来看，各国对AD的疾病治疗和管理尤为注重，医疗管理是政府计划资助的最大领域之一。

4. 汇聚全球科技资源突破研究难题

国际社会通过跨国联合、合作峰会等形式处理AD防控中面临的重点难题和主要挑战。国际阿尔茨海默病协会和八国集团阿尔茨海默病峰会号召全球制定“阿尔茨海默病优先计划”，增加资金投入以研究病因、治疗、护理

和预防；世界卫生大会提议制定《关于老龄化与健康的全球战略与行动计划》，提出促进各国健康老龄化、创建关爱老人的环境、构建长期照护系统，以及提高健康老龄化的衡量、监测和研究水平等战略目标。加拿大国立卫生研究院、德国神经退行性疾病研究中心、英国医学研究理事会、比利时佛兰德斯生物研究所等合作成立了神经退行性疾病国际卓越中心（CoEN），旨在通过多国联合资助，利用全球资源实现退行性疾病的卓越研究。

三、我国阿尔茨海默病研发布局与现状

1. 国家政策强调应对老龄化引发的重大挑战

党的十八大报告提出要积极应对人口老龄化，大力发展老龄服务事业和产业；十八届三中全会强调要积极应对人口老龄化，加快建设社会养老服务体系和发展老年服务产业；《国民经济和社会发展第十三个五年规划纲要》提出开展应对人口老龄化行动、加强顶层设计，构建以人口战略、生育政策、就业制度为支撑的人口老龄化应对体系。国家政策对老龄化问题的关注，为 AD 研究奠定了基调。

2. 国家级脑科学规划顶层设计日趋完善

“脑科学与认知科学”是我国长期重点部署领域，《国家中长期科学和技术发展规划纲要（2006—2020 年）》《国家“十二五”科学和技术发展规划》《国家自然科学基金“十三五”发展规划》《“十三五”国家科技创新规划》等均对脑科学发展进行了部署，将脑科学与类脑研究作为科技创新 2030 重大科技项目。国家自然科学基金委员会 2008 年就设立“视听觉信息的认知计算”重大研究计划，2011 年设立“情感和记忆的神经环路基础”重大研究计划等。2012 年，中国科学院设立为期 6 年、投入 10 亿元的“脑功能联结图谱计划”。目前，“中国脑计划”已纳入规划全面展开，经国务院批准，实行“一体”（脑认知原理基础研究）、“两翼”（脑重大疾病、类脑人工智能研究）的研究格局。

3. 地区性脑科学研究项目先期部署

上海市政府已将“脑科学与类脑人工智能”列为市重大科技项目。2015

年，复旦大学牵头联合浙江大学、上海交通大学等十几所高校及中国科学院研究所，联合成立“脑科学协同创新中心”，推进脑科学研究和转化应用；北京2015年启动“脑科学研究”专项工作，计划到2020年推动脑科学重大共性技术研究中心建设，着力突破脑疾病领域关键技术，到2025年，在脑认知活动神经原理、脑重大疾病预防治疗、类脑计算机和类脑人工智能等方面取得重大突破。

四、推进我国阿尔茨海默病防控研究的若干建议

1. 国家战略方面，完善顶层设计与规划

目前，我国对AD的早期诊断、干预的重要性认识不足，没有形成国家层面的防控战略和相应规划。建议与“中国脑计划”相衔接，设立和完善“中国阿尔茨海默病防控计划”，首先开展AD全国疾病谱研究和调查，并基于调查结果制定清晰的政策与规划，强调AD监控预防对国民健康的影响，提高并改善AD患者生活质量。

2. 研发布局方面，推行涵盖“基础研究、应用研究、临床试验、心理研究”的创新模式

鼓励不同阶段的研究和创新，包括自然科学研究创新链上的三类研究——基础研究、应用研究、临床研究，以及针对心理的社会科学研究——心理研究。尽快开展诊断评估、药物研发、康复护理等方面的研发试验，填补我国AD临床研究布局的不足与空白。

3. 健康管理方面，开展“监测、治疗、康复、护理”等不同阶段的研究和培训

围绕老龄人群和患者在患病前期、患病期到患病后期的参与、治疗、康复、护理等方面的需求进行分析，鼓励在参与、监测、预警、诊断、干预、药物、护理等方面的相关研发和培训，实现对我国AD人群的全过程管理。

4. 政府监管方面，建立“法律、战略、计划、监管、教育、伦理”多层级的防控系统

借鉴国际先进防控策略，在AD防控的法律、优先领域及政策、专项资

助计划、评估标准和药物开发指南、早期预防和早期发现的教育培训、社会监管等方面尽早出台文件，建立综合的防控系统。

中国科学院“面向全球竞争的高新产业源头技术研究”研究组

项目负责人：刘伟平

项目总体组：潘教峰　张　凤　吴家睿　于建荣　熊　燕　裴瑞敏　袁天蔚　刘　晓　李　园

“大健康背景下延缓阿尔茨海默病策略研究”专题组专家

申　勇　张　旭　陈凯先　林其谁　周　琪　赵国屏　郭爱克

2017 年 6 月 19 日

发达国家阿尔茨海默病防控策略及启示

——以美国为例

中国科学院面向国民经济主战场，面向全球新一轮科技革命和产业革命的竞争，于 2016 年启动了中国科学院高端智库重大战略咨询项目“面向全球竞争的高新产业源头技术研究”。按照习近平总书记“科技创新的战略导向十分紧要，必须抓准，以此带动科技难题的突破”的要求，优先选择开展“智能机器人产业源头技术”“大健康背景下延缓阿尔茨海默病策略研究”“新材料产业源头技术”三个战略咨询专题。

习近平总书记在 2016 年全国卫生与健康大会上指出“没有全民健康，就没有全面小康”，在全国科技创新大会上还指出“要想人民之所想，急人民之所急，聚焦重大疾病防控、食品药品安全、人口老龄化等重大民生问题”。中国已进入老龄化社会，随之带来的健康问题将会成为推进“健康中国”战略所必须面对的重大挑战之一，而其中，阿尔茨海默病（Alzheimer's Disease，AD，俗称老年痴呆症）已经成为影响老龄健康的突出问题。本文为“大健康背景下延缓阿尔茨海默病策略研究”专题的第三篇报告。

自 AD 发现以来，全世界的科研人员针对该病进行了广泛而深入的研究，但其病因及发病机制至今未能明确，有关药物的研究也未见突破性进展，从而使 AD 成为导致人类死亡的前十大病因之中唯一一个到目前为止仍然无法预防或治愈的疾病。21 世纪以来，包括美国在内的一些国家认识到对 AD 进行预防与监控的重要性。随着“阿尔茨海默病国家预防战略”（National Prevention Strategy）的发布，美国逐渐发展形成了集国家法律、国家计划、研发指南，以及卫生康复、公众参与等于一体的 AD 国家综合防控体系，覆盖疾病监控、诊断、治疗、康复、教育等各方面。

一、美国制订阿尔茨海默病系统防控计划的主要原因

AD 是美国 65 岁以上致死率第五的慢性疾病，2000～2006 年，美国心脏病死亡人数下降 12%，脑卒中死亡人数下降 18%，前列腺癌死亡人数下降 14%，而 AD 死亡人数则增长 47%。美国阿尔茨海默病协会（Alzheimer's Association）数据显示，2009 年美国 AD 患者约 530 万人，比 1980 年翻了一番。同时，AD 给美国带来巨大的医疗成本和护理成本。美国每年由 AD 患者造成的直接成本（医疗成本）和间接成本（由疾病看护引起的商业生产力流失）大约为 1480 亿美元，此外，每年约有 1000 万名护理人员向患者提供无偿服务，其成本高达 940 亿美元。

事实上，许多发达国家也面临 AD 患病率迅速增长的严峻形势，2009 年起一些国际组织和国家开始制订“优先防控 AD 计划”，以增加资金投入用于 AD 的病因及其治疗、护理和预防研究。例如，2009 年，欧盟委员会通过一项针对神经变性病，特别是 AD 重点预防、诊断、治疗和研究的综合规划决议，并发布《阿尔茨海默病及其他痴呆症行动计划》；法国卫生部 2008 年就发布“阿尔茨海默病及相关疾病计划（2008—2012）”；英国卫生部 2009 年发布国家 AD 战略；2000～2006 年，澳大利亚卫生部制定了针对 AD 的国家行动框架等。

美国早在 1974 年就成立了国家老龄化研究所（National Institute on Aging，NIA），并于 1984 年在一些著名大学和研究机构建立了 32 个阿尔茨海默病研究中心（Alzheimer's Disease Research Center，ADRC）。也许当时尚未意识到 AD 的快速发展和严重性，美国对 AD 的关注和投入有限。虽然美国卫生与公共服务部（HHS）陆续在“多重慢性病症战略框架（2010）”“HHS 战略计划（2010—2015）”等中有提及强化 AD 的诊疗研究、人员培训、社区服务、公众参与和数据监控等，但在 2010 年之前，美国并没有针对 AD 的国家计划。《2009 年世界阿尔茨海默病报告》显示，2008 年美国国立卫生研究院（NIH）的肿瘤研究经费达 56 亿美元，心血管疾病有 32 亿美元，而 AD 研究经费仅为 4 亿美元。

为此，美国阿尔茨海默病协会指出，如果不进一步采取措施，未来 40

年美国政府将在 AD 患者身上花费多达 20 万亿美元的医疗费用，将给整个美国经济社会产生巨大影响。因此，美国迫切需要改革，需要高效而低成本的战略解决方案，非常有必要迅速制定并执行相关法案，来应对这一全国公共卫生的迫切问题。

二、美国全面、全民、系统的阿尔茨海默病防控布局

（一）制定法律法案——为国家阿尔茨海默病研发及防控计划提供保障

在美国阿尔茨海默病协会等的倡导和建议下，2011 年美国出台《国家阿尔茨海默病计划法案》（National Alzheimer's Project Act，NAPA）。NAPA 围绕 AD 及 AD 相关疾病提出了六项工作任务：①制定和维护综合性国家茨海默病计划；②协调所有联邦机构参与疾病研究与服务；③加速 AD 的预防、治疗、逆转过程；④改善 AD 早期诊断和康复护理；⑤降低高风险人群的患病概率；⑥开展 AD 国际研究合作。2014 年，美国国会通过《阿尔茨海默病责任法案》，授权 NIH 负责研究预算评估，确定为实现 2025 年目标需要投入的资金和资源，并连续为每个财政年的预算提供咨询建议。2015 年年底，美国国会又通过《2016 财年综合拨款法案》（PL 114-113），计划在 AD 研究方面增加投入，通过基础研究和转化研究抗击 AD，以达到 2025 年治疗 AD 的目标。

在具体实施上，一方面，NAPA 指定 HHS 启动"阿尔茨海默病国家计划"，联合美国联邦部门及私人机构的力量，协同参与预防和治疗 AD 的行动。另一方面，NAPA 要求组织科学家及医生成立阿尔茨海默病咨询委员会，确定 AD 研究、诊疗、服务等各阶段的工作目标和工作计划，并负责 NAPA 相关的审查工作，以及工作进展和项目目标的更新，以延缓 AD 的发展进程，应对 AD 引发的社会挑战和负担。

（二）启动战略规划——明确阿尔茨海默病国家防控战略和目标

应 NAPA 的要求，HHS 联合退伍军人事务部（VA）、国家科学基金会（NSF）、国防部（DoD）、国家老龄化研究所（NIA）、医疗保健和医疗补助服务中心（CMS）、老龄化管理局（AoA）、食品药品监督管理局（FDA）等机构，在以"治疗和预防路径"为主题的美国阿尔茨海默病研究 2012 年峰

会上，启动“阿尔茨海默病国家计划”。该计划在 HHS 早期战略框架文件的基础上，全面系统地提出了美国至 2025 年的 AD 防控策略，整合了 AD 研究、医疗、社会护理、政府监管、数据平台等方面的规划布局和投资项目，主要以 AD 的遗传学、分子生物学、细胞生物学研究为重点，同时也扩展至临床药理学及公共卫生等其他领域。

“阿尔茨海默病国家计划”提出五个具体目标，包括：到 2025 年有效预防和治疗 AD，重点围绕早期诊断（以生化及影像早期诊断为主）和治疗，开展政府研究机构、大学及私人企业的公私合作研究和医学转化实践；提高护理质量和效率，加强公共卫生专业人员培训和循证医学策略制定；扩大对 AD 患者及家属的支持，加强医疗保障福利；提高公众意识和参与度，并大力开展 AD 国际合作研究；改进数据跟踪进度。

1. 研究计划——NIH 实施并提供经费支持

“阿尔茨海默病国家计划”的工作重点仍是支持 AD 的基础和临床研究，相关资助计划主要由 NIH 负责实施。在计划启动时，政府增加投入 1.56 亿美元。2015 财年，NIH 继续实施“阿尔茨海默病国家计划”，投入 5.66 亿美元，旨在加强基础研究和转化研究。该计划主要支持 5 个关键领域，包括：①通过全基因组测序，确定增加 AD 风险或降低风险的新的遗传变异；②检测轻度认知障碍（MCI）或轻度的 AD 认知功能异常；③开展抗体测试试验；④使用新的诱导多功能干细胞方法深入了解 AD 的细胞病理过程；⑤支持“社区动脉粥样硬化风险认知研究”（ARIC-NCS），重点从中年血管危险因素和标记物，对认知功能障碍进行预测。2015 年通过的《2016 财年综合拨款法案》，又提出在 AD 研究方面增加 3.5 亿美元投入。

2. 数据监测——实时掌握研究计划进展情况

为有效跟踪“阿尔茨海默病国家计划”的实际进展情况，实时更新并细化研究计划内容和工作方案，NIH 和疾病预防控制中心（CDC）强化数据收集和监测。NIH 推出了“阿尔茨海默病研究实施里程碑”数据库，用于跟踪该计划实施和活动进程，指导最终目标的确立和把握实施进程；2014 年，CDC 对“行为风险因素监测系统”（BRFSS）的认知衰退和看护优化模块进行修订，收集并发布相应的数据；NIA 和美国阿尔茨海默病协会还合作开发了“常见阿尔茨海默病研究组合”（CADRO）数据库，掌握不同组织在 AD 六大研究主题（疾病分子机制和病理生理学、疾病诊断/评估/监测、转化研究和临床干预、流行病学、疾病护理和健康经济学、AD 相关疾病研究）和两大资源主题（研究资源、公私合作伙伴关系）领域的研究投入，尽早发现组织间的资源重复，优化资源利用效率，捕捉投资机遇。

3. 教育培训——强化公共卫生专业保健人员培训

“阿尔茨海默病国家计划”的最终目标之一是“以最有效的方式”为 AD 相关人群提供高质量、多层次的医疗和护理服务。为保障多层次医疗护理服务的质量，需要培养大批具有专业技能的医生、护士和初级保健人员。专业人员的教育培训工作主要由美国卫生资源和服务管理局（HRSA）和 HHS 负责，两大联邦机构先后开展多项培训计划，为医生、护士、社会工作者、心理学家、非正式看护者提供课程资料和实践指南。2015 年，HRSA 资助了 44 个项目，总资助额达 3570 万美元。此外，美国州际项目对社会看护提供更为细致的资助，例如，纽约州政府提出 AD 照顾者支持倡议，向 10 个疾病高发区分别提供 150 万美元，建设特殊支援小组，提供护理咨询、家庭咨询、看护人教育等服务。

（三）发布行业指南——促进阿尔茨海默病早期诊断、治疗药物开发

AD 在研药物的Ⅲ期临床试验多数都失败了，美国 FDA 在国家计划提出一年后发布《阿尔茨海默病：开发治疗早期疾病的药物指南》草案，旨在帮助企业开发用于治疗处于 AD 早期（还未出现明显的认知受损症状）患者的新疗法，并在早期 AD 的诊断标准、临床结果衡量、疾病修饰作用证明等方面提出建议。FDA 支持使用临床诊断标记与生物标记物招募最有可能发展成 AD 的人群进行临床试验。针对已经发展到失智阶段的患者的临床试验，应该使用影像学和生物学综合手段来评估新药对患者认知功能的有效性。

三、美国阿尔茨海默病防控策略可借鉴之处

美国“阿尔茨海默病国家计划”作为美国首个针对 AD 的综合性战略规划，是在 NAPA 法案的框架下，通过联邦政府，确定国家战略目标，协

调各方面行动。在该计划实行过程中，又先后通过《阿尔茨海默病责任法案》和《2016 财年综合拨款法案》，为计划实施提供建议和资金保障。同时，建立专门的 AD 咨询委员会，负责计划的目标制订和调整，以及监督审查工作；另外，NIH 作为实施机构，负责跟踪计划进度，以便及时更新后续布局和工作内容。

“阿尔茨海默病国家计划”从国家战略的高度布局 AD 的监测、诊断、治疗、康复、护理和国际合作，早期诊断成为规划布局的重点。NIH 计划在未来 3～7 年至少发现一种可用于临床诊断的生物标志物或临床标志物。另外，疾病的研究计划几乎覆盖基础研究、转化研究、临床研究，以 NIH 为主的联邦机构对每个财年的实施计划进行精确规划，预计在 2025 年前，将保证至少 20 亿美元的经费支持。

不断更新标准和指南。由于受到现有知识的限制，美国 FDA 指南中的具体诊断和治疗指标可能不够准确，影响临床效率，甚至出现偏差。NIH 提出未来几年将开展 AD 的队列研究，尤其是针对不同人群的差异监测、数据分析和风险评估，以获得准确的监测指标和方法。

教育培训方面，全面实施康复和护理专业人员队伍的培训资助计划。2016 年，HHS 已在美国 13 个州率先开展初级保健人员培训试点工作。NIH 计划在未来 7～10 年，建立奖学金计划，支持卫生专业人员后期培训，满足 AD 患者的临床护理需求。

中国科学院“大健康背景下延缓阿尔茨海默病策略研究”项目专家在前期分析研究的基础上，提出了延缓 AD 防控策略分析框架（图 1），即以中老年人群全过程管理（参与、监测、干预、诊断、药物）为主线，从基础研究、应用研究、试验开发、心理研究的角度，以及政府和社会在战略布局、法律政策、计划资助、监管标准、教育培训和伦理研究等角度，进行全方位、多层次的国际对比分析，从而形成中国延缓 AD 的防控策略。

通过调研发现，美国对 AD 防控的重视及相关布局，也是逐渐认识和完善的过程。目前，美国已经建立了延缓 AD 防控策略框架下的法律保障和战略规划，初步形成了覆盖疾病诊断、治疗、康复、教育等方面的防控体系（图 2），但面对 AD 的早期监测、评估、干预等难题，还需全社会的共同努力。

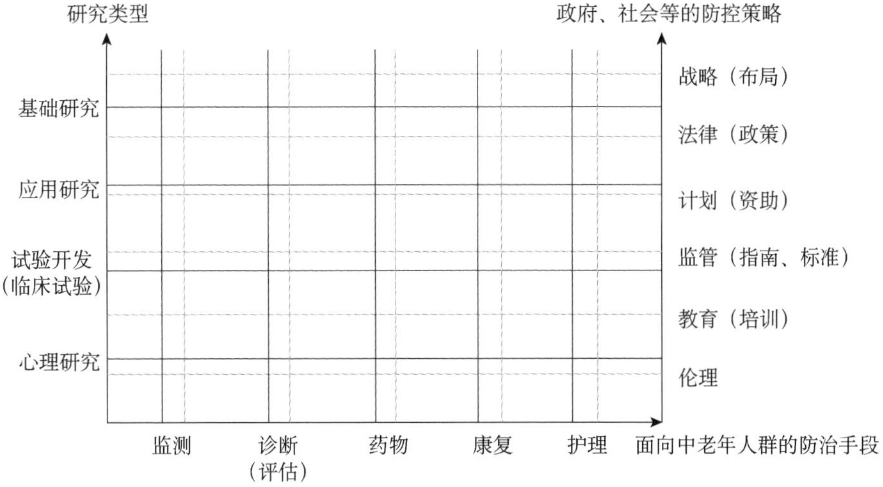

图 1　大健康背景下延缓 AD 防控策略分析框架

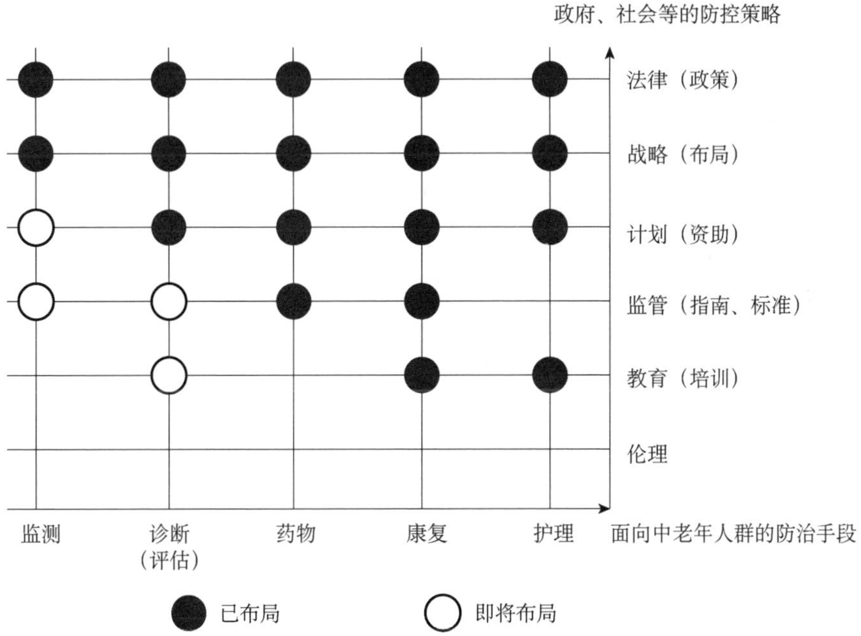

图 2　美国在延缓 AD 防控策略框架下的政策及规划布局情况

纵观美国国家计划的制订、实施轨迹，可以发现以下要素促成计划的启动和稳定运行，这些要素可以为我国 AD 防控体系建设提供借鉴。

1. 国家长期发展战略

AD 等慢病的防控需要通过国家战略进行长期规划，以适时部署 AD 早期的预防和有效治疗方法的研发；促进疾病跟踪和监测技术的发展；加强对患者及其家庭的支持力度；提高公众认的知和参与。

2. 政策系统配套

在 AD 防控国家战略的框架下，建立预防、治疗、护理计划，以及相关的药物、器械研发标准或指南，通过相关的国家条例，形成系统配套的管理政策。

3. 专项稳定支持

通过设立 AD 防控的重大专项资金，保证诊断、治疗的研究，促进 AD 干预新技术的开发和转化研究，以及教育和对照护者的支持，保证 AD 全民防控计划的实施。

4. 加强协调，促进多部门、跨部门协作

AD 防控是一个系统工程，需要加强多部门、跨部门的协作。不仅要形成全国合作研究的架构，还应通过建立一个跨部门的领导小组（委员会）和实施机构，协调和监督资金、研究、教育培训等多个方面的行动，实时跟踪计划的实施过程，及时调整计划目标和工作方案。

中国科学院“面向全球竞争的高新产业源头技术研究”研究组

项目负责人： 刘伟平

项目总体组： 潘教峰　张　凤　吴家睿　于建荣　熊　燕　李　园　裴瑞敏

“大健康背景下延缓阿尔茨海默病策略研究”专题组专家：

林其谁　陈凯先　郭爱克　赵国屏　张　旭　周　琪　宋伟宏　申　勇　薛　天　王拥军　钟春玖

2017 年 8 月 31 日

综合干预：早期防治研究为阿尔茨海默病延缓策略寻求突破口

阿尔茨海默病（Alzheimer’s Disease，AD，俗称老年痴呆症）具有发病周期长、诊断难度大、治疗效果差等特点，其日益加重的疾病负担使之成为老龄化社会面临的重大挑战之一。与其他慢性疾病一样，AD 的发生与发展跨越健康状态、前疾病状态（也称疾病临界状态）和疾病状态。一旦出现疾病状态，患者身体状况便快速恶化，治疗花费快速增加。因此，早期综合干预是延缓 AD 发生的重要策略和突破口。在疾病前期，即轻度认知障碍前期（pre-MCI）和轻度认知障碍（MCI）阶段，重视早期病理变化，寻找引发老年认知损害的危险因素，实现疾病研究的“关口前移”；而在疾病症状突显阶段，除药物和临床治疗手段以外，还应重视专业的康复和护理措施及心理干预。同时，还应针对健康和高风险人群，通过体育锻炼、认知训练、营养指导、饮食控制，控制高血压、肥胖、糖尿病等共发疾病风险因素，探索更多延缓疾病发生的综合干预策略。

一、脑科学研究为阿尔茨海默病防治提供理论基础

深入了解脑认知功能和神经基础，开展衰老、思维、记忆、行为等神经机制的研究，是实现疾病干预和诊断的基础。近年来，大脑神经网络图谱、神经环路解析、神经功能模拟、人工智能算法和类脑智能技术的进步，有助于解释大脑的解剖结构与功能单元，揭示基因与脑区发育的关联性、情感产生和脑功能发挥的分子机制，模拟脑高级功能的发生过程。美国艾伦（Allen）

脑科学研究所绘制的“老龄化、阿尔茨海默病和大脑损伤”脑图谱是全球最早的疾病神经联结图谱之一，它检测了 110 个捐赠者大脑中的基因组信息，并提供生物信息学工具以分析神经病理分子与临床诊断指标的关系。脑科学研究不仅有助于神经及精神疾病神经环路的结构和功能异常，还为发展新一代诊断、治疗方法奠定基础。

二、疾病模型创新提高研究转化效率

转基因动物模型为 AD 的致病机制和药物研究做出了重要贡献，然而大部分模式动物难以复制人类 AD 的真实条件。美国卫生与公共服务部专家曾指出：主要科学期刊中报道了 300 余种能够改善转基因小鼠认知缺陷的生化制剂，但这些制剂在大规模人类试验中未显示显著效果，这可能是治疗 AD 药物失败率居高不下的原因之一。针对单一靶点的药物难以有效治疗散发性 AD 等疾病，开发新一代动物模型成为弥合基础研究和临床研究的关键。美国 NIH 于 2017 年启动的模式生物评估项目 MODEL-AD，就是基于新发现的迟发性 AD 风险基因，应用基因组编辑技术构建下一代啮齿类动物模型，并使用可转译的生物标志物对模型进行临床病理分期，将新模型应用于药物和疗法开发。

三、人群队列研究为阿尔茨海默病预判和干预奠定基础

AD 的人口队列研究起始较早。1986 年，美国凯撒医疗集团（Kaiser Permanente）启动的前瞻性队列研究——“成人思维变化”（Adult Changes in Thought）项目，整合了 5000 多名受试者的病史与病理性状，收集了 600 多个大脑组织，建成了全球规模最大的脑资源库，揭示了体力活动、药物安全、营养饮食、血管疾病、遗传信息等各类风险因素与 AD 的关联性。

组学技术的快速发展使得 AD 队列研究能基于大量样本和数据开展疾病关联性分析，识别和筛查疾病遗传风险因素，对 AD 患者，尤其是轻度认知损害患者进行预判评估。NIH 2016 年启动的“阿尔茨海默病测序项目”（ADSP），以患者及其家庭为检测对象，将外显子测序扩展至全基因组序列

和表观遗传研究，以确定增加或降低 AD 风险的新的遗传变异。目前 ADSP 项目已经发现超过 25 个与 AD 发病相关的基因区域，完成了近 600 人的全基因组和 1.1 万人外显子的测序工作，为建立 AD 基因数据库提供数据支撑。

四、新型生物标志物监控疾病进展、指导早期诊断

生物标志物是提高诊断特异性、监控疾病进展、提供干预措施的重要手段。AD 的生物标志物主要包括家族性缺陷基因、体液异常蛋白等。现有 AD 早期诊断标志物可在一定程度反映疾病的出现，但在准确性和特异性上仍难以满足临床诊断的需要。2011 年起，欧美国家先后资助多项生物标志物优化项目，例如，欧盟神经退行性疾病研究联合计划（JPND）资助的 BIOMARKAPD、CSFQUIC、DEMTEST 等项目，综合筛选生物标志物，优化诊断方案；NIH 还联合了十多家生物制药公司与非营利机构进行“加速药品伙伴关系”（AMP-AD）项目，目前已经确定了 100 多个可用于诊断和药物开发的候选靶标，正与相关企业进行效率评估。

五、先进影像技术和便携式设备助力疾病跟踪和预判

影像技术与生物标志物结合运用，能够显示脑部解剖结构、评价大脑功能和代谢水平，提供脑部疾病的诊断证据。检测设备的发展和升级有助于探索 AD 等疾病的神经联结及脑部变化，促进疾病早期诊断和治疗。MRI 和 PET 是目前应用最广的两项生物影像技术。MRI 方面，西门子公司 2015 年发布的全球首台可同时用于临床和科研的 7.0T 磁共振仪器，2017 年获得 CE 认证，正式应用于临床检测。7.0T 磁共振能提供更高的信噪比、更精细的时间和空间分辨率。PET 方面，上海联影医疗科技有限公司与美国分子影像科研联盟共同开发的全景动态扫描 PET-CT 设备，预计 2018 年年底将通过美国 FDA 审核上市。

智能医疗技术和可穿戴便携式设备的发展为疾病早期监控提供便利。例如，IBM 公司 2012 年启动的“痴呆症环境护理”（Dem@Care）项目，整合了多种可穿戴设备，可监测 AD 患者的认知和行为状态，通过时间和环境敏

感性分析，为患者提供针对性的信息反馈和增值服务。

六、新兴医疗技术有望改变疾病防治模式

近年来，干细胞技术、纳米技术等新兴技术的发展和应用，推动新药物、新疗法的开发，有望改变传统治疗模式面临的困境。

干细胞疗法是促进神经回路再生的重要策略。干细胞疗法可正向调控大脑内源干细胞生态位，刺激成年海马生成以补偿神经元退行性病变，调控神经生长因子释放，修复大脑认知功能。干细胞疗法已进入小规模临床试验阶段。美国 Stemedica 细胞技术有限公司在轻中度 AD 患者中验证了异源干细胞移植的有效性和安全性；韩国 Nature Cell 公司研发的自体干细胞疗法，从成人腹部皮下脂肪组织中分离收集多能干细胞，再通过静脉注射输入病人体内，该试验 2017 年 3 月已获美国 FDA 许可。针对老年人体内环境的特征，改善老化的内环境，使干细胞能够存活、分化、准确进入复杂的神经网络中行使正常功能，是干细胞治疗面临的挑战。另外，纳米技术、生物载体、超声技术的应用从解决药物跨血脑屏障（BBB）转运难题的角度提供新思路。美国南卡罗来纳医科大学研制出结合血小板源生长因子（PDGF）的纳米载体药物，澳大利亚昆士兰大学使用非侵入性超声波短暂开启血脑屏障，并成功向脑部组织输送 Tau 蛋白抗体。

七、行为学研究为延缓认知能力下降提供新思路

相较于肿瘤等恶性疾病，AD 等神经退行性疾病拐点不明确、干预介入时间难以确定。除了基因和分子研究以外，适用于日常健康管理的行为学方法同样重要。例如，健康的饮食习惯（地中海饮食等）、艺术和音乐活动、体育运动等都有助于延缓认知能力下降的时间和程度。

目前，芬兰、法国、荷兰等国开展大型健康干预研究，检测健康变量（高血压等）或生活行为（饮食、运动、认知训练等）对认知衰退等的作用。芬兰 FINGER 实验初步证明膳食改变和运动习惯对 AD 的形成和发展具有潜在作用。芝加哥拉什大学医学中心根据地中海饮食和抗高血压饮食设计“保护

大脑”的膳食模式，严格遵守这一膳食模式的受试者，AD 的患病风险减少了 53%，这种膳食模式还无须严格管理和变量控制，易于实施和推广。未来仍需进一步深化这些干预方法与 AD 的关联性验证研究。

八、心理管理和社交活动提高健康水平

国际阿尔茨海默病协会认为，良好的生活习惯将改善身体机能，认知和社交活动有助于维持健康。一方面，学习新技能、培养新爱好、参与社区等活动有助于活跃思维，避免 AD 的发生。另一方面，充当志愿者、参加俱乐部等社交活动能改善心理健康，既有利于降低抑郁症、AD 的患病风险，也能改善疾病病理程度，恢复和提高认知水平。心理咨询、往事回忆、听音乐等是较为常见的日常干预手段。心理咨询有助于及时识别患者的偏差认识和悲观情绪，进而通过正向引导和心理干预，调节焦虑、抑郁、孤独、多疑等负面情绪；往事回忆鼓励老年人有组织地回想、讨论和分享过往的事情及经验，锻炼记忆和认知功能，改善老年人沟通能力，缓解 AD 症状；音乐活动有助于改善大脑皮层功能，增加脑部供血供氧，强化神经系统功能。

总体来看，AD 的防治涉及中老年人群的参与、监测，以及干预、诊断、治疗、康复等健康管理全过程，涵盖基础研究、应用研究、临床试验、心理研究等研发多环节。目前，基础研究更多地面向“未病”阶段，将分子生物学和基因组学与神经科学结合，挖掘疾病发生的关键机制，为早期预防提供理论依据；前沿技术的开发和应用研究为疾病的早期评估提供更精准的检测技术和评价指标；临床研究为早期干预提供措施和手段；心理研究面向“病发”和“病后”干预，避免老年抑郁症等并发症发生，整体改善和提高老年人群生活质量。

纵观全球的重大科技布局及研发进展与突破，在 AD 的预防、干预研究，组织管理及产业发展等方面的重要趋势，值得关注。

（一）多学科交叉会聚的研发模式

近年来，基因组、蛋白质组、神经连接组、脑网络组等组学与计算机科学、心理学、工程学、材料学等多学科交叉变革了脑科学的研究模式。分子

影像技术、光遗传技术、干细胞技术、纳米技术、类脑智能技术等新技术的进步和融合发展正在深刻改变人们对大脑活动规律及其本质的认识，将促进未来对 AD 的诊断、干预朝着更精准、更及时、更智能的方向发展。

（二）综合多筹的干预模式

影响老年人认知的因素复杂多样，包括生活状态、饮食、心理状态、工作压力、经济状况、教育水平等，都可能影响 AD 的病程。在强调多靶点药物研发的同时，对多种因素进行调理的综合性多筹干预（multidomain intervention）模式，成为 AD 干预的最新趋势。针对不同人群，研发新型控制干预手段，探索更多延缓疾病发生的策略和方法。

（三）数据整合与共享模式

神经细胞数据、组织和血液样本信息等是研究 AD 分子机制和生物标志物筛选的关键基础之一。目前，缺乏大样本量、质量控制和统一标准，同时也缺乏有着丰富行为学、人口学的临床数据，这些成为掣肘脑科学研究及 AD 等脑疾病防治的最大障碍。迫切需要整合组学数据、队列研究数据，以及医疗数据，建立真正互利互惠的数据共享机制，提升疾病生物标志物的发现和精准诊疗的效率。

（四）跨部门、领域的合作模式

AD 的防治研究涉及基础研究、技术和产品开发、临床研究和实践等多个环节，需要融合神经科学的基础研究和临床应用，开展“基础指导临床，临床反哺基础”的研究。同时，疾病诊断治疗的技术和产品开发，还需要科学家、临床医生与产业界的跨部门、跨领域的协同合作，促进研究成果能尽快应用于临床，改善数百万名老年人的健康状况。

（五）以健康产业为导向的转化模式

AD 导致的经济和社会负担，催化了民众和社会对于新技术、新产品的迫切需求。AD 的研发从疾病治疗转向健康管理和服务、从医药制造业向健康产业发展成为必然趋势。新兴老年保健技术和产品的研发和转化，不仅可以减少家庭负担、降低社会成本，还将带动新兴健康产业的发展。

中国科学院“面向全球竞争的高新产业源头技术研究”研究组

项目负责人： 潘教峰

项目总体组： 张 凤 吴家睿 宋大伟 于建荣 熊 燕 袁天蔚 刘 晓

“大健康背景下延缓阿尔茨海默病策略研究”专题组专家：

林其谁 裴 钢 张 旭 陈凯先 周 琪 赵国屏 郭爱克 宋伟宏 申 勇 章海燕 钟春玖 王 征 蒋田仔 孙秉贵 李 娟 张 巍

2018年11月28日

重心下沉：我国阿尔茨海默病防控策略建议

阿尔茨海默病（Alzheimer's Disease，AD，俗称老年痴呆症）是继心血管病、脑血管病和肿瘤之后，威胁老年人健康的第四大杀手。据统计，2015年中国AD患者超过950万人，占全球患病人数的20%，预计2030年，AD患者人数将增至1600万人。衰老是导致AD最直接的危险因素，80岁人群中AD患病率可达11.6%。近年来，我国已快速进入老龄社会，老龄化程度呈现日益加重的趋势。到2020年，我国65岁以上老龄人口将达1.67亿人，约占全世界老龄人口6.98亿人的24%。AD引发的健康负担将成为我国老龄化进程中的严峻挑战。

一、我国阿尔茨海默病的防控形势和现状

我国老龄化社会存在“未富先老”的显著特征。2015年，我国60岁以上人口已达2.22亿人，占比16.1%，预计2050年我国将成为全球第一老龄化大国。AD等老年疾病产生的家庭负担和护理成本巨大，据国际阿尔茨海默病协会统计，2015年，我国AD相关费用约447亿美元，其中医疗成本91亿美元，非直接医疗成本约45亿美元，非正规护理成本约311亿美元。2011～2050年，由疾病照护导致的劳动力损失将从0.37%（2011年数据）增长至1.16%，累积经济损失将超过8.1万亿美元，占GDP总量的5.0%～5.4%。据国家统计局统计，2017年，我国人均GDP折合为8836美元，与发达国家具有较大差距。因此，巨大的老年疾病负担与较低的人均GDP水平容易在“未富先老”的情况下导致“因病致贫”的社会问题。

我国国家政策非常重视应对老龄化及老年疾病引发的重大挑战。《“十三

五”国家老龄事业发展和养老体系建设规划》和《“十三五”健康老龄化规划》等要求建立“包括保健-预防-治疗-康复-护理-安宁疗护的综合性、连续性的服务体系”；针对老年失能等关键问题，明确“实现发展方式由以治病为中心转变为以人民健康为中心，服务体系由以提高老年疾病诊疗能力为主向以生命全周期、健康服务全覆盖为主转变”。同时，《“十三五”国家科技创新规划》指出，面向2030年，选择一批体现国家战略的重大科技项目，其中脑科学与类脑研究是重点方向之一。

在国家科技规划和相关项目的支持下，我国已形成了初具规模的神经科学及相关疾病的科学研究、技术创新、产品开发团队，建立了相关实验室和研发中心。近年来，我国在神经科学领域也取得了一系列进展和突破，发现了若干AD的新的疾病机制和治疗方法，在非人灵长类动物的体细胞克隆方面取得了具有全球影响力的科研成果，治疗轻、中度AD的国产新药“甘露寡糖二酸”也顺利完成临床试验。另外，北京师范大学认知神经科学与学习国家重点实验室发起的“北京老年脑健康促进计划”（BABRI）和“全国老年脑健康社区临床队列研究”，上海东方脑医学基金会启动的上海老年脑健康队列研究等，将进一步促进疾病危险因素数据库的建立，探寻AD个性化干预管理和治疗方案，带动相关生物检测、制药和穿戴设备产业。2018年3月和5月，北京脑科学与类脑研究中心和上海脑科学与类脑研究中心分别在北京、上海两地成立，这既是落实国家“科技创新2030”重大项目的战略部署和加强科技创新中心建设的重要举措，也将大力推动我国在认知障碍等重大脑疾病研究、类脑计算与脑机智能、脑认知原理解析等研究领域重大原始创新成果的产出。

二、我国阿尔茨海默病防控面临的关键问题

目前，全球尚未成功研发能够治愈AD的有效药物和治疗方法，医生只能使用少数药物来减轻患者的病症，在未来较长的一段时期内，通过药物途径治疗AD的策略仍然面临较大的技术问题与产业问题。因此，目前迫切需要转变观念，建立从治疗转向预防的新策略，构建保健干预和疾病防治相结合的新型健康医学和产业发展模式，制定相关的配套政策和具体的保障措

施，这些工作是慢病防控的关键，也是我国现阶段的短板之一。

（一）缺乏阿尔茨海默病防控战略的顶层设计

以 AD 为主的老年神经退行性疾病已成为美国、英国、法国、澳大利亚等国家战略规划和项目部署关注的重点，很多国家和地区制订了国家战略和计划。美国在其《国家阿尔茨海默病项目法案》框架下，已逐渐形成集政策法律、国家计划、研发指南，以及卫生康复、公众参与等于一体的 AD 国家综合防控体系，覆盖监控、诊断、治疗、康复、教育等各方面。目前，我国缺乏围绕国家目标的防控战略和针对性规划，现有布局分散而不系统。

（二）缺少覆盖大规模人群和基层医疗的全过程管理

实现 AD 的早期预防、诊断、干预治疗，需要对疾病风险人群进行早期监控，做到长期跟踪和全过程管理。由于我国缺少聚焦 AD 的国家行动计划，大规模疾病谱研究尚未开展，也没有适合我国人群特征的干预和健康管理方案。AD 患者数量的日益增加对基层医疗机构提出越来越高的要求，然而因为医疗资源分布不均衡，我国约 90%的 AD 风险人群和患者未能获得专业的诊断、治疗和护理。大部分基层医院尚无法常规使用生物检测和脑成像等精密仪器设备。开发简便、易操作、易管理的筛检和评估工具及干预措施，并在日常临床实践中使用，提高初级保健机构和基层医院的诊疗水平，是目前行之有效的办法也是亟待开展的工作。

（三）尚未建立从基础研究到产业转化的创新体系和产业体系

AD 的防控不仅需要支持和推动基础研究、临床研究与诊疗的发展，还需重视从研究到产业转化的创新价值链中的各个环节，建立“研究—技术—临床—产业”的完整体系。对于 AD 等慢性疾病，预防与早期干预将大大减少家庭负担，降低社会成本，并催生老年健康管理等新兴产业。2015 年，我国 AD 药物销售规模达 286.8 亿元人民币，但这仅是 AD 健康管理市场的“冰山一角”，美国的相关护理市场已超过 2500 亿美元。另外，由于历史和文化等原因，目前我国 AD 的患者护理主要以家庭为主，患者家属成为主要护理人员，其中大部分缺乏专业知识和方法。因此，我国亟须制定相关政策和措施，挖掘并整合资源，大力培育和支持老年健康管理产业的发展。

（四）阿尔茨海默病的健康素质教育和科普宣传不够

目前，我国公众尚未充分意识到AD早期预防、诊断和干预的重要性，由于缺乏科学有效的宣传教育，公众对于AD存在较多误解。一方面，由于未能理解“痴呆”一词的真正含义，大部分人群未把AD视为严重疾病，而是看作衰老过程中不可避免的发展结果；另一方面，公众对AD的症状、原因、预防、诊断及治疗等知识不了解在很大程度上也影响了人们参加预防和干预活动的积极性。

三、推动我国阿尔茨海默病防控体系建设的意见建议

世界卫生组织（WHO）在“公共卫生系统应对阿尔茨海默病的全球行动计划（2017—2025年）”中呼吁，全球各国应针对公共卫生优先层级、疾病意识及友好型环境、疾病风险降低、基层医疗服务保障、老年健康产业、系统监控网络、科学研究和技术创新等方面，加强政策规划，采取积极行动，推动新技术和系统的应用，提高公众意识，创建AD友好型社区。

AD防控工作是不仅关乎公共卫生，还涉及科技创新、政策管理、产业导向等的系统工程。在实施“健康中国”战略的背景下，需要制定基于“关口前移”与“重心下沉”的AD防控的中国方案，其中“重心下沉”就是针对我国人口众多的基本国情所提出的防控理念。

（一）完善顶层设计，尽快制定国家阿尔茨海默病防控规划

在《中国防治慢性病中长期规划（2017—2025年）》的总体框架下，与“中国脑计划”相衔接，制定和完善“中国阿尔茨海默病防控计划”，组织开展AD全国疾病谱研究和调查，明确“法律、计划、监管、教育、伦理”等各个领域的战略方向和工作内容；建立覆盖科学研究、技术开发、临床研究和诊疗，以及科学监管、教育培训、产业促进等领域的综合防控体系。

（二）重视交叉融合，开展阿尔茨海默病早期诊断干预研究

根据我国疾病发展特点和科技发展布局，建立涵盖“基础研究、应用研究、临床试验、心理研究”的创新研发模式，鼓励基因组、蛋白质组、神经联结组、脑网络组等组学与计算机科学、心理学、工程学、材料学等多学科交叉；倡导分子影像技术、光遗传技术、干细胞技术、纳米技术、类脑智能技术等新技术的进步和融合；开展中药保健品、营养保健品，以及可穿戴设备的研发工作，促进 AD 的预防、诊断、干预向更精准、更智能的方向发展。

（三）创建友好型社区，探索适合的疾病延缓策略和方法

组织“政府、医院、患者、社区”多方参与的健康管理系统，通过体育锻炼、认知训练、营养指导、饮食控制，以及高血压、肥胖、糖尿病等共发疾病风险因素的控制等干预手段，探索更多适用于我国人群生活方式、传统习俗和社会文化背景的 AD 延缓策略和方法。开展针对 AD 的健康素质教育，提高公众对疾病的认知和理解，增强对 AD 的防控意识，营造老年友好型社区环境，鼓励 AD 患者积极融入社区生活。

（四）发展新业态，推动老年健康产业的发展

围绕健康人群的预防、风险人群的监测，患者的诊断、治疗、康复、护理等需求，大力推动健康养生、健康体检、咨询管理、运动康复等多样化的健康服务；提升药品、医疗器械、保健用品等传统制造业的研发水平和生产工艺；基于信息技术和智能平台，发展智慧养老护理新业态，提供准确的健康指导、疾病管理、安全监护等服务，推动我国 AD 防控由传统的医护治疗业向健康服务业发展。

（五）开展教育培训，保障多层次的干预、医疗和护理服务

组织政府机构、科研人员、社会组织、学后教育等各类团体，围绕老龄人群和患者在患病前期、患病期、患病后期的需求，鼓励在参与、监测、预警、诊断、干预、药物、护理等阶段的教育和培训。对基础、临床、产业等环节的研究人员开展政策培训，加速各环节的交叉融合，推动先进技术的快

速产业转化；对医生、护士和初级保健人员，乃至患者家属进行专业培训，整体改善患者保健和护理水平；支持医疗资源匮乏区域的基层人员培训，提升资源利用率，减轻政府与家庭的医疗负担，降低社会成本。

中国科学院“面向全球竞争的高新产业源头技术研究”研究组

项目负责人： 潘教峰

项目总体组： 张　凤　吴家睿　宋大伟　于建荣　熊　燕　袁天蔚　刘　晓

“大健康背景下延缓阿尔茨海默病策略研究”专题组专家：

林其谁　裴　钢　张　旭　陈凯先　周　琪　赵国屏　郭爱克　宋伟宏　申　勇　章海燕　钟春玖　王　征　蒋田仔　孙秉贵　李　娟　张　巍

2018 年 11 月 28 日

抓住现代生命科学第三次革命机遇
建设国家生物医学大数据基础设施

生命科学在自然科学中具有特殊而重要的地位，它与微观的理化和宏观的天地学科都有紧密的联系与交叉。21 世纪初，当工程科学理念渗入生命科学，便从根本上强化了生命科学与物理、化学、信息、计算等学科的融合，形成了以合成生物学为标志的生命科学第三次革命——会聚研究。

生命科学数据上升到EB级的大数据层级，标志着生命科学研究进入“数据密集型科学”的“第四范式”。这一新研究范式与合成生物学融合，赋予了生命科学会聚研究从技术革新到能力提升的颠覆性特征；而结合转化医学和临床医学带来的 ZB 级生物医学大数据的开源共享，以及合成生物学工程化技术平台的普及，会聚研究将推动科研民主化，从根本上助力人类应对社会发展带来的新问题、新挑战。

目前，对我国生命科学研究、人民健康、社会经济发展乃至国家安全有着极为重要和基础意义的生物医学大数据尚存在着无汇交机制、存储碎片化、管理分散、无安全保障和标准化质控，难形成规模化资源和有效共享转化等严重局限，亟须由国家战略推动，建立管理统一、有规模、有权威的国家生物医学大数据基础设施，集中精力、长期稳定地做好数据安全存储、标准化质控整合的基础性工作以及公信、公平、高效共享的服务性工作。如此，中国将抓住生命科学第三次革命的机遇，实现跨越发展，为中国乃至全人类的健康科学事业做出更大的贡献。

一、会聚研究是现代生命科学领域的第三次革命

20 世纪中叶以来，生命科学从认知、技术和能力等方面爆发了三次革命。1953 年 DNA 双螺旋结构的解析及此后“中心法则”的提出、对基因表达调控的认识和基因克隆的实现引发了第一次革命——分子生物学革命，形成了以分子生物学技术为基础的生物工程，在一定程度上实现了生命过程的模拟或改造。八九十年代启动的人类基因组计划标志着第二次革命——基因组学革命的到来，人们对生命遗传本质的认识上升到基因组层面，由此形成的生物信息学、计算生物学、系统生物学等新兴学科，促成了对基因组的有效“解读”。

第三次革命是会聚研究革命。2000 年，利用基因元件成功设计并构建基因线路，标志着工程科学与生命科学的融合，产生了合成生物学。生命科学与生物技术得以在创建新生命体系为导向，在“自下而上”理念指导下开展工程化研究；形成生命系统的计算设计，基因组与生物分子的操作合成，对生命元件、模块、体系的检测测试——三位一体循环上升的研究工程化模式。

合成生物学以“生命的工程化”理念为指导，在标准化元件模块的基础上，人工设计复杂系统，并在人工底盘上实现可重复、可定量、可调控的合成构建；以构建“工程化的生命”为目的，为生命科学研究带来全新的思维、战略和方法——生命起源、生物演化、复杂生物体结构-功能等生命科学前沿问题，有望在“建物致知”理念的引导下，取得突破。

合成生物学强化了物理学、化学、纳米科学、信息科学等一系列学科与生命科学的融合乃至它们之间的相互融合。这不仅超越了“学科交叉”的范畴，更是科学、技术、工程乃至自然科学与社会科学的“会聚”——其核心是能力的提升，人类自身智力、体力乃至整个社会能力的提升。

二、基于大数据的会聚研究将开辟人类健康医学新天地

形成会聚研究的科学技术前提，除了合成科学的进步，最主要的是在分子生物学和基因组学两次革命基础上建立起来的基因组操作使能技术（包括

大规模测序技术）与生物分子检测技术（包括代谢组和代谢流技术）的突破以及系统生物学知识的极大丰富。基因组学革命成功地在生命科学的研究体系中引入 TB 级“组学数据”，促成了系统生物学的建立。进一步会聚物理、化学、信息、计量、计算等科学及相关工程技术的创新，生命科学数据迅速被推入 EB 级，标志生命科学研究从传统的实验科学范式，迅速跨越“理论科学”和“计算科学”阶段，进入“数据密集型科学”的“第四范式”。这一研究范式与合成生物学融合，赋予了会聚研究带来人类能力提升的颠覆性特征。

人类基因组研究带来了生命“组学”的蓬勃发展，也将转化医学研究提升到了生物医学研究最主要平台的高度。临床问题成为系统生物医学最主要的研究课题，“个人与人群”不仅成为生物医学研究最佳的对象，而且直接参与研究。但此类高度异质的生物医学数据，因在时空尺度上交错混合定位及多维转换所造成的非结构性，其状态种类的复杂性远超物理、天文、地学乃至工程等学科的大数据。而来自人群的“真实世界”数据，亦伴有噪声、偏见和不完整等真性问题。如此日益逼近 ZB 级的大数据的出现，一方面为生物医学研究与临床融合，服务于个体化的预测、预防、干预和治疗，即“精准医疗”的诞生，奠定了基础；另一方面，也为这些数据的规范获取、标准整合、交互共享及高效挖掘能力的提升，提出了新的挑战。

三、尽早启动生物医学大数据基础设施建设，长期、稳定支撑生物医学大数据（国家战略资源）积累的基础性工作

欧美国家设立国家基因组数据汇交管理中心已达二十余年。我国生物医学大数据至今面临无汇交机制/机构，存储碎片化、管理分散、无安全保障和标准化质控，难形成规模化资源和有效共享转化等严重瓶颈问题。为此，亟须建立管理统一、有规模、有权威的国家生物医学大数据基础设施，集中精力、长期稳定地做好数据安全存储、标准化质控整合的基础性工作以及公信、公平、高效共享的服务性工作。

生物医学大数据基础设施所从事的以自我延伸为特征的数据积累工作及数据驱动研究，与以自我表现为特征的基础研究，以自我超越为特征的应

用研究和以自我发展为特征的应用基础研究一起，组成了人类科学活动的四个互为支撑、缺一不可的方向。设施所从事的是以为国家安全、社会安定、人民安宁、企业安心提供统一规范标准、高效共享交流、优质平台服务等保障为目的的科学数据积累活动。其运行宗旨是：安全保存、信息共享、技术创新、标准增值、尊重产权、高效利用。其定位既前瞻大数据标准化整合交互共享及先进分析挖掘技术的发展方向，聚焦战略性高科技研发；又在持续提供基础数据的工程化服务基础上，将数据开发实现价值的工作规范化地衍生到在设施基础上建立的、服务各行各业的专项节点，以免“与民争利”“与国争权”，坚守公益性科学基础设施内涵。这是由国家战略推动、服务国家全民、依靠国家长期稳定支撑才能建设好的“国之重器”。

2016 年底，该设施项目已被国家发展和改革委员会正式列为《国家重大科技基础设施建设“十三五”规划》的五个后备项目之一。一年多来，在中国科学院、上海市和贵州省（灾备）的积极支持下，中国科学院上海生命科学研究院积极有序地开展了一系列预研工作，现正从模拟框架构建进入工程化服务初试。始建于 1992 年的上海张江高科技园区，25 年来坚守发展信息技术和生物技术的“初心”，建起了一系列从生命“组学”到药物研发及临床转化的研发机构，不断产生高质量生物医学大数据。近年来，中国科学院与上海市协同规划，依托上述条件，在张江建设以“生命-信息”为导向，以重大科技基础设施为核心的国家实验室（张江实验室），其使命和定位与生物医学大数据基础设施一致，将为生物医学大数据基础设施营造良好的氛围，提供坚实的支撑。

中国特色社会主义进入新时代，创新是引领发展的第一动力。抓住大数据时代生命科学“会聚研究”第三次革命的机遇，尽早建设起国家生物医学大数据基础设施，做好数据积累基础性工作，将保障我国在从“数据大国”向“数据强国”转变中实现跨越发展，助力中国生物医学研究和人民健康事业，早日从“跟跑”到“并跑”，最终实现“领跑”。

中国科学院上海生命科学研究院　赵国屏（中国科学院院士）

2018 年 5 月 8 日

关于建立国家级科技预印本平台的建议

美国《科学》期刊 2017 年 12 月 21 日公布的 2017 年十大科学突破中，以 bioRxiv 为标志的“生物学预印本交流兴起”位列其中，被认为是“学术交流中的重大文化变革”。事实上，预印本交流符合开放科研的发展潮流，已得到世界各国科研管理部门和资助机构的认可，进入了空前繁荣发展的时期。

预印本平台的迅猛发展，正在改变着以期刊为主体的学术交流模式，也代表着基于预印本的新型学术交流话语权的激烈竞争。世界范围的预印本交流体系中话语权的竞争已拉开大幕，我国应该积极组织建设国家级科技预印本平台，主导符合国际潮流的新型学术交流模式，提升中国在国际学术交流中的主导权和话语权。

一、预印本在科学交流中起着重要作用

预印本（preprint）是指尚未在同行评议学术期刊上正式发表的，由作者上传到公共数字保存服务系统上供开放交流的科研论文的手稿。这些接收预印本存缴并提供开放交流服务的数字保存服务系统被称为预印本平台。

预印本虽然不是经过同行评议、最终正式排版的论文，但它通常包含了完整的研究过程，有完整的数据和方法。因其时效性更强，已经成为很多学者跟踪最新科研动态、发布最新成果、抢占科研发现优先权的重要渠道。

1991 年出现的预印本平台 arXiv，改变了物理学、数学、天文学等领域的学术交流模式，现已成为这些领域最重要的基础设施。在粒子物理领域，大约 70%的粒子物理论文首先作为预印本发布在 arXiv 平台之上。

很多重要的科研成果都是率先发布在 arXiv 预印本平台，典型例子是俄

罗斯数学家格里戈里·佩雷尔曼（Grisha Perelman）21 世纪初对庞加莱猜想的证明。他的 3 篇相关论文仅仅在 arXiv 上进行了发布，而没有在正式的期刊上发表。格里戈里·佩雷尔曼在 2006 年被授予菲尔兹奖，其成果被美国《科学》期刊认为是 2006 年的最大年度科学突破，这也充分展示了预印本交流的巨大价值。

二、预印本交流已得到科研资助机构的广泛认可

预印本交流符合科学交流发展需求，能够促进科研新成果及时发布、迅速传播和扩散应用，对提升资助机构的影响具有重要意义，因此得到了科研资助机构的大力支持。

目前，很多科研基金组织将预印本作为一种项目申请和研究报告的依据，并提出在项目申请和研究报告中引用预印本的标准规范。美国国立卫生研究院（NIH）是这方面的重要带动者。在广泛征求意见后，NIH 宣布自 2017 年 5 月 25 日起，在 NIH 的项目申请和研究成效进展报告（RPPR）中可以引用项目的预印本论文及其他阶段性研究成果。NIH 明确指出预印本等阶段性研究成果可以像正式发表的论文一样在项目申请和研究报告的相关地方被引用。

除 NIH 外，还有很多基金和研究组织在支持预印本。如英国医学研究委员会宣布将自 2017 年 4 月起支持预印本；威康信托基金会在 2017 年 1 月表示，将接受预印本作为项目申请和项目结题的依据；英国癌症研究中心于 2017 年 5 月 30 日宣布在项目申请中接受预印本；霍华德·休斯医学研究所、赫尔姆斯利慈善信托基金、西蒙斯基金会等也表示支持预印本。

三、国际预印本交流体系正在迅猛发展

近年来，很多科研机构纷纷站出来，推出了不同领域的预印本平台（如 bioRxiv、ChemRxiv、PsyArXiv、SocArXiv 等），而原有的一些预印本平台也适应需要，升级发展，努力进行领域扩张。

arXiv 自 2010 年以来进行了可持续发展模式探索，分别得到海辛-西蒙

斯基金会（Heising-Simons Foundation）、斯隆基金会（Sloan Foundation）的支持，赢来大发展。2016 年 10 月，arXiv 平台实现了单月论文提交量超万篇，一个月内新提交的论文量达到了 10 100 篇。目前，在 arXiv 发布的论文已达 135 万余篇。收录的学科已经从原来的 6 个，扩展到 8 个（物理学、数学、计算机科学、定量生物学、定量金融、统计学、电气工程与系统科学、经济学）。

社会和人文科学领域的预印本平台 SSRN（Social Science Research Network）于 2016 年 5 月 17 日被出版巨头 Elsevier 收购。SSRN 在服务用户界面得到极大改善的同时，积极向更多重要领域的开放研究网络扩张。仅 2017 年已经逐步扩张了生物学、化学、工程等 5 个研究领域。SSRN 快速进行领域扩张，预示着基于预印本交流的渠道竞争已经开始。

生物学领域的预印本平台 bioRxiv，2016 年后进入快速发展时期，得到了生物领域科学家、科研管理机构、科学协会、出版商、基金组织的支持。目前，bioRxiv 平台上每月提交的新论文数量已经超过了 1000 篇，已成为生物领域预印本服务品牌，形成了绝对竞争优势。

美国化学学会（ACS）2016 年声明要构建化学界的国际化预印本平台 ChemRxiv。2017 年 8 月，在 SSRN 正式推出化学领域的科研网络一周后，ACS 随即联合英国皇家化学学会和德国化学学会，发布了 ChemRxiv 的 Beta 版，供全球化学界开放应用，其力图捍卫化学领域学术交流话语权的意图十分明显。

四、尽快建立我国国家级预印本交流平台

在国际预印本交流体系蓬勃发展、各国科研机构积极竞争国际科学预印本交流体系话语权的重要时机，中国科学界的行动稍显缓慢。国内目前尚未出台促进预印本交流的国家级政策措施，也未引起科研管理、资助机构、学术出版交流组织的广泛重视。虽然 2016 年 6 月 13 日，中国科学院推出了中国科学院科技论文预发布平台（ChinaXiv），在国内外有一定影响，但是由于缺乏中国科学院之外相关机构或组织的支持，目前在该平台发布的预印本论文体量还较少，根本无法在国际预印本交流体系中获得有效话语权。我国应立足于现有基础，积极组织建设国家级科技预印本平台，在新型学术交流

体系中争取话语权和主导权，具体建议如下：

1. 制定促进预印本交流的国家级政策措施

建议组织开展预印本交流体系建设相关政策研究，研究提出通过预印本交流促进科研成果快速传播和应用的国家级政策措施。鉴于中国科学院已有一定基础，可由中国科学院牵头，联合科技部、教育部、国家自然科学基金委员会、国家新闻出版广电总局等机构共同开展。

建议国家自然科学基金委员会等科研资助机构研究和制定在项目申请和项目报告中允许引用预印本的相关政策，并且明确项目申请和研究报告中引用预印本的标准规范。

2. 建设国家级预印本交流平台

将国家级预印本交流平台建设纳入国家科技基础条件平台建设专项，通过项目招标方式确定项目承担和运营单位。该平台需体现国家促进预印本交流的政策取向，有明确的预印本交流平台管理规范，按照国际通行的预印本交流模式运营。

3. 支持科学家在预印本交流平台发布科研成果

国家级预印本交流平台项目匹配设立一定体量的预印本支持基金。对于及时提交给国家级预印本交流平台的优秀论文手稿，基金给予一定比例的出版支持，支持这些优秀科研成果进一步在正式科技期刊上发表。

4. 促进国家级预印本交流平台国际化

国家级预印本交流平台项目建设必须加强国际化考核。该平台需要能够吸引国际高水平作者来发布论文，并与 arXiv、SSRN、BioRxiv、ChemRxiv 深度合作。在国际预印本交流体系中，体现中国科学在预印本交流中的话语权。

中国科学院武汉文献情报中心　张智雄
中国科学院科学传播局　徐雁龙

2018 年 2 月 11 日

关于建立国际数字科技文献在我国长期保存机制的建议

数字文献资源已成为科技领域以及许多人文社科领域研究学术信息的主流形态，以外文科技文献为主的数字科技文献是科研机构和研究型大学所依赖的主要信息资源，是支撑我国科技自主创新的重要战略资源。数据显示，我国主要高校和科研机构目前科技文献资源经费中超过 90%都投入在国际数字科技文献上。但从目前购买和利用机制来看，我们购买的仅仅是一定期限内的网络使用权，需远程访问出版社数据存储服务器来获取利用，数字科技文献在我国的长期使用正在受到随时的、严重的威胁。为切实保障国际数字科技文献资源能长期有效利用，必须在我国本土实现长期保存。

一、数字科技文献的可利用性面临严重威胁

与传统载体的文献资源相比，数字文献面临更高的风险。一方面，随着信息技术飞速发展，换代升级快，相应的数字介质、格式、软件或系统版本改变，将导致数字文献不可用；另一方面，当前数字文献资源的利用机制，基本上采用出版社网络数据库方式远程提供服务，技术故障、自然灾害、市场变化以及地缘政治危机等原因随时会危及数字文献利用。例如，2006 年台湾地震导致 6 条海底光缆中断，造成大陆用户无法获取许多数据库内容；2013 年美国政府因预算危机关门使得美国国家医学图书馆的生命科学期刊（PubMed Central）等数据库在此期间停止更新；2016 年 10 月美国互联网受到严重攻击导致许多网站瘫痪；美国候任总统特朗普曾提到会因反恐等关闭

互联网。另外，从目前购买机制上看，数字文献采购实际上只是获得资源在采购合同期内的网络使用权，数据本身由出版社保存和控制，一旦终止采购，其持续使用权难以得到保证。因不可抗力造成出版社不能继续提供服务或者数据被永久性破坏，我国用户的网络使用权也将被强制剥夺。由此可见，以外文科技文献为主的数字科技文献在我国的长期使用正面临严重威胁。

二、现有数字科技文献保存机制难以保证其长期有效利用

现有国际长期保存机制无法保障我国权利。尽管许多出版社承诺“长期使用权”，或者希望中国参与类似 CLOCKSS（控制大量副本以安全保存电子资源项目）和 Portico 公司的第三方保存服务，或者以其中国本地镜像站点进行保存，但这些机制仍然在出版社控制下或由出版社影响的第三方控制，危机来临时完全可能中断对我国的服务。科技数字文献的长期保存恰是应对这种危机的方式，我国必须拥有在危机来临时利用被保存资源提供服务的权利和能力，实现这些资源在中国本土的长期保存。

我国现有的长期保存行动本身缺乏力度和可持续性。虽然我国在科技部支持下已建立了数字资源长期保存的示范系统，但这仅仅是临时科研项目，所保存资源只占我国所需重要文献资源的一部分；尚未成为国家层面的明确意志，缺少法律法规保障，仍然依靠部分国际出版社的善意和双方反复博弈，在经费上也没有长期保障；长期保存系统本身的可靠性还需要通过制度性规范来保障；对于非文本的数字科技文献、复合媒体的数字科技出版物、科技出版物附带的科学数据或软件工具等的长期保存等还缺乏研究。

三、我国建立数字科技文献长期保存机制的时机已成熟

数字科技文献在中国本土长期保存已有法律与管理基础。包括我国在内的多数国家著作权法规都允许图书馆以知识保存的目的，对采购的文献进行本地保存。而且，图书馆采购本身是采购知识内容并长期使用，网络环境下要保障长期使用就必须允许图书馆对采购内容进行长期保存，即采购权中应该包括长期使用和长期保存两种权利。这已经在中国图书馆界与国际出版社

的长期保存谈判与实践中得到认可。同时，国际国内的实践已经建立对长期保存权合理约束的机制，如出版社网站正常服务时，被保存资源作为“暗”保存系统不提供服务，但是在出版社无法提供正常服务时，“暗”保存系统转为服务系统，可向合法订购机构提供服务；国际上也对“无法正常服务”的类型以及确认机制和在此期间提供公共服务并对其管理的机制达成共识，并已经在国内外实施。

国际上有数字文献资源长期保存的成功经验可以借鉴。尽管出版社位于本国，荷兰、英国、德国等仍然建立了基于国内公立机构的长期保存系统，美国也建立了协调全国数字信息长期保存的机制。例如，主要位于美国的CLOCKSS 通过全球多个节点保存数字文献，美国 Portico 公司通过商业服务支持数字出版物的长期保存。

我国已有数字科技文献长期保存的成功试验。2007 年中国科学院启动了数字科技文献长期保存的试点，分别与施普林格（Springer）、自然（Nature）、英国皇家物理学会（IOP）、维普科技期刊数据库签订了长期保存协议，实现了相应数字期刊和数字图书数据库在中国本土的长期保存。2014 年，国家科技图书文献中心（NSTL）在科技部支持下启动建设“国家数字科技文献资源长期保存体系示范系统”，已建成三个保存节点，共保存 35 个出版社 3000 余种外文电子期刊、14 000 种中文电子期刊、60 000 余种电子图书。2015 年 9 月，全国 100 多家图书馆发布《数字文献资源长期保存共同声明》，声明对数字文献资源的长期保存权，共同承诺支持国家长期保存体系的建设。

四、关于建立数字科技文献长期保存系统的几点建议

（一）建议一：以国家行动保障国际科技数字资源在中国长期保存

通过国家层面的重大行动计划形成国家战略、体现国家意志、调动全国力量，部署建设数字科技文献长期保存系统，充分利用现有基础，到 2020 年实现主要国际科技文献资源在中国本土的长期保存。同时，要充分认识面临的法律、技术、管理、经济等挑战，重视所需的研究、规划、管理、经费和人力资源保障，确保长期保存系统本身的长期可靠性。

（二）建议二：各界利益相关者协同努力来实现长期保存目标

数字科技文献长期保存事关国家科技、教育和发展的战略安全，科技教育界应积极主动支持，并通过在国际科技界和出版界的参与机会呼吁和维护我国的权利；全国所有使用公共资金采购数字科技文献的图书馆，都应将自主长期保存作为采购的必要条件，推动国家长期保存目标的实现；NSTL 作为国家科技文献资源保障平台，必须把数字科技文献长期保存作为内在的责任和功能，并主动作为、确保实现。国际和国内数字科技文献出版机构和集成服务机构都应支持中国对数字科技文献的长期保存权利，协助建立高效、经济和合理的长期保存系统。

（三）建议三：部署数字文献长期保存的相关政策规范和技术研究

尽快研究建立起系统的数字文献长期保存的相关政策、管理与实施规范，支持建立多个可信赖机构互为备份的长期保存机制。完善相关法律权利，建立公共资金文献采购中针对长期保存的职责要求、可信赖的长期保存技术平台、保存过程的管理和审计机制。支持研究和试验数字化工具书、富媒体复合出版物、音视频文献、交互式教学资源、科研社交媒体等长期保存的技术、法律、流程与管理机制，支持对国内数字出版物法定存缴机制的研究与试验，支持对科学数据、数字科技档案、数字人文资源等长期保存的研究与试验。

中国科学院科技战略咨询研究院特聘研究员　张晓林

2017 年 1 月 6 日

关于实现科研论文全面开放获取的建议

中国已成为全球发表科研论文数量最多的国家，这些科研论文几乎都是公共资金资助的，理应向社会开放共享，但目前我国多数企业、机构和公众却很难获取利用这些论文。实现科研论文开放获取，可从源头上让最新科技成果转化成全社会手中的创新利器，让创新潜力真正释放为创新红利。国际科技界一直在积极推进科研论文开放获取，中国作为科技大国，应积极行动，推动公共资助项目研究论文全面开放获取。

一、开放获取是创新型国家建设的迫切要求

当前，中国面临着全社会对知识的迫切需求与知识获取能力严重不平衡、不充分的尖锐矛盾。一个国家的创新能力取决于整个社会获取知识和利用知识的能力。中央反复要求，公共资金创造的科研资源应由社会共享。但是，除少数机构外，我国多数企业、普通高校、省市级研究机构等创新主体，都无法合法、及时地获得发表在国际期刊数据库的科研论文，包括我国公共资助研究项目发表在这些期刊上的论文。即使是重要高校和国家级研究机构，也往往只能订购部分期刊数据库。这严重制约了学术交流共享，也难以支持交叉融汇的跨学科、战略性、转换型研究。

当前科技创新环境下，开放创新、协同创新已成为主旋律。建设真正的创新型国家，必须把最新科研成果从少数精英机构中解放出来，让最新知识及其再创造能力真正转化成全社会手中的创新利器。实现科研论文开放获取，可以从源头上解放数字化知识内容，将新技术新时代提供的新型能力可靠地还给科技界和社会，从而支持全社会充分利用数字知识提升学习、研究和创造的能力。

二、开放获取已成为全球科技界的潮流

支持公共资助项目研究论文开放获取已经成为各国推动科技创新和支持经济增长的战略措施。目前，美国、英国、欧盟、德国、法国、加拿大、澳大利亚、日本、荷兰等几乎所有科技国家和地区的科技资助机构，哈佛大学、普林斯顿大学、麻省理工学院、剑桥大学、牛津大学、加州大学等研究型大学，都已发布公共资助项目研究论文开放获取的政策。

2016 年 3 月，德国马普学会联合多家机构发起“开放获取 2020 倡议”（简称“OA2020 倡议”），明确指出各个图书馆支付的订购费实质上就是学术期刊的出版费，因此在一个机构已经向一个期刊出版社支付订购费后，该机构作者在该出版社所有期刊上以通讯作者名义发表的论文应该立即开放获取，并且不得再向作者收取费用。目前全球包括中国在内的 113 家科技资助机构、科研机构、大学联盟、图书馆联盟等签署了该倡议的意向书。英国、德国、荷兰、奥地利、芬兰等国已经与多家国际出版社签署了符合“OA2020 倡议”要求的转换协议，将自己在这些出版社期刊的研究论文立即开放获取。2018 年 9 月 4 日，欧洲 11 国科研资助机构和欧洲研究理事会联合发布“开放获取 S 计划”（简称“S 计划”），要求所资助研究项目发表的论文从 2020 年起实现立即全面开放获取。2018 年 12 月初刚结束的第 14 届柏林开放获取会议上，来自 37 个国家的资助机构、科研教育机构和图书馆的代表一致同意，要求作者保留论文著作权，实现论文全面立即开放获取。

三、开放获取可维护我国公共经济利益

科学研究多数都是公共资金资助的，科研人员创造了内容，科研人员免费进行同行评议，他们才是论文本身最主要的贡献者。期刊在组织同行评议、编辑论文版式、组织出版发行等方面确实有一定贡献，因此获得一定订购费来支持运行也有一定的合理性。但在数字时代，出版社出版一篇论文的单位开支大幅度下降，反而是许多科研项目越来越需要利用大型科学装置或仪器、大规模科学调查、多团队大规模合作等，资助机构、科研机构和科研人

员对论文内容的投资和贡献也越来越大。继续原来的订购模式，甚至还每年高幅度涨价，严重损害了社会的公共经济利益。中国理应将被订购期刊剥夺的知识产权和经济利益夺回来。

四、开放获取是中国的国际责任和权益

尽管中国政府一直积极支持公共科研资源开放共享，但在国际上，中国常常被部分出版社描绘成国际开放获取的搭便车者，甚至绊脚石。从现实情况来看，尽管国家自然科学基金委员会和中国科学院已发布开放获取相关政策，但中国科技管理部门、科技界和图书馆界整体上态度尚不鲜明、政策措施不力。作为一个负责任的科技大国，中国需要积极参与全球研究论文开放获取，成为国际开放获取快速推进的驱动器和压舱石，同时加快中国参与全球开放科学规则制定和基础设施建设的进程。

国际上对中国参与全球开放获取的呼声很高。如欧盟开放获取特使 Robert-Jan Smits 先生指出，“中国作为第一发文大国理应在开放获取上发挥第一等的作用，我们寄希望于中国力量，相信中国的参与将使国际开放获取成功”。在第 14 届柏林开放获取会议上，国家自然科学基金委员会、国家科技图书文献中心、中国科学院文献情报中心表态支持“OA2020 倡议”和“S 计划”后，立刻赢得在场多个国家的称赞和欢迎。

面对开放获取，部分出版社特意针对中国提出一系列无理要求。例如，有的坚持要针对中国专门提高价格；有的公开说中国发文多、下载多，因此收费应该多；有的公开威胁中国，如果要让自己通讯作者发文转换为开放出版，则必须支付比现在订购费高得多的费用。因此，尽快推动科研论文开放获取，也有利于中国保护自己的利益。

五、加快推进科研论文开放获取的行动建议

为实现公共资助项目科研论文开放获取，具体建议如下。

1. 国家层面应明确支持科研论文开放获取

国家科技领导小组应协调相关部门，形成推动科研论文开放获取的坚定

决心。科技管理部门、研究资助部门、教育管理部门、图书馆协调部门等，负有实现科研论文开放获取的主体责任，应明确支持“OA2020 倡议”和“S 计划”，要求公共资助研究项目科研论文立即全面开放获取。

2. 公共科研机构应实施科研论文开放获取政策

所有接受公共科研资助年度经费超过 500 万元的机构，应制定公共资助项目科研论文的开放获取政策，督促本机构科研人员，尤其是在国际学术组织和国际学术期刊中任职的科学家积极支持科研论文开放获取，督促本机构图书馆推动本机构通讯作者论文立即全面开放获取。

3. 公共资金支持的图书馆应实施“OA2020 倡议”

所有使用公共资金订购科技期刊的图书馆应要求出版社在保持现有订购经费不变条件下，把各自所属机构通讯作者发表在出版社订购期刊上的论文立即全面开放获取，不得再向作者收取费用。应支持公共资助项目作者在具有可靠质量控制和合理收费的开放出版期刊上发表论文。

4. 发挥体制优势建立联合谈判与市场引导机制

应充分发挥我国公共财政体制优势，利用已有或新建国家级科技文献共享服务平台，通过国家投入少数增量财力、同时集中统筹使用各图书馆现有的部分期刊订购经费，组织和推动图书馆联合与出版社进行“OA2020 倡议”的转换谈判，联合控制开放期刊 APC 价格。应支持我国有关机构建立对出版社开放获取政策、开放期刊质量、论文处理费等的监测机制，并参与国际开放获取的规则制定和基础设施建设。同时，参考国家社会科学期刊开放出版平台，通过一定增量财力，优选公益性平台，制定与质量和诚信挂钩的方法，支持国内优秀科技期刊直接实现开放出版。

中国科学院科技战略咨询研究院特聘研究员　张晓林

2018 年 12 月 10 日

第四篇

前沿动态扫描与预测

WIPO 发布《2017 年全球创新指数报告》中国排名第 22 位　创新表现趋好

2017 年 6 月 15 日，《2017 年全球创新指数报告》在日内瓦发布，中国继 2016 年成为首个进入全球创新指数前 25 位的中等收入经济体后，又有明显进步，攀升至第 22 位，并继续在单项创新指标上表现抢眼。

全球创新指数（Global Innovation Index，GII）由世界知识产权组织（WIPO）、美国康奈尔大学和英士国际商学院共同研制，《2017 年全球创新指数报告》是该指数发布的第十版。该报告通过 81 项指标对世界 127 个国家和经济体的创新表现分别进行综合和单项指标的排名和分析比较。

一、创新指数的总体情况及国家表现

本次的评价指标体系中，创新指数包括 2 个亚指数、7 项一级指标、21 项二级指标、81 项三级指标。2 个亚指数分别是创新投入亚指数、创新产出亚指数。其中，创新投入亚指数下设 5 项一级指标，分别为政策制度环境、人力资源与研发、基础设施、市场成熟度和商业成熟度；创新产出亚指数下设 2 项一级指标，分别是知识与技术产出、创意产出。从 2011 年起，GII 专门列出创新效率指数，按照创新投入与产出的比例来计算。

从国家来看，2017 年全球创新指数排名中，瑞士再度位列第一，已经连续 7 年位居榜首，之后是瑞典、荷兰、美国、英国、丹麦、新加坡、芬兰、德国。排名前十位的国家虽然与上年相比名次上有变化，但都保持在前十，说明这些国家仍然是世界上最具创新力的国家。

2017 年，中国创新指数排名第 22 位，与 2016 年相比上升 3 位，是进入前 25 名唯一的中等收入经济体。其他金砖国家中，俄罗斯创新排名为第 45 位，下降 2 位；南非排名第 57 位，下降 3 位；印度排名第 60 位，上升 6 位；巴西排名第 69 位，保持稳定。

二、我国的创新表现及分析

1. 我国的创新表现趋好，创新环境仍有待加强

2017 年，我国在创新方面的表现持续抢眼，创新产出指标排名第 11 位，较 2016 年上升 4 位；创新投入指标排名第 31 位，较上年下降 2 位；创新效率指标居瑞士和卢森堡之后，排名第 3 位，较上年上升 4 位。自 2013 年引入创新质量指数以来，我国该指数排名始终"领跑"中等收入国家/地区，并呈上升趋势。2017 年，我国在创新质量中名列第 16 位。

我国创新排名的提升，有赖于我国经济的稳定发展，市场的开放，企业对科技研发活动和人才培养的重视，知识产权保护意识和品牌意识的提升，以及顶级高校的质量和影响力等的良性发展。

虽然我国在创新方面的表现进步显著，但与发达国家/地区相比仍存在差距，尤其在创新环境方面成为短板。主要表现在政策法规环境仍需完善，经济结构不合理和能源利用效率低下，中小企业金融服务和融资环境有待改善，等等。

2. 我国的科技创新仍需加强，进步空间较大

在与科技创新相关的指标上，我国在企业研发投入、专利申请、实用新型专利申请和高技术出口 4 个指标的表现处于优势地位；来自海外的研发投入和留学生数量 2 项指标，则处于明显劣势。另外，全时研究人员和科研论文的发表 2 项指标排名低于我国总体创新排名。专利合作条约（PCT）专利申请和高等教育入学率 2 项指标的排名在过去一年中有较明显进步。

3. 区域集群创新助力我国创新能力的稳步提升

区域集群创新的活跃发展带动了国家创新能力的稳步提升。创新集群的活跃发展也恰好体现了世界创新能力的布局。TOP100 创新集群中，美洲和

欧洲各有 35 个，亚洲有 21 个，澳大利亚有 2 个，俄罗斯有 1 个。亚洲新兴经济体的创新能力在不断提高，中国、印度、马来西亚和新加坡等国家和地区创新集群的活跃程度也逐渐有所体现。

区域集群创新的活跃发展也促进了我国创新能力稳步提升，我国有 7 个进入 TOP100 创新集群，主要技术领域集中在信息科技方面，申请人主要是我国本土的企业或研究教育机构，反映出我国自主创新能力的提升，这与我国实施创新驱动发展战略，不断改进创新生态系统密不可分。

三、《2017 年全球创新指数报告》的主要结论

（1）在全球经济处于重要转折点之际，创新投入和生产率增长处于历史低点。此时，依靠创新奠定经济增长的基础至为关键，各国家/地区需要进一步加强 R&D 投入水平。

（2）发展中国家与发达国家的创新差距仍然很大。中国是唯一在缩小与发达国家创新差距的发展中国家。发展中国家应进一步完善其创新体系，在全球创新中扮演更加重要的角色。

（3）亚洲有可能发展建立更深层次创新网络，促使新东亚创新体的出现。日本和新加坡已经奠定了很好的创新基础；中国在创新活动与成果方面取得了长足进展；印度、印度尼西亚、菲律宾和越南也正在加快创新步伐。

（4）遗传学、纳米和生物技术、大数据、数字信息技术和自动化等领域的科技进步，已经在农业创新中得到广泛应用，智能数字化农业将有助于发展中国家应对严峻的粮食挑战。

中国科学院科技战略咨询研究院　王建芳

2017 年 6 月 30 日

中国科学院在科研合作方面位列全球科研机构第四位

2016 年 11 月 17 日，《自然》期刊发布《2016 自然指数-科研合作》（*Nature Index 2016 Collaborations*）报告。报告认为，要解决人类所面临的许多重大挑战，加强国际科研合作是必然选择。报告显示，中国正崛起为国际科研合作的中心，位列全球第 4。中国科学院在国际合作中表现卓越，作为中国科研机构的引领者，跻身全球科研机构国际合作百强的第 4 位。

自然指数（Nature Index）由国际著名学术出版机构自然出版集团（NPG）于 2014 年年底推出，自然指数纳入了国际顶尖的 68 种学术期刊，涵盖论文数每年约为 57 000 篇。自然指数在科技界被广为接受，其权威性源于期刊遴选的高水准与共识：由主要学科享有杰出学术声誉的科学家进行遴选，并通过全球 10 万名科学家网络调查验证。《2016 自然指数-科研合作》报告聚焦科研合作领域，通过对 2012 年 1 月 1 日至 2015 年 12 月 31 日期间发表的论文进行分析，展现全球高质量科研合作的发展趋势，并揭示不同国家和科研机构在全球科研中的相互关系。

自然指数网站（natureindex.com）数据显示，在国家层面，中国在全球位列第 4，仅次于美国、德国和英国。其中，中国与美国的科研合作最多。美国和中国已构成全球科研合作中最主要的双边关系，两国在所有双边合作国中的合作分值最高，且呈现高速增长的态势。2012～2015 年，涉及中美双方机构的科研合作数量增加了 80%以上。此外，与中国合作较多的国家依次为德国、英国、日本、澳大利亚、新加坡、加拿大和法国。

在机构层面，《2016 自然指数-科研合作》报告从全球 165 个国家近 20 000 家科研机构中，筛选出了国际合作得分最高的 100 家科研机构。这 100 家机构包括美国国家航空航天局（NASA）、法国国家科学研究中心（CNRS）、德国马普学会、意大利国家天体物理研究所（INAF）、太空望远镜科学研究所（STScI）、欧洲南方天文台（ESO）等国际知名综合类和专业类科研机构，也包括哈佛大学、牛津大学、剑桥大学、加州理工学院、加州大学伯克利分校等国际知名高校。在这100家机构中，中国科学院位列第4位，中国科学院大学排名第11位。法国国家科学研究中心、意大利国家天体物理研究所、欧洲粒子物理研究所（CERN）位列前三位。此外，有22家中国机构也位居全球100强之列，其中天津大学位列第7位、南京邮电大学位列第16位、北京大学位列第20位。

与中国科学院合作最多的国外科研机构分别是德国马普学会、美国佐治亚理工大学、法国国家科学研究中心、美国哈佛大学、美国斯坦福大学、德国亥姆霍兹国家研究中心联合会、意大利国家天体物理研究所、新加坡国立大学、英国牛津大学和美国芝加哥大学。这显示，中国科学院国际合作的对象主要是享誉全球的一流机构。

《2016 自然指数-科研合作》报告还对学科层面的国际合作状态进行了分析比较，中国在化学领域国际合作中的表现惊人，中国科学院作为机构再度排名全球第一，显示出中国科学院在化学领域的突出国际影响力。与此同时，生命科学领域的科研合作数量增加了一倍以上。

该报告认为，科研合作者虽然存在着显著的空间群集现象（即由同一个城市的科研机构合作），但随着中国具备国际视野和经验的优秀科研人员日益增多，中国在不断扩展国际科研合作的规模与深度。中国国际合作的快速增长，一方面源于加大力度激励中国籍科学家回归，另一方面也通过日益改善的科研环境吸引外国科学家来中国开展研究工作。

中国科学院正在深入实施“率先行动”计划，其中，率先建设国际一流科研机构，是中国科学院的重要目标之一。广泛、深入、高水平的国际合作是世界一流科研机构发展道路的共同特征，也是最为显著的标志。中国科学院正在以高水平国际合作为起点和依托，着力建设国际合作机构，大力发起国际大科学计划，以建成若干具有鲜明学术特色和世界影响力的科学研究中心和创新高地。

中国科学院科技战略咨询研究院　朱　涛

2016年11月23日

中国科学院再度入选“全球最具创新力政府研究机构 25 强”

2017 年 3 月 1 日，路透社发布了第二届“全球最具创新力政府研究机构 25 强”榜单，榜单遴选出全球为推动创新发展做出最突出贡献的政府所属创新机构。中国科学院名列第 11 位，比 2016 年上升 5 位，是此次中国（不含港澳台地区）唯一入榜的政府研究机构。

一、中国科学院的表现

“全球最具创新力政府研究机构 25 强”榜单非常重视使用专利类相关指标，意图以此来反映各机构从基础研究发展出技术创新的能力，体现“创新”的意义所在。中国科学院在具体分项指标中的表现如下。

（1）中国科学院所拥有的专利家族数从 2016 年的 1404 个上升至 2017 年的 1729 个。排名虽然仍维持在全球第 4 位，但具体指标数值与排名第 1 位机构间的差距得以缩小：2016 年，中国科学院所拥有的专利家族数是排名第 1 位机构的 53.12%，而 2017 年则为排名第 1 位机构的 61.29%。

（2）中国科学院的专利申请成功率从 2016 年的 64.70%提升到 2017 年的 73.50%。排名由 2016 年第 11 位上升至 2017 年第 6 位，上升幅度较大，对总排名提升的贡献度最大。具体指标数值与排名第 1 位机构间的差距也缩小较多：2016 年，中国科学院的专利申请成功率是排名第 1 位机构的 73.69%，而 2017 年则为排名第 1 位机构的 83.83%。

（3）中国科学院的商业影响力（即论文被专利引用指数）排名由 2016

年的第22位下降至2017年的第23位，具体指标数值也与排名第1位机构间的差距有所扩大：2016年，中国科学院的商业影响力指数是排名第1位机构的26.41%，而2017年则为排名第1位机构的25.18%。

数据显示，中国科学院所拥有的专利家族数和专利申请成功率等两项指标的数值都有较大幅度提升。这表明，中国科学院内部的知识产权管理战略取得了相应成效，说明中国科学院在帮助科学家推进研发工作的同时，更加注重且有效完成了研究成果转为专利的工作，专利质量得到有效提高。

此次榜单中，影响中国科学院总体排名的是商业影响力（即论文被专利引用）指标，这一指标代表了科研机构的专利为企业所关注和应用的水平，真正反映科研机构与企业的实质性对接程度。中国科学院在这一指标上的排名下降，表明中国科学院还需要在提升基础研究、应用研究和专利申请的同时，注重推进研究所与企业进行有效对接、及时转让研发专利、促进实际应用的工作。

二、其他机构的排名情况

从25强的国别分布看，美国和德国机构在25强榜单中上榜数量最多，各有5家；法国和日本分别有4家机构上榜；澳大利亚、加拿大、中国、新加坡、韩国、西班牙和英国各有1家。从区域分布看，欧洲机构最多，达到11家；亚太地区有8家；北美有6家。

从各上榜机构的主要研究内容对比看，仍然是一些基础研究与应用研究并重机构的排名较为靠前，如美国卫生与公共服务部（主要为美国国立卫生研究院所属各研究机构）、德国弗劳恩霍夫协会、日本科学技术振兴机构等。而比较重视基础研究的一些机构排名不如前一类机构，如德国马普学会、法国巴斯德研究所国际网络、中国科学院等。这主要是由于本榜单较为倚重专利类指标，而侧重基础研究的研究机构并不都能较快较多地产生技术专利。

2017年的“全球最具创新力政府研究机构25强”榜单对一些机构的处理与前一届榜单的方法有所不同。例如，美国能源部不再作为一家机构来进行比较（2016年美国能源部作为一家机构，整体排名全球第8位），而是所属各国家实验室和技术中心分别参与排名。因此，才出现了洛斯·阿拉莫斯和劳伦斯利弗莫尔国家实验室分别进入全球25强的情况。

三、榜单的排名方法

此次“全球最具创新力政府研究机构 25 强”榜单基本延续去年的研究方法，基于科睿唯安（Clarivate Analytics，前身为汤森路透知识产权与科技事业部，2016 年 10 月独立）的论文和专利数据，这些数据来自 InCites、Web of Science、Derwent Innovations Index 等数据库平台，排名时主要分为以下步骤。

1. 遴选候选机构

首先遴选 2009～2014 年（第一届榜单的数据为 2008～2013 年）被 Web of Science 核心数据库收录论文最多且在世界知识产权组织（WIPO）申请的专利数不低于 70 项的政府科研机构作为候选机构。

2. 分项打分

使用多项指标对候选机构分别进行打分评价，包括机构所拥有的基本专利（专利家族）数、专利申请成功率、被美欧日专利机构授权的全球性专利比例、机构专利被其他专利引用的总数、机构专利被引用的影响力指数（权重为 0.5）、机构专利被引用比例（权重为 0.5）、机构论文被专利引用的指数、机构论文被产业界引用的指数、与产业机构的合作论文比例、Web of Science 论文总数。

3. 综合打分

除机构专利被引用的影响力指数、机构专利被引用比例两项指标的权重为 0.5 外，其余各项指标的权重为 1.0。各项指标得分按归一化处理，即以实际数值最高者为 1，其他机构的得分按照与最高数值的相对比例计算，最后汇总后得到机构的整体表现，最终排名得出前 25 位的机构。

中国科学院科技战略咨询研究院　李　宏　冷伏海　王海名

2017 年 3 月 6 日

美国陆军报告揭示未来 30 年可能改变世界的科学技术趋势

2016 年 4 月，美国陆军副助理部长办公室（研究与技术）（DASA R&T）发布的《2016—2045 年新兴科学技术趋势》报告指出：机器人和自主系统、手机和云计算、智慧城市、物联网、合成生物学等 24 项新兴科学技术趋势与城市化、气候变化、资源限制、人口结构转变、创新的全球化以及全球中产阶级兴起这 6 个可能影响科学技术发展的跨领域情境趋势是未来 30 年最有可能引起全球变革性或颠覆性变化的趋势。该报告强调，这些技术变革将在未来几十年给陆军和美国带来各种挑战和机遇，而战略思维对如何利用科学技术趋势为军队未来发展做好准备是至关重要的。

这 24 项科学技术是：机器人和自主系统、增材制造、数据分析、人类增强、手机和云计算、医疗进展、网络、能源、智慧城市、物联网、食品和水技术、量子计算、社会权能、先进数码、混合现实、气候变化技术、先进材料、新型武器、太空、合成生物学、改变工作性质、隐私、教育、运输和物流。报告进一步分析，这些科学技术趋势中，许多与日常生活中数字和网络技术所发挥作用的日益增长有关。未来 30 年，人与技术之间的差距将会继续缩小，因为自主系统会变得司空见惯，人类增强与生物物理硬件关联起来，而计算则由于物联网的发展而激增。此外，增材制造等创新给个人和企业带来了改造身边物理环境的新工具，而社会技术则使个人能创造出自己的微观文化并重新定义传统的权力结构。在生物技术领域，合成生物学反映出一种能设计生命基本遗传结构单元的新兴能力。这些新兴技术变革的基础，是人类在通过应用分析理解复杂数据中的模式，以及通过可视化这些模式来洞察如何能产生更有效决策等能力方面的革命。随着全球人口不断扩大和气候变化，保障粮食和水安全的技术将成为保持全球人口健康、安全和生产就业的必要条件。

除了上述新兴科学技术趋势外，报告还讨论了可能影响未来 30 年科学技术发展的 6 个跨领域情境趋势，即城市化、气候变化、资源限制、人口结构转变、创新全球化以及全球中产阶级的兴起。科学技术的所有进展极有可能在这些社会政治、经济和环境趋势的背景下发生：城市化将导致巨大城市的激增，这些城市将成为产生政治和经济影响的中心，并将在未来几年中成为各个国家成败的关键因素。气候变化极可能成为对地缘政治稳定性和新技术演变产生最深远影响的趋势——如果气候变化的最坏情景发生了，发展中国家和发达国家都将遭遇巨大的粮食和水短缺；极端天气将对迅速扩张的城市造成严重破坏，导致人道主义危机和对全球经济的持续消耗；即使在灾难性较小的预测中，气候变化也将加剧动乱和资源竞争，这会使美国陆军在全球开展新的行动。与气候变化一样，与食品、水、能源和原材料有关的资源限制将减缓经济扩张，并导致世界许多地区的严重不稳定。随着全球人口的增长，老龄化问题越发凸显，人口迁徙流动将产生振兴机会，并对民族融合与社会和谐带来挑战。创新的引领者也会变化，因为中国、印度和其他发展中国家正在成为经济领域的主要参与者，尤其是中国正在追赶美国的研发投资，这将对美国经济、全球安全和全球创新议程产生深远影响。最后，全球中产阶级扩大是一个普遍的趋势。在未来 30 年，全球有数亿人将摆脱极端贫困，虽然这将大大减少人类的痛苦，但引起阶级矛盾的巨大不平等依然存在，而且日益增长的消费可能加剧资源压力和气候挑战。

该报告是 DASA R&T 发布的第三份新兴科学技术趋势年度报告，是其技术战略博弈计划的一部分，旨在提供战略前瞻性研究和分析，以支持陆军的科技投资规划和年度未来研究计划。该报告有两个主要目标。一是希望引起美国陆军以及联军、跨机构团体和国际机构的利益相关者的注意，这些趋势可能会在未来 30 年影响作战环境并形成各种作战能力。二是希望引发关于军队应该投资何种类型科学技术的战略讨论，以确保美国士兵在未来战争中保持绝对优势。

该报告综合过去 5 年中由美国和其他各国政府机构、各行业领导者、国际机构和智库发布的 32 份科学技术预测报告，从 690 个趋势中分析识别出的上述 24 项科学技术趋势以及 6 项跨领域情境趋势，并为陆军提出了一些战略问题：

（1）如何能使陆军更快地受益于技术创新，特别是通过商业上的研发工作？

（2）如果创新变得全球化，陆军如何更好地与外国政府和国际研发中心合作，以确保陆军能获得可能来自美国以外的最佳可用技术？

（3）人类增强和自主系统有可能改变几乎每个作战功能。陆军是否已经为这些技术将带来的变化做好了准备？是否准备好了如何应对使用这些技术的敌人？离我们愿意给予机器人自主权或永久改造士兵的身体和心灵还有多远？

（4）陆军如何更好地与联军、国际合作伙伴、非政府组织和其他利益相关者合作，来影响政府和行业支持的研发议程以实现新的维护安全能力，防止敌方以及科学技术趋势本身的潜在“阴暗面”创造出的安全新挑战？

（5）陆军如何培养出不属于传统国防工业基地的新兴创新者？陆军如何鼓励自己的研发中心进行创新？

中国科学院科技战略咨询研究院　黄龙光　王海霞　韩　淋
邢　颖　王海名　边文越　张超星
2016 年 12 月 7 日

美国陆军报告揭示未来 30 年可能改变世界的科学技术趋势

——机器人与自主系统

到 2045 年，机器人和自主系统将十分常见，可以提供涉及经济、社会等各方面的服务。但机器人和自主系统将减少数亿个工作岗位，可能带来经济失衡、社会动荡的风险。机器人在军事行动中的应用也将随之扩展，成为未来战场上的有效合作伙伴和潜在对手。

促使机器人和自主系统得以实现的科学和技术有：

（1）机器学习。学习对于自主系统适应新的复杂环境至关重要。受生物神经系统学习方式的启发，深度学习领域正在取得显著进步。

（2）传感器与控制系统。为了在现实环境中与人类进行安全、有效交互，机器人和自主系统需要更加丰富的、与灵活运动能力相关联的环境模型。

（3）人机交互。人类刚刚开始理解如何设计可以与人类合作执行复杂、现实世界任务的自主系统，对自然语言交流和情感机器人的研究将有助于弥合人机鸿沟。

近期机器人与自主系统领域的代表性事件包括：

（1）AlphaGo。谷歌公司开发的 AlphaGo 成为第一台在围棋比赛中战胜人类冠军的计算机。值得注意的是，AlphaGo 并没有进行专门编程，而是通过学习大量高手的落子“学会”下棋。

（2）机器人神经系统。德国汉诺威莱布尼兹大学研究人员正在开发人工机器人神经系统，可以让机器人“感受痛苦”并快速做出反应，避免对其电机、齿轮和电子设备的潜在损害。

（3）微软聊天机器人 Tay。2016 年 3 月，微软推出一款面向年轻人的聊天机器人 Tay，本意是使其通过分析美国社交网络及微博客服务网站推特（Twitter）对话来学习如何与人类沟通，但受大量攻击性“学习素材”的影响，Tay 发布了大量不当言论，迫使微软不到一周就将其下线。

机器人与自主系统的影响：

（1）社会影响。机器人将成为社会的一部分。随着自主性和智力的增强，机器人系统将带来个人责任和“机器权利”的角色难题。自主系统导致的工作岗位消失可能引发严重的社会动荡。

（2）政治影响。随着机器人逐渐融入社会，政府将面临极具挑战性的法律和监管问题，例如，应该批准生产多少自主机器人，机器人违法时如何确认责任等。

（3）经济影响。机器人带来的效率和收益将是全球市场的福音，但多个行业就业机会的减少将对全球经济造成巨大压力。牛津大学经济学家近期研究显示，机器人将削减各行业 47%的工作岗位。

（4）环境影响。随着自主系统的普遍应用，机器人和其他自主系统之间的彼此协调变得更为重要，需要研究机器人群体的沟通和合作方式。

（5）国防影响。机器人能力增强，将彻底改变军事行动的诸多方面，美国陆军必须重新评估士兵在战斗中的作用。机器人的广泛存在意味着美国的对手也将使用机器人系统，并可能赋予战斗机器人完全的自主权。

中国科学院科技战略咨询研究院　王海霞

2016 年 12 月 21 日

美国陆军报告揭示未来 30 年可能改变世界的科学技术趋势

——人类增强技术

人类增强是指通过自然或人工手段克服人体局限，也包括使用技术手段增强或改变人类的素质和能力。在未来 30 年，人类增强技术的发展将帮助人类突破生物极限。益智药物、可穿戴设备、外骨骼以及可以与大脑互动的假肢将会扩展人类的认知和行动能力。同时，人类增强技术的高昂价格将造成社会阶层的进一步分化。借助网络实现的人类增强技术将会成为网络攻击的目标。美国军队会从士兵能力增强的角度获益，但对手也将同样获益，这可能会引发一场新的军备竞赛。

促使人类增强得以实现的科学和技术包括：

（1）可穿戴设备。低能耗、小型化的传感器和处理器催生了新一代可穿戴器件。借助可穿戴设备技术的进步，人类未来能够利用更多元化的数据来理解并提高自身能力。

（2）外骨骼和生物假肢。外骨骼是一种能够对人体内部器官起到支撑和保护作用，并传递引导运动的坚硬外部结构。外骨骼研究发展迅速，其目标是研发新的控制架构、持续的能源供给以及最优化的人机交互。假肢直接与人类神经系统互动的能力也在快速提高。

（3）药物优化。认知增强药物的市场广阔且还在不断增长。虽然安非他命等药物已经被广泛用于提升人类智力，但这类研究才刚刚起步，科学家正致力于寻找其他没有副作用的益智药物。

近期人类增强领域的代表性事件包括：

（1）利用外骨骼恢复移动能力。西班牙研究机构开发出一种具有移动能力的外骨骼，专为患有脊髓肌肉性萎缩的 3～14 岁儿童设计。

（2）仿生手指。美国国防高级研究计划局曾经展示过一种具有基本触感的仿生手技术，但近期瑞士科学家研发的仿生手指可以使患者区分不同材质的物体，这意味着医学仿生肢体研究已经迈出了重要一步。

（3）量化自己。智能手表等设备推动了“量化自己”潮流的出现，即人类可以使用个人数据分析设备来提高自身能力。

人类增强带来的影响包括：

（1）社会影响。超越人类极限的能力在被解放的同时也带来了一些难题，某些类型的能力提升会在特定群体中产生不同亚文化。

（2）政治影响。2040 年后，增强技术的费用将会变得高昂，因此“已增强”和“未增强”的人类会形成两极社会，产生政治动荡和棘手的管理问题。

（3）经济影响。增强技术的市场涉及医疗卫生、制造业、教育、国防和服务业等多个部门，同时全新的产业领域也会出现，仿生假肢及神经机能提高类药物作为新技术将实现商业化。

（4）环境影响。人类增强技术对环境影响有限，尽管资源冲突会加剧，但是人类会变得更有活力且寿命更长。

（5）国防影响。临时性人类增强（如假肢和精神机能提高药物等）将极大增强新兵的能力且缩短训练时间。永久性人类增强将会引发道德问题。未来的对手也会采用类似技术。借助网络实现的人类增强技术将会成为网络攻击的目标。

中国科学院科技战略咨询研究院　张超星　黄龙光

2016 年 12 月 21 日

美国陆军报告揭示未来 30 年可能改变世界的科学技术趋势
——网络安全

网络安全并不是一个新话题，早在 1991 年就有人提出了“网络上的珍珠港”这一警告。在未来 30 年里，随着物联网的发展以及日常生活方方面面越来越多的互联，网络安全问题将成为互联网行业的首要话题。未来网络攻击的数量和范围将越来越大，国家、企业以及个人将面临数据安全的挑战，许多隐蔽性的攻击可能在数年后才会被发现。人们可以想象出的最坏情况就是“网络世界末日”——在不间断的网络攻击下，全世界互联网的经济和社会功能崩溃。

促进实现网络安全的科学和技术包括：

（1）用户身份验证技术。未来将使用生物识别、个人密钥生成器等技术，提供比现有密码技术更强、更简化的保护能力。

（2）弹性网络。正在研究建立具有自配置、自治愈、自优化和自保护功能的网络。

（3）下一代加密技术。未来加密技术（如量子加密）将使网络黑客难以利用盗取的数据。

近期网络安全领域的代表性事件包括：

（1）美国网络司令部升级。美国网络司令部司令官、海军上将迈克尔•罗杰斯在国会表示网络司令部应升级为一个完整的作战司令部。

（2）孟加拉银行账户盗窃案。黑客试图从孟加拉国中央银行在美联储的一个账户盗取 9.51 亿美元。虽然大多数的网络攻击都被阻止，但还是有 1.01

亿美元被盗，成为史上最大的银行网络失窃案。

（3）个人隐私与国家安全。2016 年 3 月，美国联邦调查局（FBI）成功解锁了圣贝纳迪诺袭击事件中袭击者的 iPhone 手机。之前，由于苹果公司拒绝给 FBI 提供技术协助，双方掀起了一场关于如何保护个人权利的公开论战。

网络安全带来的影响包括：

（1）社会影响。虽然已经证明互联网和其他网络在绝大多数网络攻击下是可恢复的，但持续不断的安全故障和政府对数据的监控活动会进一步削弱民众对政府和企业的信心。

（2）政治影响。政府需积极面对挑战，制定国内网络安全政策以及国际协议和准则，从而治理网络犯罪和网络间谍。

（3）经济影响。安全公司迈克菲（McAfee）估计，每年网络攻击造成的全球经济损失高达 3750 亿～5750 亿美元。鉴于未来更多的设备将连接到网络而且网络攻击方式更加复杂，这个数字还会上升。

（4）环境影响。未来黑客将会攻击能源基础设施（如发电厂、管道）以及金融和交通网络。

（5）国防影响。网络战将成为不战而屈人之兵的新手段，但是对网络的依赖也将美军置于极大的风险中。

主要国家在网络安全方面的最新发展趋势：

（1）美国。2016 年 11 月，美国国家科学基金会（NSF）设立“安全与可信任网络空间”项目，总额 7600 万美元，以推动网络安全的科学、工程与社会-技术研究，研究领域包括硬件、软件、网络安全、人为动机和行为、物联网与人类的关系、可验证安全硬件开发以及改善隐私的加密方法、计算与物理空间集成等。2016 年度 NSF 在网络安全研究方面共计资助 1.6 亿美元。2016 年 12 月，美国国家网络安全强化委员会发布网络安全建议最终报告，该份报告被认为是帮助特朗普政府开始运作的过渡指南。报告对保护和发展数字经济问题提出 6 项要求：保护、防御和维护信息基础设施和数字网络；创新并加速数字网络和数字经济的安全和发展投资；使消费者为数字时代做好准备；提升网络安全人才能力；更好地让政府在数字时代安全有效地行使职责；确保开放、公平、竞争、安全的全球数字经济。这 6 项要求中包括 16 条网络安全建议和 53 项具体行动。国家网络安全强化委员会由商务部国家标准与技术研究院（NIST）主持，由 12 名具有丰富经验的专家组成，包括国家安全局（NSA）局长和来自 MasterCard 和 IBM 等公司的高管，负责对未来的网络安全进行定义并提供可能的解决方案。

（2）俄罗斯。2016 年 12 月 5 日，俄罗斯总统普京签署总统令，颁布了修订的《俄罗斯联邦信息安全学说》，旨在保证俄罗斯在信息领域的国家安全，并从战略层面防止和遏制与信息科技相关的军事冲突。该文件包括总则、信息领域的国家利益、主要信息威胁和信息安全状况、信息安全战略目标和主要发展方向、信息安全保障的组织基础等五个部分，就国防领域，国家与社会安全领域，经济领域，科学、技术、教育领域，战略稳定与平等战略伙伴关系五个方面提出了战略目标和主要发展方向。

（3）英国。2016 年 11 月，英国政府启动新一轮“国家网络安全战略 2016—2021”，指出英国政府将在未来五年投资 19 亿英镑加强互联网安全建设，旨在防范网络攻击，维护英国经济及公民信息安全，提升互联网技术，确保遭到互联网攻击时能够予以反击。该战略提出防御、威慑和发展的战略目标：加强互联网防御能力，尤其是能源、交通等关键产业领域；对网络攻击采取有效反击从而降低威胁；大力培养网络人才、发展最新技术，跟上全球互联网技术发展的步伐，并提出英国争取在 2021 年成为安全的数字国家的战略愿景。

中国科学院科技战略咨询研究院　边文越

2017 年 2 月 9 日

美国陆军报告揭示未来30年可能改变世界的科学技术趋势

——混合现实

虚拟现实（VR），是指利用电脑模拟产生一个三维空间的虚拟世界，提供关于视觉、听觉、触觉等感官的模拟，让使用者身临其境，与虚拟环境发生交互。增强现实（AR），是指通过电脑技术，将虚拟的信息应用到真实世界，让真实的环境和虚拟的物体实时地叠加到同一个画面或空间并同时存在。VR和AR激发了消费电子产业界的热情。主要电子企业以及脸书、谷歌等业界巨头都在近期发布了虚拟现实产品。未来30年，兼具VR和AR功能的混合现实（MR）技术将变得更为普遍，增强现实技术将把实时相关的信息给用户投放在现实中，而虚拟现实技术则可以通过融合视觉、听觉、嗅觉和触觉来实现深度沉浸的体验。

对美国陆军而言，混合现实将可应用在从训练到军事行动的多种应用场景下。如何设计不会造成信息过载或干扰，乃至对情境感知带来威胁的混合现实系统将成为非常重要的问题。

促使混合现实得以实现的科学和技术包括：

（1）消费级硬件。在过去两年中，大型消费电子公司（如谷歌、脸书等）已进入虚拟现实市场。行业研究和开发的重点是以消费者可接受的价格制造低延迟、高清晰度的显示装置。

（2）混合体验。虚拟现实和增强现实技术的目标是实现虚拟世界和真实世界的多感官无缝融合。

（3）互动技术。混合现实利用新型交互方式（如手势界面和基于现实的用户界面），将允许我们像在现实世界中一样在虚拟和增强空间中行动。

近期混合现实领域的代表性事件包括：

（1）头戴式显示器。2014 年 6 月以来，谷歌已推出 200 万个头戴式显示器，其单台售价仅 15 美元，可以将任何智能手机变成虚拟现实显示器。

（2）混合现实市场价值预测。高盛公司估计，到 2025 年，混合现实的全球市场规模将达 800 亿美元，其中硬件和软件的销售收入分别为 450 亿美元和 350 亿美元。

（3）现场直播手术。英国的一个医生团队最近采用虚拟现实方式直播了一场手术，展示了将虚拟现实与医学训练和远程医疗融合的应用前景。

混合现实带来的影响包括：

（1）社会影响。混合现实将开辟虚拟旅行以及不同文化之间交流的新渠道。同时，越来越逼真的混合现实体验可能导致大量用户出现成瘾和戒断现象。

（2）政治影响。混合现实技术将引发对隐私、身份盗用、状况监控等问题的新担忧。为保护个人、企业和公共机构免受利用混合现实技术开展的违规行为的损害，政府可能面临监管压力。

（3）经济影响。混合现实技术市场规模巨大，流入该行业的资本正在加速增长，仅在过去两年间该行业就获得了 35 亿美元的风险投资。

（4）环境影响。更易获得的虚拟生态旅游、更为逼真的环境教育等将有可能对人们的环境意识产生间接影响。

（5）国防影响。随着硬件和软件的迅速改善，美国陆军很有可能将混合现实系统部署到战场上，革命性地改变士兵获得信息和进行军事行动的方式。

混合现实方面最新发展趋势如下。

（1）美国教育部推出增强与虚拟现实挑战赛。2016 年 11 月 2 日，美国教育部（ED）推出一项名为“EdSim Challenge”的挑战赛，旨在鼓励研究人员设计针对教育的增强和虚拟现实沉浸式模拟环境的概念，从而提高美国学生的职业和技术技能。ED 鼓励虚拟现实开发者、游戏开发者和教育技术社区等协同合作，通过开源许可和低成本共享组件来实现各方面的模拟。ED 期望实现商业游戏与教育内容的结合模拟，有效传播学术、技术和就业技能等。

（2）脸书将混合现实技术纳入未来十年战略规划。2016年4月12日，脸书发布3D摄像机系统Surrond 360，作为VR公司Oculus平台的生态配套产品，通过技术开源推动Oculus乃至整个VR领域的内容发展。此外，脸书正在进行AR领域的研发。

（3）2016年10月，美国市场研究公司Gartner发布2017年十大战略技术趋势的预测研究成果，其中包括虚拟现实和增强现实，指出在2021年之前，沉浸式的消费方式、业务内容以及应用程序将会得到快速发展。VR和AR的功能将与数字网格相结合，形成更加无缝的设备系统。这个系统可以整合来自用户的信息流，为用户提供超个性化的应用程序和服务。

（4）2016年4月，中国电子技术标准化研究院发布《2016年虚拟现实产业发展白皮书》，指出我国虚拟现实企业主要分为两大类别：一是成熟行业依据传统软硬件或内容优势向虚拟现实渗透；二是新型虚拟现实产业公司。我国虚拟现实产业正在高速发展中，预计2020年国内市场规模将超过550亿元。

中国科学院科技战略咨询研究院　王海名

2017年2月9日

美国陆军报告揭示未来 30 年可能改变世界的科学技术趋势

——合成生物学

随着对遗传学认识的加深，人类已经可以通过构建新的 DNA 创造出新的生物，而基因改造作物则代表了该技术的先锋。未来合成生物学技术还将使生命成为像计算机代码一样可编写和重写的信息。未来 30 年里，合成生物学将广泛服务人类社会，但也会带来生物武器和物种入侵等巨大危险。

促使合成生物学得以实现的科学和技术包括：

（1）建模和模拟。例如，对生物化学反应、通过 DNA 工程产生特定功能的蛋白质以及复杂合成生物系统不同组件之间相互作用等过程进行建模和模拟等。

（2）标准化 DNA。标准化的 DNA“生物积木”为开展遗传学实验提供了可靠的、易于理解的基础，正在加速合成有机体的研究和开发。

（3）DNA 合成和测序。CRISPR 基因编辑技术等使科学家拥有更强的基因序列编辑控制能力，大大降低对 DNA 新复制版本测序的成本和时间。

近期合成生物学领域的代表性事件包括：

（1）胚胎编辑。中国研究人员对无法存活的人类胚胎进行了基因编辑，试图使胚胎拥有对艾滋病病毒的抗性。此前，中国科学家还尝试消除人类胚胎中可导致罕见血液疾病的基因。相关研究引发了关于人类基因编辑伦理学的国际争论。

（2）基因编程。美国麻省理工学院等机构合作开发了一种用于自动设计合成基因电路的技术。这一技术是基因编程语言的基础，能够大大加速合成有机体工程的进展。

（3）工业级合成生物。英国帝国理工学院开发了名为“Foundry”的设施。借助该设施，用于合成生物学的DNA制备过程有望实现工业化。该设施可同时自动运行数千个遗传实验，合成生物学应用推向市场的进程将得以加速。

合成生物学带来的影响包括：

（1）社会影响。合成生物将成为日常生活的一部分，将被广泛用于生产燃料、新型药物等。同时，对“扮演上帝”的担忧以及对超级细菌的恐惧可能导致对合成生物学某些应用的禁令。

（2）政治影响。对合成生物学的管理规章仍处于起步阶段。政府将努力平衡合成生物学的社会和经济效益以及随之而来的环境和其他风险。

（3）经济影响。合成生物体可以产生廉价的生物燃料和药物，改进工业加工过程。到2045年，其综合经济影响可能超过每年1万亿美元。

（4）环境影响。侵入性合成生物可能在世界范围内毁掉自然栖息地、破坏农作物以及污染水源。

（5）国防影响。美国陆军可以从生物燃料和生物传感器中受益。未来对手也可能开发高致命、可传播、难以探测的合成生物武器。

合成生物学最新发展趋势：科学家采用合成生物技术，成功设计了具有生命活性的非自然 DNA，构建含有全人工合成基因组的活细胞，合成最小基因组，合成生物学正在从模仿生命逐步走向设计生命；合成生物技术在癌症诊断、癌细胞识别、代谢性疾病等方面已取得重大突破；青蒿酸、紫杉烯、咖啡因等植物化学品已实现微生物发酵生产，人工细胞工厂合成化学品和天然产物、药物，正在颠覆传统种植提取的生产模式，生产成本大幅降低。英国政府将合成生物学与大数据、太空科技、机器人等一并列为八大新兴技术。在2012年发布“英国合成生物学路线图”的基础上，2016年又发布了“英国合成生物学战略计划2016”，提出在2030年实现英国合成生物学100亿欧元的市场，并在开拓更广阔的全球市场。英国国防部2015年底发布的《未来作战环境2035》报告也提出将合成生物学作为重要关注点之一。

中国科学院科技战略咨询研究院　王海名

2017年2月9日

美国陆军报告揭示未来 30 年可能改变世界的科学技术趋势

——增材制造

增材制造（3D 打印）已经在工业系统作为制造限量设计原型的技术被使用 30 多年了。但在近十年，随着 3D 打印机价格下降、可用开源工具和免费 3D 模型的增加，增材制造“创客”群体逐步扩大，扩展了该技术的应用领域。预计到 2040 年，3D 打印机将帮助实现各种工具、替换零件和医疗设备等的按需定制。由于装备和补给可在当地直接打印，军事后勤也将变得更为简单。预计未来，物体将信息化，数字盗版将取代现实盗窃，恐怖分子和犯罪集团将使用难以追查的原材料打印武器和其他装备，给社会安全造成极大隐患。

促使增材制造得以实现的科学和技术包括：

（1）增强打印的速度、尺寸和可靠性。除高端工业系统之外，目前商业 3D 打印机尤其是消费级打印机的速度相对较慢，打印数量有限，并且容易出现质量问题。

（2）材料。目前市场上的 3D 打印机多数以 ABS 树脂或聚乳酸塑料为加工材料，高端的生产用打印机以金属粉末为加工材料。未来还需要开发能够融合各种材料来创造复杂物体的打印机。

（3）生物打印。生物打印是一个新兴的研究领域，可能会变革医学和食品安全领域。研究人员正在开发 3D 打印替代器官的技术，一些公司开始尝试研制 3D 打印食品。

近期增材制造领域的代表性事件包括：

（1）多材料 3D 打印。世界最大 3D 打印机制造商 Stratasys 公司在 2016 年 4 月 4 日发布了 J750 工业级打印机，这款机器能够使用 36 万种不同颜色的多种材料一次性打印完整物体。该公司利用多种颜色的塑料和类橡胶材料，混合打印出一只完整的运动鞋。

（2）3D 打印人行天桥。荷兰正在建造世界上第一座 3D 打印人行天桥，由 MX3D 公司开发的一对大型六轴打印机现场制作。

（3）外科生物墨水。澳大利亚伍伦贡大学的研究人员正在开发“生物钢笔”BioPen，能让骨科医生把新细胞直接“吸引”到伤口上来从而修复受伤的骨骼和软骨。该装置使用的生物“墨水”由干细胞和生物聚合物制成。实验表明，由 BioPen 沉积在骨骼上的细胞存活率达 97%。

增材制造带来的影响包括：

（1）社会影响。与社交媒体技术结合的 3D 打印，会将“创客”文化推向主流。人们合作、定制和共享设计文件的方式将难以预测和控制。

（2）政治影响。3D 打印对知识产权保护提出了严峻挑战。3D 打印的每个物体都将面临与监控在线盗版音乐、电影和软件类似的复杂局面。

（3）经济影响。3D 打印将低本高效地完成低速生产和产品定制，有可能带来每年 5000 亿美元的经济影响。

（4）环境影响。3D 打印非常高效，其产生的废物将远少于模压和机械加工。现场生产还将减少跨国和跨大陆运输带来的污染。

（5）国防影响。在战场利用 3D 打印机现场打印装备和备件将改变军事后勤。但同时，对手也能利用通过盗窃、逆向工程或者非法网络交易得到的设计方案来打印武器和其他装备。

中国科学院科技战略咨询研究院　王海霞

2017 年 2 月 9 日

麦肯锡报告分析中国人工智能的未来之路

2017 年 3 月 18 日，麦肯锡公司全球总裁鲍达民在中国发展高层论坛发布《中国人工智能的未来之路》报告。报告指出，基于人工智能的自动化可以提升生产力，为中国提供新的增长引擎，实现经济发展目标。报告分析了中国在人工智能领域的实力以及人工智能的影响，从产业、经济、教育、社会及国际政策等方面对中国发展人工智能提出五大战略建议。报告要点如下。

一、人工智能发展拐点来临

数据收集及整理、算法（尤其是机器学习）以及高性能计算等技术的突飞猛进促成了革命性进步，各类应用机器学习技术分析工具发展迅猛。据麦肯锡估计，至 2025 年人工智能应用市场总值将达到 1270 亿美元。然而，距离“通用人工智能”仍需数十年的努力。人工智能技术通常由认知、预测、决策和集成解决方案四部分组成。目前，认知和预测领域的技术已逐步商业化，决策和集成解决方案技术仍多处在研发阶段。

人工智能未来有望在全球多个行业和场景下得到广泛应用。麦肯锡全球研究院近期一份对全球 800 多种职业所涵盖的 2000 多项工作内容的分析表明，全球约 50%的工作内容可以通过改进现有技术实现自动化。除了技术可行性外，研发和应用成本、劳动力市场供需、经济效益以及社会和政府监管部门的接受度也会影响自动化的速度和程度。

二、中国人工智能发展机遇与挑战并存

中国已经成为全球人工智能的发展中心之一。众多的人口和完整的产业结构为中国提供了创造海量数据和广阔市场的潜力。社会老龄化的加速愈发要求中国依靠人工智能技术的运用提升生产力，人工智能技术对中国未来经济发展至关重要。中国需在开放数据环境、培养数据科学人才等方面做好基础性工作，同时还需要审慎考虑可能引发的社会和经济问题。

中国与美国是当今世界人工智能研发领域的领头羊，但是中国在人工智能论文影响力以及生态系统活跃性方面落后于美国。要想保持领先地位，发展创新能力是重中之重。

中国在发展人工智能过程中面临数据、算法、计算能力等三个关键方面的挑战。要着重开展数据友好型生态系统建设、提升政府数据的开放度、降低对跨境数据流通的限制、重视基础算法研发领域，以及解决长期以来微晶片严重依赖进口和部分类型高端半导体几乎完全依靠进口的局面。

人工智能会对中国的经济和社会产生广泛影响。

（1）经济方面，通过辅助和替代人类劳动提升生产力，并使得工业机械制造、供应链、物流以及其他生产流程更为高效。据麦肯锡估计，基于人工智能的自动化带来生产力提升每年可为中国贡献 0.8～1.4 个百分点的经济增长，中国 51%的工作内容有自动化潜力，将对相当于 3.94 亿的全职人力工时产生冲击。

（2）社会方面，人工智能在预测环境变化、监测公共卫生、建设智能城市等方面发挥重要作用，但需关注公共和私人数据的共享和保护、机器决策过程中的无意识偏见等伦理和法律问题。地缘政治方面，数字鸿沟的拉大、劳动密集型经济中的机器替代都可能引发社会动荡。另外，人工智能的武器化也蕴藏了巨大风险。

三、中国人工智能的未来之路

未来数十年间，人工智能有可能从根本上改变人类社会，中国有能力也

有机会领导人工智能在全球范围的发展和治理。人工智能的发展基石包括完善的产业、经济、社会以及外交政策框架，中国要从以下 5 个方面重点进行战略规划。

（1）建立完善的数据生态系统。首先，通过数据标准的建立提升物联网及人工智能技术的价值。其次，政府提高公开数据的开放程度，并带头建设行业数据库。最后，要考虑国际数据流的价值。

（2）拓宽人工智能在传统行业的应用。通过人工智能引导传统产业的彻底变革需要克服多重障碍，包括唤醒商业领袖对改变现有运作方式紧迫性的认识，弥补专业技术知识的缺失及降低实施成本。同时，需要辅之以减税和补助等传统工具，结合“互联网+”鼓励物联网在传统行业的应用。

（3）加强人工智能专业人才储备。政府需要大力投资相关教育和研究项目；重新设计教育体系，突出创新和数字技术的重要性；制定吸引全球顶尖人才的移民政策。

（4）确保教育和培训体系与时俱进，支持劳动力大军的再培训。政府应帮助受到人工智能冲击的行业劳动力重新适应并获得新技能，同时着力加强数据和人工智能在各个阶层的教育。

（5）在国内及国际上建立伦理和法律共识。在国内应形成透明和广泛的质询程序，待法律框架建立后，成立监管机构负责人工智能的监督和管理。中国可以牵头组建国际性的监管机构以促进人工智能技术的和平、全面和可持续发展。

中国科学院科技战略咨询研究院　沈　华

2017 年 4 月 5 日

英国 STFC 发布信息化基础设施新战略

2018 年 1 月 31 日，英国科学和技术设施理事会（STFC）发布了信息化基础设施（e-infrastructure）新战略，旨在通过开发先进的科学计算能力，满足学术界和工业界的当前和未来需求，增强英国的科研和工业生产力。战略中所指的“信息化基础设施”包括以下方面：用于建模、模拟、计算和数据分析的计算机和软件，用于数据管理和数据归档的数据存储设施，用于管理平台、虚拟组织、工作负载、数据和安全性的软件基础架构，数据网络，以及科学软件和数据密集型科学领域的专业人才。

为提升科技创新能力，英国政府投入巨资建设信息化基础设施，开放公共部门拥有的数据和信息，创立世界首个开放数据研究所，并建立网络科研门户，最大程度发挥数据的经济和社会价值。为应对知识经济的发展，英国还将建设未来发展所需的信息化基础设施。STFC 此次发布的信息化基础设施战略，将有助于英国各研究理事会与高等教育领域的联合信息系统委员会、英国气象局等机构和工业界进一步研讨，为相关国家战略和路线图的制定奠定基础。STFC 将采取以下 10 项行动。

一、协助制定可持续的英国信息化基础设施战略和投资计划

STFC 将继续在英国信息化基础设施战略的制定中发挥主要作用，作为英国研究理事会（RCUK）的国家信息化基础设施小组成员，与工程和自然科学研究理事会（EPSRC）及其他理事会合作。这将有助于为英国研究与创新组织（UKRI）的未来工作提供信息，如制定新的英国科研基础设施路线图和资本投资计划，以及指导相关战略研讨等。

二、将人才技能开发作为投资核心

《英国工业发展战略》（*Building Our Industrial Strategy*）绿皮书指出，英国迫切需要研究型计算、高性能数据分析、数据和信息管理方面的人才，尤其是科学软件开发和先进数据分析方面。STFC 将在人才培养方面发挥关键作用，确保将人才的技能开发作为核心，通过一系列举措和研究活动解决人才问题，但需要更多的投资培养下一代数据密集型科研人员和工程师。

三、协调 STFC 的科学计算工作

STFC 将建立一个跨部门和基础设施代表的“科学信息化基础设施治理和监督”小组，该小组负责实施该信息化基础设施战略，并协调所有的 STFC 计划和其他研究理事会等合作伙伴对科学计算的需求。还将制定优先的信息化基础设施路线图和投资计划，与英国信息化基础设施战略和投资计划制定密切配合，同时还将对云计算等新机遇进行评估。

四、满足高通量计算需求

粒子物理学、天文学和核物理学研究人员及设施用户在进行数据处理、分析和事件模拟时，需要访问先进的高通量计算设施。STFC 将继续支持 UKT0 联盟发展，并为访问 UKT0 设施的研究人员提供资助。UKT0 联盟以科学目标为主导，目的是在适当情况下分享和整合高通量计算资源和专业知识，允许具有类似高通量计算需求的不同项目在必要时访问必要的计算资源。联盟内的高通量计算设施将为包括 STFC 和卡拉姆聚变能研究中心（CCFE）的在研和计划项目提供大型强子对撞机（LHC）实验、高能物理实验［国际直线对撞机（ILC）、欧洲核子研究中心的 NA62 实验等］、平方公里阵列射电望远镜（SKA）、大型综合巡天望远镜（LSST）等十余项实验。

五、提供最新的高性能计算能力

高性能计算能力是英国综合发展计划的关键要素，STFC 将支持把采用先进计算的分布式研究（DiRAC）设备作为当前高性能计算设施的替代方案，支持先进研究计算高端资源项目，并通过欧洲先进计算合作伙伴关系计划支持研究人员对相关设施的持续访问。这些资产将与哈特里（Hartree）超算中心的高性能计算设备共同确保STFC研究人员可在未来十年内访问世界级的先进计算设施。

六、建立高性能数据分析能力

通过 DiRAC 共同体成员、哈特里超算中心和阿达·洛芙莱斯（Ada Lovelace）中心，STFC 将与合作伙伴通过项目形式支持现有高性能数据分析能力的进一步发展，为工业界和学术界提供数据科学服务，补充 EPSRC 的阿兰·图灵研究所的研究和服务能力。

七、改进研究数据网络

英国研究界越来越需要在国际组织、研究机构和设施之间快速传输研究数据，高宽带和良好的网络性能至关重要。STFC 将寻求投资以提高 STFC 下属机构网站之间、STFC 的科研基础设施与主要大学用户社区之间的联网能力，并与英国高等教育系统的联合科研网络和其他利益相关方联系，提升研究网络性能。

八、建立阿达·洛芙莱斯中心提高科研生产力

大型科研基础设施正产生越来越多的数据，而获取高质量的数据和模拟复杂的实验都需要先进的计算机建模和数据科学知识。现代化科研迅速变化的性质也使研究人员访问科学计算资源的方式发生了变化。STFC 和 CCFE

将寻求投资，建立以计算机建模和数据科学研究为主的阿达·洛芙莱斯中心，加速将实验数据转化为科研成果，从而提高英国的科研生产力和竞争力，并从数十亿英镑的科研设施投资中获得最大收益。

九、提升英国工业界的竞争优势

哈特里超算中心是利用高性能计算、认知计算和大数据知识解决各种工业挑战的卓越中心，已成为英国工业界越来越重要的资源。继续发展哈特里超算中心与工业界的合作方式将提升英国的竞争优势，帮助实现经济增长并创造就业机会。迄今为止的成功经验表明，哈特里超算中心的发展模式有助于建立英国工业的竞争优势，但需要保持长期投资。

十、在信息化基础设施国际合作中担任领导角色

STFC 科学和研究的全球性特点，需要跨国、跨机构建立和运营科研基础设施。STFC 在领导与信息化基础设施相关的国际合作方面处于关键地位，有助于英国信息化基础设施战略与国际信息化基础设施战略的结合。因此，作为英国信息化基础设施利益的倡导者，STFC 将继续在国际舞台上发挥积极作用。

中国科学院科技战略咨询研究院　王海霞

2018 年 2 月 28 日

英国医学研究理事会聚焦终身精神健康研究

2017 年 4 月 21 日，英国医学研究理事会（Medical Research Council，MRC）发布了《终身精神健康研究战略》（下文称《战略》），以进一步推动精神健康领域的科学新发现，增进对精神疾病的理解，加速新型精神疾病疗法开发，确保英国在该领域的科研优势。MRC 将与英国卫生部、相关的其他研究理事会、慈善机构、产业机构合作推进该战略。

在《战略》中，MRC 提出三个愿景：第一，从全生命周期的角度确定精神健康研究的优先领域。第二，提高科研人员能力，发起并推进精神健康新旗舰计划；促进生物医学、心理学、社会科学、物理学和信息学之间的跨学科研究；阐明精神疾病发生机制，验证新治疗靶点，从而通过上述举措推进精神科学的研究发现。第三，推出新的资助项目，以研究精神疾病的成因与驱动因素；利用分层医学确定不同特征的个体亚群；利用人口研究和英国国家医疗服务体系（NHS）的数据，为学术界和产业界参与精神健康研究提供新机遇。最终，实现精神健康研究模式的变革。

《战略》提出 8 个精神健康研究的优先领域。

（1）聚焦青少年精神健康。人的早期经历对终身精神健康具有重大影响，因此《战略》从全生命周期角度开展精神疾病研究，重点关注青少年精神健康。MRC 将与儿童和青少年研究团体合作建立研究网络，重点支持职业生涯初期的临床科研人员。

（2）推动生理学与心理学整合研究。利用分层医学，建立精神疾病研究新模式，促进生理学、心理学整合研究。MRC 将继续支持打破疾病分类的整合研究；鼓励在精神疾病研究过程中，综合考虑患者的全部症状，全面研究精神健康与身体健康之间的相互关系。

（3）加速精神疾病预防与治疗方法研发。加速研发急需、高效的药物和非药物疗法，以及早期预防性干预措施。针对已证实的精神疾病治疗靶标，呼吁种子基金与财团研究资助；通过已验证的细胞、动物、认知和行为模型加速疗法研发。

（4）建立精神健康研究资源与技术体系。利用患者、队列和其他相关群体的生物、临床、环境和社会数据，采用先进的信息和分析技术，加速科学发现进程。MRC 将与卫生服务部门、其他资助者合作，促进信息技术与各类精神健康科研项目的融合；鼓励研究者加入新成立的英国健康数据研究所（Health Data Research UK），开展生物医学信息学研究，实现对终身精神健康的了解。

（5）推出新的重大资助项目。《战略》计划在五年内投资 2000 万英镑，支持一项大型整合研究项目，开展心理脆弱性与可恢复性研究，以制定精神疾病的预防和早期干预策略。

（6）开展精神疾病预防策略研究。开展精神疾病发生或复发的预防策略研究，识别精神疾病发生发展的主要因素，包括保护性因素和风险因素。

（7）培养人才。与主要利益相关方合作提升科研人员能力，支持英国乃至全球的下一代精神健康研究人员的发展。从事精神健康、心理学、遗传学、流行病学、全球卫生研究的科研机构将继续为跨学科研究提供最佳研究机会，吸引研究人员进入该领域开展研究。

（8）发起精神健康研究旗舰计划。新建类似英国痴呆症平台（MRC Dementias Platform UK）的国家精神健康科研平台，促进信息学、队列及分层医学研究的融合。在此基础上，MRC 将与其他利益相关方合作，提供种子资金，以建立英国中长期精神健康研究的新战略旗舰计划。

中国科学院上海生命科学信息中心　李祯祺　施慧琳

2017 年 6 月 6 日

欧盟针对未来新兴技术旗舰计划遴选三大主题领域

2017 年 3 月，欧盟委员会未来新兴技术顾问小组（FETAG）发布《未来新型技术（FET）旗舰计划》报告。FETAG 成立于 2014 年，旨在针对欧盟“地平线 2020”计划中的未来新兴技术（future and emerging technology，FET）发展，为欧盟委员会提供持续的咨询建议，强化 FET 在科学、社会、技术和创新方面的影响。FETAG 基于成员的专业知识和科学领导能力，从公众咨询而来的 24 项旗舰计划主题中遴选出 3 项重要的主题领域，包括健康与医药、互联社会和环境保护。本文重点介绍具体技术、重要影响及科技挑战。

一、健康与医药

1. 健康与医药的具体技术及重要影响

健康与医药涉及的相关技术主要包括个性化医疗、基因编辑、穿戴和植入技术、健康系统管理、用于老年人的相关技术等。“健康与医药”旗舰计划将主要涵盖基础生物学、神经学、生物医学、先进材料、微型纳米机器人、全球信息与通信技术（ICT）以及云计算等多个领域，需要将现有可穿戴设备、可穿戴生物/化学传感器、可植入生物传感器、新型成像诊断设备、药物运输平台、人工器官、基因编辑设备等分散研究进行整合。

信息技术在医疗卫生领域的应用（如远程、精密测量和诊断）将为健康事业带来革命性变化，同时对其他领域（如环境传感器、水质量监测、安全和威胁监控、精准农业等）产生积极影响。它还可解决许多社会问题，如欧洲老龄化社会及其对经济的影响，并为欧洲工业进入全球市场提供强有力的手段。

2. 健康与医药拟解决的科技挑战及方法

人体和设备之间的交互是提高生命质量和发现更多药物所需要解决的基础问题。相关挑战主要集中在人工组织器官和细胞、智能设备、未来诊断、可穿戴设备、未来成像、具有未来功能的植入设备和主动式个性化 ICT 技术等多个主题。

目前，此类主题的研究进展较少，多数研究与化学/生物传感器相关，而对于创建能感知体内的平台和系统等主题的研究不足。此外，还需要将主要经费和研究培训投入跨学科引导、管理和协调、了解需求和提升能力等方面。

二、互联社会

1. 互联社会的具体技术及重要影响

互联社会涉及的技术有大数据、人工智能和机器人、复杂系统（如城市）、交通、用于组件和系统的新型功能材料等。未来社会将实现计算机、数据库、设备、人类、大脑、智能机器和机器人的广泛连接。未来互联网将包括物联网、人联网和物理网络系统。互联社会将全方位影响人们的生活，包括教育、医疗系统和医药、安全、就业、艺术和文化等。

2. 互联社会拟解决的科技挑战及方法

“互联社会”这一旗舰计划主要拟解决的科技挑战包括：

（1）理解人、信息与资源之间的协调、运动、集成和互作用，以及如何通过物理和社会网络来影响文化、政治与经济行为，进而塑造未来社会。搭建“风洞”或平台，实现对相关变化的预测、理解和监测，使教育界、产业界和政策制定者能更快、更好地做出决策调整。

（2）现实世界越来越依赖于逐步增多的、独立的网络-物理、网络-人类、社会-技术和社会-生态网络。这些系统都十分复杂，如果仅独立地而非综合地研究它们，将难以理解其特性。

（3）整个社会将大幅利用能“学习”“思考”“制定决策”“采取行动”的机器人和智能机器。打造并利用这些机器来改善人类生活、延长人类寿命、减少社会差距、保护地球等，是一项巨大的挑战。

要想解决上述挑战，必须采取跨学科的方法，将经典基础科学与现代交叉学科领域相融合，具体学科包括计算机科学、物理学、数学、社会科学、工程学和神经工程学等。

三、环境保护

1. 环境保护的具体技术及重要影响

环境问题包括气候变化、水和空气的获得和质量、替代能源、生命的可持续和质量。该旗舰计划将致力于解决人类所面临的巨大挑战，即如何运用自然资源并适应由于人类活动所造成的环境变化（包括气候变化及其对可持续性、生活质量、食物链、水资源、空气质量、土壤和自然植被等造成的影响）。

替代能源资源是减少温室气体排放的核心途径。同时气候变化建模和大规模计算将提高科学能力，以区分人类活动与自然因素对气候造成的影响，从而更加准确地采取有针对性的干预措施。

2. 环境保护拟解决的科技挑战及方法

该项研究将主要涉及开发替代能源资源，基于陆地、海洋和气候资源智能数据采集的大数据方法，处理大数据和建立气候变化预测模型等几个重点领域。同时，还将解决与环境相关的如污染、水的质量和清洁度、智能或精准农业、材料及其应用、海洋生物圈等科学挑战。

未来科研人员需要开展材料科学、生物学科、计算科学和ICT、社会科学和人文科学等跨学科和多学科研究。此外，还需要将目前不同类型的研究力量和欧洲包括能源生产和储存、全体运输/物流部门（运用替代汽油等石油产品的氢和电力）等产业力量整合起来。

气候的累积数据将以卫星和无人机等设备采集的地球观测信息（空气和水）为基础，广泛部署传感器网络来追踪关键化学品和生物参数。此外，分析/可视化/理解累积产生的大量数据将激发更加高效的水和土壤管理工具的开发。该旗舰计划还将为专家和非专业人士利用信息提供更加方便有效的途径，以支持社会和个人做出相关决策。

中国科学院成都文献情报中心　郑　颖　田倩飞

2017 年 6 月 6 日

美国 NSF 公布科学与工程前沿十大发展设想

2017 年 11 月 28 日，美国国家科学基金会（NSF）公布了科学与工程前沿十大发展设想，联合科学机构、私人基金会、行业从业者与教育部门及其他机构，为促进美国经济繁荣、国内安全、人民健康与社会福祉提供科学与工程领域的支持。

1. 构建美国全境的集成智能数据平台

该平台包含美国经济、环境、社会等各方面的基础数据，并且能够进行交叉研究、交叉计算。研究的尺度以社区为单位。尤其将美国劳动力发展情况的基本数据纳入其中。该计算平台至少在大气感应方面要实现以下功能：准确判断龙卷风及其他较大型自然灾害发生的概率及模拟受灾后的损失；通过实测数据预测风暴潮的演变轨迹，并能通过实测数据实时修正模型；通过大数据计算达到智能应对自然灾害的发生预警与响应；通过对基本的自然天气数据智能化的优化物流与运输。上述在大气感应领域仅仅是一方面，还应该将大数据与化学、生物学、天文学、物理学还有物联网集成应用，并将融入教育系统，不断提升数据带来的价值。要构建集成智能数据平台，需要动员全社会力量，尤其在以下三个领域要密切协作：NSF 针对该领域具体问题持续加大资助力度；要引导教育机构在该领域的基础理论研究；联合社会资本建设网络基础设施。

2. 研究先进的技术如何服务大众

NSF 将加大对人类生活、社会发展、科学技术三者之间的互相关系进行基础性的科学研究，其目的是最大化发挥人的主观能动性，与社会高效运转和科技发展无缝的耦合起来，以求寻找最优的劳动力与生产力之间的路径。研究的主题主要有四个方面：人类发展与科学技术的高度耦合；基于社会与科技发展视角下的人类主观能动性的最大化研究；构建社会与科技同步发展的蓝图；建设终身学习型社会。

3. 构建横跨北极的移动与固定监测网络平台

该平台用于观测北极的生物活动、物理和化学变化。研究北极的自然系统变化情况对于了解全球环境变化至关重要，但目前有关北极的研究较少，还未建立模拟北极系统变化的实验室或网络平台。北极的面积广阔，其环境的变化将如何影响全球气候及生态系统现在我们不得而知。但这方面的意义重大。例如，北极海冰的迅速消失和改变将为北极自然资源带来哪些机会？可能的机会在化石燃料、矿产与渔业资源方面，现在很多国家已经开始关注这方面问题。

4. 加大对天体物理学领域的研究

未来几年，将继续加大对天体物理学领域的研究，尤其在天体物理学领域的观测工具方面，需加大资助力度。过去多年，科学家通过已知的电磁频谱——从无线电波到伽马射线进行观测，取得重大发现。现在需要开发新的观测工具，以适应更为复杂与广阔的宇宙空间。

5. 加大对量子科技的资助力度

继续加大资助力度，尤其在利用量子技术对观察、控制原子和亚原子微粒上的能量与控制领域继续努力，为实现更高层次的传感技术、计算能力、建模与通信技术提供基础帮助。现今诸多技术的发展都依靠量子技术作为基础，尤其在激光技术、计算机技术、GPS 技术与 LED 方面，都依赖于量子科技的发展。要加大对不同技术的集成性研究，开展集成性技术研发首先要求是对于微小原子、粒子进行可控制研究。另一方面，加大对量子材料的研究，继续加大对量子材料相关科学的支持，尤其在材料学领域，量子材料与技术的发展密不可分。

6. 加大对生命机理的再研究

未来几年，加大对生命机理的再研究，尤其从生物分子尺度到整个生态圈层的多角度研究。人类对于生命循环的大尺度和微小尺度的研究一直较为欠缺，在生态系统中，各种生物、非生物与环境互相影响。例如，氮元素如何从生物群体进入非生物群体，在整个圈层中如何流向与转变，各种元素在生物体基因组是如何转录与翻译的，以及如何为细胞提供能量支持，这些问题亟待研究。如何将宏观尺度与微观尺度相结合，进行系统性研究将是下一步资助的重点。

7. 实现大中小型实验室对接

NSF 未来将协调沟通不同维度的实验室设备与成果进行共享与互通。尤其将一些大型实验室（例如国家天文台数据与全国的中小实验室建立对接渠道）与其他研究领域相似的实验室进行数据共享。这样可以避免数据的重复，提高效率。

8. 支持面向 2026 年的创新

NSF 面向 2026 年科技发展的“十大资助设想”，本身就具有创新性，尤其在各个领域基础性的研究。NSF 之所以将时间定在 2026 年是为了纪念美国建国 250 周年。NSF 2026 年资助设想将超越现有的科学结构和体系。它将重点放在不同学科的交叉点与边界领域进行持续的探索上，并在诸多“不可能”领域进行科学探索。

9. 支持日益增长的跨学科多尺度研究

现今世界，人类面临的诸多挑战。例如，人类健康，食物、能源与水之间的关系，宇宙各个尺度的研究等问题都非常复杂，一门学科无法解决其中的问题，现今更需要不同学科的交叉与融合，尤其是不同学科思维的碰撞与融合，以刺激更多的创新。NSF 近年来在这方面做了很多工作，并且一直支持跨学科研究。

10. 继续与其他机构扩大合作

NSF 将继续支持教育部门，不断扩大科学和工程的资助范围，并继续加强与私人机构、企业的慈善机构、联邦机构和科学专业协会进行广范围的合作。

中国科学院兰州文献情报中心　李恒吉

2018 年 1 月 21 日

ARPA-E 支持变革性能源技术开发

"OPEN 计划"是美国能源部先进能源研究计划署（ARPA-E）的变革性能源技术研发资助计划，且已在 2009 年、2012 年、2015 年完成了三轮资助，旨在通过支持美国顶尖的研究人员加快新型能源技术研发突破，解决美国最紧迫的能源问题。2017 年 12 月 13 日，ARPA-E 宣布将通过"OPEN 2018 计划"资助 1 亿美元用于支持创新的变革性能源技术研发项目，主要关注电网、交通运输、建筑能效、化石和核能发电、可再生能源发电、生物质能及其他能源技术等七大领域。

1. 电网

研究电力传输系统（>69 千伏）以及电网配电系统（≤69 千伏）技术的规划和运行，包括交流和直流系统；电网建模、软件、算法和控制，包括电网的规划、运营或市场；电网规模储能的电池技术；用于电网规模储能的非电池技术，如抽水蓄能、压缩空气、飞轮等；在突发事件中保持电网稳定性的技术，尤其是在增加可再生能源或分布式发电的情况下。

2. 交通运输

研究替代汽油/柴油的非生物燃料制造技术；用于交通运输业的能够改进内燃机和其他发动机类型（如涡轮机）的技术；用于交通运输改进的电动汽车技术和燃料电池技术；先进或可替代的车辆设计关键技术，如，超轻型汽车、先进零部件、新的汽车设计和建筑等；交通管理、自动驾驶汽车技术，以及其他先进的交通管理方案；交通用电力电子技术，包括半导体材料、基板、电路拓扑、磁性材料、电感器、介电材料、电容器、晶体管、器件包装等技术，以及应用于交通运输业的电子系统优化；先进飞机、人力车辆、船舶、火车等非机动车交通技术；为广泛的汽车应用提供改进的电池技术，包括混合动力电动汽车（HEVs）、插电式混合动力车（PHEVs）和纯电动车（EVs）；应用热储能和非电池储能技术，例如，超级电容器和其他专门用于交通运输业的技术。

3. 建筑能效

开展新热电联产（CHP）设计方案的相关技术研究；提高建筑供热和制冷系统效率的技术研究；需求响应和管理技术，如智能电表；其他建筑节能技术，如自动控制系统等；通过建筑设计提高能源效率，适用于窗户、隔音、屋顶等的技术以及节能环保的先进照明技术。

4. 化石和核能发电

通过化石燃料的利用改进涡轮发电机；与使用化石燃料发电相结合的改进的燃料电池研究；加强核裂变、核聚变或材料的技术研发，提高核能发电的安全性；碳捕集、利用与封存的相关技术研发；改善化石燃料发电计划和运行技术；能在发电中节约大量用水的技术，如，水回收和再循环系统。

5. 可再生能源发电

研究地热能技术，包括泵、支撑剂、诱导地震、增强型地热系统（EGS）、钻井、资源识别（传感器、模型、示踪器）、区域隔离技术、强大的设备以及低温发电等；用于捕获或转换诸如海洋、渗透、潮汐等流体动力能源的技术，用于水资源识别和建模的技术；以及太阳能光伏/聚光光伏系统技术，包括材料、电池结构、光学太阳能聚光器、可将光转换成电力或燃料的平衡部件以及太阳电池其他技术。

6. 生物质能

研究提高生物质能特性的技术，以增加产量和可持续性，降低生产和用水成本；用生物制剂在一个或多个主要步骤将原料转化为燃料的技术以及对供应链发展至关重要的技术，如，原料收集和处理。

7. 其他能源技术

可应用于多个领域的热能存储技术；提高大型计算机、数据中心和计算基础设施能源效率的技术；不限于热电、斯特林发动机、换热器、废热转换、触底循环、热捕获方法、材料、装置等的热回收技术；设计用于承受极高温度的材料，以实现新的能源生产的技术；便携式电源应用技术，如，压电、便携式燃料电池等。

中国科学院武汉文献情报中心　吴　勘　郭楷模

2018 年 1 月 21 日

英国学者筛选 2018 年全球 15 个环境挑战和趋势

2017 年 12 月 4 日，英国期刊《生态和进化趋势》发表题为《2018 年全球自然保护和生物多样性的新兴问题扫描》的文章，来自英国自然环境研究理事会（NERC）等机构的 24 位研究人员和专家筛选出 2018 年的 15 个环境挑战和趋势，旨在找出那些对生物多样性、自然资本、生态系统服务和自然保护具有重大影响的问题。

1. 维生素 B1 缺乏可能是野生动物数量下降的原因之一

鸟类和鱼类的有些种群缺乏维生素 B1（硫胺素），这会损害到它们的免疫系统并改变其生殖行为。造成维生素 B1 缺乏的原因可能在于产维生素 B1 的藻类摄入量不足，或者暴露于污染环境干扰维生素 B1 的吸收。目前尚不清楚动物种群中维生素 B1 缺乏的程度和对种群减少的影响程度。

2. 鹿慢性消耗性疾病的地理扩张

鹿慢性消耗性疾病是鹿发生的一种传染性、致死性的神经退行性疾病，该病曾在美国 23 个州和加拿大两个省份出现，并导致该地区 10%的白尾鹿死亡。这种疾病可能会在其他大陆蔓延，给生态系统造成严重的连锁反应。2017 年 3 月挪威中部海姆瑟达尔附近山区发现 3 只被感染的驯鹿，导致挪威对国内 2000 头驯鹿实施安乐死，以避免鹿慢性消耗性疾病在驯鹿群中进一步传播。

3. 冻土解冻过程中致病性细菌和病毒的休眠状态被打破

一些细菌和病毒可以在冻冰中存活数千年。气候变化导致数千年的冰川融化，释放出可能对动物和人类造成伤害的微生物。2016 年俄罗斯西伯利亚发生热浪后，1 具在冰中保存了 75 年的驯鹿尸体释放出炭疽杆菌，导致 1 人死亡，20 人住院，2300 多头驯鹿死亡。科学家研究发现，从 3 万年前冻土中解冻的微生物仍然能够感染生物。北极海冰融化会推进该地区矿物开采活动和石油及天然气的钻探活动，这可能会进一步增加冻土快速融化的程度和速度。

4. 基于 RNA 的基因沉默杀虫技术

实验室研究表明，双链 RNA 的局部应用可以通过抑制影响生存和繁殖的基因，从而达到控制植物害虫（包括病毒和昆虫）的目的。基因沉默技术不会导致遗传性状的改变，因此相较于其他形式的基因改造技术，公众接受度高。然而，目前还不清楚将这种方法作为一种杀虫技术推广使用对非目标物种的影响。

5. 根除有害动物种群的基因编辑技术

基因编辑和基因驱动技术正在迅速发展，这两种技术可以传播有害的等位基因引起动物种群数量骤减。美国和新西兰科研人员正在努力推进该技术的发展，计划未来 10 年中利用新的基因编辑技术控制动物种群数量，包括入侵物种。为实现 2050 年前消除国土内所有的老鼠、负鼠和鼬鼠的目标，新西兰每年花费超过 430 万美元（600 万新西兰元）。然而，广泛使用这些方法控制哺乳动物的种群数量会引发伦理和生态方面的问题，例如，根除目标种群引起的连锁效应，或者要根除的特征传播到非目标区域所造成的潜在后果。

6. 商业化深海捕鱼中应用激光

传统的海底拖网捕鱼会捕捉到大量计划外的动植物，对底栖生物的生态系统造成广泛而持久的破坏，并释放大量的二氧化碳。利用激光捕鱼技术可以捕捞大量野生海产品，提高捕获量，降低对海床的损害，并减少化石燃料的使用量。如果激光捕鱼技术被证明是可行的话，则可作为海底拖网捕鱼的一种替代方式。但该技术的应用可能会带来不可持续的捕鱼问题。

7. 利用金属有机骨架（MOFs）收集大气水汽

利用多孔金属或太阳能从空气中收集水汽可以帮助生活在干旱地区的人们。目前，这种新技术使用的金属材料成本较高，但廉价的替代品正在研发之中。MOFs 可以缩短收集水汽的时间，减少人类或野生动物流离失所的风险，增加人类的福祉。虽然这项技术可能为人类、农业和野生动物保护创造新的机会，但还不清楚大面积的使用会对土地利用、环境和大气条件造成何种影响。

8. 水通道蛋白提高植物耐盐性

越来越多的盐土威胁着全球的农作物。通过对天然耐盐植物的研究，研究人员发现了一种称为“水通道蛋白”的蛋白质，可以通过基因工程技术或在其他植物中进行选择性培育，以提高植物的耐盐性。目前尚不清楚该方法能否在商业规模上推广，其对生物多样性的潜在重大影响也需进一步研究。

9. 文化组学对自然保护科学、政策和行动的影响

文化组学是指利用数学方法分析海量文本数据，从而分析人类文化的发展和演变。自然保护科学、政策和行动小组可以利用文化组学技术，来识别感兴趣或关心的问题。

10. 全球铁循环的变化

随着全球气候变暖、海洋酸化和冰川融化，全球铁循环正在改变，其连锁反应可能影响整个海洋生态系统。

11. 低估土壤碳排放量

土壤有机碳库是陆地碳库的主要组成部分。研究表明，当前预测低估了全球变暖导致的土壤释放出的碳含量。在深层土壤中进行的一项试验表明，温度升高会使土壤释放的二氧化碳增加。如果当前气候预测中遗漏了大量的土壤碳，那么全球变暖速度可能会比预期的更快，对人类和环境造成严重影响。

12. 青藏高原气候发生迅速变化

自 20 世纪 80 年代以来，亚洲的青藏高原——世界第三大冰库——发生了翻天覆地的变化。不断上升的气温和融化的多年冻土正在改变着生态系统，影响着该地区的生物多样性，并可能影响到全球气候系统，如，厄尔尼诺现象和东亚季风。随着青藏高原继续变暖，积雪减少或更加变化无常，亚洲和欧洲的气候和水文将受到更明显的影响，对物种和生态系统产生重大影响。

13. 国际合作鼓励在公海中扩大海洋保护区

公海覆盖了地球表面 44%的面积，其中不到 1%的公海是受保护的。随着国际政策框架的新命名和新发展，在公海地区扩大海洋保护区的面积变得日益可行。海洋保护区基本协议的达成，更明确的国际管理干预框架的潜力增加，可能会促进公海保护区面积的迅速增加。

14. 中国的“一带一路”倡议

2013 年，习近平总书记在 70 多个国家的支持下，宣布花费巨额投资在中国与亚洲其他国家及欧洲之间建立贸易联系。

15. 电磁辐射增加对野生动物的潜在影响

未来移动电话和智能设备用户将很快享受到 5G 网络。然而目前电磁场对人类的影响仍然存在争议，研究也还没有发现电磁辐射影响哺乳动物、鸟类或昆虫的明确证据。5G 技术的发展可能会带来意想不到的生物学后果。

中国科学院兰州文献情报中心　裴惠娟

2018 年 1 月 21 日

“创新英国”支持企业技术创新及商业转化

2017 年 12 月 15 日，“创新英国”（原英国技术战略委员会）发布了“2017～2018 年的实施规划”（Innovate UK：Delivery Plan 2017—2018），提出了推动企业技术创新及商业转化的系列新举措，将重点围绕以下 4 个方向提供支持。

一、新兴技术与使能技术

主要关注以下 6 个优先领域。

（1）发展数字技术，包括数据、人工智能与机器学习、网络安全、分布式账本、物联网、5G 应用服务及沉浸式技术。

（2）开发空间卫星技术，利用卫星数据开发新一代航天器硬件。

（3）关注电子学、传感器和光子学领域，如，复合半导体、光电传感、激光制造、智能照明、传感器系统、电力电子学、大面积电子产品（如光伏、显示器）和电子系统等。

（4）研制机器人技术与自治系统，包括新型制造、自主运输、极端环境工作、机器人手术、（机器人）独立生存技术及智能辅助技术。

（5）提倡在创新初期即嵌入以人为本的设计理念。

（6）打造创意经济，包括高速网络、沉浸式技术、在线平台和个性化数字化服务。

二、健康与生命科学

主要关注以下 6 个优先领域。

（1）开发新型临床前研究模型、技术和方法，以加速新药开发。

（2）提高先进疗法的研发规模和产出率，包括基于细胞疗法、基因疗法的药物和组织工程产品等。

（3）聚焦精准医疗，通过个性化诊断为患者量身定制治疗和管理方案，提高诊疗效果，并在疾病诊疗、数字医疗和产品直销方面创新，开拓新商机。

（4）利用动植物育种前沿技术、精确设计及提高作物和家畜的恢复力，以提高农业生产力。

（5）革新食品技术和工艺，提高食品质量，提供安全、营养且价格实惠的食品，包括开发新的蛋白质来源，以及可提供食品来源信息的智能包装和创新制造工艺等。

（6）利用生物科学和生物技术，例如，合成生物学和生物数据分析解读技术，应对健康、食物和能源领域面临的挑战。

三、基础设施体系

主要关注以下 5 个优先领域。

（1）采用多式联运转运人员和货物，提高效率、降低社会成本，实现运输设施的创新。

（2）优化、整合能源系统的技术和服务，以清洁、实惠和安全的方式照明、供暖和供能。

（3）创新能源供应模式，推动英国乃至全球的民用核能与海上风电市场的成本显著降低、资产完整性提高，以及供应链的发展。

（4）制定智慧城市整体解决方案。

（5）打造智能化、可持续发展、集成化的基础设施，实现从数字化设计、数字化建设和制造到数字化运营全链条的跨界互联。

四、制造业与材料

主要关注以下 4 个优先领域。

（1）提高资源利用率和可持续性，以更大程度地适应供需变化。

（2）开展高风险、高影响力的创新，以打造新型产品。

（3）开发新型数字方法和技术。

（4）探索商业发展新途径，为客户提供更高价值，并开辟盈利新渠道。

中国科学院上海生命科学信息中心　许　丽　王　玥

2018 年 1 月 21 日

第五篇

国际科技战略与态势

美国科技战略、政策与管理新举措

自 2017 年 1 月特朗普就任美国总统以来，奉行“美国优先”的执政理念，强调在国家安全、网络安全、人工智能、超级计算等关键领域保持领先优势，美国的科技战略、政策与管理出现一些新变化。

一、调整科技投入重点与支持方式

1. 调整研发投入结构，加强国防与国家安全研发，削减新能源、气候变化研发投入

2017 年 3 月，美国联邦政府 2018 财年预算概要《美国优先：让美国再次伟大的预算蓝图》大幅增加国防部、国土安全部以及国家核安全管理委员会研发预算，以保持美国在军事技术领域的领先优势，重点投资超音速、电子战、网络攻击等军事技术，同时关注人工智能、机器人、先进制造、空间技术、生物技术等关键产业技术。

2. 明确联邦政府研发投资定位

2017 年 8 月，《2019 财年联邦政府研发预算优先领域备忘录》指出，政府资助集中在三个方向：一是弥补企业投资不足，重点关注企业不愿意投资的、回报率低的基础研究、早期研发以及尖端技术的军事化。二是积极撬动企业投资，推动基础研究成果转移转化。三是保持工业能力，发挥市场导向下私营部门的创新作用。

3. 推行政府部门改革，努力使之成为有效率、有成效和负责任的政府，以更好服务美国人民

2017 年 3 月，总统发布“全面改组行政部门的计划”行政令，责令联邦管理和预算办公室提出联邦政府组织结构改革建议。2018 年 6 月，《联邦政府改革、重组和精简蓝图》报告提交总统，提出联邦机构 80 项改革提案。

二、加大国土防御与国家安全研发

1. 发布《国家安全战略》

2017 年 12 月，《国家安全战略》报告提出“经济安全就是国家安全”，中国、俄罗斯等国在多个领域挑战美国地位，要优先考虑“对经济增长和安全至关重要的新兴技术”，包括自主技术、基因编辑、纳米科技、先进计算和人工智能，确保美国的领导地位。

2. 增强国家导弹防御能力

2017 年 12 月，总统签署法令，指示国防部部长实施新的弹道导弹防御评估，以确定强化导弹防御能力、再平衡国土防御和战区防御优先事项以及优先领域的资助方式，提供 20 多亿美元资助相关活动。

3. 发展核威慑力量

2018 年 1 月，总统签署国家安全备忘录，指示国防部部长实施新的核态势评估，以确保美国核威慑力量具有现代性、灵活性、适应性，且能够阻止威胁。

三、增强网络安全与信息技术能力

1. 成立美国技术委员会

2017 年 4 月，成立内阁级别的美国技术委员会，就政府信息技术服务向总统提供咨询并协调国家战略。2017 年 12 月，委员会向总统提交了《联邦信息技术现代化》报告，列出 50 项行动任务。

2. 强化联邦网络和关键基础设施的网络安全

2017 年 5 月，总统行政令强调机构负责人对其网络安全态势负有责任，并责成政府部门评估和制订解决重大网络安全问题的计划。2018 年 1 月，商务部与国土安全部联合向特朗普总统提交《增强互联网和通信生态系统对僵尸网络和其他自动、分布式威胁的响应能力》报告。

3. 更新关键基础设施网络安全框架

2017 年 12 月，美国国家标准与技术研究院发布了对《提升关键基础设施网络安全框架》的建议更新草案。2018 年 4 月，《提升关键基础设施网络安全框架》正式发布，指导能源、银行、通信和国防工业关键基础设施等部门管理网络安全风险。

四、推进人工智能与自主系统部署

1. 推动政府机构积极采用人工智能技术

2017 年 3 月，美国陆军发布《美国陆军机器人与自主系统战略》，强调将新兴技术融入美国陆军未来组织结构以确保能力优势，利用人机协同能力来满足联合作战需求。2017 年 4 月，能源部与退伍军人事务部联合利用人工智能技术为改善百万退伍军人健康状况进行海量数据分析。

2. 部署自动驾驶车辆在美国公路上安全行驶

2017 年 9 月，交通部发布《自动驾驶系统 2.0：安全愿景》，确保自动驾驶车辆技术领域的创新，增强美国公路的安全性，并提供一个统一的自动驾驶系统监管框架。

3. 将无人机整合到国家空域体系中

2017 年 10 月，交通部制订无人机系统整合试点计划，与联邦航空管理局协调无人机测试、开发无人机交通管理系统，以便把无人机整合到国家空域体系中。

设立人工智能专门委员会协调研发工作。2018 年 5 月，白宫宣布在国家科学与技术委员会下设立人工智能专门委员会，协调联邦相关研发工作，确保维持美国在人工智能领域的领先地位。政府将采取“自由市场方式”，放宽对人工智能技术发展监管，以保护隐私的方式，将政府数据开放给算法研究，消除创新壁垒。

五、巩固超级计算与量子科技地位

1. 资助超级计算机计划

2017 年 6 月，美国能源部部长授权阿贡国家实验室 2021 年上线首个百亿亿次级超级计算机系统。在此基础上，2018 年 4 月，能源部部长宣布再投资 18 亿美元另外支持开发两台百亿亿次级超级计算机，预计 2021～2023 年上线。超级计算已成为美国保障国家安全、繁荣和竞争力的重要组成部分，该计划将帮助美国维持长期以来在高性能计算领域享有的全球领先地位。

2. 启动十年期国家量子计划

为应对量子领域不断增长的全球竞争，2017 年 4 月，美国国家科学技术委员会量子信息科学小组委员会提议制定两个五年期的战略规划。2018 年 7 月，美国国会通过《国家量子计划法案》，以确保美国在量子信息科学及技术应用领域的领先地位。2019～2023 年，国家量子研发计划投入 12.75 亿美元，重点关注三个领域：开发用于生物医学、导航和其他应用的超精密量子传感器；防黑客量子通信；量子计算机。

六、协调空间探测任务

1. 授权空间探索及空间商业化计划

2017 年 3 月，美国《国家航空航天局过渡授权法案》规定深空载人任务是未来十年主要目标，2030 年前载人登陆火星。2017 年 12 月，特朗普签署了空间政策指令，要求国家航空航天局与商业及国际伙伴合作，实现人类在整个太阳系的扩张。

2. 重启国家空间委员会

2017 年 6 月，重启内阁级别的国家空间委员会行政命令，有力协调国家航天政策和战略的制定与实施，重塑美国在航天领域的领导者角色。

3. 发布国家航天战略

2018 年 3 月，《国家航天战略》强调国家安全航天、商业航天和民用航天应充分互动，加强合作。将监管改革作为优先事项，通过释放美国产业界的活力，确保美国继续保持全球领先的空间服务和空间技术供应商地位。

七、促进数字经济发展

1. 促进数字贸易和数据跨境流动

2017 年 7 月，为推动数字贸易发展，美国贸易代表办公室宣布北美自由贸易协定谈判目标：促进数据流动；防止数据本地化以及政府强制披露计算机源代码或算法；确保对数字产品的非歧视对待。

2. 推动信息的自由流动

2017 年 9 月，白宫承诺遵守欧盟-美国隐私保护协议。该协议使信息自由流动成为可能，维持了大西洋地区甚至全球范围近 1 万亿美元的货物和服务贸易。

八、发挥能源竞争优势

1. 支持油气和煤炭行业发展

2017 年 1 月，总统公布“美国优先能源计划”，以降低能源成本，最大化利用国内资源。2017 年 3 月，2018 财年预算中宣布废除《清洁能源计划》《全球气候变化计划》，大力支持油气和煤炭行业发展。

2. 恢复运转核试验设施，振兴和扩张美国核能行业

2017 年 11 月，能源部恢复运转已封存 23 年的瞬态反应堆试验设施，提供极端条件下核反应堆燃料及材料的测试能力，预计 2018 年开始核燃料试验工作。

3. 减少能源创新障碍

2017 年 11 月，美国能源部部长授权国家实验室承包商使用技术商业化协定，允许国家实验室向其进行技术转让。2018 年 7 月，美国能源部启动国家实验室合作伙伴服务，建立 17 个国家实验室统一在线访问网站平台，以高效利用能源部国家实验室的技术专长和知识产权。

九、扩大 STEM 教育与学徒计划

1. 大力推动科学、技术、工程和数学（STEM）教育

2017 年 9 月，总统签署备忘录，指示教育部部长要把高质量的 STEM 教育，特别是计算机科学作为最高优先事务，为此每年将拨款至少 2 亿美元。2018 年 5 月，白宫科技政策办公室表示将发布改善 STEM 教育五年战略规划，以增加未来人工智能技术研究人员数量。

2. 扩大学徒计划

2017 年 6 月，总统签署行政令，承诺为劳工部学徒培训扩大计划提供 2 亿美元资助，并要求美国劳工部部长确定扩大美国学徒计划战略。2018 年 5 月，工作组提交战略部署建议报告。

十、修改移民政策重视双边合作

1. 以国家安全为由，制定移民新政

2017 年 1 月，总统签署入境限制令，暂禁伊朗、苏丹、叙利亚、利比亚、索马里、也门和伊拉克 7 国公民入境。2018 年 6 月，美国国务院宣布，从 6 月 11 日开始，收紧中国留学生到美国大学研读机器人、航天、高科技制造业等敏感领域专业的签证发放，签证期限从五年缩为一年。

2. 否认全球性问题，拒绝承担国际责任

2017 年 6 月，美国总统宣布美国退出《巴黎协定》。2017 年 10 月，宣布退出联合国教科文组织。2018 年 6 月，《联邦政府改革、重组和精简蓝图》

提议取消国务院科学特使和特别代表职位，并将国际发展署对外援助预算缩减三分之一。

3. 加强建立双边合作关系

2017 年 9 月，美英两国政府签署了首份政府间科技合作框架协议，以加强两国间的科技创新伙伴关系，开启两国科技计划合作新机制。2017 年 11 月，美国国务院宣布 2018 年将与欧盟重新签署科技合作框架协议。

中国科学院科技战略咨询研究院
“世界主要国家科技战略、政策与管理新举措”总体研究组

组长： 潘教峰

成员： 宋大伟　冷伏海　李　宏　朱　涛

美国专题执笔人： 张秋菊

2018 年 9 月 18 日

法国科技战略、政策与管理新举措

2017 年 5 月 14 日，年轻的改革派马克龙（Emmanuel Macron）就任法国总统。他在科技上的主张：一是致力于在气候变化、人工智能等领域的重大全球变革中掌握话语权，并推广法国与欧洲的价值观；二是大力推动创新，在鼓励国内实现突破性创新的同时引进海外创新力量，从而重振法国经济，提高国际影响力。

一、大力推动《巴黎协定》的落实

1. 引进以美国为主的气候研究人才，反击美国退出《巴黎协定》

2017 年 6 月，马克龙提出“让我们的地球再次伟大”倡议，引进以美国为主的海外气候研究人才，与法国研究机构共同开展以气候科学、对地观测、可替代能源为主的研究。该项目将投入 6000 万欧元资助 50 名海外人才赴法进行 3～5 年研究。截至 2018 年 5 月，法国已引进两批共 32 名人才，其中 19 名来自美国。德国也在 2018 年加入该倡议。

2. 实施国家气候计划，推进《巴黎协定》在国内与国际上的落实

2017 年 7 月 5 日，法国生态部部长发布气候计划，从六方面推进落实《巴黎协定》：促使《巴黎协定》不可逆转；形成绿色环保的生活方式；停止使用化石燃料，实现碳中和；发展绿色经济；鼓励生态环境与农业系统绿色发展；加强气候外交。

3. 通过全球首个停止油气资源开采法案

2017 年 12 月 19 日，法国议会通过法案，在 2040 年之前停止油气资源的勘探与生产。自法律实施之日起，法国不再发放新的勘探许可证。虽然法国生产的烃类产品仅占其消费总量的 1%，但作为全球首个停止油气资源开采的国家，法国表达了其推动全球对抗气候变化的决心。

二、重点发展人工智能

1. 发布人工智能战略，聚焦医疗、汽车、环境、国防与安全等优先领域，致力于成为全球人工智能领军者

2018 年 3 月 29 日，马克龙发布人工智能战略，发展体现欧洲价值观的人工智能。主要内容为：巩固法国与欧洲的人工智能创新生态环境；实施数据开放政策；调整法国与欧洲人工智能的投资与法规框架；确定与人工智能相关的伦理与政策挑战。法国将在 5 年内投入 15 亿欧元发展人工智能，用于纳米电子学研究、科研项目招标与初创企业资助。

2. 吸引全球人工智能龙头企业落户，与美国、中国共同领导全球人工智能产业

马克龙积极游说全球顶尖高科技公司落户法国。谷歌、DeepMind 等人工智能龙头企业均表示将在法国成立人工智能研究中心；脸书将投入 1000 万欧元，扩大其巴黎人工智能研究中心的规模。此外，法国在 2017 年 6 月揭幕了 3.4 万平方米的众创空间 Station F，已吸引脸书、微软等众多高科技企业入驻，投资人工智能等创业项目。

3. 整合大学、研究机构与企业的核心团队，建设集研究、创新与人才培养于一体的人工智能研究网络

2018 年 7 月 25 日，法国国家科研署宣布将遴选 4～5 个“人工智能跨学科研究所”，构建法国人工智能研究网络，鼓励大学或公共研究机构整合合作伙伴力量进行申请。研究所将紧密联系人工智能的基础研究、集成研究、成果应用与人才培养，由国家、公共合作伙伴与企业各提供 1/3 的经费。

研究所采取学术带头人负责制，合作伙伴的人员人事关系仍归属原单位，但需在研究所投入 50%以上的时间。

三、构建有利于创新的环境

1. 发起 570 亿欧元投资计划，投入环保、就业、创新与数字化，帮助法国向新的经济增长形态转型

2017 年 9 月 25 日，法国总理宣布实施大规模投资计划（2018～2022 年），用于支持生态转型（200 亿欧元）、扩大就业（150 亿欧元）、鼓励创新（130 亿欧元）与发展数字化（90 亿欧元）四个优先领域。重点内容包括：建筑热能改造、发展可再生能源、发展清洁能源汽车；加强就业培训；提升高等教育质量、促进前沿技术创新、推动农业创新；发展数字医疗、发展数字公共服务等。

2. 设立 100 亿欧元创新与工业基金，支持深科技与突破性创新

法国政府在 2018 年 1 月 1 日正式启动创新与工业基金，每年投入 2.5 亿欧元资助颠覆性创新项目。主要支持：深科技（Deep Tech）初创企业，每年投入 7000 万欧元；重大挑战突破性创新，每年投入 1.4 亿欧元，支持增材制造（3D 打印）、生物制造、人工智能、纳米卫星等方向。深科技是指推动工业科技前沿发展、面向重大社会与环境挑战、为最紧迫的全球问题探索解决方案的技术。

3. 成立经济部部长与教研部部长共同领导的创新委员会，规划国家创新政策方向

2018 年 7 月 18 日，法国成立双部长共同领导的创新委员会，由各部长、公共投资机构负责人以及来自科研界、投资界、企业界的专家组成。创新委员会的使命是：借助评估与预见，确定国家创新政策的重点方向；以路线图的形式确定创新政策具体举措；就创新政策的资助举措提出建议。

四、重塑法国工业形象

1. 提出未来工业政策重点是向创新与转型升级转变

2017 年 11 月 20 日，法国总理公布《法国工业的雄心》报告，提出法国未来工业的政策重点：打造“法国制造”品牌，进行产业转型；扶持突破性创新项目，提升企业竞争力；培养适应新时代工作要求的劳动力。

2. 打造“法国制造”品牌，代表国家工业整体形象

2017 年 10 月 2 日，法国经济部部长宣布启用“法国制造”（French Fab）标志，将其作为代表法国工业整体形象的品牌，在国际市场上扩大法国工业的影响力。法国经济部联合相关机构为“法国制造”企业提供经费资助、战略分析、市场开拓等多元支持。

3. 颁发高科技签证，吸引海外创新创业人才

2017 年 6 月 15 日，法国宣布启动“法国高科技签证”（French Tech Visa），为全球创新创业优秀人才及其家庭成员提供为期四年的“人才护照”居留许可证，主要适用于创新型初创企业创始人、科技创新型企业技术人才与海外投资者等三类人才。

中国科学院科技战略咨询研究院
“世界主要国家科技战略、政策与管理新举措”总体研究组

组长： 潘教峰

成员： 宋大伟　冷伏海　李　宏　朱　涛

法国专题执笔人： 陈晓怡

2018 年 10 月 15 日

英国科技战略、政策与管理新举措

2016 年 6 月 24 日，在英国举行的“脱欧”公投中，“脱欧派”获胜。卡梅伦首相为此辞职，特蕾莎·梅接任。此后，英国政府与科技界就此进行了一系列分析和政策讨论。英国的科技创新政策和相关管理机制也围绕“脱欧”进行了很大调整，这对英国未来的科研与创新活动将产生很大影响。

一、英国应对“脱欧”措施与科技资助体系的整合

1. 科技创新方面的“软脱欧”方案

“脱欧”公投后，英国新政府很快就确定了在研究创新领域将采取的应对措施：一是政府将保证与欧盟谈判新的“软脱欧”式解决方案，保障英国研究界和企业界能够继续参加甚至领导欧盟的科技框架计划；二是建立英国研究与创新机构（UKRI），在“脱欧”谈判中统一代表本国科技界的利益和声音，同时在逐步失去欧盟科技资助的情况下，提升英国自身公共资助的效率。

2. UKRI 正式成立

2018 年 4 月，酝酿已久的 UKRI 终于正式成立并开始运行。同时，原英国研究理事会（RCUK）和原英格兰高等教育拨款委员会（HEFCE）于 3 月 31 日停止运行。RCUK 所属的七大研究理事会被划归 UKRI 直接管理，HEFCE 改名为“研究英格兰”（Research England），成为 UKRI 的下属机构。“创新英国”（Innovate UK）（即英国技术战略委员会）也成为 UKRI 的下属机构。这一改革措施促进了英国高等教育与科研系统的资助及科研活动的一体化。

3. 国家科技创新资助体系的整合

英国原有的公共研发和教育资助体系主要包括以下三个方面。

（1）HEFCE 代表政府在每年度对大学进行整体的机构式资助，包括教育与科研资助两个部分。每五年进行一次绩效评估，进而调整对各个机构的年度资助额度。

（2）七大研究理事会分别在各领域领导进行竞争式项目评估，并对随后的项目资助与进展进行监督。

（3）“创新英国”通过各领域或产业的技术与创新中心（Catapults Centres），以及其他的竞争性项目专门资助产学研合作的研发项目，为英国的创新型企业和产业的整体发展提供支持。

而 UKRI 的成立是英国在“脱欧”之后为统一过去的三类科研资助渠道、提升科研资助效率所采取的措施。未来，UKRI 每年度将统管过去三类科研资助渠道的超过 60 亿英镑的政府科技资助，并进行有效的分配和管理。

二、提出创新驱动工业发展的现代工业战略

1. 科技创新与工业发展密切结合

为了有效应对“脱欧”公决之后的复杂局面，让创新能够真正促进国家的经济特别是工业发展，2017 年 11 月，英国政府发布《产业战略：建设适应未来的英国》白皮书，列举了影响未来的四大挑战（人工智能、清洁增长、交通运输技术和老龄化社会）和支撑经济发展的五大支柱（创意、人才、基础设施、商业环境、地方合作），并提出了相应的战略规划。

2. 现代工业战略的具体行动

具体包括以下方面：

（1）设立工业战略挑战基金（ISCF），通过发布竞争式研发项目促进产业界参与研发。

（2）发展通用科技研发平台，为研发类基础设施建设和知识共享追加投资。

（3）新增在 8 个地区开展科学与创新审计，帮助培养地区性研究优势和创新能力。

（4）对研发的税收环境进行评估，通过减免税提升对企业研发活动的吸引力。

（5）成立关于“脱欧、大学、科研和创新”问题的高水平论坛，不断提出有关科技创新的咨询建议。

三、不断推出科研管理方面的改进措施

1. 加强改进科研评估工作

2016 年 7 月，新成立的英国商业、能源与工业战略部（MBEI）发布独立调查委员会报告，分析了目前用以评估大学和研究机构科研水平的卓越研究框架（REF）。目前框架主要存在的问题包括：①成本问题；②评估内容；③样本选择；④同行评议；⑤跨学科与合作研究的评估；⑥研究环境评估；⑦科研影响案例研究；⑧评估的周期性和动态性过于频繁等。同时，报告提出了具体改进建议，包括：①所有科研项目都进入评估；②使用统一的数据但保持灵活性；③评估结果不简单划分等级；④保证评估的透明性；⑤积极进行案例分析；⑥建立新的研究环境评估机制；⑦评估研究机构的研究环境与机制水平等。

2. 促进研究数据的开放和有效运用

2016 年 7 月，英格兰高等教育资助委员会（HEFCE）、英国研究理事会（RCUK）、威康信托基金会和英国大学联合会等四家机构发布了共同签署的《开放研究数据协议》，提出了利用开放研究数据的原则，目的是促进全社会的开放研究，充分释放英国的科技创新潜力。

3. 规划建设研究与创新基础设施

2018 年 1 月，英国管理科学事务的部长发表讲话，指出英国政府正在着手制定“研究与创新的基础设施及条件路线图”，鼓励英国各界进行研发投资。这些建设的重点目标包括：促进能源革命成功；改造和建设粮食生产

基础条件；利用大数据提高疾病的早期诊断率；开发支持建设健康老龄化社会的技术和服务；运用新技术为英国的创意产业吸引关注者；开放下一代服务业和量子通信与计算领域的前沿技术。为此，英国政府承诺将在 2021～2022 财年将英国的研发支出提高至 GDP 的 2.4%。

四、继续强化技术预见工作

在面对“脱欧”而大力调整国家的科技创新体系与政策的同时，英国政府并没有放松技术预见工作，力图在对未来有重要影响的主要科技领域进行提前的预见与布局。近年来主要聚焦在以下领域，即人工智能、城市科学、数字经济、未来海洋，在每个领域都提出了详细的未来技术发展路线图和相应的政策措施建议，这一工作体现了英国的社会经济发展关注方向以及具体国情。

中国科学院科技战略咨询研究院
“世界主要国家科技战略、政策与管理新举措”总体研究组

组长：潘教峰

成员：宋大伟　冷伏海　李　宏　朱　涛

英国专题执笔人：李　宏

2018 年 11 月 11 日

德国科技战略、政策与管理新举措

2018 年 3 月 14 日，默克尔在连续执政 12 年之后开启其第四个总理任期。基础科学出身的默克尔将科技置于德国优先发展地位，实现了研发支出占 GDP 比重 3%的目标。德国科技领域的新举措主要有：多角度打造高校在科研体系中的核心地位；持续推动数字化转型，打造人工智能强国；在全球视野中提升本国科技创新和国际地位，承担全球责任。

一、从学术、创新和人才三方面合力打造高校核心地位

1. 资助大学卓越研究，提升德国大学国际竞争力

2016 年 4 月，德国通过了“卓越战略”，该战略是 2005 年设立的，旨在资助大学尖端研究“卓越计划”的后续方案。战略核心内容如下。

（1）不同于以往 5 年期资助，战略着眼长远，不设立结束时间。政府每年投入 5.33 亿欧元，联邦和州按 75∶25 的比例分摊。

（2）延续卓越集群和卓越大学两个资助领域：一是卓越集群支持大学建立具备国际竞争力的卓越研究领域，重点发展所资助大学的特色强势学科。每年资助 45～50 个集群，每个集群每年获得 300 万～1000 万欧元，期限 7 年，评估合格后可延长 7 年。二是卓越大学从整体上帮助大学奠定在国际竞争中的领先地位，给予大学长期稳定的机构式资助。至少拥有 2 个卓越集群才能参与角逐卓越大学。每年评出 8～11 所卓越大学，每所大学每年获得 1000 万～1500 万欧元。卓越大学每 7 年评估一次，评估结果作为继续或停止资助的依据。

2. 突出高校作为地区创新引擎的地位

2018 年开始实施的“创新高校计划”是德国促进高校在转化和创新领域发挥使命作用的资助计划，重点扶持中小规模的大学和应用技术大学的知识和技术转移，加强高校研究成果在经济和社会中的应用。资助面向已经具备知识和技术转移经验、拥有与经济和社会合作战略的高校。至少半数的资助金额和项目给予应用技术大学或应用技术大学领衔的高校联盟。计划为期 10 年，资助总额 5.5 亿欧元，联邦和州按 90∶10 的比例分摊。

3. 推行预聘-长聘（Tenure-Track）制度

为了提升学术事业对青年人的吸引力，鼓励青年人终身从事学术工作，增强德国对本国和外国青年人才的吸引力，德国联邦政府 2017～2032 年出资 10 亿欧元用于资助大学增加 1000 个预聘-长聘教授职位。青年科学家经过 6 年的试用期，考核合格之后直接转为终身教授，且终身教职位置在 2032 年之后仍旧保留，由州政府长期资助。

二、持续推动数字化转型

1. 出台国家战略，指导数字经济转型

2016 年 3 月，德国联邦经济部发布“数字化战略 2025”，从国家战略层面确定了迈向数字德国的 10 个行动领域，分别为：

（1）构建千兆光纤网络；

（2）支持创业；

（3）建立投资和创新领域监管框架；

（4）在基础设施领域推进智能互联；

（5）加强数据安全，保障数据主权；

（6）促进中小企业商业模式数字化转型；

（7）落实“工业 4.0”；

（8）加强数字技术研发与创新；

（9）实现全阶段数字化教育；

（10）成立联邦数字机构。

2. 加快人工智能发展步伐，打造人工智能强国

2018 年 3 月，新任联邦教研部部长在出席法国人工智能战略发布会上表示，人工智能将是德法两国未来科技合作的优先领域，合作重点包括基础研究、成果转化、监管方法、伦理标准等；德国希望与法国共同制定联合项目，实现机构互联，共同创建人工智能技术转化新架构。同年 7 月，联邦内阁通过了《联邦政府人工智能战略要点》文件，确定了联邦政府在研究、转化、人才吸引与培养、数据利用、标准、基础设施、国内外合作等 10 余个领域的行动措施，旨在将德国人工智能的研发与应用提升到全球领先水平，打造全球公认的“AI 德国制造”。

3. 加强网络安全，掌控数字化带来的风险

2016 年 11 月，德国发布《网络安全战略 2016》，对 2011 年出台的网络安全战略进行调整和补充，确定了德国网络安全政策的战略重点：

（1）推广加密工具的应用；

（2）为 IT 产品和服务添加安全标签；

（3）建立网络攻击预警系统；

（4）成立网络事件快速应急小组；

（5）保护关键信息基础设施；

（6）建立公共与私营机构信息共享与合作平台；

（7）监测外国情报机构在德活动；

（8）普及数字教育；

（9）参与欧盟项目和北约网络防御政策制定。

2017 年 2 月，德国启动了“量子技术从基础到应用”国家计划，以建立高度安全的量子通信网络。该计划遴选出单离子光钟、用于人机交互的新型量子传感器及量子保密通信 3 个试验性项目。

三、在全球化视野中推进科技创新

1. 融入国际多边环境，应对新趋势与新挑战

2017 年 2 月，德国联邦内阁通过由联邦教研部制定的“教育与科研国际化战略”，在“互联与创新的国际合作”主题下确定了德国开展国际合作的 5 个目标：

（1）利用全球合作提高德国科研的卓越性；

（2）在全球知识流动和价值创造链中发挥德国创新力；

（3）扩大职业教育领域的国际合作；

（4）在建立全球知识社会中加强与发展中国家和新兴国家的合作；

（5）共同应对全球挑战。

2. 联手法国，确保在欧盟中的主导地位

2018 年 6 月，德国教研部部长与法国高等教育、研究与创新部部长签署联合意向书，确定了未来 3～4 年两国研究与创新合作的战略重点：

（1）加深在欧洲教育、研究与创新中的伙伴关系；

（2）在能源、气候和可持续发展等领域承担全球责任；

（3）推进数字化领域的研究与创新；

（4）扩大社会创新与公民安全研究。

3. 拓展“中国能力”，促成富有成效的德中合作

德中互为对方在亚洲和欧洲最大的贸易伙伴。“中国能力”是指与中国成功合作至关重要的所有能力和各类知识。默克尔就任总理以来，11 次访华，高度重视德中合作。德国联邦教研部、州文教部部长联席会议和外交部已经在各自职责框架内实施了许多增强中国能力的措施。2018 年 5 月，德国墨卡托中国研究中心受三部门委托，发布了题为“认识中国，了解中国——在德国拓展中国能力的出发点”的报告，梳理了德国在汉语教学、合作研究和学生交流等领域的现状，指出德国在“中国能力”建设方面已落后于英法等其他国家，建议德国的中小学、高校、科研机

构从普及汉语教学、鼓励人员交流往来、加强服务和经验交流等方面，提升“中国能力”。

中国科学院科技战略咨询研究院
“世界主要国家科技战略、政策与管理新举措”总体研究组

组长：潘教峰

成员：宋大伟　冷伏海　李　宏　朱　涛

德国专题执笔人：葛春雷

2018 年 11 月 12 日

日本科技战略、政策与管理新举措

自 2012 年安倍晋三再次执政以来，日本政府在科技创新方面的重大举措包括：一是建设超智能社会（“社会 5.0”），实现产业模式、生产生活方式的全面升级；二是重点发展新型制造业，巩固日本在制造业的传统优势；三是改组国立科研机构并实施新的法人类型和管理方法；四是增加经费、优化竞争性经费使用方法，提高公共经费的使用效率。

一、提出建设超智能社会

1. 提出“超智能社会”的概念和图景

2016 年 1 月，日本提出“超智能社会”（Society 5.0）发展理念。

（1）概念。继狩猎社会、农耕社会、工业社会、信息社会之后的一种新型社会形态，通过最大限度活用信息通信技术，融合网络世界和现实世界，把给每个人带来富足生活的“超智能社会”作为未来社会的形态。

（2）图景。“超智能社会”将整合传统领域，塑造新的服务类型，以人工智能、机器人等技术改进生产、丰富人们的生活。将产出优良实用的产品和实现快速体贴的服务、能源生产达到自给自足且高效利用、农作物生产消费实现自动化和可定制化、健康管理和医疗救助实现高度智能化、抗灾能力增强且服务品质高。

2. 制定构建“超智能社会”的政策措施

2017 年 6 月，日本在《科学技术创新综合战略 2017》中针对“超智能社会”制定以下措施：

（1）在全民参与基础上推进官产学一体化，重点激发年轻研究人员及风投企业的积极参与。

（2）通过加强基础技术、推进实施“关联产业”等相关措施，实现各部委措施从基础研究到产业化的一体化贯彻实施。

（3）向全世界宣传、分享“超智能社会”理念，构建大数据平台以支撑知识型社会。

3. 明确并资助实现“超智能社会”的核心技术

2014 年以来相继部署“战略性创新推进计划”（SIP）、“未来社会创造计划”（JST-MIRAI）等项目，将机器人、传感器、个性化定制、智能家电、智能健康管理、智能建筑、自动化和可定制农业、灾害应对、航空航天等技术作为实现超智能社会重点支持的核心技术。

二、重点发展新型制造业

1. 调整政府机构助力先进制造

2016 年 6 月，日本经济产业省调整制造产业局，推动先进制造业快速发展，具体举措包括：

（1）增设 1 名参事官，针对制造业向经济产业省部长及首相提供咨询。

（2）新设金属处，研究金属方面的市场需求、人才培养等问题，并面对金属行业供给过剩和国际贸易现状制定对策。

（3）新设原材料产业处，从应对市场需求、开拓新市场、研发革新性材料的角度制定政策。

（4）新设生活产品处，从应对国内外的市场需求、培育主打产品、促进国内企业良性竞争与合作、开拓国际市场的角度制定政策。

2. 成立“智能制造支援机构联络会议”支持智能制造

2017 年 12 月，日本成立“智能制造支援机构联络会议”，为发展智能制造业提供帮助。

（1）核心单位。经济产业省机器人系统综合促进组织、日本 IT 组织协调协会、日本机器人革命倡议协会（RRI）、日本产业价值链协调发展倡议组织（IVI）、广岛产业振兴机构等。

（2）主要议题。发展智能制造的目的，成本低、效率高的生产方法，利用物联网实现新型商业模型和新型制造的方法，针对物联网和智能制造的金融支持政策。

三、改组国立科研机构并实施新的法人类型和管理模式

1. 成立日本医疗研究开发机构，确立医疗领域一元化的预算资助模式

2015 年 4 月，日本医疗研究开发机构（AMED）正式成立。

（1）职能。整合各资助机构在健康医疗领域的经费资源，将资助功能集中于 AMED；侧重对研发活动的监督管理；建设临床研究的核心医院和试验基地。

（2）研究领域。确立医药制造、医疗器械开发、医疗创新基地建设、再生医疗、基因医疗、癌症治疗、精神疾病、新型传染病、疑难病症 9 个方面的研发项目。

2. 组建量子科学技术研究开发机构，加快日本量子科学技术的发展

2016 年 4 月，在放射线医学综合研究所（NIRS）的基础上整合日本原子能研究开发机构（JAEA）下属的 5 家研究所，新成立量子科学技术研究开发机构（QST）。

（1）定位。在开展量子科学基础研究的同时，促进尖端癌症治疗技术的研发和放射线技术的医学应用。

（2）目标。通过学术、社会、经济方面的高水平和突破性研究开发，建立世界顶尖的研发平台并开拓新的研发领域，成为放射线防护、医疗等方面国际知名的研究机构。

3. 为国立科研机构量身定制新的法人类型，优化管理以尊重科研规律

2014 年 4 月，日本将 31 家从事科学技术研究的国立科研机构确立为国立研究开发法人。

（1）背景。改革前，国立科研机构为“独立行政法人”，该制度以效率化为中心，难以对研发成果得出专业性评价；且因和行政部门采用同样的制度，忽视了研发活动的特点，难以吸引人才。

（2）分类方法。将原 98 家独立行政法人划分为“中期目标管理法人”“行政执行法人”“国立研究开发法人”。31 家从事科学研究的国立科研机构即为“国立研究开发法人”，其中理化学研究所、产业技术综合研究开发机构、物质材料研究机构被确立为“特定国立研究开发法人”，属于战略核心科研力量。

（3）管理模式。为确保法人的自主裁决权，主管省厅的评价周期由原先的 3 年评价一次改为 5～7 年评价一次；鼓励机构探索实施灵活的人事管理和薪酬制度，以吸引人才。

四、改革科研经费使用方法

1. 稳定性资助突出绩效考核，鼓励机构采取措施增加经费投入

2014 年以来，日本强调根据绩效考核结果确定对科研机构和大学稳定性经费的支持额度，但也造成部分科研机构和大学经费不足。于是，日本政府采取措施扩大经费来源，提出通过产学研合作、吸引民间资金参与科研、吸纳社会捐赠、与国外开展共同研究等多种方式来充实基本运营经费。

2. 优化竞争性经费申请和使用方法

2015 年以来，日本制定了如下系列措施优化竞争性经费：

（1）简化经费申请使用程序。精简合并竞争性经费的种类，统一电脑等消耗品的采购规则，统一经费申请书格式，简化填报申请手续；在内阁府设立竞争性经费门户网站，统一接受研究人员的咨询和申请。

（2）实施“无缝衔接”的经费申请办法。部分在研的竞争性项目如果能提出更加深入或可预期的新成果，研究人员可以在该项目未结题之前以其为依据申请新的项目。

3. 根据机构定位实施有差异的资助政策

2014 年 4 月，将“国立研究开发法人”定位为国家核心科研力量，将“特定国立研究开发法人”定位为满足国家战略需求的战略核心力量，并部署重点任务长期稳定资助。2016 年 4 月，将国立大学分为“世界顶尖”、“全国领先”和“地区核心”三种类型。“世界顶尖”大学的资助以面向国家战略需求和基础研究为主，“地区核心”大学的资助以应用型研究为主，“全国领先”大学的资助介于前两者之间。

中国科学院科技战略咨询研究院
“世界主要国家科技战略、政策与管理新举措”总体研究组

组长：潘教峰

成员：宋大伟　冷伏海　李　宏　朱　涛

日本专题执笔人：惠仲阳

2018 年 11 月 15 日

俄罗斯科技战略、政策与管理新举措

2018 年 5 月 7 日，普京就任新一届俄罗斯联邦总统。俄罗斯政府一直将“科技手段”作为应对国家重大挑战的重要手段之一，将科技发展视为俄罗斯国家发展的重中之重。普京再任后针对科技发展出台一系列举措：一是发布重大科技战略和计划，明确俄罗斯下一阶段科技发展目标和任务，为俄罗斯科技发展提供战略性指导；二是修改相关法案和管理制度，为技术创新创造良好的外部环境。

一、明确 2024 年前俄罗斯科技发展目标和战略任务

1. 将智能制造、机器人系统等领域作为科技发展的优先方向，布局建设国家科学中心

普京在宣誓就职当天就签署了《2024 年前俄联邦发展国家目标和战略任务》总统令，明确了至 2024 年使俄罗斯进入世界前五大科研领先国家行列的发展愿景。提出优先发展先进数字与智能制造、机器人系统、大数据处理、机器学习和人工智能系统、新材料、清洁能源、个性化医疗、智能运输和通信系统等技术，建立世界一流的科学中心，包括国际数学中心和基因组研究中心网络。

2. 持续推进重大科技基础设施建设和科研设备升级

俄罗斯计划在 2024 年前完成若干具有本国特色的大科学装置的建设，包括高通量中子束流反应堆 PIK、强子对撞机 NICA、电子–正电子对撞机 Super Charm-Tau、极端光场国际研究中心 CIES、托卡马克核聚变反应堆

IGNITOR 和第四代同步辐射光源 ISSI-4 等。此外，俄罗斯还将对科研机构当前使用的半数以上的科研仪器设备进行升级更新。

3. 加大科研投入，改善研究人员发展空间和工作环境

俄政府将加大公私部门对研发的投入，提高科学研究投入占国内生产总值的比重；整合高校、科研机构和经济实体的力量，至少建成 15 个世界一流科学教育中心。构建完整的科研及科教人员职业发展体系，为青年科学家开展科学研究和发展提供条件，建设科学实验室，组建有竞争力的团队。

二、公布 2018～2025 年国家科技发展计划要点，力争实现创新链一体化部署

1. 推出新型政策工具，实现知识型经济发展模式

为保障国家经济结构转型和技术升级，实现知识型经济发展模式，俄罗斯计划推出一系列新型政策工具。一是大幅提升竞争性项目资助额度，主要通过俄罗斯基础研究基金和俄罗斯科学基金进行支持。二是整合民用科研资源与相关经费，避免资金和资源的重复浪费。三是力争实现创新链一体化部署，制定一系列涵盖基础研究、技术开发和产品商业化的科技计划与项目。

2. 公布 2018～2025 年国家科技发展计划要点，提出国家科技发展具体任务目标

当前，俄罗斯政府正在制定《2018—2025 俄联邦科学技术发展国家计划》，旨在激发国家的智力潜力，高效组织国家科学、技术与创新活动，主要内容包括：

（1）为人才发展以及科学、工程和企业人员的职业发展提供条件；

（2）获取能应对重大挑战的基本知识；

（3）降低经济损失和投资风险，为“知识生命周期”的所有阶段提供持续支持；

（4）取得能实现国民经济倍增、提高出口潜力和居民生活质量的重大成果；

（5）发展可促进科学、技术和创新活动进步的基础设施和信息手段；

（6）建造国家和国际项目所需的大科学装置；

（7）在科学、技术和创新领域以及新市场形成和发展方面建立有效互利的国际合作体系；

（8）为科学、技术和创新项目及其所需的基础设施、科学和教育机构提供多边融资条件；

（9）建立有效的科研机构系统。

三、优化科研管理体制，保障基础科学稳固发展

1. 设立新的政府科技管理部门——科学与高等教育部，专注实现技术突破

为实现到 2024 年使俄罗斯进入世界前五大科研领先国家行列的目标，普京下令对原教育与科学部进行重组，分别成立教育部、科学与高等教育部，前者专注于大学前教育，后者专注于实现技术突破。新的科学与高等教育部主要负责制定并实施在职业教育、科技创新活动、纳米技术、联邦科学和高技术中心及国家科学中心和科学城建设、知识产权、青年人才政策与社会保障等领域的国家政策和法律法规；在高等教育、职业教育、科技和创新活动领域提供国家支持并进行国有资产管理。

2. 充分肯定俄罗斯科学院在国家科学发展中的地位

俄罗斯科学院在经历了 2013 年的改革重组后，其地位在国家科学管理体系中具有一定的不确定性。2018 年 7 月 19 日，俄罗斯总统普京修订了关于俄罗斯科学院的法案，进一步明确了科学院的法律地位、工作目标、主要任务和职权范围。

（1）肯定科学院的法律地位，确保科学研究的连续性和协调性。在自然科学、技术、医学、农业、社会和人文科学领域重要方向进行基础和探索性科学研究；以国防和国家安全为目的在国防工业综合体领域进行科学研究；为俄联邦权力机关活动提供专家指导；对科研机构和高校的科研活动提供科学方法指导。

（2）新增科学院的工作目标。预测俄罗斯科技和社会经济发展方向；对科研机构和高校科技活动提供科学方法指导；传播科学知识，提高科学威信，普及科技成果。

（3）进一步明确科学院的主要任务和职能。进行联邦预算拨款的基础性和探索性研究；组织制订俄联邦长期基础研究计划并提交联邦政府；每年向总统和联邦政府提交关于国家科技政策执行情况以及俄罗斯科学家取得的重大科学成就的报告；在科技领域开展国际合作；参与制定、保障和实施科学知识、科技成果的普及和推广项目，支持儿童和青年科学创造项目。

（4）扩大科学院的职权范围。科学院可以使用和支配专用联邦财产；商定科研机构领导人和学术负责人的候选人；有权向俄联邦国家权力机关就立法以及与科学院有关的问题提出建议，并举行公开听证会。

修正案的实施将使俄罗斯科学院拥有更大的责任和权力，能够自行决定一些重大问题，更好地发挥俄罗斯科学院在基础科学研究领域的领导作用。

中国科学院科技战略咨询研究院
“世界主要国家科技战略、政策与管理新举措”总体研究组

组长：潘教峰

成员：宋大伟　冷伏海　李　宏　朱　涛

俄罗斯专题执笔人：范唯唯　贾晓琪

2018 年 11 月 20 日

加拿大科技战略、政策与管理新举措

加拿大属全球创新型国家之一，在《2018 年全球创新指数报告》中排名第 18 位。2015 年 11 月，加拿大自由党领袖特鲁多上台执政，绿色、包容、创新发展成为新政府提振经济的核心理念，提出要将加拿大塑造为全球创新中心，使创新成为加拿大国民的核心价值观以及各产业发展的内生动力，并着力加强政府与科学界的沟通，改善科研竞争力下降的现状等。

一、改革科技管理体制，强调科技创新对经济的作用

加拿大原科技主管部门工业部变更为创新、科学与经济发展部（ISED），突出创新和科学对国家经济发展的作用。该部的职责包括改善投资条件、提升创新绩效、增加加拿大在全球贸易中的份额，并建立公平、高效和具有竞争力的市场。创新、科学与经济发展部下辖版权委员会、航空航天署、商业发展银行等部属机构，以及自然科学与工程研究理事会、社会科学与人文研究理事会等联邦科技计划拨款机构。此外，国立科技研发机构，国家研究理事会，国家咨询机构，科学、技术和创新委员会秘书处也挂靠该部，原属于自然资源部的加拿大可持续技术发展基金也调整至该部统筹。同时，在内阁新设科学部长职位作为国家科学事务主管官员。

设立首席科学顾问，打造政府与科学界的沟通桥梁。2017 年，加拿大总理特鲁多任命生物化学家 Mona Nemer 为政府首席科学顾问，负责向总理、科技部部长和内阁成员提供科学咨询，以确保政府科学对公众开放，科学家能就其工作自由发声，并使政府决策建立在科学分析和考虑的基础上。

二、制订创新战略计划，着力建设全球创新中心

新政府战略提出将加拿大建成全球创新中心。2016 年，加拿大提出“将创新置于加拿大的国家优先领域、将加拿大建成全球创新中心”的发展愿景，并提出如下六个方面的行动计划：鼓励创业精神，建立创业和创造型社会；支持全球卓越研究，使加拿大科学实力和研发基础设施位于全球最先进行列；建设汇集创新思想、人才、资金的世界一流的产业集群和合作伙伴关系；促进企业发展，加速绿色技术开发；参与全球数字经济竞争，确保加拿大位于世界数字经济技术发展和应用的前沿；改善商业环境，使加拿大成为有吸引力的投资和发展所在。2017 年加拿大政府预算案中提出“创新与技能计划”，强调要促进全球创新中心建设，力争到 2025 年实现增加清洁技术部门对 GDP 的贡献，使数字技术、清洁技术和卫生技术领域高增长公司的数量翻番，针对先进制造、农产品、清洁技术、数字产业、卫生/生物科学和清洁资源六大关键领域，提升商业部门创新投资。

三、面对基础科研支持不足问题，调整资助管理机制

基础科研评议显示加拿大基础科研支持不足。专家评议报告提出，自2008～2009 财年以来，加拿大给予科研人员的资助经费尤其是开展自由探索研究的经费持续下降。报告建议政府加大基础科研投入；成立国家性科研创新委员会，负责向总理就科技议题建言献策，监管政府科研经费使用情况，为加拿大基础研究创建一种全新的可持续发展机制；针对资助系统协调、监管不足问题，建立新的国家科研与创新咨询委员会；为提高效率、加强问责，建立资助机构协调委员会等。

成立加拿大研究协调委员会（CRCC），加强资助机构间的协调合作，促进基础科研发展。针对以上评议建议，加拿大成立研究协调委员会，以加强社会和人文科学研究理事会、自然科学与工程研究理事会、加拿大卫生研究院以及创新基金会间的协调与合作，从而更好地支持科学家

和促进创新。CRCC 将对计划和政策进行广泛审查，并着力改善对国际性、多学科、高风险和快速反应性研究的支持，确保对青年研究人员的支持，在人工智能、量子技术、再生医学、北极研究等重大新兴研究领域提供咨询。

四、加强企业创新支持，建立创新产业集群

逐步调整和完善对企业创新的支持。建立新的加拿大创新平台，简化多个部门的创新计划；将税收优惠间接支持变更为直接投资科研项目和科研基础设施；设立知识产权保护机构，协助加拿大企业在国内外申请专利、应对诉讼；通过加拿大商业发展银行提供 4 亿加元启动“风险资本催化计划”支持创新型企业成长；通过政府采购扶持初创企业等。

建立创新产业集群和超级集群，塑造新的创新生态系统。加拿大政府重视产学研合作网络建设，拨款 8 亿加元建设了若干大型创新产业集群，包括安大略省的高科技产业集群、蒙特利尔的航空航天产业集群等，重点提升在人工智能、量子计算、航空航天、生物工程、清洁技术等领域的创新能力、竞争力和产业化能力。2018 年起，政府将在 5 年内投资 9.5 亿加元支持 5 个企业主导的超级创新集群，从而以新的方式推动与产业界的合作，在各地区构建世界领先的创新生态系统。5 个超级创新集群为：大洋超级创新集群、基于人工智能的供应链超级创新集群、先进制造超级创新集群、蛋白质产业超级创新集群和数字技术超级创新集群。

五、利用清洁技术优势，推动绿色发展

加拿大政府高度重视培育和发展清洁增长型经济，着力支持清洁技术开发。2016 年政府提出建设创新型国家和清洁增长经济，联邦政府与各省政府联合发布《关于清洁增长和气候变化的温哥华宣言》，承诺制订并实施促进清洁发展和应对气候变化的具体计划，成为全球清洁发展的领导者。在创新方面提出，到 2020 年实现清洁能源和清洁技术研发资金在 2015 年基础上翻一番，达到 7.75 亿加元。2017 年政府预算案进一步提出，基于加拿大企

业在清洁技术方面的优势，未来 5 年对清洁能源的研究、开发与示范的投资将翻一番，帮助加拿大减少碳污染，并作为关键增长产业之一支持清洁技术创新。

中国科学院科技战略咨询研究院
“世界主要国家科技战略、政策与管理新举措”总体研究组

组长：潘教峰

成员：宋大伟　冷伏海　李　宏　朱　涛

加拿大专题执笔人：王建芳

2018 年 11 月 20 日

巴西科技战略、政策与管理新举措

2016 年 9 月巴西总统特梅尔上台以来，延续了之前的一贯政策，并通过“2016—2019 国家发展计划”“巴西科技与创新战略 2016—2022”等战略计划，进一步强调科技创新服务于社会和减少不平等。近年来，巴西的科研产出和内地城市的大学数量稳步增长。2016 年下半年，通信部并入科技与创新部，从而组成新的国家科技、创新与通信部（MCTIC），标志着巴西的科技与创新在近阶段将更加重视通信技术和信息化、数字化的发展。此外，受经济危机影响，巴西的科技创新投入有所下降，许多科研活动无法获得连续稳定的支持，阻碍了巴西科技发展。

一、“2016—2019 年国家发展计划”中的科技创新战略目标

2017 年初，巴西国家规划、发展与管理部出台新一期的四年发展计划，即 2016～2019 年国家发展计划。该计划强化了社会包容和减少不平等的发展模式，侧重于公共服务质量和经济平衡。提出四个战略轴心：社会和公共安全、基础设施、生产和环境发展以及其他特殊主题。其中“生产和环境发展”中的科学、技术与创新专项方案将在 4 年中获得 91 969 866 330 雷亚尔（约合 238 亿美元）资助。该专项方案共设 7 个目标主题：①资助包括国际行动在内的新知识生产和应用过程，应特别注意地区间的平衡；②资助 MCTIC 各研究单位为社会提供研究、产品和服务；③促进数字技术、组件和电子设备的研究、开发和创新；④促进科学、技术和创新所需人才的培养、培训和吸引；⑤促进社会包容的科学、技术与创新的政策和协作行动；⑥促进企业和产业链的技术开发和创新；⑦促进研究、开发和创新政策计划的制订，并提供战略领域的数据和信息。

二、新的科技与创新战略强调人文与社会科学的重要性

2017 年 4 月初，MCTIC 颁布了以“科学、技术与创新，促进经济和社会的发展”为主题的《巴西科技与创新战略 2016—2022》。为了提高人文与社会科学的重要性，MCTIC 研究与发展政策和计划司（SEPED）专门成立了人文与应用社会科学总协调处，制定包括大学和研究机构在内的合作议程。强调人文与社会科学的重要性在于科学技术的发展与人民福祉的对接，这正是巴西当前的问题所在。巴西需要更好地辐射和整合人文与社会科学，并将其应用到 MCTIC 的其他行动中。

（1）提出巴西科学、技术与创新面临的挑战。包括：需要设立建设科技与创新发展强国的目标；通过改革促进创新；缩小地区间生产和科技创新准入的差距；制定社会包容的创新解决方案；加强可持续发展的基础建设。

（2）确立巴西未来科技与创新发展的核心和基本支柱。核心是扩大、巩固和整合国家科技与创新体系。基本支柱是：促进基础科学和技术研究；实现科技与创新基础设施的现代化和推广应用；扩大对科技与创新发展的资助；加强人才培养、吸引和容留；推动企业技术创新。

（3）明确巴西未来几年的战略研究领域。包括：航空航天和国防、水、食品、生物质和生物经济、社会科学、气候、数字经济和数字社会、能源、战略采矿、核、卫生、会聚技术（纳米科技、生物技术、信息技术、认知科学四个领域会聚而成的技术）、使能技术。在全球范围需要关注的重点是国家科技与创新体系的治理，资助微小型和中型企业的创新，以及创新活动在应对社会挑战中的贡献等。

（4）总结巴西近年来取得较大进展的战略性优先领域。包括：国防、气候变化、减少自然灾害的风险和影响、海洋和南极、可持续城市系统、对抗性别不平等、人口老龄化、新生产流程、数字经济和数字社会、能源、技术融合、使能技术等领域。

三、为促进国家数字化转型提供技术和环境支持

为提高公共政策执行的有效性和经济性，2016 年 1 月，联邦政府出台

了《数字治理战略》。在此基础上，2017 年下半年至 2018 年，MCTIC 先后出台了《数字公民平台整合计划》、《信息技术战略计划》（PETI 2017—2019）、《信息和通信技术总体规划》（PDTIC 2017—2018）、《巴西数字转型战略》（E-Digital）等战略和计划。

（1）制定专门计划推进政府数字化转型。2017 年 6 月制定的《数字公民平台整合计划》，明确将政府的公共服务内容进行数字化转型，并将其全部纳入 2016 年 12 月国家新建的“数字公民平台”。该平台是单一的联邦政府综合服务平台，用于向公民提供政府公共服务的相关信息，接受电子申请和服务过程监督。计划于 2018 年 11 月底实现优先关键性公共服务的数字化整合。

（2）设立信息和通信技术专门机构。根据《信息技术战略计划》《信息和通信技术总体规划》设立信息技术局，归属 MCTIC 的执行司，专门负责信息和通信技术领域工作。

（3）颁布国家级战略统筹国家数字化转型。2018 年颁布的《巴西数字转型战略》是由联邦政府发起、MCTIC 执行的国家级战略。该战略基于两大主题轴心：启动轴和数字转型轴。启动轴旨在创造有利于巴西经济数字化转型发展的环境，并采取必要措施撬动经济数字化。具体举措包括：信息和通信技术的基础设施建设和相关技术获取；鼓励信息及通信技术的研究、开发和创新行动；发展适当的监管环境；通过制定标准和制度建立对数字世界的信任；适应数字经济的教育和专业技能培养体系以及巴西的国际融入。在此基础上，数字转型轴的具体举措将包含经济数字化转型和政府数字化转型两类。

中国科学院科技战略咨询院
“世界主要国家科技战略、政策与管理新举措”总体研究组

组长：潘教峰
成员：宋大伟　冷伏海　李　宏　朱　涛
巴西专题执笔人：刘　濉

2018 年 11 月 20 日

《特朗普白宫的科学建议》一文的启示

美国总统特朗普在竞选期间对气候变化、疫苗使用等科学问题提出质疑，上任后又颁布对科学界影响很大的“移民禁令”，让美国科学界对他未来的科技政策非常忧虑。国际著名的科学期刊《科学》和《自然》近来发表了多篇文章，对特朗普政府的可能科技政策进行分析、讨论。

2017 年 2 月 9 日，《科学》期刊刊登名为《特朗普白宫的科学建议》文章，针对特朗普还没有提名主要科技官员和总统科技顾问，就总统科技顾问、白宫科技政策办公室（OSTP）主任、总统科学和技术顾问委员会（PCAST）主席的重要作用，以及与国家科学技术委员会（NSTC）的关系等进行了阐述，并对特朗普该怎样任命这些主要的科技官员给出建议。

我国正在建立国家科技决策咨询制度，这篇文章在下述几个方面值得关注：

（1）国家最高领导人能够直接听到来自科技界的声音。自 1976 年建立 OSTP 以来，美国政府的科技咨询与决策制度不断演化和更新，其中 4 位 OSTP 主任与副主任同时担任总统科技顾问这样双重身份的制度，让总统可以直接了解科技方面的信息与问题，对总统科技决策起到重要作用。

（2）政府内部工作与外部咨询的协调。PCAST 是由科技界的专家组成的外部咨询委员会，但 OSTP 主任担任 PCAST 主席，使外部意见和建议能够围绕政府工作更好地开展。

（3）美国的 NSTC 于 1993 年由克林顿总统创建，以帮助促进科技研究规划，以及对 OSTP 组织之下的联邦政府机构之间的活动进行协调。该委员会由总统主持，包括科学顾问、副总统、内阁成员以及从事科技研究、监管、政策制定和执行的联邦机构负责人。NSTC 与我国科教领导小组相类似，但由总统担任主席、副总统参加，是政府最高规格的机构。在当前科技创新对国家发展越来越重要的背景下，我国的科技领导小组是否应加强值得研究。

（4）美国前总统奥巴马在联邦政府中首次设立了首席技术官（CTO）和首席信息官职位（CIO），分别负责制定技术政策和专项经费管理以及信息技术在联邦政府机构中的推广应用。特朗普政府是否会延续设置这样的职务还有待观察，但当前以信息技术为代表的第四次工业革命正在深刻影响国家经济和社会的发展，在国务院层面是否需要设置总工程师和总经济师等类似职位，有必要探讨。

中国科学院科技战略咨询研究院　王元丰　刘怡君

2017 年 2 月 22 日

OECD提出国际科研基础设施面临的挑战和应对举措

2017年12月，经济合作与发展组织（OECD）发布《提供国际科研基础设施有效性和可持续性》报告，针对属于单一国家或国际组织、向国际用户开放的单点和分布式科研基础设施，通过访谈科研基础设施资助方、管理方和运行方，确定了各利益相关方在设施生命周期的各个阶段所面临的挑战，并提出一系列提高科研基础设施有效性和可持续性的政策建议。

一、利益相关方在科研基础设施全生命周期中面临的六项挑战

1. 如何保持科研基础设施的高水平竞争力

科研基础设施要将成为并保持在科学最前沿作为优先发展事项，要提供最新的先进设备和仪器来保持国际科学竞争力，确保访问和服务的可靠性，并在技术和数据管理方面为用户提供支持。

2. 如何加强设施生命周期内的数据管理

各类科研基础设施都面临着数据生产、存储、处理和提供服务的挑战，不只是数据科研基础设施。设施需满足更大和更多元化用户群体的需求，实施开放获取政策。设施资助者通常会低估数据管理和访问所需的成本与人力，应制订先进的数据管理计划，通过高效组织并配备充足的资源来管理数据。

3. 如何保证资金的长期投入

科研基础设施是一项长期事业，需要大量甚至可观的资金支持。因此，

在设施的建设和运营阶段要进行合理有效的成本控制，在设施升级阶段要保证资金流，并在全生命周期中进行适当的风险评估并制订应急计划，降低不可预见事件可能对设施造成的负面影响。设施从立项到建设、从开始运行到运营的阶段转换尤其具有挑战性，为设施的运营寻找足够的资源是对中长期战略规划能力的真正挑战。

4. 如何吸引并留住领先科学家和经验丰富的工程师

尽管大量科研基础设施已经嵌入现有研究机构中，但很多是具有复杂机构设置的实体单位，如何招聘和留住人才变得更加困难。如果设施的合法地位和内部组织不是量身定制的，那么吸引和留住优秀人才的人力资源政策将受到挑战。

5. 如何响应主建国和成员国的战略目标，尤其是社会经济回报

大多数科研基础设施以高质量科学产出为主要目标，但决策者和设施合作伙伴也期望获得额外价值。设施在培训和教育方面发挥的作用，以及与设施建设和大型设备采购相关的直接经济影响通常会有详细记录，但从研究到创新或到公共政策的转变具有长期性，这为全面评估设施的直接社会经济影响带来了困难。

6. 如何组织好旧设施的逐步关停和终止运行

新设施的出现和资助者投资组合的优化，意味着某些设施将重新组织或关闭和拆除，拆除某些装有特定危险设备的设施可能会调动大量资源和时间。数据、物理元素和标本等必须保存下来并转移到新设施，工作人员也要以适当方式进行管理，避免独特信息、知识和经验的丧失和重要人员的流失。

二、提高科研基础设施有效性和可持续性的政策建议

1. 在设施开发阶段尽早制订全面的商业计划

在明确的商业模式基础上，确定解决设施的科学、技术、财务数据管理

和技术转移问题的方案，制定设施从一个阶段发展到下一个阶段的决策过程，并规定设施运营阶段资助方和主管方的财务责任。

2. 在设施发展的早期阶段实施风险评估和应急安排

风险评估是指为识别、减轻和管理与资源、成本、成员资格、科学、技术或政治背景相关的风险而采取的步骤。应定期审查科学和开发案例并进行初步风险评估，按照与财务规划周期相适应的时间表进行修订，同时说明应急资金安排。

3. 制定和支持数据管理政策及流程

满足各方对用户友好型数据访问系统的需求，支持数据处理和存储并在设施终止运行后能够保存数据，同时要符合开放获取和开放数据的政策和要求。在适用的情况下，还应促进与科研基础设施（网络）的协同和联系，以优化资源、降低成本，提高数据可用性。

4. 制定健全的人事政策

在设施全生命周期内更新人事政策，吸引和留住科学家（特别是年轻科学家）、工程师，为各级人员的培训和发展提供条件，促进他们在设施、学术界和私营部门之间的流动。

5. 建立中长期资助机制支持设施运行

根据国情制定不同的资助方案，在适当的科学、技术和管理标准基础上，依据定期的外部审查结果来分配资金。如果设施的部分运行成本需要通过用户付费的方式收回，那么设施使用费应作为研究项目成本的一部分。对于服务于国际用户的设施，用户付费方案需通过国家间的协议来实施。

6. 制定成本优化程序以确保资源的高效和有效利用

管理层应清楚了解设施的收入来源、成本和产出情况，以确定哪些成本可能降低，而不会严重影响成果转化绩效。同时，资助者应鼓励管理层在不影响效率的情况下采取节约成本的措施，灵活使用资金并根据设施治理结构确定资金分配优先级。

7. 制定适当的创新政策和流程使设施保持前沿

设施要在适当条件下发展其内部创新发展能力，并与外部合作伙伴交流，如为用户提供全面的质量服务、在设施周围培育以技术为导向的创新中心等；资助者和管理层应采取激励措施促进创新能力的持续发展，支持技术共享和转移。

8. 制定适当战略和政策使设施的社会经济价值最大化

某些设施将发挥积极的社会经济作用作为其核心使命的一部分，并通过以下方式实现，如促进人类理解和应对重大挑战、通过授权和人员流动等方式促进技术转移、为政府监管或决策提供知识，以及增强公众参与科学研究等。因此，设施管理层需制定清晰的社会经济目标愿景并定期监测和评估，制定知识和技术转移政策以促进内部创新，还应制定公众参与和宣传战略等。

9. 制订设施终止阶段的适当计划

当审查结果表明某个特定设施在可预见的将来不太可能提供有价值的用户服务时，应制订相关终止计划，内容包括：关闭过程、可能时机和关闭情况（终止/退役、重复使用、转型等），适当的数据/标本存档和传输政策，以及人员过渡计划等。设施的终止应在充分的外部评估和分析之后执行。

中国科学院科技战略咨询研究院　王海霞

2018 年 1 月 21 日

国际能源署展望和深度分析世界能源发展趋势

2017 年 11 月 14 日，国际能源署（IEA）发布《世界能源展望 2017》报告。报告指出，可再生能源成本大幅下滑、电气化快速发展、美国页岩气革命、中国经济模式转变（由工业主导型向服务主导型转变）和能源结构日益清洁化，正在深刻改变着现有的能源系统和生产消费方式，将对全球能源格局带来深远影响。报告采用情景分析法对全球及主要地区到 2040 年石油、煤炭、天然气、电力和可再生能源等各行业进行了展望和深度分析。

1. 全球能源需求增速放缓，但依然保持增长态势

报告的情景分析显示，全球能源消费需求增速已经放缓，但到 2040 年仍将增长 30%，相当于当前中国和印度的能源消费量之和。其中，印度是全球能源需求增长主要贡献力量，其消费增量将占全球增量近 30%，到 2040 年时，印度在全球能源消费中的占比将上升到 11%。

2. 可再生能源发展强劲，煤炭行业举步维艰

世界满足不断增长的能源需求的方式发生了巨大变化，由过去的煤炭、石油转向了现今的天然气、可再生能源和提高能效。可再生能源能够满足一次能源需求增长的 40%，而其在电力行业中的爆炸式增长则标志着煤炭黄金时代已经过去。到 2040 年，可再生能源将成为世界众多国家中成本最低的电力资源，届时其将占到全球电厂投资总额的 2/3。

3. 电气化成为大势所趋

在全球各种终端能源消耗形式中，电力正发展成为一股重要力量。到 2040 年时，电力将会占到终端能源消费增量的 40%，与石油在过去 25 年中所占的份额相同。受益于行业举措和政策支持（如英、法政府宣布从 2040 年起全面禁售汽油和柴油汽车），全球电动汽车保有量将从当前的 200 万辆增加到 2040 年的 2.8 亿辆。

4. 中国能源革命对全球能源转型意义重大

中国社会经济发展已经迈入全新阶段，能源政策加大了对电力、天然气和清洁高效数字化技术的关注。如果没有这些政策法规，到 2040 年时，中国终端能源消费将会比现有的预测高出 40%。但即便能效提高政策持续，到 2040 年中国人均能源消耗仍将会超过欧盟。中国的能源政策将对全球能源转型起到决定性作用，并有望加快全球向清洁能源系统转型的步伐。中国的清洁能源发展、技术出口和对外投资规模是其成为全球低碳转型关键决定因素的背后驱动力。

5. 页岩气革命引领美国迈向能源出口之路

页岩气革命使得美国油气产能大幅提升，这使得美国油气产量比任何其他国家产量都高出 50%的水平。美国已经是天然气净出口国，且将在 2020 年左右成为石油净出口国。大规模的出口扩张已在北美地区产生了广泛的影响，掀起石化行业和其他能源密集型产业投资热潮，重塑着国际能源贸易秩序，挑战现有的能源供应国和商业模式。

6. 电动汽车蓬勃发展但石油时代远未结束

到 2025 年，美国石油产量将占到全球石油供应增量的 80%，从而维持近期石油价格下行态势，使得消费者暂时还无法找到停止使用石油的理由。新政策情景显示，到 21 世纪 20 年代中期，石油需求仍将保持强劲增长态势，但之后将显著放缓，到 2040 年全球石油需求预计将达到日均 1.05 亿桶。激励政策和基础设施支持将会加速电动汽车在全球范围内部署扩张，到 2040 年预计保有量将达到近 9 亿辆。尽管客车市场正在快速转型，但想要让全球石油需求见顶则需要在其他行业采取更强有力的政策措施。否则，在低油价环境下，消费者几乎没有任何经济动力来放弃石油的使用。

7. 液化天然气正在塑造全球天然气市场新秩序

在新政策情景下，到 2040 年天然气将占到全球能源需求增量的四分之一，成为继石油后的全球第二大燃料。美国液化天然气（LNG）出口正在加速全球天然气市场转型，催生了天然气市场新秩序的建立，即形成一个灵活性更大、流动性更强、全球化程度更高的新市场。到 2040 年，LNG 将占到长途天然气贸易增长的近 90%。天然气供应也将变得更加多元化：到 2040 年，全球 LNG 工厂数量将会翻一番，主要新增工厂来自美国和澳大利亚，其次是俄罗斯、卡塔尔、莫桑比克和加拿大。

8. 能源普及、污染控制和减排目标尚未实现

当前电力普及仍未实现，因此扩大清洁烹饪设施的使用范围也极具挑战。在新政策情景中，到 2030 年仍将有约 6.75 亿人（其中 90%在撒哈拉以南非洲地区）无法获得电力服务（当前是 11 亿人），23 亿人继续依赖生物质、煤炭和煤油进行烹饪（当前是 28 亿人）。到 2040 年，非清洁燃料的使用过程产生的空气污染造成的全球过早死亡人数依旧会从现在的 300 万人增加到 400 万人。尽管近两年与能源相关的二氧化碳排放处于稳定状态，但在新政策情景下，到 2040 年排放仍将有所增加。

9. 采用综合方法缩小与可持续发展目标的差距

根据可持续发展情景的综合分析，可再生能源和能效提高是推动低碳转型、减少污染物排放的关键机制。要想获得经济高效的结果，就要充分考虑可再生能源和能效之间的相互协调、统一政策和市场框架——尤其是在居民生活领域；将高效电器与分布式可再生能源相结合，从而在扩大电力普及和清洁炊事方面发挥更重要作用，特别是在电网难以覆盖的农村地区和偏远山区。

10. 天然气有助于能源系统转型

随着石油和煤炭需求回落以及可再生能源的强劲增长，天然气成为可持续发展情景中全球最大的单一燃料。确保天然气利用带来清新气候效益取决

于可靠的行动，以尽量减少甲烷泄漏到大气中。IEA 首次对全球每年减少约 7600 万吨甲烷排放量的成本进行了分析，结果表明，这些排放量的 40%～50%可以在没有净增成本的情况下得到削减，因为所捕获的甲烷价值可以抵消实施减排措施的费用。在新政策情景中，上述的措施可以限制全球气候升温，促进关闭中国的燃煤电厂。

11. 全球能源转型深刻影响能源未来投资前景

在新政策情景中，在能源供应侧和终端消费的投资累计将会达到 60 万亿美元；在可持续发展情景中则会达到 69 万亿美元，清洁能源技术和能效提高的投资占比都会不断增加。保持正确的定价信号和政策框架包括逐步取消造成化石燃料浪费性消费的补贴政策。与社区、市政和私营部门倡议一样，精心设计的政策仍是追求更加美好能源未来的必要条件。

中国科学院武汉文献情报中心　郭楷模

2018 年 1 月 21 日

国际能源署展望全球能源转型发展方向

2016 年 11 月 16 日，国际能源署（IEA）发布《世界能源展望 2016》报告，采用情景分析法对全球及主要地区到 2040 年能源需求和转型进行了展望和深度分析，要点如下。

全球能源需求将持续增长。到 2040 年全球能源消费需求将增长 30%，主要由新兴经济体驱动，而经济合作与发展组织（OECD）国家能源消费总量呈下降趋势。天然气消费量将持续增加，到 2040 年将上涨 50%。石油消费需求增速将放缓，但到 2040 年日均消耗量仍将超过 1.03 亿桶，亚洲发展中国家石油消费量到 21 世纪 30 年代中期将超过 OECD 国家。

能源投资向可再生能源倾斜。预计到 2040 年全球能源累积投资总额将达到 44 万亿美元，其中 60%流向石油、天然气和煤炭的开采、供应及发电；另有近 20%投向可再生能源。而 2000～2015 年近 70%的资金都投向化石燃料。

可再生能源成为主要电力来源。到 2030 年前可再生能源将成为全球最大的电力来源，而到 2040 年将近 60%的新增电力装机来自可再生能源，届时大多数可再生能源在没有补贴的情况下也极具成本竞争力。电力行业呈现出更为明显的低碳特性，到 2040 年电力生产的平均碳排放强度会降低到每度电 80 克，而当前是每度电 515 克。

电力系统结构性改革解决弃风弃光问题。发展需求侧响应和储能对于避免弃风弃光问题至关重要，可以把弃电量限制到风力和太阳能年均发电量的 2.5%以下，从而为电力行业的深度低碳化铺平道路。

提高电机能效对减少电力消耗意义重大。预计工业部门只需新增 3000 亿美元的能效技术投资就足以把 2040 年全球电力消费需求减少约 5%，同时减少 4500 亿美元的发电投资。

电动汽车快速发展。到 2025 年电动汽车保有量将会超过 3000 万辆，到 2040 年会超过 1.5 亿辆。如果能够进一步推广和加强政策支持，预计到 2040 年全球电动汽车保有量将达到 7.15 亿辆。

原油市场复苏之路崎岖不平。2015 年获得开采批准的常规原油资源量跌到 20 世纪 50 年代以来的最低水平，且 2016 年也未显示反弹迹象。全球原油市场都在关注美国页岩油在面对当前市场下行所表现出来的惊人抵抗力。如果 2017 年原油上游投资依旧低迷，那接下来几年传统能源的供应将面临重大风险，若低迷状态维持到 21 世纪 20 年代，那么全球石油再平衡就变得愈发不可能。

全球天然气市场正在崛起。到 2040 年，天然气需求年均涨幅为 1.5%，届时液化天然气贸易量将翻番。目前天然气市场已供应过剩，并还有 1300 亿立方米液化天然气产能正在建设中。随着美国液化天然气进入全球天然气贸易市场数量的增加，以及其他新兴天然气出口国的出现和页岩气革命继续扩张，全球天然气供应将愈加多元化。

煤炭发展举步维艰。到 2040 年全球煤炭消耗所占比重将从当前的 75%跌至 45%。到 2040 年，欧盟和美国的煤炭需求分别会下降超过 60%和 40%；相反，新兴经济体（主要是印度和东南亚国家）对煤炭的需求将会增多；而中国煤炭需求预计下降近 15%。

能源与水资源关系愈加紧密。到 2040 年能源行业的用水将会再增加 60%，而水资源行业的能源消耗量预计将增加一倍以上。

可完成减排承诺但不足以实现 2℃目标。总体上，各国能够按计划完成《巴黎协定》中承诺的碳减排目标（把全球二氧化碳排放增量限定在年均 1.6 亿吨），但距离实现 2℃目标还有较大的差距。受到经济转型影响，中国能源密集型工业部门的能源需求逐渐减弱，且减弱趋势预计将持续到 2040 年，并拉低中国工业煤炭消费量。届时，中国几乎所有的新增发电量都来自煤炭以外的能源，煤炭在发电量中的占比会从当前的近 3/4 降低到 2040 年的不足 45%。

中国科学院武汉文献情报中心　郭楷模

2016 年 12 月 20 日

欧盟智库提出应对产业转型挑战和创新政策要点

2017年12月12日，欧盟联合研究中心（JRC）发布政策短评《创新与产业：未来十年的政策》，旨在支持2020年以后欧盟科技创新政策的制定。世界的产业格局正在快速调整，创新正在转型产业和社会，报告总结了产业转型需要应对的、将塑造未来经济图景的七大挑战，并提出欧盟未来创新政策制定中需关注的问题。

一、产业转型需要应对的七大挑战

1. 升级和更新产业基础

欧盟产业面临两方面的问题：一是需加强信息和通信技术（ICT）产业，支持ICT产业全球领先企业的出现；二是要保障更多的传统产业部门从数字转型中获益。欧盟拥有众多制造业领域的全球领先企业，未来需加强数字技术的采纳和开发来获得更大的成功。欧盟还需要支持重要产业部门吸收新技术和更新商业模式，同时抓住新技术机遇，创造新产业部门并促进其成长。

2. 数字革命

数字革命为创新带来了新的机遇，也有望推动社会经济影响的倍增，因此需要有清晰的数据保护、加工和存储策略，并更多更好地利用数据。数据的充分利用需要开发用于系统评估的可操作的计量方法。数字革命也有助于更好地把握非研发无形资产对企业竞争力的作用。对企业无形资产的支持和保护是实现知识的全部社会经济效益的关键，而非研发无形资产的特性、测度和影响等需要更深入的研究。但产业转型和数字化的大部分例证来自美国，为保证政策制定的针对性和效率，欧盟需要更多的本土政策，以及新的理论和实证方法来指导和评估创新活动，使得产业转型与欧盟更广泛的社会经济目标相协调。

3. 创新的动态性和差异性

由于创新的动态变化特性，需要不断加强对创新过程的理解，探索政策制定的新思路。产业部门间的创新差异是必然存在的，同一产业部门内企业的创新战略也存在差异性，这与商业模式及企业运营的具体产品领域相关联。为此应深入研究这种差异性，以制定最有效支持特定行业或技术的政策组合。欧盟竞争力提升的一大障碍是，未能在整个经济环境中发现和传播最佳经验，并了解新的创新型企业发展所面临的制约因素。

4. 静态效率与动态效率

效率已经成为一个动态而非静态的概念。当企业通过引入新产品和工艺来降低成本，或随着时间的推移改进产品时，获得的是动态效率。由于静态效率更容易被衡量，动态效率没有得到应有的重视。动态效率的获得往往需要有足够数量的大企业创收并进行大笔投资，同时有大量小企业在产业细分领域中创新。动态效率的实现也与市场竞争相关联，产品市场的过度竞争会降低创新者的回报，从而影响创新的积极性；产品市场过度集中，大型企业就可能抢占市场，使得其他企业无法追赶从而制约创新。为此，需要深入研究这些动态特征，包括如何保证活跃在国际前沿的高生产力企业对其他企业产生溢出效应，以及避免资源和知识过度集中等。

5. 国际化与企业间合作

知识、生产和消费市场越来越分散并跨越国界，带来了机遇和新挑战。许多新技术在多个行业都有应用，形成日益复杂的系统，没有任何一个国家或企业能够主导整个价值链。在新的“多极化”范式中，企业可以从不同的研发合作策略中获益，但不同部门和价值链的创新与生产过程存在很大差异，故合作策略不能一成不变。国家与地区研发能力的巨大差距也可能阻碍企业充分把握国际市场参与所提供的机会。

6. 产学研合作

实现大学与企业的成功合作存在诸多挑战。例如，大学需要加强对商业环境的了解、推动公共基础研究、促进知识的转移和研究成果的商业化；企业需加强与学术界的互动来获取知识带来的巨大潜力。公共科研经费的削减可能会产生不可预见的负面影响，造成国家和区域研究能力的削弱，并忽视长期目标与基础研究。为此，公共研究绩效的评估标准需加以调整，应更注重长远的社会影响。为加强区域与国家间的合作和技术开发，需加强合作性资助，并利用超国家的公共研究议程和基础设施。

7. 创新与就业

研究表明，创新与就业不具有直接的联系，技术可能会对就业产生负面影响，但也孕育出新的工作岗位。因此除了需要确定可能的负面影响，关键在于理解未来的技能需求，如何有效地分配人力资本以维持高技术环境等。

二、未来十年创新政策需关注的要点

1. 要有真正全新的政策视野和目标

重新考虑欧盟的研究与创新政策，提出基于学习和实验的长期愿景，新的研发框架应支持三个直接目标：一是支持“服务科学的科学”，二是支持面向国家战略任务的“服务社会的科学”，三是支持“服务产业的科学”。此外，创新政策的制定，首先应明确国家所担当的角色，是只发挥“维修店功能”，还是需要一个“国家创新的新角色”。事实上，政策不仅要调节市场系统失灵的问题，同时国家作为生产者也要填补市场空缺，避免负面的市场效应。此外，欧盟创新政策应有助于扭转不平等扩大的趋势，促进包容性创新等。

2. 着力促进政策的协调和简化

欧盟的研究与创新政策存在诸多协调问题、立法挑战和问责问题。与国家干预措施相比，区域政策对当地的情况更为敏感和高效，为此需协调国家和区域的能力、优势和重点，并在各级利益攸关方和决策者中达成共识。此外，总是有充分的理由提出新的政策工具，而取消或替代现有的政策工具面临很多困难，造成工具越来越多。如今欧盟的政策工具已经太多，为此需简化政策工具，应至少减少 1/3 的研发资助计划和工具。

3. 制定欧盟特色的政策

企图复制硅谷成功经验的创新政策已经产生了诸多的失败案例，在美国也是如此。为此应该注重把欧洲的“弱点”转化为优势，针对欧盟的特殊条件量身定制特色的研究与创新政策。这也需要率先提出不同的工具来应对不同的挑战，需要将产业创新的具体情况纳入基于共同欧洲愿景的量身定制的政策。

4. 重视政策实验

政策制定中强调因果关系，但要在实验框架之外描绘因果关系并且提出合理的政策建议是非常困难的。因此需要在政策制定、试验性政策实施中进行设计性考虑，并进行适当的数据收集，从而支持开展大规模的政策实验，来描绘因果关系、进行预测性分析，并支持政策行动的监督和评估。

中国科学院科技战略咨询研究院 王建芳

2018 年 1 月 21 日

联合国环境规划署发布《迈向零污染地球》报告

2017 年 12 月 4～6 日，第三届联合国环境大会在肯尼亚召开。本次会议以“迈向零污染地球”为主题，会聚全球环境领域的最高决策者和各界代表共同商议全球行动应对当前的环境挑战。联合国环境规划署提交了一份题为《迈向零污染地球》的报告，提出针对重点污染物和关键环境领域的 50 条行动建议。

1. 大气污染领域

（1）根据世界卫生组织的空气质量指南制定各国家、地方和区域层面的空气质量政策和战略；

（2）向空气质量监测网络、评价系统、机构能力和信息披露领域投资，以补足能力、数据、信息和公众认知方面的差距；

（3）减少主要工业和生产来源的污染排放；

（4）采取和执行更先进的车辆排放标准；

（5）开发、采用电动和混合动力车辆；

（6）提供城市公共交通和非机动交通基础设施；

（7）增加对可再生能源和能源效率的投资；

（8）提供清洁烹饪燃料和绿色住宅供暖技术；

（9）保护和恢复生态系统以避免侵蚀、火灾和沙尘暴；

（10）减少农业生产的氨和甲烷排放；

（11）划定、扩大城市绿地；

（12）加强政府和企业的气候变化活动以更好地应对区域污染；

2. 水体污染领域

（13）加大废水的处理、回收和再利用，到 2030 年将未处理废水排入淡水水体的总量至少减少 50%；

（14）通过并执行国家层面的淡水生态系统管理准则，以保护和恢复有助于净化水质的湿地和其他自然系统；

（15）在地表水和地下水中建立、改进和协调（现场）水质和水量（流量）监测系统；

（16）确定国家水体质量标准，以探测水资源的状况，并确定与人类和生态系统健康有关的机会和风险；

（17）改进数据收集和分享，建立数据质量保证和控制能力，向公众免费提供水质信息；

（18）到 2030 年，为所有人提供安全的饮用水和卫生设施；

3. 土地/土壤污染领域

（19）采用生态农业实践和病虫害综合管理，制定化肥减少使用和有效利用指南及环境友好型农药指南；

（20）减少来自工业的重金属等点源污染，以及来自农业的包括农药和肥料低效利用等的面源污染；

（21）减少在畜牧业中使用抗菌素（包括抗生素），以避免其意外排放到环境和食物链中，提高其研发的公众认知和国际合作；

（22）构建尾矿坝设计、建造，运行和关闭的全面知识体系；

（23）修复受污染的地点；

（24）在工业企业关闭后进行长期的环境监测；

4. 海洋和海岸污染领域

（25）不向海洋排放未经处理的废水，减少农业系统含过量养分的径流流入海洋环境；

（26）恢复和养护沿海生态系统和湿地，以减少进入沿海和海洋环境的过量营养物和其他污染物，如重金属等；

（27）预防和减少包括微塑料在内的海洋垃圾，协调监测和评估方法，以促进减排目标的实现；

（28）减少或淘汰使用某些类型的塑料（如包装、一次性塑料）并促进其回收；

（29）制定有效的治理框架与战略以预防和尽量减少海洋塑料垃圾，特别是陆地来源的海洋塑料垃圾的产生，使生产者对其产品的可持续设计、回收、再循环和无害环境处置更加负责；

（30）管理放射性废物在海洋中的泄漏；

（31）在沿海地区建立废物收集系统，建立海洋垃圾监测计划，来为上游干预措施提供信息；

5. 化学品和废弃物领域

（32）在行业方法、政策和实践中采取合理的化学品管理措施、促进实施可持续化学；

（33）改进现有危险废物越境转移法规的执行，特别是从发达国家到发展中国家有毒废弃物转移的管理；

（34）加大努力部署当地安全、有效、负担得起和无害环境的化学品替代品，包括滴滴涕、多氯联苯、石棉、铅和汞的替代品；

（35）在国家一级，协调一致地加快实施《巴塞尔公约》《鹿特丹公约》《斯德哥尔摩公约》《水俣公约》《国际化学品管理战略方针》；

（36）建立和加强污染物排放及转移登记制度以衡量化学品排放进展，并提供基础数据；

（37）为消费品在其整个生命周期中的影响提供可靠和有效的消费者信息；

（38）引入生态标签计划；

（39）引进生产者责任制度以收集、处理和安全回收生产和消费过程中产生的废物；

（40）提高产品在其生产、使用、消费和处置等整个生命周期中有关化学品的知识；

（41）延长产品寿命；

（42）减少在电池回收、陶器、弹药、涂料和污染场地中的铅暴露；

（43）到 2020 年停止在若干特定产品中使用汞，并在 2025 年之前淘汰其制造工艺，逐步淘汰在牙科汞合金和采矿业中利用的汞；

（44）逐步淘汰石棉的生产和使用，并确保其妥善处置；

（45）加速努力消除多氯联苯，以达到《斯德哥尔摩公约》在 2025 年前逐步淘汰这些物质的规定，并在 2028 年前完全处置这些物质；

（46）增加公众可获得的信息，改善环境、人体及严重污染地区中化学物质的监测数据；

（47）通过国家和地方层面政策和法规的制定实施，最大限度地减少废物产生，改善其收集、分离、再利用、回收和最终处置；

（48）消除不受控制的废物倾倒和露天焚烧；

（49）增加废物中物质和能量的回收、循环利用；

（50）减少整个食品价值链中的食物浪费，包括减少消费者层面的食物浪费。

中国科学院科技战略咨询研究院　邢　颖

2018 年 1 月 21 日

法国支持中小企业发展创新技术与绿色技术

2017 年 12 月 26 日，法国环境部，经济部，高等教育、研究与创新部，商务投资署等国家部门与法国国家投资银行、法国环境与能源管理署等国家资助机构联合发起“创新竞赛”计划。该计划支持中小企业与初创企业开展以创新技术与绿色技术为主的研发项目，促进相关领域领军企业的产生，刺激法国经济的增长。

一、“创新竞赛”计划的背景

法国的中小微型企业是指从业人员在 250 人以下，年产值在 5000 万欧元以下的企业。中小企业的活力与创新能力为法国经济发展提供了新的可能。为支持中小企业的发展，法国通过国家投资银行提供资助、贷款、担保、基金等支持手段。法国还先后实施了“创业大奖赛”“数字创新竞赛”等计划对交通、能源、循环经济、数字技术应用等方面的创业与创新项目进行资助。为延续对中小企业的扶持，同时拓宽支持面，加强支持力度，法国此次提出“创新竞赛”计划，从八大优先方向遴选最具发展潜力的创新项目。

二、“创新竞赛”计划的八大优先方向

1. 数字化技术

主要支持在人工智能与数据处理，区块链技术，物联网与工业互联网，

增强现实与虚拟现实，仿真、建模与 3D 成像等方面带来重大进展的项目。

2. 健康技术

主要支持患者治疗方案研究，对特定病症的全面与长期管理，在国家管理的市场范围内提供技术解决方案与服务等，重点关注抗生素耐药性研究、生物制药解决方案、手术技术创新等内容。

3. 城市安全与网络安全

主要支持智慧城市的安全保障、大型体育与文化活动所在公共场所的安全保障、旅游线路的安全保障、危险产品的实时监测、应用增强现实技术的警务部署、网络安全体系中的连接对象、应用于安全分析的人工智能与大数据项目等。

4. 法国制造

主要支持增材制造（3D 打印）、自动化、智能装备、机器人、新材料、工业系统与人机界面的安全性等新技术与新服务。

5. 可持续发展的交通

主要支持提高公路、铁路、水路运输效能，降低温室气体排放的技术与服务，开发清洁能源汽车、无人驾驶汽车，建设配套基础设施等。

6. 创新农业

主要发展兼顾经济、环境、社会和健康效益并满足社会期望的新型农业、水产养殖和林业生产系统，目的是通过创新技术减少农业生产对环境的影响。

7. 陆地、水生与海洋系统的保护

主要应对生物多样性的减少、气候变化的影响、城市与土地的可持续发展、水资源与水生环境的管理等挑战，支持保护土壤生物多样性、恢复已退化的土壤环境、保障水质与农业生产、处理水资源污染问题、共享环境监测数据等内容。

8. 可再生能源与能源存储

主要支持可再生能源生产、存储与管理的方法，技术与工业解决方案创新，例如开发能源混合技术，开发针对不同用途与时间尺度的可持续能源存储解决方案等，服务于能源低碳化的目标。

三、“创新竞赛”计划的资助模式

“创新竞赛”计划将由法国大规模投资计划提供 3 亿欧元的资助。大规模投资计划是法国在 2017 年 9 月宣布实施的 5 年计划，将融资 570 亿欧元，通过公共投资引导各界应对重大社会挑战，帮助法国向新的经济增长模式转型。大规模投资计划主要支持生态转型、扩大就业、鼓励创新与数字化发展四大优先领域。

“创新竞赛”计划将通过政府补助与预付款的形式补贴企业的研发成本，其中对小型企业的成本补贴不超过项目总成本的 45%，对中型企业的补贴不超过项目总成本的 35%。申请项目的研发成本应控制在 60 万～500 万欧元。国家对入选项目的支持周期为 1～3 年。项目依据所属领域，由相关的国家资助机构招标并资助。其中，数字化技术、健康技术、城市安全与网络安全、法国制造等 4 个优先方向的项目由法国国家投资银行负责；可持续发展的交通，创新农业，陆地、水生与海洋系统的保护，可再生能源与能源存储等 4 个优先方向的项目由法国环境与能源管理署负责。

中国科学院科技战略咨询研究院　陈晓怡

2018 年 2 月 28 日

美智库发布《美国机器智能国家战略》报告

2018 年 3 月 1 日，美国战略与国际研究中心（CSIS）发布《美国机器智能国家战略》报告。报告提出，美国需要一个全面的机器智能国家战略，以保持美国在机器智能领域的优势并推动其在国防、教育、医疗等方面的应用和发展提供指导性的原则框架，从而实现促进机器智能技术安全、负责任的发展，并保持美国在机器智能全球领导地位两个关键目标。

一、机器智能与人类智能互补

2010 年以来，互联设备数据激增和计算能力大幅改进为机器智能的繁荣发展创造了必要环境，为新型机器学习技术——深度学习的出现创造了条件。深度学习技术比其他的机器学习更准确可靠，因此更适合商业应用。1996 年以来，机器智能相关论文的发文量增加了 9 倍。最近几年，机器智能在目标检测与语音识别领域的表现已经达到甚至超过人类的水平。机器智能将根本改变社会，但其将补充而非取代人类，机器智能与人类智能互补。

（1）人类智能。来自对外界的观察、进化以及文化等；在突发的嘈杂和不可预测环境中表现良好；胜任需要判断力、创造力、同情心、与他人互动、多领域经验的工作；具有多领域知识的转化能力和泛化能力。

（2）机器智能。来自数据和算法；在与历史数据相一致的可预测环境下表现良好；胜任相对狭窄领域需要高效、精准的工作；能够处理的问题范围具有很强局限（如，用于语言翻译的算法无法识别图像中的目标）。

单个机器智能算法只能执行单一功能，一系列的机器智能算法系统也只能相对独立地工作，此外，机器智能不适用于执行缺乏历史数据的任务。目前机器智能系统胜任两类自动模式匹配识别工作：第一类是影像识别与语音翻译这种程序化的重复性工作；第二类是大数据的实时分析。

二、机器智能将深刻影响经济与社会

随着企业大力投资开发或购买机器智能技术应用，机器智能的第一波经济影响已经显现。谷歌和百度等科技巨头仅在 2016 年就为创建和部署机器智能投入近 300 亿美元。其他行业也在大量投资，丰田和福特 2017 年分别投入了 10 亿美元研发自动驾驶汽车。2017 年，全球机器智能早期产品和服务收入达到 125 亿美元，风险投资和私募股权投资超过 60 亿美元。2021 年，全球机器智能软硬件和服务收入将达到 580 亿美元。未来 5～10 年，机器智能对经济的影响将迅速扩大。

随着企业从开发机器智能技术和销售机器智能消费产品（如，亚马逊的 Alexa 和自主无人机）转向采用机器智能系统，将产生新一波的经济影响，其作用与 20 世纪 90 年代全球互联网的使用类似。除经济领域外，机器智能将为消费者提供更多选择，更便捷、个性化的商品与服务；提高医疗护理水平；为污染、气候变化等全球挑战提供解决方案。

机器智能影响的广度和规模将超过此前的历次技术革命，并可能改变全球。韩国、日本、中国、加拿大、英国等许多国家已经做出重大决策，发布相关战略，投入机器智能研究与开发，力图抓住机器智能发展浪潮，并赶超美国。机器智能将带来全球经济与军事实力的再平衡。

三、美国机器智能国家战略的建议

机器智能国家战略可以为美国提供一个政策制定和投资平台，以确保机器智能的发展进程与美国的目标、规范和价值观保持一致。美国在机器智能经济和技术领域处于领导地位，不仅要投资机器智能研究前沿，而且要提前对这些技术的多变性进行规划。美国当前正处在有史以来最为关键的时期，为避免在“机器智能革命”中落后，美国需要制定协调一致的国家战略，涵盖研发和产业化及其社会影响。

1. 持续投资机器智能技术研究和开发

资助私营机构不太可能支持的长期基础研究；投资机器智能使能技术开发；确保美国政府获得由私营部门开发的尖端技术；确保国防部和国家安全联盟在机器智能系统开发和部署中不落后。

2. 发展机器智能时代所需劳动力

扩大计算机科学特别是机器智能方向的学位计划；对下一代投资通用的基本数字化能力；再次强调软技能的发展和通识教育的重要性；组建美国教育部工作组，研究机器智能对国家教育系统的长期影响；创建积极吸纳外国人才的移民系统；激励企业为其在岗员工的继续教育投资；为在岗和未来的工作人员提供继续教育的机会；加强社会保障，支持处于进入机器智能社会过渡期的员工。

3. 提供灵活开放的数据系统促进机器智能繁荣

保证机器智能的开发者和使用者可以接触到美国政府的数据系统；与美国州政府和地方政府以及外国政府合作，开放数据集以供民用；构建数据集的使用标准和分类标准，保证开源数据是机器可读的，并可以进行协同操作；在保护数据隐私和数据安全性的前提下，鼓励私企进行数据共享，并进行新的应用；保证数据使用的本土化。

4. 制定有效的公共政策促进机器智能的采用并减少障碍

激励企业投资可支持机器智能的信息技术现代化；指导规则制定者与私营部门自愿协商需要采取的关键措施，减少规则的不确定性，并支持机器智能安全负责任地跨部门采用；组建法律与技术专家委员会，检查美国法律核心原则对机器智能的适用情况；为法官与律师制订关于机器智能技术的培训计划，以及法律援助对机器智能的适用性。

5. 制定机器智能危险主动管理策略

通过立法组建美国机器智能顾问委员会，为商务部机器智能管理提供建议；为机器智能安全负责任地使用提供技术和政府标准；面对突发事件时，保证公司对机器智能的发展与部署有明确的预期；与企业协商，为机器智能提供灵活的测试领域；吸引企业领导者，为机器智能时代设计全球可行的隐私权。

6. 建立战略合作伙伴关系促进全球机器智能技术发展

通过国际合作，发展机器智能新科技；利用盟友在机器智能使能技术上的优势；与发展中国家构建数据资源合作关系；加强参与国际技术与标准组织，塑造机器智能技术的全球发展轨道。

中国科学院科技战略咨询研究院　张秋菊

2018年3月9日

美国 2018 年科技政策的十大看点

2018 年 1 月 11 日，美国物理联合会预测 2018 年美国科技政策有如下十大看点。

一、联邦科研资助的不确定性

2018 年，美国国会将延续一贯作风，拖延通过联邦政府的预算决定。美国 2018 财年预算起始时间是 2017 年 10 月 1 日，但是到 2018 年 1 月底仍然悬而未决。特朗普总统 2017 年 5 月向国会提交的《2018 财年预算请求》提出大幅削减科研机构开支以增加国防开支，两党谈判的结果可能是国防和非国防开支都大幅增加。据国会共和党议员最新提议，2018 财年国防与非国防开支将分别增加 720 亿美元和 450 亿美元。即使最终国会增加 2018 财年联邦政府预算规模，特朗普 2019 财年预算请求很可能再次提出大幅削减非国防机构预算。这预示着 2018 年联邦科研资助将重复 2017 年的警报，充满不确定性和对抗。

二、联邦科研活动和科研队伍的活力

在特朗普政府的领导下，2017 年美国联邦机构的科研活力与政治独立性受到非议。环保署引起特别关注，署长 Pruitt 解雇了该机构科学顾问小组多名成员，并质疑环保署早先利用科研结果制定相关环保法规的程序。2017 年秋，政府问责办公室表示将对联邦机构科研诚信状况进行调查，2018 年公布的调查结果或许能揭示出局势的严重性。这不仅关乎联邦机构是否合规或违背诚信，也关乎联邦机构科学家是否需要进行自我审查以及科研队伍的士气。按照白宫的要求，2018 年初联邦机构将实施裁员计划，联邦机构是否仍能吸引和留住人才的相关问题将更加凸显。

三、联邦科研机构领导职位的空缺

特朗普 2017 年下半年加快了联邦科研机构领导人的提名，但许多高层职位仍有空缺。目前，特朗普还未提名白宫科技政策办公室主任人选，按照惯例白宫科技政策办公室主任兼任总统科技顾问，负责协调联邦跨部门科技计划。目前尚不清楚特朗普 2018 年是否打算填补这一空缺或任命总统科技顾问委员会。此外，能源部科学办公室主任、地质调查局局长也未获总统提名。2017 年提名的国家航空航天局局长、国家海洋与大气管理局局长和国家标准与技术研究院（NIST）主任中，只有 NIST 主任已通过国会参议院任命程序，而未通过国会任命程序的联邦机构领导人尚无权制定新的研发策略和确定新的研发方向。

四、科研的诚信与透明性

关于科研成果质量的对话在多个领域日益激烈。2017 年，美国国家科学院发布了《关于科研不端行为》报告，指出了“有损”研究质量的主要做法。科学界广泛赞同“曝光”是最好的消毒剂，并提高对“开放科学”实践的关注。2018 年，美国国家科学院将发布《开放科学》报告和《研究结果可重复性与可复制性》报告。联邦资助机构和国会也将重视这一问题，最直接的政策变化将来自科学界内部，特别是期刊可能会要求研究人员增加数据、材料和方法的访问途径。

五、政府在能源创新方面的作用

特朗普政府制定的能源创新政策呼吁降低政府对能源技术开发和商业

化的支持，一直寻求大幅削减能源部应用能源办公室预算并提议撤销先进能源计划署。国会议员们在多大程度上赞同特朗普的提议要到国会最终通过 2018 财年拨款时才能看清。有多名共和党议员和民主党议员都支持在创新各阶段建立公私合作伙伴关系。即使能源部应用能源办公室与先进能源计划署 2018 财年拨款未受影响，2018 年这样的对话仍将异常激烈。

六、气候科学的困境

特朗普政府 2017 年已降级气候科学在国家政策中的重要性。环保署署长 Pruitt 已提出“红队、蓝队”实验，即分别组织反对和支持人为气候变化论的科学家组成团队进行对比研究，回答科学家们对气候变暖究竟知道什么、不知道什么的问题，2018 年秋研究将完成。虽然特朗普已请求大幅削减气候变化研究计划，多个政府网站已删除气候变化信息，但美国全球变化研究计划仍维持数十亿美元的预算，国家气候评估也未受政治干扰而继续推进。特朗普已签署法律授权国家海洋和大气管理局（NOAA）启动次季节预报服务新前沿探索。2018 年，气候科学面临的问题包括政府是否会废除环保署在奥巴马时代制定的温室气体法规，推翻温室气体危害公众健康的科学发现，以及气候研究经费是否会继续被削减。

七、科研基础设施受到关注

因白宫和国会考虑着手振兴美国基础设施，科学界很可能推动科研设施成为其中的一部分。2017 年国会众议院科学委员会授权的《能源研究基础设施资助法案》是科研基础设施纳入国家基础设施计划的例证。除了全国性的国家基础设施计划外，许多联邦研究机构都在探索应对设施全生命周期管理相关挑战。特别是美国国家科学基金会在建设下一代设施与充分支持研究人员和现有基础设施维持之间难以平衡，目前正面临设施监督的巨大压力。为此，2017 年 12 月，NSF 任命了首位研究设施首席执行官，负责向 NSF 主任提出更好地支持中等规模设施项目以及做出巧妙撤资决定的建议。

八、美国在全球舞台的科技合作

特朗普政府 2017 年已宣布退出联合国教科文组织，与此同时又在加强建立双边合作关系。2017 年 9 月，美英签署了首份政府间科技合作框架协议。2017 年 11 月，国务院宣布 2018 年将与欧盟重新签署科技合作框架协议，并表示将继续参与欧盟“地平线 2020”计划之后的资助合作。但一些学者批评国务院未任命高级科技顾问，并警告政府的移民政策可能阻止留学生和科学家来美，中国将成为全球研发与创新力量，因而制定全方位的国际科技合作国家战略仍非常重要。

九、职业与技术教育

职业与技术教育（CTE）已成为特朗普政府推进科学、技术、工程与数学（STEM）教育的主要手段。白宫推动与私营部门建立学徒伙伴关系，美国国家科学理事会已成立工作组，重点是摸清美国熟练技术工人现状，以更好地理解“蓝领 STEM”。2017 年夏，国会通过了众议院提议的《帕金斯 CTE 立法》，授权扩大 CTE 计划。2017 年 12 月，众议院教育和劳工委员会批准通过的《高等教育改革法案》（HEA）也关注《帕金斯 CTE 立法》。参议院卫生、教育、劳工和养老金委员会也表示，2018 年初的首要任务是推动授权 HEA。

十、2018 年中期大选的科学家参与

特朗普政府对科学的立场激发了科学家更密切地关注政治和政策制定过程。2017 年 4 月全美科学家走出实验室，涌向华盛顿街头参加“科学大游行”行动。此外，越来越多的科学家正在竞选公职，与政治行动委员会合作在国会推动“支持科学”的议程。中期选举可能性指标表明，2018 年 11 月举行的中期大选中，国会众议院的领导权可能会转移到民主党。这虽然不太可能扭转特朗普政府的科技政策方向，但会改变国会的立法和监督议程。

无论如何，2018 年国会众议院科学委员会主席 Lamar Smith 将退休，2018 年其潜在继任者将会努力引起两党领导人的注意。

中国科学院科技战略咨询研究院　张秋菊

2018 年 2 月 28 日

美国发布《国家人工智能研发战略规划》

美国一直处在人工智能基础研究的前沿，2015 年美国政府针对人工智能相关技术的非机密研发投入约 11 亿美元的资金。美国白宫科技政策办公室于 2016 年 10 月发布《国家人工智能研发战略规划》报告，制定出美国人工智能研发的整体框架以及 7 项优先战略，以期充分利用人工智能技术来增强美国经济实力并改善社会安全。框架底层模块是影响人工智能系统研发最根本的基础，涉及伦理/法律/社会影响、安全问题、标准与基准、数据集与环境、人工智能人才需求等（对应战略 3 至战略 7）；框架中层模块表明发展人工智能所需要的长期投资领域，包括数据分析、感知、理论局限、机器人等（对应战略 1），以及需要人类与人工智能协作的领域，包括人类机能增进、自然语言处理、接口与可视化等（对应战略 2）；框架顶层模块展示出能获益于人工智能发展的众多应用领域，如农业、通信、教育、金融、安全、交通等。具体优先战略如下。

1. 战略 1：对人工智能研发进行长期投资

针对人工智能的下一代重点技术进行持续投资，如，用于知识发现的先进数据驱动方法、增强人工智能系统的感知能力、了解人工智能的理论能力和局限、开展通用人工智能技术研究、开发可扩展的人工智能系统、促进类人人工智能研究、开发更可靠的机器人、通过改善硬件提升人工智能系统性能、开发适用于先进硬件的人工智能系统等，使美国保持在人工智能领域的世界领导者地位。

2. 战略 2：开发人机协作的有效方法

大部分人工智能系统将与人类合作以达到最佳效果，而非代替人类。通过寻求具备人类感知能力的人工智能新算法、开发用于人类机能增进的人工智能技术、开发数据可视化和人机界面技术、开发更有效的自然语言处理系统等，实现人类和人工智能系统之间的有效交互。

3. 战略 3：理解和应对人工智能的伦理、法律和社会影响

研究理解人工智能的伦理、法律和社会影响，以期所有人工智能技术都能遵循与人类相同的正式与非正式道德标准。

4. 战略 4：确保人工智能系统的安全性

通过改进可解释性和透明度、建立信任、增强校验和验证、防攻击的安全策略、实现人工智能自演化中的安全性和价值一致性等，应对人工智能系统所存在的威胁，设计出可靠、可依赖、可信任的系统。

5. 战略 5：开发人工智能共享数据集和测试环境平台

公开数据资源的深度、质量和准确度将极大影响人工智能的性能。研究人员需要开发高质量数据集和环境，具体包括：为多类型的人工智能应用开发充足的可用数据集、使培训和测试资源适应商业和公共利益、开发开源软件库和工具集等。

6. 战略 6：建立标准和基准评估人工智能技术

基于标准、基准、试验平台和社会参与，指导及评估人工智能的进展，包括研制一系列人工智能标准、建立人工智能技术基准、提升人工智能实验平台的可用性等。

7. 战略 7：更好地把握国家人工智能研发人才需求

人工智能的发展需要一支强劲的人工智能研究人员团体。要更好地了解目前和将来人工智能研发对人才的需要，以确保有足够的专家参与人工智能研发。

中国科学院科技战略咨询研究院　张秋菊

2016 年 12 月 20 日

英国首相讲话承诺增加对研发和创业的支持

2016年11月21日，英国首相特蕾莎•梅出席英国工业联合会年会并发表演讲，承诺将强化政府产业发展战略，增加对研发的资助，改革英国的企业治理机制，具体措施如下。

（1）创造新的经济增长路径，在降低赤字同时，提高对国家基础设施的投资，吸引英国以外的投资。

（2）英国政府要在“脱欧”谈判之前花时间明晰英国的谈判立场，暗示“脱欧”时间将延迟到2019年。

（3）构建适应当代特点的国家产业战略，使每个人受益，既体现英国的战略优势，又要解决英国缺少长期资本投资、区域发展不平衡等潜在弱点。

（4）支持研发，到2021年政府对研发的公共资助每年将再新增20亿英镑；成立新的“工业战略挑战基金会”，直接投资于科学研究和特定优先技术的开发，帮助解决英国的创新商业化弱点；建立新的创新企业税收优惠制度，让利达到每年25亿英镑。

（5）支持创业活动规模化，强化政府对创新产品与服务的采购，改进小企业研究计划（SBRI），鼓励创新者和产业。

（6）改革企业治理机制，包括公司治理规则、高管薪酬、公司对股东的责任、确保员工来源的多样性和利益等内容建议。

中国科学院科技战略咨询研究院　李　宏

2016年12月20日

韩国发布科技应对雾霾战略

2016 年 11 月 11 日，韩国未来创造科学部、环境部、保健福祉部联合发布“以科技为基础的可吸入颗粒物应对战略”，提出三大措施。

（1）开发应对可吸入颗粒物的技术，包括解析可吸入颗粒物的产生与来源，迅速准确的监测技术、预报技术，能降低可吸入颗粒物浓度的系统等。

（2）加强技术产业化与国际合作，包括促进可吸入颗粒物应对技术的推广，建设联合应对可吸入颗粒物的协作系统，鼓励本国环保产品对外出口，主导可吸入颗粒物领域国际合作研究。

（3）确定与可吸入颗粒物相关的政府中长期研发投入优先方向，并完善与之相关的研发管理体系。为此将组建联合项目组，在 2017～2020 年内为开发应对雾霾的相关技术优先投入 423 亿韩元（约合 2.5 亿元人民币），并制定至 2030 年的可吸入颗粒物应对技术开发路线图。

中国科学院科技战略咨询研究院　任　真

2016 年 12 月 20 日

美国智库机构向特朗普政府提出能源创新政策及重点领域建议

2016年12月13日，美国信息技术与创新基金会（ITIF）发布报告，向特朗普政府和新国会提出了能源创新政策及重点研究领域建议。

一、美国能源创新的现状

报告指出，能源是国民经济的支柱之一。目前，清洁能源在全世界范围内发展迅速。2015年，清洁能源全球市场估值约为3000亿美元，这一巨大商机极大刺激了美国的国内经济发展以及对海外的能源出口。但在清洁能源技术研发活动中，亚洲国家走在前列。中国是世界上最大的太阳能板、电池及风力涡轮机制造商，并且在下一代清洁能源——核能的相关技术发展上也正在走向主导地位。美国在这场能源竞赛中不占优势，因为亚洲国家的竞争之道是用缺乏创新但是价格低廉的商品冲击市场。

在这一竞争中美国仍有胜算。通过进行能源领域创新和基础设施投资，美国可以扭转市场走向，创造很多高薪基础设施岗位，提升贸易顺差。同时，创新才是让清洁能源变得更加经济实惠的真正良方。在确保清洁能源广泛普及的基础上，强化美国能源安全、改善国内环境并保护国民健康，将为美国提供快速发展的基础。美国的大学及实验室已经初步研发出许多非常有前景的新技术。如，特斯拉（Tesla，电动车及能源公司）和First Solar（太阳能光伏模块制造公司）等企业已经成功将其能源产品推向市场。

但是，当前的美国并没有很好抓住能源创新的机会，具体表现为：

（1）联邦政府对能源研发的拨款相对于航空、卫生和国防等领域的研发投资规模很小。

（2）美国在能源研发方面的 GDP 投资占比落后于全球 11 个国家，中国在该方面的投资比例是美国的三倍多。

（3）美国能源创新领域的私人投资也比较薄弱。可再生能源领域的企业所获风险投资从 2008 年（当年为历史最高点，54 亿美元）以来一直处于下降状态，2015 年的投资总额仅有 22 亿美元。

二、对特朗普政府和新国会的建议

报告认为，特朗普政府及第 115 届国会应当将能源创新纳入国家战略，打破发展和应用新技术的障碍，广泛深入地推进机制改革，以增强联邦能源研发部门的商业化能力，提升纳税人的投资收益。

（一）建议一：改革资助机制，让投资带来更多收益

2016 财年，美国联邦政府在清洁能源领域的 64 亿美元资助分散在各个机构，但大约 3/4 集中在美国能源部（DOE）。未来联邦政府在进行资助分配时应聚焦重点，避免将资金花费在进度缓慢、前景不明确的项目上。为此，报告建议按以下原则资助：

1. 协调技术研发与基础研究的优先领域

DOE 和其他联邦研究部门可以效仿霍华德·休斯医学研究所通过针对研究人员进行资助而非项目资助的方式，来支持研究人员开展长期的能源科研项目。

2. 推动国家实验室增加商业化研发活动

DOE 17 个国家实验室的年度财政总预算高达 123 亿美元，科研实力雄厚，但在能源领域的研究较少。为推进与企业间的合作，国家实验室必须尽可能全面清晰地公开研究信息，同时增大对实验室主导的研发活动的支持，

在这种模式下实验室将有更大的选择空间。

3. 鼓励更多的私人资金投入能源创新产业

DOE 应持续支持建设清洁能源投资中心（CEIC），该中心帮助投资者链接联邦政府的资助重点，推荐产业技术发展的优先领域。包括 DOE 在内的政府机构应重点支持在能源领域的初创企业。

4. 支持能源创新示范项目

特朗普政府应该寻求通过联邦资助拉动私人投资的创新路径。扶持大型能源技术示范项目，包括成立联邦政府资助的独立经营能源公司、组织整合地区性能源试点项目、为私人投资进入试点项目提供便利条件、促进公私合作伙伴关系。

5. “需求拉动”与“供给推动”政策互补

DOE 并不会参与大规模能源生产，因此它不可能通过需求拉动自己的能源研发活动，而要依靠其他途径来促进研发。目前，通过税收刺激是比较可行的方案，它可以激励终端用户对新能源的使用意愿。在这一点上，各州、地方及公私合营企业将比联邦政府起到更关键的作用。

（二）建议二：关注六大技术创新重点领域

能源研发领域的六大技术创新重点方向应包括先进核能技术，太阳能技术，能源存储技术，碳捕获、利用和存储技术，先进冷却和热能存储技术，智能能源管理与运输技术等。

（三）建议三：增加能源创新资助

要推进能源创新必须加大投资力度并提升现有设施的运作效率。为此，美国应在未来 5 年内将国家能源研发资助经费增加一倍，即 5 年达到 135 亿美元，在六大技术创新重点领域投入 50 亿美元，其余资金投入技术示范项目、基础设施建设及其他研发领域。

报告还提出若干为政府能源投资收益的具体办法，包括征收碳排放税、收取能源和电力流量费用、出售部分国家原油储备、对石油天然气开采抽成、设立化石燃料出口费等。

中国科学院科技战略咨询研究院　李　宏　孔　媛

2017 年 2 月 13 日

日本智库专家评述对华直接投资新动向

2018年1月29日，日本科技振兴机构中国综合研究交流中心（CRCC）发表了日本经济学家、CRCC专栏学者露口洋介的文章——《日本对华直接投资动向》，通过分析近五年日本对华直接投资的动向，表明中国制造业的快速发展，扭转了日本对华直接投资逐年下降的趋势，中国制造具有较好的投资潜力和发展前景。

一、近年日本对华直接投资总量

根据中国商务部的统计，日本对华直接投资自2013年起大幅下降，尤其在2014年、2015年降幅分别达到38.7%、25.9%。直到2017年，对华直接投资才逐渐上升，结束了过去数年来的下降态势。根据日本银行的统计，2017年1～9月，日本对华直接投资额为7792亿日元（按当时汇率折算约467.6亿元人民币），较去年同期大幅增加16.3%。

需要指出的是，中日双方关于直接投资的计算方法不同：在外资收购企业股份方面，日本参考国际货币基金组织（IMF）的规定，将外资购买企业股份10%以上的行为即视为直接投资；而中国把外资购买企业股份25%以上的行为才视为直接投资，且上述结果只统计了在中国商务部注册的外商的投资行为，在中国银行业监督管理委员会注册的外国金融机构的投资行为并未纳入统计。

尽管统计结果略有不同，但可以确定的是，日本对华直接投资在2017年开始增长，扭转了过去若干年的下降趋势。

二、2017 年 1 ~ 9 月日本对华直接投资行业结构与收益

（1）从投资的行业结构看，在 2017 年 1～9 月的对华直接投资中，面向制造业的投资金额大幅增加，增幅达到 25.1%，大大高于非制造业（2.1%）的水平。其中，制造业下属的食品加工、化学医药、一般机械、电气机械、运输机械等行业中，运输机械和电气机械的直接投资金额增幅均在 50%以上，增长贡献率最大；虽然食品加工和化学医药的直接投资金额增幅较高，但由于投资总量低，其增长贡献率较小。

（2）从投资收益看，制造业的投资收益增幅为 10.6%，非制造业的投资收益增幅为 35.7%，而二者的增长贡献率比较接近。其中，在制造业下属的行业中，运输机械的投资收益增幅为 28%，加之日系汽车在中国的销售状况逐渐转好，未来将继续吸引大批投资；化学医药和食品加工的投资收益增幅最高，分别达到 118.2%、47.8%，但由于总量较低，其增长贡献率较小。

可以看出，在日本对华直接投资的行业结构中，制造业的直接投资金额和收益均处在较高水平，尤其以运输机械、电气机械为代表的新型制造业表现积极。

三、结　　论

过去若干年来，由于批发、零售等非制造业的收益相对较高，日本对华直接投资的重点逐渐由传统制造业向收益较高的非制造业转变。但是，此次统计结果显示，近年来日本对华直接投资开始重新关注中国制造业，尤其以运输机械、电气机械为代表的新型制造的投资吸引力和收益均处于较高水平。这种趋势与中国制造近些年的快速发展密不可分，运输机械、电气机械等新型制造表现突出，具有较好的投资潜力和发展前景。

中国科学院科技战略咨询研究院　惠仲阳

2018 年 2 月 28 日

英国发布未来 25 年环境计划

2018 年 1 月 11 日，英国环境、食品和农村事务部发布《绿色未来：我们改善环境的 25 年计划》，提出了英国政府在未来 25 年改善自然环境的行动举措，旨在为英国城乡提供更加清洁的空气和水，保护濒危物种，并提供更加丰富的野生生物栖息地。该计划要求英国农业、林业、土地利用和渔业采取一种将环境置于首位的发展方式。

一、目　　标

该计划旨在实现以下目标：清洁的空气；清洁和充足的水资源；繁荣的植物和野生动物；减少洪水和干旱等环境灾害造成的损害风险；更加可持续和高效地利用自然资源；美化自然环境、增加遗产保护及环保参与度。此外，计划还将通过以下措施来减轻环境压力：减缓和适应气候变化；尽量减少废弃物；管理化学品的环境暴露风险；加强生物安全。

二、关键领域政策措施

该计划围绕 6 个关键领域提出政策措施。

1. 可持续地利用和管理土地

（1）将“环境净收益”原则纳入发展规划中，包括住房和基础设施建设。

（2）改进土地管理方式，激励土地管理。包括：设计和提供新的环境土地管理系统；为水引入新的农业耕作规则；与农民合作有效地使用肥料；保护农作物，同时减少农药对环境的影响。

（3）改善土壤健康，恢复和保护泥炭地。包括：发展土壤健康指数（包括土壤中的腐殖质和生物活性等指标）；到 2030 年恢复脆弱的泥炭地，并停止在园艺产品中使用泥炭。

（4）扩大林地覆盖范围，确保现有林地能得到更好的管理，以最大限度发挥其效益。包括：支持新北部森林的发展；支持创建更大规模的林地；指定一种树作为“国树”。

（5）减少洪水和海岸侵蚀的风险。包括：扩大自然洪水管理解决方案的使用；建立更多的可持续排水系统；使系统更能抵御洪水。

2. 恢复自然和美化自然景观

（1）保护并恢复自然。包括：发布保护自然的战略；发展自然恢复网络；为重新引进本地物种提供机会；探索如何给个人提供持久保护的机会；提高生物安全，以保护自然。

（2）保护和美化自然景观。包括审查国家公园和著名自然美景区。

（3）在水资源利用方面尊重自然。包括：改革取水方法；增加水供应；鼓励提高用水效率；减少个人使用。

3. 连接人与环境，改善健康和福祉

（1）利用绿色空间帮助人们改善健康和福祉。包括：考虑如何通过心理健康服务提供环境治疗；通过自然环境促进健康和福祉。

（2）鼓励儿童在校园内外亲近自然。包括：帮助小学创造自然友好的环境；支持更多的学生接触当地的自然空间。

（3）绿化城镇。包括：创造更多的绿色基础设施；在城镇周围种植更多的树木。

（4）把 2019 年定为环保行动年。包括：帮助来自不同背景的儿童和青年参与自然，改善环境；支持 2019 年的绿色行动。

4. 提高资源效率，减少污染和废弃物

（1）到计划期结束时，实现资源效率最大化和环境影响最小化。包括：到 2042 年底消除所有可避免的塑料垃圾；减少食品供应链的排放；减少垃圾

和避免乱扔垃圾；改善残余废物管理；严厉打击非法倾倒垃圾者；减少废水的影响。

（2）减少污染。包括：发布清洁空气战略；控制燃烧装置和发电机的排放；发布化学品战略；尽量减少水体中化学污染的风险；确保可继续保持清洁的娱乐用水，并警告临时的污染。

5. 确保清洁、健康、具有生产力和生物多样性的海洋

在取消《共同渔业政策》（*Common Fisheries Policy*）时引入一项可持续的渔业政策。包括在允许海洋产业蓬勃发展的同时，实现良好的海洋环境状况。

6. 保护和改善全球环境

（1）发挥国际领导作用，以身作则。包括：应对气候变化；保护和改善国际生物多样性。

（2）帮助发展中国家保护和改善环境。包括：提供援助并支持灾难计划；支持和保护国际森林及可持续的全球农业。

（3）在全球环境中减轻生态足迹。包括：加强可持续发展；保护和管理灾害风险；支持零砍伐的供应链。

三、实施计划

（1）2018 年初启动碳商，建立一个新的、独立的法定机构，并制定一套新的环境原则来支持政策制定。

（2）制定一套评估 25 年目标进展情况的指标，并于 2022 年开始开展第二次“国家生态系统评估”类型计划。

（3）定期更新“25 年环境计划”，确保集中精力处理正确的优先事项，使用最新的证据做出更好的决策。

（4）通过更好的地方规划、更有效的合作以及从 4 个先锋项目（坎布里亚郡排水先锋项目、北德文郡景观先锋项目、大曼彻斯特城市先锋项目、海洋先锋项目）中学习经验，加强领导能力和执行能力。

（5）建立绿色商业委员会，为政府创造适当的条件来刺激环境创业提供

建议，与合作伙伴合作确定自然环境影响基金的潜力。

（6）在未来一年与广泛的利益相关者密切合作，确定他们对本计划目标的贡献。

中国科学院兰州文献情报中心　廖　琴

2018 年 2 月 28 日

第六篇

全球基础研究重点领域动态

生命健康领域

2017 年 12 月

1. 首款基因疗法获美国食品药品监督管理局（FDA）批准

2017 年 12 月 20 日，美国 Spark Therapeutics 公司的创新基因疗法 Luxturna 获美国 FDA 批准上市，可用于治疗患有可能导致失明的特定遗传性眼疾的儿童和成人患者。在Ⅲ期临床试验中，Luxturna 已经取得了良好的结果：在接受治疗的 29 名患者中，有 27 名患者的视力得到了显著改善，并能在暗光下自主走过充满障碍的道路；接受治疗 1 年后，仍有 21 名患者可以顺畅地通过测试。Luxturna 是首款在美国获批、靶向特定基因突变的“直接给药型”基因疗法。由于这款基因疗法的创新设计和出色的临床结果，美国 FDA 颁发了罕见病药资格与突破性疗法认定。遗传性疾病这种以往的不治之症，有望凭借迅速发展的基因治疗技术得到改善和恢复。

2. 不切割 DNA 的 CRISPR 技术有望治疗多种常见疾病

美国索尔克生物学研究所研究人员对基因编辑技术 CRISPR-Cas 进行改造，使其仅精准靶向特定基因但不对其剪辑，通过沉默特定基因表达的表观遗传编辑技术实现了对生物特性的修正，避免了原来使用 CRISPR-Cas 技术可能引入错误基因的缺陷，并在小鼠的 1 型糖尿病、肾损伤及进行性假肥大性肌营养不良（Duchenne Muscular Dystrophy，DMD，也称杜氏肌营养不良症）治疗中显示出显著的治疗效果。未来该团队将从安全性、操作性及效率方面进行进一步验证，为后续的人体试验奠定基础。未来该技术还有望在治疗神经障碍疾病（如帕金森病、阿尔茨海默病）中发挥重要作用。相关研究

2017 年 12 月 7 日发表在《细胞》上。

3. 整条染色体选择性消除技术助力治疗唐氏综合征等疾病

中国科学院神经科学研究所杨辉研究团队与北京大学胡家志实验室合作，应用 CRISPR-Cas9 技术，在细胞、胚胎或体内组织中实现了对整条目标染色体的选择性消除。这一新成果为建立用于医学研究的染色体缺失动物模型以及治疗与染色体异常相关的疾病提供了新途径。例如，21 号染色体异常会导致罹患唐氏综合征（即先天愚型），此次的突破已被证实可用于选择性消除唐氏综合征患儿的异常 21 号染色体，未来有望用于治疗唐氏综合征。相关研究 2017 年 11 月 24 日发表在《基因组生物学》上。

2018 年 1 月

1. 中国科学院成功培育出世界首个体细胞克隆猴

中国科学院神经科学研究所的科研人员突破灵长类克隆中卵细胞去核难度大、卵细胞容易提前激活、体细胞克隆胚胎发育效率低三方面的主要瓶颈，在国际上首次成功克隆出两只猕猴——“中中”“华华”，填补了克隆灵长类动物的空白。这项成果标志着中国将率先开启以猕猴作为实验动物模型的时代，有助于建立模拟人类疾病的动物模型。同时，该成果进一步巩固了中国科学家在我国即将启动的灵长类全脑介观神经联接图谱国际大科学计划中的主导地位，将为脑类疾病的新药研发、机理研究、干预诊治带来光明前景。相关研究 2018 年 1 月 25 日发表在《细胞》上。

2. 新型血液检测技术可同时对 8 种癌症进行早期筛查

美国约翰·霍普金斯大学等机构的研究人员开发了一种新的液体活检技术——CancerSEEK，利用该技术进行单次血液检测，可同时评估 8 种早期癌症（包括卵巢癌、肝癌、胃癌、胰腺癌、食管癌、结直肠癌、肺癌和乳腺癌）循环肿瘤 DNA 基因突变和蛋白水平，从而实现癌症早期筛查。该技术的检测灵敏度和特异性较高，且其中 5 种癌症（卵巢癌、肝癌、胃癌、胰腺癌和食管癌）目前尚无有效早期筛查方法。研究团队预计这项检测技术的成本将低于 500 美元，未来推广应用有望降低癌症早期筛查费用。相关研究 2018 年 1 月 18 日发表在《科学》上。

2018 年 2 月

1. 中美开发人工智能系统可精确诊断多种疾病

广州医科大学联合美国加州大学圣迭戈分校等机构开发了一种新的人工智能疾病诊断系统。该系统利用迁移学习（transfer learning）技术，可准确区分多种眼部疾病（如老年性黄斑变性和糖尿病性黄斑水肿），也适用于判断细菌性/病毒性小儿肺炎。该系统表现出高准确度和高灵敏度的特点，未来可应用于多种类型疾病的精确诊断。相关研究 2018 年 2 月 22 日发表在《细胞》上。

2. 美国开发新型 Cas9 酶大幅提升 CRISPR 适用范围和特异性

美国哈佛大学研究人员开发了一种新型 Cas9 酶——xCas9。与目前广泛使用的 SpCas9 酶相比，xCas9 在转录激活、DNA 剪切、单碱基编辑等方面扩大了应用范围，这意味着利用 CRISPR 基因编辑技术对目前已知致病性基因突变修改的可能性从原来的不到 30%提升至 70%以上。同时，xCas9 的特异性也得到显著提升，部分序列的脱靶效应仅为采用 SpCas9 时的 1%。该研究实现了能够应用在哺乳动物细胞中的、适用范围最广泛的 Cas9 变体；首次全面提升了 CRISPR 基因编辑系统的适用范围、DNA 特异性和剪切活性；并为未来 CRISPR 系统在转录激活、基因敲除和单碱基基因编辑的广泛应用提供了有利条件。相关研究 2018 年 2 月 28 日发表在《自然》上。

2018 年 3 月

1. 美国开发新型单细胞转录组测序技术大幅降低成本

美国华盛顿大学联合美国艾伦脑科学研究所等机构开发了一种名为 SPLiT-seq 的全新单细胞转录组测序技术，利用组合条形码的分子标记方法，无须对单个细胞进行分离，并能够同时对多个细胞进行转录组测序。该技术无须使用传统单细胞测序中价格昂贵的定制化微流体和微孔细胞分选设备，有望使单细胞测序成本降至 1 美分。相关研究 2018 年 3 月 16 日发表在《科学》上。

2. 日本研发出新型 CAR-T 细胞有效对抗多种实体瘤并预防复发

日本山口大学的研究人员研发出一种新型 CAR-T 细胞，其细胞增殖能力是普通 CAR-T 的 2 倍，而且可以表达 IL7 和 CCL19 两种趋化因子（能够吸引白细胞移行到感染部位的一类蛋白质），使得其募集免疫细胞的能力和抗多种实体瘤效果至少提升 3 倍。这种新型 CAR-T 细胞不仅能够直接发挥抗肿瘤作用，而且作为细胞载体能够将免疫调节分子传递到肿瘤微环境中，可激发、增强并维持抗肿瘤免疫反应。相关研究 2018 年 3 月 5 日发表在《自然·生物技术》上。

3. 美国研究人员开发出靶向 RNA 的 CRISPR 编辑技术

CRISPR 技术，包括应用最广的 CRISPR-Cas9 基因组编辑技术，主要以 DNA 为靶标，对其基因组序列进行定点编辑。美国索尔克生物学研究所在 CRISPR 技术领域取得重大突破，开发出了可以编辑 RNA 的新工具，被称作 CRISPR-CasRx。该研究利用自行开发的计算程序等发现了一种靶向 RNA 的 CRISPR 酶家族 Cas13d，并经过筛选和优化在黄化瘤胃球菌中找到了一个可在人体细胞中使用的且活性较高的酶家族成员 XPD3002，并将其命名为 CasRx。与靶向 RNA 的其他技术相比，CasRx 尺寸较小，很容易被包装到治疗相关的病毒载体中，而且效率较高，并且与 RNA 干扰相比，不产生明显的脱靶效应。该新工具可以为转录组工程和未来疾病治疗开发提供通用技术平台。相关研究 2018 年 3 月 15 日发表在《细胞》上。

4. 法国科学家实现实时观察基因突变

传统基因突变研究方法不仅实验周期长而且观察样本数量极少，从而影响结果的准确性。法国巴黎第六大学研究小组利用微流体技术和显微镜延时成像技术，可同时观察数百个单独的大肠杆菌细胞在多个复制周期中的分裂和突变。研究人员通过对实验结果分析得出 1%的基因突变是致命的，非致命的基因突变中大多数是准中性的，比人们此前认为的更为中性。这一技术对大多数进化模型的研究至关重要，未来这项技术将应用于更多种类的细胞，从而进一步扩大研究基因突变动力学的范围。相关研究 2018 年 3 月 16 日发表在《科学》上。

2018 年 4 月

1. 美国癌症基因组图谱计划绘制出人类“泛癌症图谱”

美国癌症基因组图谱（TCGA）计划基于 33 种常见癌症、11 000 余例患者样本获得的海量数据，首次结合癌症基因组学、转录组学、蛋白质组学、甲基化组学等多组学数据，以及临床数据进行了综合分析，成功绘制出“泛癌症图谱”。该图谱深入剖析了癌症细胞起源、致癌过程和信号通路，提出了分子水平的癌症新分类系统，绘制了人类癌症研究的“谷歌地图”，为癌症精准医学的实现提供了重要资源。相关研究 2018 年 4 月 5 日以 26 篇科研论文的形式分别发表在《细胞》及其子刊上。

2. 美国构建首个功能化人类大脑类器官体内模型

美国萨尔克生物研究所的研究人员成功将实验室培养的人类大脑类器官移植到小鼠大脑内，植入的大脑类器官能够分化产生具有功能的神经元和神经胶质细胞，实现与小鼠大脑神经细胞突触连接，并能够形成血管网络，实现氧气和营养的输送，最终已经支持大脑类器官在小鼠体内存活 233 天。该研究构建了首个功能化、血管化人类大脑类器官体内模型，有助于加速生理条件下类器官模型研究，并为大脑损伤修复提供了新工具。相关研究 2018 年 4 月 16 日发表在《自然·生物技术》上。

2018 年 5 月

1. 美国食品药品监督管理局（FDA）批准首款人工虹膜

2018 年 5 月 30 日，美国 HumanOptics 公司的人工虹膜产品 CustomFlex 获美国 FDA 批准上市，用于治疗由先天性遗传缺陷或后天损伤导致的虹膜缺失或受损。该人工虹膜由可折叠的医用硅材料制成，可根据患者需求个性化定制尺寸与颜色，而且易于安装。在包含 389 名患者的临床试验中，超过 70%的患者对强光的敏感度有显著改善，94%的患者对人工虹膜的外观感到满意。同时，与该人工虹膜及其手术过程相关的副作用较少。该产品为虹膜缺陷带来全新的疗法，改善患者的生活质量。

2. 美国利用人鸡融合胚胎证实人类“组织者”细胞的存在

美国洛克菲勒大学的研究人员将利用胚胎干细胞培养的人工胚胎移植入鸡胚胎，发现人类细胞不仅在鸡胚中存活下来，而且能够诱导脊柱与神经系统的基础性发育，进而首次证实了人体中“组织者”细胞——一种帮助组织并引导胚胎发育的细胞群的存在。该成果中构建人鸡细胞融合胚胎的技术的实现是发育生物学领域的巨大进步，避免了使用人类胚胎的伦理问题，将为研究人类早期发育提供重要的新工具。同时，人类“组织者”细胞的证实及未来的进一步研究也将为再生医学的研究提供新的思路。相关成果 2018 年 5 月 23 日发表在《自然》上。

2018 年 6 月

1. 美国学者开发新型 DNA 合成技术大幅提升基因合成效率

美国加州大学伯克利分校的研究人员开发出一种新型酶促脱氧核糖核酸（DNA）合成技术，可以实现对体外 DNA 合成的快速精确控制。传统 DNA 合成技术生成序列长度有限，且随着核苷酸链延长出错率变高，后期小片段 DNA 连接还会导致合成周期较长。这种新型 DNA 合成技术仿照生物自身 DNA 复制路径，利用末端脱氧核苷酸转移酶（TdT），通过构建 TdT-dNTP 缀合物，在 10～20 秒内即可实现单一核苷酸延伸，并能够准确迭代生成规定的 DNA 序列。该技术不仅显著提高了 DNA 合成速度，而且具备合成更长序列的能力，未来伴随准确率的进一步提升，有望为合成生物学领域带来革命性改变。相关研究 2018 年 6 月 18 日发表在《自然 • 生物技术》上。

2018年7月

1. 中国科学院首次成功创建出含有单条染色体酵母细胞

中国科学院分子植物科学卓越创新中心覃重军、赵国屏、薛小莉及中国科学院分子细胞科学卓越创新中心周金秋研究团队在国际上首次成功改变了真核染色体的数目，人工创建出含有单条染色体的酵母细胞，成为合成生物学领域的里程碑。在该研究中，研究人员利用 CRISPR-Cas9 基因编辑技术成功将真核生物酿酒酵母的 16 条染色体人工合成为具有完整功能的单条染色体，获得了只有一条线型染色体的酿酒酵母菌株 SY14。对该菌株的代谢、生理和繁殖功能及其染色体的三维结构进行深入鉴定，发现其仍然具有正常的细胞功能，仅在与野生型酵母竞争生长的情况下具有明显的生长劣势。该研究在国际上首次通过实验手段大规模地、系统地改造了一个物种的染色体数目。研究结果颠覆了染色体三维结构决定基因时空表达的传统观念，揭示了染色体三维结构与实现细胞生命功能的全新关系。此外，带有一条染色体的酵母还可以作为一个全新的研究平台，促进对染色体重组、复制和分离等机制的解析。相关研究 2018 年 8 月 1 日发表在《自然》上。

2018年8月

1. 日本开发出智能图像激活细胞分选技术

传统的细胞分选方法可以实现细胞分离，但存在耗时长、样品需求量大、目标细胞损失严重及硬件设备依赖性高等不足。日本东京大学提出一种有别于传统架构的智能型新技术——智能图像激活细胞分选技术（IACS），采用深度学习算法，实现了基于高分辨率图像的细胞实时智能分选，并大幅提高了细胞分选速度。传统流式细胞仪主要基于细胞表面标志物表达谱对细胞进行物理分离，IACS 技术则可进一步根据细胞内蛋白质定位、细胞间相互作用等空间和形态学参数进行细胞分选，可用于筛选具有特定生物分子空间结构的细胞。相关研究 2018 年 8 月 27 日发表在《细胞》上。

2. 美国利用 CRISPR-Cas9 技术首次在大型动物体内实现大规模基因编辑

进行性假肥大性肌营养不良是一种 X 染色体隐性遗传病，全世界患者超过 30 万人，其发病的原因是 dystrophin 基因发生突变，造成患者全身肌肉退化。美国得克萨斯大学 Eric N. Olson 团队利用 CRISPR-Cas9 技术首次在大型动物体内实现大规模基因编辑。研究团队选取患病小狗，将带有 CRISPR-Cas9 的腺病毒载体注射进小狗的骨骼肌中。6 周后对肌肉组织的检测发现，患病小狗的蛋白表达量达到了正常小狗肌肉组织的 60%，肌肉萎缩症状明显减轻，其他病症也显著缓解，同时也没有出现明显的免疫排斥反应。该方法的有效性、安全性和持续性等问题还需要更多更大的实验进行验证。不过，由于该方法是对体细胞进行编辑，因此无法根治疾病，但与之前的疗法相比，显示出了巨大的提升潜力。这一成果证明 CRISPR-Cas9 技术拥有在大型动物体内直接编辑大量体细胞基因组的能力，为诸多疾病的治疗铺平了道路。相关研究 2018 年 8 月 30 日发表在《科学》上。

3. 全球首个 RNA 干扰药物获批上市

2018 年 8 月 10 日，美国阿里拉姆制药公司（Alnylam Pharmaceuticals）开发的全球首款基于核酸干扰（RNAi）技术的治疗药物 Patisiran（商品名 Onpattro）获得美国食品药品监督管理局（FDA）批准，用于治疗成人罹患的遗传性转甲状腺素蛋白淀粉样变性（hATTR）引发神经损伤。Onpattro 的成分是一种小干扰 RNA（siRNA），其作用原理为靶向和沉默信使 RNA，进而阻断 TTR 蛋白生成。Onpattro 的批准为 hATTR 的治疗带来了新的希望，也为其他 RNAi 药物的上市铺平了道路。

2018 年 9 月

1. 日本首次利用诱导性多能干细胞体外构建人类卵原细胞

日本京都大学等机构的研究人员利用人类诱导性多能干细胞（iPS 细胞）首次实现了人类卵原细胞（卵子前体）的体外构建。研究人员首先将人类 iPS 细胞诱导生成原始生殖细胞样细胞（即形成精子和卵子的最初阶段的细胞），进一步利用小鼠胚胎细胞构建卵巢模型，模拟卵细胞早期发育环境，使原始生殖细胞样细胞在其中分化形成了卵原样细胞，并证实其全基因组 DNA 甲基化水平与自然发育的卵原细胞相当。这一研究首次证实了人类多能干细胞具有形成卵原细胞的能力，为实现人类配子体外构建奠定了基础，未来有望用于研究不孕症和一些遗传性疾病的病因。相关研究 2018 年 9 月 20 日发表在《科学》上。

2. 美国首次分离出人类骨骼干细胞

研究人员一直在寻找一种能可靠地发育成骨骼、软骨等的人体干细胞。美国斯坦福大学医学院的科研人员首次成功分离出能够自我更新且具有多能性的人类骨骼干细胞（hSSC）。这类新型干细胞主要存在于胎儿及成人的骨骼中，同时也能够从骨形态发生蛋白 2（BMP2）处理的人脂肪基质和 iPS 细胞中获得。基因表达分析显示不同来源的人类骨骼干细胞具有极高的相似性，因此不同来源的人类骨骼干细胞均具有分化的特异性，即仅能分化为骨骼、软骨和基质细胞，而不会分化为脂肪细胞。利用人骨异种移植小鼠模型，研究人员还证实了人类骨骼干细胞对骨骼损伤的修复作用。由于人类骨骼干细胞可通过吸脂术后被丢弃的脂肪诱导而来，因此来源丰富，为未来研究和治疗骨折、骨质疏松症等开辟了新道路。相关研究 2018 年 9 月 20 日发表在《细胞》上。

2018 年 10 月

1. 美国首次利用异体过继性 T 细胞治愈罕见致死性脑病

进行性多灶性白质脑病（PML）是一种由 JC 多瘤病毒（JCV）引起的致死性脑部疾病，常见于癌症患者或免疫缺陷患者中。美国 MD 安德森癌症中心的研究人员首次利用异体病毒特异性 T 细胞实现了 PML 的治愈。在该研究中，研究人员从健康供体中制备了 BK 多瘤病毒（BKV）特异性 T 细胞，对 3 例 PML 患者开展了临床治疗试验，结果显示，3 例患者的症状均获得了显著改善，其中 1 例实现了完全治愈。该疗法是首个能够有效对抗 PML 这类脑损耗疾病的治疗手段，同时异体细胞的使用意味着患者能够在确诊后

24 小时内迅速接受治疗，未来应用前景广阔。相关研究成果 2018 年 10 月 11 日发表在《新英格兰医学杂志》上。

2018 年 11 月

1. 我国首次解析造血干细胞体内归巢动态全过程

造血干细胞是血液系统中的“始祖细胞”，它通过增殖、分化产生白细胞等多类细胞维持生命。造血干细胞需要成功归巢到造血组织后才能发挥功能，其归巢全过程是临床干细胞移植的关键。中国科学院上海营养与健康研究院的研究人员利用先进的活体成像和细胞标记技术，首次在高分辨率水平解析斑马鱼体内造血干细胞归巢的完整动态过程。该研究揭示了造血干细胞归巢的时空规律，发现造血干细胞归巢的热点区域，并解析归巢微环境的独特血管结构。同时，该研究发现了一种“先导细胞”，并证实其在识别和引导造血干细胞归巢过程中发挥关键作用。该研究首次解析了造血干细胞与其归巢的微环境之间相互作用的动态机制，将有助于解决骨髓移植中造血干细胞归巢数量少所导致的细胞浪费问题，为大幅提高造血干细胞的移植效率提供新的理论基础。相关研究 2018 年 11 月 19 日发表在《自然》上。

2018 年 12 月

1. 美国、德国科学家首次利用癌症疫苗治疗冷肿瘤

尽管免疫检查点抑制剂已经成为治疗肿瘤的重要手段，但“冷肿瘤”（即由于各种原因而未被识别或未引起免疫系统强烈反应的肿瘤，其肿瘤组织中没有或者只有很少的免疫细胞，反之称为“热肿瘤”）由于缺乏能够被生物体中的 T 细胞识别的抗原而无法获得有效治疗。美国丹娜-法伯（Dana-Farber）癌症研究所与德国海德堡大学医院研究人员分别利用个性化“新抗原”（neoantigen）疫苗治疗胶质母细胞瘤的晚期与早期患者。结果显示，该癌症疫苗能够促进外周血中的“新抗原”特异性 T 细胞迁移入肿瘤组织中，使肿瘤浸润 T 细胞数量明显增加，进而诱导患者产生“新抗原”特异

性的免疫应答，使患者生存期显著延长，证实该癌症疫苗有效提升了免疫细胞对“冷肿瘤”的识别能力。这两项研究首次证实癌症疫苗能够改变“冷肿瘤”的免疫环境，促进免疫细胞聚集到肿瘤组织中，不仅实现了对胶质母细胞瘤的有效治疗，而且使冷肿瘤变“热”，有望使“冷肿瘤”在未来能够响应免疫检查点抑制剂的治疗。这两项研究 2018 年 12 月 19 日发表在《自然》上。

信息科技领域

2018 年 2 月

1. 中国科学技术大学开发出世界首个半导体三量子比特逻辑门

开发与现代半导体工艺兼容的半导体全电控量子芯片是量子计算机研制的重要方向之一。半导体量子点量子比特的制备、操控和多比特扩展是该研究方向的核心任务。中国科学技术大学郭国平教授领衔的联合研究团队创新性地设计并制备了半导体六量子点芯片，成功实现了世界首个基于半导体量子点体系的三电荷量子比特 Toffoli 逻辑门，为可扩展、可集成化半导体量子芯片的研制奠定了基础。相关研究 2018 年 2 月 15 日发表在《应用物理评论》上。

2. 美国研制出具备超快信息处理能力的超导人造突触

神经形态计算被认为代表了未来人工智能的重要发展方向。神经形态设备模仿人脑的突触和神经元，能更高效地处理和学习数据，但现有此类设备的效率较低。美国国家标准与技术研究院的研究人员利用铌超导体制造出了类神经元的电极，并用数千个纳米磁锰团簇填充超导体之间的空隙，获得了新的人造突触。通过改变人造突触内磁场的大小，纳米团簇能对齐并指向不同方向，以此实现对信息的编码。研究表明，这些人造突触每秒能传递信息 10 亿次，其速度比人类神经元快几个数量级，且消耗的能量仅为生物突触的千分之一。但研究人员也指出，复杂的计算可能需要数百万个突触，而且这种人造突触只能在接近绝对零度（零下 273.15℃）的温度下运行，因此需要配备冷却装置。该成果是神经形态计算设备发展史上的里程碑，有望应用于未来的类脑计算机中。相关研究于2018年1月26日发表在《科学进展》上。

2018年4月

1. 奥地利科学家实现20量子比特系统内受控多粒子纠缠

包括通用量子计算机在内的量子系统需要大量量子比特，才能充分利用量子物理学的优势，因此物理学家一直希望获得由更多量子比特组成的纠缠系统。2011年，物理学家首次实现14个可寻址的量子比特纠缠。奥地利科学院量子光学和量子信息研究所本·兰尼恩领衔的研究团队，首次实现了20量子比特系统内受控的多粒子纠缠。研究团队使用激光让20个钙原子在离子阱实验中相互纠缠，并对该系统内多粒子纠缠的动态扩展进行了观察。研究人员在3个、4个和5个量子比特的所有邻组间检测到了真正的多粒子纠缠。这一进展有望应用在量子模拟或量子信息等领域。相关研究2018年4月10日发表在《物理评论X》上。

2. 芬兰与奥地利科学家分别首次发现肉眼可见的量子纠缠

量子纠缠描述了两个微观粒子的互相纠缠，即使相距遥远距离，一个粒子的行为也会立刻影响另一个粒子的状态。但该现象通常适用于原子、电子等微观粒子，不适用于宏观物体。芬兰阿尔托大学研究团队让两个肉眼几乎可见、直径为15微米的圆形振动铝片发生纠缠。每块铝片像鼓面一样振动，并与在微腔内来回跳动的微波相互作用，使两个鼓面的运动保持同步。新实验获得的量子纠缠持续了30分钟，并且理论上可以持续更长时间。奥地利维也纳大学团队也在实验中让15微米长的、部分宽度可伸缩的硅质梁发生了纠缠。上述两项重要突破将量子纠缠从微观扩展到宏观领域，且纠缠时间更长，向构建量子互联网又迈近了一步。相关研究2018年4月26日发表在《自然》上。

3. 美国研发出生成真正随机数的量子力学新方法

随机数广泛应用在经济、科学研究、国防等多个领域，但传统系统生成的数字多属于伪随机数。美国国家标准与技术研究院（NIST）的科学家在被称为“贝尔测试”的过程中，利用强激光照射特殊晶体，晶体将光转换成纠缠的光子对，测量这些光子为研究人员提供了真正随机的数字。研究人员尝试了 55 次、110 次、210 次贝尔测试，每次用光子产生两个数字位（0 和 1），并从中提取出 1024 个“真正随机”的数字位，这些数字是 0 和 1 的概率几乎一模一样。NIST 的新方法还首次弥补了贝尔测试中的“漏洞”，排除了将非随机数字当作随机数字的可能。该技术超越了此前获得随机数字的所有方法，得到了一种生成真正随机数的量子力学新方法。相关研究 2018 年 4 月 11 日发表在《自然》上。

2018 年 6 月

1. 中国学者研制出高性能低功耗晶体管

减少功耗是当前集成电路发展的主要趋势，其中最有效途径即为降低工作电压。北京大学信息科学技术学院张志勇教授、彭练矛教授率领的研究团队研制出一种新型低功耗场效应晶体管，达到了国际半导体发展路线图对相关器件实用化的标准要求，有望将集成电路工作电压降到 0.5 伏甚至更低，为 3 纳米技术节点提供解决方案。目前芯片制造行业对 5 纳米技术节点已有非常清晰的路线图，但对 3 纳米工艺的开发仍有很多技术问题有待解决且耗资巨大。研究人员将具有特定掺杂的石墨烯作为“冷”电子源，碳纳米管作为有源沟道，构建出狄拉克源场效应晶体管，降低了室温条件下“亚阈值摆幅”这一参数的热激发限制，而且还具有较好的可缩减性。该晶体管的驱动电流与金属氧化物半导体场效应晶体管相当，远高于隧穿晶体管；其器件结构不依赖半导体材料，可用于传统互补金属氧化物半导体晶体管和二维材料场效应晶体管，具有普适性。相关研究 2018 年 6 月 14 日发表在《科学》上。

2018 年 9 月

1. 中国科学技术大学等在国际上首次实现器件无关的量子随机数

随机数在天气预报、新药研发、材料设计、密码学和数值模拟等科研和日常生活中都有广泛应用。中国科学技术大学潘建伟团队与中国科学院上海微系统与信息技术研究所、日本电信电话株式会社（NTT）基础科学实验室合作，优化了纠缠光子收集、传输、调制等效率，并采用中国科学院上海微系统与信息技术研究所开发的高效率超导单光子探测器件，实现了高性能纠缠光源的高效探测；通过设计快速调制并进行合适的空间分隔设计，满足了器件无关的量子随机数产生装置所需的类空间隔要求。最终，在世界上首次实现了器件无关的量子随机数产生器。该工作将为密码学和数值模拟，以及需要随机性输入的各个领域提供真正可靠的随机性来源。同时，由于可信任的随机数源是现实条件下量子通信安全性的关键环节，器件无关随机数的实验实现也进一步确保了现实条件下量子通信的安全性。未来，中国科学技术大学团队将建设高速稳定的器件无关量子随机数产生装置，通过提供基于量子纠缠内禀随机性的、高安全性的随机数，争取形成新一代的国家随机数标准。相关研究 2018 年 9 月 20 日发表在《自然》上。

2018 年 10 月

1. 谷歌开发出可极大提升自然语言处理性能的新型语言表征模型

谷歌科研团队开发出一种新型语言表征模型 BERT，提出了一种新的预训练目标——遮蔽语言模型来克服普通语言模型从左到右的单向性局限，还引入了“下一句预测”任务，可以和遮蔽语言模型共同预训练文本对的表示。此外，BERT 模型还可以为很多任务创建最优模型，无须对任务特定架构做出大量修改。BERT 的概念简单，但实验效果强大，科研团队利用该方法刷新了 11 项自然语言处理任务的当前最优结果，并且在一项问答测试中取得了比人类表现还高 2 分的成绩。这表明其性能已经超越了许多使用任务特定架构的系统，并在机器阅读理解、命名实体识别以及情感计算等领域有着广阔应用场景。相关研究成果 2018 年 10 月 11 日在线发表在 arXiv 预印本平台上。

2018 年 12 月

1. 意大利学者证明全球量子互联网的可行性

意大利学者利用红外光脉冲在俄罗斯的格洛纳斯（GLONASS）导航卫星和意大利航天局下属的空间测地中心之间成功交换了多个光子，实现了相距 20 000 千米的星地量子通信，为量子通信的实际应用打下了基础，证明利用已建立的全球轨道导航卫星系统来打造全球量子通信卫星具有一定可行性。该实验成功完成光子交换的关键是使用了安装在卫星上的无源逆反射器来保持远距离光信号的完整性。该实验与“墨子号”科学实验不同之处，主要在于该实验使用了俄罗斯格洛纳斯导航卫星，其轨道平均高度近 20 000 千米，而“墨子号”则使用科学实验卫星，其轨道高度约为 500 千米。相关研究 2018 年 12 月 20 日发表在《量子科学技术》上。

空间科技领域

2018年1月

1. 潘建伟团队实现人类首次洲际量子秘钥分发

基于卫星平台的量子通信是构建覆盖全球量子通信网络最为可行的手段。中国科学技术大学潘建伟领衔的国际研究团队利用“墨子号”量子科学实验卫星，在中国和奥地利之间首次实现距离达7600千米的洲际量子密钥分发，并利用共享密钥实现加密数据传输和视频通信。“墨子号”卫星与不同国家和地区的地面站之间实现成功对接，标志着“墨子号”已具备实现洲际量子保密通信的能力，为形成卫星量子通信国际技术标准以及未来构建全球化量子通信网络奠定了坚实基础。相关研究2018年1月19日发表在《物理评论快报》上。

2. 美国国家航空航天局（NASA）完成世界首次X射线脉冲星导航空间验证

现有的全球定位系统（GPS）信号仅适用于地面应用及近地卫星任务，而脉冲星信号可覆盖从低地球轨道直至行星际的整个宇宙空间，因此有望成为未来在整个太阳系及更深远宇宙空间开展空间飞行的最理想的颠覆性导航技术。NASA网站2018年1月11日报道，NASA“空间站X射线授时和导航技术探测器”研究团队完成了世界首次X射线脉冲星导航技术的空间验证，证实了毫秒脉冲星可用于精确确定在空间中高速移动的物体的位置，确立了X射线脉冲星导航技术作为新型自主导航能力的可行性。这一突破将赋予NASA在未来开展深空乃至太阳系外机器人探索任务的能力。

2018 年 2 月

1. 美国科学家给出迄今最精确的哈勃常数值

2015 年以来，根据宇宙微波背景（CMB）推算出的哈勃常数与根据传统天文学方法计算的值不相符，被认为是“现代宇宙学的天空中出现的一个裂缝”。美国约翰·霍普金斯大学天文学家 A. Riess（2011 年诺贝尔物理学奖得主）领衔的研究团队通过哈勃天文望远镜对距离地球更为遥远的数颗变星的观测，获得了迄今最为精确的宇宙膨胀速度值［约 73 千米/（秒·百万秒差距）］，再次证明了宇宙膨胀速度比理论预测值［67～69 千米/（秒·百万秒差距）］快。多数科学家认为这一差别无法用统计学误差来解释，如果这种不一致的情况持续下去，可能意味着目前的宇宙学理论模型存在缺失情况，将会导致新物理学的诞生。相关研究 2018 年 1 月 31 日发表在《天体物理学报》上。

2018 年 3 月

1. 欧洲空间局成功完成世界首个吸气式电推进器试验

由欧洲空间局（ESA）领导的研究团队成功建造并试验了世界首个吸气式电推进器。常规电推进器工作寿命受所携带的推进剂（通常为氙气）容量限制，一旦耗尽，任务也将结束。而吸气式电推进器用大气分子替代推进剂，也可在其他行星的大气层外缘飞行，如执行火星任务时可吸入二氧化碳作为推进剂。ESA 研究人员在意大利建立了一间真空测试室来模拟距地表 200 千米高度处的大气环境，测试结果表明推进器可以 7.8 千米/秒的速度喷射出空气分子。这一突破性的成果为实现卫星在低轨道长期飞行开辟道路。相关研究 2018 年 3 月 5 日报道于欧洲空间局网站上。

2. 美国科学家观测到宇宙中首批天体释放的无线电信号

受技术因素限制，一直以来研究人员无法对宇宙的早期历史进行研究。美国亚利桑那州立大学 Judd D. Bowman 研究团队利用地基天文观测设备，捕捉到了来自大爆炸 1.8 亿年后年轻宇宙中的氢原子的无线电信号，这是科学家迄今所能观测到的除宇宙微波背景辐射（即宇宙大爆炸的余晖）外最古老的宇宙辐射信号。观测发现这些由宇宙中第一批天体释放的无线电信号强度远超预期，表明早期宇宙的温度远低于理论估计值。科学家认为暗物质和氢原子之间的相互作用导致了这一反常现象。若该研究结果得到再次验证，将首次证实暗物质的存在，同时还意味着首次在暗物质和正常物质之间发现了非引力性质的相互作用，有望揭示暗物质的本质。相关研究 2018 年 3 月 1 日发表在《自然》上。

2018 年 4 月

1. 美国科学家首次发现几乎不含暗物质的星系

耶鲁大学领衔的国际天文研究团队利用哈勃空间望远镜和多个地面天文台，首次在邻近星系发现了一个几乎不含暗物质的星系 NGC 1052-DF2，其大小与银河系相当，但恒星数只有银河系的 1/250，属于典型的超弥散星系。目前没有任何理论可以对此类星系进行预测，也无法知道 NGC 1052-DF2 星系是如何形成的。此次的发现极大挑战了当前被广泛接受的星系形成理论，并为理解暗物质的本质提供了新视角。相关研究 2018 年 3 月 28 日发表在《自然》上。

2. 丹麦科学家发现地球第二磁场

由丹麦技术大学物理学家尼尔斯•奥尔森带领的研究团队利用欧洲空间局的 Swarm 卫星星座研究发现地球拥有一个由海洋产生的、非常微小的“第二磁场”，比地球磁场弱约 2 万倍，并且会在月球引发的潮汐作用下稳定增长。未来，通过测量潮汐磁信号可以了解不同深度的海水流动情况。由于海洋从空气吸收热量，因此追踪热量在海洋深处的分配和储存对了解全球气候变化循环如何受海洋洋流等因素的影响非常重要。此外，潮汐磁信号会在海底深处产生微弱磁响应，有助于了解地球岩石圈和上地幔的电学特性。相关研究 2018 年 4 月 10 日报道于欧洲空间局网站上。

2018年6月

1. 美国“好奇号”发现火星沉积岩中存在多种有机物

美国国家航空航天局（NASA）研制的“好奇号”（Curiosity）火星车对火星盖尔陨石坑中莫里山岩群的一处有 30 亿年历史的沉积岩进行原位研究之后发现，岩石在 500～820℃高温分解产物中存在多种有机物，包括噻吩、苯、甲苯和小的碳链（如丙烷或丁烯），表明火星可能曾经存在过生命。在接近 3 个火星年中（约 6 地球年），火星大气中甲烷浓度存在周期性变化。盖尔陨石坑内的低浓度甲烷在温暖的夏季出现浓度峰值，而在冬季则浓度下降。“好奇号”目前还不能确定上述有机分子的来源，但无论这些有机物是否是古代生命的印记或是生命所需的食物，又或者与生命存在无关，在火星上的有机物为行星条件和演化提供了化学线索，对未来探索火星表面和地下的任务有重要意义。相关研究 2018 年 6 月 8 日以两篇论文的形式发表在《科学》上。

2. 欧洲科学家新发现初步解决重子物质质量缺失问题

当前的理论认为，看不见的暗物质和暗能量分别构成了宇宙全部质量的 25%和 70%，剩下约 5%可观测到的物质为主要由重子构成的普通物质（构成了从星系、恒星到人类的所有事物）。但即使这 5%的质量目前也未能找全，天文学家发现当前宇宙中重子（重子是由三个夸克组成的复合粒子，包括质子、中子等）数量大约只有 100 亿年前宇宙中的重子数量的一半，而另一半重子似乎失踪了，这是现代天体物理学中最大的谜团之一。欧洲科学家利用“牛顿 X 射线多镜面望远镜”（XMM-Newton）分别在 2015 年和 2017 年对一个距地球 40 亿光年的遥远类星体进行了累计为期 18 天的不同视角的观测，发现了与类星体所在星系内的物质无关的氧原子谱线，这是由类星体光线穿过热星际物质时产生的。这一发现证实了巨量的星际热弥漫物质的存在，重子物质质量缺口问题得到了初步回答。这一不寻常的发现是新探索的开始，未来还需要进一步确认这一发现的普遍性。相关研究 2018 年 6 月 20 日发表在《自然》上。

2018年7月

1. 俄罗斯刷新与国际空间站对接时间最短纪录

飞船在空间飞行时间越长，不可预测的风险就越大。快速对接技术更能保证飞行乘组和物资的安全。俄罗斯联邦航天局（ROSCOSMOS）网站2018年7月10日报道，当日“进步MS-09”号（Progress MS-09）货运飞船搭乘“联盟-2.1a”型（Soyuz-2.1a）运载火箭发射升空，飞船采用双圈飞行快速对接方案，从发射到与国际空间站（ISS）“码头号”对接舱成功对接仅经历了3次速度变化，耗时仅3小时40分，刷新了与ISS对接时间最短纪录。在此之前，与ISS对接通常采用绕地球飞行4圈的方案，须经历6次速度变化，耗时约6小时。飞船研制方俄罗斯能源火箭航天集团（RSC Energia）副总设计师表示，研究人员计划在货运飞船上安装2～3个对接口，再次测试双圈对接方案相关技术，待技术进一步成熟后将应用于“联盟号”载人飞船。未来，与ISS对接时间可能会进一步缩短，或将实现绕地球飞行1圈后即可顺利对接。

2. 国际研究团队首次确定银河系外高能中微子源

作为广泛存在的一种亚原子粒子，中微子几乎不与其他物质作用，因此难以捕捉和探测。地球上观测到的中微子绝大多数来自银河系。1987年，研究人员捕捉到源自16.5万光年外一颗超新星爆发的24个低能中微子，并因此获得诺贝尔物理学奖。2013年，天文学家利用部署在南极的“冰立方中微子天文台”（IceCube）首次捕捉到源自太阳系外的高能中微子，但并未追踪到其来源。2017年9月，研究人员再次利用IceCube捕捉到一个高能中微子。近日，国际研究团队使用美国国家航空航天局（NASA）的“费米伽马射线空间望远镜”（FGST）证实了2017年发现的高能中微子来源于一个遥远星系中的超大质量黑洞。在被探测到之前，这颗中微子几乎以光速行进了37亿年，这一距离比科学家能够确认来源的其他中微子都要远。中微子观测提供了关于宇宙中最极端环境的新信息，这项突破性进展将为认识宇宙提供除电磁辐射、引力波之外的第三种方法，推动“多信使天文学”进入一个新的时代。两篇相关论文 2018 年 7 月 13 日发表在《科学》上。

3. 中国科学家成功验证世界首台空间冷原子钟

冷原子钟利用激光使原子温度降至接近绝对零度，可以减少原子能级跃迁频率所受的干扰，从而实现更高精度。在空间环境下运行高精度原子钟不仅可以在空间中建立超高精度的时间频率基准，发展更高精度的导航定位系统，也可以大幅提高空间基础物理实验的精度。2016 年 9 月，“天宫”二号空间实验室成功发射并搭载中国科学院上海光学精密机械研究所研发的世界首台空间冷原子钟顺利进入运行轨道。在轨 22 个月期间，空间冷原子钟运行正常、状态良好、性能稳定，完成了全部既定在轨测试任务，成功验证了在空间环境下高性能冷原子钟的运行机制与特性；同时实现了天稳定度 7.2×10^{-16} 的超高精度（相当于 3000 万年时间误差小于 1 秒），将目前人类在空间的时间计量精度提高了 1～2 个数量级。该成果是空间冷原子实验研究的重要里程碑，为空间超高精度时间频率基准的重大需求以及未来空间基础物理前沿研究奠定了基础。国际同行高度评价这一成果，指出“随着实验的成功，中国在天基冷原子传感器的研究走在了世界的最前沿”。相关研究 2018 年 7 月 24 日作为亮点文章发表在《自然·通讯》上。

2018 年 8 月

1. 美国成功开展首次立方体卫星星地激光通信

2018 年 8 月 2 日，美国国家航空航天局（NASA）宣布成功开展首次立方体卫星星地激光通信，其自由飞行立方体卫星“光通信和传感器演示”（OCSD）任务从近地轨道向地面站发送了激光信号。OCSD 包括两颗立方体卫星，每颗尺寸约为 10 厘米×10 厘米×17 厘米。此次激光通信实验的数据传输速率达到 100 兆比特/秒，比该尺寸航天器的典型通信速率快 50 倍。两颗卫星还按计划完成了近距离机动，使二者在空间中的距离约小于 6 米。OCSD 接下来将测试进一步提高数据传输速率至 200 兆比特/秒。此次成功演示开启了利用小卫星开展数据量超过射频下行链路系统能力的对地观测任务的可能性，更高的数据速率通信还将使小行星有望用于深空探索、增强在轨数据处理和协调小卫星集群等科学应用。

2. 美国科学家首次发现月表存在水冰的直接证据

美国夏威夷大学 Shuai Li 领衔的研究团队利用美国国家航空航天局（NASA）搭载在印度“月球初航-1”（Chandrayaan-1）卫星上的“月球矿物制图”（M3）装置，首次在月球极地地区发现月表存在着水冰的直接证据。M3 以直接测量分子吸收红外光的方式，区分液态水、水蒸气和固态冰。此次新发现的水冰位于月球极地附近环形山的阴影中，最温暖地方的温度不超过零下 156.67℃。由于月球自转轴倾斜角度很小，太阳光永远不会照射到这里，因此水冰可以存在很久。这些水冰分布不均匀，大部分月球南极的水冰集中在月球环形山，而北极的水冰分布更广泛，但很稀疏。研究人员表示这些水冰可以在未来的月球探测中作为原位资源使用。相关研究 2018 年 8 月 20 日发表在《美国国家科学院院刊》上。

农业科技领域

2017 年 12 月

1. 小麦锈病致病蛋白机理研究助力小麦锈病防治

小麦锈病是世界性的小麦主要病害，给小麦生产造成了严重损失，威胁全球粮食安全。《科学》期刊 2017 年 12 月 22 日发表的两项最新研究分别克隆了小麦锈病秆锈菌的两种致病蛋白（即效应因子），提出了秆锈菌逃避植物免疫识别的机制，阐明了导致秆锈菌毒力不断变化的基因突变位置，为赋予小麦对秆锈菌的多重持久抗性提供了基础，将有助于开发一种跟踪和防止小麦锈病在世界范围内蔓延的手段，是小麦锈病防治研究中的重大突破。

2018 年 1 月

1. 澳大利亚、英国研究人员开发出作物快速育种新技术

澳大利亚昆士兰大学和英国约翰·英尼斯中心合作开发出一种作物育种新技术——快速育种技术。该技术通过设计全封闭的可控环境，使用优化的节能 LED 灯补充光源，进行 22 小时的长时间光照，令作物持续进行光合作用，大大缩短了作物的生长周期，可以在 8 周内实现小麦从种植到种子收获的生产全过程。试验表明，该技术可以使春小麦、硬质小麦、大麦、鹰嘴豆和豌豆一年培养 6 代，油菜一年 4 代，而传统的温室培养只能培育 2～3 代。通过与其他现代作物育种技术相结合，该技术可以极大加速作物研究和

改良，对缓解粮食安全问题具有重要战略意义。相关研究 2018 年 1 月 1 日发表在《自然·植物》上。

2018 年 4 月

1. 英美科学家合作首次获得降解塑料效果更好的突变酶

聚对苯二甲酸乙二醇酯（PET）塑料是一种常用于制造饮料瓶的常见聚合物，在自然界中需要几个世纪的时间才能分解，因此带来了严重的生态环境问题。日本研究人员此前发现了一种能降解 PET 塑料的细菌，其体内拥有一种被称为 PETase 的酶。英国朴次茅斯大学和美国能源部国家可再生能源实验室的研究人员获得了 PETase 的超高分辨率三维结构并通过模拟揭示了 PETase 的活性位点。研究人员对 PETase 的活性位点进行了诱变处理获得了突变型 PETase 酶，其分解塑料的效率比天然酶高出约 20%。这种方法通过对酶进行工程设计实现了对塑料的高效降解，开辟了一种应对塑料污染的重要途径。相关研究 2018 年 4 月 17 日发表在《美国科学院院刊》上。

2018 年 5 月

1. 中英科研人员合作揭示水稻抗虫新机制

浙江大学联合英国纽卡斯尔大学和国内多家机构，首次揭示了 5-羟色胺与水稻抗虫性之间的关系，为水稻及其他作物的抗虫育种和发展防虫治虫策略提供了新思路。研究发现，当害虫侵食水稻时，会促进水稻中 5-羟色胺合成酶基因 *CYP71A1* 转录，从而使植株内 5-羟色胺含量上升，并同时导致一种已知的能够提高水稻抗病性的化合物水杨酸的含量下降。因为对害虫而言，5-羟色胺可以增加水稻的“口感”和“营养”，会促进害虫为害作物，因此，未来通过控制 *CYP71A1* 基因培育出的作物抗性品种，可以不受害虫诱导合成 5-羟色胺，从而提高自身的抗虫性。相关研究 2018 年 5 月 7 日发表在《自然·植物》上。

2018 年 6 月

1. 中国科学家发现不遵循孟德尔遗传规律的水稻自私基因

孟德尔遗传规律是 1865 年由奥地利遗传学家孟德尔提出并催生了遗传学诞生的著名定律，其指出位于基因组同一位置、控制同一性状的一对等位基因会以 1∶1 的比例随配子遗传给后代。但是有一些自私基因违反这一定律，可以使某些基因优先遗传给后代。中国农业科学院、云南农业科学院、南京农业大学等机构研究人员合作首次在水稻中发现了自私基因，并发现籼稻和粳稻杂种的不育现象受水稻自私基因位点的控制。该位点包含三个紧密连锁的基因 *ORF1*、*ORF2* 和 *ORF3*，其中 *ORF1* 编码一个未知功能的蛋白，*ORF2* 是一个自私基因，编码一个杀死配子的毒性蛋白，*ORF3* 编码一个解毒蛋白，对配子起保护作用。由于粳稻同时携带有毒性的 *ORF2* 和解毒的 *ORF3*，而籼稻只含有无毒性的 *ORF1*，因此，在两者杂交后，粳稻中的毒基因产物会将籼稻的配子杀死，而自己的配子由于有 *ORF3* 编码的解毒蛋白的保护会存活并遗传给后代。这一重大发现将为水稻杂交育种提供有力理论和技术支撑。针对自私基因进行基因编辑，删除毒蛋白基因，同时选择保留解毒基因，可以彻底解决籼粳杂交不育问题，大幅提高杂交水稻产量，因为籼粳稻杂交可比其他杂交稻进一步提高单产 15%～30%。相关研究 2018 年 6 月 7 日发表在《科学》上。

2018 年 8 月

1. 中国科学家发现绿色高产高效作物育种新基因

作物产量翻番和大量氮肥使用相伴而生的抗倒伏半矮化育种，既增加生产成本又污染环境。中国科学院遗传与发育生物学研究所傅向东研究团队在植物氮肥高效利用调控研究中，以携带“绿色革命”基因的矮化水稻为材料，发现了氮肥高效利用的关键基因 *GRF4*，该基因高表达可以使作物品种在维持半矮秆、高产量性状的同时，明显提高氮利用效率。该研究不仅深化了对植物生长与代谢协同调控机制的认识，阐明“绿色革命”矮秆育种伴随氮肥利用效率低下的原因，而且指出了克服上述缺点发展可持续农业的新途径。日本名古屋大学教授松冈信同期发表评述指出，这项发现为“少投入、多产出”的绿色高产高效农作物新品种培育提供了具有育种利用价值的新基因资源，预示着一场新的“绿色革命”即将到来。相关研究 2018 年 8 月 15 日发表在《自然》上。

2018 年 12 月

1. 美国研究人员取得水稻种子克隆的重要突破

自 20 世纪 20 年代以来，许多农作物都是通过杂交培育出来的。这些杂交品种在产量、抗病性等方面具有优良品质，但是杂交作物的种子不能产生同样品质的作物。美国加州大学戴维斯分校等机构的植物生物学家发现，水稻基因 *BBM1* 可能启动了卵子形成胚胎的能力，是水稻植株受精引发胚胎生成的分子机制的关键。利用该发现可以找到一种通过种子作为克隆体进行复制的方法，从而使农作物不需要受精就能结出可育的种子。研究人员首先利用基因编辑使植物失去了减数分裂的能力，使卵细胞通过有丝分裂形成，这样卵子就可以从母本继承整套染色体。随后科学家让这些卵细胞在没有受精的情况下表达基因 *BBM1*，并进而形成胚胎，然后发育成克隆种子。目前这一过程的效率约为 30%。研究人员正在探索提高这一效率及扩大这种方法的适用范围。该研究可通过种子产生同样品质的克隆植物，可能会使高产、抗病或耐恶劣气候的作物更容易繁殖，并能让全世界农民都能重复地种植自己的杂交植物种子，而不用买昂贵的杂交种子。该研究解决了长期以来植物育种家和遗传学家一直在寻找的通过种子产生克隆植物的办法，是农业领域的一个重大突破。相关研究 2018 年 12 月 12 日发表在《自然》上。

能源科技领域

2018 年 3 月

1. 美国开发新型锂空电池实现空气环境下创纪录循环次数

与锂离子电池相比，锂-空气电池（简称锂空电池）具有更高的能量密度、系统效率和更长的充放电循环周期，被誉为下一代储能电池。但受安全因素影响，锂空电池不能长期在空气中工作，这严重制约了其实际应用。美国伊利诺伊大学和阿贡国家实验室的科研团队对锂空电池的正极、负极和电解质三个部分进行了改造，成功克服了安全问题。新型锂空电池可在模拟空气条件下安全运行，并打破了 750 次充电/放电循环的纪录。该研究为锂空电池的实际应用奠定了良好基础，但电解液成本过高，离商业化还有距离。相关研究 2018 年 3 月 22 日发表在《自然》上。

2. 美国科学家研发出全球首个激光无线充电系统

无线充电技术可通过电磁感应、电磁耦合谐振和射频等方式实现非接触式的电力传输，从而实现为各种用电设备进行无线充电，可极大地改善人们的生活方式。但电力传输距离短和效率低等问题阻碍了该技术的大规模普及应用。华盛顿大学 Shyamnath Gollakota 教授研究团队研发出全球首个激光无线充电系统，能够为 4.3 米的半径范围、97 平方厘米面积的用电设备提供 2 瓦的稳定电力，且其充电速度可与传统的 USB 线缆传输速度相当。模拟结果表明，优化后该系统工作半径有望提升至 12 米。该成果对无线充电技术的发展具有重要的推动作用。相关研究 2018 年 2 月 20 日发表在《国际计算机学会互动、可穿戴、泛在技术论文集》上。

2018 年 4 月

1. 中国大连理工大学将镍锌电池循环寿命提高 10 倍

作为一种安全环保的动力电池，镍锌电池非常适合用于驱动电动客车。但循环寿命短的问题（很少超过 1000 次）大大限制了其实际应用。大连理工大学研究人员采用石墨烯设计了新型负极材料，将电池的循环寿命提高到 1 万次，有效解决了镍锌电池负极循环寿命低的问题。同时，新电池的容量衰减率仅为十万分之一，最大放电容量为每克 2603 毫安时，各项指标较过去有重大改进。研究人员组装了基于该电池的电动自行车和液流储能电池模块，并在相关企业进行了试生产。相关研究 2018 年 4 月 4 日发表在《科学报告》上。

2018 年 5 月

1. 美国研究人员开发出可循环充放电超万次的锰-氢电池

随着可再生能源开发利用规模的不断扩大及智能电网产业的迅速崛起，储能技术的重要性日益凸显。现有的大规模储能技术以及各种蓄能电池等均存在不同的问题，远不能满足大规模储能廉价、安全、高能量密度和高稳定性的要求。美国斯坦福大学崔屹教授领衔的研究团队研究人员以多孔碳纤维带作为正极、铂/碳修饰的碳带作为负极、硫酸锰作为电解质、玻璃纤维作为隔膜，开发出一种新型锰-氢电池。研究显示，锰-氢电池具有非常优异的电化学性能，比如稳定的放电电压、高倍率的放电电流、大于 1 万次的稳定充放电循环周期以及较高的质量能量密度和体积能量密度。研究还表明，选用更厚、比表面积更大的碳或者柱状结构可以有效提高该电池的放大性能。上述研究开发出一种低成本、长寿命、高能量密度的水系锰-氢电池，为大规模储能带来了新的希望。相关研究 2018 年 4 月 30 日发表在《自然·能源》上。

2018 年 6 月

1. 日本开发新型涂布技术制造出全球最大面积钙钛矿电池

钙钛矿太阳电池的转换效率在短短数年时间内便跃升到 22.7%，其效率已超过多晶硅并逼近单晶硅，且具有成本低廉、工艺简单等优点，成为近年来光伏研究领域的热点。然而目前高效率钙钛矿太阳电池都局限于小面积（约 0.1 平方厘米），不利于大规模产业化生产。日本东芝公司研究人员开发了全新的弯月面涂布技术，从而制备出 703 平方厘米的全球最大面积的单元钙钛矿电池，稳态转换效率达到 11.7%，并通过了国际权威机构认证。这是迄今全球单元模块面积最大且效率最高的钙钛矿电池，为其走出实验室迈向商业化奠定了坚实的技术基础。研究团队下一步将致力于更大尺寸（900 平方厘米）薄膜制备工艺研究，同时通过对钙钛矿层材料的改良，进一步提升效率和稳定性，以尽快实现该电池技术的商业化，并最终在 2030 年实现 7 日元/千瓦时（约合 0.42 元人民币/千瓦时）的光伏发电成本目标。相关研究 2018 年 6 月 18 日公布在日本新能源产业技术综合开发机构的网站上。

2018 年 7 月

1. 美国斯坦福大学研发出全球首个可伸缩锂金属电池

柔性电子器件能否在未来市场取得成功的关键在于是否有高性能的柔性/可伸缩电池给予充足的供能。美国斯坦福大学崔屹教授研究团队设计开发了全球首个可伸缩的锂-金属（铜弹簧）-橡胶一体化电极，基于该电极制备了新型的可伸缩锂金属电池，展现出良好的机械性能和化学稳定性。实验表明，可伸缩的锂金属负极电池经过 167 次循环后电池容量基本没有衰减，且库伦效率仍高达 97.5%，展现出了优异的循环稳定性。在对电池进行 60% 伸缩形变后进行 100 次的恒电流充放电循环，电池仍可保持初始容量的 90%，且库伦效率为 90%左右，展现出了优秀的机械柔韧性和循环稳定性。

这一成果为设计开发高效的柔性电池提供了新思路，对柔性电池及其相关电子器件的发展具有重要推动作用。相关研究 2018 年 6 月 25 日发表在《焦耳》上。

2. 中国科学家制备出世界首个全有机钙钛矿材料

常见的钙钛矿材料主要包括无机钙钛矿和有机-无机杂化钙钛矿材料，但这两类钙钛矿材料均带有金属元素，加大了其加工和制备的困难，某些金属元素（如铅）还会造成严重的环境问题。多年来，研究人员一直在寻找第三种钙钛矿材料，即全有机钙钛矿材料。东南大学熊仁根团队、游雨蒙课题组在“分子铁电材料”领域取得重要研究进展，首次成功制备出一大类共计 23 种全有机新型钙钛矿材料，为钙钛矿这一重要的材料家族增添了新成员。由于没有金属元素，全有机钙钛矿材料具备柔韧性、易加工、低能耗、低污染等特质，其内在的有机组成能为该材料带来更广泛的应用前景。研究团队还合成了 4 种材料的左手对映体、右手对映体及外消旋化合物，并分别证明了它们的铁电性（对外界电刺激具有一定“记忆性”的属性）。目前，左手性、右手性和无手性的化合物同时具有铁电性的例子还未有过相关报道。这类材料也将在数据存储、光量子通信等领域中获得更广阔的应用前景。相关研究 2018 年 7 月 13 日发表在《科学》上。

2018 年 8 月

1. 日本开发全球首个商业规格质子陶瓷燃料电池

质子陶瓷燃料电池理论发电效率高达 75%，且能够在较低的温度（350～600℃）高效运行，还拥有更优异的抗积碳和抗硫中毒特性，是极具发展前景的新一代燃料电池技术。但质子导电性陶瓷需要在 1700℃以上的高温下烧制，不利于该电池的规模化量产。日本国立产业技术综合研究所（AIST）研究人员通过对陶瓷电解质薄膜的烧结动态过程进行详细追踪分析，开发出适用于批量生产的陶瓷电解质新型扩散烧结技术，将致密度高达 99%的陶瓷电解质薄膜的烧结温度降至 1500℃。依托该技术，研究人员制备出了达到商用规格的 5 厘米×5 厘米的方形质子陶瓷燃料电池，并呈现出优异发电性能，向商业化迈出了关键一步。相关研究成果 2018 年 7 月 4 日公布在日本新能源产业技术综合开发机构（NEDO）官方网站上。

2018 年 9 月

1. 英国开发半人工光合系统实现零偏压高效光驱动裂解水产氢

半人工光合作用能够整合自然光合作用和人工光合作用的优势，从而实现更加高效经济的太阳能到化学能的转化。剑桥大学 Erwin Reisner 教授研究团队将染料敏化的无机半导体二氧化钛光阳极与光系统Ⅱ结合，随后与氢化酶组成半人工光合系统，首次实现了在无外偏压辅助（即零偏压）情况下高效光解水产氢和析氧，为太阳能燃料的制备提供了新思路。该半人工设计通过使用合成绿光吸收剂与光系统Ⅱ形成互补光吸收，实现了对太阳光谱全光谱的吸收利用，提升了太阳光的利用率；这一成果还改善了光系统Ⅱ中电子提取和转移过程，因此增强了产氢效率。相关研究 2018 年 9 月 3 日发表在《自然·能源》上。

2018 年 10 月

1. 日本开发气固相反应法制备出大面积高性能钙钛矿太阳能电池

钙钛矿太阳能电池的转换效率在短短数年时间内便突破 23%，且具备成本低廉、工艺简单等优点，成为近年来光伏研究领域的热点。然而稳定性、重现性和工艺放大问题阻碍了该电池商业化进程。日本冲绳科学技术大学院大学 Yabing Qi 教授研究团队牵头的国际联合研究团队，利用简单的气固相反应法制备了无针孔高成膜质量的微米级氯元素部分替代掺杂的钙钛矿薄膜，小面积（0.1 平方厘米）电池光电转换效率达到 19.1±0.4%，大面积（5 厘米×5 厘米）电池也高达 15.3%（此前类似大面积的钙钛矿电池器件效率为 12%左右）。基于该薄膜电池器件表现出了优秀的重现性和稳定性，且薄膜面积能够有效放大，为钙钛矿电池规模化商业生产积累了关键技术基础。相关研究成果 2018 年 9 月 24 日发表在《自然·通讯》上。

2018 年 12 月

1. 美国、日本科学家开发出首个可在室温下稳定运行的氟离子电池

金属氟化物不仅具有高能量密度，其理论能量密度是锂的近 10 倍，而且其储量丰富，价格便宜，因此无论从能量密度，还是成本和可持续性上氟离子电池都比锂离子电池更具优势。但氟离子电池需在 150℃以上高温才能运行，限制了该电池的实际应用。美国加州理工学院 Simon C. Jones 教授课题组联合日本本田研究所等机构共同合成了新型溶有四烷基氟化铵盐氟代醚溶剂电解质，展现出优异的低温离子电导率、宽工作电压窗口和化学稳定性。基于该液态电解质的氟离子电池克服了常规氟离子电池温度限制，首次实现了在室温下的稳定可逆充放电循环，使得氟离子电池展现出成为下一代高比能储能电池的强劲潜力，同时也为开发超越锂离子电池的新电池体系创造了新路径。相关研究 2018 年 12 月 7 日发表在《自然》上。

2. 美国开发出世界首款离子风动力飞机

自莱特兄弟发明飞机以来，世界上的各种飞机无一例外都是由机械活动部件构成的动力推进系统（如螺旋桨、涡轮机等）驱动飞行的。美国麻省理工学院的 Steven Barrett 教授研究团队设计开发了一种无须消耗燃料、无须任何机械活动部件构成推进系统的全新离子风动力推进飞机。离子风推进系统的原理基于牛顿力学第三定律——力的作用是相互的。在两个电极之间加上电压，就会使得电极间空气电离，从而产生离子风，而当电压足够大，产生的离子风就足以驱动飞行器飞行。基于上述原理，研究人员设计了一架机翼长达 5 米的飞机，并在一个无风的体育馆内成功实现了飞行距离 60 米、持续时间 12 秒的试飞，成为有史以来首架没有机械活动部件动力推进系统的飞机，颠覆了传统认识，开辟了飞机发展的新篇章。相关研究 2018 年 11 月 21 日发表在《自然》上。

地球科学领域

2018 年 2 月

1. 美国科学家发现北半球永久冻土区中含 7.93 亿千克汞

2004～2012 年，美国地质调查局研究人员从阿拉斯加的不同地点钻取了 13 个永久冻土芯，测量了每个钻孔土芯中的汞含量，并据此估算了末次冰期以来北半球永久冻土区总汞储量。研究发现，北半球永久冻土区中含有 7.93 亿千克汞，约是过去 30 年人类排放汞总量的 10 倍。此外，北半球永久冻土区和解冻土区共含有 16.56 亿千克汞，这也使得北半球成为名副其实的最大汞库。随着全球变暖，北半球永久冻土将逐渐融化，封存在其中的汞可能随之释放，并对人类和生态环境产生重大影响。该研究为决策者提供了全新的数据。相关研究 2018 年 2 月 5 日发表在《地球物理研究通讯》上。

2. 中英联合核算中国及省域二氧化碳排放量

准确地核算二氧化碳排放量是中国实施减排政策的先决条件。目前，国际学术机构对中国二氧化碳排放量的估算值与中国官方的估计值存在较大差异。此外，现有的数据集只包括国家层面的二氧化碳排放量，几乎没有根据化石燃料类型和工业部门发布的中国及其 30 个省份的排放清单。来自清华大学和英国东英吉利大学、剑桥大学、伦敦大学的研究人员遵循联合国政府间气候变化专门委员会（IPCC）基于国家领土的排放核算方法，更加科学地构建了 1997～2015 年中国及其 30 个省（自治区、直辖市）二氧化碳排放清单，包括能源相关排放（47 个行业的 17 种化石燃料）和过程相关（水泥生产）排放。相比国际组织“全球碳计划”（GCP）发布的“全球碳预算”

报告，此次构建的排放清单表明中国二氧化碳排放总量被高估了9%～18%。统一格式的排放清单将为中国减排政策的制定以及环境问题研究提供数据支持。相关研究2018年1月16日发表在《科学数据》上。

2018年3月

1. 英国科学家发现距断层895米外压裂诱发地震的概率极低

压裂是页岩油气开发的关键技术，该技术将高压流体（通常是水、化学物质和砂的混合物）注入井眼以破碎岩石，进而释放油或气。如果压裂流体到达地质断层，有时会诱发地震，威胁到公众的安全。为了降低地震风险，普遍认为需要使高压流体的注入点远离断层，但距离多远仍未可知。英国杜伦大学和纽卡斯尔大学共同领导的欧洲水力压裂研究协会，使用微震数据估算出在岩石中压裂作用诱导产生的裂缝在水平方向上延伸的距离（离钻孔注入点的距离）。结果发现，这些压裂作业造成的裂缝可达到的水平距离为59～720米，当距离超过895米时，页岩发生破裂的可能性仅为1%，从而说明人为诱发地震的风险极低。这一成果对重新设计水力压裂作业方案和修订管理政策具有重要参考价值。相关研究2018年2月28日发表在《G4》上。

2018年4月

1. 美国科学家发现生态系统中约26%的氮源自地球基岩风化

一直以来，人们认为全球范围内氮元素均来自大气层。美国加州大学戴维斯分校研究人员对岩石基岩风化与氮元素之间的关系进行了开创性研究，发现岩石风化是土壤和生态系统氮元素的重要来源，约26%的氮来自基岩的风化，其余来自大气。该成果揭示了大气圈-生物圈-岩石圈之间的重要联系，突破了环境科学领域奠定的长达数世纪的传统氮元素来源的相关结论，将改写教科书中的相关观点。这一研究成果还提供了一个全球化的视角来调整地球的氮预算，对营养物驱动的陆地碳汇控制产生了影响，将开创氮研究的新时代。相关研究2018年4月6日发表在《科学》上。

2018 年 5 月

1. 沙特阿卜杜拉国王科技大学开发出深部油藏成像新方法

地震勘探是石油勘探中用来研究深部隐藏的地质构造的一项重要技术，这些隐藏的地质构造可能正是圈闭的石油和天然气的关键构造。传统的油藏描述方法主要是基于一维地震反演，这些方法是稳定的，但依赖于地质性质的假设，并且反演结果依赖于地震成像过程的准确性。沙特阿卜杜拉国王科技大学研究人员开发出了一种先进的地震数据处理计算方法，利用全波形反演方法集成了更复杂的附加信息来更好地约束反演结果，能够以超高分辨率对深层油藏的详细储存结构进行成像，解决了诸如裂缝密度和定位等关键信息，对钻井决策和水平井位布置具有很大指导意义。对 4 个不同储藏环境的数值模拟结果显示，该方法可以明显抑制参数间的串扰，且可以降低人为因素及边缘效应对模拟结果的影响。该成果可能重新定义深部石油地震勘探数据分析的难度，将为日益艰难的深部油藏储量寻找开辟新的可能性。相关研究 2018 年 6 月 1 日发表在《国际地球物理期刊》上。

2018 年 6 月

1. 南极冰盖融化使全球海平面上升加速 3 倍

来自 44 个国际组织的 84 名科学家结合 24 项卫星观测结果得到了迄今最完整的南极冰盖变化图景。研究结果表明，自 1992 年以来，南极冰盖的融化使全球海平面上升了 7.6 毫米，其中 40%的海平面上升（3.0 毫米）发生在过去 5 年。在 2012 年之前，南极洲的冰以每年 760 亿吨的稳定速度发生损失，对海平面上升造成每年 0.2 毫米的贡献。但这一数字在 2012～2017 年增长了 3 倍，即南极大陆每年损失 2190 亿吨冰，对海平面上升的贡献达到每年 0.6 毫米。南极大陆冰的损失是由西南极洲和南极半岛的冰川损失加速和东南极洲冰盖增长减少共同造成的。相关研究 2018 年 6 月 13 日发表在《自然》上。

2018 年 8 月

1. 美国新研究揭示南极海域冬季释放大量二氧化碳

南大洋区域在全球气候中发挥着独特的作用，同时也是世界上流速最快的水体之一，这使得在冬季从该地区获取气象观测数据非常困难。美国国家科学基金会（NSF）资助南大洋碳和气候观测与建模项目通过潜水和漂流机器人在南大洋收集了数个冬季数据。研究人员通过对 2014～2017 年 35 个浮动观测仪获取的数据和其他观测数据进行分析，确定南极海域释放二氧化碳量的季节性和长期趋势。观测数据显示，在冬季南极洲海冰附近的开阔水域释放出的二氧化碳量是惊人的，远远超过科学家此前的预期。研究人员指出，这一发现意味着南大洋所吸收碳的量可能要比想象的少，因此需要重新考虑南大洋在碳循环和气候中的作用，同时此次的观测结果对于理解全球碳循环具有重要意义。相关研究 2018 年 8 月 14 日发表在《地球物理学研究快报》上。

2018 年 11 月

1. 澳大利亚完成世界首例真实地震声波实验

2018 年 10 月 20 日，澳大利亚海洋科学研究所报道称该机构研究人员利用地震勘探船“东方物探”（BGP Explorer）在西澳大利亚州西北部的两个站点进行为期 10 天的作业，实现了世界首例真实地震声波实验。该实验通过地震勘探船牵引一组气枪发出压缩空气以产生声波，声波穿透海床后，根据不同地质层的深度和相应特征以不同的时间间隔和强度返回，通过计算机对反射声波到达时间及反射声波特征进行分析并生成地质层图像，为地质研究提供重要证据。实验主要选取大珠母贝和皇红鲷作为地震波实验对象，因为它们是衡量在海洋底层生活的其他底栖鱼类商业价值的重要指示物种。研究人员表示，该研究旨在了解鱼类是否会在感受到地震波之后改变方向并离开该区域以及地震波对鱼类产卵和其他行为等的影响。通过了解底栖鱼类对地震波的反应，科学家就可以适当地主动管理渔业，以保证渔业的可持续性。

2. 德国科学家成功利用激光引导星精确测量地磁场

过去 20 年，科学家一直使用激光激发位于地表上空 85～100 千米处的大气中间层内的钠原子层形成激光引导星（LGS），以改善天文观测效果。早在 2011 年，科学家就提出有关激光引导星可用于测量地磁场的设想，2018 年 5 月，美国研究人员发表了类似成果，但是其测量精度较低。11 月 14 日，德国美因茨大学宣布由其研究人员领衔的国际研究团队成功利用激光引导星实现对地磁场的精确测量，测量精度达到前所未有的水平，同时在实验装置的配置上实现了关键仪器组件的商业化配置。测量结果不仅同世界地磁场模型十分吻合，而且还可以为未来该模型评估提供输入数据。与已有相关研究相比，该研究最新重要进展还包括：将激光能量大幅提升以充分达到原子共振速级要求，有效增加了受激原子数量；在荧光光谱的短垂直区间对磁光共振进行观测，有效降低了磁场梯度对测量结果的影响。研究人员强调，人造引导星检测技术对于地球物理学研究十分有用，将来可用于探测由太阳风引起的地球电离层磁场变化。此外，对距地表 85～100 千米处地磁场的连续监测也将为观测洋流及上地幔中大规模磁构造提供可能条件。相关成果发表于《自然·通讯》上。

纳米科技领域

2018 年 4 月

1. 中国科学家制备出兼具弹性和强度的纳米钻石

金刚石是最坚硬的天然材料，但可变形性差和脆性较高影响了其在一些场景的应用。香港城市大学、麻省理工学院及南洋理工大学组成的国际研究团队研制出单晶纳米金刚石，兼具高弹性与高强度，其弹性形变可达 9%，强度接近理论极限，远超普通金刚石。计算模拟及表征测试结果表明，纳米金刚石的超高强度和超大弹性变形，一方面是由于小体积纳米金刚石中缺陷很少，另一方面则是因为纳米金刚石比体相金刚石的表面更加光滑。这一突破颠覆了对钻石是最硬材料的传统认识，为金刚石纳米结构、形貌、弹性形变及物理性能的设计与优化带来了新的启发。未来，纳米金刚石材料有望应用在微电子器件、药物输送等领域。相关研究 2018 年 4 月 20 日发表在《科学》上。

2. 美国科学家合成包含 8 种金属的高熵合金纳米颗粒

相较单一金属形成的纳米颗粒，多元金属纳米颗粒在性能上有更多变化，同时拥有更多的应用场景。但在纳米尺度控制多种金属元素制备纳米颗粒是巨大的挑战。马里兰大学领衔的联合研究团队通过对负载在碳纳米纤维上的前体金属盐混合物进行快速急剧升降温，得到了含有铂、钴、镍、铜、铁、钯、金、锡等 8 种金属元素的结构均匀且尺寸可控的高熵合金纳米粒子。这种新型高熵纳米粒子将极大地拓展纳米材料领域的研究和应用范围，特别是新兴能源环境技术领域以及储能（电池或超级电容器）等，同时还将推动整个纳米材料设计合成领域的发展。相关研究 2018 年 3 月 30 日发表在《科学》上。

2018 年 5 月

1. 中国造出迄今拉伸强度最强的碳纳米管管束

碳纳米管是已知强度最大的材料之一，但常规碳纳米管长度仅有微米级，一旦将短碳纳米管组装成纤维，会因为相互堆叠和纠缠而导致其失去纳米尺度时的超级强度。清华大学研究人员通过原位气流聚焦方法，可控地制备出组成确定、结构完美、排列平行的厘米级连续超长碳纳米管管束。利用"同步张弛"策略，在纳米操纵作用下，释放管束的初始应力，使其分布范围较窄，实现 80GPa 以上的拉伸强度。对含有多根碳纳米管的情况，如能保证长度连续、结构完美、取向一致及初始应力均匀分布，其拉伸强度仍可接近单根强度。上述工作是该团队继 2013 年制备出世界上最长的、单根长度逾半米的碳纳米管后又一创新性进展，将纳米尺度碳纳米管的超高强度拓展到体相尺度，为碳纳米管的走向更大规模的实际应用奠定了基础。相关研究 2018 年 5 月 14 日发表在《自然·纳米技术》上。

2018 年 8 月

1. 中国科学家在 X 射线闪烁体领域取得突破性进展

闪烁体材料可将高能 X 光子转化为低能量的可见光，是 X 射线检测与成像技术应用中的核心部件，在国防、安检、核安全等领域有重要应用。当前绝大多数闪烁体材料不仅价格高昂，而且转化效率有限，辐射发光波长也不易于调控。我国西北工业大学、福州大学与新加坡国立大学研究人员合作发现了一类全无机钙钛矿纳米晶闪烁体，可实现超灵敏 X 射线检测。研究人员合成了铯铅溴（$CsPbBr_3$）钙钛矿纳米晶闪烁体，相比常规闪烁体，其具有合成工艺简单、成本低、毒性低、辐射发光速率快等优点。研究人员将其用于 X 射线成像测试，最低辐射使用剂量仅需 13 纳戈瑞/秒，是常规医用

X 射线成像诊断使用剂量的 1/420。该类钙钛矿纳米晶闪烁体有望用于提高 X 射线检测与成像灵敏度，降低辐射使用剂量，使基于 X 射线的医学诊断、安全检查等应用更加安全。相关研究 2018 年 8 月 27 日发表在《自然》上。

2. 国际研究团队首次合成出拓扑石墨烯纳米带

拓扑材料的导电边缘由于受到材料本身的拓扑性质保护，往往可以无视缺陷的存在而仍然显示导电性质，因此可用于设计无耗散的电子器件，具有巨大的应用前景。理论研究表明，特定非规则边缘的石墨烯纳米带具有拓扑保护的界面态，可以用来调控一维的拓扑量子态。上海交通大学王世勇与瑞士、德国、美国科学家合作，在金表面基于“自下而上”的表面合成途径，首次从实验角度合成了与理论预测高度吻合的具有拓扑性质的石墨烯纳米带结构，通过精确设计分子前驱体，可精准调控其拓扑特性，并在石墨烯纳米带末端观测到拓扑末端态。在纳米带中实现拓扑量子态为接下来研究拓扑结构提供了一个非常有意义的平台，对量子计算、器件设计等领域均具有重要意义。相关成果 2018 年 8 月 8 日发表在《自然》上。

2018 年 9 月

1. 日本研发出自供能超柔性生物传感器

柔性可穿戴电子器件具有质轻、易与皮肤结合、能承受力学变形等特点，已逐渐在日常生活中崭露头角，尤其在生物传感器方面，已经成为心率、血压等生物信号监测的重要器件。但目前的生物传感器普遍需要外部供能驱动，因此极大限制了柔性可穿戴设备的应用。日本理化研究所 Kenjiro Fukuda 研究团队开发出一种基于纳米图案化有机太阳能电池的自供能超柔性生物传感器，实现了对心率的实时精准监测。研究人员以线性高度结晶结构材料超薄聚对二甲苯作为基底，在此之上集成有机光伏器件（OPV）和有机电化学晶体管（OECTs）。该传感器不仅可以应用在曲面，还能被拉伸 2 倍长度而不造成电学性能损失，即便是 900 圈拉伸松弛循环测试之后，器件效率仍可保留 75%；该有机电化学晶体管可在 1 伏左右的低压条件下工作，在标准室内光照条件下有机光伏器件也完全满足供能要求；由于无须外部供能，避免了外部连接导致的信号波动，器件可对小白鼠活体心脏心率信号进行实时精准监测，其灵敏度是常规能源驱动的有机电化学晶体管的 3 倍以上。该研究实现了柔性可穿戴生物传感器的自供能驱动，是近年来柔性可穿戴器件领域的里程碑式成果，为柔性可穿戴器件的发展指明了新方向。相关研究 2018 年 9 月 26 日发表在《自然》上。

2. 美国哈佛大学等开发出有望变革光电子行业的微型片上铌酸锂调制器

美国哈佛大学、中国香港城市大学等组成的联合团队研制出一种微型片上铌酸锂调制器，体积更小、运行效率更高、数据传输速度更快，而且制作成本更低。铌酸锂是调制器制备的最佳材料之一，研究团队利用先进纳米制造方法，克服传统化学刻蚀不能形成光滑表面的弊端，改善了铌酸锂化学惰性限制。该调制器长度仅为 1～2 厘米，表面积比传统电光调节器约小 100 倍，而数据带宽从 35 吉赫兹提高到 100 吉赫兹，传输速率高达每秒 210 吉比特。调制器是光电子行业的重要组成部分，该研究为高速、低能耗通信网络及量子光子计算铺平了道路。相关研究 2018 年 9 月 24 日发表在《自然》上。

3. 美国利用去顶四面体量子点构建出百微米量级的超结构

从纯数学到工业设计，形状组装一直是活跃的研究课题。四面体填充的数学构造已取得了相当大的进展，但组装四面体的复杂超结构尚未通过实验观察到。美国布朗大学 Ou Chen 教授团队使用纳米颗粒自组装技术中的溶液蒸发固化法，通过控制反应温度、溶剂、反应时间和表面修饰分子等方法，将 8 纳米左右的去顶四面体（形似去掉尖顶的金字塔）量子点一次性组装成三种百微米量级的超结构，包括一维手性螺旋线、二维复杂超晶格和三维团簇超结构体心立方单晶。其中的三维结构是世界上目前使用纳米颗粒堆积出的最复杂的超结构。这项研究不仅展示了四面体形纳米材料的基本组装策略，提供了关于将非球形纳米晶体组装成复杂超结构的信息，还推动了纳米晶体组件在原子、纳米和宏观材料上的扩展向更复杂的方向发展，并可能增强自组装纳米晶超材料在实际应用中的潜力。相关研究 2018 年 9 月 19 日发表在

《自然》上。

2018年10月

1. 复旦学者研制出新型磁性二维材料

近年来，以石墨烯为代表的二维材料成为材料领域的重点领域之一。其中，磁性二维材料又是新的热点。然而，由于大部分二维材料为绝缘材料，而且铁磁转变温度远低于室温，限制了其在电子器件方面的应用。复旦大学张远波教授率领的研究团队以金属性层状材料为研究对象，新近开发出一种全新的磁性二维材料碲锗铁（Fe_3GeTe_2）。研究团队借助氧化铝与碲锗铁之间较强的黏附性和较大的接触面积，制备得到了碲锗铁的单层二维材料样品。研究团队通过自行开发的技术手段，开展碲锗铁锂离子插层调控，获得了室温以上的铁磁转变温度，为开发超高密度、栅压可调、室温可用的自旋电子器件开辟了新的路径，有望在未来带来芯片技术的变革，具有重大的科学价值和应用价值。相关研究成果2018年10月22日发表在《自然》上。

2. 中国科学家开发出高发光效率钙钛矿发光二极管

目前，平面结构的发光二极管（LED），尤其是有机发光二极管（OLED）的发光效率较低。钙钛矿材料不仅可用作电池，还能作为发光材料，具有成本低、荧光量子效率高、色纯度高、颜色可调等优点。而制备出平整、覆盖率高、无明显孔洞的钙钛矿薄膜是实现高效率发光器件的基础。南京工业大学黄维院士和王建浦教授团队提出了利用低温溶液法设计钙钛矿发光层的新思路，将钙钛矿发光二极管的外量子效率提高到20.7%，较国际同行提升近一半。新型钙钛矿发光二极管在多个关键指标上优于相近发光波段的有机发光二极管。由于钙钛矿发光二极管兼具了无机发光二极管和有机发光二极管的优势，其能耗低、亮度高，易制成超大面积器件，未来在电视、智能手机、大尺寸户外显示装置、汽车与住宅照明等领域有着广阔的应用前景。相关研究2018年10月10日发表在《自然》上。

基础交叉前沿

2017 年 12 月

1. 美国开发出拥有大量受控量子比特的量子模拟器

量子模拟器是一种研究量子粒子如何交互（如化学反应、物质合成过程）的量子计算机形式。如何实现更大规模的量了比特集合从而模拟复杂系统，一直以来都是量子模拟领域的重大挑战。《自然》期刊 2017 年 11 月 30 日发表的两项独立研究实现了拥有大量受控量子比特的量子模拟器。哈佛大学研究人员实现了 51 个里德伯原子的量子模拟器，马里兰大学研究人员实现了 53 个囚禁离子的量子模拟器并将其用于研究伊辛型量子磁体相变。这一突破将帮助实现更大规模的量子模拟器系统，在未来实现执行超越经典计算机能力的任务。由于量子模拟器和通用量子计算机具有相似的构架，此次的突破或可为后者的到来开辟道路。

2. 新型量子计算机的首个基本元件问世

瑞典和奥地利研究人员合作研制出新型量子计算机“囚禁里德伯离子量子计算机”的首个基本元件——单量子比特里德伯门，证实了该类型量子计算机的可行性。增加单个逻辑门中发生纠缠的量子比特数量是当前量子计算机面临的最大问题之一。常见的多量子比特逻辑门会因量子比特数量增加而遭遇频谱拥挤问题，但基于囚禁里德伯离子的量子系统不受频谱拥挤的影响，因此有望克服量子计算机面临的扩展问题，成为升级能力更强的量子计算机。相关研究 2017 年 11 月 28 日发表在《物理评论快报》上。

3. 德国、美国科学家开发出基于硅双量子位系统的稳定量子门

相比传统计算机，量子计算机对外部干扰十分敏感，因此开发出稳定的量子门（即量子计算机的基本切换系统）是科学家当前的主要目标。近日，德美科学家合作开发出基于硅双量子位系统的稳定量子门。研究人员利用电磁吸引力和斥力的组合，将单个电子分离出来，然后将每个电子都精确置于一个纳米电极上，通过磁场梯度创建定位磁场并用其控制电子的旋转脉冲，借此创造出稳定的量子位系统。两个电子的状态耦合形成双量子位系统，从而构建量子门，执行量子计算机所有必要的基本操作。这项量子计算机领域里程碑性的研究成果 2017 年 12 月 7 日发表在《科学》上。

4. 美欧联合研究团队提出外尔-近藤半金属模型

美欧联合研究团队提出一种基于铈、铋、钯等金属的“外尔-近藤半金属”量子材料模型，首次从理论上证实了拓扑金属的存在，为实际制备拓扑金属提供了关键的理论基础。未来这种具备多种特殊属性的新型量子材料或可在量子计算等多个领域发挥重要作用。相关研究 2018 年 1 月 2 日发表在《美国国家科学院院刊》上。

2018 年 1 月

1. 荷兰科学家证明分子机器具有实际应用价值

2016 年诺贝尔化学奖得主、荷兰格罗宁根大学 Feringa 教授将纳米级的分子机器组装成厘米级的纤维。在紫外光照射下，该纤维组成的纤维束成功举起一张纸片。该研究证明分子机器微观的、不易察觉的运动可以转化为宏观的、可见的运动，并具有了初步的实际应用价值，为分子机器今后的实用化研究奠定基础。相关研究 2018 年 2 月发表在《自然 · 化学》上。

2. 中国科学家研发出纳米人工抗体

上海大学研究人员通过在金纳米粒子表面精确控制无特殊功能的柔性基团的空间结构，首次合成了具备类蛋白质功能的纳米粒子，并在此基础上研制出类似天然抗体、可以对抗原进行识别的金纳米人工抗体。与天然蛋白

质抗体相比，人工抗体不仅可以更好地与抗原结合，而且克服了天然蛋白质抗体不稳定的缺点。金纳米人工抗体在经过 100℃煮沸后仍然能够与抗原结合。未来相关技术有望在疾病诊断、人工抗体合成、疾病治疗等多个生物医学应用领域替代天然抗体。相关研究 2018 年 1 月 2 日发表在《美国国家科学院院刊》上。

2018 年 2 月

1. 美国科学家发现可在约 5000℃存在的超离子冰

美国劳伦斯利弗莫尔国家实验室 Marius Millot 研究团队在约 5000℃高温下，首次创造出一种由带正或负电荷的原子组成的“超离子冰”——一种奇特的水的物质形态。研究人员利用“激光驱动冲击压缩”技术，先碾碎两块钻石之间的冰块，然后发射激光以进一步加压加热，在约 5000℃的高温和 190 万倍大气压的高压下，观测到了超离子冰的形成和融化过程，整个实验历时 10～20 纳秒。早在 1988 年就有科学家预测了这种物质的存在，数学模拟也印证了这一预测。这次是第一次在实验室条件下获得该物质。“超离子冰”可能存在于像海王星和天王星这类冰冻行星的地幔中，或许可以解释它们不寻常的磁场。相关研究 2018 年 2 月 5 日发表在《自然·物理学》上。

2. 美国科学家在钙钛矿太阳能电池稳定性方面取得重大突破

有机无机杂化钙钛矿太阳能电池凭借其较高的效率、简单的工艺和低廉的成本，被认为是最有希望替代晶硅电池的新一代薄膜电池技术，但稳定性差是该技术走向商业化应用的一大障碍。美国国家可再生能源实验室 Joseph M. Luther 教授研究团队利用疏水性新型高效空穴材料替代常规的亲水性空穴传输材料，同时利用界面控制策略构建了一种在水、氧气、光照等多种影响因素共存的实际环境中稳定运行超过上千小时的钙钛矿太阳能电池。这一研究在保持钙钛矿电池高性能的同时，大幅提升了器件的稳定性，为开发低成本空穴材料开辟了新路径，对钙钛矿电池的大规模产业化起到了重要的推动作用。相关研究 2018 年 1 月 26 日发表在《自然 · 能源》上。

2018年3月

1. 美日研究团队实现石墨烯超导重大突破

美国麻省理工学院、哈佛大学和日本国立材料科学研究所组成的联合团队研究发现，当两层石墨烯以特定角度（1.1°）扭转，再施加电场后，即会展现出目前尚无法被主流理论解释的非常规超导体性质。这一发现意味着通过简单方法即可实现材料由绝缘体向超导体的转变，打开了困惑物理学家几十年的非常规超导体领域的大门。同时该成果还为超导研究带来了新思路，为全新电学性能的探索和工程化提供了良好的研究平台。有两篇相关论文2018年3月5日发表在《自然》上。

2. 美国开发新成像技术快速精确测量原子钟内的量子行为

美国天体物理联合实验室（JILA）的研究人员开发出一种新的成像光谱技术，使用高分辨率显微镜提取光和物质间相互作用的信息，将原子钟内的原子能量转换成空间映射，从而获得关于每个原子位置和能级或者量子态的信息。这一技术有望大幅提高原子钟的精度，并为研究磁性和超导等现象增加新的原子级细节。研究报告称，在6小时内对原子钟的测量达到了创纪录的精度（测量频率达到2.5×10^{-19}），未来JILA原子钟和其他原子钟的精度有望得到大幅提高。同时该技术提供了原子局部环境的信息。未来，科学家可以利用该方法研究量子物理学与引力之间的联系等。相关研究2018年3月5日发表在《物理评论快报》上。

2018年5月

1. 中国科学家首次获得离子水合物原子级分辨图像

水能溶解盐，并能与溶解的离子结合形成团簇，这一过程称为离子水合，形成离子水合物。一个世纪前科学家就已经知道了水合离子的存在，但一直未找到直接的实验证据。北京大学江颖教授和王恩哥院士联合研究团队利用自主研发的非接触式原子力显微镜，在世界上首次获得了离子水合物的原子级分辨图像。同时，在研究离子水合物的动力学输运性质过程中，研究团队还发现了“幻数效应”：包含有 3 个水分子的钠离子水合物具有异常高的扩散能力。这一研究首次建立了离子水合物的微观结构和输运性质之间的直接关联，刷新了人们对于离子输运的传统认识。这一认识对离子电池、防腐蚀、海水淡化、生物离子通道等具有重要的潜在意义。相关研究 2018 年 5 月 14 日发表在《自然》上。

2018 年 6 月

1. 以色列科学家提出手性分子拆分新策略

药物分子通常具有手性特征，存在化学组成相同但在空间结构上互成镜像的对映异构体，具备此特性的分子称为手性分子。对映异构体之间可能存在相异甚至相反的药理活性。因此，各国均要求手性药物在上市前必须进行对映异构体拆分，并分别检测其药理活性。传统的拆分方法主要依靠分子的空间构象效应，通用性较差。以色列魏茨曼科学研究所 Koyel Banerjee-Ghosh 和希伯来大学 Oren Ben Dor 等研究人员基于手性诱导的自旋选择性原理，提出了基于电子自旋的新拆分策略。实验显示，受自旋方向不同影响，手性分子在磁性表面的吸附速率有明显差别，从而实现有效拆分。研究人员实验验证了该方法对多肽、DNA 和小分子的有效性，并建立了理论模型。研究成果 2018 年 6 月 22 日发表在《科学》上。

2. 俄罗斯科学家开发耐热材料刷新世界最高熔点纪录

俄罗斯远东国立大学网站 2018 年 6 月 1 日报道，该校研究人员研制出熔点高于 4200 开尔文（约 3926.85℃）的超耐热材料，刷新了世界最高熔点材料的纪录，比此前熔点最高的耐热材料碳化钽铪（Ta_4HfC_5）的熔点高约 200℃。该项研究由俄罗斯远东国立大学核技术实验室 Alexey Zavialov 和俄罗斯科学院远东分院化学所副研究员 Evgeny Papynov 共同主持，采用脉冲等离子体烧结法在极端条件下合成碳化物和氮化铪的混合物获得的，可应用于热核动力工程、航天、导弹和航空制造等领域。未来，研究人员还将继续优化工艺流程，深入研究合成过程中的固相转化机制。

2018 年 7 月

1. 中国科学家开发出低成本、高效甲烷催化体系

作为天然气主要成分的甲烷分子具有高度的稳定性，如何在温和条件下实现甲烷分子碳氢键的功能化，即将稳定的甲烷分子变成不稳定的活性状态，被认为是化学中的“圣杯”。上海科技大学物质科学与技术学院左智伟团队在光催化甲烷转化这一重要能源化工领域取得突破性进展，成功开发出一种廉价、高效的铈基催化剂（铈在我国稀土资源中占比接近 50%，其价格仅相当于传统贵金属催化剂价格的万分之一）和醇催化剂的协同光催化体系，解决了利用光能在室温下把甲烷一步转化为液态产品的科学难题，为甲烷转化成高附加值的化工产品（如火箭推进剂燃料）提供了崭新和更加经济、环保的解决方案。同时，深入研究和进一步推广应用这一高效、可持续的光促进铈催化模式，将为我国高效利用特有的稀土金属资源提供新的思路和前景。相关研究 2018 年 7 月 27 日发表在《科学》上。

2. 英国科学家开发出基于人工智能的有机合成系统

英国格拉斯哥大学Leroy Cronin研究小组开发出一套基于人工智能的有机合成系统。不同于过往研究，新系统不需要学习化学基础知识，而是使用二进制代码表示反应物和反应结果，并将其作为人工智能模型学习的基础数据。为测试该系统的智能程度，研究人员首先从 969 种反应物组合中随机选取 10%用于训练人工智能模型，然后让其对剩余组合的反应可能性进行预测，选取其认为最高的 10%进行验证。结果显示，准确性超过 80%；如果进行迭代学习，准确率可接近 100%。而且，该模型还发现了 4 个新化学反应。搭配神经网络算法后，该模型还可对化学反应的产率进行较准确的预测。该研究未来可能用于药物研发，以缩短研发时间和降低研发成本。相关研究 2018 年 7 月 19 日发表在《自然》上。

3. 中国科学家提出“时间折叠法”首次实现皮秒精度任意序列发生器

高精度序列发生器可产生高时间分辨率的控制脉冲序列，已在量子计

算、量子精密测量、自动化控制与测量、脉冲成像技术、医学诊疗等诸多方向得到广泛应用。在过去的数十年中，序列发生技术绝大部分采用高速时钟法，这种方法中序列的时间精度依赖于时钟速度，得到皮秒（10^{-12} 秒）量级的时序发生功能极其困难。中国科学技术大学杜江峰院士领导的研究团队提出了一种名为“时间折叠”的高时间精度序列发生方法，与“时间内插”法相结合，不仅突破了传统的高速时钟法实现序列发生的时间精度的上限，首次实现皮秒量级的序列发生功能，还同时在皮秒尺度改善序列发生的时间线性，保障高质量、高稳定度的序列发生功能。测试表明，新的序列发生技术可实现时间分辨率为 5 皮秒、动态范围为 5 纳秒～10 秒的序列发生功能。同时，研究团队新提出的“时间折叠”技术还提供了进一步提升时间性能的潜力。该技术可以广泛应用到各类需求高时间精度序列发生功能场合，对前沿科学的进步和技术发展起到重要的推动作用。相关研究作为编辑精选文章和头条文章 2018 年 7 月 2 日发表在《科学仪器评论》上。

2018 年 8 月

1. 中国科学家首次在超导块体中发现马约拉纳任意子

马约拉纳费米子相关研究一直是物理学最前沿的问题之一。束缚在一点上的马约拉纳费米子即成为两个马约拉纳任意子。目前国际上有多个研究团队分别宣称找到了马约拉纳任意子的证据，但其实验条件都需要条件苛刻的异质结构，并且需要极低温（低于零下 272℃）条件。中国科学院物理研究所/中国科学院大学高鸿钧和丁洪联合团队利用自主研制的超高真空-极低温-强磁场-扫描隧道显微镜-分子束外延-低能电子衍射联合系统，在铁基超导体样品中观测到了马约拉纳任意子，并且在 6 特斯拉以下磁场以及低于零下 269℃的温度下都能稳定存在。这是首次在单一块体超导材料中发现高纯度马约拉纳任意子，并且能在相对高的温度下实现，为马约拉纳物理的研究开辟了新的方向。基于马约拉纳任意子的拓扑量子计算机有很强的抗干扰能力，因此该成果对构建稳定、高容错、可拓展的未来量子计算机有极其重要的意义。相关研究 2018 年 8 月 16 日发表在《科学》上。

2018年10月

1. 美国国家标准与技术研究院成功研发超快光电激光器

超快激光因具备独特的超短脉冲、超强特性，以及能以较低的脉冲能量获得极高的峰值光强的优异特质，已在一些需要极高精度的科学研究和商业应用中发挥了重要作用。制造超快光电激光器的难点在于无法通过电子开关来产生超快脉冲，并消除电子噪声或干扰。美国国家标准与技术研究院（NIST）使用普通电子设备成功制造出脉冲频率超高的光电激光器，其脉冲频率是传统超快激光器的100倍，实现了前所未有的速度、精度和稳定性，可以与锁模激光器相媲美。该激光器通过电光调制方法使用低能量就能产生超快且稳定的激光脉冲，减轻了由于量子限制光学过程产生的电光噪声。同时，该激光器采用商用电信和微波元件，提高了系统的可靠性，因此未来可用于长期测量光学钟网络、通信或传感器系统。此外，该进展还将把超快科学研究扩展到诸如生物材料实时成像等新的应用领域中。相关研究结果2018年9月27日发表在《科学》上。

2018年11月

1. 日本东丽工业株式会社开发出新型MX系列高模量碳纤维

碳纤维的拉伸强度与拉伸模量可比作“鱼和熊掌”的关系，然而市场上对碳纤维的需求是希望能同时实现更高的强度和模量。这在技术上有一定困难，也是当前碳纤维行业发展面临的一项重要挑战。2018年11月19日，日本东丽工业株式会社（简称东丽）在官网发布消息称，开发出新型“东丽卡”MX系列碳纤维，实现了更高的拉伸强度和拉伸模量。东丽通过严格控制纳米级石墨晶体结构，将该系列的第一个牌号M40X在已有M40J的基础上，拉伸强度提升了约30%，达到5.7吉帕（相当于T800级碳纤维的水平），拉伸模量则保持不变（377吉帕，而T800级碳纤维约为294吉帕）。有分析认为，这是世界范围内首次以这一水平量产兼顾两个功能的碳纤维。东丽在

2014 年研制成功的 T1100G 碳纤维具有最高的拉伸强度，达 7.0 吉帕，拉伸模量为 320 吉帕。同时，东丽还将推出含有 MX 系列碳纤维的预浸料。与传统产品相比，通过运用东丽专有的 NANOALLOY 纳米技术，树脂基 MX 预浸料的抗拉强度、抗压强度和抗冲击性也得到明显改善。

2. 英国研发发光效率接近 100%的钙钛矿基发光二极管

与广泛用于高端消费电子产品的有机发光二极管（OLED）相比，钙钛矿基发光二极管（LED）制造成本更低，并且可发出具有高色纯度的光，但此前相关产品将电转化为光的效率不如传统 OLED。近日，英国剑桥大学研究人员将钙钛矿层整合进发光二极管内，得到的产品其内部发光效率接近创纪录的 100%，接近薄膜 OLED 的理论效率极限，使钙钛矿基 LED 在效率方面已经可以与 OLED 竞争。但目前钙钛矿基 LED 的稳定性仍较差，还无法满足消费电子产品的要求。此次开发的钙钛矿基 LED 的半衰期约为 50 小时，较最早钙钛矿基 LED 仅几秒钟的寿命已有显著改善，但距离商业应用所需的寿命要求还很远，有待后续的广泛研究。钙钛矿基 LED 领域近期的一系列重要突破表明这一技术有望未来应用于显示、照明、通信及下一代太阳能电池等多个领域。相关研究 2018 年 11 月 5 日发表在《自然・光子学》上。

2018 年 12 月

1. 中国、日本学者研究发现固态物质的新结构类型

按照微观结构的对称性，固态物质可分为晶体、准晶体和非晶体三大类。晶体中的原子有规则地周期性排列（如食盐、雪花），非晶体中原子无序排列（如玻璃、塑料），准晶体介于晶体与非晶体之间，可在一些合金中观测到。中国科学院金属研究所陈春林研究员与东京大学、重庆大学等合作，在陶瓷材料中发现了区别于上述三大类的新结构：一维有序结构（或称为一维有序晶体），深化并更新了人们对固态物质结构的认识。研究人员将扫描透射电子显微技术与第一性原理理论计算相结合，在氧化镁和氧化钕薄膜材料中发现了一维有序晶体。该结构仅在一个方向保留了晶体的平移对称性和周

期性，在其他方向原子无序排列，形成了具有一维平移周期性的长程有序结构。与相应常见结构类型相比，新结构物质的物理性质具有显著差异。通常氧化镁晶体是能隙为 7.4 电子伏（eV）的绝缘体，而此次得到的氧化镁一维有序晶体是能隙为 3.2 电子伏的宽带隙半导体。相关研究 2018 年 12 月 10 日发表在《自然·材料》上。

2. 中国科学家首次观测到三维量子霍尔效应

量子霍尔效应是 20 世纪以来凝聚态物理领域最重要的科学发现之一，迄今已有 4 个诺贝尔奖与其直接相关。但 100 多年来，科学家们对量子霍尔效应的研究仍停留于二维体系，从未涉足三维领域。复旦大学修发贤课题组于 2016 年 10 月首次在高质量三维砷化镉纳米片中测量到了量子霍尔效应，并深入研究，此次又发现电子在拓扑半金属砷化镉纳米片中的运动轨道能量直接受到样品厚度的影响。这说明，随着样品厚度的变化，电子的运动时间也在变，表明电子在做与样品厚度相关的纵向运动，证明了其隧穿行为。此次研究团队观测到由外尔轨道形成的新型三维量子霍尔效应的直接证据，迈出了量子霍尔效应研究从二维到三维的关键一步。相关发现为未来三维空间量子化传输提供了新思路和试验基础，未来将在光电探测、拓扑量子计算、低功率电子器件等方面发挥重大应用价值。相关研究 2018 年 12 月 18 日发表在《自然》上。

3. 中国科学家首次实现量子纠缠态自检验

量子纠缠是量子信息领域的重要资源。学术界通常采用量子态层析的方法重构出纠缠态的形式，进而获得纠缠态的保真度等重要信息。但该方法依赖于测量设备的准确性和可靠性，不能用于承担对安全性有要求的量子信息任务。为解决该问题，研究人员提出了“贝尔不等式违背”等多种纠缠度量方法，以实现不依赖检测设备的可信度进行量子纠缠自检验，但相关实验实现仍是空白。中国科学技术大学郭光灿院士团队李传锋、陈耕等人巧妙设计并实验实现了两比特和三比特量子纠缠态自检验，针对不同形式的量子纠缠态，在测量设备不可信的条件下，获得了未知量子态的保真度信息，并与传统的量子态层析结果比对，证实了自检验结果的可靠性，首次在国际上实现了量子纠缠态的自检验。这一成果为把自检验推广应用于各种量子信息过程，以及推进量子通信和量子计算研究打下重要基础。相关研究 2018 年 12 月 13 日发表在《物理评论快报》上。

中国科学院科技战略咨询研究院
《全球基础研究重点领域动态》编写组

第七篇

全球重点研发企业创新动态

能 源 领 域

2017 年 11 ~ 12 月

1. Fisker 公司计划推出新型固态电池，未来电动汽车充电只需 1 分钟

美国豪华电动汽车制造商 Fisker 公司近日申请了一项固态电池专利，该技术可以将电动汽车的充电时间缩短到 1 分钟，并且可续航 500 多英里。新电池相当于当前锂离子电池 2.5 倍的能量密度，成本仅为常规锂离子电池的 1/3。

2. Workhorse 公司推出首个载人飞行的混合动力旋翼无人机

美国新能源科技 Workhorse 公司推出首个载人飞行的 SureFly 混合动力旋翼无人机，比传统的机型更安全、更易飞行、更便宜。其设计包括四个螺旋桨臂、八个反转螺旋桨、一个备用锂电池组和一个弹道降落伞。预计 SureFly 混合动力旋翼无人机将能够承载飞行员、乘客或货物飞行 70 英里。

3. CoorsTek 公司研发出可利用天然气量产压缩氢气的陶瓷薄膜

全球领先的工程陶瓷制造商 CoorsTek 公司宣布与挪威奥斯陆大学（University of Oslo）和西班牙技术研究所（Instituto de Tecnología Química）合作，成功完成一款陶瓷薄膜的实验室测试，该薄膜可利用天然气生产压缩氢气并发电。

4. 东芝公司推出低反射住宅太阳能电池板

日本东芝公司发布一款新太阳能电池板。新产品采用高效单晶硅电池，实现 17.1%的最大模块转换效率。通过使用防反射片涂层，新产品改善了面

板的发电效率，从而减少由反射引起的光损失。

5. Egutec 在稻田上安装双轴太阳能跟踪系统

日本新能源企业 Egutec 在稻田上安装双轴太阳能跟踪系统，通过高精度光学传感器跟踪太阳，阳光收集量比传统太阳能系统提升 30%～50%。在系统下可种植水稻、运行拖拉机。台风天气时，电池板可自动调节保持水平状态，减少风力影响。项目预期 10 年可收回成本。

6. Singulus 公司推出多晶硅太阳能晶圆新工艺

德国 Singulus 公司推出湿化学表面处理工艺，以油和碳化硅混合物作为添加剂，使用臭氧进行后期清洁，去除纹路保持切面均匀，采用新传送系统确保切割过程处于温和处理状态，降低晶圆破损率。该工艺比使用传统浆料更环保，成本更低。

7. 中国隆基乐叶光伏科技有限公司 PERC 电池双面效率达 82.15%创纪录

中国隆基乐叶光伏科技有限公司宣布，经国家太阳能光伏产品质量监督检验中心验证，其研制的钝化发射极和背局域接触（PERC）电池双面效率达 82.15%，创造新的纪录。该电池采用双面玻璃层压技术，具有高功率、高发电量、低平准化度电成本、抗电势诱导衰减（PID）能力强的优势，寿命可超 30 年。

8. 韩国三星集团研发充电速度比现有标准快 5 倍的石墨烯电池

韩国三星集团宣布研发出基于石墨烯材料的新型电池，充电速度比现行标准提高 5 倍。与市场上现有的型号相比，该石墨烯电池的容量增加 45%，只需 12 分钟即可充满电。

2018 年 1 月

1. 日本藤仓集团和 NTT Docomo 联合测试燃料电池用于太阳能基站

测试系统由日本藤仓集团生产的直接甲醇燃料电池（DMFC）和日本

通信运营商 NTT Docomo 公司的太阳能基站组成。DMFC 无毒、安静、便携性高。5 个 DMFC 单元和 200 升甲醇燃料组合，可供太阳能基站独立运行一周。

2. 世界首个具备虚拟同步机功能的新能源电站投入运营

我国冀北电力有限公司牵头攻关的具备虚拟同步机功能的新能源电站在张北投入运营，这标志着我国实现全球首次虚拟同步机大规模电网应用。虚拟同步机技术可以主动应对电网频率、电压波动，保障电网稳定。

3. 澳大利亚将建全球最大的太阳能发电厂

美国光热电站开发商 SolarReserve 公司将投资 6.5 亿澳元，在澳大利亚的奥古斯塔建设全球最大的太阳能发电厂，设计发电能力为 150 兆瓦。项目建成后，将为铁路、医院和学校提供太阳能电力。

4. 荷兰天然气联合公司和阿克苏诺贝尔公司合作开发大规模电解水制氢

2018 年 1 月 8 日，荷兰天然气联合公司（Nederlandse Gasunie）和阿克苏诺贝尔公司（AkzoNobel）宣布共同开发大规模电解水制氢，计划利用欧洲最大的 20 兆瓦电解水装置，每年生产 3000 吨氢气，足以为 300 辆燃料电池汽车提供燃料。

5. 英国 Nexeon 公司获 700 万英镑资助研究电动车电池硅阳极技术

2018 年 1 月 8 日，英国 Nexeon 公司获英国政府技术战略委员会（TSB）700 万英镑资助，用于开发基于硅的电池材料及优化电动汽车电池设计。该研究被认为是实现电动汽车续航里程 400 英里以上的重要环节。

6. 加拿大巴拉德动力系统公司推出新一代无人机燃料电池系统

加拿大巴拉德动力系统（Ballard Power System）公司推出新一代无人机用高性能燃料电池推进系统。与上一代相比，新系统具有灵活性增加、环境排放减少、燃料效率提高等优点。此外，与普通电池驱动无人机相比，燃料电池推进的无人机续航时间增加 3 倍。

2018 年 2 月

1. 意大利 GreenRail 公司开发出太阳能板铁轨枕木为电网与火车站供电

意大利 GreenRail 公司开发出一种太阳能板铁轨枕木。枕木由废弃轮胎橡胶和回收塑料制成，上面搭载太阳能光伏板或动能系统，在火车行经时可产生电能，效率可达 150 千瓦时/千米。新型枕木可使整体维护成本减少一半，并减少替换次数。

2. 德国将建世界最大的电解制氢工厂

荷兰壳牌公司和英国 ITM Power 公司计划在德国建设世界最大的电解制氢工厂。设计装机容量为 10 兆瓦，产生的氢气将用于炼油厂产品的加工升级等领域。

3. 中国天合光能公司 IBC 电池效率超过 25%，创下新高

中国天合光能公司研发的 6 英寸 N 型单晶全背电极太阳电池（IBC）光电转换效率达到 25.04%，创下大面积晶体硅衬底电池能量效率纪录。测试结果经过日本电气安全与环境技术实验室独立认证。

2018 年 3 月

1. 美国 Bay State Wind 公司和 NEC Energy Solution 公司合作全球首个海上风电+储能项目

美国 Bay State Wind 公司宣布，将与 NEC Energy Solution 公司共同开发其位于马萨诸塞州的 800 兆瓦海上风电+储能联合系统。新系统建成后将成为全球首个具有商业规模的海上风电+储能项目。

2. 美国 FPL 公司建设美国规模最大的太阳能+储能系统

美国佛罗里达电力和照明公司（FPL）为其巴布科克牧场 74.5 兆瓦的太

阳能发电中心增加了一个10兆瓦/40兆瓦时的电池存储项目，这是美国规模最大的太阳能+电池储能系统。储存的太阳能既可以补充电厂运行过程中电力骤降，也可以分配给用电高峰期的客户。

3. 日本板硝子株式会社开发出世界上最薄的透明导电膜玻璃

2018年3月12日，日本第二大玻璃制造商日本板硝子株式会社宣布成功开发出厚度仅为0.7毫米的透明导电金属氧化物薄膜。该产品是目前世界上最薄的透明导电膜玻璃，采用在线化学气相沉积技术制造，具有优良的耐用性和耐化学性。

4. 夏普开发出转化效率达25.09%的异质结电池

经日本电气安全与环境技术实验室验证，日本夏普公司实现了6英寸硅太阳能电池25.09%的转换效率。

5. 英国Gravitricity公司利用废弃矿井储存能源

英国初创公司Gravitricity研究使用英国和南美的废弃矿井储存能源。储能原理类似抽水电站：在风力充足、电力过剩时，通过绞车和缆绳将2000吨重物升至矿井顶端；需要电力时，重物下降带动绞车产生电力。系统预计2020年前投入运营，寿命可达50年。

6. SolarEdge推出具有给电动汽车充电功能的逆变器

2018年3月15日，美国SolarEdge公司将其逆变器技术与电动汽车充电器相结合，推出一款具有给电动汽车充电功能的逆变器，其充电速度比标准电动汽车充电器快2.5倍。

7. 日本Kankyo System Yamano公司开发出具有融雪功能的太阳能发电系统

该系统配备“回流加热系统”，通过逆转电流和加热太阳能电池板产生热量，从而在短时间内完成除雪，可降低融雪所需的能源成本。该系统已在日本雪原地区销售。

2018 年 4 月

1. 日本藤仓工业株式会社联合玉川大学研发镁空气电池驱动的电动汽车

日本藤仓工业株式会社联合玉川大学（Tamagawa University）首次将镁空气电池用于电动汽车。镁空气电池以镁金属为负极、氧气为正极、盐水溶液为电解质，镁与氢氧离子结合产生电流，电池可发电 2～3 天。标准测试下，汽车在一个半小时内行驶了 24.3 千米。

2. 芬兰 Wello Oy 公司将在巴厘岛建设全球最大的波浪能电站

该电站设计容量为 10 兆瓦，核心部件是芬兰海浪电力公司 Wello Oy 研发的波浪能转换器。转换器固定在 50 米海底，无论波浪从何方向来，转换器均可保持发电机转子以顺时针方向旋转。转换器还具有防止部件受海水腐蚀和无须额外液压系统的优点。

3. 美国 MicroLink Devices 公司的三结外延剥离薄膜太阳能电池转换效率达 37.75%

美国半导体企业 MicroLink Devices 公司宣布其三结外延剥离（ELO）薄膜太阳能电池的转换效率提高至 37.75%，创下新的纪录。ELO 薄膜太阳能电池受到美国航空航天局（NASA）、美国空军等方面青睐，其功率密度超过 3000 瓦/千克，可用于高海拔长续航无人飞行器。

4. 欧洲光伏联盟 Solliance 大型钙钛矿光伏模块的电池单元创下转换效率 14.5%纪录

欧洲光伏联盟 Solliance 以退火工艺和狭缝式涂布技术处理钙钛矿光伏模块，通过激光布线串联电池单元，在模块表面覆盖活性物质，实现电池单元效率 14.5%，模块转换效率 13.8%。

5. 日本研发出高转换效率的可吸附太阳能电池

日本东丽工业株式会社、理化学研究所、东京大学联合宣布研发出具有高耐热、高转换效率的超薄有机太阳能电池。该有机太阳能电池的转换效率达 10%，厚度仅为 3 微米，可吸附在衣物上。

2018 年 5 月

1. 日本、美国、澳大利亚合建全球最大太阳能发电项目

日本 JERA 公司、美国储能公司 Fluence 和澳大利亚能源集团 LyonSolar，决定在澳大利亚合作开发三个太阳能发电项目，市场价值预计达数十亿美元。其中，位于河岸区（Riverland）的项目设计装机容量高达 400 兆瓦时，建成后将成为全球最大的太阳能发电项目。

2. 美国特斯拉公司推出大型储能项目

该项目由 140 个 Powerpacks 电池组和 1 组特斯拉逆变器组成，用于平衡欧洲电网。该项目获得了 2500 万美元资金支持，是继在澳大利亚的储能项目之后，特斯拉公司负责建设的又一个大型能源存储项目。

3. 日本松下公司和美国 Pika 能源公司合作推出 Harbor Plus 智能电池

与市面产品相比，该智能电池的容量和峰值功率分别提高了 21%和 30%，不仅可延长家用太阳能电池的使用寿命，在峰值时段更好地管理能源，而且能够以更低的价格将电力提供给电网。此外，该电池还可为长期处于停电或离网地区的用户提供电力，为重型设备供电等。

4. 美国 HEC 公司和澳大利亚悉尼科技大学启动混合动力超级电容器项目

该项目旨在开发具有高能量和高功率密度的混合动力超级电容器和先进的超级电容器管理系统。这些技术可减少铁路行业对高架电力基础设施的需求，并有助于未来混合动力列车的发展。

5. 中国隆基乐叶光伏科技有限公司 60 片尺寸型双面叠片组件正面转换效率再破世界纪录

中国隆基乐叶光伏科技有限公司宣布，经中国权威测试机构认证，该公

司研发的 60 片尺寸型双面叠片组件的正面转换效率达 20.66%，创造了新的世界纪录。

6. 晶科能源公司 P 型太阳能电池转换效率达 23.95%

转换效率的提高主要是因为引入了新型钝化和选择性接触技术，成功突破了传统钝化发射极背面接触技术所带来的技术瓶颈，使 P 型太阳能电池向前迈出了重要一步。

2018 年 6 月

1. 日本启动全固态电池项目

日本新能源产业技术综合开发机构（NEDO）投资 100 亿日元研发全固态电池。NEDO 将与京都大学、理化研究所等 15 家研究机构，以及丰田、日产、松下等 23 家企业联合进行电池研发，目标是在 2025 年左右让电动汽车配备全固态电池。与液态电池相比，全固态电池更安全、容量更大、成本更低。NEDO 预测在 2030 年前全固态电池将成为电动汽车主流配置。

2. 印度推出锂离子电池生产计划

印度中央电化学研究所（CECRI）和印度 Raasi 太阳能电力公司签署谅解备忘录，拟在班加罗尔建立锂离子电池生产基地。合作基于中央电化学研究所开发的锂离子电池新技术，双方计划将电池制造成本降至每千瓦 15 000 卢比（约合人民币 1487 元）以下，以取代铅酸电池。

3. 英国 Highview 电力公司在电网上使用液态空气储能技术

英国 Highview 电力公司在曼彻斯特附近启用一个 5 兆瓦/15 兆瓦时液态空气储能工厂，据称是世界首次在电网上使用液态空气储能技术。液态空气储能技术可以克服太阳能和风能的间歇性发电缺陷，平衡高峰期和低谷期用电，可以轻松储存足够电力，在较长时期为 10 万个家庭提供电力。

4. 日本东芝公司与新能源产业技术综合开发机构开发出大面积薄膜型钙钛矿光伏电池

双方采用弯月面涂布技术、改良油墨、控制基板反应等方法，联合开发出面积达 703 平方厘米的全球最大薄膜型钙钛矿光伏电池。薄膜型钙钛矿光伏电池柔软且重量轻，可安装于承重较低建筑表面，促进零能耗建筑的发展。

5. 韩国现代汽车公司与芬兰瓦锡兰集团合作回收电动汽车电池用于储能

双方将合作建立一条电动汽车电池生产—使用—回收—再利用（用于储能）完整产业链。瓦锡兰集团预计至 2025 年，废弃电动汽车电池电量将达 29 吉瓦时，回收再利用市场潜力巨大。

6. 中国晶澳太阳能公司 PERC 双面双玻组件的发电能力获得国际权威检测机构认可

该组件被应用在黄河水电共和晨阳光伏电站中。其背面通过接收大气散射光及地面的反射光，带来发电量增益，进而提高组件的整体发电量，是目前公认的降低光伏发电度电成本最成熟有效的技术方案，具备重新定义度电成本的实力。

7. 美国 Fractal 公司获得天线/太阳能电池一体化系统专利

该公司发明了一种“光圈引擎”，可将天线、太阳能电池以及电波发射接收器整合于一体。光圈引擎收集太阳能并将太阳能转换为无线电波输出。该技术可应用在电机远程控制、卫星地面通信等领域。

2018 年 7 月

1. 日本开发高效太阳能制氢系统

日本富士通实验室等研究机构设计了一套高效聚光光伏电解水系统，成功将 18.8%的太阳能转换为氢能，创造了世界纪录，未来可能在宫崎县部署。

2. 印度清洁技术公司 h2e Power 使用燃料电池为居民提供清洁能源

该公司利用固体氧化物燃料电池技术构建热电联产解决方案，为居民提供清洁、绿色、可靠和负担得起的能源，已用于农业、住宅和商业领域。

3. 日本 Molex 公司推出厚度仅为 0.7 毫米的柔性薄膜电池

该产品由锌和二氧化锰组成，不含重金属，可用于弯曲半径为 25 毫米或更大的曲面，适用于一次性的低功耗小型设备。

4. 美国石油科技公司 Petroteq 开发油砂回收处理技术

该公司开发了一种高效油砂回收处理技术，可提取油砂中 99%的碳氢化合物，且无须高温高压，不排放温室气体，留下干净沙子可用作建筑材料。

5. 日本东芝公司研发高密度锂电池电极

该公司研发出一种高密度的钛铌氧化物电极材料，采用这种材料制成的大尺寸锂电池不仅能量密度大，而且输入功率高，在快充模式下电量从 0～90%仅需 6 分钟。

6. 日本朝日集团净化沼气用于燃料电池发电

该集团将酿酒厂废水处理过程中产生的甲烷净化成适用于固体氧化物燃料电池发电的高纯度沼气，已连续成功发电超过 2000 小时。

2018 年 8 月

1. 日本建设全球最大太阳能制氢系统

日本新能源产业技术综合开发机构、东芝公司、东北电力公司及岩谷产业公司合作在福岛建设利用太阳能制氢的“氢能源研究站”，每年可制造、储存和供应最多 900 吨氢气。研究站计划在 2019 年 10 月前完成建设，2020 年 7 月前运行。

2. 新西兰 Mercury 电力公司建设电网级电池储能系统

该系统是新西兰首个电网级规模电池储能系统，建设投资 300 万美元。

系统采用特斯拉 Powerpack 2 储能电池，总容量 1 兆瓦。储能系统直接连入电网，在冬夜用电高峰，可为 3 万个家庭供应 2 小时电力。该系统还有用于测试水力、地热发电与储能间的调度以及电池储能交易的可能性。

3. 日本竹中工务店建设“近零能耗”建筑

该建筑公司在建筑南北侧安装高度较低的水平排列窗户和隔热太阳能电池板，以兼顾采光和隔热；在屋顶安装太阳能电池，以供应建筑物用电；采用 LED 设备减少建筑物热负荷；对内部各个小区间实行空调和照明系统自动控制。这个建筑获得日本“近零能耗”认证。

4. 英国 Epsilor 公司推出士兵专用可穿戴锂电池

电池集成在士兵穿戴的纺织背心中，位于臀部战斗带附近，方便士兵执行任务。该电池可为通信、战术计算机、传感器等设备供电，相比传统电池减重 30%，对现代化战斗具有重要意义。

5. 英国锡里斯电力公司与日本日产公司合作研发电动汽车用燃料电池

该项目获得英国先进推动中心（APC）700 万英镑支持，双方将合作研发电动汽车用固态氧化物燃料电池（SOFC）。SOFC 采用天然气等传统燃料或氢气等清洁燃料产生电能，具有原材料来源广泛、成本低等优点。

2018 年 9 月

1. 美国通用电气公司扩建其电池研发实验室

作为其电动汽车战略的一部分，通用电气公司计划投资 2800 万美元，对其位于底特律的实验室进行重大升级，增加测试实验室，建设高端设备，从而加快电池研发进程。通用电气公司计划到 2023 年在全球范围内销售至少 20 款纯电动和氢燃料电池汽车。

2. 生物燃料喷气飞机成功实现跨大西洋首飞

此次飞行由波音 787 飞机完成，从美国旧金山到瑞士苏黎世，全程 11 个小时，不经停。飞机燃料由 30%生物燃料和 70%石化燃料混合组成。生物燃料由美国世界能源公司利用加拿大 Agrisoma 公司提供的 Carinata 种子油提炼而成，性能与传统石化燃料性能相同。该次飞行是航空业向低碳燃料迈进的又一个里程碑。

3. 日本东芝能源系统与解决方案公司将在印度尼西亚推广氢能供电系统

东芝能源系统与解决方案公司（东芝 ESS）已与印度尼西亚国家技术评估与应用署（BPPT）达成协议，为印度尼西亚生活在岛屿上的居民提供氢能供电系统 H2One，并计划在 2022 年之前完成第一台系统安装。H2One 通过可再生能源和氢气，提供稳定、低成本的电力。东芝 ESS 将根据安装地点和应用的不同，提供不同型号，其中包括可不受天气影响、稳定供电的 H2One 分布式电源系统。

4. 欧洲太阳能研究联盟 Solliance 提高钙钛矿太阳能电池热稳定性

与参照电池相比，参照电池在 85℃工作 100 小时后，性能下降逾 50%。改进后的钙钛矿太阳能电池在 85℃工作 3000 小时后，性能损失仅为 7%。85℃是验证太阳能电池实用性的重要温度，钙钛矿太阳能电池的稳定性虽然已经达到上千小时，但距离实用化（25 年寿命）还有很大差距。

5. 英国 SIMEC Atlantis Energy 公司推出全球最大的单转子潮汐涡轮机 AR2000

该涡轮机可容纳直径 20～24 米的转子。当使用 20 米直径转子时，最大输出功率可达 2 兆瓦。AR2000 的设计使用寿命为 25 年，每 6 年检修一次即可。该涡轮机将部署在全球领先的潮汐能发电项目——位于苏格兰的 MeyGen 潮汐能发电厂。

2018 年 10 月

1. 日本第一艘锂电池供电潜艇在三菱重工神户造船厂下水

该潜艇为第 11 艘“苍龙”级潜艇，名为“凰龙”号，隶属于日本海上自卫队，长 84 米，排水量 2950 吨，速度 20 节，预计将于 2020 年服役。与该级别前十艘潜艇使用铅酸电池不同，“凰龙”号采用日本杰士汤浅公司生产的锂电池供电，其储能能力是铅酸电池的 2 倍，可延长潜艇在水下连续潜伏时间。

2. 瑞士电池初创公司 Innolith 推出累积电能超过 60 吉瓦时的电网及工业用电池

该电池用于 Innolith GridBank 储能系统时，使用寿命超过 5 万次循环，累积电能超过 60 吉瓦时，每次循环的成本相当于传统锂离子电池的 1/10～1/3。该电池适用于电网及工业应用，可储存多余可再生能源电力，削峰填谷，稳定电网。

3. 英国 OXIS 能源公司研发航空用锂硫电池

锂硫电池具有轻量化的优点，可储存充足的能量，保障长时间、长距离飞行。目前，OXIS 研发的高空伪卫星用软包锂硫电池的能量密度已达 425 瓦时/千克，计划 2018 年年底提升至 450 瓦时/千克，2019 年年底提升至 500 瓦时/千克。高空伪卫星指在海拔 20 千米以上的平流层飞行时间长达数月甚至数年的无人飞机、飞艇或气球。

4. 美国能源部投资研发低钴电极

美国能源部（DOE）资助 290 万美元，项目由卡博特（Cabot）公司、帅福得（Saft Batteries）公司和阿贡国家实验室（ANL）获得。三方将合作研发锂离子电池低钴含量电极制造技术，从而降低对钴的进口依赖，加强国家能源安全。钴是电动汽车的重要原材料。

5. 日本大阳日酸株式会社开发出氨分解高效制氢装置

该装置基于广岛大学“氨加氢站基础”技术，每小时可分解 20 立方米氨气，产生 13.5 立方米高纯度氢气，氢回收率达到 90%，能源效率超过 80%。该公司计划制造产氢能力为 300～1000 米^3/时的实用规模制氢装置。

6. 美国苹果公司研究自动驾驶汽车共享电池电量

苹果公司一项名为“Peloton”的专利获得授权。“Peloton”原意为自行车手列队前进减少风阻。基于此概念，设计通过连接臂将前后两辆自动驾驶汽车连接起来，从而共享汽车电池电量，提高电池效率。连接的汽车数量越多，电池整体效率越高。针对车队中汽车目的地不同问题，苹果公司也设计了解决方案。

7. 日本Kyowa工程顾问公司在福岛试验相逆旋转落差型小型水力发电机

该发电机采用磁铁旋转方向与磁铁外部线圈旋转方向相反的设计结构，可提高发电部件转速，在水位落差只有1米的水路中仍可有效发电。该发电机还有可快速便捷安装的优点。

2018年11月

1. 日本TDK株式会社完成微型固态电池研发

与锂离子电池不同，固态电池不使用液态电解质，没有外漏风险，安全性更高，同时储存容量更大。TDK株式会社研发的这款固态电池只有几毫米，可反复充电1000次，已经开始批量生产，可用于家庭、办公室和工厂的照明和空调等设备，可替代现有空调使用的纽扣电池。未来，固态电池有望替代锂离子电池用于电动汽车，日本丰田公司计划于20年代初期推出商业化车用固态电池，德国大众公司计划于2025年实现大规模生产。

2. 韩国LG化学公司、三星SDI公司和SK创新公司联手开发下一代电池核心技术

三家电池厂商将共同投资固态电池、锂金属电池和锂硫电池领域，开发电池材料、工艺和设备，推动核心技术早期商业化。同时，还将成立一个规模约9000万美元的基金，培育中小型企业，打造电池工业生态系统。

3. 德国研发电动汽车用双极锂离子电池

这类电池采用堆叠式结构设计，可节省成本和空间，储存更多能量，延长电动汽车续航里程至1000千米。项目为期两年，参与机构包括戴姆勒（Daimler）公司、蒂森克虏伯（Thyssenkrupp）汽车系统工程公司、艾尔维（IAV）汽车工程技术公司和弗劳恩霍夫陶瓷技术和系统研究所，最终目标是

推进双极电池产业化。

4. 美国 CAMX Power 公司发明用于锂电池的高镍低钴复合材料

钴供应短缺，掣肘车用锂电池发展。CAMX Power 公司利用分子工程学将钴放置在阴极材料的关键位置，在减少钴用量的同时提高高镍阴极材料的性能和稳定性，并降低成本。该材料近日被日本官方组织的“清凉地球创新论坛”评为 14 种商业转型创新之一。

5. 韩国电力公司建设基于区块链技术的微电网

涉及太阳能和区块链的试验项目呈指数般增长。继 10 月日本关西电力公司宣布已开始测试基于区块链技术的光伏发电交易平台后，11 月韩国电力公司宣布建设基于区块链技术的微电网。该微电网可把多余的可再生能源转换为氢气的形式储存，需要时再通过燃料电池转换为电能。区块链技术可提高运营效率，提高电网运营商、客户和能源公司的市场参与度，增进有益互动。

6. 日本松下株式会社计划 2021 年商业化氢燃料电池发电机

预计该发电机输出功率为 5 千瓦，额定发电效率为 57%，将用于加氢站、商业设施等场所。同时，松下还将开发小型高效制氢设备，可为工厂、小型物流设施稳定供应氢气，而无须依赖大型加氢站。

7. 瑞典 NextFuel 公司象草压块技术在联合国气候峰会上展示

该技术具有 CO_2 负排放、成本低、收益高等优点，可部分或全部替代煤电厂使用的煤炭。该技术已经过工厂测试并验证了其可行性，目前正在东非和南美进行推广。

2018 年 12 月

1. 韩国现代汽车集团公布燃料电池汽车发展计划“FCEV Vision 2030”

该计划将投资 7.6 万亿韩元（约合 457 亿人民币），用于研究氢能技术。目标是到 2030 年年产 70 万套燃料电池系统，用于汽车、无人机、船舶、发电机等领域，其中 50 万套用于汽车。根据该集团预测，到 2030 年全球燃料电池汽车需求将达 200 万辆。作为计划实施的第一步，现代汽车集团子公司摩比斯公司的第二个燃料电池工厂已经开工建设。

2. 欧洲启动“安全道路电气化用锂硫电池”项目研究锂硫电池技术

锂离子电池的安全性和充电速度是制约电动汽车发展的主要因素之一，锂硫电池是锂离子电池替代选项之一。欧盟“地平线 2020”计划启动“安全道路电气化用锂硫电池”（LISA）项目，重点关注锂金属防护、固态电解质研发和生产工艺优化，旨在提高锂硫电池能量密度（达到 600 瓦时/千克）和安全性并降低生产成本。LISA 项目预算 790 万欧元，为期 43 个月，参与机构包括西班牙 LEiTaT 实验室、法国阿科玛（Arkema）化学公司、英国 OXIS 能源公司、德国弗朗霍夫应用研究促进协会等 13 家机构。

3. 中国江苏微导纳米装备科技有限公司和澳大利亚新南威尔士大学合作开发采用原子层沉积技术的太阳能电池

硅光伏产业正全面转向钝化发射极和背面电池技术路线，“钝化接触”是关键技术之一，而原子层沉积技术是实现“钝化接触”的理想选择。双方将合作开发可使晶硅太阳能电池光电转换效率超过 25%的原子层沉积技术，并降低生产成本。

4. 中国靖江南洋船舶制造有限公司开建国内第一艘超 50 米长全电池推进客船

该客船总长 53.2 米，总宽 13.4 米，运用“磷酸铁锂电池+电动吊舱”推进，电池总容量达 2.28 兆瓦。该船是国内经批准建造的首制最大尺度电动客船，将实现零排放、低噪声，打造我国新能源船艇的示范典型。该客船由中国船舶重工集团公司第七〇二研究所设计，七一二所提供新能源动力，泰州靖江南洋船舶公司负责建造。

5. 日本本田研究所、美国加州理工学院、NASA 喷气推进实验室合作研发氟离子电池

研究人员制造出具有高导电率、高化学稳定性和宽工作电压的新型氟化

物电解质，克服了氟离子电池（FIB）需要在 150℃以上高温环境中工作的缺点，成功在室温中实现 FIB 可逆电化学循环。相比锂电池，FIB 具有更高能量密度和更加环保，是下一代电池候选之一，在电动汽车领域有广泛的应用前景。

材 料 领 域

2017 年 11 ~ 12 月

1. 欧洲启动 RECOTRANS 项目，可高效大规模生产先进复合材料

欧洲启动了 RECOTRANS 项目，将重点开发两项技术。一是用于挤压成型和 RTM 工艺的微波技术，以制备长纤维热塑性复合材料；二是允许在复合材料部件中添加金属嵌件的激光焊接技术。

2. 日本多家公司试验从藻类提取航空燃料

日本多家企业近日相继开展用藻类制造生物燃料的试验。其中，IHI 株式会社从藻类提取油成分试制航空燃料；三菱综合材料株式会社将水泥制作产生的 CO_2 蓄积在藻类中，尝试制作塑料原料。

3. 比利时索尔维（Solvay）集团推出一种高强度可注射模塑聚合物

Solvay 集团推出一种用于植入式器械的高强度可注射模塑聚合物。该产品为骨科提供了一种创新的结构材料，可显著降低用于运动医疗、创伤和关节重建的植入式设备的制造成本。

4. 德国赢创工业集团推出船舶智能涂料

德国赢创（Evonik）工业集团推出新型船舶智能涂料，使得船体对微生物不可见，从而保护它们抵御生物膜、藻类和双壳类动物的侵袭，有利于航运公司降低维护成本及生物污染的负面影响。

5. 日本富士通公司成功研制出世界上最高散热性能的纯碳纳米管散热片

日本富士通公司利用多壁碳纳米管生长控制技术与多层碳纳米管片材技术，成功研制出由垂直排列的碳纳米管组成的业界最高散热性能的纯碳纳米管散热片，其散热性能是目前使用铟材料的3倍。

6. 日本AGC集团开发出提高碳纤维增强热塑性塑料性能的新技术

日本AGC集团利用专有含氟聚合物开发出新的“碳纤维增强热塑性塑料（CFRTP）改进技术”。该技术不仅可以减少高温成型产生的缺陷，还可提高产量，可用于改善对高负荷和高温具有超高耐受性的工程塑料。改善后的CFRTP可用于对轻质材料有需求的汽车、飞机和运动产品等领域。

7. 全碳纤维车身的Uniti电动汽车在瑞典亮相

美国卓尔泰克（Zoltek）公司展示其新推出的碳纤维，并应用于瑞典新型Uniti电动汽车上。据悉，Uniti电动汽车整体车身采用碳纤维代替传统金属，轻量、安全且舒适。

2018年1月

1. 美军“全球鹰”无人机采用Materion公司的铝铍复合材料

2018年1月4日，美国Materion公司宣布将为“全球鹰”无人机的远程、多光谱成像传感器提供铝铍复合材料。该材料兼具铍的高模量和低密度特性，以及铝的加工特性和机械性能，可用于飞机、卫星和商业用途中的光学、结构及电子外壳组件。

2. 日本住友电木株式会社与加拿大GRIP金属公司合作开发新型轻质复合材料

日本住友电木株式会社宣布与加拿大GRIP金属公司合作，通过将热固性复合材料与金属结合，开发出性能提升的金属增强热固性复合材料，可用于传统热固性复合材料无法企及的领域。

3. 美国势必锐航空系统公司推出新的复合材料固化技术

美国势必锐航空系统公司（Spirit AeroSystems）与英国思克莱德大学（University of Strathclyde）、英国传感与成像系统创新中心合作开发出一种新型复合材料固化技术。该技术无须高压釜，可将固化时间缩短 40%，成本降低一半，适用于制造风力涡轮机叶片及飞机复合材料等。

4. 日本日立金属株式会社开发出具有高强度和高导热率的新材料

日本日立金属株式会社开发出一种内芯为铜，外部为不锈钢的新材料，其热传导率达到不锈钢的 10 倍以上，机械强度约为铝合金 2 倍，可使智能手机等移动设备薄型化、轻量化。

2018 年 2 月

1. 蓝绿光半导体激光器将实现国产化

中国科学院苏州纳米技术与纳米仿生研究所与多家企业宣布合作成立国内首家氮化镓基蓝绿光半导体激光器材料和器件生产企业。这意味着被国外垄断的蓝绿光半导体激光器将实现国产化。

2. 德国西格里集团推出用于航天航空领域的高杨氏模量碳纤维

德国西格里（SGL）集团开发出一种新型碳纤维。该碳纤维基于 5 万根单丝，其杨氏模量之高为当今市场仅有，还具有高刚性、高强度的优点，非常适用于航空航天领域。

3. 德国 KraussMaffei 公司利用挤压成型工艺开发出玻璃纤维增强钢筋

该钢筋比传统钢筋的耐腐蚀性能更好，需要覆盖的混凝土层厚度更薄，还具有质量轻、抗张强度高、运输成本低及可连续生产等优点，可用于桥梁、道路及易受腐蚀的功能性建筑物等基础设施。

4. 日本东丽株式会社推出热导率最高的 PET 薄膜

日本东丽株式会社成功开发出热导率比传统产品高 2.5 倍的双轴拉伸 PET 薄膜。该产品可用于需要散热或传热的绝缘材料、电池材料、电路板等领域，有望提高能源利用效率并延长零件的使用寿命。该公司已开始向用户提供样品。

2018年3月

1. 中国华为公司新型固态硬盘使用石墨烯技术，散热能力提升500倍

2018年3月 8日，中国华为公司发布其高端智能全闪存存储产品。该产品率先将石墨烯导热技术用于固态硬盘散热，结合闪存系统自身的动态均热算法，散热能力提升500倍，固态硬盘寿命延长20%。

2. 美国帕克电气化学公司开发出新型防雷击材料

2018年3月6日，美国帕克电气化学（Park Electrochemical）公司宣布开发出新型航天航空用防雷击材料。该材料基于环氧树脂，可与大部分环氧树脂预浸料、底漆及涂料兼容，能为飞机提供出色的雷击保护。经独立认证实验室的严格测试，该材料在模拟雷击的20万安培电流下未发生故障。

3. 美国Optomec公司推出气溶胶喷射3D打印机，可打印20微米电子元件

美国3D打印机制造商Optomec公司推出气溶胶喷射3D打印机，可打印尺寸小至20微米的各类高密度电子元件，适用于3D互连、射频/电磁屏蔽保护以及绝缘体和粘结剂的精密微分配等要求最严苛的先进封装领域。

4. 英国吉凯恩粉末冶金（GKN Powder Metallurgy）公司推出新型增材制造钢材

该钢材易延展、坚韧、易于加工，具有很高的抗疲劳强度和耐磨性，可进行表面硬化处理，可满足汽车行业减重、提高内燃机效能、改进动力系统、降噪等需求。

5. 日本东丽株式会社开发出新型碳纤维增强塑料真空成型技术

与原有技术相比，新技术可缩短成型时间、节能50%、提高尺寸精度、减少装配工作量和工作时间等。该技术将首先应用于飞机制造，之后向汽车

和其他一般产业推广。

6. 英国 TechnipFMC 公司与英国 Magma 公司合作开发新一代混合柔性管道

混合柔性管道主要用于近海建设领域。与现有产品相比，混合柔性管道具有更高的强度和抗疲劳性能，而重量和成本明显降低。

2018 年 4 月

1. 加拿大麦格纳公司实现副车架减重 34%

加拿大麦格纳（Magna）公司于该月向美国福特公司交付了碳纤维复合材料副车架样品。碳纤维复合材料副车架用 2 个模塑件和 4 个金属件替代了传统副车架内 45 个钢制零部件，实现减重 34%，所需投资减少 30%～40%。

2. 韩国日进集团与德国巴斯夫公司携手推出新一代电动汽车钢塑混合悬架臂

该悬架臂采用德国巴斯夫（BASF）公司的高性能聚合物制成，重量较用传统钢材冲压制得的悬架臂轻 15%，而且具有更好的转向性能。

3. 德国巴斯夫公司与美国 Essentium 公司联合推出 3D 打印复合材料假肢

该假肢由塑料和碳纤维制成，可按需进行 2～3 毫米小幅调整，具有轻便、结实、柔韧、佩戴舒适等优点。3D 打印大大简化了工艺流程，从扫描到出货不到 24 小时，比传统生产至少节省 2/3 的时间。

4. 比利时索尔维（Solvay）集团推出首款碳纤维增强的高性能聚偏氟乙烯复合材料

该材料具有优异的耐化学性和耐高温性能，以及碳纤维固有的高强度特性。通过减轻重量，可为海上石油和天然气运营商提供降低总体安装成本的解决方案。

2018年5月

1. 英国碳纤维预成型公司开发出厚度仅2毫米的耐火碳复合材料面板

该面板可耐受1500℃的高温长达7小时，且每平方米重量不足3千克，特别适用于铁路、汽车、海上、土木工程和能源等极端耐热或耐火领域。

2. 美国旧金山电路公司推出细线距印刷电路板组装技术

该组装技术专为高密度应用设计，每平方英寸内置了大量间距极小的元件，设计规则突破印刷电路板制造公差的极限。这种技术可广泛用于空间和重量受限的无人机系统。

3. 英国SHD复合材料公司推出锂离子电池用生物基树脂

该树脂专为解决锂离子电池火灾风险问题而设计，产品主要用于制造电动汽车电池盒。树脂由食品行业的废弃副产品制备而成，可用于扑灭火灾并充当防火和隔热屏障。

4. 芬兰斯道拉恩索（Stora Enso）公司推出木基生物复合材料

该材料既具有类似塑料的可塑性，又能保持木材的可持续性与可加工性，可作为石化塑料的替代品，减少高达60%的塑料材料消耗。

5. 英国Zircotec公司推出新型导电陶瓷涂层

该陶瓷涂层适用于电池的复合材料外壳，可以隔离电磁场和无线电频率干扰，从而降低电池对传统重金属外壳的需求，显著降低电动汽车重量。

2018年6月

1. 意大利Avio公司用碳纤维制造火箭推进器外壳

意大利空间推进系统制造商Avio公司使用纤维缠绕生产线制造“阿丽亚娜-6”型运载火箭的推进器外壳。“阿丽亚娜-6”型的推进器外壳完全由碳纤维制成，取代了“阿丽亚娜-5”型的钢制外壳，从而使推进器的重量减轻

35%，可节省 50%的运载费用。

2. 中国航空工业集团实现 T800 级碳纤维复合材料航空应用

中国航空工业集团首次将 T800 级碳纤维复合材料应用在国内某直升机型号上，填补了国内航空领域的一项空白。当前及未来相当长一段时间内，T800 碳纤维复合材料将在航空复合材料中占据绝对主导地位。

3. 德国 NexWafe 公司拟建全球首个 250 兆瓦无切硅晶圆工厂

无切技术是颠覆性的晶圆技术，可直接生长硅晶体而无须切割，硅利用率接近 100%，可有效降低光伏组件成本。

4. 挪威 Hexagon 公司推出全球最大的复合材料气缸储罐

该储罐可运输大约 1.39 万标准立方米的压缩气体，可用于工业气体运输、车辆加油等。

5. 日本东丽公司推出用于净化血液的新型纤维吸附剂

该吸附剂可以选择性地消除引起炎症的细胞和蛋白质等生物靶标，而不影响维持健康所必需的细胞和蛋白质。东丽公司计划于 2019 年对该材料进行临床试验研究。

2018 年 7 月

1. 中国国产大容积碳纤维复合材料压力容器通过检测

中国中安信科技有限公司与国内厂商合作制造的大容积碳纤维复合材料压力容器通过了国家检测，标志着国产碳纤维在高端装备制造业领域的应用迈向更高水平。

2. 法国海军集团（Naval Group）推出首个军用 3D 打印螺旋桨叶片

该叶片重量超过 300 千克，几何形状复杂，显示了 3D 增材制造技术的优越性。

3. 美国西格里（SGL）集团成功测试大尺寸双极板材料

该产品由石墨/含氟聚合物复合材料制成，具有导电性好、耐腐蚀、质量轻等优点，适用于各种电化学领域。

4. 日本东丽公司推出新型反渗透膜

与已有产品相比，新产品渗透性高出 30%，具有更好的抗膜污染性和耐久性，可用于污水处理、饮用水处理等领域。

5. 西班牙塑料技术研究所研发轻量化铁轨

该研究所正在研究使用轻量化防火复合材料替换金属结构部件，从而减轻铁轨重量。

6. 日本三菱公司开发出新型半导体加工溅射靶

该公司开发出半导体精细加工所需的扩散阻挡膜用钨钛溅射靶，蚀刻速率提升了 60%。

2018 年 8 月

1. 中国首款商用 100G 硅光芯片投产

该硅光芯片由国家信息光电子创新中心、武汉光迅科技股份有限公司等单位研制，在小于 30 平方毫米的硅芯片上集成了光发送、调制、接收等近 60 个有源和无源光元件，是目前全球集成度最高的硅光芯片之一，可支持 100～200Gb/s 高速光信号传输。

2. 德国 ZSK 公司开发定制纤维放置工艺

该工艺可将纤维精确固定在结构性能要求最高的位置，使纤维以最佳的方向承受负载，不会在加工过程中发生移动。可将汽车部件的纤维损耗从 30%～70%降低到 3%。

3. 英国 Haydale 公司开发无人机用石墨烯增强预浸料

该预浸料通过将功能化的纳米颗粒结合到环氧树脂中，显著改善材料的导电性，增强雷击保护能力，减轻重量，降低制造工艺的复杂性。该材料在航空航天以及无人机市场具有广泛应用前景。

4. 日本三菱综合材料公司与磁力选矿公司联合开发锂电池稀有金属回收技术

双方将联合研发放电、拆卸、热分解等锂离子电池回收利用技术，以实现稀有金属的循环利用。目前已开发钴和镍的回收技术，并启动技术验证测试，以实现商业化。

5. 日本开发出生物质制异戊二烯新技术

异戊二烯是合成橡胶的原料，通常采用石脑油热裂解法生产。日本横滨橡胶公司、理化学研究所和瑞翁公司联合开发出全球首个由生物质高效合成异戊二烯的新技术，通过人工高活性酶，在细胞内将生物质转化为异戊二烯。

2018 年 9 月

1. 中国中车青岛四方机车车辆股份有限公司携新一代碳纤维复合材料地铁车辆“CETROVO”亮相柏林

该车采用先进的碳纤维技术，成功突破碳纤维大型复杂件结构设计、制造成型等关键技术，实现了碳纤维复合材料在车体、转向架构架、司机室等车辆主承载结构上的全面应用。与采用钢、铝合金的车辆相比，该车的车体、司机室、设备舱减重 30%以上，转向架构架减重 40%，整车减重 13%，综合节能 15%以上。

2. 英国多家企业联合推进石墨烯车身研发

英国 BAC 汽车公司、Haydale 复合材料公司和 Pentaxia 复合材料公司，联合开发用于汽车车身面板的石墨烯增强碳纤维复合材料，以提高车身面板的机械性和热学性能。新面板将在 Mono 跑车上测试，目标是车身减重 10%、生产周期缩短 25%以上。BAC 汽车公司曾于 2016 年推出世界首款车身面板采用石墨烯材料的汽车。

3. 日本开发基于纳米纤维素的车身面板材料

日本环境省“纳米纤维素车辆”项目成功研发出一系列基于纤维素纳米纤维的车身材料，包括前车盖、上边梁、座椅靠背、后车厢盖等。旨在尽量多地利用基于纤维素纳米纤维的轻量、高强度部件，替代现有钢制汽车部件。采用纤维素纳米纤维制成的前车盖仅重 8 千克，比现有钢制车盖（14 千克）减重 40%。

4. 日本东丽株式会社开发出新型柔性碳纤维复合材料

东丽株式会社在碳纤维增强塑料（CFRP）中导入环状聚合物结构，并使之均匀分散于 CFRP 基体树脂中，开发出新型柔性碳纤维复合材料。新材料不仅保持了碳纤维增强塑料原有的高强度和高刚性，而且将抗疲劳性能提升至原来的 3 倍，且其柔韧性不会受外界冲击而改变。

5. 日本旭硝子株式会社开发出耐久性提高 5 倍的燃料电池电解质薄膜

该薄膜的厚度仅 5 微米，是常规膜产品厚度的 1/5，预计可将燃料电池堆的尺寸缩小 30%，同时可以提高燃料电池的电力输出。该成果有助于推动燃料电池的普及和氢能的应用。

2018 年 10 月

1. 美国超级高铁运输技术公司推出超级高铁乘客车厢

该车厢长 32 米，重 5 吨，可容纳 28～40 名乘客。车厢外壳由名为吸音钢的材料制成，该材料内含碳纤维并且内置了传感器，其强度据称是钢的 9 倍、铝的 11 倍。车厢将运往法国图卢兹完成整车组装并进行轨道测试，速度据称可达到 760 英里/时。超级高铁距离商业化运行还有一段距离，尚在进行经济可行性研究，法律、监管、安全等问题也需要解决。

2. 世界首条应用碳纤维复合材料芯导线的特高压试点示范工程贯通

该示范工程为 1000 千伏大唐锡林浩特电厂——胜利变输电线路。其使用的碳纤维复合芯导线是一种采用环氧树脂浸润碳纤维、玻璃纤维后，固化形成碳纤维复合芯并在其外层绞合梯形铝线的架空裸导线。与传统钢芯铝绞线相比，碳纤维复合芯导线具备节能、大容量、低弧垂、耐高温、强度高、重量轻、耐腐蚀、防覆冰等优点。

3. 欧洲研究聚甲基丙烯酸甲酯（PMMA）塑料分解技术

目前，欧洲 PMMA 的回收利用率只有 10%，且主要是回收利用工业加工废料。欧盟“地平线 2020”计划投资 660 万欧元启动该研究，旨在开发一种新的 PMMA 分解技术，可回收原材料用于新的生产且技术可产业化。项目为期 4 年，参与者包括 6 个国家的 13 家机构，涵盖 PMMA 全产业链。

4. 日本日立金属株式会社开发新型软磁铁氧体磁芯材料 ML27D

该磁芯材料由锰锌铁氧体制成，在高频率范围（300～500 千赫兹）损耗较低，比该公司已有的 ML33D 低 30%以上。ML27D 可用于降低输电线路的能耗和发热，将从 2018 年 10 月量产。

5. 德国科思创公司制造的首批聚氨酯风机叶片投入运营

该叶片长 55.2 米，其中的翼梁帽和抗剪腹板由聚氨酯灌注树脂制成。叶片通过了中国风机叶片静态和载荷测试，机械性能和抗疲劳性能优异，安装在位于中国铁岭的 2 兆瓦风力涡轮机上。聚氨酯灌注树脂技术符合风力发电行业对风机叶片更长、更强的需求，固化过程快，加工性能好，可提高风机叶片生产效率。

2018 年 11 月

1. 法国研发航空用竹纤维复合材料

受欧盟《关于化学品注册、评估、许可和限制制度》（REACH 法规）影响，航空领域当前使用的玻璃/酚醛等复合材料将由于环保原因被限制使用。基于竹纤维的生物复合材料具有质量轻、耐热、强度高、耐冲击性能好等优点，作为替代可用于机舱内饰、盖板、机舱厨房等，减轻飞行对环境的影响。该材料继实验室验证后将开展工业规模验证，预计 2021 年完成首批原型组件。法国 Assystem Technologies 公司等 8 家机构参与研发。

2. 日本旭硝子株式会社开发出 5G 用低传输损耗石英玻璃天线

5G 预计于 2020 年左右投入使用，5G 物联网的发展需要具有低传输损耗特征的天线材料。旭硝子开发出具有超低传输损耗、高透明度特点的熔融石英玻璃天线，适用于传播衰减大，无法远距离传播的 28GHz 及以上频带电波，可用于汽车 5G 通信。

3. 日本旭硝子株式会社开发具有抗紫外线降解和自修复功能的聚碳酸酯片材

该片材含有氟碳树脂涂层，可克服传统聚碳酸酯材料在紫外线下易降解（变脆、褪色）的缺点，从而长期保持透明度和耐用性，同时可自修复表面小划痕，适用于隔音屏障、防护围栏等户外设备等。

2018 年 12 月

1. 日本三菱化学公司推出抗静电纤维绳

常规合成纤维绳索容易摩擦起电，易给油船、液化天然气船等运输易燃易爆物的船舶带来安全隐患。三菱化学在聚烯烃纤维绳中添加 5%丙烯酸纤维，可有效释放纤维产生的静电，将绳索摩擦起电导致的电压抑制到添加前的 1/10（1000 伏）或更低，有效抑制电火花产生。该产品已获得 ISO 认证。三菱化学公司计划在船舶、卡车、直升机等运输领域推广该绳索。

2. 俄罗斯在国际空间站 3D 打印小鼠甲状腺

该 3D 生物打印机由俄罗斯 3D 生物打印解决方案公司制造，于 2018 年 12 月初由联盟号 MS-11 航天器交付给国际空间站。据称，在零重力条件下 3D 打印的器官和组织将比在地球上发育得更快、效率更高。

3. 法国空中客车公司联合多家企业使用石墨烯制造飞机机翼前缘

作为飞机机翼或水平尾翼首先接触空气的部分，前缘需承受前方空气压缩加热而造成的极端温度，因此必须拥有优异的机械性能和热性能。石墨烯基树脂由石墨烯添加到树脂中制成，可以满足机械和热性能要求，可使前缘在保持安全性的同时变得更轻、更薄，从而节省燃料，降低成本和排放量。

4. 美国碳纤维潜水器 Titan 成功载人潜入 4000 米深海

OceanGate公司首席执行官近日成功驾驶潜水器Titan进行4000米深潜。Titan 由 OceanGate 公司设计、制造，整个压力容器由两个钛半球、两个与之匹配的钛接口环以及碳纤维缠绕圆筒组成。纤维缠绕圆筒厚 12.7 厘米，由 800 多层碳纤维材料制成。与其他深海潜水器相比，碳纤维的使用降低了整体重量。

5. 日本兴和株式会社从蓑蛾幼虫身上提取高强度天然纤维

蓑蛾丝厚度仅为 0.01 毫米左右，比人的头发丝还细，但强度比最坚韧的蜘蛛丝还高，是大腹园蛛蛛丝的 2 倍，而且分解温度（340℃）相对较高。该材料可用于制造质轻、坚固的纤维增强塑料，用于飞机、汽车等。兴和株式会社目前养殖了数万只蓑蛾，计划与一家材料制造商合作量产蓑蛾丝，将生产成本降低到与蚕丝相当的水平。

装备制造领域

2017 年 11～12 月

1. 空客、罗罗及西门子公司宣布联合研发混合动力电动飞机

三家公司共同宣布将合作开发一款飞行验证机。该验证机将在 2020 年进行全面地面试验，将探索高功率推进系统所面临的挑战。

2. 日本三菱电机公司应用人工智能技术开发快速反馈控制算法

三菱电机公司宣布开发了一种用于工业机器人的快速力反馈控制算法，该算法缩短了大约 65%的组装插入时间，且不需要机器人大幅移动。该技术可以快速准确地调整速度等任务参数，在不停止机器人运行的情况下合并高精度的力传感器数据。

3. 美国通用电气公司研发高能激光武器系统

美国通用电气公司正在研制一款 150 千瓦的新型高能激光武器系统，其设计重量为低于 5 千克/千瓦，体积 3 立方米，重量仅为 750 千克，尺寸和重量仅为目前同等功率激光器的十分之一，该系统每个激光单元可产生 75 千瓦光束，可通过整合多个单元产生 150～300 千瓦激光束，新激光器可非常方便地在战术飞机进行部署。

4. 美国诺斯罗普·格鲁曼公司开发一次性侦察无人机

美国诺斯罗普·格鲁曼（Northrop Grumman）公司计划开发一款名为 Remedy 的一次性侦察无人机。Remedy 翼展为 3.66 米，采用木制螺旋桨提供动力，能以 128 千米/时的速度飞行 10 小时。与军用飞机相比，由于其飞

行速度非常慢，因此在多数雷达上被检测为一只鸟类，从而避开预报。Remedy 可以配备导弹，变成一种飞行缓慢但高度机动的武器，但目前设计主要用于情报搜集和侦察。

5. 日本三菱公司首次量化电子散射机制对碳化硅半导体电阻的影响

日本三菱公司和东京大学组成的研究团队宣布，通过抑制电子散射可将碳化硅界面下的电阻减少 2/3，并首次量化出三种电子散射机制对碳化硅功率半导体器件中电阻的影响。数据表明，碳化硅界面的平整度对电子散射影响非常小，电荷和原子振动对碳化硅界面下电子散射的影响占主导地位。

6. 日本丰田汽车公司推出第三代人形机器人 T-HR3

日本丰田汽车公司日前公布了第三代人形机器人 T-HR3。T-HR3 受控于主操控系统，可以让单人操控机器人的整个机体，并使机器人镜像反映用户的头部、手臂和脚的动作。其内置的自我干扰预防技术，可确保机器人与用户不会相互打断对方的动作。T-HR3 的部件与各个关节实现网络连通，可将操作人员的动作直接传递给 T-HR3 的 29 个身体部件。

2018 年 1 月

1. 德国展示机器人同步加工工艺，可大幅缩短机翼制造时间

德国航空航天中心（DLR）和欧洲空中客车工业公司等联合展示一种全新制造机翼工艺流程，两台机器人在同一工作区域同步工作，缩短了 38%的生产时间。

2. 俄罗斯研究航空发动机叠加制造工艺

俄罗斯乌法工农联合公司正积极研究航空发动机制造叠加工艺。该工艺能够生产更大尺寸（增加 20%）的钛合金坯料，并减少发动机零件的数量，降低零件成本。

3. 英国 BAE 系统公司新型无人机试飞成功

该无人机去掉了机翼和尾部襟翼的机械设计，采用一种独特的气流系统

实现飞行控制，可提高操控性能、降低重量和维护成本。该无人机型有望用于研制重量更轻、隐身性能更好、速度更快的军用/民用飞机。

4. 美国波音公司推出新型无人驾驶货运飞行器

1月10日，美国波音公司推出了一款新型无人驾驶货运飞行器原型机。该原型机采用电力驱动，可垂直起降，最大载重量约230千克。

5. 美国通用电气公司宣布先进涡桨发动机完成首次地面试车

与同尺寸同类产品相比，先进涡桨发动机（ATP）燃油消耗降低20%，巡航功率增加10%，大修周期延长33%。该发动机约35%的部件通过3D打印而成，是采用3D打印最多的航空发动机。

6. 德国大陆集团推出效率高达90%的无线充电技术

德国大陆集团（Continental AG）推出其最新的无线充电系统。该系统充电效率高达90%，汽车充电20分钟可行驶20千米，可兼容所有车辆充电技术，并使电动车具备双向充电功能。

7. 德国博世公司推出用于无人机和机器人的新型传感器

1月10日，德国博世（Bosch）公司推出了用于小型无人机与机器人的微机电系统（MEMS）传感器BMI088。该传感器由一个三轴16位加速度传感器和一个三轴16位陀螺仪组成，可用于工业机器人、家用吸尘器、通信机器人及自平衡滑板车。

2018年2月

1. 美国波音公司发布全球首架737 MAX 7飞机

首架737 MAX 7飞机正式亮相。该机型最大客载量172人，最大航程3850海里，比上代机型增加1000海里，每座燃油成本降低18%。

2. 全球首架巨型双身飞机成功完成地面滑行测试

“平流层发射”（Stratolaunch）巨型双身飞机是世界首架巨型双身飞机，

能将火箭运送到 9144 米以上高空进行太空发射，从而降低火箭由地面直接发射所产生的高燃料成本。该机已成功完成地面低速滑行测试，滑行速度达到 40 节（74 千米/时）。在正式首飞前，飞机还将进行高速滑行测试。目前原型机已完成美国官方注册，注册号为 N351SL。

3. 意大利测试旋翼无人飞行器

意大利莱昂纳多（Leonardo）公司已经完成旋翼无人飞行器 AWHERO 原型机的生产并投入低速飞行测试，计划在一年内取得 200 千克级旋翼无人机认证。AWHERO 设计用于陆地和船舶，搭载甲板传感器，具有自动驾驶模式，设计有效载荷 85 千克，最长飞行时间 6 小时。

4. 德国推出新一代机载多用途全域监视雷达

德国亨索尔特（Hensoldt）公司宣布正在开发一种机载多用途监视雷达。该雷达系统可以监测全区域内（陆面、水域和空中）的多个目标，可同时对数千个目标进行定位、追踪和分类。该雷达设计紧凑，易于搭载在机载平台（如直升机、无人机和固定翼飞机）上。首台全功能原型机预计将在一年内完成测试，并于 2020 年量产。

5. 美国开发消费级无人机用雷达防撞系统

美国极光飞行科学（Aurora Flight Sciences）公司宣布将开发消费级无人机用雷达防撞系统。其核心是一个具有测距功能的单芯片 24GHz 雷达，能够同时探测全域空间多个目标物体的距离和速度并进行跟踪。根据设计，该系统可与大多数无人机进行集成，为无人机提供距离告警和减速信号，防止与障碍物发生碰撞。

6. 世界首款 8K 分辨率全局快门有机传感器面世

日本松下公司宣布开发出世界首款 8K 高分辨率全局快门有机传感器，能够支持 60fps 8K 视频拍摄能力，并兼具全局快门和 450K 饱和电子功能。

2018年3月

1. 以色列航空航天工业公司研发全电动飞机

以色列航空航天工业公司（IAI）宣布研发全电动飞机，最大起飞重量为4530～6800千克，航程约926千米，主要用于城际支线运行，计划于三年后完成原型机设计和飞行。

2. 欧洲空间局与意大利Sitael公司研发新型卫星推进装置

该装置采用吸气式电驱动设计。卫星通过该装置可将稀薄的空气分子用作燃料。该装置主要应用于长期运行在极低轨道（约200千米）的卫星。

3. 美国通用电气公司推出全球最大海上风力涡轮机

3月1日，美国通用电气公司宣布将推出全球最大功率的海上风力涡轮机。该机型采用12兆瓦直驱发电机组，容量系数高达63%，发电量将比其他海上风机多出45%。

4. 美国谷歌公司推出72量子位量子处理器

3月5日，美国谷歌公司推出一款72个量子比特的通用量子处理器。该处理器在9量子位的设备上实现最小误差率（仅为1%），不仅实现量子优势，还能用作研究量子比特的试验装置，用于开发量子模拟、优化和机器学习等应用程序。

5. 美国Qorvo公司推出全球功率最高的碳化硅基氮化镓射频晶体管

该款晶体管无须通过放大器便可实现数千瓦的高功率，具有性价比高、漏极效率高等优点。

2018年4月

1. 美国波音公司投资超音速飞行技术

美国波音公司宣布投资英国喷气发动机公司 Reaction Engines，旨在利用后者革命性的协同吸气式火箭发动机技术支撑波音对超音速技术的探索和应用。协同吸气式火箭发动机融合了喷气式发动机和火箭发动机技术，能在吸气模式下达到 5 马赫速度，在空中飞行模式下达到 25 马赫速度。

2. 法国空中客车公司首架超远程飞机 A350-900 ULR 成功完成首飞

该机最大起飞重量达 280 吨，比标准 A350-900 机型超出 5 吨，燃油消耗却降低 1%，飞行航程远高于目前所有民用飞机。改进的燃油系统在不额外加装油箱的情况下可增加 24 000 升燃油运载能力。

3. 美国 Terrafugia 飞行汽车公司推出全新垂直起降概念飞机

美国 Terrafugia 飞行公司宣布推出一款新的垂直起降概念飞机 TF-2。该飞机拥有一个可拆卸吊舱和一个自动对接系统。吊舱用于连接地面和空中交通，自动对接系统能够在两分钟内将一个装满乘客的吊舱放到地面，然后将另一个吊舱带上天空。

4. 美国 ZipLine 公司测试新一代无人机

美国无人机初创公司 ZipLine 在加利福尼亚州测试了其新一代无人机，该无人机能够实现高达 80 英里的时速，续航里程约 100 英里。

5. 美国霍尼韦尔公司推出最新卫星通信系统

美国霍尼韦尔（Honeywell）公司宣布推出最新的机载卫星通信系统 Aspire 400。该系统是 MCS-7000 和 MCS-7200 系统的升级版，比同类机型重量轻 45 千克以上，适用于商用和军用飞机。

2018 年 5 月

1. 美国通用电气公司测试新型涡桨发动机

该涡桨发动机是通用电气公司 30 多年来推出的第一种完全重新设计的公务/通用航空发动机，轴功率 1240 马力，总压比 16∶1。与加拿大普惠公司 PT6 发动机相比，发动机总重量减少 5%，巡航阶段节省约 20%燃油，动力提升 10%，并实现延长 1/3 的维护时间间隔。

2. 英国罗罗公司推出新“珍珠”系列公务航空发动机

“珍珠-15”发动机是罗罗公司“珍珠”系列发动机中首个计划用于商务航空的型号。该大推力发动机可使飞机以接近声速飞行，具有振动检测功能、远程发动机诊断功能以及双向通信等先进功能，达到世界领先的排放标准。该发动机专为庞巴迪最新公务机设计，将作为庞巴迪“环球 5500”和“环球 6500”公务机唯一指定发动机。

3. 英国 BAE 系统公司与 Prismatic 公司合作研发太阳能无人机

该无人机采用超轻型太阳能电池，翼展长 35 米，重量仅为 150 千克，可飞行 12 个月。该无人机将用于监测和偏远地区的重要通信。

4. 美国休斯敦机电一体化公司（Houston Mechatronics）研发可变形潜艇

该新型潜艇重达 1050 千克，由两个后推进器推动，最高行驶速度达 7 海里/时，潜艇的手臂臂展长达 3.5 米。该新型潜艇可在潜艇与人形机器人之间自由转换，被称为“多功能水下机器人”。

5. 日本三菱电机公司推出先进光纤激光焊接技术

与传统工艺相比，焊接飞溅减少 95%以上，焊接速度提高 2 倍。该新型激光焊接技术可用于钢铁加工、汽车制造和电气设备安装等工业应用领域。

2018 年 6 月

1. 法国达索公司与空客公司共同开发“未来空中作战系统”

作为下一代武器系统，未来空中作战系统能够在交互操作网络中，整合所有类型的有人、无人战机，形成现代化集成作战体系。预计 2025 年完成设计概念向部署系统的转化，2040 年形成战斗力，替代现有的欧洲战斗机。

2. 美国 ALTI 无人机系统公司成功开发混合动力固定翼垂直起降无人机

该固定翼无人机具有垂直起降和悬停功能，采用模块化机身设计，可在十分钟内完成安装，无须跑道进行垂直起降。混合动力电动燃油系统可提供长达 12 小时续航时间。该款无人机具有出色飞行稳定性及极低的自重，配有先进自动驾驶系统，可用于农业、基础设施巡查、测绘和安全等领域。

3. 英国贝尔公司大幅降低 V-280 Valor 倾转旋翼飞机的制造成本

贝尔公司采用“面向制造”的设计方法，设计 V-280 Valor 飞机的直翼和转子叶片/转子轮毂，使这两个结构的制造成本降低一半。V-280 Valor 是美军 V-22“鱼鹰”战术机的未来继任者。

4. 美国波音公司储备高超音速飞机技术

波音公司表示 5 倍音速的高超音速载人飞机可能在 10 年或 20 年后投入使用，但目前并不打算量产，仅作为技术储备。

5. 英国 Alivant 公司铝基复合材料技术获多方青睐

Alivant 公司的专利技术产品铝基复合材料获得航空航天、国防和汽车领域一系列新合同。该公司使用先进液压成形工艺制造铝基复合材料，通过连续陶瓷纤维嵌入铝基体中，使材料具备独特、可调的性能。

6. 美国英伟达（NVIDIA）公司推出支持下一代自主机器的机器人平台

该平台以 Jetson Xavier 计算机系统为核心，每秒可进行 30 万亿次以上的运算，而能耗仅为照明灯泡的 1/3。该平台主要为制造、物流、农业、建筑及其他行业的机器人提供人工智能支持。

2018 年 7 月

1. 法国空中客车集团测试大型飞机空中自动加油

空客 A310 MRTT 加油机在两小时内成功完成了 7 次空中加油操作。通过使用图像处理等技术，加油过程完全自动，且无须在受油机上加装额外设备。

2. 美国联合技术公司开发下一代无人机管理系统

该管理系统采用开放式系统架构和模块化的硬件、软件，可提供 20 倍于现有管理系统的计算能力，支持有线控制、自主飞行、无人操作和多任务系统托管等先进功能。

3. 法国赛峰集团地面测试飞机混合电推进系统

在该分布式混合电推进系统中，涡轮发电机负责提供动力，带动螺旋桨产生推进力。赛峰计划于 2025 年前将该项技术推向市场。

4. 日本丰田公司赞助氢动力航行计划

世界第一艘自动航行的氢动力船“能源观察者号”（Energy Observer）已经开启了为期 6 年的航行之旅。该氢动力船可利用太阳能、风能和波浪能发电，且可通过海水产生氢气作为动力。

5. 美国雷神（Raytheon）公司完成小型 X 波段精确进近雷达演示验证

该雷达系统是一种约 1 米大小的有源电子扫描阵列，适用于精确进近着陆、航空监测、精确气候观测以及小型无人机探测和跟踪，可以识别大雨、冰雹、雨雪等不同气象状态，也可检测出非气象回波，其计算分析能力是现有系统的 5 倍。

6. 日本东芝公司发布面向消费和工业设备领域的低功耗微控制器

该微控制器采用高级可编程电机驱动器和电机控制技术，可支持高端家用电器和大型系统。

2018 年 8 月

1. 美国雷神公司开发便携式陆基“联合精确进近着陆系统”

该便携式系统可用轻型装甲车运输，并在运输箱上搭建，从而在没有基地导航、不具备目视着陆条件的地方引导飞机降落。

2. 美国波音公司测试多架无人机自主同步飞行

五架配备了波音新型机载系统的无人机组成一个机群，无须领航员操控即可安全完成预设飞行任务。数月内，该公司还将进行高性能无人飞行器自主飞行测试，并探索海洋无人飞行器等领域。

3. 法国空客 Zephyr S 无人机再次打破持续飞行纪录

Zephyr S 太阳能无人机持续飞行 25 天 23 小时，再次打破飞行时间纪录。该无人机重 75 千克，飞行高度约 21 000 米，远高于常规飞行器，未来可用于侦察、海上监视、边境巡逻、通信、灾害管理等领域。

4. 美国 WaveSense 公司推出全球首个自动驾驶车辆用探地雷达

该雷达通过电磁脉冲技术建立地下底图，并根据地质情况绘制地图和轨迹图，导航精度可达厘米级，确保自动驾驶车辆行驶在车道内。适用于雨雪、大雾等恶劣天气，以及无车道标识和摄像头传感器失效等情况。

5. 日本松下公司推出新型深度图像传感器

该传感器采用红外光探测物体，可在黑暗中拍摄 250 米远、10 厘米高的物体。可应用于自动驾驶领域，弥补现有传感器的不足。例如，比激光雷达有更长的探测距离，可获得深度图像；与 CMOS 图像传感器相比，可在完全黑暗的环境中拍摄图像。

6. 美国安森美半导体（ON Semiconductor）公司推出最新型 EMCCD 图像传感器

该图像传感器可以 800 万像素分辨率和增强型近红外灵敏度捕获关键成像细节，其低光成像性适用于无人系统监控。

7. 澳大利亚 Tritium 公司推出高效、快速充电桩

该直流快速充电桩的充电功率高达 475 千瓦，是国内常见充电桩（国家电网 60 千瓦直流快充桩）的 8 倍，可大大缩短充电时间。

2018 年 9 月

1. 美国导弹防御局部署研发可摧毁弹道导弹的无人机激光武器

美国导弹防御局（MDA）与通用原子电磁系统公司（GA-EMS）、洛克

希德·马丁太空系统公司以及波音公司签署了研发合同，以推进“低功率激光演示验证”（LPLD）项目。该项目旨在为未来的高空无人机研发高能激光武器，实现在助推阶段摧毁敌方弹道导弹。在 LPLD 项目的第一阶段，三家公司完成了系统设计；在接下来的第二阶段，将构建、集成和测试功能性低功率激光器。MDA 计划在 2020 年进行低功率飞行测试，在 2021 年前进行光束稳定性试验。

2. 美国洛克希德·马丁公司建造 GPS Ⅲ导航卫星

该公司的空间系统公司与美国空军空间与导弹系统中心签订了价值14亿美元的 GPS Ⅲ导航卫星建造合同，将在 2027 年 8 月前完成 22 颗 GPS Ⅲ导航卫星的建造。GPS Ⅲ导航卫星将替换日益老化的现有 GPS 卫星，从而提高卫星导航精度，改善卫星抗干扰能力，提高抵御系统性瘫痪的能力。首颗该型号卫星计划于今年 12 月发射。

3. 瑞士 UAVOS 公司完成固定翼无人机 SITARIA 飞行测试

该无人机专门用于巡逻和监视，可对半径 120 千米内的区域进行航空拍摄。该机最大速度为 150 千米/时，载荷 4 千克时可连续飞行 3 小时，作业高度达 6 千米，视频信号传输距离可达 60 千米，具备反电子干扰功能。

4. 法国空中客车公司成功测试有人/无人机协同飞行

该测试采取 1 架有人机控制 5 架无人机方式进行，以验证互联互通、人机界面、智能协同等关键元素。该公司将把此类测试中获得的经验用于研发欧洲未来空战系统。

5. 法国空中客车公司推出首个 3D 打印量产飞机部件

计划使用 3D 打印技术，每年为 A350 飞机生产 2200 个舱门锁定轴。与传统方法相比，3D 打印生产的锁定轴重量轻 45%，制造成本降低 25%。每架 A350 飞机使用 16 个打印部件，飞机可减重超过 4 千克。该锁定轴预计在 2018 年底前获得适航认证，2019 年初开始正式量产。

6. 美国惠普公司推出高效 3D 金属打印技术

采用体素级黏合剂喷射成型技术，适合大批量打印工业级金属零件。与其他 3D 打印技术相比，该技术的生产能力提高了 50 倍，且成本显著降低。惠普已与英国 GKN 粉末冶金公司和美国 Parmatech 公司达成合作协议，新打印机将用于生产汽车、工业和医疗行业的零部件。

7. 英国 ARM 公司推出首款用于自动驾驶的处理器

该处理器采用基于中国台湾积体电路制造公司（简称台积电）7 纳米工艺制备的 30 瓦 16 核 Cortex-A76AE 片上系统，计算性能超过 250 KDMIPS（每秒十亿条指令），并搭载了分核-锁步（split-lock）功能。在分核模式下，各内核独立运行以实现更高性能；在锁步模式下，内核与配对内核保持同步运行以实现更高的安全性。

8. 美国 Lumileds 公司开发出一种可用于定向照明的高效大功率 LED

该产品的发光效率为 181 流明/瓦，相关色温为 4000 开尔文，显色指数约为 70，特别适用于定向照明领域，如安全灯、聚光灯等。与项目启动时的基准值 147 流明/瓦相比，产品的发光效率提升了 23%，不仅节能效果明显，而且降低了灯具生命周期成本，可促使最苛刻应用领域灯具向 LED 的转换。

9. 德国汉莎公司研制发动机自动换热器蒸汽清洗系统

该系统以全自动方式对相应组件进行清洁，每次清洁工作大约可以节省 15 个工时，不仅效率高、环保，而且能够清除重度污染，从而恢复部件的性能。该系统的出现有助于推动数字网络化发动机维护技术的发展。

2018 年 10 月

1. 欧洲研发超高涵道比涡扇发动机

该型发动机具有油耗低、风道稀释率高、风扇直径大等特点。在“地平线 2020”计划“动力系统设备创新集成”项目资助下，该研究取得突破。一是研发了自动布线工具，布线时间节省 40%。二是采用增材制造技术，设备体积、质量减少 10%。三是开发新型自动开舱工具，可快速安全地打开发动机外罩，便于维修。项目参与机构包括法国赛峰集团、荷兰国家航空航天实验室、英国 Meggitt 集团、英国 BAE 系统公司、西班牙航空系统公司等。

2. 美国空军研制机载高能激光武器

该武器将用于摧毁或瘫痪敌方飞行器、导弹和其他空中威胁。美国空军与波尔航空航天公司签署了价值 3600 万美元的项目合同。波尔公司将为其进行激光武器的打击效果、建立仿真预测模型等研究。

3. 美国 AeroVironment 公司与通用动力公司合作研发集成无人机系统和战术导弹系统的装甲车

此次合作是面向美国陆军“下一代作战车辆”和海军陆战队“装甲侦察车”项目，旨在将无人机侦察、巡航导弹打击、电子战与装甲车相结合，实现快速目标定位和精确打击，从而先发制人，提高美军战场打击力和生存能力。

4. 法国 ECA 集团和 MAURIC 公司联合开发出集成了无人机/船的扫雷舰

该舰集成了无人机、无人水面舰艇、水下自主航行器、遥控机器人等多种无人设备，操作人员不必进入雷区，可在安全海域操控各种设备，执行检测、识别、销毁等扫雷任务。

5. 德国 Ainstein 公司推出远程无人机探测雷达

随着无人机应用越来越广泛，其带来的风险和安全隐患不容忽视，一些关键设施、敏感部门越来越需要探测周边是否存在无人机。该公司此次推出了机载和地面两种型号雷达，可精确探测到 1000 米内的无人机和载人机，对 100 多个目标测量速度。两种雷达兼具高精度和低成本优点，可用于保护资产和机密信息的安全。

6. 美国亚利桑那州成立自动驾驶研究所

该研究所采用公私合作模式，将重点关注自动驾驶带来的责任、监管、安全等方面的问题，制定行业标准和最佳实践，推动自动驾驶技术的安全部署。参与机构包括英特尔公司、州交通局、州公共安全局、州商务局、亚利桑那州立大学、亚利桑那大学和北亚利桑那大学。

7. 美国 Zunum 公司研发混合动力支线飞机 ZA10

该飞机设计有 12 个座位，最大航程 1125 千米，计划使用电池和 Safran 涡轮机作为其动力来源；与同等规模传统动力飞机相比，能耗可降低 60%～80%。Zunum 公司计划在 2019 年底进行混合动力系统飞行测试，2020 年初完成 ZA10 定型并开始建造。

8. 新加坡 HES 能源系统公司研制出世界最轻氢燃料电池减压器

减压器是氢燃料电池关键设备。长距离电动飞行要求减压器既安全又轻便。HES 能源系统公司研制的减压器不仅质量低于 140 克，而且集成了新型传感器、超压爆破片等多种功能部件。该减压器将用于 HES 能源系统公司的超长耐力氢燃料电池无人机和电动飞机。

9. 日本日立制作所与美国通用电气公司合作研发小型核电机组

该合作的目标是实现小型模块化反应堆的实用化，力争使输出功率达到 300 兆瓦。使用小型堆的核电机组具有成本低、安全性高等优点，拟于 2030 年实现商用。

2018 年 11 月

1. 美国波音公司首架 777X 试飞飞机总装成型

777X 将是世界上最大和最高效的双发喷气式客机，机长 77 米，翼展 72 米，采用最节油的 GE9X 发动机，以及可提供更大升力和更高效率的第四代全新复合材料机翼设计技术。777X 首个机型将是 777-9，标准载客 400～425 人，航程 14 075 千米。计划 2019 年进行首飞，2020 年开始交付。

2. 美国联合技术公司（UTC）研发下一代商用飞机用分布式电动襟翼和板条系统

与大型商用飞机当前使用的大型机械系统相比，该系统可以减少 40%零件数量，减轻 10%重量，减少一半系统装机时间，提高装配效率。该系统将用于下一代商用飞机，如波音公司规划中的“新型中型市场飞机”（220～270

个座位，最大航程 9260 千米），预计 2022 年完成研发。该项目是联合技术公司“更多电动计划”的一部分，该计划旨在用电动飞机系统取代传统液压、气压和机械系统。

3. 俄罗斯重型无人机 Okhotnik 完成首次地面滑行测试

Okhotnik 由苏霍伊飞机实验设计局研发，起飞重量达 20 吨，采用“飞翼”结构设计，具有隐身能力。据称，Okhotnik 采用喷气引擎，速度可达 1000 千米/时。在此次测试中，Okhotnik 在全自动模式下完成了跑道滑行、加速和停止等项目。待“跳跃”（刚起飞就降落）等测试项目完成后，将进行首次试飞。Okhotnik 无人机的人工智能和自动驾驶等技术将被应用到俄罗斯第六代战斗机。

4. 美国联合技术公司（UTC）研制出全球分辨率最高的近红外/短波红外传感器

该铟镓砷传感器搭配一个 1600 万像素光电探测器，可进行大范围不间断监控，成像具有高保真度，可高精度自动识别目标物体、行为并实时向作战人员传送信息。该传感器是应美国海军研究办公室要求研制，将用于 RQ-21 无人侦察机。

5. 瑞士 LakeDiamond 公司研发无人机用激光无线充电系统

该系统的核心是 LakeDiamond 历经十余年开发的高透明度、高导热性人造钻石，经纳米技术表面处理后形成光学组件。该系统可产生 1.5 微米波长激光束，借助引导系统直接照射在无人机光伏电池上完成充电。激光束平行传播距离达数百米，照射质量高，能量仅几十瓦，对眼睛、皮肤无害。该系统已完成实验室验证，在实用前还需进一步开发和完善。

6. 俄罗斯 Phazotron-NIIR 公司制造出 Zhuk-AME 有源相控阵雷达

据称，该雷达对空中目标的探测距离超过 160 千米，可同时跟踪 30 多个目标。该雷达将部署到“米格-35”和“米格-29”战斗机。Zhuk-AME 的外销型号曾于 2016 年中国航展亮相。

7. 加拿大国防部委托开发远程无人潜航器

加拿大国防部已委托该国 Cellula Robotics 公司开发和建造远程无人潜航器。该潜航器将装备燃料电池和吸力锚，设计航程 2000 千米，可连续在水下航行数月。计划于 2020 年 4 月前完成海试和能力验证。

2018 年 12 月

1. 美国加快高超音速武器研发工作

高超音速武器是一种巡航速度是音速五倍以上的导弹。近年来，中国和俄罗斯积极开发高超音速武器并取得显著进展，美国军方视之为“重要威胁”。美国具备开发吸气式助推滑行超音速武器的能力，然而在空间传感器、跟踪和火力控制敌方高超音速武器等方面缺少专业经验。有鉴于此，美国国防部已经获准加快研发高超音速武器，国防高级研究计划局也已经部署了研究项目。

2. 美国国防部组织研发间歇性故障自动检测技术

电子设备和线束中的随机异常故障每年耗费美国国防部 20 亿美元维护经费。洛克希德 • 马丁（Lockheed Martin）空间系统公司和 Universal Synaptics 公司承担间歇性故障自动检测技术的研发。通过消除不必要的维护工作并主动解决新问题，该技术可提高任务平台的处理能力，提供易于遵循的操作守则，大幅降低维护成本。该技术可用于 F-22、F-16、F-35、F/A-18 战斗机、UH-60 直升机以及路基和海上任务平台等。

3. 美国空军第三代全球定位系统（GPS Ⅲ）首颗卫星成功发射

该卫星由洛克希德 • 马丁公司研制、SpaceX 公司发射，预计将在一年内投入使用。与现有 GPS 系统相比，GPS Ⅲ的定位精度将提高 3 倍，抗干扰能力提高 8 倍，寿命预计可达 15 年。目前美国有 31 颗在轨 GPS 卫星，随着 GPS Ⅲ首颗卫星发射，将陆续替换原卫星，从而以更低的成本提供更精确的定位和导航服务。

4. 欧洲 Hensoldt 公司开发新型 Captor-E 雷达

该雷达基于有源电子扫描阵列技术，通过配置更大视角的机械旋转天线，显著增加了探测区域和跟踪领域。此外，通过结合灵活的雷达资源管理方案，可确保同时进行多目标跟踪、导弹制导和态势感知。该雷达将装备台风战斗机，预计将于 2019 年中交付第一批雷达。

5. 美国西科斯基（Sikorsky）飞行器公司与波音公司首次展示 SB-1 Defiant 直升机

该直升机专为美国陆军“联合多用途技术演示计划”项目开发，设计飞行速度和飞行距离是当今传统直升机的 2 倍，并具有先进的灵活性和可操作性。作为美国陆军“未来垂直升降计划”的一部分，SB-1 Defiant 的试验数据将用于设计 21 世纪 30 年代美国陆军通用直升机。

6. 美国 Airspace Systems 公司推出无人机安全平台 Airspace Galaxy

该平台利用多个传感器的监控数据，实现对无人机的远距离侦察，可即时识别授权和未授权的飞行活动并进行风险评估，并在必要情况下通过自动解除系统，安全地捕获和移除未经授权或恶意的无人机。平台监控半径 40 千米，覆盖从地面至 120 米空中。平台处理系统结合人工智能和机器学习，可自动处理或人工控制。

电子信息领域

2017 年 11～12 月

1. 美国高通公司等实现基于 3GPP 标准的端到端 5G 新空口系统互通

美国高通公司、中兴通讯公司和中国移动通信集团成功实现了全球首个基于 3GPP R15 标准的端到端 5G 新空口系统互通。端到端 5G 新空口系统运行在 3.5GHz 频段，支持 100MHz 大带宽，协议实现完全符合 3GPP R15 标准定义的新空口 Layer 1 架构。

2. 美国惠普公司推出新型内存计算平台 HPE Superdome Flex

美国惠普公司发布了全球最具扩展性和模块化的内存计算平台 HPE Superdome Flex。为了利用内存计算的全部价值，HPE Superdome Flex 应用内存驱动计算原理，是 HPE 未来计算设想的核心架构，特点是在高速的数据内部连接之上，通过计算资源触达内存池。

3. 美国 IBM 公司发布基于内存的人工智能计算架构

美国 IBM 公司开发出一种可运行在 100 万个相变内存上的无监督式机器学习算法，有望在计算速度和能耗利用效率方面比传统计算机提升 200 倍，非常适合实现人工智能应用中的高密度、低功耗、大规模的并行计算系统。

4. 日本松下电器产业株式会社开发出新型无监督机器学习技术

该公司公布了一种能根据给定数据的大小和复杂度自动学习最优化模型的新型无监督机器学习技术。该技术可以自动获得最佳调整模型的解决方案，显著减少繁重手动调整模型工作。

5. 美国 IBM 公司推出业界最先进的人工智能服务器

美国 IBM 公司宣布推出 Power Systems 服务器，专为密集型人工智能设计，可将深度学习框架的训练时间缩短 25%。Power9 也是美国能源部 Summit 及 Sierra 超级计算机的核心，这两台超级计算机建成后将成为世界上性能最强的数据密集型超级计算机。

6. 日本 KDDI 株式会社和韩国三星电子集团在时速 100 千米列车上完成 5G 演示

日本 KDDI 公司和韩国三星电子集团在行驶速度超过 100 千米/时列车上成功完成了首次 5G 演示，成功实现下行链路和上行切换，峰值速度达 1.7Gbps。自 2015 年以来，KDDI 和三星电子一直密切合作，在各种场景中展示 5G 毫米波性能。

7. 日本 NEC 公司和 Nidec 公司联合开发智能机器人控制技术

日本 NEC 公司和 Nidec 公司宣布联合开发出一种高精技术，可通过无线网络对微型电脑、智能汽车实现远程实时控制。这一技术将 NEC 公司的无线通信技术与 Nidec 公司的电机同步技术相结合，通过无线网络实现对智能电机的高精度实时远程控制。

8. 瑞典爱立信公司和 T-Mobile 公司使用 LAA 实现 1.1Gbps 速度

瑞典爱立信公司与 T-Mobile 公司宣布使用授权协助接入（LAA）技术来实现 1.1Gbps 的速度，这是世界上第一个超出了 1Gbps 速度的无授权频谱。该技术建立在早期部署 4×4 MIMO 和 256 QAM 的基础上，将在 2018 年提供接近千兆位速度。

2018 年 1 月

1. 瑞典爱立信公司联合意大利电信公司刷新 5G 速率纪录

瑞典爱立信公司与意大利电信公司宣布刷新了 5G 速率，速率超过 20Gbps。双方还展示了基于 5G 的虚拟现实。

2. 日本日立制作所开发出以自主竞争方式进行学习的人工智能技术

日本日立制作所开发出以自主竞争方式进行学习的人工智能(AI)技术。该技术在计算机上生成多个 AI 群，并行执行学习，随后通过重复“自我竞争”，使每个 AI 群的成果竞争数千次以得到更好的结果。

3. 韩国 LG 电子公司与芬兰 HERE 合作开发无人驾驶远程信息技术

韩国 LG 电子公司宣布与芬兰地图绘制企业 HERE 携手合作，共同开发针对无人驾驶汽车应用的远程信息处理产品，为汽车制造商搭建半自动和全自动驾驶的通信平台。

4. 美国思科公司联手韩国现代汽车公司计划于 2019 年推出新一代汽车产品

2018 年 1 月 9 日，美国思科公司与韩国现代汽车公司宣布联合生产下一代超级联网汽车。两家公司将为高端车型配置新型车载网络 SDV，该网络将实现真正的传感器集成。

5. 芬兰诺基亚公司携手 T-Mobile 公司及英特尔公司部署首个 28 GHz 5G 商用基站

2018 年 1 月 3 日，芬兰诺基亚公司携手德国电信 T-Mobile 公司及美国英特尔公司在美国贝尔维尤市部署 28 GHz 户外 5G 商用无线系统，为非运营商客户提供网络体验。

6. 美国英特尔公司推出体积最小、功能最强的 NUC 迷你电脑

2018 年 1 月 7 日，美国英特尔公司推出体积最小、功能最强大的英特尔 NUC(Next Unit of Computing)迷你电脑，搭载最新发布的集成 Radeon RX Vega M 显卡的第八代智能英特尔酷睿 i7 处理器。该电脑非常适合虚拟现实（VR）爱好者和工作量大的内容创作者。

7. 美国英特尔公司 49 量子位超导测试芯片/人工智能芯片同时发布

美国英特尔公司成功交付了 49 量子位超导量子测试芯片，并推出神经形态计算芯片 Loihi，后者可进行简单的目标识别。

8. 美国 AMD 公司计划推出全新处理器和显卡产品

2018 年 1 月 7 日，美国 AMD 公司发布下一代高性能计算和图形产品推出计划，详细介绍了全系列 Ryzen 移动处理器产品，包括全新的 RyzenPRO 和 Ryzen3 型号。

9. 韩国三星集团发布 5G 车联网解决方案

韩国三星集团发布了业界首个 5G 汽车解决方案。该 5G 解决方案将使汽车能够直接与交通灯、外部交通管理系统和其他车辆进行互动。

2018 年 2 月

1. 西班牙电信集团携手中国华为公司完成首个 5G 车联网辅助驾驶验证

西班牙电信（Telefónica）公司联手中国华为公司在马德里的 5G 联合创新中心，共同完成了世界首个 5G 车联网概念验证测试。本次测试实现了 99.999%的可靠性和低于 1 毫秒的时延，信令开销（控制电路的信号消耗）相比当前移动网络降低 67%。

2. 美国 Qualcomm Technologie 公司和中国华为公司完成 5G 互操作性测试

美国高通子公司 Qualcomm Technologie 公司和中国华为公司成功完成基于 3GPP Release 15 标准的 5G 新空口互操作性测试，验证了同步、信道编码、新帧结构和可扩展 OFDM 等关键技术。

3. 芬兰诺基亚公司推出可提升 5G 网络性能的 ReefShark 芯片组

该公司宣布推出全新的 ReefShark 芯片组，帮助运营商提升 5G 网络性能。该芯片组可将吞吐量提高 3 倍，由原来的 28Gbps 提升至 84Gbps。该芯片组还支持大量多输入多输出（mMIMO）天线、无线电和基带，能将 mMIMO 天线的尺寸缩减一半，且能耗降低了 85%。

4. 美国微软公司实现随机访问大规模 DNA 存储数据

美国微软公司和华盛顿大学宣布在 DNA 上记录下 200 兆字节的数据，并利用随机访问系统，成功检索从 29kB 到 44MB 大小不等的 35 个不同文件。

5. 日本京都大学联合富士通公司利用人工智能技术推进医学发展

该联合研究项目将结合京都大学医院电子病历等医疗数据以及富士通集团先进的人工智能技术，利用人工智能加速向下一代医学挺进。

2018 年 3 月

1. 日本企业成功实现 4G 网络中多架无人机自主飞行

日本电信运营商 KDDI 株式会社等实现世界首次借助第四代高速通信标准（4G LTE）移动通信网络进行的多架无人机自主飞行警备演示实验，成功进行了广域设施的远程巡回警备。

2. 中国企业完成国内 5G 无人驾驶车辆首次路测

中国中兴通讯公司携手中国电信和百度公司在河北进行了基于 5G 网络的无人驾驶车测试。测试显示，在时速 50 千米以上，车到云端通信方式能实现下行吞吐量大于 500Mbps/车。

3. 瑞典爱立信公司携手 Telia 公司和美国英特尔公司在 5G 网上展示增强现实技术

2018 年 3 月 9 日，瑞典的爱立信公司、瑞典最大电信运营商 Telia 公司与美国英特尔公司联合通过 5G 网络展示了增强现实技术案例。通过使用 5G 测试系统及 5G 移动测试平台，观众能够体验到现场物体（如家具）的增强信息，同时还能够检查“隐藏”在墙后的管道基础设施。

4. 日本东芝公司开发微波远程供电技术用于工业物联网

其技术特点包括高精度判断电源至传感器间的电波传播路径状态，对无线电波辐射进行最优波束控制并供电。该技术可同时为多个传感器供电。

5. 日本东芝公司开发超低功耗模拟人工智能加速器芯片

鉴于乘法累加运算占用大部分神经网络运算资源，该芯片采用新技术进行乘法累加运算，功耗降低到具有相同面积的数字电路的 1/8。东芝公司已将该芯片用于基于神经网络的图像识别和异常检测。

6. 芬兰诺基亚公司 PSE-3 芯片组推动光纤网络容量接近香农极限

2018 年 3 月 8 日，芬兰诺基亚公司宣布推出 PSE-3 芯片组。PSE-3 将大幅提升光纤网络中每一条链路的容量和性能，使光纤网络传输容量更加接近香农极限（Shannon limit，通信信道的最大理论容量），助力通信服务供应商和大型互联网企业网络升级，满足视频、云及 5G 带来流量激增需求。

7. 日本东芝公司将汽车激光雷达探测距离提升一倍

2018 年 3 月 5 日，日本东芝公司宣布为汽车激光雷达开发了一种新的电路技术，该技术能在捕捉高质量 3D 图像的同时进行远距离测量。采用这款混合电路技术的汽车雷达，实现了最远 200 米的测量距离，是传统汽车雷达的 2 倍。

8. 美国赛灵思公司推出革命性的新型自适应计算产品

美国赛灵思（Xilinx）公司推出一款自适应计算加速平台。作为高度集成的多核异构计算平台，其具有在工作过程中进行动态调节的自适应能力，可实现 CPU 与 GPU 所无法企及的性能与性能功耗比。

2018 年 4 月

1. 瑞典爱立信公司开展 5G 飞机工业应用

瑞典爱立信公司与德国弗朗霍夫学会生产技术研究所合作测试在喷气机发动机生产中应用 5G 系统。测试中，5G 系统与加速传感器相连，通过 5G 将振动频谱实时传输至评估系统，其超低延迟有助于迅速将振动情况与相应部件关联起来，从而及时调整生产过程。

2. 日本企业完成首次超高速移动环境 5G 无线通信试验

日本通信公司 NTT DoCoMo、电气股份有限公司（NEC）与日本电信公司（NTT）完成首次超高速移动环境下的5G无线通信实验。5G移动站被安装在时速为305千米的汽车上，在28GHz的频带下，成功与5G基站进行无线数据传输。

3. 芬兰诺基亚公司携手日本KDDI株式会社成功测试4G LTE车联网技术

芬兰诺基亚公司携手日本电信运营商KDDI株式会社在北海道成功测试了4G LTE网络在互联及自动驾驶汽车上的应用。测试项目包括用于“车-网-车”连接模式的LTE广播技术，以及用于位置感知和精准导航的网络实时动态技术。

4. 瑞典爱立信公司携手美国高通公司共同推动巴西物联网发展

瑞典爱立信公司联合美国高通公司计划在巴西的农业、车辆和资产跟踪以及智能城市等领域部署大规模物联网基础架构和解决方案，以最先进的硬件和软件推动物联网商业化和工业数字化进程。

5. 美国高通公司发布面向物联网终端的视觉智能平台

美国高通公司宣布推出Qualcomm视觉智能平台。该平台搭载了专门面向物联网的系统级芯片，可用于智能安防摄像头、运动摄像头、可穿戴摄像头、虚拟现实摄像头、机器人、智能显示屏等领域。

6. 日本富士通公司联手九州大学研究农业人工智能

日本富士通公司与九州大学宣布将在农业领域开展合作，以富士通开发的人工智能引擎为基础，通过建立植物生长模型，实时预测增长率、收获期等信息。

7. 美国镁光科技公司推出安防级边缘存储产品

美国镁光科技（Micron Technology）公司宣布推出容量为128GB和256GB的边缘存储microSD卡，可以以更小的体积提供更大的容量，并为摄像机提供长达30天的监控视频存储，提供全天候持续视频录制容量，最大程度减少丢帧。

2018年5月

1. 日本日立公司开发可提高拣选过程效率的人工智能技术

该技术通过控制拾取机器人和自动导引运输车，可在 8 秒内平稳地拾取特定物品。

2. 日本日立公司开发出用于内燃机的人工智能技术

该技术的原理是收集气缸中的压力数据，根据不同的燃料类型与状态，调整点火正时和空气量的指令值，实现燃烧过程的全自动控制。

3. 日本电报电话公司实现 100 Gbps 无线传输

该公司使用轨道角动量多路复用方法，传输速度是长期演进技术和 Wi-Fi 的 100 倍、5G 的 5 倍。

4. 美国高通公司推出全球首款扩展现实专用平台

该平台可向用户提供高品质的扩展现实体验，并支持主流终端下一代平台的开发。平台集成了人工智能引擎，可运行计算机视觉算法，帮助实现关键的虚拟现实应用场景。

5. 韩国三星公司推出高耐久性存储卡

该卡可存储长达 43 800 小时的连续视频记录，专为记录紧急事故设计，无数据泄露或丢失风险。

2018年6月

1. 日本富士通公司完成“后京”超级计算机原型 CPU 芯片

除了增强内存带宽、提升双精度运算性能，富士通还为“后京”增添半精度运算功能以应对人工智能问题。预计“后京”的性能将是“京”超级计算机的 100 倍，而功耗仅为 30～40 兆瓦。

2. 日本东芝公司开发不可克隆的相互认证技术

东芝公司以现场可编程门阵列的输出变化作为半导体芯片指纹，开发出具有物理不可克隆功能的相互认证技术。该技术可以轻松对物联网设备进行身份验证，并防止其被复制和伪造，确保数据收集和设备控制的安全。

3. 美国微软公司测试海底数据中心

微软公司海底数据中心位于英国苏格兰奥克尼群岛附近的海底，装载了 12 个机架、864 台服务器以及相关冷却系统设施。海底运行测试旨在探索海底数据中心制造和运维方法，使其可在海底长期运行，可使沿海地区快速流畅地上网。

4. 美国 IBM 公司使用模拟存储器阵列助力人工智能计算

IBM 公司展示了大规模的模拟非易失性存储器能够有效地加速反向传播算法，证实了深度神经网络能够通过模拟技术进行高精度训练，且精度与图形处理器相当。

5. 美国英特尔公司测试新型自旋量子位芯片

该芯片的量子位宽约 50 纳米，仅在电子显微镜下可见。未来量子计算机的功能将比如今最快的超级计算机还要强大。

6. 卡塔尔电信公司交付全球首批 5G 家用宽带设备

该设备可同时在 4G 和 5G 网络上运行，速度达 2 Gbps。该公司正测试来自世界各地的 5G 兼容设备，如智能汽车、虚拟现实、增强现实和无人机等。

7. 芬兰诺基亚公司和德国电信实现 3GPP 双向 5G 空口数据传输

双方在实验室成功实现基于 3GPP 标准的双向 5G 空口数据传输，为提供移动 5G 服务奠定重要基础。

2018年7月

1. 美国应用材料（Applied Materials）公司为国防部开发先进人工智能技术

该公司将开发一种新型的人工智能电子开关，其功能类似人脑的神经元和突触，可通过模仿人脑的工作方式大幅提升人工智能的计算性能和功效。

2. 芬兰诺基亚公司与中国移动通信集团建立人工智能与5G联合实验室

双方将在杭州建立联合实验室，利用诺基亚公司的5G Future X架构完成验证性演示的研发工作，并共同研究人工智能和机器学习，从而预测需求变化，并自动分配网络资源，向用户提供高质量服务。

3. 韩国电信公司推出5G紧急网络服务无人飞艇

该无人飞艇能自动搜索LTE和5G移动信号，并与韩国电信公司的数据同步，为救援人员提供幸存者姓名、年龄、血型、先前身体状况等个人信息。

4. 欧洲测试蜂窝车联网

该测试考察了摩托车与汽车在交叉路口、跨路口转弯等常见场景，以及如何利用蜂窝车联网技术改善道路安全。

5. 韩国三星公司大规模生产第五代闪存芯片

该芯片的传输速度可达1.4 Gbps，相比第四代产品传输速度提高40%；数据写入速度仅延迟500微秒，改进了30%；读取信号时间已降低到50微秒。

6. 中国思特威电子科技有限公司发布全球首款30万像素CMOS图像传感器

该传感器可用于基于图像识别的人工智能应用，如二维码扫描、人脸识别、无人机应用等。

7. 日本永旺株式会社测试生物识别验证无卡支付

该生物识别系统通过验证消费者手掌静脉特征完成账户认证和支付行为。使用手掌静脉认证具有很高的认证准确度，且难以伪造。

2018 年 8 月

1. 澳大利亚建设国家区块链平台

该平台由澳大利亚联邦科学与工业研究组织、史密夫·斐尔律师事务所、美国 IBM 公司联合建设，将为企业提供基于区块链技术的智能法律合同服务。智能法律合同可记录物联网设备数据，一旦满足合同约定，会自动触发相关条款的执行。例如，供货方传感器在区块链上记录交货时间后，会自动触发银行对其的付款合约。

2. 美国惠普公司为可再生能源研发建造超级计算机

该计算机将部署于美国国家可再生能源实验室，用于模拟各种复杂过程、系统和现象，以促进先进能源技术的研发。新计算机峰值性能为每秒 8 千万亿次浮点计算，是该实验室现有高性能计算机性能的 3.5 倍，且具有更高能效，可将 97%的废弃热量循环利用。

3. 日本东芝公司实现量子密钥分发速度超过 10 Mbps

这是全球首次量子密钥在一个月周期内平均发送速度超过 10 Mbps。由于试验在实际环境中进行，该成果对于量子密钥分发技术迈向商业化具有重要意义。

4. 日本日立公司开发节能碳化硅功率半导体器件

与传统金属氧化物半导体场效应管相比，该器件可将电场强度降低 40%、电阻降低 25%，从而节能 50%。该公司计划将此器件用于制作电机驱动逆变器，从而提高电动汽车能量效率。

5. 日本富士通公司提高氮化镓晶体管输出功率

该公司设计了一种新组成结构，可同时增加氮化镓晶体管的电流和电压，从而将输出功率提高3倍。氮化镓晶体管可用于天气雷达和5G通信，晶体管输出功率的提高有助于扩展雷达探测范围和延长通信距离。

6. 日本东芝公司计划利用物联网和人工智能技术提高地热发电厂的产能系数

日本拥有全球第三大地热资源，很重视地热发电。该公司计划通过物联网和人工智能技术，将地热发电厂出问题的概率降低20%，发电效率提高10%。

2018年9月

1. 中国阿里巴巴集团发表未来五年量子计算及AI芯片发展蓝图

阿里巴巴达摩院已开始自主研发量子处理器，并将构建基于云端访问的量子经典异构系统，通过量子计算找出超快速的量子经典混合算法，解决机器学习、系统优化和物理模拟中的基本问题。达摩院还计划于2019年下半年推出首款自主研发的人工智能推理芯片“AliNPU”。

2. 中国华为技术公司率先完成国内5G技术研发试验第三阶段独立组网基站功能测试

本次测试对3GPP标准定义下5G无线侧关键内容及部署场景进行了充分验证，满足了商用规模部署测试的关键要求。中国的5G技术研发试验在2016年到2018年底时间段进行，分5G关键技术验证、5G技术方案验证和5G系统组网验证三个阶段实施。

3. 中国联通携手百度、华为等公司开展自动驾驶和远程驾驶实车演示

演示过程依托5G网络大带宽、低时延、高可靠的通信能力实现了国内首次远程驾驶和自动驾驶模式按需切换。自动驾驶车发出“自动驾驶测试车请求远程协助”信息后，智能驾驶平台启动远程驾驶功能接管车辆，实现自动驾驶和远程驾驶的自由切换。

4. 中国阿里巴巴集团与美国英特尔公司合作推出云边一体化边缘计算产品

该产品是一个专门针对物联网应用的开放性框架，并已成功应用于重庆瑞方渝美压铸公司生产线，帮助其以“机器视觉+人工智能”的视觉检测方案和边缘计算取代传统人工目检，可实时（100 毫秒内）提供产品缺陷信息，检测成功率提升近 5 倍。

5. 日本富士通公司开发出大幅提升光数据传输吞吐量的新技术

该技术可将 C 波段光信号批量转换为 L 波段和 S 波段，然后在信号接收时再将其还原成 C 波段。这种技术使得采用多种不同频带进行传输成为可能，可将传输容量提高 2～10 倍。

6. 日本富士通公司开发出可将影像数据压缩至 1‰的新算法

该算法将压缩比率从当前的 1/80 提升至 1‰，可用于行驶中的汽车通过互联网实时向数据中心发送高分辨率图像。富士通公司力争 3 年后将该技术推向实用化。

7. 中国百度公司与美国英特尔公司成立 5G+AI 边缘计算联合实验室

双方将合作开发一系列技术，包括但不限于：特定使用场景的 5G 边缘计算验证性测试、基于 5G 网络的边缘计算统一平台部署、边缘上的统一应用程序编程接口套件定义、人工智能软硬件边缘加速、网络组件集成以及场景化的边缘计算性能优化。

8. 美国校企合作研究下一代超导量子比特

该项名为“下一代超导量子比特的材料光谱学”的项目获得美国国家科学基金会 100 万美元资助，由美国普林斯顿大学、威斯康星大学麦迪逊分校和 IBM 公司合作开展。三方将研究超导量子比特器件中缺陷的化学、物理本质，并开发表面处理方法去除有害的缺陷，从而开发出新型量子比特。

2018年10月

1. 芬兰诺基亚公司携手印度电信商BSNL推进印度工业4.0

双方将共同推进位于印度金奈的诺基亚工厂工业4.0建设，这也是印度首个工业4.0落地项目，是该国致力于提高制造业水平的“印度制造”计划的一部分。诺基亚将部署增强现实/虚拟现实、互联机器人、人工智能、大数据分析、物联网等工业4.0解决方案，提升工厂自动化水平，提高生产效率、可靠性和安全性。BSNL负责提供4G LTE网络。该合作将为向5G时代智能制造过渡做准备。

2. 韩国三星集团开始使用7纳米加工工艺生产晶圆

三星集团已完成7纳米极紫外光刻加工工艺全部研发，并已开始用于晶圆生产。与传统氟化氩工艺相比，极紫外工艺使用的波长更短，只有13.5纳米，氟化氩工艺为193纳米，而且需要的掩模数量减少20%，节约了时间和成本。与10纳米工艺相比，7纳米工艺可以使面积效率提高40%、能耗减少50%、性能提高20%。计划2020年推出3纳米加工工艺。

3. 韩国现代汽车集团研发工业机器人

2018年年初，现代汽车集团将机器人-人工智能作为未来创新增长的五大领域之一，重点部署研发机器人相关技术，主要有三个方向：可穿戴机器人、服务机器人和微移动机器人。继2017年8月推出无椅外骨骼可穿戴工业机器人后，近期又推出背心外骨骼可穿戴工业机器人。当使用者举起手来工作时，该机器人可为使用者增加60千克支撑力，从而缓解使用者颈部和背部的压力。该机器人可有效减少工伤事故、提高生产效率。

4. 日本电报电话公司开发出传输速率高达256Gbps/通道的超高速集成电路

该公司利用磷化铟异质结双极型晶体管工艺，结合高速数模转换器架构与波形质量增强技术，制造出能够产生256 Gbps高质量电压信号的信号发生器电路。该技术可用于短程大容量数据通信，使传输速度达到1Tbps

（1024Gbps），是当前通用以太网技术的 10 倍。

5. 中国海南省政府和百度公司合作建立区块链实验室

实验室由海南省工业和信息化厅、百度公司、海南生态软件园共建，落户在海南自由贸易试验区和中国特色自由贸易港区块链试验区。实验室将针对区块链技术的迭代发展展开深度研究，探索区块链技术在知识产权、电子商务、教育、交通等领域的发展与应用，与海南共建区块链产业生态。

2018 年 11 月

1. 美国慧与（HPE）公司超级计算机为国际空间站提供超算服务

经国际空间站一年测试，Spaceborne 超级计算机经受住了失重、意外停电、不可预测辐射等恶劣太空环境考验，且运算速度达到每秒 1 万亿次浮点运算（TFlops）。慧与公司开启了 Spaceborne 超算能力测试，将允许航天员在太空直接进行超算分析，无须地面辅助，可减少对地面数据分析的依赖，减少空地数据传输延迟给航天员带来的危险，有助于向火星以及更深的空间探索；也可节省空地传输带宽，为紧急通信预留带宽。

2. 瑞典爱立信公司、Telia 电信公司、Einride 运输公司合作利用 5G 管理自动驾驶货运车队

运输行业正在面临发展模式转变，5G 为这一转变提供重要动力。在位于瑞典延雪平市的货运站内，爱立信为自动驾驶卡车车队提供 5G 无线通信和高性能连接服务，实现车队在货运站内不间断运输，提升了车队管理水平。该项目旨在为建设全自动公路货运系统做准备。

3. 日本电报电话公司和德国 Rohde & Schwarz 公司合作探索后 5G 技术

双方合作建立了世界首个面向 100 GHz 以上毫米波移动通信的超宽带信道探测仪，并在 150 GHz 频段进行无线电波传导实验。100～300 GHz 频段有望实现具有更高速率和更大容量的后 5G 通信。

4. 日本富士通公司推出首款基于人工智能的日托招生匹配软件

根据不同申请需求和当地政府规定，软件可在几秒内自动将数千名儿童与日托中心相匹配，并尽可能满足申请者的需求，而采用传统方法需 1000 小时。该产品正在 30 多个地方政府进行推广试验，通过合理分配日托生源为日本职业女性提供帮助。

5. 欧洲企业利用 IBM 区块链技术推动创新

IBM 公司在全球拥有 500 多个区块链项目，涉及多个行业，而欧洲在区块链领域支出的增长速度超过其他任何地方。得益于 IBM 区块链平台的易用性以及 Linux 基金会 Hyperledger Fabric 区块链框架的开放性，企业可利用区块链技术解决国际电话服务的准确性和可追溯性、确保公民的数字身份、追踪鱼产品产源地和数字化非政府组织的捐赠和支出、遵守新的欧洲银行业务规定等，从而获得更大的透明度和社会信任。

2018 年 12 月

1. 澳大利亚 Myriota 公司通过卫星搭建物联网

该公司计划通过卫星平台，借助直接到轨通信技术，无须地面基站收集地面物联网设备数据，搭建物联网网络。该公司的卫星将搭乘 SpaceX 公司火箭发射入轨，待补充已有星座后，将测试和演示验证其物联网网络。该网络将首先用于澳大利亚农场数据互通，从而实现数据驱动的用水管理和精准灌溉，帮助当地农民应对干旱问题。

2. 美国 IBM 商业价值研究院和英国牛津经济研究院合作发布《敢于率先：汽车行业先驱者如何投身区块链》报告

通过对 1314 名汽车行业制造商和供应商高管进行访谈，显示 62%的高管认为到 2021 年区块链将成为汽车行业的颠覆性力量，但目前仅有一小部分制造商和供应商做好应用区块链准备或对区块链的商业应用有深入认识。金融、供应链和移动服务将从区块链技术中受益最多。中国、德国、墨西哥等汽车制造国家也将从区块链技术获益良多。

3. 日本电报电话公司与美国拉斯维加斯达成加快智慧城市技术发展协议

拉斯维加斯制定了“创新 Vegas”计划，旨在通过发展安全、可靠、有效的城市技术刺激经济增长，互联技术和智慧城市是该计划一部分。电报电话公司将提供高清摄像机、声音传感器、物联网设备等智慧城市产品，通过分布式平台将微型数据中心部署到指定区域的传感器，整合视频、声音和犯罪、天气、社交媒体等的历史数据从而提高态势感知能力，并借助人工智能和机器学习等认知分析技术监测与警报异常情况，缩短政府响应时间，提高城市安全。

4. 日本启动“创新人工智能芯片和下一代计算技术研发”项目

在日本政府“社会 5.0”构想中，物联网和云计算是重要组成部分，而量子退火机为云计算带来了全新的计算原理。项目将部署超导参量器件、三维集成技术、信号读取/控制、理论研究和模拟等方面研究以实现量子退火机，并进行软件开发。参与机构包括日电有限公司、东京工业大学、早稻田大学、横滨国立大学、产业技术综合研究所和京都大学。

5. 芬兰诺基亚公司、Efore 公司和 Elisa 公司部署全球首个液冷基站系统

诺基亚贝尔实验室和 Efore 公司分别负责液冷基站和液冷式电源系统的开发，Elisa 公司负责液冷基站系统的部署。通过回收基站散发的热为建筑物供热，可减少 80%的 CO_2 排放量和 30%的能源运营成本，对环境产生积极影响。

生物医药领域

2017年11～12月

1. 加拿大癌症生物疗法公司Zymeworks与强生公司合作开发下一代双特异性抗体治疗药物

Zymeworks公司近日与强生公司合作，使用Zymeworks公司的Azymetric和EFECT平台研究、开发6种针对Janssen疗法靶标的双特异性抗体。Azymetric双特异性技术可开发多功能生物治疗药物，提高疗效并降低毒性、耐药性。EFECT可调节抗体介导免疫应答的活性，将为疾病定制免疫应答疗法。

2. CMC生物制剂公司与Harpoon Therapeutics公司达成癌症治疗生物制剂开发协议

CMC生物制剂公司和美国新型T细胞癌症疗法研发商Harpoon Therapeutics公司宣布，就开发和生产用于治疗各种人类癌症的三种TriTAC分子HPN424、HPN536和HPN217达成协作。TriTAC分子可同时结合癌细胞和T细胞，以引发T细胞攻击靶向癌细胞。

3. 意大利MMI公司推出为开放式显微手术设计的机器人平台

MMI（Medical Microinstruments Surgical Robotic Instruments）公司推出专门为开放式显微手术设计的机器人平台。该平台允许外科医生控制两个微小的铰接式微器械，从而简化创伤后以及软组织和骨中肿瘤摘除后的手术重建过程，并为提高手术成功率和患者预后提供了可能。

4. 美国谷歌公司发布深度学习技术 DeepVariant 以提高基因组测序准确性

美国谷歌公司发布了一款开源的深度学习技术 DeepVariant，用于提高基因组测序的准确性。谷歌使用数百万个序列来教授人工智能，通过一系列迭代来调整工具的参数。DeepVariant 的错误率比以往技术下降了 50%。

5. 美国通用电气医疗集团与英伟达（NVIDIA）公司联手将人工智能引入 50 万台成像设备

美国通用电气医疗集团和 NVIDIA 公司计划将人工智能引入 50 万台成像设备，以加快处理医疗数据的速度。通用电气医疗集团的新型 CT 系统 Revolution Frontier CT 率先引入人工智能技术，成像处理速度提高了 2 倍。

6. 美国 IBM 公司展示人工智能预测化学反应，加速新药和新材料的研发

美国 IBM 公司展示了人工智能系统使用机器学习和语言翻译技术来学习有机化学，并设计出化学家尚未发现的全新化学反应。在不依赖反应模板等辅助知识的情况下，准确度达到 80.1%。

2018 年 1 月

1. 瑞士罗氏公司资助美国 Syapse 公司开发精准医学分析技术

2018 年 1 月 9 日，瑞士罗氏公司与美国 Syapse 公司宣布一项多年期合作计划。罗氏公司将资助 Syapse 公司开发新的精准医疗分析技术，研究精准治疗癌症的药物。

2. 美国 Arvinas 公司与辉瑞公司合作开发小分子疗法

2018 年 1 月 4 日，美国 Arvinas 公司宣布与美国辉瑞公司签署一项金额高达 8.3 亿美元的研究合作和许可协议，将在多个疾病领域中探索及开发可降解致病细胞蛋白的小分子疗法。

3. Spectra WaveWriter 脊髓刺激器系统获批

2018 年 1 月 11 日，美国食品药品监督管理局（FDA）批准了美国波士顿科学（Boston Scientific）公司开发的 Spectra WaveWriter 脊髓刺激器系统用于缓解疼痛的疗法。这是 FDA 批准的首个同时提供基于感觉异常和亚感知治疗的系统，可允许医生和患者通过治疗选择、定制治疗和捕获实时反馈来治愈慢性疼痛和缓解疼痛。

4. 美国基因泰克公司与 DiCE Molecules 公司合作开发高难靶点小分子药物

美国基因泰克公司（Genentech）与 DiCE Molecules 公司宣布合作开发针对高难靶点的小分子药物，计划利用定向化学进化的方法选择和优化小分子化合物，以针对重要药物靶点。

5. 韩国 Lunit 公司开发一种基于深度学习的医学图像分析技术

韩国医疗人工智能初创公司 Lunit 公司开发出一种基于深度学习的医学图像分析技术。该技术通过利用人工智能技术分析已有的 X 射线图像，帮助医生做出更准确的诊断，可以显著降低误诊率。

6. 美国 Anatomage 公司推出医疗图像共享的云平台

美国 Anatomage 公司推出一个通用的医学影像分享云平台 Anatomage Cloud。平台通过云提供图像传输和存储，用户可以从任何地方访问图像，极大简化了共享和查看 3D 医学图像的过程。

2018 年 2 月

1. 日本日立公司质子治疗实时影像门控系统获美国食品药品监督管理局许可

质子治疗是一项用于治疗肿瘤的放射线治疗方法。与传统放疗相比，患者在质子治疗过程中不会感到疼痛，副作用非常小。此次获得许可的质子治疗实时影像门控系统是一项用于追踪和照射移动肿瘤的技术。日立公司计划在美国质子治疗中心内安装该系统。

2. 美国食品药品监督管理局（FDA）通过一项革新脑震荡血检方法

FDA 批准了一种可检测轻度创伤性脑损伤（即“脑震荡”）程度的血液检测方法，这是首例被批准用于检测脑震荡的血检方法。

3. 美国赛默飞世尔科技（Thermo Fisher Scientific）公司推出一款高效微生物组检测芯片

该微生物组芯片集合了 12 595 个物种的序列，可同时检测人类和非人类样本中的古细菌、细菌、真菌、病毒以及原生动物，检测结果可用于人类健康和农业应用研究。

4. 美国雅培公司血糖监测系统 App 应用程序在欧洲上市

该公司推出了血糖监测系统手机用户客户端。糖尿病患者可以直接从他们的智能手机获取自身血糖数据，无须再携带专门设备。

5. 日本富士胶片公司与武田药品工业株式会社携手开展再生医疗研究

日本富士胶片公司宣布将与武田药品工业株式会社合作开展再生医疗研究，计划使用由诱导性多能干细胞制成的心肌细胞，开发治疗重度心肌梗死等疾病的产品。

2018 年 3 月

1. 美国食品药品监督管理局（FDA）批准全球最小的机械心脏瓣膜

FDA 批准美国雅培公司研发的世界上最小的机械心脏瓣膜。该新型瓣膜仅有一角硬币大小，是第一个也是目前唯一一个为新生儿和婴儿开发的儿科机械心脏瓣膜，可用于治疗二尖瓣或主动脉瓣需要置换的婴幼儿。

2. 美国食品药品监督管理局（FDA）批准持续血糖监测系统

FDA 批准了美国美敦力（Medtronic）公司开发的持续血糖监测系统。该系统是首款也是目前唯一一款能够提前 60 分钟预测高血糖或低血糖症状，并向患者发出预警的独立监测系统。结合配套人工智能软件，用户可以更好地将血糖控制在目标范围内。

3. 美国通用电气医疗集团利用人工智能助力医疗超声诊断系统发展

该集团宣布推出新一代高端放射超声系统。该系统集成了人工智能技术、云连通性和高级算法，可以更快地获取和重构数据。新系统在图像质量方面有显著改进，因此能够发现之前技术检测不到的肝脏中的微小病变。

4. 瑞士罗氏公司推出高速数字病理扫描仪

该扫描仪基于托盘的独特设计可实现非接触式载玻片处理，从而减少工作流程错误；能够从样本中快速获取高质量且可靠性强的图像，提高诊治癌症的效率。

5. 德国凯杰公司和 Natera 公司合作开发尖端基因检测分析技术

2018 年 3 月 12 日，德国凯杰（QIAGEN）公司和测序检测试剂开发商 Natera 公司宣布合作开发尖端无细胞 DNA 分析技术。新技术将以非侵入性的方式分析母体血液样本，从母亲 DNA 背景中区分出胎儿 DNA，从而测试宝宝患遗传疾病的风险。

6. 德国勃林格殷格翰公司和美国范德堡大学合作开发治疗癌症新疗法

2018 年 3 月 13 日，德国勃林格殷格翰公司（Boehringer Ingelheim）和范德堡大学宣布进一步深化产学研合作，携手开发新型抗癌化合物。此次合作将研究利用促存活蛋白 MCL1 治疗 MCL1 依赖性癌症。

2018 年 4 月

1. 美国礼来公司和 Sigilon 公司合作开发 1 型糖尿病的封装细胞疗法

美国礼来公司与 Sigilon 公司宣布合作开发用于治疗 1 型糖尿病的封装细胞疗法。双方计划将诱导性多能干细胞改造成可产生胰岛素的胰腺 β 细胞，并使用 Sigilon 的 Afibromer 技术进行封装。预计该疗法能持续恢复人体内胰岛素的产生，而不会引发免疫反应。

2. 瑞士诺华公司推出远程临床试验手机应用客户端

瑞士诺华公司（Novartis）借助美国苹果公司数字平台开发了首款远程临床试验手机应用客服端 FocalView。该程序使研究人员能够从自愿患者那里实时收集数据以追踪疾病的进展，提高患者的参与度，推进临床试验信息化。

3. 德国西门子公司推出改善手术精度的新型移动 C 形臂

德国西门子医疗集团推出新型移动 C 形臂 Cios Alpha。该设备采用了新视网膜技术，并首次配备了集成 CMOS 检测器，可以生成具有非常高分辨率与清晰对比度的 X 射线图像，可辅助血管手术，改善手术精度。

4. 德国拜耳公司推出数字农业产品

德国拜耳公司在德国、法国、奥地利、波兰和乌克兰 5 个国家推出全新数字农业解决方案，可用于小麦、大麦、马铃薯、甜菜和油菜等大田作物，可帮助农民更好地管理疾病和昆虫，并节省金钱和时间。预计未来几个月，该方案将被进一步应用到其他作物和国家。

2018 年 5 月

1. 美国食品药品监督管理局（FDA）批准新型血管重建装置

该装置由强生公司研发，可用于治疗缺血性中风。通过抓取和回收神经血管系统内血块，以最小的压缩速度快速恢复血流，防止进一步并发症的发生。采用该新设备的机械血栓切除术正日益成为急性缺血性中风的标准治疗方法。

2. 美国食品药品监督管理局（FDA）批准新型血液过滤技术

该技术由 Immunicom 公司研发，可用于辅助癌症治疗。该技术的特点在于不需在患者体内添加任何新的活性成分，而是“消减性”地过滤出具有免疫抑制作用的可溶性肿瘤坏死因子受体，以恢复肿瘤坏死因子 α 的抗肿瘤活性并激活患者的免疫系统，因此完全没有副作用。

3. 美国美敦力（Medtronic）公司推出可用于脊柱外科植入物的 3D 打印技术

该技术可设计更为复杂的脊柱外科植入物，并对其进行增强表面处理。与光滑表面材料相比，增强的表面结构可增加骨传导性并促进骨响应。

4. 阿斯利康公司和 Emulate 公司合作推进器官芯片技术研究

瑞典阿斯利康（AstraZeneca）公司与美国 Emulate 公司决定合作开发肺肿瘤芯片、肺芯片和肾小球肾脏芯片三种仿真器官芯片。仿真器官芯片可用于预测候选药物的安全性和临床效果。

5. 美国 Foundation Medicine 公司启动基因表达谱分析项目

该项目将识别晚期癌症中的已知和新型的生物标志物，用于探索和支持个性化癌症疗法。

2018 年 6 月

1. 日本东京大学合成抑制癌症靶向化合物

日本东京大学与富士通公司、Kowa 公司合作，采用计算机设计和评估药物方法，成功合成了新的可抑制致癌“靶蛋白”的小分子化合物，有望用于治疗对现有药物有耐药性的癌症。

2. 法国 Cellectis 公司在免疫疗法中引入安全开关

法国生物制药公司 Cellectis 开发了新型嵌合抗原受体 CubiCAR，集成了“安全开关”，可用于 CAR-T 细胞的消除，可使 CAR-T 细胞免疫疗法更加安全。

3. 以色列 Cytoreason 公司发布免疫学人工智能研究成果

基于对免疫细胞信号传导的分析，该公司的人工智能数据引擎发现了 3000 多种以前未列出的细胞相互作用，并生成了首个以免疫为中心的疾病模块化分类。这些发现足以改写教科书。

4. 美国食品药品监督管理局（FDA）批准首个完全植入式连续血糖监测系统

美国 Senseonics 公司的连续血糖监测系统可用于 18 岁以上的糖尿病患者，可实现长达 90 天的血糖连续监测。

5. 美国食品药品监督管理局（FDA）批准 3D 打印脊柱植入物

美国 Centinel Spine 公司开发的椎间融合器由钛质材料 3D 打印而成，配有专有的小梁支架，可以使植入物在骨骼内生长。

2018 年 7 月

1. 美国食品药品监督管理局（FDA）批准二尖瓣反流治疗装置上市

美国雅培公司开发了一种微创治疗二尖瓣反流装置，患者经过治疗几乎能立即缓解症状，手术住院时间只用两日即可。

2. 美国食品药品监督管理局（FDA）批准左心室辅助装置用于微创心泵植入手术

美国美敦力公司开发的左心室辅助装置可用于晚期心衰患者的治疗。144 例临床试验显示，植入左心室辅助装置的患者生存率达 88.1%，超出了预先设定目标（77.5%）。

3. 瑞士罗氏公司胰岛素输送系统获得欧盟认证

该小型无管胰岛素输送系统与罗氏的数字健康解决方案相结合，可实现胰岛素治疗的便利性和个性化，使患者更有效地管理自己的病情。

4. 美国赛默飞公司推出新型辐射剂量计

该剂量计可提供实时、精确的辐射剂量信息，从而降低核电厂、医疗机构等易受辐射人群的受辐射风险。

2018 年 8 月

1. 美国再生元（Regeneron）制药公司与蓝鸟生物（Bluebirdbio）公司合作开发新型癌症免疫疗法

再生元制药公司的技术平台可产生优化的全人源抗体和 T 细胞受体；蓝鸟生物公司使用定制的慢病毒载体修饰 T 细胞，可识别肿瘤特异性蛋白从而杀死癌细胞。双方技术互补，将合作开发 T 细胞免疫癌症疗法。合作期 5 年，再生元出资 1 亿美元，双方已选择 6 个初始标靶。

2. 美国美敦力公司进行血管外植入式心律转复除颤器试点研究

传统除颤器的起搏治疗导线（用于救生除颤和抗心动过速）须植入静脉和心脏内部。新式除颤器免除了这一过程，消除导线植入可能带来的风险，同时性能没有下降。

3. 美国 Advanced Bionics 公司推出无忧磁共振成像人工耳蜗植入技术

该技术可使人工耳蜗植入者在做磁共振成像检查时无须移除磁铁或包扎头部，无须暂时失去听力。该技术已获得美国食品药品监督管理局（FDA）批准。

4. 美国戈尔公司主动脉腔内修复用模具及闭塞气囊在美国、日本和欧盟获准

该产品可帮助扩张支架移植物或暂时闭塞大口径血管，解决血管内主动脉修复支架移植物密封和临时血管闭塞的难题，医生可更好地固定和密封移植物，减少手术时间，降低内漏风险。

5. 美国食品药品监督管理局（FDA）批准美国美敦力公司肺动脉高压治疗系统

该系统采用美敦力公司开发的植入式药物输液泵，配合血管内导管，可向患者静脉输送曲前列环素。曲前列环素是一种血管扩张剂，可治疗肺动脉高压。

6. 澳大利亚专利局批准美国默克公司配对 CRISPR 切口酶专利

专利主要内容为两个切口酶合作剪切 DNA 双链，造成双链同时断裂。该技术可有效提高 CRISPR 基因编辑疗法的安全性。

2018 年 9 月

1. 美国礼来公司资助成立糖尿病卓越研究中心

该中心位于印第安纳生物科学研究所（IBRI），将从事糖尿病及其并发症和相关代谢紊乱的前沿研究。中心将与礼来公司、印第安纳大学医学院密切合作，成为学术界和医药界间的桥梁。

2. 德国赛多利斯（Sartorius）集团与美国 RepliGen 公司合作研发新型灌注生物反应器

赛多利斯集团计划在培养细胞的大型生物反应器中引入 RepliGen 公司的细胞保留控制技术，从而制造出新型的灌注生物反应器，可用于细胞生长、流体管理和细胞保存，进而简化生物药物的开发。

3. 德国勃林格殷格翰公司准备开发溶瘤病毒疗法

利用病毒在肿瘤细胞中复制的特异性，从而杀伤肿瘤细胞，并刺激机体产生特异性抗肿瘤免疫反应。该公司通过收购 Vira Therapeutics 公司，获得了候选药物 VSV-GP（VSV：含修饰糖蛋白的水疱性口炎病毒）。该药物在临床前模型中显示出一定效果。勃林格殷格翰公司计划利用其免疫调节技术，进一步提高该药物疗效。

4. 以色列 XACT Robotics 公司的手术机器人导航系统获得欧盟 CE 标志认证

该机器人系统集导航与转向功能于一身，在 CT 引导的手术中，可准确接近腹部内任何目标，其对人体造成的损伤比腹腔镜微创手术更小。该系统目前获批用于腹部手术，未来将扩展应用于其他临床手术。

5. 美国安进公司和阿斯利康公司合作开发的哮喘药 Tezepelumab 获得美国食品药品监督管理局（FDA）突破性疗法认定

Tezepelumab 是治疗非嗜酸性粒细胞表型重度哮喘患者药物，可阻断胸腺基质淋巴细胞生成素（一种与哮喘发病机制有关联的细胞因子）。临床数据显示，该药物能使重症哮喘患者的哮喘急性发作率下降 62%以上。

6. 美国食品药品监督管理局（FDA）批准超低残留癌细胞检测方法

该体外诊断方法采用多重流式细胞测定技术和高通量测序，分析急性淋巴细胞白血病患者或多发性骨髓瘤患者的骨髓 DNA 基因序列，可检测出低于 100 万细胞水平的微小残留病变。该检测方法有望用于开发安全高效的诊断、治疗技术。

7. 美国食品药品监督管理局（FDA）批准覆盖冠状动脉支架系统

该支架系统可用于应对冠状动脉介入治疗中可能出现的急性冠状动脉穿孔或心脏血管撕裂的情况，为冠状动脉提供一个物理性屏障来密封动脉壁上的破损处，并使血液流到心脏，从而无须开胸进行心血管修补手术。

8. 日本第一三共（Daiichi Sankyo）株式会社的 FLT3 抑制剂 Quizartinib 获得日本厚生劳动省（MHLW）突破性疗法认定

该药物是首个用于治疗复发性/难治性 FLT3-ITD 急性髓系白血病的 FLT3 抑制剂。在 367 例患者临床三期试验中，服用 Quizartinib 患者的一年生存率为 27%，而接受化疗患者的一年生存率为 20%。

9. 日本厚生劳动省批准 BiTE 免疫疗法

该疗法是全球首个获批的双特异性 T 细胞（免疫系统细胞）衔接免疫疗法，它能够将肿瘤细胞信息传到 T 细胞，通过激活免疫系统杀死肿瘤细胞。该疗法主要用于复发性或难治性 B 细胞急性淋巴细胞白血病的治疗。

2018 年 10 月

1. 美国 United Therapeutics 公司和以色列 CollPlant 公司合作研究 3D 打印移植器官

研究将使用 CollPlant 公司的基于重组人胶原蛋白的 3D 打印生物墨水，该生物墨水是由活细胞构成的可用于 3D 打印复杂生物组织模型的物质。CollPlant 公司使用 5 种人类基因改造烟草幼苗，使其能生成重组人胶原蛋白。与动物源胶原蛋白相比，重组人胶原蛋白能加速人体细胞增殖和组织愈合，具有优异的均匀性以及更高的安全性和纯度。合作将首先从 3D 打印肺开始，未来可能转向其他器官。

2. 美国雅培公司 HeartMate 3 心脏泵获美国食品药品监督管理局（FDA）批准，可用于不宜心脏移植的晚期心力衰竭患者

HeartMate 3 心脏泵采用全磁悬浮流动技术，可改善血液流动，减少对流经泵血液的损伤，减轻心脏负担，为等待心脏移植或无法接受心脏移植的晚期心力衰竭患者提供关键性的生命支撑。临床数据显示，使用 HeartMate 3 心脏泵的患者两年生存率高达 82.8%，两年疑似血栓发生率仅为 1.1%，两年脑卒中发生率仅为 10%。

3. 美国血友病新药 Hemlibra 惠及所有 A 型血友病患者

继 2017 年 11 月美国食品药品监督管理局（FDA）批准美国基因泰克公司的 Hemlibra 可用于体内含有凝血因子Ⅷ抑制物的 A 型血友病患者后，FDA 又批准该药可用于体内不含凝血因子Ⅷ抑制物的患者。作为近 20 年血友病领域第一种新类型药物，Hemlibra 可有效预防出血，并有多种剂量可供选择（一周一次、两周一次或四周一次皮下注射）。

4. 美国杨森制药公司与箭头制药公司合作开发乙型病毒性肝炎新疗法

乙型病毒性肝炎（简称乙肝）感染是全球重大公共卫生问题。尽管已有预防性疫苗，然而还有大量乙肝患者未被治愈并需要终生治疗。双方将合作开展 RNA 干扰疗法候选药物 ARO-HBV 的临床研究。通过抑制乙肝

病毒感染的复制和病毒蛋白的产生，RNA 干扰疗法提供了一条治疗乙肝的有效途径。

5. 日本厚生劳动省授予治疗淋巴瘤药物 Axicabtagene Ciloleucel 孤儿药资格

该药物可用于治疗 B 细胞淋巴瘤等四种非霍奇金淋巴瘤。在日本，孤儿药认定适用于患者少于 5 万人、严重的、难以治疗的且医疗需求严重没有得到满足的疾病。通过认定可获得若干有利于药物研发的扶持性政策，包括研发指导和补贴、临床开发优先咨询、药物申请优先审查等。

6. 美国食品药品监督管理局（FDA）批准西班牙 Progenika Biopharma 公司的新血液相容性测试方法

该方法可用于确定献血者和受血者的红细胞非 ABO 类型，从而判断血液相容性，是第一种以基因类型作为最终结果的分子检测方法。传统血清学检测方法存在一定局限性，其所需的抗血清可能稀缺或无法获得。新方法不仅提供了新的选择，而且简化了血液相容性测试过程。

7. 美国百时美施贵宝公司（Bristol-Myers Squibb）和以色列 Compugen 公司合作开展晚期实体肿瘤治疗临床研究

双方将合作研究联合药物（抗体药物 COM701+免疫检查点抑制剂 Opdivo）对晚期实体肿瘤患者的安全性，以及患者对药物的耐受性。研究将首先针对非小细胞肺癌、卵巢癌、乳腺癌和子宫内膜癌等 4 类患者。

8. 德国凯杰公司推出用于 RNA 测序的快速文库制备方案

在 RNA 测序研究中，经常出现大量与研究无关的 RNA 类型，不仅浪费测序资源，而且影响对特定类型 RNA 的测序。凯杰公司推出了一种新的测序文库制备试剂盒，可快速、选择性地将与研究无关的 RNA 类型从测序文库中移除，使测序结果高质量、可重复，节省时间和成本。据估计，RNA 测序文库制备试剂盒的全球市场规模达 4 亿美元。

2018 年 11 月

1. 美国塞尔基因（Celgene）公司与 Dragonfly Therapeutics 公司拓展癌症免疫疗法合作

Dragonfly Therapeutics 公司独有的三特异性自然杀伤（NK）细胞激活疗法，通过结合表达在癌细胞和自然杀伤细胞表面的蛋白质，使自然杀伤细胞知晓癌细胞的存在，从而或直接杀死癌细胞或激活 T 细胞和 B 细胞攻击癌细胞。此次合作将该疗法候选药物的数量增至 8 个。

2. 德国勃林格殷格翰公司和美国 Epizyme 公司合作开发新型表观遗传抗肿瘤疗法

双方将针对两个之前未被研究过的表观遗传靶点，合作研发新型小分子抑制剂。这两个靶点分别是解旋酶和组蛋白乙酰转移酶家族中的酶类物质，它们的失调与目前一些缺乏治疗手段的癌症有关。新疗法将面向具有特定突变位点或亚型且目前缺乏精准治疗方案的肺癌和其他实体肿瘤患者。

3. 美国食品药品监督管理局（FDA）批准美国辉瑞公司第三代间变性淋巴瘤激酶（ALK）抑制剂——酪氨酸激酶抑制剂 Lorbrena

Lorbrena 可用于对前两代抑制剂产生耐药性的 ALK 阳性转移性非小细胞肺癌患者。临床试验显示，251 名患者服用 Lorbrena 后，总缓解率达到 48%。其中，173 名患者有肺癌脑转移史，服用 Lorbrena 后，颅内缓解率达到 60%。

4. 美国食品药品监督管理局（FDA）批准美国辉瑞公司抗癌新药 Daurismo 用于治疗急性髓系白血病（AML）

AML 是一种扩散迅速的骨髓癌，生存率低于其他白血病。Daurismo 是目前唯一获得 FDA 批准用于治疗 AML 患者的 Hedgehog 信号转导通路抑制剂，切断该信号通路可削弱癌症干细胞的发育和存活。Daurismo 每日口服一次，需联合低剂量阿糖胞苷（LDAC）化疗使用，适用于 75 岁以上新确诊患者和由于合并症而无法使用高强度化疗的患者。2 期临床试验结果显示，Daurismo 和 LDAC 联用组患者的中位总生存期为 8.3 个月，与 LDAC 单药治疗相比可将患者死亡风险降低 54%。

5. 美国食品药品监督管理局（FDA）批准首个针对原发性噬血细胞淋巴组织细胞增多症（HLH）的药物 Gamifant

原发性 HLH 是一种罕见且危及生命的疾病。Gamifant 适用于用常规 HLH 疗法难治、治疗后复发、继续恶化或不耐受的儿童（含新生儿）和成人患者。临床试验显示，27 例患儿注射 Gamifant 后，63%的患者症状得到缓解，70%的患者能够接受干细胞移植。

6. 欧盟批准瑞士诺华公司一次性基因疗法 Luxturna 用于治疗罕见遗传性视网膜疾病

Luxturna 是首个用于治疗遗传性视网膜疾病的基因疗法，一次性治疗可改善儿童及成年患者的视觉与视力。Ⅲ期临床研究显示，治疗后 30 天开始出现疗效，90%的患者在 1 年时出现视觉改善，主要表现为双眼在多亮度移动测试中的亮度级别提高，65%的患者在 1 年时能在最低 1 勒（lx，光照强度单位）亮度完成多亮度移动测试。

7. 美国赛默飞世尔公司推出用于验证食品真实性的完整测序流程

该流程使用食品保护仪器、食品测序系统、食品分析仪、专用分析软件和数据库等工具，可 24 小时内检测出食品中所含肉类、鱼类、植物信息，减少了处理步骤、时间和成本。该流程可用于食品检测和打击食品欺诈。

2018 年 12 月

1. 日本研发临床用高质量诱导性多能干细胞（iPS 细胞）生产新技术

京都大学、住友化学株式会社、住友制药株式会社将结合各自优势技术，包括 iPS 细胞生产和质量控制技术、再生医学细胞生产和质量控制技术、干细胞技术，旨在探索大规模、稳定生产规格统一、高质量的 iPS 细胞的新技术，促进 iPS 细胞疗法临床应用。

2. 中国成都先导药物开发公司和日本三菱田边制药株式会社（MTPC）合作开发创新药物

双方将针对 MTPC 关注的靶点，借助成都先导含 3000 亿个化合物的 DNA 编码化合物库，筛选新的先导化合物，提高发现新药靶点成功率，缩短新药筛选时间，加速新药管线拓展。

3. 英国阿斯利康公司和英国癌症研究院合作成立功能基因组学研究中心

该中心设在英国剑桥大学米尔纳治疗研究所，主要从事利用基因编辑、大数据和临床分析技术发现肿瘤新靶点和疾病路径，加速新癌症药物的开发。新中心将利用 CRISPR 技术增强基因编辑灵敏度和特异性，从而更容易进行基因靶向编辑和基因鉴定。

4. 美国食品药品监督管理局（FDA）批准儿科六价组合疫苗 Vaxelis

该疫苗适用于 6 周至 4 岁婴幼儿，可预防白喉、破伤风、百日咳、脊髓灰质炎、乙型肝炎及由 B 型流感嗜血杆菌引起的侵袭性疾病，需注射三次，每次 0.5 毫升。该疫苗是法国赛诺菲公司和美国默沙东公司合作研制，双方正努力提高产能以满足美国疫苗需求，但在 2020 年前无法保证商业化供应。

5. 美国食品药品监督管理局（FDA）批准慢性血栓栓塞性肺动脉高压（CTEPH）人工智能辅助诊断软件

CTEPH 是一种罕见的肺动脉高压疾病，每百万人中有 8～40 人患有此病，因症状与其他肺部疾病相似而难以被诊断，但 CT 肺血管造影（CTPA）图像信息可用于该疾病的诊断。德国拜耳公司和美国默沙东公司联合开发了人工智能辅助诊断软件，使用深度学习算法并结合患者临床病史，检测和分析患者 CTPA 图像信息、识别 CTEPH 迹象，协助放射科医师开展诊断工作。

中国科学院科技战略咨询研究院
《全球重点研发企业创新动态》编写组